U0570489

敦煌文獻合集

敦煌經部文獻合集

張涌泉 主編 審訂

第二册

羣經類詩經之屬

羣經類禮記之屬

許建平 撰

中華書局

羣經類詩經之屬

毛詩

毛詩（一）（周南關雎—陳風宛丘）

斯一七二二（底一）　斯三九五一（底二甲）　伯二五二九（底二乙）
伯四六三四B（甲卷）　俄敦一六四〇（乙卷）　俄敦一一九三三B（丙一）
俄敦一一九三七（丙二）　俄敦一二七五〇（丙三）　俄敦一二七五九（丙四）
斯七八九（丁卷）　俄敦一二六九七（戊卷）

【題解】

底一編號爲斯一七二二，《寶藏》以爲書於寫卷背面，然《翟目》及《英藏》皆認爲是正面，故此不從《寶藏》。《詩經》內容抄於《兔園策府卷第一、第二》之後，凡九十一行，行十七字左右，存《周南》十一篇全部，爲白文本。然其首題云『周南關雎詁訓傳弟一，毛詩國風』，末又有『三千九百六十三字』之數目，知其乃是據《毛詩傳箋》本抄録。陳鐵凡云『不避唐諱，疑爲六朝寫本』（《敦煌本易書詩考略》，《孔孟學報》第十七期），然該卷第三十八、三十九、六十二行三『葉』字皆寫作『菓』，乃是避『世』字之諱而改。又前抄之《兔園策府·序》中有『大唐』字樣，故石塚晴通以之爲八世紀寫本（《敦煌の加點本》，池田温主編《講座敦煌·五·敦煌漢文文獻》二四八頁，東京大東出版社一九九二），蓋可信從。

底二編號爲斯三九五一（底二甲）+伯二五二九（底二乙）。底二甲起《周南・卷耳》『陟彼砠矣』之『砠』，至《汝墳》『王室如燬』之『王』，凡二十七行，行二十二字左右，行有界欄，白文。第十一行『葉』字寫作『菜』，即『世』之諱改字。底二乙起《周南・汝墳》『王室如燬』之『室』，至《陳風・宛丘》『無冬無夏，值其鷺羽』，以下尚有餘紙，乃未完工之寫卷。實存五百八十九行，前爲白文，自四百五十八行《唐風》起兼抄傳箋，且爲雙行夾注。因本卷内容以白文爲主，故列於此。卷中有旁注小字注音。避諱體例不嚴，如『世』或缺筆，或不諱；『民』或改人，或缺筆；『葉』、『韘』中之『世』字改爲『云』。羅振玉《敦煌本毛詩故訓傳殘卷跋》（《雪堂校刊羣書敘録》卷下，收入黄永武主編《敦煌叢刊初集》第八册，二六七頁，臺北新文豐出版公司一九八五）、劉師培《敦煌新出唐寫本提要・毛詩詁訓傳國風殘卷》（《劉申叔遺書》下册二〇〇三至二〇〇五頁，江蘇古籍出版社一九九七）皆以之爲唐寫本。寫卷曾經後人用朱筆點校，《唐風》以後則無朱點，偶有朱校改及石緑校改（説見潘重規《敦煌詩經卷子之研究》，《華岡學報》第六期，一九七〇）。底二乙内容正緊接底二甲之後，且兩卷字畫筆勢及其風格全同，黄瑞雲認爲應是一卷之斷裂（《敦煌古寫本詩經校釋札記（二）》，《敦煌研究》一九八六年第三期），今從之。

S.3951　P.2529

底二甲與底二乙綴合圖（局部）

甲卷編號爲伯四六三四B。《索引》在四六三四號下云：『唐代殘職官書（王國維疑是《武德令》）。背用殘佛書及《毛詩正義》殘卷裱托。』《寶藏》及《索引新編》皆據此定名。潘重規《敦煌詩經卷子拾零》更定爲『周南關雎故訓傳殘卷』(《敦煌學》第四輯,一九七九),《法目》(五)定爲『毛詩,鄭玄注』,是皆糾王重民之誤。案潘重規及《法目》皆據寫卷首題定名。寫卷首題作『周南關雎故訓傳第□氏箋』,而其内容則並無《毛傳》及《鄭箋》,乃是據傳箋本抄録之《毛詩》白文。故正確的定名當是《毛詩(周南關雎—召南采蘩)》。本件由數張碎片組成,本來是用《永徽職員令》(伯四六三四A號)寫卷做成的經帖樣物件的帖紙(説詳高明士《試釋唐永徽職員令殘卷的試經規定》,饒宗頤主編《敦煌文藪》下册二十頁,臺北新文豐出版公司一九九九),後爲法國國家圖書館工作人員揭下而單獨編號。本件共分四片,爲方便引用,今分别編爲四個號碼:甲一、甲二、甲三、甲四。

甲一:此件又碎爲五小片,可以前後綴合。起《詩大序》,至《樛木》,共二十七行。

甲二:存《兔罝》、《芣苢》、《漢廣》三篇内容,九殘行,實存五十七字。

甲三:爲《麟之趾》内容,僅存三個半字(『振振公』及『趾』的部分筆畫)。

甲四:爲《采蘩》内容,存二殘行,僅十字(『于沚于以用之』及『薄言旋歸』)。

這四片字體一樣,行款一致,應是同一卷之碎裂者。

乙卷編號爲俄敦一六四〇,《孟目》擬題《毛詩周南關雎詁訓傳第一》,《俄藏》因之題爲《毛詩周南關雎詁訓傳卷第一》。所存者《詩大序》,起『止乎禮義』之『義』,至『《鵲巢》、《騶虞》之德』,凡七行,殘下截。每行應有二十字左右,今殘存十一字至十八字不等。《孟目》定爲七至八世紀寫卷。

丙卷編號爲俄敦一一九三三B(丙一)+俄敦一一九三七(丙二)+? +俄敦一二七五〇(丙三)+俄敦一二七五九(丙四)。《俄藏》均未定名。此由許建平定名並綴合,説詳《〈俄藏敦煌文獻〉儒家經典類寫本的定名與綴合》(《姜亮夫、蔣禮鴻、郭在貽先生紀念文集》三〇五頁,上海教育出版社二〇〇三)。丙一存四殘行,起《卷耳》小序『至於憂勤也』之『憂』,至『云何吁矣』(『云何吁矣』四字存右半)。丙二存三殘行,起《卷耳》『云何吁矣』(『云何吁矣』四字存左半),至《樛木》『福履將之』之『福』。丙三存二殘行,僅剩九字,起《樛木》尾題『樛木三章」，至《螽斯》首章「螽斯羽」之「螽斯」。丙四存四殘行，起《螽斯》小序「言若螽斯不妬忌」之「斯」，至《桃夭》「灼灼其華」之「其」。以上四卷均爲《毛詩》白文，字體行書，應是一卷之裂，惟丙二與丙三之間約殘缺一行，不能直接綴合。四卷綴合後凡十一殘行，涉及《卷耳》、《樛木》、《螽斯》、《桃夭》四篇内容，故擬名爲《毛詩》（周南卷耳—桃夭）。

丁卷編號爲斯七八九，起《周南·漢廣》小序「江漢之域」，至《鄘風·干旄》末，凡一百七十四行，行二十五字左右。從第一百四十七行「諒人只」開始爲另一種字體，而且是另一張紙粘貼上去的，前部分字體爲行草，後部分則爲楷體，當非一人所書，乃是將兩人所抄之《詩經》拼合而成。《翟目》定名「毛詩國風鄭氏箋」；《索引》定名「毛詩國風鄭氏箋」，《寶藏》及《新編》因之；《英藏》定名「毛詩詁訓傳（周南漢廣—鄘風干旄）」。案此卷全爲白文，據其卷中子目「鄁柏舟故訓傳第三，毛詩國風，鄭氏牋」及《邶風》末之總計字數「凡七千九百六十八字」，知其乃據《毛詩傳箋》本所抄，故定名爲《毛詩（周南漢廣—鄘風干旄）》。王重民疑此卷爲顔師古的《毛詩定本》（《敘録》四十四頁），潘重規否定了王説（見《敦煌詩經卷子之研究》），今從潘説，不以此爲《毛詩定本》。本卷「世」、「葉」有缺筆，《翟目》以爲八世紀寫本。

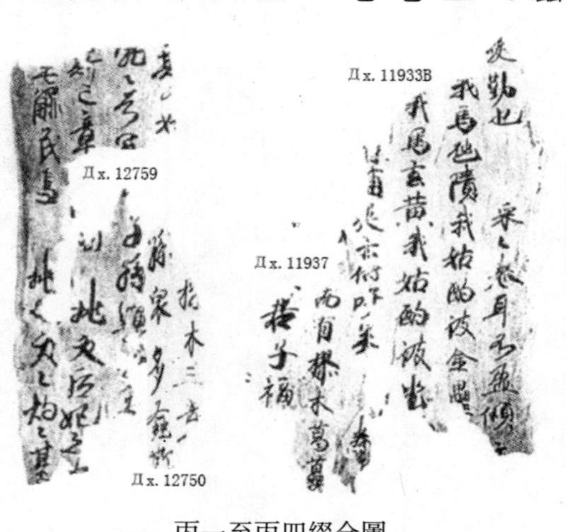

丙一至丙四綴合圖

戊卷編號爲俄敦一二六九七。《俄藏》無定名。許建平定名爲《〈詩經·邶風〉白文（谷風—泉水）》（見《〈俄藏敦煌文獻〉儒家經典類寫本的定名與綴合》，《姜亮夫、蔣禮鴻、郭在貽先生紀念文集》三〇六頁）。起《邶風·谷風》「涇以渭濁」，至《泉水》「亦流於淇」之「流」。凡十四行，存下截。據行款，約脱去上部四分之三的内容，所存者僅四分之一。白文無傳箋。故此擬名爲《毛詩（邶風谷風—泉水）》。

劉師培《敦煌新出唐寫本提要·毛詩詁訓傳國風殘卷》（簡稱『劉師培』）、羅振玉《敦煌古寫本毛詩校記》（《羅雪堂先生全集初編》，臺北文華出版公司一九六八。簡稱『羅振玉』）、姜亮夫《敦煌本毛詩傳箋校録》（《敦煌學論文集》，上海古籍出版社一九八七。簡稱『姜亮夫』）、林平和《敦煌伯二五二九、二五三八號唐寫本毛詩詁訓傳殘卷書後》（《人文學報》第八期，一九九〇。簡稱『林平和』）都曾對底二乙卷作有簡單的校記，潘重規《巴黎倫敦所藏敦煌詩經卷子題記》（載《敦煌詩經卷子研究論文集》，香港新亞研究所一九七〇。簡稱『潘重規』）在對底一、底二甲、底二乙及丁卷所作的題記中作過簡單的校勘，黄瑞雲《敦煌古寫本詩經校釋札記（二）》（《敦煌研究》一九八六年第三期。簡稱『黄瑞雲』）對底二、甲卷、丁卷作過數條校證。

本篇《周南》部分以底一爲底本，自《召南》至全卷末以底二爲底本。底一、底二甲據《英藏》録文，底二乙據縮微膠卷録文，以甲、乙、丙、丁、戊卷及中華書局影印阮元刻《十三經注疏·毛詩正義》爲校本（簡稱『刊本』），校録於後。

周南關雎詁訓傳弟一〔一〕　毛詩國風〔二〕

《關雎》，后妃之德也，《風》之始也，所以風化天下而正夫婦焉〔三〕。故用之鄉人焉，用之邦國焉。《風》，風也，教〔四〕，教也。風以動之，教以化之。詩者，志之所之也，在心爲志，發言爲詩。情動於中而形於言，言之不足，故嗟歎之；嗟歎之不足，故詠〔五〕歌之；詠歌之不足，不知手之舞之、足之蹈之〔六〕。情發於聲，聲成文謂之音。治世之音安以樂，其政和；亂世之音怨以怒，［其］〔七〕政乖；亡國之音哀以思，其民困〔八〕。故政〔九〕得失，動天地，感鬼神，莫近於詩。先王以是經夫婦，成孝敬，厚人倫，美教化，移風俗。故《詩》有六義焉：一曰風，二曰賦，三曰比，四曰興，五曰雅，六曰頌。上以風化下，下以風刺上，主文而譎諫，言之者無罪，聞之者足以自〔一〇〕戒，故曰《風》。至于王道衰，礼[一一]義廢，政教失，國異政，家殊俗，而《變風》、《變雅》作矣。國史明乎得失之迹，傷人倫之廢，哀刑政之苛[一二]，吟詠情性以諷[一三]其上，達於事變而懷其舊俗者也。故《變風》發乎情，止乎礼義[一四]。發乎情，民之性也；止乎禮義，先王之澤也。是以一國之事，繫[一五]一人之本，謂之《風》；言天下之事，形[一六]四方之風，謂之《雅》。雅者，正也，言王政之[一七]所由廢興也。政有小大，故有《小雅》[一八]焉，有《大雅》焉。《頌》者，美盛德之形[一九]容，以其成功[二〇]告於神明者也。是謂四始，《詩》之至也。然則《關雎》、《麟趾》之化，王者之《風》[二一]，故繫之周公。南，言化自北而南[二二]。《鵲巢》、《騶虞》之[二三]德，諸侯之風[二四]，先王之所以教，故繫之召公。《周南》、《召南》，正始之道，王化之基。是以《關雎》樂得淑女以配君子，憂[二五]在進賢，不淫其色。哀窈窕，思賢才，而無傷善之心焉，是《關雎》之義也。

關關雎鳩，在河之洲；窈窕淑女，君子好逑。　參差荇菜，左右流之；窈窕淑女，寤寐求之。求之不得，寤寐思服。悠哉悠哉，展[二六]轉反側。　參差荇菜，左右采之。窈窕淑女，琴瑟友之。參差荇菜[二七]，左右毛[二八]之。窈窕淑女，鍾皷[二九]樂之。

《關雎》五章，章四句[三〇]。

《葛覃》，后妃之本也。后妃在父母之[三一]家，則志在於女功之事，躬儉節用，服澣濯之衣。尊敬師傅，則可以歸[三二]安父母，化天下以成[三三]婦道也。

葛之覃兮，施于中谷，維葉萋萋[三四]。黄鳥于飛，集于灌[三五]木，其鳴喈喈。　葛之覃兮[三六]，施于中谷，維葉[三七]莫莫。是刈是獲[三八]，爲絺爲綌，服之無斁[三九]。　言告師氏，言告言歸[四〇]。薄汙我私，薄澣我衣。害澣害[四一]否，歸寧父母。

《葛覃》三章，章六句。

《卷耳》，后妃之志也。又當輔佐君子求賢審官，知臣下〔四二〕勤勞。內有進賢之志，而無險詖私謁之心，朝夕思念，至於憂〔四三〕勤也。

采采卷耳，不盈傾〔四四〕筐。嗟我懷人，寘彼周行。陟彼崔嵬，我馬虺隤。我姑酌彼金罍，維以不永懷。陟彼高罡〔四五〕，我馬玄黃。我姑酌彼兕觥，維以不［永］〔四六〕傷！陟彼砠〔四七〕矣，我馬瘏矣，我僕痡矣，云何吁矣〔四八〕！

《卷耳》四章，章四句。

《樛木》，后妃逮〔四九〕下也。言能逮下，而無嫉妬之心〔五〇〕。

南有樛木，葛藟纍之〔五一〕。樂只君子，福〔五二〕履綏之。南有樛木，葛藟荒之。樂只君子，福履將之。南有樛木，葛藟帶〔五三〕之。樂只君子，福履成之。

《樛木》〔五四〕三章，章四句〔五五〕。

《螽斯》〔五六〕，后妃子孫衆多也〔五七〕。言若衆斯〔五八〕不妬忌，則子孫衆多也〔五九〕。

衆斯羽，詵詵兮。宜龠〔六〇〕子孫，振振兮。衆斯羽，薨薨兮。宜尔子孫，繩繩兮。衆斯羽，揖揖兮。宜尒子孫，蟄蟄兮。

《衆斯》三章，章四句〔六一〕。

《桃夭》，后妃之所致也。不妬忌，則男女以正，婚〔六二〕姻以時，國無鰥民焉〔六三〕。

桃之〔六四〕夭夭，灼灼其〔六五〕華。之子于歸，宜其室家。桃之夭夭，有蕡其實。之子于歸，宜［其］〔六六〕家室。桃之夭夭，其葉〔六七〕蓁蓁。之子于歸，宜其家人。

《桃夭》三章，章四句。

《菟罝》[六八]，后妃之化也[六九]。《關雎》之化行[七〇]，則莫不好德，賢人衆多也。

肅肅菟罝，椓之丁丁。赳赳武夫，公侯干城。　肅肅菟罝，施于中逵[七一]。赳赳武夫，公侯好仇。　肅肅菟罝，施于中林。赳赳武夫，公侯腹[七二]心。

《菟罝》三章，章四句。

《芣苢》，后妃之美也。和平則婦人樂有子矣[七三]。

采采[七四]芣苢，薄言采之。采采芣苢，薄言有之。　采采芣苢，薄言掇之。　采采芣苢，薄言捋之。　采采芣苢，薄言袺[七五]之。　采采芣苢，薄言擷[七六]之。

《芣苢》三章，章四句。

《漢廣》，德廣所及也。文王之道被于[七七]南國，美化行乎江漢之域[七八]，無思犯禮，求而不得者也[七九]。

南有橋[八〇]木，不可休息。漢有游女[八一]，不可求思。漢之廣矣，不可泳思。江之永矣，不可方[八二]思。　翹翹錯薪，言刈其楚。之子于帰[八三]，言秣其馬。漢之廣矣，不[可]泳思[八四]。江之永矣，不可方思。　翹翹錯薪，言刈其蔞。之子于帰，言秣其駒。漢之廣矣[八五]，不可泳思。江之永矣，不可方思。

《漢廣》三章，章八句。

《汝墳》，道化行也[八六]。文王之化行乎汝墳之國，婦人能閔其君子，猶勉之以正也。

遵彼汝墳，伐其條枚[八七]。未見君子，惄如調飢[八八]。　遵彼汝墳，伐其條肄[八九]。既見君子，不我遐棄。　魴魚赬尾，王室[九〇]如燬。雖則如燬，父母孔尒[九一]。

《汝墳》三章，章四句〔九二〕。

《麟之趾》，《關雎》之應□（也）〔九三〕。《□（關）雎》〔九四〕之化行，則天下無犯非禮，雖衰世〔九五〕之公子，皆信厚如麟趾之時也。

麟之趾，振振公〔九六〕子，于嗟麟兮！　麟之定〔九七〕，振振公姓，于嗟麟兮！　麟之角，振振公族，于嗟麟兮！

［《麟之趾》三章，章三句］〔九八〕。

周南之國十有一篇，凡三千九百六十三字〔九九〕。

召南鵲巢詁訓傳第二〔一〇〇〕　毛詩國風〔一〇一〕

《鵲巢》，夫人之德也。國君積行累功以致爵位，夫人起家而居之〔一〇二〕，德如鳲鳩，乃可以配焉〔一〇三〕。

維鵲有巢，維鳩居之。之子于歸，百兩御之。　維鵲有巢，維鳩方之。之子于歸，百兩將之。維鵲有巢，維〔一〇四〕鳩盈之。之子于歸，百兩成之。

《鵲巢》三章，章四句。

《采蘩》〔一〇五〕，夫人不失職〔一〇六〕也。可以〔一〇七〕奉祭祀，則不失職矣。

于以采蘩？于沼于沚〔一〇八〕。于以用之？公侯之事。　于以采蘩？于澗之中。于以用之？公侯之宮。　被之僮僮，夙夜在公。被之祁祁，薄言旋歸〔一〇九〕。

《采蘩》三章，章四句。

《草蟲》，大夫妻能以礼自防也。

喓喓草蟲，趯趯阜螽。未見君子，憂心忡忡。亦既見止，亦既覯止，我心則降。　陟彼南山，言采其蕨。未見君子，憂心惙惙。亦既見止，亦既覯止，我心則説〔一一〇〕。　陟彼南山，言采其薇。未見君〔一一一〕子，我心傷悲。亦既見止，亦既覯止，我心則夷。

《草蟲》三章，章七句。

《采蘋》，大夫妻能循法度〔一一二〕，能循法度，則可以承先祖，供〔一一三〕祭祀矣。

于以采蘋？南澗之濱。于以采藻？于彼行潦。　于以盛之？維筐及莒〔一一四〕。于以湘之？維錡綺〔一一五〕及釜。　于以奠之？宗室牖酉〔一一六〕下。誰其尸之？有齋〔一一七〕季女。

《采蘋》三章，章四句。

《甘棠》，美召伯也。召伯之教，明于〔一一八〕南國。

蔽芾戾〔一一九〕甘棠，勿翦勿伐，召伯所茇。　蔽芾甘棠，勿翦勿敗，召伯所憩〔一二〇〕。　蔽芾甘棠，勿翦勿拜，召伯所説。

《甘棠》三章，章三句。

《行露》〔一二一〕，召伯聽訟也。衰亂之俗微〔一二二〕，貞信之教興，強暴之男不能侵淩〔一二三〕貞女也。

厭浥行路〔一二四〕，豈不夙夜？謂行多露。　誰謂雀無角，何以穿我屋？　誰謂汝〔一二五〕無家，何以速我獄？雖速我獄，室家不足。　誰謂鼠無牙，何以穿我墉容〔一二六〕？　誰謂汝無家，何以速我訟？雖速我訟，亦不汝從！

《行路》三章，〔一〕〔一二七〕章三句，二章章〔一二八〕六句。

《羔羊》，《鵲巢》功之所致也〔一二九〕。　召南之國，化文王〔之〕〔一三〇〕政，在位皆節儉正直，德如羔羊〔一三一〕。

羔羊之皮，素絲五紽夷〔一三二〕。退食自公，委蛇馳〔一三三〕委蛇。羔羊之革，素絲五緎。委蛇委蛇，自公退食。羔羊之縫，素絲五總〔一三四〕。委蛇委蛇，退食自公。

《羔羊》三章，章四句。

《殷其雷》〔一三五〕，勸以義也。召南之大夫遠行從正〔一三六〕，不遑〔一三七〕寧處。其室家能閔其勤勞，勸以義也。

殷其雷，在南山之陽。何斯違斯？莫敢或遑。振振君子，歸哉歸哉！殷其雷，在南山之側。何斯違斯？莫敢遑息。振振君子〔一三八〕，歸哉歸哉！殷其雷，在南山之下。何斯違斯？莫敢〔一三九〕遑處。振振君子，歸哉歸哉！

《殷其雷》三章，章六句。

《摽有梅》〔一四〇〕，男女及時也。召南〔一四一〕之國被文王之化，男女得以及時也。

摽有梅，其實七兮。求我庶士，迨其吉兮。摽有梅，其實三兮。求我庶士，迨其〔一四二〕今兮。摽有梅，傾〔一四三〕筐塈之。求我庶士，迨其謂之。

《摽有梅》三章，章四句。

《小星》，惠及下也。夫人無妬忌之行，惠及賤妾，進御於君，知其命有貴賤，能盡其心矣。

嘒〔一四四〕彼小星，三五在東。肅〔肅〕宵征〔一四五〕，夙夜在公。寔命不同！嘒彼小星，維參與昴。肅肅宵征，抱衾与〔一四六〕裯。寔命不猶！

《小星》二章，章五句。

《江有汜》，美媵也。勤而不〔一四七〕怨，嫡能悔過〔一四八〕。文王之時，江沱之間〔一四九〕，有嫡不以其媵備數，媵遇勞而[一五〇]無怨，嫡亦自悔也[一五一]。

江有汜，之子歸，不我以。不我以，其後也悔。　江有渚，之子歸，不我與。不[我][一五二]與，其後也處。　江有沲，之子歸，不我過。不我[過][一五三]，其嘯也歌。

《江有汜》三章，章五句。

《野有死麕》，惡無礼也。天下大亂，強暴相淩[一五四]，遂成淫風。被文王之化，雖當亂世，猶惡無礼[一五五]也。

野有死麕[一五六]，白茅苞之[一五七]。　有女懷春，吉士誘之。　林有樸樕[一五八]，野有死鹿。　白茅純束，有女如玉。　舒而脱脱兮！無撼我帨兮[一五九]，无使尨也吠兮[一六〇]。

《野有死麕》三章，上[二][一六一]章章四句，下一章章三句。

《何彼禯矣》[一六二]，美王姬也。雖則王姬，亦下嫁於諸侯，車服不繫其夫，下王后一等，猶執婦道以誠肅雍之德也[一六三]。

何彼禯矣？棠棣[一六四]之華。曷不肅雍？王姬之車。　何彼禯矣？華如桃李。平王之孫，齊侯[一六五]之子。　其釣維何？維絲伊緡[一六六]。　齊侯之子，平王之孫。

《何彼禯矣》三章，[章][一六七]四句。

《騶虞》，《鵲巢》之應也。《鵲巢》之化行，人倫既正，朝廷既治，天下純被文王之化，則庶類蕃殖，蒐田以時。仁如騶虞，則王道成矣[一六八]。

彼[一六九]茁者葭，壹發五豝[一七〇]。　于嗟乎騶虞！　彼茁者蓬，壹發五豵[一七一]。　于嗟乎騶虞！

《騶虞》二章，章四句[一七二]。

邵南之什十有四篇〔一七三〕。

鄁栢之什詁訓傳第三〔一七四〕　毛詩國風〔一七五〕

《栢舟》，言仁而不遇也。衛傾公之時〔一七六〕，仁人不遇，小人在側。

汎彼柏舟，亦汎其流。耿耿不寐，如有殷〔一七七〕憂。微我無酒，以遨〔一七八〕以遊。　我心匪監〔一七九〕，不可以茹。亦有兄弟，不可以據。薄言往訴〔一八〇〕，逢〔一八一〕彼之怒。　我心匪石，不可〔一八二〕轉也。我心匪席，不可卷也。威儀棣棣〔一八三〕，不可選也。　憂心悄悄，慍于羣小。遘〔一八四〕閔既多，受侮不少。靜言思之，寤擘有標〔一八五〕。　日居月諸，胡迭而微？　心之憂矣，如匪澣衣。靜言思之，不能奮飛。

《柏舟》五章，章六句。

《緑衣》，衛莊姜傷己也。妾上僭，夫人失位而作是詩〔一八六〕。

緑兮衣兮，緑衣黄裏。心之憂矣，曷云〔一八七〕其已。　緑兮衣兮，緑衣黄裳。心之憂矣，曷惟〔一八八〕其亡。　緑兮絲兮，汝〔一八九〕所治兮。我思古人，俾無訧兮。　絺兮綌〔一九〇〕兮，淒其以風。我思古人，實獲我心。

《緑衣》四章，章四句。

《燕燕》〔一九一〕，衛莊［姜］〔一九二〕送歸妾也。

燕燕于飛，差池其羽。之子于帰，遠送于野。瞻望不及〔一九三〕，泣涕如雨。　燕燕于飛，頡之頏之。之子于帰，遠于將之。瞻望不及，佇立以泣。　燕燕于飛，下上其音。之子于帰，遠送于南。瞻望不及，寔勞〔一九四〕我心。　仲氏任只，其心塞淵。終温且惠，淑慎其身。先君之思，以勗〔一九五〕寡人！

《燕燕》四章，章六句。

《日月》，衛莊姜傷己也。遭州吁之〔一九六〕難，傷己不荅〔一九七〕於先君，以至困窮也〔一九八〕。　日居月諸，照臨下土。乃〔一九九〕如之人兮，逝不古處。胡能有定？寧不我顧？　日居月諸，下土是冒。乃如之人兮，逝不相好。胡能有定？寧不我報？　日居月諸，出自東方。乃如之人兮，德音無良。胡能有定？俾也可忘。　日居月諸，東方自出。父兮母兮，畜我不卒。胡能有定？報我不述。

《日月》四章，章六句。

《終風》，衛莊姜傷己也。遭州吁〔二〇〇〕之暴，見侮慢〔二〇一〕而不能正也。

終風且暴，顧我則笑。謔浪笑慠〔二〇二〕，中心是悼。　終風且霾，惠然肯來？莫往莫來，悠悠我思。　終風且曀，不日有曀。寤言〔二〇三〕不寐，願言則嚏。　曀曀其陰，虺翽虺其雷〔二〇四〕。　寤言不寐，願言則懷。

《終風》四章，章四句。

《擊鼓》，怨州吁也。衛州吁用兵暴亂，使公孫文仲將而平陳與宋，國人怨其勇而無礼也。

擊鼓其鏜〔二〇五〕，踊躍用兵。土國城漕，我獨南行。　從孫子仲，平陳与宋。不我以帰，憂心有忡。　爰居爰處〔二〇六〕，爰喪其馬。于以求之？于林之下。　死生挈〔二〇七〕闊，與子成悦〔二〇八〕。　執子之手，与子偕老。　于嗟闊兮，不我活兮！　于嗟洵〔二〇九〕兮，不我信兮！

《擊鼓》五章，章四句。

《凱風》〔二一〇〕，美孝子也。衛之淫風流行，雖有七子之母，猶不〔二一一〕安其室，故美七子能盡其孝道，以慰其母心，成其志尔〔二一二〕。

颽風自南，吹彼棘心。棘心夭夭，母氏劬勞。颽風自南，吹彼棘薪。母氏聖善，我無令人。爰有寒泉，在浚之下。有子七人，母氏勞苦。睍現〔二一三〕睆盱〔二一四〕黄鳥，載好其音。有子七人，莫慰母心。

《颽風》四章，章四句。

《雄雉》，刺衛宣公也。淫亂不恤國事，軍旅數起，大夫久役〔二一五〕，男女怨曠，國人患之〔二一六〕。

雄雉于飛，泄泄其羽。我之懷矣，自貽〔二一七〕伊阻。雄雉于飛，下上其音。展矣君子，實勞我心。瞻彼日月，悠悠我思。道之云遠，曷云能來？伯〔二一八〕尔君子，不知德行。不忮不求，何用不臧？

《雄雉》四章，章四句。

《匏有苦葉》〔二一九〕，刺衛宣公也。公与夫人並爲淫亂焉〔二二〇〕。

匏瀞〔二二一〕有苦葉，濟有深涉。深〔二二二〕則厲，淺則揭。有瀰濟盈，有鷕袖〔二二三〕雉鳴。濟盈不濡軌〔二二四〕，雉鳴求其牡〔二二五〕。噰噰〔二二六〕鳴鴈，旭子玉〔二二七〕日始旦。士如歸妻，迨〔二二八〕冰未泮。招招舟子，人涉仰否〔二二九〕。人涉仰否，卬印穹〔二三〇〕須我友。

《匏有苦葉》四章，章四句。

《谷風》，刺夫婦失道也。衛人化其上，淫於新婚〔二三一〕而棄其舊室，夫婦離絶，國俗傷敗焉。

習習谷風，以陰以雨。僶俛〔二三二〕同心，不〔二三三〕宜有怒。采葑采菲，無以下體。德音莫違，及尔同死。行道遲遲〔二三四〕，中心有違。不遠伊尔〔二三五〕，薄送〔二三六〕我畿。誰謂荼苦？其甘如薺。燕爾新婚〔二三七〕，如兄如弟。　涇以渭濁〔二三八〕，湜湜其沚。燕爾新婚，不我屑以。無〔二三九〕逝我梁，毋發我笱〔二四〇〕。我躬不閲，遑〔二四一〕恤我後。　就其深矣，方之舟之。就其淺矣，泳之遊〔二四二〕之。何有何亡，僶俛求之。凡人〔二四三〕有喪，匍匐救之。　不我能慉〔二四四〕，反以我爲讎。既阻我德，賈用不售。昔育恐育鞠〔二四五〕，及爾顛覆。既生既育，比予〔二四六〕于毒。　我有旨蓄，亦以御冬。燕爾新婚，以我御窮。有洸有潰〔二四七〕，既貽我肄〔二四八〕。不念昔者，伊余來塈改〔二四九〕！

《谷風》六章，章八句。

《式微》，黎侯寓乎〔二五〇〕衛，其[臣]〔二五一〕勸以歸也。

式微式微，胡不歸？微君之故，胡爲乎中露？　式微式微，胡不帰？微君之躬，胡爲乎泥中？

《式微》二章，章四句。

《旄丘》，責衛伯也。狄人〔二五二〕迫逐黎侯，黎侯寓乎〔二五三〕衛。衛不能[脩]〔二五四〕方伯連帥〔二五五〕之職，黎之臣子以責於衛也。

旄丘之葛兮，何誕之〔二五六〕節兮？叔也伯也〔二五七〕，何多日也？　何其處也？必有與也。何其久也？必有以也。　狐裘蒙戎，匪車不東。叔兮伯兮〔二五八〕，靡所〔二五九〕與同。　璅〔二六〇〕兮尾兮，流離之子。叔兮伯兮，裒〔二六一〕如充耳。

《旄丘》四章，章四句〔二六二〕。

《蕑兮》〔二六三〕，刺不用賢也。衛之賢者仕於伶官，皆可以承事王者也。

蕑兮蕑兮，方將《萬》舞。日之方中，在前上處。碩人俁俁，公庭《萬》舞。　有力如虎，執轡如組。左手執籥，右手秉翟。赫如渥〔二六四〕赭，公言錫爵。　山有榛〔二六五〕，隰有苓。云誰思之〔二六六〕？西方美人〔二六七〕。彼美人兮，西方之人兮！

《簡兮》三章，章六句。

《泉水》，衛女思歸也。嫁於諸侯，父母以〔二六八〕終，思歸寧而不得，故作是詩以自見也〔二六九〕。

毖彼泉水〔二七〇〕，亦流〔二七一〕于淇。有懷于衛，靡日不思。孌彼諸姬，聊與之謀。　出宿于濟〔二七二〕，飲餞于禰。女子有行，遠父母兄弟。問我諸姑，遂及伯姊。　出宿于干，飲餞于言。　載脂載舝〔二七三〕，還車言邁。遄臻于衛，不瑕〔二七四〕有害？　我思肥泉，茲之永嘆〔二七五〕。思須與漕〔二七六〕，我心悠悠。駕言出遊〔二七七〕，以寫我憂。

《泉水》四章，章六句。

《北門》，刺仕不得志也。言衛之忠臣不得其志爾。

出自北門，憂心殷殷〔二七八〕。終窶〔二七九〕且貧，莫知我艱。已焉哉，天實爲之，謂之何哉！　王事適我，政事一埤益我。我入自外，室人交徧〔二八〇〕讁我。已焉哉，天實爲之，謂之何哉！　王事敦我，政事〔二八一〕一埤遺我。我入自外，室人交遍〔二八二〕摧我。已焉哉，天實爲之，謂之何哉！

《北門》三章，章七句。

《北風》，刺虐也。衛國並爲威虐，百姓不親，莫不相携持而去之焉〔二八三〕。

北風其涼〔二八四〕，雨雪其雱。惠而好我，携手同行。其虛其耶〔二八五〕？既亟只且！　北風其喈，雨雪其霏。惠而好我，携手同歸。其虛其耶？既亟只且！　莫赤匪狐，莫黑匪烏。惠而好我，携手同車〔二八六〕。其虛其耶？既亟只且。

《北風》三章，章六句。

《靜女》，刺時也。衛君無道，夫人無德。

靜女其姝，俟我乎[二八七]城隅。愛而不見，搔首踟躕。靜女其孌[二八八]，貽我彤管。彤管[二八九]有煒，悦懌亦[二九〇]女美。自牧歸荑[二九一]，詢[二九二]美且異。非[二九三]女之爲美，美人之貽[二九四]。

《靜女》三章，章四句。

《新臺》，刺衛宣公也。納伋之妻，作新臺于河上[二九五]，久[二九六]而要之。國人惡之，而作是詩也。

新臺有泚詞[二九七]，河水瀰瀰。燕婉之求，籧篨[二九八]不鮮。新臺有洒，河水浼浼。燕婉之求，籧篨不殄。魚網[二九九]之設，鴻則離之[三〇〇]。燕婉之求，得此戚施。

《新臺》三章，章四句。

《二子乘舟》，思伋、壽也。衛宣公之二子爭相爲死，國人傷而思之，而作[三〇一]是詩也。

二子乘舟，汎汎其影[三〇二]。願言思子，中心養養。二子乘舟，汎汎其逝。願言思子，不遐[三〇三]有害。

《二子乘舟》二章，章四句。

鄁國十有九篇[三〇四]，七十一章[三〇五]，三百六十三句[三〇六]。凡八千四百七十三言，第二。[三〇七]

鄘栢舟詁訓傳第四[三〇八]　**國風**[三〇九]

《栢舟》，恭[三一〇]姜自誓也。衛世子共伯蚤死[三一一]，其妻守義，父母欲奪而嫁之，誓而弗[三一二]許，故作是詩以絶之也[三一三]。

汎彼栢舟，在彼中河。髧彼兩髦，實惟[三一四]我儀。之[三一五]死矢靡它他[三一六]。母也天只，不諒人只！　汎彼栢舟，在彼河側。髧彼兩髦，實惟我特。之死矢靡慝〔三一七〕。母也天只，不諒〔三一八〕人只！

《栢舟》二章，章七句。

《牆有茨》，衛人刺上〔三一九〕也。公子頑通乎君母，國人疾之而不可道也。

牆有茨，不可掃〔三二〇〕。中冓〔三二一〕之言，不可道。所可道？言之醜。　牆有茨，不可攘〔三二二〕。中冓之言，不可詳。所可詳？言之長。　牆有茨，不可束。中冓之言，不可讀。所可讀？言之辱。

《牆有茨》三章，章六句。

《君子偕老》，刺衛夫人〔三二三〕。夫人淫亂，失事君子之道，故陳人君之德，服飾之盛，宜與君子偕老〔三二四〕。

君子偕老，副笄六珈。委=他=〔三二五〕，如山如河，象服是宜。子之不淑，云如之何〔三二六〕？　瑳兮瑳兮〔三二七〕，其之狄兮〔三二八〕。鬒髮如雲，不屑髢也。玉之瑱也，象之揥也〔三二九〕。楊且之皙也〔三三〇〕。胡然而天〔三三一〕？胡然而帝〔三三二〕？　瑳兮瑳兮〔三三三〕，其之展兮。蒙彼縐絺，是紲袢也〔三三四〕。子之清楊，楊且之顔也〔三三五〕。展如之人兮〔三三六〕，邦之媛兮〔三三七〕？

《君子偕老》三章，一章章七句，一章章九句，一章章八句〔三三八〕。

《桑中》，刺奔也。衛之公室淫亂，男女相奔，至乎世族〔三三九〕在位，相竊妻妾，期於幽遠〔三四〇〕，政散民流而不可止然也〔三四一〕。

爰采唐矣？沫之鄉矣。云誰之思？美孟姜矣。　期我乎桑中，要我乎上宮〔三四二〕，送我乎淇之上矣。爰采麥矣？沬之北矣。云誰之思？美孟弋矣。期我乎桑中，要我乎上宮，送我乎[三四三]淇之上矣。爰采葑矣，沬之東矣。云誰之思？美孟庸矣。期我乎桑中，要我乎上宮，送我乎淇[三四四]之上矣。

《桑中》三章，章七句[三四五]。

《鶉之奔奔》，刺宣姜也[三四六]。衛人以爲宣姜鶉鵲之不若也。

鶉之奔奔[三四七]，鵲之彊彊。人之無良，我以爲兄。鵲之彊彊，鶉之奔奔。人之無良，我以爲君。

《鶉之奔奔》二章，章四句[三四八]。

《定之方中》，美衛文公也。衛爲翟人[三四九]所滅，東徙度[三五〇]河，野處曹[三五一]邑。齊桓公攘戎翟[三五二]而封之。文公徙居楚丘，始建城市而營宮[三五三]室，得其時制，百姓説之，國家殷富焉。

定之方中，作爲[三五四]楚宮。揆之以日，作爲楚室。樹之榛栗，椅桐梓漆[三五五]，爰伐琴瑟。升彼墟[三五六]矣，以望楚矣[三五七]。望楚与堂，景山与京。降觀于桑。卜[三五八]云其吉，終然允臧。靈雨[三五九]既零，命彼倌人。星言夙駕，説于桑田。匪直也人，秉心塞淵，騋牝三千。

《定之方中[三六〇]》三章，章七句。

《蝃蝀》，止奔也。衛文公能以道化其民，淫奔之恥，國人不齒也焉[三六一]。

蝃蝀在東，莫之敢指。女之[三六二]有行，遠父母兄弟。朝隮[三六三]于西，崇朝其雨。女子有行，遠兄弟父母。乃如之人兮[三六四]，懷婚[三六五]姻也。太[三六六]無信也，不知命也。

《蝃蝀》三章，章四句。

《相鼠》，刺無礼也。衛文公正〔三六七〕其群臣，而刺在位承先君之化，無礼儀也〔三六八〕。

相鼠有皮，人而無儀。人而無儀，不死何爲？ 相鼠有齒，人而無止。人而無止，不死何俟？ 相鼠有體，人而無礼。人而無礼，胡不遄死？

《相鼠》三章，章四句。

《干旄》，美好善也。衛文公臣子多好善，賢者樂告以善道也〔三六九〕。

孑孑干旄，在浚之郊。素絲紕之，良馬四之。彼姝者子，何以畀〔三七〇〕之？ 孑孑干〔三七一〕旟，在浚之都。素絲組〔三七二〕之，良馬五之。彼姝者子，何以予之？ 孑孑干旌，在浚之城。素絲祝之，良馬六之。彼姝者子，何以告之？

《干旄》三章，章六句〔三七三〕。

《載馳》，許穆夫人作也。閔其宗國〔顛覆〕〔三七四〕，自傷不能救之〔三七五〕。衛懿公爲翟〔三七六〕人所滅，國人分散，露於曹〔三七七〕邑。許穆夫人閔衛之亡，傷許之小，力不能救，思歸唁其兄，又義不得，故賦是詩也。

載馳載驅，歸唁衛侯。驅馬悠悠，言至乎〔三七八〕曹。大夫跋涉，我心則憂。既不我嘉，不能〔旋反。視爾不臧，我思不遠。既不我嘉，不能〕〔三七九〕檖〔三八〇〕濟。視尔不臧，我思不閟。陟彼阿丘，言采其蝱〔三八一〕。女子善懷，亦各有行。許人尤之，衆穉池〔三八二〕且狂。 我行其野，芃芃蓬〔三八三〕其麥。控乎〔三八四〕大邦，誰因誰極！ 大夫君子，無我有尤。百尔所思，不如我所之！

《載馳》五章，其〔三八五〕二章章六句，二章章四句，一章章八句〔三八六〕。

衛淇奧詁訓傳第五　國風〔三八七〕　鄭氏箋

《淇隩》〔三八八〕，美武公之德也。有文章，又能聽其規〔三八九〕諫，以礼自防，故能入相乎〔三九〇〕周，美而作是詩也。

瞻彼淇隩，緑竹猗猗。有匪君子，如切如瑳〔三九一〕，如琢如磨。瑟兮僴兮，赫兮咺歡〔三九二〕兮。有匪君子，終不可諼喧〔三九三〕兮。瞻彼淇隩，緑竹青青。有匪君子，充耳琇瑩〔三九四〕，會弁如星。瑟兮僴兮，赫兮咺兮。有匪君子，終不可諼兮。瞻彼淇隩，緑竹如簀。有匪君子，如金如錫，如珪〔三九五〕如璧。寬兮綽兮，倚重較兮。善戲謔兮，不爲虐兮。

《淇隩》三章，章九句。

《考槃》，刺莊公也。不能繼先君〔三九六〕之業，使賢者退而窮處。

考槃在澗，碩人之寬。獨寐寤言，永矢弗諼。考槃在阿，碩人之薖〔三九七〕。獨寐寤歌，永矢弗過。考槃在陸，碩人之軸。獨寐寤宿，永矢弗告。

《考槃》三章，章四句。

《碩人》，閔莊姜也。莊公惑於嬖妾，使驕上譖〔三九八〕。莊姜賢而不荅，終以無子，國人閔而憂之也〔三九九〕。

碩人其頎，衣錦褧衣。齊侯之子，衛侯之妻。東宮之妹，邢侯之姨，譚公維私。手如柔荑，膚如凝脂。領如蝤齊〔四〇〇〕，齒如瓠犀〔四〇一〕。螓秦〔四〇二〕首蛾眉，巧笑倩兮，美目盼〔四〇三〕兮。碩人敖敖，税乎〔四〇四〕農郊。四牡母〔四〇五〕有驕，朱幩鑣鑣，狄〔四〇六〕茀以朝。大夫夙退，無使君勞。河水洋洋，北流活活。施罛濊濊豁〔四〇七〕，鱣檀鮪偉潑潑〔四〇八〕，葭加菼淡〔四〇九〕揭揭。庶姜孽孽，庶士有朅。

《碩人》四章，章七句。

《氓》〔四一〇〕，刺時也。宣公之時，礼義消亡，淫風大行，男女無別，遂相奔誘。華落色衰，復相弃〔四一一〕背。或乃困而自悔，喪其配偶〔四一二〕，故序其事以風焉。美反政〔四一三〕，刺淫佚也〔四一四〕。

氓之蚩蚩，抱〔四一五〕布貿絲。匪來貿絲，來即我謀。送子涉淇，至于頓丘。匪我愆期，子無良媒。將子無怒，秋以爲期。乘彼垝垣，以望復關。不見復關，泣涕漣漣。既見復關，載笑載言。尔卜尔筮，體無咎言。以尔車來，以我賄遷。桑之未落，其葉〔四一六〕沃若。于嗟鳩兮，無食桑椹〔四一七〕。于嗟女兮，無與士耽〔四一八〕。士之耽兮，猶可説也。女之耽兮，不可説也。桑之落矣，其黄而隕。自我徂尔，三歲食貧。淇水湯湯，漸車帷裳。女也不爽，士貳其行。士之〔四一九〕罔極，二三其德。三歲爲婦，靡室勞矣。夙興夜寐，靡有朝矣。言既遂矣，至乎〔四二〇〕暴矣。兄弟不知，咥其笑矣。靜言思之，躬自悼矣。及尔偕老，老使我怨。淇則有岸，隰則有泮。棇〔四二一〕角之宴，言笑晏晏。信誓旦旦，不思其反。反是不思，亦以〔四二二〕焉哉！

《氓》〔四二三〕六章，章十句。

《竹干》〔四二四〕，衛女思歸也。適異國而不荅〔四二五〕，思而能以礼也〔四二六〕。

藋藋〔四二七〕竹干，以釣于淇。豈不尒思？遠莫致之。泉源在左，淇水在右。女子有行，遠兄弟父母。淇水在右，泉源在左。巧笑之瑳，佩玉之儺。淇水悠悠〔四二八〕，檜檝〔四二九〕松舟。駕言出遊，以寫我憂。

《竹干》四章，章四句。

《丸蘭》〔四三〇〕，刺惠公也。驕而無礼，大夫刺之。

丸蘭之支，童子佩觿。雖則佩觿，能不我知。容兮遂兮，垂帶悸兮。丸蘭之葉〔四三一〕，童子佩韘〔四三二〕。雖則佩韘，能不我甲。容兮遂兮，垂帶悸兮。

《丸蘭》二章，章六句。

《河廣》，宋襄公母歸乎〔四三三〕衛，思而不止，故作是詩也。

誰謂河廣？一葦沆〔四三四〕之。誰謂宋遠？跂予望之。　誰謂河廣？曾不容舠〔四三五〕。誰謂宋遠？曾不崇朝。

《河廣》〔四三六〕二章，章四句。

《伯兮》，刺時也。君子〔四三七〕行役，爲王前驅，過時而不反焉。

伯兮朅兮，邦之傑兮〔四三八〕。伯也執殳，爲王前驅。　自伯之東，首如飛蓬。豈無膏沐？誰適爲容。　其雨其雨，杲杲出日。願言思伯，甘心首疾。　焉得〔四三九〕諼草，言樹之背？願言思伯，使我心痗。

《伯兮》四章，章四句。

《有狐》，刺時也。衛之男女失時，喪其配偶〔四四〇〕焉。古者國有凶荒，則煞礼而多婚〔四四一〕，會男女之無室家〔四四二〕者，所以蕃育民人〔四四三〕也。

有狐綏綏，在彼淇梁。心之憂矣，之子無裳。　有狐綏綏，在彼淇〔四四四〕厲。心之憂矣，之子無帶。　有狐綏綏，在彼淇側。心之憂矣，之子無服。

《有狐》三章，章四句。

《木瓜》，美齊桓公也。衛國有狄人之敗，出處于曹〔四四五〕，齊桓公救而封之〔四四六〕，遺〔四四七〕車馬器服焉。衛人思之，欲厚報之，而作是詩也。

投我以木瓜，報之以瓊琚。匪報也，永以爲好也。投我以木桃，報之以〔四四八〕瓊瑤。匪報也，永以爲好也。投我以木李，報之以瓊玖。匪報也，永以爲好也。

《木瓜》三章，章四句。第三〔四四九〕

王黍離故訓傳第六〔四五〇〕

《黍離》，閔宗周也。大夫〔四五一〕行役至于宗周，過故宗廟〔四五二〕宮室，盡爲禾黍。閔周室之顛覆，仿偟〔四五三〕不忍去，而作是詩〔四五四〕。

彼黍離離，彼稷之苗。行邁靡靡，中心搖搖。知我者謂我心憂，不知我者謂我何求？悠悠蒼天，此何人哉？彼黍離離，彼稷之穗。行邁靡靡，中心如醉。知我者謂我心憂，不知我者謂我何求？悠悠蒼天，此何人哉？彼黍離離，彼稷之實。行邁靡靡，中心如噎。知我者謂我心憂，不知我者謂我何求？悠悠蒼天，此何人哉？

《黍離》三章，章十句。

《君子于役》，刺平王也。君子行役無期度，大夫思其危難以風焉。

君子于役，不知其期，曷至哉？雞棲于塒〔四五五〕，日之夕矣，羊牛下來。君子于役，如之何勿思！君子于役，不日不月，曷其有佸？雞棲于桀，日之夕矣，羊牛下括。君子于役，苟無飢渴？

《君子于役》二章，章八句。

《君子陽陽》〔四五六〕，閔周也。君子遭亂代〔四五七〕，相招爲祿仕，全身遠害而已矣〔四五八〕。

君子陽陽，左執簧，右招我由房。其樂只且！君子陶陶，左執翿，右招［我］〔四五九〕游遨〔四六〇〕。其樂只且！

《君子陽陽》二章〔四六一〕，章四句。

《楊之水》〔四六二〕，刺平王也。不撫其民〔四六三〕，而遠屯戍于母家，周人怨〔四六四〕焉。

楊之水，不流束薪。彼其之子，不〔四六五〕與我戍申。懷哉懷哉！遏〔四六六〕月予還歸哉？楊之水，不流束楚。彼其之子，不与我戍甫。懷哉懷哉！遏月予還歸哉？楊之水，不流束蒲。彼其之子，不與我戍許。懷哉懷哉！曷月予還歸哉？

《楊之水》三章，章六句。

《中谷有椎》〔四六七〕，閔周也。夫婦日以衰薄，凶年饑饉，室家相棄尔。

中谷有推，暵其乾矣。有女〔四六八〕仳離，嘅其歎〔四六九〕矣。嘅其歎矣，遇人之艱難矣。中谷有椎，暵其脩矣。有女仳離，條其嘯〔四七〇〕矣。條其嘯矣，遇人之不淑矣。中谷有椎，暵其濕矣。有女仳罹〔四七一〕，啜其泣矣。啜其泣矣，何嗟及矣。

《中谷有椎》三章，章六句。

《菟爰》〔四七二〕，閔周也。桓王失信，諸侯背畔〔四七三〕，構〔四七四〕怨連禍，王師傷敗，君子不樂其生焉。

有菟爰爰，雉罹〔四七五〕于羅。我生之初，尚無爲。我生之後，逢〔四七六〕此百罹，尚寐無訛〔四七七〕。有菟爰爰，雉罹于罦。我生之初，尚無造。我生之後，逢此百憂，尚寐無覺。有菟爰爰，雉罹于罿。我生之初，尚無庸。我生之後，逢此百凶，尚寐無聰。

《菟爰》三章，章七句。

《葛藟》〔四七八〕，王族刺桓王〔四七九〕也。周室道衰，棄〔四八〇〕其九族焉。

綿綿〔四八一〕葛藟，在河之滸。終遠兄弟，謂他人父。謂他人父，亦莫我顧。綿綿葛藟，在河之涘。終遠兄弟，謂他人母。謂他人母，亦莫我有。綿綿葛藟〔四八二〕，在河之脣〔四八三〕。終遠兄弟，謂他人昆。謂他人昆，亦莫我聞。

《葛藟》三章，章六句。

《采葛》，懼讒也。

彼采〔四八四〕葛兮，一日不見，如三月兮。彼采蕭兮，一日不見，如三秋兮。彼采艾兮，一日不見，如三歲兮。

《采葛》三章，章三句。

《大車》，刺周大夫也。礼義淩遲〔四八五〕，男女淫奔，故陳古以刺今，大夫不能聽男女之訟焉。

大車檻檻，毳衣如菼。豈不尔思？畏子不敢。大車哼哼，毳衣如璊。豈不尔思？畏子不奔。穀則異室，死則同穴。謂予不信，有如曒〔四八六〕日！

《大車》三章，章四句。

《丘中有麻》，思賢也。莊王不明，賢人放逐，國人思之，而作是詩也。

丘中有麻〔四八七〕，彼〔四八八〕留子嗟。彼留子嗟，其將〔四八九〕來施施。丘中有麥，彼留子國。彼留子國，其將來食。丘中有李，彼留之子。彼留之子，詒〔四九〇〕我佩玖。

《丘中有麻》三章，章四句〔四九一〕。

鄭緇衣故訓傳第七〔四九二〕

《緇衣》，美武公之德〔四九三〕也。父子並爲周司徒，善於其職，國人宜之，故美其德，以明有國善善之功焉。

緇衣之宜兮，弊〔四九四〕，予又改爲兮。適子之館〔四九五〕兮，還，予授子之粲兮。緇衣之好兮，弊，予又改造兮。適子之館兮，還，予授子之粲兮。緇衣之席〔四九六〕兮，弊，予又改作兮。適子之館兮，還，予授子之粲兮。

《緇衣》三章，章四句。

《將仲子》，刺莊公也。不勝其母，以害其弟。叔〔四九七〕失道而公弗制，祭仲驟〔四九八〕諫而公弗聽，小不忍以致大亂焉。

將仲子兮！無踰我里，無折〔四九九〕我樹杞。豈敢愛之？畏我父母。仲可懷也，父母之言，亦可畏也。將仲子兮！無踰我牆，無折我樹桑。豈敢愛之？畏我諸兄。仲可懷也，諸兄之言，亦可畏也！將仲子兮！無踰我園，無折我樹檀。豈敢愛之？畏人之多言。仲可懷也，人之多言，亦可畏也。

《將仲子》三章，章六句〔五〇〇〕。

《叔于田》〔五〇一〕，刺莊公也。叔處于京，繕甲治兵，以出于田，國人説而歸之。

叔于田，巷無居人。豈無居人？不如叔也，洵美且仁。叔于狩〔五〇二〕，巷無飲酒。豈無飲酒？不如叔也，洵美且好。叔適野，巷無服馬。豈無服馬？不如叔也，洵美且武。

《叔于田》〔五〇三〕三章，章五句。

《太叔于畋》〔五〇四〕，刺莊公也。叔多才而好勇，不義而得衆也。

太叔于畋，乘乘馬。執轡如組，兩驂如舞。叔在藪，火烈具舉。襢裼暴虎，獻于公所。將叔毋[五〇五]狃，戒其傷女。叔于田，乘乘黄。兩服上襄，兩驂鴈行。叔在藪，火烈具揚。叔善射忌，又良御忌。抑磬控忌，抑縱送忌。叔于田，乘乘鴇[五〇六]。兩服齊首，兩驂如手。叔在藪，火烈具阜。叔馬嫚[五〇七]忌，叔發罕忌。抑釋掤[五〇八]忌，抑鬯弓忌[五〇九]。

《太叔于田》三章，章十句。

《清人》，刺文公也。高克好利而不顧其君，文公惡之[五一〇]而欲遠之不能。使高克將兵而御狄于境[五一一]，陳其師旅，翱翔乎[五一二]河上。久而不召，衆散而歸，高克奔陳。公子素惡高克進之不以礼，文公退之不以道，危國亡師之本，故作是詩也。

清人在彭，駟介旁旁。二矛重英，河上乎翱翔。清人在消，駟介麃麃。二矛重喬，河上乎逍遥。清人在軸，駟介陶陶。左檖[五一三]右抽，中軍作好。

《清人》三章，章四句。

《羔裘》，大夫[五一四]刺朝也。言古之君子，以風其朝焉。

羔裘如濡，洵直且侯。彼己[五一五]之子，舍命不渝。羔裘豹飾，孔武有力。彼己之子，邦[五一六]之司直。羔裘晏兮，三英粲兮。彼己之子，邦之彦兮。

《羔裘》三章，章四句。

《遵大路》，思君子也。莊公失道，君子去之，國人思望焉。

遵大路兮，摻執子之袪兮。無我惡兮，不寁故也。遵大路兮，摻執子之手兮。無我魗[五一七]兮，不寁好兮[五一八]。

《遵大路》〔五一九〕二章，章四句。

《女曰鷄鳴》，刺不説德也。陳古士〔五二〇〕義以刺今，不説德而好美〔五二一〕色也。

女曰鷄鳴，士曰昧旦。子興視夜，明星有爛。將翱將翔，弋鳬与鴈。弋言加之，與子宜之。宜言飲酒，與子偕老。琴瑟在御，莫不靜好。知子之來之，雜珮〔五二二〕以贈之。知子之順之，雜珮以問之。知子之好之，雜珮以報之。

《女曰鷄〔鳴〕》〔五二三〕三章，章六句。

《有女同車》，刺忽也。鄭人刺忽之不婚于齊也〔五二四〕。太子忽嘗有功于齊，齊侯請妻之。齊女賢而忽〔五二五〕不取，卒以無大國之助，至於見逐，國人〔刺〕〔五二六〕之。

有女同車，顔如舜華。將翱將翔，佩玉瓊琚。彼美孟姜，洵美且都。有女同行，顔如舜英。將翱將翔，佩玉將將。彼美孟姜，德音不忘。

《有女同車》二章，章六句。

《山有扶蘇》，刺忽也。所美非美人〔五二七〕。

山有扶蘇，隰有荷華。不見子都，乃見狂且。山有橋〔五二八〕松，隰有游龍。不見子充，乃見狡童。

《山有扶蘇》二章，章四句。

《蘀兮》，刺忽也。君弱臣強，不倡而和也。

蘀兮蘀兮，風其吹汝〔五二九〕。叔兮伯兮，倡予和女。蘀兮擅兮，風其漂女。叔兮伯兮，倡予要女。

《蘀兮》二章，章四句。

《狡童》，刺忽也。不能與賢人圖事，權臣擅命也。

彼狡童兮，不與我言兮。維子之故，使我不能飡〔五三〇〕兮。 彼狡童兮，不與我食兮。維子之故，使我不能息兮。

《狡童》二章，章四句。

《褰裳》，思見正也。狂童恣〔五三一〕行，國人思大國之正己也。

子惠思我，褰裳涉溱。子不我思，豈無他人？狂童之狂也且！ 子惠思我，褰裳涉洧。子不我思，豈無他士？狂童之狂也且！

《褰裳》二章，章五句。

《丰》，刺亂也。婚姻之道缺〔五三二〕，陽倡而陰不和，男行而女不隨也〔五三三〕。

子之丰兮，俟我于〔五三四〕巷兮，悔予不送兮。 子之倡〔五三五〕兮，俟我乎堂兮，悔予不將兮。 衣錦褧衣，裳錦褧裳。叔兮伯兮，駕予與行。 裳錦褧裳，衣錦褧衣。叔兮伯兮，駕予與歸。

《丰》四章，二章［章］三句〔五三六〕，二章章四句。

《東門之壇》〔五三七〕，刺亂也。男女有不待礼而相奔者也。

東門之壇，茹藘〔五三八〕在阪。其室則⿱人爾〔五三九〕，其人不〔五四〇〕遠。 東門之栗〔五四一〕，有踐家室〔五四二〕。 豈不思⿱人爾〔五四三〕？ 子不我即。

《東門之壇》二章，章四〔五四四〕句。

《風雨》，思君子也。亂世則思君子，不改其度焉。

風雨淒淒，鷄鳴喈喈。既見君子，云胡不夷？ 風雨瀟瀟〔五四五〕，鷄鳴膠膠。既見君子，云胡不瘳〔五四六〕？風雨如晦，鷄鳴不已。既見君子，云胡不喜？

《風雨》三章，章四句。

《子衿》，刺學校廢也。亂世則學校不脩〔五四七〕。

青青子衿，悠悠我心。縱我不往，子寧不嗣音？青青子佩，悠悠我思。縱我不往，子寧不來？佻〔五四八〕兮達兮，在城闕兮。一日不見，如三月兮。

《子衿》三章，章四句。

《楊之水》〔五四九〕，閔無臣也。君子閔忽之無忠臣良士，終以死亡，而作是詩也。

楊之水，不流束楚。終鮮兄弟，維予與汝〔五五〇〕。無信人之言，人實迋汝。楊之水，不流束薪。終鮮兄弟，維予二人。無信人之言，人實不信。

《楊之水》二章，章六句。

《出其東門》，閔亂也。公子五爭，兵革不息，男女相棄〔五五一〕，民人思保其室家焉。

出其東門，有女如雲。雖則如雲，匪我思存。縞衣綦巾，聊樂我云〔五五二〕。出其闉闍，有女如荼。雖則如荼，匪我思徂〔五五三〕。縞衣茹藘〔五五四〕，聊可与虞〔五五五〕。

《出其東門》〔五五六〕二章，章六句。

《野有蔓草》，思遇時也。君之澤不流於下〔五五七〕，民人〔五五八〕窮於兵革，男女失時，思不期而會焉。

野有蔓草，零露團〔五五九〕兮。有美一人，清揚〔五六〇〕婉兮。邂逅相遇，適我願兮。野有蔓草，零露瀼瀼。有美一人，婉如清陽〔五六一〕。邂逅相遇，与子皆臧。

《野有蔓草》二章，章六句。

《溱洧》，刺亂也。兵革不息，男女相棄，淫風大行，莫之能救焉。

溱與洧，方渙渙兮。維〔五六二〕士与女，方秉蕑兮。女曰：『觀乎？』士曰：『既且。』『且往觀乎？洧之外，洵訏且樂。』維士與女，伊其相謔，贈之以勺藥。溱与洧，瀏其清矣。維士与女，殷其盈矣。女曰：『觀乎？』士曰：『既且。』『且往觀乎？洧之外，洵訏且樂。』維士与女，伊其將謔，贈之以〔五六三〕勺藥。

《溱洧》二章，章十二句。卷弟四〔五六四〕

齊鷄鳴詁訓傳弟八〔五六五〕

《鷄鳴》，思賢妃也。哀公荒淫怠慢，故陳古賢妃貞女夙夜警戒相成之道也。〔五六六〕

鷄既鳴矣，朝既盈矣。匪鷄則鳴，蒼蠅之聲。東方明矣，朝既昌矣〔五六七〕。匪東方則明，月出之光。蟲飛薨薨，甘与子同夢。會且歸矣，無庶与〔五六八〕子憎。

《鷄鳴》三章，章四句。

《還》，刺荒也。哀公好田獵，從禽獸而無饜〔五六九〕。國人化之，遂成風俗，習於田獵謂之賢，閑於馳逐謂之好焉。

子之還兮，遭我乎猺之間〔五七〇〕兮。並驅從兩豜〔五七一〕兮，揖我謂我儇兮。子之茂兮，遭我乎猺之道兮。並驅從兩牡兮，揖我謂我好兮。子之昌兮〔五七二〕，遭我乎猺之陽兮。並驅從兩狼兮，揖我謂我臧兮。

《還》三章，章四句。

《著》，刺時也。時不親迎〔五七三〕。

俟我於著乎而，充耳以素乎而，尚之以瓊華乎而。俟我於庭乎而，琉〔五七四〕耳以青乎而，尚之以瓊瑩〔五七五〕乎而。俟我於堂乎而，琉耳以黄乎而，尚之以瓊英乎而。

《著》三章，章三句。

《東方之日》，刺襄公也〔五七六〕。君臣失道，男女淫奔，不能以禮化也。

東方之日兮，彼姝者子，在我室兮。在我室兮，履我即兮。東方之月兮，彼姝者子，在我達〔五七七〕兮。在我達兮，履我發兮。

《東方之日》〔五七八〕二章，章五句。

《東方未明》，刺無節也。朝庭興居而無節度〔五七九〕，號令不時，挈壺氏不能掌其職焉。

東方未明，顛倒衣裳。顛之倒之，自公召之。東方未晞〔五八〇〕，顛倒裳衣。倒之顛之，自公命〔五八一〕之。折柳樊圃，狂夫瞿瞿。不能晨〔五八二〕夜，不夙則暮〔五八三〕。

《東方未明》三章，章四句。

《南山》，刺襄公也。鳥獸之行，淫乎其妹，大夫遇是惡，作詩而去焉〔五八四〕。

南山崔崔，雄狐綏綏。魯道有蕩，齊子由歸。既曰歸止，曷又懷止？葛屨五兩，冠緌〔五八五〕雙止。魯道有蕩，齊子庸止。既曰庸止，曷又從止？蓺〔五八六〕麻如之何？從衡〔五八七〕其畝。娶〔五八八〕妻如之何？必告父母。既曰告止，曷又鞠止？析〔五八九〕薪如之何？匪斧不克。娶妻如之何？匪媒不得。既曰得止，曷又極止？

《南山》四章，章六句。

《甫田》，大夫刺襄公也。無禮儀〔五九〇〕而求大功，不脩其〔五九一〕德而求諸侯，志大心勞，所求之者〔五九二〕非其道也。

無佃〔五九三〕甫田，維莠驕驕。無思遠人，勞心忉忉。無佃甫田，維莠桀桀。無思遠人，勞心〔五九四〕怛怛。婉兮孌兮，総角丱兮〔五九五〕。未幾見之〔五九六〕，突而弁兮。

《甫田》三章，章四句。

《盧鈴》〔五九七〕，刺荒也。襄公好田獵畢弋而不脩民事，百姓苦之，故陳古以刺風〔五九八〕焉。

盧鈴鈴，其人美且仁。盧重環，其人美且鬈。盧重鋂，其人美且偲。

《盧鈴》三章，章二句。

《敝笱》，刺文姜也。齊人惡魯桓公微弱，不能防閑文姜，使至淫亂，爲二國患焉。

敝笱在梁，其魚魴鰥〔五九九〕。齊子歸止，其從如雲。敝苟〔六〇〇〕在梁，其魚魴鱮。齊子歸止，其從如雨。敝苟在梁，其魚唯唯。齊子歸止，其從如水。

《敝苟》三章，章四句。

《載驅》，齊人刺襄公也。無礼儀〔六〇一〕故，盛其車服，疾驅於通道大都，与文姜淫，播其惡於萬民焉。

載驅薄薄，簟茀朱鞹〔六〇二〕。魯道有蕩，齊子發夕。駟〔六〇三〕驪濟濟，垂轡瀰瀰。魯道有蕩，齊子愷悌〔六〇四〕。汶水湯湯，行人彭彭。魯道有蕩，齊子翱翔。汶水滔滔〔六〇五〕，行人儦儦。魯道有蕩，齊子遊敖〔六〇六〕。

《載驅》四章，章四句。

《猗嗟》，刺魯莊公也。齊人傷魯莊公有威儀伎〔六〇七〕藝，然而不能以礼防閑其母，失子之道，人以爲齊侯之子焉。

猗嗟昌兮，頎而長兮。抑若陽〔六〇八〕兮，美目揚〔六〇九〕兮。巧趍〔六一〇〕蹌兮，射則臧兮。猗嗟名兮，美目清〔六一一〕兮，儀既成兮。終日射侯，不出正兮，展我甥兮。猗嗟孌兮，清揚椀兮〔六一二〕。舞則選兮，射則貫兮。四矢反兮，以御〔六一三〕亂兮。

《猗嗟》三章，章六句〔六一四〕。

魏葛屨詁訓傳第九

《葛屨》，刺褊也。魏地陿隘，其人機巧趍利〔六一五〕，其君儉嗇褊急，而無德以將之也〔六一六〕。

糾〔六一七〕糾葛屨，可以履霜？摻摻女手，可以縫裳？要之襋之，好人服之。好人提提，宛然左僻〔六一八〕，佩其象揥。維是褊心，是以爲刺。

《葛屨》二章，一章六句，一章五句。

《汾沮洳》，刺儉也。其君儉以能勤，刺不得礼也。

彼汾沮洳，言采其莫。彼其之子，美無度。美無度，殊異乎公輅〔六一九〕。彼汾一方，言采其桑。彼其之子，美如英。美如英，殊異乎公行。彼汾一曲，言采其藚。彼其之子，美如玉。美如玉，殊異乎公族。

《汾沮洳》三章，章六句。

《園有桃》，刺時也。大夫憂其君國小而迫，而儉以嗇，不能用其人〔六二〇〕，而無德教，日以侵削，而〔六二一〕作是詩也。

園有桃，其實之殽。心之憂矣，我歌且謠。我不知者〔六二二〕，謂我士也驕。彼人是哉，子曰何其。心之憂矣，其誰知之？其誰知之，蓋亦勿思。園有棘，其實之食。心之憂矣，聊以行國。不知我者[六二三]，謂我士也罔極。彼人是哉，子曰何其。心之憂矣，其誰知之？其誰知之，蓋亦勿思。

《園有桃》二章，章十二句。

《陟岵》，孝子行役，思念父母也。國小而迫，而數見侵削[六二四]，役于大國之間[六二五]，父母兄弟離散，而作是詩也。

陟彼岵兮，瞻望父兮。父曰：『嗟，予子！行役夙夜無已。上慎旃哉！猶來無止。』陟彼屺兮，瞻望母兮。母曰：『嗟，予季！行役夙夜無寐。上慎旃哉！猶來毋[六二六]棄。』陟彼罡[六二七]兮，瞻望兄兮。兄曰：『嗟，予弟！行役夙夜必偕。上慎旃哉！猶來無死。』

《陟岵》三章，章六句。

《十畝之間》，刺時也。言其國削小，民無所居焉。

十畝之間[六二八]，桑者閑閑兮，行與子旋[六二九]兮。十畝之外，桑者泄泄兮，行與子逝兮。

《十畝之間》二章，章三句。

《伐檀》，刺貪也。在位貪鄙，無功而受祿，君子不得進仕尔。

坎坎伐檀兮，寘之河之干兮，河水清且漣猗。不稼不穡，胡取禾三百壥[六三〇]兮？不狩不獵，胡瞻尔庭有懸[六三一]貆兮？彼君子兮，不素飱[六三二]兮！坎坎伐輻兮，寘之河之側兮，河水清且倚直[六三三]。不稼不穡，胡取禾三百億兮？不狩不獵，胡瞻龠庭有懸特兮？彼君子兮，不素食兮！坎坎伐輪兮，寘之河之漘兮，河水清且淪漪[六三四]。不稼不穡，胡取禾三百囷兮？不狩不獵，胡瞻尔庭有懸鶉兮？彼君子兮，不素飧兮！

《伐檀》三章，章十[六三五]句。

《碩鼠》，刺重斂也。國人刺其君之[六三六]重斂，蠶食於人[六三七]，不脩其政，貪而畏人，若大鼠也。

碩鼠碩鼠，無食我黍。三歲貫女，莫我肯顧。逝將去汝[六三八]，適彼樂土。樂土樂土，爰得我所！　碩鼠碩鼠，無食我麥。三歲貫女，莫我肯德。逝將去汝，適彼樂國。樂國樂國，爰得我直！　碩鼠碩鼠，無食我苗。三歲貫女，莫我肯勞。逝將去女，適彼樂郊。樂郊樂郊，誰之詠[六三九]號！

《碩鼠》三章，章八句。

魏國七篇，十八章，百廿八句。卷第五[六四〇]

唐蟋蟀詁訓傳第十卷第六[六四一]

《蟋蟀》，刺晉僖公也。儉不中禮，故作是詩以閔之，欲其及時以禮自虞樂也。此晉也，而謂之唐，本其風俗，憂深思遠，儉而用禮，乃有堯之遺風焉。憂深思遠[六四二]，謂『宛其死矣』、『百歲之後』之類也。

蟋蟀在堂，歲聿其暮[六四三]。今我不樂，日月其除。蟋蟀，蛬也，九月在堂。聿，遂也[六四四]；除，去也。箋云：我，我僖公也。蛬在堂，歲時之候也[六四五]，是[六四六]農功畢，君可以自樂矣。今不自樂，日月將[六四七]過去，不復暇爲之。謂十二月，當復命農計耦耕事者也[六四八]。　無已太[六四九]康，職思其居。已，甚也[六五〇]；康，樂也[六五一]；職，主也。箋云：君雖當自樂，亦無甚太樂，欲其用礼爲節也，人[六五二]當主思於所居之事，言國中政令者[六五三]。　好樂無荒，良士瞿瞿。荒，大也。瞿瞿然，顧禮義也。箋云：荒，廢亂也。良，善也。君子之好樂[六五四]，不當至於廢亂政事，當如善士瞿瞿然顧禮義者[六五五]也。

蟋蟀在堂，歲聿其逝。今我不樂，日月其邁。邁，行[六五六]。　無已太康，職思其外。外，禮樂之外也[六五七]。箋云：外謂國外至四境者也[六五八]。　好樂無荒，良士蹶蹶。蹶蹶，動而敏於事也[六五九]。

蟋蟀在堂，役車其休。箋云：庶人乘役車，役車休[六六〇]，農功畢，無事也。　今我不樂，日月其慆。慆，過也。　無已太康，職思其憂。憂，可憂也。箋云：憂者，謂鄰國侵伐之憂也[六六一]。　好樂無荒，良士休休。休休，樂道之心也[六六二]。

《蟋蟀》三章，章八句。

《山有樞》，刺晉昭公也。不能脩道以正其國，有財不能用，有鍾鼓不能以自樂，有朝廷不能洒埽〔六六三〕，政荒民散，將以危亡。四鄰謀取其國家而不知，國人作詩以刺之〔六六四〕。

山有樞，隰有榆。興也。樞，荎也。國君有賄貨〔六六五〕而不能用，如山隰不能自用其材也〔六六六〕。子有衣裳，弗曳弗婁。子有車馬，弗馳弗驅〔六六七〕。婁亦曳也。宛〔六六八〕其死矣，他人是愉。宛，死貌也〔六六九〕。愉，樂也。箋云：愉讀曰偷。偷，取者〔六七〇〕。山有栲，隰有杻。栲，山樗也〔六七一〕。杻，檍也。子有庭〔六七二〕内，弗洒弗埽。子有鍾鼓，弗擊〔六七三〕弗考。洒，灑也。考，擊也。宛其死矣，他人是保。保，安也。箋云：保，居也。山有漆〔六七四〕，隰有栗。子有酒食，何不〔六七五〕鼓瑟？君子無故，琴瑟不離於側也〔六七六〕。且以喜樂，且以永日。永，引也。宛其死矣，他人入室。

《山有樞》三章，章八句。

《楊之水》〔六七七〕，刺晉昭公也。昭公分國以封沃，沃盛強，昭公微〔六七八〕，國人將叛而歸沃焉。封沃者，封叔父桓叔於沃〔六七九〕。曲沃〔六八〇〕，晉之邑也。

楊之水，白石鑿鑿。興也。鑿鑿然，鮮明狠〔六八一〕。箋云：激揚之水，波流〔六八二〕湍疾，洗去垢濁，使白石鑿鑿然。興者，諭桓叔盛強〔六八三〕，除民所惡，民將以〔六八四〕有禮義也。素衣朱襮，從子于沃。襮，領也。諸侯繡黼丹朱中衣。沃，曲沃也。箋云：繡當爲[霄]〔六八五〕，霄領〔六八六〕丹朱中衣，中衣以霄黼爲領，丹朱[爲]〔六八七〕純也。國人欲進此服，去從桓叔者也〔六八八〕。既見君子，云何不樂？箋云：君子，謂桓叔也〔六八九〕。楊之水，白石浩浩〔六九〇〕。浩浩，潔〔六九一〕白也。素衣朱繡，從子于鵠。繡，領〔六九二〕。鵠，曲沃邑也。既見君子，云何其憂？言无憂也。楊之水，白石鄰鄰〔六九三〕。鄰[鄰]〔六九四〕，清澈也。我聞有命，不可〔六九五〕告人。聞曲沃有善政命也〔六九六〕，不敢以告人也〔六九七〕。箋云：不〔六九八〕告人而去者，畏昭公謂己動民心。

《楊之水》三章，[二章]〔六九九〕章六句，一章四句。

《椒聊》，刺晉昭公也。君子見沃之〔七〇〇〕能脩其政，知其蕃衍盛大，子孫將有國〔七〇一〕焉。

椒聊之實，蕃衍盈升。興也。椒聊，子〔七〇二〕也。箋云：椒性〔七〇三〕芬香而少實，今一捄之實，蕃衍滿升，非其常也。興者，諭桓叔晉君支別〔七〇四〕耳，今其子孫衆多，將以日盛也〔七〇五〕。彼己〔七〇六〕之子，碩大無朋。朋，比也。箋云：之子，是子也，是〔七〇七〕謂桓叔也。碩謂壯皃〔七〇八〕，佼好也。大謂美〔七〇九〕廣博也。無朋，平均，不朋黨也〔七一〇〕。椒聊且！遠條且！條，長也。箋云：椒之氣日益遠長，似桓叔之德彌廣博也〔七一一〕。椒聊之實，蕃衍盈匊。兩手曰匊。彼己之子，碩大且篤。篤，厚也。椒聊且！遠條且〔七一二〕！

《椒聊》〔七一三〕二章，章六句。

《綢繆》，刺晉亂也。[國亂]則婚姻〔七一四〕不得其時焉。不得其時者〔七一五〕，謂不及仲春之月。

綢繆束薪，三星在天。興也。裯〔七一六〕繆猶纏綿也。三星，參也。在天[謂]〔七一七〕始見東方也。男女待礼而成，若薪蒭待人事而束〔七一八〕也。三星在天，可嫁娶也〔七一九〕。箋云：三星，謂心[星也，心]〔七二〇〕有尊卑，夫婦父子之象，又爲二月之合宿，故嫁娶者[以]〔七二一〕爲候焉。昬而火星不見，嫁娶之時也。今我束薪於野，乃見其在天，則三月之末，四月之中也〔七二二〕，見於東方矣，故云『不得其時』〔七二三〕。今夕何夕？見此良人。良人，善室〔七二四〕也。箋云〔七二五〕：今夕何夕者，言此夕何月之夕乎？而汝〔七二六〕以見良人。言非其時者〔七二七〕。子兮子兮，如此良人何？子兮〔七二八〕者，嗟茲〔七二九〕也。箋云：子兮子兮者，斥娶者也〔七三〇〕。子之娶〔七三一〕後陰陽交會之月，當如此良人何也〔七三二〕？綢繆束蒭，三星在隅。隅，東南隅也。箋云：心星在隅，謂四月之末，五月之中也〔七三三〕。今夕何夕？見此解覯〔七三四〕。解覯，解説之狠〔七三五〕。子兮子兮，如此解覯何？綢繆束楚，三星在户。參星正月〔七三六〕中直户也。箋云：三星〔七三七〕在户，謂〔七三八〕五月之末，六月之中也〔七三九〕。今夕何夕？見此粲都〔七四〇〕。三女爲粲。大夫一妻二妾。子兮子兮，如此粲都何？

《禂繆》三章，章六句。

《杕〔七四一〕杜》，刺時也。君不能親其宗族，骨肉離散，獨居而無兄弟，將爲沃所并尔。

有杕之杜，其葉〔七四二〕湑湑。興也。杕，特皃也〔七四三〕。杜，赤棠也。湑湑，枝葉不相比近者〔七四四〕。　獨行踽踽，豈無他人？不如我同父。踽踽，無所親也。箋云：他人謂異姓也。言昭公遠其宗族，獨行於國中踽踽然。此豈無異姓之臣乎？顧恩不如同姓親親耳〔七四五〕。　嗟行之人，胡不比焉？箋云：君所〔七四六〕與行之人，謂異姓卿大夫也。比，輔也。此人汝何不輔君爲政令也〔七四七〕？　人無兄弟，胡不佽焉？佽，助也。箋云：異姓卿大夫，汝見〔七四八〕無兄弟之親親者，何不相推佽而助之也〔七四九〕？　有杕之杜，其葉菁菁。菁菁，葉盛皃〔七五〇〕也。箋云：菁菁，希少之貌也〔七五一〕。　獨行嬛嬛〔七五二〕，豈無他人？不如我同姓。嬛嬛，無所依也。同姓，同祖也。　嗟行之人，胡不比焉？　人無兄弟，胡不佽焉？

《杕杜》二章，章九句。

《羔裘》，刺時也。晉人刺其君在位之不恤其〔民〕也〔七五三〕。恤，憂也。

羔裘豹袪，自我人居居。袪，袂末〔七五四〕也。本末不同，在位与民異心。自，用也。居居，懷惡不相親比之貌也〔七五五〕。箋云：羔裘豹袪，在位卿大夫之服也。其役使我之民人，其意居居然有懷惡〔七五六〕之心，不恤我之困苦者也〔七五七〕。　豈無他人？維子之故。箋云：此民，卿大夫菜〔七五八〕邑之民也，故曰〔七五九〕豈無他人可歸往者乎？我不去者，乃念子故舊人也〔七六〇〕。　羔裘豹褎〔七六一〕，自我人究究。褎猶袪也。究究猶居居〔七六二〕。　豈無他人？維子之好。箋云：我不去而歸往他人〔七六三〕，乃念子而愛好之也。民之厚如此，亦唐之遺風焉〔七六四〕。

《羔裘》二章，章四句。

《鴇羽》〔七六五〕，刺時也。昭公之後，大亂五世，君子下從征役，不得養其父母，而作是詩也。大亂五世者，昭公也〔七六六〕，孝侯也，鄂侯也，哀侯也，小子侯者也〔七六七〕。

肅肅鴇羽，集于苞栩。興也。肅肅，鳥〔七六八〕羽聲也。集，止也〔七六九〕；苞，稹也〔七七〇〕；栩，杼也。鴇之性不樹止。箋云：興者，諭君子當居平安〔七七一〕之處，今下從征〔七七二〕，其爲危苦，如鴇之樹止然。稹者，根〔七七三〕相迫迮梱致〔七七四〕也。王事靡盬，不能蓺稷黍，父母何怙？盬，不攻致〔七七五〕也。怙，恃也。箋云：蓺〔七七六〕，樹也。我迫王事，無不攻〔七七七〕致，故盡力焉。既則罷倦，不能播〔七七八〕五穀，今我父母將何所怙者也〔七七九〕？悠悠蒼天，曷其有所？箋云：曷，何也。何時我得其所哉？肅肅鴇翼，集于苞棘。王事靡盬，不能蓺黍稷，父母何食？悠悠蒼天，曷其有極？箋云：極，已也。肅肅鴇行，集于苞桑。行，翮〔七八〇〕。王事靡盬，不能蓺稻粱〔七八一〕，父母何甞？悠悠［蒼］〔七八二〕天，曷其有常？

《鴇羽》三章，章七句。

《無衣》，美〔七八三〕晉武公也。武公始并晉國，其大夫爲之請命乎天子之使，而作是詩也。天子之使，是時使來者也〔七八四〕。

豈曰無衣七兮？侯伯之礼七命，冕服七章。箋云：我豈命〔七八五〕無是七章之衣乎？晉舊有之，非新命之服。不如子之衣，安且吉兮。諸侯不命於天子則不成爲君也〔七八六〕。箋云：武公初并晉國，心未自安，故以得命服爲安。豈曰無衣六兮？天子之卿六命，車旗衣服以六爲節。箋云：變七言六者，謙也。不敢必當侯伯，得受六命之服，列於天子之卿，猶愈乎不。不如子之衣，安且燠兮。燠，暖也。

《無衣》二章，章三句。

《有杕〔七八七〕之杜》，刺晉武公〔七八八〕也。武公寡特，兼其宗族，而不求賢以自輔焉。

有杕之杜，生于道左。興也。道之陽〔七八九〕，人所宜休息〔七九〇〕。箋云：道左，道東也。日之熱，恒在日中之後，道東之杜，人所宜休息也。今人不休息者，以其特生蔭〔七九一〕寡也。興者，諭武公初兼其宗〔七九二〕，不求賢者與之在位，君子不歸，似乎特生之杜然。彼君子兮，噬肯適我？噬，逮也。箋云：肯，可；適，之也。彼君子之人，至於此邦〔七九三〕，皆可來〔七九四〕之我君所。君子之人，義之與比。其不來者，君不求耳也〔七九五〕。中心好之，曷飲食之？箋云：曷，何也。言心誠愛好之〔七九六〕，何但飲食之，當盡禮〔極〕歡以待之者〔七九七〕。有杕之杜，生于道周。周，曲也。彼君子兮，噬肯來游〔七九八〕？游，觀也。中心好之，曷飲食之？

《有杕之杜》二章，章六句。

《葛生》，刺晉獻公也。好攻戰，則國人多喪矣。喪〔七九九〕，棄亡也。棄亡不反〔八〇〇〕，則其妻居家而怨思之也〔八〇一〕。

葛生蒙楚，蘞蔓于野。興也。葛生延〔八〇二〕而蒙〔楚，蘞生蔓〕〔八〇三〕於野，諭婦人外成於他家也〔八〇四〕。予美亡此，誰與獨處？箋云：予，我也〔八〇五〕；亡，無也。言所美人〔八〇六〕無於此，謂其君子也。吾今誰与居乎〔八〇七〕？獨處家耳。從軍未還，未知死生，期今無於此也〔八〇八〕。葛生蒙棘，蘞蔓于域。域，營域也。予美亡此，誰與獨息！息，止也。角枕粲兮，錦衾爛〔八〇九〕兮。齋〔八一〇〕則角枕錦衾。礼：『夫不在，〔斂〕〔八一一〕枕篋衾，席韣而藏之〔八一二〕。』箋云：夫雖不在，其祭也〔八一三〕攝主，主婦猶自齋而行事也〔八一四〕。予美亡此，誰與獨旦？箋云：旦，明也。我君子無於此，吾誰〔與〕〔八一五〕齋乎？獨自絜〔八一六〕明。夏之日，冬之夜，言長也。箋云：思者於晝夜長之時〔八一七〕尤甚，故極言之以盡情也〔八一八〕。百歲之後，歸于其居。箋云：居，墳墓也。言此者婦人專壹〔八一九〕，義之至，情之盡也〔八二〇〕。冬之夜，夏之日，百歲之後，歸于其室。室猶居也〔八二一〕。

《葛生》五章，章四句。

《采苓》〔八二二〕，刺晉獻公也。獻公好聽讒焉。

采苓采苓，首陽之顛〔八二三〕。興也。苓，大苦也。首陽，山名也。采苓，細事〔八二四〕。首陽，幽辟也。細事，喻小行〔八二五〕。幽辟，喻无徵〔八二六〕也。箋云：采苓采苓者，言采苓之人衆多非一也，皆云我時月而采之〔八二七〕於首陽山之上，首〔陽山之上〕〔八二八〕信有苓矣。而今之採苓者未必於〔此山，然〕而人必信之〔八二九〕。興者，喻事有似而非也〔八三〇〕。人之爲言，苟亦無信。舍旃舍旃，苟亦無然。苟，誠也。牋〔八三一〕云：［苟，且也］〔八三二〕。爲言〔八三三〕，謂爲人爲善言以稱薦〔八三四〕之，欲使見進用也。旃，之也〔八三五〕。舍之焉，舍之［焉］〔八三六〕，謂謗訕人〔八三七〕，欲使見貶退也。此二者且無信，荅之且無然荅然之也〔八三八〕。人之爲言，胡得焉！箋云：人以言〔八三九〕來，不信，受之不荅；然之也〔八四〇〕，從後察之。或時見罪，何所得。采苦采苦，首陽之下。苦，苦菜〔八四一〕。人之爲言，苟亦無與。舍旃舍旃，苟亦無然。無与，勿用者〔八四二〕也。人之爲言，胡得焉！采葑采葑，首陽之東。葑，菜也〔八四三〕。人之爲言，苟亦無從。舍旃舍旃，苟亦無然。人之爲言，胡得焉！

《采苓》三章，章八句。

唐國十有〔八四四〕二篇，卅五章，二百五句〔八四五〕。凡三千二百五十二字〔八四六〕。

秦車鄰詁訓傳第十一〔八四七〕

《車鄰》，美秦仲也。秦仲始大，有車馬礼樂侍御之好焉。秦仲爲周宣王大夫也〔八四八〕。

有車鄰鄰，有馬白顛。鄰鄰，衆車聲也。白顛，的顙也。未見君子，寺人之令。寺人，内小臣也。箋云：欲見國君者，先令寺人使傳〔八四九〕。時秦仲始有此臣也〔八五〇〕。阪有漆，隰有栗。興也。坡〔八五一〕者曰阪，下濕曰隰。箋云：興者，諭秦仲之君［臣］所有各得其宜也〔八五二〕。既見君子，並坐鼓瑟。又見其礼樂也〔八五三〕。箋云：既見，既見秦仲也。並坐鼓瑟者〔八五四〕，君臣以閑暇燕飲酒相晏樂之也〔八五五〕。今者不樂，逝者其耋。耋，老也。八十曰耋。箋云：今者不於此君子〔八五六〕之朝自樂，謂仕焉也〔八五七〕。而去仕〔八五八〕他國，徒〔八五九〕自使老，言將後寵禄也。阪有桑，隰有楊。既見君子，並坐鼓簧。簧，笙也。今者〔八六〇〕不樂，逝者其亡！亡，喪棄也。

《車鄰》三章，二章章六句，一章章四句〔八六一〕。

《四〔八六二〕驖》，美襄公也。始命，有田狩之事，菀〔八六三〕囿之樂焉。始命，命爲諸侯也。秦始附庸者〔八六四〕也。

四驖孔阜，六轡在手。驖，驪也〔八六五〕；阜，大也。箋云：四馬六轡，六轡在手，言馬之良也。公之媚子，從公于狩。能以道媚於上下者也〔八六六〕。冬獵曰狩。箋云：媚於上下者〔八六七〕，謂使君臣上下〔八六八〕和合也。此人從公往狩，言襄公親賢也。

奉時辰牡，辰牡孔碩。時，是也〔八六九〕；辰，時也。冬獻狼，夏獻麋，春〔秋〕獻鹿豕群獸也〔八七〇〕。箋云：奉是時牡也〔八七一〕者，謂虞人也。時牡甚肥大，言禽獸得其所之〔八七二〕。公曰左之，舍拔則獲。拔，矢末也。箋云：左之者，從禽之左躲〔八七三〕之也。拔，括也。舍括〔八七四〕則獲，言善射也〔八七五〕。

游〔八七六〕于北園，四馬既閑。閑，習也。箋云：公所以田則剋〔八七七〕獲者，乃游〔八七八〕北園之時，時則已習其四種之馬。輶車鸞鑣，載獫歇獢〔八七九〕。輶車，輕車也〔八八〇〕。載，始也〔八八一〕。獫、歇獢，田犬也。長喙曰獫，短喙曰獢〔八八二〕。箋云：輕車，驅逆之車也。置鸞於鑣者〔八八三〕，異於乘車也。載，始也。始田犬者，謂達其搏噬也〔八八四〕，始成之〔八八五〕。此皆遊於北園時所爲者〔八八六〕也。

《四驖》三章，章四句。

《小戎》，美襄公也。備其兵甲，以討西戎，西戎方強〔八八七〕，而征伐不休，國人則矜其車甲，婦人則〔八八八〕閔其君子焉。矜，夸大也。國〔人〕〔八八九〕夸大其車甲之盛，有樂之意也。婦人閔其君子恩義之至也。作者敘外内之志，以美君政教之功也〔八九〇〕。

小戎俴收，五楘梁輈。小戎，兵車也。俴，淺也〔八九一〕；收，軫也。五，五束也。楘，歷録也。梁輈，輈上句衡也。一輈五束，束有歷録。箋云：此羣臣之兵車也〔八九二〕，故曰小戎也〔八九三〕。游環脅驅，陰靷鋈續。游環，靷環也。游在背上，所以御〔八九四〕出也。脅驅，順〔八九五〕駕具，所以止入也。蔭〔八九六〕，掩〔八九七〕軌也。靷，所以引也。鋈，白金也。續，續靷也。箋云：游環在背上，無常處，貫驂之外轡，以禁其出。脅驅者，著服馬之脅〔八九八〕，以止驂之入。掩軌，在軾前垂輈車〔八九九〕上。鋈續，續白金飾續靷環之也〔九〇〇〕。文茵暢轂，駕我騏馵。文茵，虎皮也。暢轂，長轂也。騏，騏文也。左足白曰馵。箋云：此上六句者，國人所矜也〔九〇一〕。言念君子，温其如玉。箋云：言，我也。我〔九〇二〕念君子之性温然如玉。玉有五德者也〔九〇三〕。在其板屋，亂我心曲。西戎板屋。箋云：心曲，心之委曲也。憂則心亂〔九〇四〕。此上四句〔九〇五〕，婦人所以〔九〇六〕閔其君子。四牡孔阜，六轡在手。騏駵〔九〇七〕是中，騧驪是驂。黄馬黑喙曰騧。箋云：赤身黑鬛曰駵。中，中服也。驂，兩騑者〔九〇八〕。龍盾之合，鋈以觼軜。龍盾，畫龍其盾也。合，合而載之。軜，驂内兩〔九〇九〕轡也。箋云：鋈以觼軜，軜之觼以白金爲飾也。軜繫於軾軫前者也〔九一〇〕。言念君子，温其在邑。在敵邑者〔九一一〕。方何爲期？胡然我念之。箋云：方〔九一二〕以何時爲還期乎？何以然了不來，言望之〔九一三〕？俴駟孔羣，厹矛鋈錞。蒙伐有苑〔九一四〕，俴駟，駟〔九一五〕介馬也。孔，甚也。厹矛〔九一六〕，三偶矛〔九一七〕。錞，鐏也。蒙，討羽也。伐，中干〔九一八〕也。苑，文狠也〔九一九〕。箋云：俴，淺也，謂以薄金爲介之札也〔九二〇〕。介，甲也。孔，甚也羣者〔九二一〕，言和調也。蒙，尨〔九二二〕也。討，雜也。畫雜羽之文於伐，故曰尨伐也〔九二三〕。虎韔鏤膺。交韔二弓，竹閉緄縢。虎，虎皮也。韔，弓室也。膺，馬帶也。交暢二弓，[交二弓]於暢中也〔九二四〕。閉，紲也〔九二五〕；緄，繩也〔九二六〕；縢，約也。箋云：鏤膺，有刻金飾也。言念君子，載寢〔九二七〕載興。厭厭良人，秩秩〔九二八〕德音。厭厭，安静也。秩秩，有智〔九二九〕也。箋云：此既閔其君[子]〔九三〇〕寢起之勞，又思其性與德〔九三一〕。

《小戎》三章，章十句。

《蒹葭》，刺襄公也。未能用周禮，將無以固其國焉。秦處周之舊土，其人被周之德化〔九三二〕日久矣。今襄公新爲諸侯，未習周之礼法，故國人未服焉。

蒹葭蒼蒼，白露爲霜。興也。蒹〔九三三〕，薕也〔九三四〕；葭，蘆也。蒼蒼，盛也。白露凝戾爲霜，然□〔九三五〕歲事成；國家待礼，然後興。箋云：蒹葭在衆草之中蒼蒼強〔九三六〕，至白露凝〔九三七〕爲霜則成而黄。興者，喻衆民之不服從襄公之政令者〔九三八〕，至得周礼以教之則皆服之也〔九三九〕。所謂伊人，在水一方。伊，維也。一[方]〔九四〇〕，難至矣。箋云：伊當作翳〔九四一〕，翳猶是也。所謂是知周礼之賢人，乃在大水之一邊。假喻以言遠也〔九四二〕。遡洄從之，道岨〔九四三〕且長。逆流而上曰遡洄。逆礼則莫能以至也。箋云：此言不以敬順往求之，不能得見也〔九四四〕。遡游從之，苑在水中央。順流而涉曰遡游，慎禮而未濟〔九四五〕，道來迎慎求之則之也〔九四六〕。箋云：苑然〔九四七〕，坐見狠也〔九四八〕。以敬慎求之則近耳，言易得見之也〔九四九〕。蒹葭萋萋〔九五〇〕，白露未晞。淒淒猶蒼蒼也。晞，乾也。箋云：未晞，未爲霜也〔九五一〕。所謂伊人，在水之湄。湄，水隒也。遡洄從之，道阻且躋。躋，升也。箋云：升者，〔言〕其難至如升阪也〔九五二〕。遡游從之，宛在水中坻。坻，小渚〔九五三〕也。蒹葭采采，白露未已。采采猶淒淒〔九五四〕也。未已，〔未〕止也〔九五五〕。所謂伊人，在水之涘。涘，涯〔九五六〕也。遡洄從之，道阻且右。右，出其右也。箋云：右〔九五七〕，言其迂迴也。遡游從之，宛在水中沚。小坻曰沚也〔九五八〕。

《蒹葭》三章，章八句。

《終南》，戒襄公也。能取周地，始爲諸侯，受顯服，大夫美之，而作是詩以戒勸之也〔九五九〕。

終南何有？有條〔九六〇〕有梅。興也。終南，周之名山中南也。條，稻也〔九六一〕；梅，柟也。宜以戒不宜也。箋云：問何有〔九六二〕，意以爲名山高大，宜有木〔九六三〕也。興者，諭人君有盛德，宜〔九六四〕有顯服，猶山之木有大小也。此之謂戒勸也〔九六五〕。君子至止，錦衣狐裘。錦衣，采衣〔九六六〕也。狐裘，朝廷之服也〔九六七〕。箋云：至止者，受命服於天子而來也。諸侯狐裘，錦衣以裼之也〔九六八〕。顏如渥丹，其君也哉？箋云：渥，淳〔九六九〕漬也。顏色如淳漬之丹，言赤而澤也。其君也哉，儀狠尊嚴之〔九七〇〕。終南何有？有紀有堂。紀，基也。堂，畢道平如堂也。箋云：畢也、堂也，高大〔九七一〕之山所宜有也。畢，終南山之道名已〔九七二〕，邊如堂之牆然。君子至止，黻衣繡裳。黑與青謂之黻，五色備謂之繡者也〔九七三〕。佩玉將將，壽考不亡。

《終南》二章，章六句。

《黄鳥》，哀三良也。國人刺穆公以人從死，而作是詩也。三良，三善臣也，奄〔九七四〕息、仲行、鍼虎也。從死，自煞人從死白者〔九七五〕。

交交黄鳥，止于棘。興也。交交，小狠也〔九七六〕。黄鳥以時往來得其〔所〕〔九七七〕，人以壽命終亦得其所也〔九七八〕。箋云：黄鳥止于棘，以求安己也。此棘若不安則移。興者，諭臣之事君亦然。今穆公使臣從死，刺其不得黄鳥止于棘之本意也〔九七九〕。誰從穆公？子車奄息。子車，氏；奄息，名也〔九八〇〕。箋云：誰從穆公者乎〔九八一〕，傷之也〔九八二〕。維此奄息，百夫之特。乃特百夫之德也〔九八三〕。箋云：百夫之中雄俊〔九八四〕也。臨其穴，惴惴其栗〔九八五〕。惴惴〔九八六〕，懼也。箋云：穴謂冢壙也〔九八七〕。秦人哀傷此奄息之死，臨視其壙，皆爲之悼栗之也〔九八八〕。彼蒼者天，殲我良人！殲，盡也〔九八九〕；良，善也。箋云：言彼蒼者天，遡之也〔九九〇〕。如可贖兮，人百其身！箋云：如此奄息之死，可以他人贖之者，人皆百其身。謂一身百死猶爲之，惜善人甚也〔九九一〕。交交黄鳥，止于桑。誰從穆公？子車仲行。箋云：仲行，字也。維此仲行，百夫之防。防，比也。箋云：防猶當也。此一人當於百夫也〔九九二〕。臨其穴，惴惴其栗。彼蒼者天，殲我良人！如可〔九九三〕贖兮，人百其身。交交黄鳥，止于楚。誰從穆公？子車鍼虎。維此鍼虎，百夫之衛〔九九四〕。衛，當也。臨其穴，惴惴其栗。彼蒼者天，殲我良人！如可〔九九五〕贖兮，人百其身。

《黄鳥》三章，章十二句。

《晨風》，刺康公也。忘穆公之業，始弃其賢臣焉。

鴥〔九九六〕彼晨風，鬱彼北林。興也。鴥，疾飛狠也〔九九七〕。晨風，鸇也。鬱，積也。北林，林名也。先君招賢人，賢人往之，使疾如晨風之飛入林矣〔九九八〕。箋云：先君謂穆公也〔九九九〕。未見君子，憂心欽欽。思望之，中〔一〇〇〇〕欽欽然。箋云：言穆公始未見賢者之時，思望之而憂〔一〇〇一〕。如何如何？忘我實多。今則忘之也〔一〇〇二〕。箋云：此以穆公之意責康公也〔一〇〇三〕。如何如何乎？汝忘我之事大多〔一〇〇四〕。山有苞櫟，隰有六駮。櫟，木也。駮，如馬，倨牙，食虎[豹]〔一〇〇五〕。箋云：山之櫟，隰之駮，皆其所宜有也。以言賢者亦國所宜有也〔一〇〇六〕。未見君子，憂心靡樂。如何如何？忘我實多。山有苞棣，隰有樹檖。棣，唐棣也。檖，赤羅也。未見君子，憂心如醉。如何如何？忘我實多。

《晨風》三章，章六句。

《無衣》，刺用兵也。秦人刺其君好攻戰，亟用兵，而不与民同欲焉。

豈曰無衣？与子同袍。興也。袍，襺也。上與百姓同欲，則百姓能〔一〇〇七〕致其死。箋云：責康〔公〕〔一〇〇八〕之言也。君豈當〔一〇〇九〕曰：汝〔一〇一〇〕無衣，我与汝共袍乎？言不与民同〔欲〕〔一〇一一〕。王于興師，脩我戈矛，與子同仇。戈長六尺六寸，矛長二丈。天下有道，則礼樂征伐自天子出。仇，匹也。箋云：于，於〔一〇一二〕。怨耦曰仇。君不與我同欲，而於王興師，則云：脩〔我〕戈矛，与子〔同〕仇，〔往〕伐之〔一〇一三〕。刺其好戰也〔一〇一四〕。豈曰無衣？與子同澤。澤，閏〔一〇一五〕澤也。箋云：澤〔一〇一六〕，褻衣，近汙垢者也〔一〇一七〕。王于興師，脩我矛戟，與子皆〔一〇一八〕作。作，起也。箋云：〔戟〕〔一〇一九〕，車戟常〔一〇二〇〕。豈曰無衣？與子同裳。王于興師，脩我甲兵，與子皆行。行，往也。

《無衣》三章，章五句。

《渭陽》，康公念母也。康公之母，晉獻公之女。文公遭麗姬之難，未反〔一〇二一〕，而秦姬卒。穆公納文公，康公時爲太子〔一〇二二〕，贈送文公于渭之陽，念母之不見也。我見舅氏，如母存焉。及〔一〇二三〕即位，思而作是詩也。

我送舅氏，曰至渭陽。母之昆弟曰舅。箋云：渭，水名也。秦是時都雍〔一〇二四〕，至渭陽〔一〇二五〕，蓋東行送舅於咸陽之地也〔一〇二六〕。何以贈之？路車乘黄。贈，送也。乘黄，四馬黄〔一〇二七〕也。我送舅氏，悠悠我思。何以贈之？瓊瑰玉珮〔一〇二八〕。瓊瑰，石次玉者也〔一〇二九〕。

《渭陽》二章，章四句。

《權輿》〔一〇三〇〕，刺康公也。忘先君之舊臣，與賢人〔一〇三一〕有始而無終也。

於我乎！夏屋渠渠，夏，大也。箋云：屋，具也。渠〔渠〕猶勤勤〔一〇三二〕也。言〔一〇三三〕始於我，厚設礼食大具以食我，其意勤勤然也〔一〇三四〕。今也每食無餘。箋云：此言君今遇我薄，其食我裁〔一〇三五〕足耳。于嗟乎！不承權輿。承，繼也。權輿，始〔也〕〔一〇三六〕。於我乎！每食四簋，四簋，黍稷稻粱〔一〇三七〕。今也每食不飽。于嗟乎！不承權輿。

《權輿》二章，章五〔一〇三八〕句。

秦國十篇，廿七章，百七十七句〔一〇三九〕。　凡二千九百八十字　卷六〔一〇四〇〕

陳苑丘詁訓傳第十二〔一〇四一〕　卷七〔一〇四二〕　**毛詩國風　鄭氏箋**

《苑丘》，刺幽公也。淫荒昬亂，游蕩無度焉。

子之湯兮，苑丘之上兮。子，卿大夫〔一〇四三〕也。湯，蕩也。四方高中央下曰苑丘。箋云：子者，斥〔一〇四四〕幽公也。游蕩無所不爲也〔一〇四五〕。洵有情兮，而無望兮。洵，信也。箋云：此君信有淫荒之情，其威儀無可觀望而則效之〔一〇四六〕。

坎其擊鼓，苑丘之下。坎坎，擊鼓聲。無冬無夏，值其鷺羽。（原文抄寫至此）

【校記】

〔一〕詁訓傳弟一，『詁』字刊本同，甲一作『故』，陸德明《經典釋文·毛詩音義》（以下簡稱『釋文』）出『故訓傳第一』五字。孔穎達《毛詩正義》（以下簡稱『正義』）云：『今定本作「故」。』阮元《詩經校勘記》（以下簡稱『阮校』）云：『當以《釋文》本、定本爲長。』段玉裁於《説文·攴部》『故』篆下注：『《毛詩》云「故訓傳」者，故訓猶故言也，謂取故言爲傳也。』則當以作『故』爲是，作『詁』者，後人所改。『弟』字甲一、刊本作『第』，『第』爲『弟』之俗字『苐』的楷正字。後凡他本作『第』者均不復出。

〔二〕毛詩國風，甲一此處殘缺，後有『氏箋』二字。

〔三〕風化天下而正夫婦焉，刊本無『化』字，阿斯塔那五十九號墓出土《古寫本〈毛詩關雎序〉》（以下簡稱『阿斯塔那本』）亦無此字。刊本『焉』作『也』，阿斯塔那本亦作『也』。

〔四〕教，甲一殘存下部三分之一；刊本無，阿斯塔那本亦無。案《正義》云：『風訓諷也，教也。諷謂微加曉告，教謂殷勤誨示。』據此，則『教』字不當有。若作『教，教也』，則前無所承。此蓋後人惑於『風，風也』語而臆增。

〔五〕詠，刊本作『永』，甲一存右半，不知是『永』還是『詠』；然下句『詠歌之不足』作『詠』，則其前句當亦作『詠』。黃瑞雲曰：『寫本是。永、詠經籍通用，然二字實有別。《詩·序》「詠歌」，結構同於「嗟歎」，並爲二字平列，非謂長歌也，故當作「詠歌」。』案黃説是，《晉書·王廙傳》：『亦是詩人嗟歎詠歌之義也。』《高僧傳》卷十三《經師》『論』：『故《詩序》云：情動於中，而形於言。言之不足，故詠歌之也。』並作『詠』。

〔六〕『蹈之』下刊本有『也』字。

〔七〕其，底一脱，兹據刊本及阿斯塔那本補。

〔八〕困，底一原作『因』，蔡主賓《敦煌寫本儒家經籍異文考》云：『「因」，當涉與「困」形近而訛。』（臺湾政治大學中國文學研究所一九六九年碩士論文，一七七頁）兹據甲一、刊本改正。

〔九〕政，甲一、刊本作『正』，『正』正字，『政』借字。

〔一〇〕自，刊本無，《正義》云：『俗本「戒」上有「自」字者，誤。定本直云「足以戒」也。』

〔一一〕礼，甲一、刊本作『禮』，『礼』爲古文『禮』字，敦煌寫本多用此字，後世刊本則多用『禮』字。下凡『礼』、『禮』之别者均不復出。

〔一二〕荷，甲一同，刊本作『苛』，『荷』爲『苛』之借字。

〔一三〕諷，甲一、刊本作『風』，『風』『諷』古今字。《詩序》本當作『風』字，作『諷』者後人所改。

〔一四〕義，乙卷起於此。

〔一五〕繫，底一原作『擊』，音誤字，兹據甲一、乙卷及刊本改正。

〔一六〕形，底一原作『刑』，音誤字，兹據刊本改正。

〔一七〕之，甲一、乙卷無，《正義》云：『定本「王政所由廢興」，俗本「王政」下有「之」字，誤也。』

〔一八〕『雅』字底一旁注。

〔一九〕形，底一原誤作『刑』，兹據甲一、刊本改正。

〔二〇〕功，乙卷、刊本同，甲一無。

〔二一〕風，刊本同，甲一下有『也』字。

〔二二〕自北而南，甲一作『自而南』，乙卷作『自而南也』，刊本作『自北而南也』。甲一、乙卷奪『北』字。

〔二三〕之，乙卷止於此。

〔二四〕『風』下刊本、甲一有『也』字。

〔二五〕憂，甲一同，刊本作『愛』，阮校：『毛本「愛」作「憂」。案：「憂」字是也。』潘重規同阮説。

〔二六〕展，甲一同，斯二七二九號《毛詩音》（以下稱『斯二七二九』）亦同。刊本作『輾』。清盧文弨《經典釋文考證》云：『《説文》無「輾」字，當以作「展」爲正。』清王引之《經義述聞》卷三十二：『「展」字因「轉」字而誤加「車」。』清李富孫《詩經異文釋》云：『古本皆當作「展」。今從車旁，則《字林》所加也。』黄焯《經典釋文彙校》云：『展，正字；輾，别字。凡雙聲疊韻連語，後人於其字之偏傍往往增改爲一，「展」因「轉」而施「車」，亦猶「委」因「蛇」而加「虫」耳，此類字固難僂指也。』

〔二七〕菜，底一原作『采』，音誤字，兹據刊本改正。

〔二八〕毛，刊本作『芼』，斯二七二九亦作『芼』，《説文·艸部》引《詩》亦作『芼』，清朱珔《説文假借義證》云：『《集韻》「毛」字云：「又莫報切，擇也。通作芼，鄭康成説。」是「毛」爲「芼」之省借。』

〔二九〕皷，甲一、刊本作『鼓』，《新撰字鏡·皮部》有『皷』字，云：『在鼓部。』而《皷部》僅出『皷、鼓』二字，云：『二同。』蓋『皷』為『皷』之俗譌也。『皷』為『鼓』之俗寫，《正字通·皮部》：『皷，俗鼓字。』

〔三〇〕章四句，甲一同，刊本下有『故言三章，一章章四句，二章章八句』。《釋文》云：『五章是鄭所分，「故言」以下是毛公本意。』則敦煌本乃是删毛存鄭也。

〔三一〕之，刊本無，《正義》：『定本「后妃在父母家」，無「之」字，有者，衍也。』

〔三二〕歸，甲一同，刊本作『歸』，據《説文》，『歸』爲籀文隸定字，『歸』爲小篆隸定字。下凡刊本作『歸』者均不復出。

〔三三〕成，刊本無，《正義》：「定本『化天下以婦道』，無『成』字，有者，衍也。」

〔三四〕維葉萋萋，底一『葉』原作『䈎』，諱改字，兹據刊本改。甲一、刊本『萋萋』作『萋萋』，『萋萋』當是音誤字。

〔三五〕灌，刊本同，甲一作『權』；斯二七二九作『樌』。《爾雅·釋木》：『灌木，叢木。』郭注引《詩》曰：『集于灌木。』《釋文》出『樌』，云：『古亂反，字又作灌。』清嚴元照《爾雅匡名》云：『《説文·木部》無「樌」字。自《石經》以後各本及《毛詩》經、傳、正義皆作「灌」。』黄侃評本《爾雅正名》云：『《説文》無「樌」字，當依《詩》作「灌」。』黄侃又在《爾雅音訓》中云：『灌之言觀也。《釋詁》「觀，多也」。其正字當作「𣜜」。《釋文》「灌」作「樌」，蓋即「貫」之後出字。貫，钱貝之貫也，亦有多義。』黄瑞雲曰：『「灌」字從水，雚聲。木叢生，字應從木。《説文》無「樌」字，本字當作「權」。經籍借作「灌」；「灌」行而「權」廢。寫本存此本真。』案：《説文》：『權，黄華木也。』並非『樌』之本字。當以黄侃説爲是。

〔三六〕覃兮，底一前衍『覃之』二字，兹據刊本删去。

〔三七〕葉，底一原作『䈎』，諱改字，兹據刊本改。

〔三八〕頀，甲一、刊本作『濩』，《説文·水部》：『濩，雨流霤下皃。』《金部》：『鑊，鐫也。』《犬部》：『獲，獵所獲也。』馬瑞辰《毛詩傳箋通釋》云：『「濩」即「鑊」之假借。鑊所以煮，因訓鑊爲煮。』是『獲』、『濩』皆爲『鑊』之借字。

〔三九〕猒，甲一、刊本作『斁』，《釋文》云：『斁，本又作猒』。黄焯《經典釋文彙校》云：『要之从攴从犬，皆「斁」之譌體也。』

〔四〇〕帰，甲一同，説見校記〔三二〕。

〔四一〕澣害，底一旁注。

〔四二〕下，甲一此處殘缺，刊本下有『之』字。

〔四三〕憂，丙一此字存下半。又丙一起於此。

〔四四〕傾，甲一、丙一同，刊本作「頃」，《玉篇·木部》「概」字下引《詩》作「傾」，李富孫《詩經異文釋》云：「頃、傾古今字。」

〔四五〕罡，丙一此處殘缺，刊本作「岡」，「罡」當是「岡」之俗字「罡」的訛體，説參张涌泉《敦煌俗字研究》下編二八頁。

〔四六〕永，底一原脱，兹據刊本補。

〔四七〕碹，甲一、丙一此處殘缺，刊本、底二甲（底二甲起於此）作「砠」。《釋文》出「碹」，云：「本亦作砠。」《説文·山部》引《詩》作「岨」。清周邵蓮《詩考異字箋餘》、盧文弨《經典釋文考證》並以「碹」爲譌字。案周、盧之説是也，《説文》此字從石從且，則從「亘」者無義，「碹」當是「碹」字之譌，而「碹」爲「砠」之增旁俗字。

〔四八〕云何吁矣，丙一止於此，丙二起於此。

〔四九〕逮，甲一作「還」，底二甲、刊本作「逮」，案「逮」與「還」通用，説詳楊樹達《積微居小學述林》卷四《説文讀若探源》。下句「逮」字同。

〔五〇〕嫉妬之心，底二甲「妬」作「妬」，俗字。刊本末有「焉」字。

〔五一〕葛壘虆之，甲一、底二甲、刊本「壘」作「藟」，《説文·土部》：「壘，軍壁也。」段玉裁於《説文·艸部》「藟」篆下注：「凡藤者謂之藟，系之艸則有藟字，系之木則有藥字，其實一也。」案「壘」蓋爲音誤字，下二章「壘」字同。「虆」，底二甲、刊本同，甲一作「虆」。《説文·糸部》：「虆，綴得理也。」《玉篇·木部》：「藥，木名。」虆，同上。「虆」爲「虆」之借字。

〔五二〕福，丙二止於此。

〔五三〕帶，甲一同，底二甲、刊本作「縈」，《釋文》出「帶」，云：「本又作縈，烏營反，《説文》作藥。」馬瑞辰《毛詩傳箋通釋》云：「「帶」與「縈」皆「藥」之假借。」

〔五四〕樛木，丙三起於「樛」字。

〔五五〕章四句，甲一止於此。

〔五六〕斯，丙四起於此。

〔五七〕也，刊本同，丙三無。

〔五八〕言若衆斯，丙三無「言若」二字，底二甲、丙三、刊本「衆」作「螽」。案「衆」爲「螽」之音誤字，其題目仍作「螽斯」可知也，蓋涉「衆多」一詞而誤。篇中「衆斯」之「衆」皆當作「螽」。丙三止於「斯」字。

〔五九〕也，刊本同，底二甲無。

〔六〇〕𤕨，刊本作「爾」，底二甲作「尔」。案「𤕨」爲「爾」小篆的隸定字，而「尔」者，「尒」之變體，「爾」「尒」古本非一字，後世則合二而一，字多寫作「爾」（説見《敦煌俗字研究》下編第七頁）。以下寫卷各本間凡「𤕨」、「尒」、「尔」之别者不復出，刊本皆作「爾」，亦不復出。

〔六一〕句，丙四起於此。

〔六二〕婚，底二甲同，刊本作「婚」，二字異體。

〔六三〕鰥民焉，「鰥」字底二甲同，丙四作「鱞」，刊本作「鰥」。《釋文》云：「鰥，本亦作鰥，古頑反，老無妻曰鰥。」黃焯《經典釋文彙校》云：「「鰥」爲「鰥」之别體。」案「鱞」爲「鰥」之俗字，《敦煌俗字研究》下編六六四頁「鰥」字下云：「俗書「魚」、「角」二旁相亂，故「鰥」字俗書寫從「角」旁。」「焉」字底二甲、丙四同，刊本作「也」。《正義》云：「故周南之國皆無鰥獨之民焉，皆后妃之所致也。……國無鰥民焉，申述所致之美，於經無所當也。」則孔氏所據本亦作「焉」。

〔六四〕之，底一原有二「之」字，應是換行抄重，茲據底二甲、刊本删。

〔六五〕其，丙四止於此。

〔六六〕其，底一原脱，茲據底二甲、刊本補。

〔六七〕葉，底一、底二甲原作『菜』，諱改字，茲據刊本録正。

〔六八〕菟罝，底二甲、刊本『菟』作『兔』，《説文·兔部》：『兔，獸名。』而無『菟』字。李富孫《詩經異文釋》云：『蓋本作兔，又加艸，俗字』。篇中凡他本作『兔』者，均不復出校。

〔六九〕也，底二甲誤作『行』，當是因後『化行』而訛。

〔七〇〕化行，甲二始於此。

〔七一〕逵，甲二、底二甲作『逵』，斯二七二九同。『逵』字不見於字書，應爲『逵』的增筆繁化俗字。

〔七二〕腹，底二甲作『蕧』，『蕧』當是俗字，古有加『艹』頭而成爲繁化俗字者，參張涌泉《漢語俗字叢考》一二三三頁『種』字條。

〔七三〕和平則婦人樂有子矣，底二甲『和平』前有『天下』二字，奪『子』字。《正義》云：『定本「和平」上無「天下」二字，據《箋》，則有者誤也。』潘重規云：『和平上有「天下」二字，與今本及各敦煌卷子皆異，據序下箋云：「天下和，政教平也。」……此有「天下」二字，蓋六朝舊本之僅存者。參究文義，蓋有者爲長。』今案：《鄭箋》『天下和，政教平』乃據《毛傳》『和平』二字爲説，不能據以作爲《毛傳》有『天下』二字之證，此仍以無『天下』二字義長。

〔七四〕采采，底一原作『菜菜』，音誤字，茲據底二甲、刊本改正。

〔七五〕袺，底一原作『祮』，敦煌寫卷從『衤』從『礻』之字常混，茲據刊本改正。底二甲作『拮』，黄瑞雲曰：『「襭」可作「擷」，則「袺」字古本亦當有作「拮」者，寫本不誤。』

〔七六〕擷，底二甲同，甲二、刊本作『襭』，阮校：『《説文·衣部》襭、擷文重，實一字耳。』

〔七七〕于，刊本同，底二甲作『乎』，二字古通用。

〔七八〕美化行乎江漢之域，『乎』字底二甲、刊本同，甲二作『于』，二字古通用。丁卷起於『江』。

〔七九〕求而不得者也，底二甲、刊本作『求而不可得也』，丁卷作『求不可得者也』。《正義》云：『此「無思犯禮，求

〔八〇〕而不可得」，總序三章之義也。』是孔氏所據本與底二甲、刊本同。

〔八一〕橋，丁卷同，斯二七二九亦同；底二甲、刊本作『喬』。《説文・夭部》：『喬，高而曲也，从夭，从高省。《詩》曰：「南有喬木。」』又《木部》：『橋，水梁也。』《毛傳》云：『喬，上竦也。』與《説文》『高而曲』之義相合。疑『橋』乃涉『木』字類化增旁。

〔八二〕女，底一旁注。

〔八三〕方，丁卷、刊本同，底二甲作『舫』，黄瑞雲曰：『「方」爲本字，後加「舟」旁作「舫」。』下二章之『方』字同此。

〔八四〕帰，丁卷同，刊本作『歸』。下章同此。

〔八五〕不可泳思，底一原脱『可』字，兹據底二甲及刊本補。『泳』字丁卷誤作『詠』。

〔八六〕江之永矣，甲二止於此。

〔八七〕也，刊本同，丁卷無。

〔八八〕枚，底一原作『攺』，丁卷同，訛字，兹據底二甲、刊本改正。

〔八九〕調飢，『調』字丁卷、刊本同，底二甲作『朝』。《釋文》：『調，張留反，朝也。又作輖。』馬瑞辰《毛詩傳箋通釋》、馬宗霍《説文解字引詩考》皆以『調』、『輖』爲『朝』之假借字。潘重規云：『「朝」蓋六朝人俗字，以「調」爲朝義，故偏旁改從朝而省，所謂「蟲屬要作虫旁，草類皆從两中」者也。……此《釋文》「輖」字亦當作「輖」，蓋亦俗本之異文也。』底二甲『調飢』下有『既見君子，悠悠我思』八字。黄瑞雲曰：『伯二五二九卷本詩篇末總括章句爲「汝坟三章上一章章六句，下章章四句」，較今本多二句。然後面總括《周南》章句爲「周南之（國）什有一篇卅六章百五十九句」，與今本同。可見斯三九二一卷「既見君子，悠悠我思」二句爲衍文。又，「悠悠我思」，詩中屢見，均用於所思未見之時。……此與他詩不類，且違於常情，亦可證此二句爲衍文。』黄説是也。

〔九〇〕肄，刊本同，底二甲、丁卷作『肆』，《釋文》出『條肄』條。案經典『肄』、『肆』二字常通用，如《周禮・春官・小宗伯》『肄儀爲位』鄭注：『肄，習也。故書肄爲肆。』《儀禮・聘禮》『俟于郊，爲肄』鄭注：『古文肄爲肆。』然其義訓爲『餘』者，當以『肄』爲正字。《禮記・玉藻》『肆束及帶』鄭注：『肆讀爲肄。肄（平案：肆當爲肄之誤），餘也。』《左傳・襄二十九年》『晉國不恤周宗之闕，而夏肄是屏』杜注：『夏肄，杞也。肄，餘也。』可知《詩》當以『肄』爲正字，『肆』爲借字。而『肄』之本字則爲『蘖』或『枿』。《方言》卷一：『烈、枿，餘也。陳鄭之間曰枿，晉衛之間曰烈，秦晉之間曰肄，或曰烈。』清王先謙《詩三家義集疏》認爲『烈』即『蘖』之同音字。清陳奐《詩毛氏傳疏》云：『肄者，蘖、枿之假借字。』

〔九〇〕王室，『王』爲底二甲最末一字，界欄外又有『㮝』字，疑爲『赬』之注音。底二乙起於『室』字。

〔九一〕尒，丁卷同，底二乙作『尔』，刊本作『邇』。『尔』者，『尒』之變體；『尒』與『邇』同，説詳王引之《經義述聞》卷十九『偪介之關』條。

〔九二〕三章章四句，丁卷、刊本同，底二乙作『三章，上一章章六句，下章章四句』。案底二共分《汝墳》爲三章，第一章六句，後二章各四句。則『下章章四句』當作『下二章章四句』，奪一『二』字。據黄瑞雲考證，底二之『既見君子，悠悠我思』兩句爲衍文。如此可知作『三章，上一章章六句，下二章章四句』者，係後人據此衍文之本而改。

〔九三〕也，底一此處殘缺一字，茲據底二乙、丁卷、刊本擬補。

〔九四〕關雎，底一『關』處殘缺，茲據底二乙、丁卷、刊本擬補。

〔九五〕世，底二乙缺右邊竪筆，乃避諱缺筆字。

〔九六〕趾振振公，甲三殘存此四字，且『趾』僅存下部殘畫。

〔九七〕定，底二乙同，丁卷作『奠』，二字古通用，説參清朱駿聲《説文通訓定聲》『奠』字下説解。

〔九八〕『麟之趾三章章三句』諸字底一原無，底二乙作『麟之三章章三句』，丁卷『三章章』下殘缺，茲參據刊本擬補如上。

〔九九〕周南之國十有一篇凡三千九百六十三字，《周南》一百五十九句，共六百三十字。即使算上《詩大序》及各篇之小序及其尾題章句數，亦僅一千五百三十四字，遠遠不及三千九百六十三字之數。今阮元刻本《毛詩正義》中經傳箋之總字數爲四千零四十八字，與此三千九百六十三字接近，可證此三千九百六十三字之數目乃指毛傳鄭箋本，而非《毛詩》之白文本。可知寫卷所據之底本乃是傳箋本。刊本此句作『周南之國十一篇，三十六章，百五十九句』。底二乙作『周南之什有一篇，卌六章，百五十九句』及小字『弟一』二字；丁卷無此句，然在《召南》末有『召南之國十有四篇卌章七百十句』，《邶風》末有『背國十九篇七十章三百六十句凡七千九百六十八字』，則丁卷之體例當包括篇數、章句數及總字數。此處當爲抄脱，而且該卷所據者亦爲毛傳鄭箋本。又底一止於此。

〔一〇〇〕召南鵲巢詁訓傳第二，自此以底二乙爲底卷。丁卷誤『召南』爲『周南』，『第』字丁卷、刊本皆作『第』。案『苐』爲『弟』之俗字，俗書竹頭多寫作草頭，俗據『苐』楷正，則成『第』字。後凡此不復出校。

〔一〇一〕毛詩國風，丁卷後有『鄭氏牋』三字。案『衛風』、『陳風』下均有『鄭氏箋』三字，按例，此亦當有。《說文》有『箋』無『牋』，《玉篇》始見『牋』字，『牋』當是後起別體字。

〔一〇二〕居之，丁卷、刊本作『居有之』，案《鄭箋》、《正義》均作『居有之』。

〔一〇三〕焉，刊本同，丁卷作『也』。

〔一〇四〕維，底二乙旁注。

〔一〇五〕繁，丁卷、刊本作『蘩』。案《毛傳》云：『蘩，皤蒿也。』《說文・艸部》：『蘩，白蒿。』段注：『皤亦白也。』是『蘩』爲『蘩』之本字，而『繁』則又爲『蘩』之借字。篇中『繁』字同，不復出。

〔一〇六〕職，丁卷同，刊本作『職』，《玉篇・身部》云：『軄，俗職字。』下凡此均不復出校。

〔一〇七〕『可以』前丁卷、刊本有『夫人』二字。

〔一〇八〕于沚，甲四起於此。

〔一〇九〕旋歸，「旋」字底二乙先寫作「施」，後在上改爲「旋」；甲四、丁卷作「旋」，刊本作「還」。《説文·㫃部》：「旋，旌旗之指麾也。」《辵部》：「還，復也。」則「還」爲本字，「旋」爲借字，説可參清陳玉樹《毛詩異文箋》卷三。甲四「⿰𠂤帚」作「歸」，説見校記〔三〕。甲四止於此。

〔一一〇〕説，刊本同，丁卷作「悦」。「説」「悦」古今字。

〔一一一〕君，底二乙旁注。

〔一一二〕「法度」下丁卷、刊本有「也」字。

〔一一三〕供，丁卷、刊本作「共」。「共」「供」古今字。

〔一一四〕莒，丁卷同，刊本作「筥」。《説文·匚部》：「匡，飯器也，筥也。或作筐。」筥爲盛飯器，竹制，故當從「⺮」而不當從「艹」。寫卷作「艹」者，乃因俗寫⺮、艹不分故也。

〔一一五〕綺，底二乙旁注音，《廣韻》「錡」音渠綺切，「綺」音墟彼切，聲有清濁之别。

〔一一六〕西，底二乙旁注音。

〔一一七〕齋，丁卷、刊本作「齊」，《釋文》云：「齊，本亦作齋，同，側皆反，敬也。」《玉篇·女部》引《詩》作「⿱齊女」，王先謙《詩三家義集疏》認爲其所據者《韓詩》，俞樾《湖樓筆談》卷一云：「⿱齊女，好也。義勝於毛。」案「齋」、「⿱齊女」皆「齊」之後起本字。《毛傳》釋「齊」爲敬，故後人易其字爲「齋」；《韓詩》釋「齊」爲好，後人易其字爲「⿱齊女」。尋其本字，原當作「齊」。阜陽漢簡《詩經》〇〇六簡正作「齊」。

〔一一八〕于，丁卷、刊本作「於」，二字古多通用。

〔一一九〕茀戾，「茀」字丁卷、斯二七二九皆同，刊本作「芾」，《釋文》亦作「芾」。《韓詩外傳》卷一引《詩》作「茀」。《説文》有「茀」無「芾」，陳玉樹《毛詩異文箋》因而認爲當從《韓詩》作「茀」。王先謙《詩三家義集疏》亦據之認爲《韓詩》作「茀」爲正字，《毛詩》作「芾」爲借字。案今敦煌三寫卷均作「茀」，則《毛詩》古本蓋亦作「茀」，作「芾」者後人所改耳。下二章「茀」字同，不復出校。「戾」爲底二乙旁注音。茀、戾二字《廣韻》

不同音，待考。

〔二〇〕憇，丁卷、刊本同；斯二七二九作「憩」，《釋文》同。盧文弨《經典釋文考證》改作「憇」。陳玉樹《毛詩異文箋》則認爲「憇」爲訛字。案二字異體，僅上部兩偏旁「舌」、「自」互易，不知何爲正字，其詳待考。

〔二一〕露，刊本同，丁卷音誤作「路」。

〔二二〕微，丁卷形誤作「徵」。

〔二三〕強暴之男不能侵淩，「強」字丁卷同，刊本作「彊」。「彊」爲「強」之本字，説詳裘錫圭《文字學概要》二六八頁。丁卷、刊本「淩」作「陵」。《説文·夊部》：「夌，越也。」段注：「凡夌越字當作此。今字或作淩，或作凌，而夌廢矣。……今字概作陵矣。」則「淩」、「陵」皆爲「夌」的後起字。

〔二四〕路，丁卷同，刊本作「露」。「路」爲「露」之音誤字，詩題作「露」可證。尾題「路」字亦訛文。

〔二五〕汝，丁卷、刊本作「女」，「女」「汝」古今字。《鄭箋》作「女」，則《毛詩》本當作「女」，作「汝」者，後人所改。下章兩「汝」字同此。

〔二六〕容，底二乙旁注音。

〔二七〕一，底二乙原脱，兹據丁卷、刊本補。

〔二八〕章，刊本同，丁卷無。案底二乙「章」字原爲重文符號，蓋丁卷寫脱重文符號也。

〔二九〕功之所致也，丁卷、刊本「功之」作「之功」。羅振玉云：「各本作『鵲巢之功致也』。《毛詩》考文古本『致』上有『所』字，此『功之』二字殆誤倒。」「所」，丁卷同，刊本無。《正義》：「作《羔羊》者，言《鵲巢》之功所致也。……定本『致』上無『所』字。」是孔所據本有『所』字，正與寫卷同。

〔三〇〕之，底二乙原無，案《正義》所引有「之」字。兹據丁卷、刊本補。

〔三一〕「羔羊」下丁卷、刊本有「也」字。

〔三二〕紽夷，「紽」字丁卷同，刊本作「紽」。《説文》無「紽」字，亦無「紽」字（「紽」、「紽」一字之變），而有「纆」字，云：「粗緒也。」《廣韻・支部》云：「纚，繒似布，俗作絁。」陳壽祺《左海經辨・説文經字攷》、馬瑞辰《毛詩傳箋通釋》均認爲「纚即「素絲五紽」之紽」。「夷」，底二乙旁注音。

〔三三〕委𧊅駞，「委𧊅」，丁卷作「委虵」，刊本作「委蛇」。《釋文》云：「虵，本又作蛇。」「它」「也」「㐌」三旁古形近混用，故「蛇」或寫作「虵」，也可寫作「𧊅」。如前句「紽」或寫作「絁」，亦寫作「絁」(《漢魏南北朝墓誌集釋》圖版一四一《元廞墓誌》「絁緎表容，蝼虵顯足」)。下二章「委𧊅」同，不復出。「駞」，底二乙旁注音。

〔三四〕総，丁卷同，刊本作「總」，「総」「緫」皆「總」之俗字，説詳《敦煌俗字研究》下編五三二至五三三頁。

〔三五〕磤其雷，丁卷、刊本「磤」作「殷」，「磤」爲「殷」之後起本字。「雷」字丁卷同，刊本作「靁」，《説文》有「靁」無「雷」，陳奐《詩毛氏傳疏》云：「靁，古雷字。」詩中三章皆同此，不復出校。

〔三六〕正，刊本作「政」，丁卷作「士」，「正」爲「政」之借字，「士」蓋爲「正」之譌。

〔三七〕遑，刊本同，丁卷作「皇」，案陳奐《詩毛氏傳疏》釋下「莫敢或遑」句云：「古衹作「皇」，遑、偟皆非也。」陳玉樹《毛詩異文箋》云：「《説文》無「遑」，古止作「皇」。」本詩中皆同，下不復出。

〔三八〕子，底二乙旁注。

〔三九〕莫敢，丁卷、刊本作「莫或」。

〔四〇〕標有梅，丁卷、刊本「標」作「摽」，案俗寫扌、木不分，正當作「摽」。本篇凡「標」字皆當從丁卷、刊本作「摽」。

〔四一〕南，丁卷音誤作「男」。

〔四二〕其，底二乙原作「及」，一、三兩章皆作「迨其」，此亦當同。兹據丁卷、刊本改正。

〔四三〕傾，丁卷同，刊本作「頃」，「頃」「傾」古今字。

〔四四〕嘒，刊本同，丁卷作「嚖」，《説文・口部》：「嘒，小聲也。或从慧。」下章「嘒」字同。

〔四五〕肅肅霄征，底二乙原僅一「肅」字，蓋脱重文符號，兹據丁卷、刊本補。「霄」字丁卷同，刊本作「宵」，「霄」

『宵』二字古多通假。《説文·雨部》:『霄,雨霰爲霄。』《宀部》:『宵,夜也。』《毛傳》:『宵,夜也。』是『宵』爲正字,『霄』爲借字。下章『霄』字同。

〔四六〕与,丁卷同,刊本作『與』,二字古混用無别,敦煌寫本多用『与』字,後世刊本多改作『與』。下凡『与』、『與』之别者均不復出。

〔四七〕不,丁卷同,刊本作『無』。

〔四八〕『過』下丁卷、刊本有『也』字。

〔四九〕江沲之間,『沲』字丁卷作『池』,刊本作『沱』。《釋文》云:『沱,徒何反,江水之别也。』《説文·水部》:『沱,江别流也。』是刊本作『沱』爲本字。沲、池均爲『沱』之别體,古從『它』從『也』之字多通,説參校記〔三三〕。本詩第三章『沲』字同此。

〔五〇〕而,刊本同,丁卷無。《正義》:『媵遇憂思之勞而無所怨。』則孔氏所據本亦有『而』字。案有『而』字義長。『間』字丁卷同,刊本作『閒』,『閒』『間』古今字。

〔五一〕也,刊本同,丁卷作『者也』。

〔五二〕我,依底二乙體例,『不我與不我與』應寫作『不=我=與=』,今底二乙『我』字下無重文符號,應是偶脱,兹據丁卷、刊本補。

〔五三〕過,底二乙前句『過』下無重文符號,應是偶脱,兹據丁卷、刊本補。

〔五四〕強暴相淩,『強』字丁卷同,刊本作『彊』;丁卷、刊本『淩』作『陵』。説參校記〔一三〕。

〔五五〕礼,丁卷奪此字。

〔五六〕麕,丁卷誤作『齋』,尾題『麕』字亦誤作『齋』。

〔五七〕白茅苞之,底二乙『茅』原作『茅』,形誤字,兹據丁卷、刊本改正。『苞』字丁卷同,刊本作『包』,段玉裁《詩經小學》認爲當作『苞』,作『包』者始於《唐石經》。阮校及黄位清《詩異文録》、李富孫《詩經異文釋》皆從之。盧文弨《經典釋文考證》云:『二字本通用。《説文》「勹」象包裹之形,「苞」之正訓乃草也。不當以

「苞」爲正字而以「包」爲非。」王先謙認爲「勹」爲本字，「包」爲借字，「苞」爲誤字。案盧、王説爲長。

〔一五八〕棟，丁卷同，刊本作「樕」，《説文・木部》：「樕，樸樕，小木也。」「棟，短椽也。」是「樕」爲正字，「棟」爲借字。

〔一五九〕無撼我帨兮，丁卷、刊本「撼」作「感」，《釋文》：「感，如字，又胡坎反，動也。」陳奐《詩毛氏傳疏》云：「感，古撼字。《釋文》胡坎反，即撼也。」底二乙「帨」原作「悅」，乃敦煌寫卷「巾」旁與「忄」旁混用所致，兹據刊本改正。丁卷作「稅」，亦形誤字。

〔一六〇〕无使狵也吠兮，丁卷、刊本「无」作「無」，《説文・亾部》：「无，奇字無也。」下凡此均不復出。丁卷、刊本「狵」作「尨」。《説文・犬部》：「尨，犬之多毛者。」無「狵」字。《玉篇・犬部》：「狵，犬多毛也。尨，同上。」《廣韻・江韻》：「狵，犬多毛。亦作尨。」馬宗霍《説文解字引詩考》云：「「狵」即「尨」之俗，《篇》、《韻》皆以俗爲正，非是。」案：馬説是。丁卷、刊本無「兮」字。劉師培云：「「兮」與上兩語「兮」字相應。」案：雖説有「兮」字與上兩句「兮」字相應，然本章三句，前兩句均五言，此句亦應五言。且他本句末均無「兮」字，《説文・犬部》「尨」下引《詩》亦無「兮」字。又此章以脱、帨、吠爲韻，並非以句末之「兮」字爲韻。

〔一六一〕二，底二乙原無，劉師培云：「「一上章章四句」，當作「上二章章四句」。」兹據丁卷、刊本補。

〔一六二〕何彼襛矣，底二乙「彼」原作「被」，形誤字，兹據刊本改正。丁卷亦形誤作「被」。

〔一六三〕以誠肅雍之德也，丁卷、刊本「誠」作「成」，「誠」爲「成」之借字。「雍」字丁卷同，刊本作「雝」。「雝」爲「雍」之本字。《説文》「雝」篆下段注：「經典多用爲雝和、辟雝，隸作雍。」本詩中「雍」字同此。丁卷無「也」字。

〔一六四〕棠棣，丁卷、刊本作「唐棣」，案當作「棠棣」，説詳馬瑞辰《毛詩傳箋通釋》卷十七《常棣》下「常棣之華」條。

〔一六五〕齊侯，丁卷誤作「齊王」。

〔一六六〕其釣維何維絲伊緡，底二乙原「絲」、「何」二字互倒，兹據丁卷及刊本改正。又「緡」字底二乙原作「婚」，丁卷作『婚』，刊本作『緍』。案『婚』當是『緍』之訛，而『緍』則爲『緍』之諱改字。底二乙爲唐寫本，蓋本寫作『婚』，故譌爲『婚』，兹據丁卷改正。

〔一六七〕章，底二乙原脱，兹據丁卷、刊本補。

〔一六八〕矣，丁卷、刊本作『也』，《正義》云：『其仁恩之心，不忍盡殺，如騶虞然，則王道成矣。』則孔所據本似作『矣』。

〔一六九〕彼，底二乙原作『被』，形誤字，兹據丁卷、刊本改正。下章『彼』字同此。

〔一七〇〕豝，刊本同，丁卷作『豝』，《毛傳》云：『豕牝曰豝。』則當從豕旁，從豸旁者俗字。

〔一七一〕豵，底二乙原作『豝』，蓋涉上章而譌也，兹據刊本改正。丁卷作『豵』，《鄭箋》云：『豕生三曰豵。』則當從豕旁，作『豵』者俗字。

〔一七二〕二章章四句，刊本作『二章章三句』，羅振玉云：『今本作三句，此作四句，殆以「于嗟乎」爲句耶？』丁卷作『三章，章三句』，則誤『二章』爲『三章』。

〔一七三〕邵南之什十有四篇，刊本作『召南之國十四篇』，丁卷作『召南之國十有四篇』。『召』『邵』古今字。又此句下刊本有『四十章，百七十七句』，丁卷有『卌章，七百十句』。案丁卷之章句與刊本全同，則『七百十句』應是『百七十七句』之誤。底二乙在《邶風》末有篇、章、句數及總字數，並有小字『弟二』，則此僅有篇數者，抄脱也。

〔一七四〕鄁栢之什詁訓傳第三，刊本作『邶柏舟詁訓傳第三』，丁卷作『鄁栢舟故訓傳第三』。《釋文》：『邶，蒲對反，本又作鄁。』案《説文·邑部》：『邶，故商邑，自河内朝歌以北是也。从邑，北聲。』《五經文字·邑部》：『邶，《詩·風》作「鄁」者譌。』是『邶』爲本字，而『鄁』爲後起俗字。《干禄字書·入聲》：『栢、柏，上俗下正。』下凡『栢』字，皆不復出校。

〔一七五〕毛詩國風，丁卷下有『鄭氏牋，詩，卷二』諸字。案『卷二』二字底二乙則置於《鄁風》尾題。又『衛風』、『陳風」下均有「鄭氏箋」三字，按例，此亦當有。

〔一七六〕衛傾公之時，丁卷、刊本「傾」作「頃」，「頃」「傾」古今字。丁卷無「之」字。

〔一七七〕殷，丁卷、刊本作「隱」，馬瑞辰《毛詩傳箋通釋》云：「殷、隱古同聲通用，「隱」者「慇」之假借。《説文》：「慇，痛也。」《文選注》五引《韓詩》作「殷憂」，李注：「殷，憂也。」《廣雅》：「殷，痛也。」「殷」亦「慇」之省借。」

〔一七八〕「遨」字丁卷同，刊本作「敖」，李富孫《詩經異文釋》云：「《説文》云：「敖，出游也。」《玉篇》：「遨，游也。」此俗字。徐鉉以俗書譌謬，不合六書之體，「遨」其一也。」案《説文》無「遨」字，乃「敖」之後出增旁字。

〔一七九〕監，丁卷同，刊本作「鑒」，《説文・臥部》：「監，臨下也。」《金部》：「鑑，大盆也。」「鑑」與「鑒」同字，《毛傳》云：「鑒，所以察形也。」段於「監」篆下注云：「「監」與「鑒」互相假。」此處則「鑒」爲正字，「監」爲借字。

〔一八〇〕訴，丁卷同，刊本作「愬」，《説文・言部》以「愬」爲「訴」之或體。段注云：「凡從𢇛之字隸變爲「斥」，俗又譌「斥」。」是「愬」爲本字，「訴」爲俗字。

〔一八一〕逄，丁卷、刊本作「逢」，《干禄字書・平聲》：「逄、逢，上俗下正。」

〔一八二〕可，丁卷有兩「可」字，當是誤增。

〔一八三〕棣棣，刊本同，丁卷作「逮逮」，「棣」「逮」聲同通用，説詳李富孫《詩經異文釋》。

〔一八四〕遘，丁卷、刊本作「覯」，黄位清《詩異文録》云：「「遘」與「覯」同義。」

〔一八五〕寤擘有標，「擘」字丁卷同，刊本作「辟」。《説文・日部》「晤」篆下引《詩》作「辟」，《玉篇・手部》引《詩》作「擗」。李富孫《詩經異文釋》云：「毛作「辟」，爲古字；「擗」，後人滋益之字；「擘」又通叚字。」案「擗」「擘」同字，僅手旁位置之異。「標」字丁卷同，刊本作「摽」，「標」爲「摽」之俗寫，説見校記〔一四〇〕。

〔一八六〕「是詩」下丁卷、刊本有「也」字。

〔一八七〕曷云，丁卷、刊本作「曷維」。案一、二兩章之後兩句同義，《經義述聞》卷五「曷維其亡」條有考。第二章「曷惟其亡」句，丁卷、刊本作「曷維其亡」，「惟」與「維」通，是二句無别。則底二乙第一章之「云」蓋當作「惟」。《詩》中多有「曷云」句式，如《雄雉》「曷云能來」，《四月》之「曷云能穀」，《小明》之「曷云其還」，疑手民因此而偶誤也。本詩應作「曷維」。

〔一八八〕惟，丁卷、刊本作「維」，二字古多通用。

〔一八九〕汝，丁卷、刊本作「女」，《釋文》：「女，崔云：『毛如字，鄭音汝。』」案：《正義》亦以毛讀爲女，鄭讀爲汝。此作「汝」者，後人依鄭義而改也。

〔一九〇〕綌，底二乙作「紘」，乃是「綌」之俗字「綌」的訛變，茲據丁卷、刊本改正。

〔一九一〕燕燕，丁卷作「燕有」，誤。

〔一九二〕姜，底二乙原脱，茲據丁卷、刊本補。

〔一九三〕不及，丁卷同，刊本作「弗及」。案「不」「弗」義同。二、三兩章「下及」同。

〔一九四〕寔，丁卷、刊本作「實」，《釋文》：「實勞，實，是也。本亦作寔。」案「實」「寔」通用，説詳陳玉樹《毛詩異文箋》卷二。

〔一九五〕勗，丁卷同，刊本作「勖」，「勗」爲「勖」之俗字，見《字彙·力部》。

〔一九六〕之，底二乙旁注。

〔一九七〕不荅，丁卷同，刊本作「不見荅」。

〔一九八〕此句丁卷、刊本作「以至困窮之詩也」，案《正義》標起止云：「至困窮。」並云：「俗本作『以致困窮之詩』者，誤也。」則孔所據本與底二乙同。

〔一九九〕乃，底二乙原寫作「及」，後用朱筆塗去一捺。刊本作「乃」，丁卷作「迺」。郝懿行《爾雅義疏·釋詁下》：「經典迺、乃通者非一，故《廣韻》及《列子釋文》並以『迺』爲古文『乃』字，是矣。」二、三兩章「乃」字同此。

〔二〇〇〕吁，丁卷在右上角似有一「羽」字，蓋爲旁注音。

〔二〇一〕慢，底二乙先寫作「嫚」，又將「女」改爲「忄」；丁卷作「嫚」，刊本作「慢」。《説文·女部》：「嫚，侮易也。」段注：「「嫚」與《心部》之「慢」音同義别，凡嫚人當用此字。」則作「嫚」者正字，作「慢」者借字。

〔二〇二〕慠，丁卷同，刊本作「敖」。郝懿行《爾雅義疏·釋詁上》：「敖者，傲之叚音也。《釋文》「敖，五報反」，則當作「傲」。《説文》「傲，倨也」，通作「敖」。」《集韻·号韻》：「傲，或从心。」則「慠」爲後起字。

〔二〇三〕言，底二乙旁注。

〔二〇四〕虺翽虺其雷，「翽」字底二乙寫此字於該行天頭，蓋「虺」之注音，故附於此。《廣韻》「虺」音許偉切，「翽」音呼會切，聲調有上去之别。「雷」字丁卷同，刊本作「靁」，「靁」「雷」古今字。

〔二〇五〕鐺，丁卷、刊本作「鏜」，《説文·金部》：「鏜，鼓鐘之聲。」「鐺，鋃鐺也。」是「鏜」爲正字，「鐺」爲借字。《集韻·唐韻》則將「鐺」作爲「鏜」之異體收入。

〔二〇六〕爰處，底二乙旁注。

〔二〇七〕挈，丁卷同，刊本作「契」，段玉裁《説文解字注》、陳奐《詩毛氏傳疏》並以「挈」爲本字，「契」爲借字。

〔二〇八〕悦，丁卷、刊本作「説」，黄瑞雲解「成悦」如字讀，義爲「與子相愛」，而解此詩爲愛情詩，不取《鄭箋》的「從軍之士與其伍約」之意。然寫卷作「悦」，並不能用來説明抄《詩》者解「成悦」爲「與子相愛」，因爲《鄭箋》有「我與子成相説愛之恩」之説，或抄者據此而改，亦未可知。故黄説未可服人。

〔二〇九〕洵，底二乙此字在行末，其下界欄外有小字「絢」。伯二五三八《毛詩傳箋》「洵」作「絢」，則此「絢」字蓋爲讀者旁注異文。

〔二一〇〕颽風，丁卷、刊本「颽」作「凱」，王先謙《詩三家義集疏》云：「凱、颽古今字之異。」案「颽」實即「凱」的類化增旁俗字。本詩中皆同，下不復出校。

〔二一一〕不，丁卷同，刊本下有「能」，案《正義》引有「能」字。

〔三一二〕成其志尔，丁卷作『以成志尒』，刊本作『而成其志爾』。《正義》云：『作此詩而成其孝子自責之志也。』又云：『俗本作「以成其志」，「以」字誤也。定本「而成其志」。』則孔所據本與刊本同。

〔三一三〕現，底二乙旁注音，《廣韻》『晛』音胡典切，『現』音胡甸切，聲調有上去之别。

〔三一四〕盱，底二乙旁注音，《廣韻》『睆』音户板切，『盱』音況于切，聲韻均不同，『盱』蓋有誤。

〔三一五〕役，丁卷、刊本作『役』，《説文·殳部》：『古文役从人。』下凡寫卷作『役』者皆不復出。

〔三一六〕國人患之，丁卷同，伯二五三八、斯一〇兩《毛詩傳箋》寫卷亦同，刊本下有『而作是詩』四字。阮校：『小字本、相臺本同；《唐石經》初刻無此四字，後改有。案有者是也。《正義》標起止云「至是詩」可證。』按據標起止爲證，乃是正義所據本耳。』案此僅是《正義》所據本耳。今四唐寫本均無『而作是詩』四字，且《唐石經》初刻亦無，是不可遽定石經後刻爲善。

〔三一七〕貽，丁卷、刊本作『詒』，《説文·言部》：『詒，相欺詒也。一曰遺也。』段注：『《釋言》、《毛傳》皆曰：「詒，遺也。」俗多叚貽爲之。』

〔三一八〕伯，丁卷、刊本作『百』，『伯』爲『百』之音誤字。

〔三一九〕葉，底二乙原作『𦯀』，諱改字，兹據刊本改。本詩中『葉』字皆然，下不復出校。

〔三二〇〕公与夫人並爲淫亂焉，丁卷奪『与』字，丁卷、刊本無『焉』字。

〔三二一〕滸，底二乙注於地脚。《廣韻》『滸』音呼古切，『匏』音薄交切，聲韻均不同。《毛傳》云：『匏謂之瓠。』朱駿聲《説文通訓定聲》『匏』字下云：『古言匏、瓠不分，故聲亦同也。』《廣韻》『瓠』音户吴切，與『滸』聲紐有曉匣之别，韻部有平上之分。然二字古韻均在魚部，而聲紐曉匣古亦通用，則『滸』蓋爲『匏』之注音。

〔三二二〕深，底二乙旁注。

〔三二三〕袖，底二乙此字寫於天頭，蓋爲『鷕』之注音。

〔三二四〕軓，丁卷同，刊本作『軌』，《釋文》：『軓，舊龜美反，謂車轊頭也。依《傳》意宜音犯。』戴震《毛鄭詩考正》、段玉裁《毛詩故訓傳定本》、王引之《經義述聞》、阮元《詩經校勘記》、黄位清《詩異文録》、李惇《群經識小》等均認爲作「軓」是。黄瑞雲認爲「軌」乃「軓」之譌，而「軓」則又爲「軌」之譌。案：諸説是也。作「軌」作「軓」者皆爲「軓」的常見俗字。刊本作「軌」，亦「軓」之譌，阮元《詩經校勘記》已發之。

〔三三五〕牡，底二乙原寫作「吡」，旁注改爲「壮」，乃「牡」之形誤字，兹據丁卷、刊本改正。

〔三三六〕嗈嗈，丁卷作「雍雍」，刊本作「雝雝」，案「雝」本字，「雍」隷變字，「嗈」爲後起增旁字。

〔三三七〕子玉，底二乙旁注音。案《釋文》：「旭，許玉反，徐又許袁反，日始出，謂大昕之時也。《説文》讀若好，《字林》呼老反。」斯二七二九「旭」音「暉玉」。是「旭」字皆讀作曉紐。今切語作「子玉」，「子」精紐字，不與曉紐相協，疑有誤。

〔三三八〕迨，刊本同，丁卷作「殆」，案《説文・隶部》：「隸，及也。《詩》曰：『隸天之未陰雨。』」段注：「《釋言》、《毛傳》、《方言》皆曰：『迨，及也。』此與歺部『殆』音義皆同。今《詩》作『迨』，俗字也。」是「迨」爲「隸」之後起字，而與「殆」通假。

〔三三九〕仰否，「仰」字丁卷、刊本作「卬」。《釋文》：「卬，五郎反，我也。本或作仰，音同。」案《説文・匕部》：「卬，望也。」在「仰望」義上，「卬」「仰」古今字，然此「卬」字《毛傳》釋爲「我也」，《爾雅・釋詁》：「卬、吾、台、予、朕、身、甫、余、言，我也。」乃一人稱代詞，故當以作「卬」爲善。「否」字刊本同，丁卷作「不」，案「不」「否」音義皆同，然置於句末，應以作「否」爲長。下句「仰否」同此。

〔三三〇〕印穹，底二乙旁注音。

〔三三一〕婚，丁卷、刊本作「昬」，「昬」爲「婚」之本字。

〔三三二〕僶俛，丁卷、刊本作「黽勉」，僶俛、黽勉皆雙聲叠韻聯緜詞，而聯緜詞無定字。本詩中「僶俛」同此，不復出校。

〔三三三〕不，刊本同，丁卷作「否」，「不」、「否」音義皆同，此應以作「不」爲長。

〔三四〕遟遟，丁卷作「遅遅」，刊本作「遲遲」。案「遟」、「遅」均爲「遲」的俗字。

〔三五〕尔，丁卷作「尒」，刊本作「邇」。「尔」爲「尒」之變體，「尒」與「邇」同，説詳王引之《經義述聞》卷十九「偪介之關」條。

〔三六〕送，丁卷誤作「言」。

〔三七〕燕尔新婚，「燕」，丁卷同，刊本作「宴」。《説文·宀部》：「宴，安也。」《燕部》：「燕，玄鳥也。」陳奐《詩毛氏傳疏》云：「全詩「宴安」字皆假作「燕」，唯此「宴爾新昏」作「宴」。」案據敦煌本，則亦假作「燕」也。「婚」字丁卷作「婚」，刊本作「昏」。「婚」爲「婚」之諱改字，「昏」爲「婚」之本字。本詩中「燕」、「婚」皆同此，下不復出校。

〔三八〕涇以渭濁，戊卷「渭」作「謂」，形誤字。戊卷起於「涇」字。

〔三九〕無，丁卷同，刊本作「毋」，《説文·毋部》：「毋，止之詞也。」段注：「古通用無。」

〔四〇〕毋發我笱，「毋」字刊本同，丁卷作「無」。底二乙「笱」原作「苟」，乃是因⺮、艹不分造成之俗訛字，兹據刊本改正。丁卷亦寫作「苟」。

〔四一〕遑，刊本同，丁卷作「皇」，陳奐《詩毛氏傳疏》云：「遑，古祇作「皇」。《禮記》、《左傳》皆作「皇」。皇，暇也。」

〔四二〕遊，丁卷、刊本作「游」，「游」「遊」古今字。

〔四三〕人，丁卷、刊本作「民」，「人」當作「民」，避唐諱而改。

〔四四〕慉，丁卷、刊本同，戊卷作「畜」，《説文·心部》云：「慉，起也。《詩》曰：「能不我慉。」」則「畜」爲假借字。

〔四五〕鞠，丁卷同，刊本作「鞫」，段玉裁《詩經小學》以「鞫」爲正字，「鞠」爲假借字。

〔四六〕予，底二乙先寫作「子」，旁改爲「予」。

〔四七〕潰，刊本同，丁卷作「憒」，《釋文》：「潰，户對反，怒也。《韓詩》云：「潰潰，不善之貌。」」案《説文·水部》

「洸」篆下引《詩》作「有洸有潰」。是當以從水旁之「潰」爲本字，「憒」爲借字。《大雅・召旻》「潰潰回遹」，則爲「憒憒」之假借。

〔二四八〕既貽我肄，丁卷、刊本「貽」作「詒」，「詒」本字，「貽」借字。「肄」字刊本同，丁卷作「肆」，段玉裁《詩經小學》、陳奐《詩毛氏傳疏》、馬瑞辰《毛詩傳箋通釋》皆以「肄」爲「勤」之假借字。案作「肆」者，又爲「肄」之假借字。

〔二四九〕塈改，「塈」字丁卷作「暨」，案「暨」爲「塈」之假借字，二字《廣韻》皆有「其冀切」一音。「改」旁注於「塈」旁，當是其旁注音。《廣韻》「塈」音其冀切，與「改」音不同。《尚書・梓材》「惟其塗塈茨」《釋文》：「塈，徐許氣反。《説文》云：『仰塗也。』《廣雅》云：『塗也。』馬云：『堊色。』一音故愛反。」《儀禮・喪服》「既練，舍外寢」鄭注「不塗塈，所謂堊室也」《釋文》：「塈，劉其既反，又許氣反，一古慨反。」是「塈」有「故愛反」（古慨反）之音。《玉篇・手部》：「摡，《詩》云『傾筐摡之』。本亦作塈。」底二乙作「塈」，今本《詩經》亦作「塈」，可知摡、塈二字通用。讀作「故愛反」（古慨反）者，蓋讀作「摡」音也。《説文・手部》有「摡」字，《唐韻》音古代切。正與「古愛反」音同。「古愛反」者，見紐去聲代韻；「古慨反」者，見紐去聲泰韻，泰代二韻多有通用者也。「改」者，見紐上聲海韻，韻有上去之别。

〔二五〇〕乎，丁卷、刊本作「于」，二字古多通用。

〔二五一〕臣，底二乙原無，劉師培云：「或由抄胥訛挩。」茲據丁卷、刊本補。

〔二五二〕狄人，刊本同，丁卷作「翟人」，《説文・犬部》：「狄，北狄也。」羽部：「翟，山雉也。」段注：「狄人字，傳多假『翟』爲之。」是「狄」爲正字，「翟」爲借字。

〔二五三〕乎，丁卷同，刊本作「于」，二字古通用。

〔二五四〕脩，底二乙原脱，茲據丁卷、刊本補。

〔二五五〕方伯連帥，底二乙「方」原作「兮」，形誤字，茲據丁卷、刊本改正。丁卷、刊本「帥」作「率」，「帥」「率」二字古多通用，將帥之『帥』《説文》作『衛』，『帥』、『率』均借字也，説詳《説文・行部》『衛』篆下段注。

〔二五六〕之，丁卷奪。

〔二五七〕叔也伯也，丁卷同，刊本、戊卷作『叔兮伯兮』，『也』、『兮』古字通用，説詳王引之《經傳釋詞》卷四、陳玉樹《毛詩異文箋》卷四。然寫卷三、四兩章作『叔兮伯兮』，則仍以作『兮』爲長。

〔二五八〕叔兮伯兮，戊卷、刊本同，丁卷作『叔也伯兮』，案『也』當作『兮』。

〔二五九〕靡所，丁卷、刊本同，戊卷作『無所』。案《詩》中以『靡所××』爲句式者有：《小雅・祈父》『靡所止居』、『靡所厎止』，《雨無正》『靡所止戾』，《大雅・桑柔》『靡所止疑』、『靡所定處』，而『無所』則無此句式。《爾雅・釋言》：『靡，無也。』《鄭箋》多以『無所』釋『靡所』。戊卷作『無所』者，乃以訓詁字代經字也。

〔二六〇〕璅，丁卷同，刊本作『瑣』，此『璅』爲『瑣』之俗字，考詳《敦煌俗字研究》下編二二四頁。

〔二六一〕裒，丁卷同，刊本作『褎』，《釋文》云：『褎，本亦作裒。』盧文弨《經典釋文考證》云：『《正誤》云：「裒當作褏。」案《説文》「袖」爲「褎」之俗字，則作「褏」良是。』

〔二六二〕四章章四句，刊本同，丁卷『四章』誤作『五章』。

〔二六三〕蕳兮，丁卷、刊本『蕳』作『簡』，《釋文》：『簡，居限反，字從竹，或作蕳，是草名，非也。』李富孫《詩經異文釋》云：『蕳爲香草，故陸以爲非。然从竹字隸體多省變从艸。』案：李説是。俗𥫗、艹混用，此『蕳』實爲『簡』之俗寫。本詩中『蕳』字皆同，不復出校。

〔二六四〕渥，戊卷誤作『握』。

〔二六五〕榛，刊本同，丁卷作『莘』，《説文・木部》『亲』篆下段注云：『《周禮・籩人》、《禮記・曲禮、内則》、《左傳》、《毛詩》字皆作「榛」，假借字也。「榛」行而「亲」廢矣。』則『莘』當爲『亲』之形訛字。

〔二六六〕思之，丁卷、刊本作『之思』。林平和云：『「之思」誤作「思之」。』

〔二六七〕西方美人，刊本同，丁卷作『西方之美人』。

〔二六八〕以，丁卷、刊本無。

〔二六九〕故作是詩以自見也，刊本同，丁卷「故作是詩」作「作此詩」。案《鄘風·柏舟》小序「故作是詩以絶之」，《衛風·河廣》小序「故作是詩也」，《鄭風·清人》小序「故作是詩也」，《魏風·園有桃》小序「故作是詩也」等等，皆用「是」，而無有云「此」者。疑丁卷誤。戊卷無「也」字。

〔二七〇〕水，底二乙原無，後補於界欄外。

〔二七一〕流，戊卷止於此。

〔二七二〕濟，丁卷作「沛」，刊本作「泲」，案「濟」、「泲」二字古多混用，故李富孫《詩經異文釋》云：「《説文》云：『泲，沇也。』與濟水出常山源流各異。《漢地理志注》云：『泲亦濟水字。』今皆淆而莫辨。」馬瑞辰《毛詩傳箋通釋》則以「泲爲濟之或體」解之。丁卷作「沛」，則爲「泲」之譌字。

〔二七三〕鎋，丁卷、刊本作「舝」，《正字通·金部》：「鎋，舝、轄並同。」

〔二七四〕遐，丁卷、刊本作「瑕」，馬瑞辰《毛詩傳箋通釋》於《二子乘舟》「不瑕有害」句下釋云：「瑕、遐古通用。遐之言胡也。」

〔二七五〕嘆，丁卷同，刊本作「歎」，案二字爲改換意符之異體。

〔二七六〕思湏與漕，「湏」字丁卷同，刊本作「須」。王先謙《詩三家義集疏》引陳蔚林《詩説》以「須」爲「湏」之訛。羅振玉云：「案作『湏』是也。《説文》『沬』，古文作『湏』。《鄘風·桑中》『沬之鄉矣』傳：『沬，魏邑。』此『湏』即《桑中》之『沬』。後世『須』之別搆作『湏』。校書者不知爲『沬』之古文，遂改爲『須』矣。」「漕」字刊本同，丁卷作「曹」，陳奐《詩毛氏傳疏》在《擊鼓篇》「土國城漕」句下釋云：「漕，古作曹。」

〔二七七〕遊，刊本同，丁卷作「游」，「游」「遊」古今字。

〔二七八〕慇慇，丁卷、刊本作「殷殷」，徐鍇《説文繫傳》卷二十「慇」篆下云：「《詩》曰『憂心殷殷』，本作此字。」

〔二七九〕寠，丁卷、刊本作「窶」，《説文》有「寠」無「窶」，陳奐《詩毛氏傳疏》曰：「寠，從宀，俗從穴。」

〔三八〇〕偏，底二乙原作「偏」，形誤字，兹據丁卷、刊本改。

〔三八一〕政事，底二乙「政」字位於行末，「事」字原無，後加於界欄之外。

〔三八二〕遍，丁卷、刊本作「徧」，「徧」「遍」古今字。

〔三八三〕相携持而去之焉，丁卷、刊本「携」作「攜」，《説文》有「攜」無「携」，《五經文字·手部》云：「攜，相承作擕，或作携者，皆非。」則「携」爲後起字。本詩「携」字同此。「之」字底二乙以墨塗去，丁卷有此字。《正義》標起止無「之」字。《正義》又云：「使國民百姓不親附之，莫不相攜持而去之，歸於有道也。」則《正義》乃釋「焉」爲「之」。「焉」有「之」義，説可參裴學海《古書虚字集釋》。「之」字當爲後人臆增。

〔三八四〕凉，丁卷、刊本作「涼」，《玉篇·冫部》：「凉，俗涼字。」

〔三八五〕耶，丁卷同，刊本作「邪」，「耶」即「邪」的俗字。本詩中「耶」字同此。

〔三八六〕車，丁卷「車」前抄脱「歸其虚其邪既亟只且莫赤匪狐莫黑匪烏惠而好我攜手同」凡二十四字。

〔三八七〕乎，丁卷同，刊本作「於」，二字古多通用。

〔三八八〕孌，刊本同，丁卷作「𡢃」，案《泉水》「孌彼諸姬」《毛傳》：「孌，好貌。」《集韻·儒韻》：「𡢃，瘦皃。」則「𡢃」爲誤字。

〔三八九〕彤管，丁卷奪此二字。

〔三九〇〕悦懌亦，「悦懌」，丁卷同，刊本作「説懌」，「説」「悦」古今字。「亦」，底二乙旁注音。

〔三九一〕荑，丁卷作「夷」，「夷」爲「荑」之同音借字。

〔三九二〕詢，丁卷同，刊本作「洵」，《釋文》：「洵，本亦作詢，音荀，信也。」案《説文·心部》：「恂，信心也。」段注：「《毛詩》假『洵』字爲之。」《爾雅·釋詁》：「詢，信也。」郝懿行《義疏》以爲「恂」之假借，是「詢」、「洵」並「恂」之借字。

〔三九三〕非，丁卷、刊本作「匪」，《正義》引作「非」，則孔所據本亦作「非」。陳奐《詩毛氏傳疏》云：「匪、非同聲，

「非」本字，「匪」假借字。」

〔二九四〕貽，刊本同，丁卷作『詒』，『詒』正字，『貽』借字。

〔二九五〕河上，刊本同，丁卷作『河之上』。

〔二九六〕久，丁卷、刊本無，案有『久』則句不通，《清人》小序云：『使高克將兵而禦狄于竟，陳其師旅，翱翔河上。久而不召，衆散而歸。』疑手民習於該文而誤增『久』字。

〔二九七〕詞，底二乙旁注音。《廣韻》『泚』音雌氏切，清紐紙韻；『詞』音似兹切，邪紐之韻，二音聲韻均不同。

〔二九八〕蘧蒢，丁卷同，刊本作『籧篨』，俗字⺮、艹不分。下章『蘧蒢』同。

〔二九九〕網，底二乙『魚』字在行末，此字後加於界欄外。丁卷作『罔』。據《説文》，『网』爲本字，『罔』、『網』皆其或體字。

〔三〇〇〕之，底二乙原寫作『矣』，旁改爲『之』。

〔三〇一〕而作，丁卷、刊本無『而』字；底二乙『作』字旁注。

〔三〇二〕影，丁卷、刊本作『景』。《釋文》：『景，如字，或音影。』案《正義》云：『下言「其影」，以其影謂舟影，觀其去而見其影，義取其遂往不還。』則《正義》所據本即作『影』，亦以之爲舟影之『影』。然《經義述聞》讀『影』爲『憬』，義爲遠行貌。馬瑞辰《毛詩傳箋通釋》云：『影，古音讀若廣，謂遠行貌。』陳奐《詩毛氏傳疏》認爲《毛傳》釋『景』爲『迅疾而不礙』，其意實與遠行同。則『景』不當讀作『影』。阜陽詩簡第四九簡此句作『苞苞亓光』，與馬瑞辰説合。光、養同爲陽韻字。王力《詩經韻讀》、陸志韋《詩韻譜》即均以景、養爲韻，讀入陽韻。

〔三〇三〕遐，丁卷、刊本作『瑕』，二字古通用。

〔三〇四〕鄁國十有九篇，丁卷作『背國十九篇』，刊本作『邶國十九篇』。『邶』爲本字，『鄁』爲後起字，『背』爲『鄁』之假借字。

〔三〇五〕七十一章，刊本同。丁卷誤作『七十章』。

〔三〇六〕三百六十三句，丁卷誤作『三百六十句』。

〔三〇七〕凡八千四百七十三言第二，刊本無此句，丁卷作『凡七千九百六十八字』，羅振玉云：『《漢石經》每卷後皆記字數。《蜀石經》作經二千二，注五千九百九十三字。』案此皆《毛詩傳箋》本之字數，然各本間差異頗殊。

〔三〇八〕第四，丁卷下有『卷三』二字。

〔三〇九〕國風，丁卷作『毛詩國風』，下又有『鄭氏牋』三字。案底二乙在『邶風』卷作『毛詩國風』四字，故知此處奪『毛詩』二字。而且『衛風』、『陳風』卷均有『鄭氏箋』三字，按例，此亦當有。

〔三一〇〕恭，丁卷、刊本作『共』，『共』『恭』古今字。

〔三一一〕蚤死，底二乙旁注有『早亡』二字，丁卷作『早死』。『蚤』爲『早』之借字。

〔三一二〕弗，刊本同，丁卷作『不』，二字義同。

〔三一三〕也，丁卷、刊本無。

〔三一四〕惟，丁卷、刊本作『維』，二字古多通用。下章『惟』字同此。

〔三一五〕之，底二乙旁有刪字符『卜』，丁卷、刊本有此字。案『之』字不當刪，今仍存之。

〔三一六〕它他，『它』，刊本同，丁卷作『他』。段玉裁在《説文·它部》『它』篆下云：『其字或叚佗爲之，又俗作他。經典多作它，猶言彼也。』『他』，底二乙小字旁注，當是注音。

〔三一七〕匿，刊本作『慝』，丁卷作『忒』，阮校：『盧文弨云：「《唐石經》初刻慝作匿，誤。」後改從今本。考《傳》：「慝，邪也。」《釋文》：「慝，他得反。」皆可證也。』劉師培以『匿』爲訛文。案阮、劉二氏均誤。羅振玉云：『各本「匿」作「慝」。《唐石經》初刻「匿」，後改「慝」。知當時有作「匿」之本。』《經義述聞》卷二十『野處而不暱』條、《毛詩異文箋》卷三均以『匿』爲『慝』之古字，是也。馬瑞辰《毛詩傳箋通釋》云：『「慝」當爲

『忒』之同音假借。」

〔二八〕諒，從此字開始，丁卷爲另一種字體。

〔二九〕刺上，丁卷、刊本作『刺其上』。

〔三〇〕掃，丁卷同，刊本作『埽』，『埽』本字，『掃』後起字。又底二乙『掃』下原有『也』，又圈去；丁卷無『也』，刊本有。此詩三章，每章六句，其中第二、四、五、六句刊本末有『也』字，而底二乙及丁卷皆無。

〔三一〕遘，丁卷同，刊本作『冓』，案『中冓』之義，説者紛紜，迄今未有定説。然冓、遘二字均從冓得聲，例可通用。《釋文》出『冓』，云：『本又作遘。』是陸氏亦曾見作『遘』之本。下二章『遘』字同此。

〔三二〕攘，丁卷同，刊本作『襄』，『攘』爲『襄』之借字，説詳《毛詩異文箋》卷七。

〔三三〕衛夫人，丁卷同，刊本下有『也』。

〔三四〕『偕老』下丁卷、刊本有『也』字。

〔三五〕『委=他=』，丁卷作『委=包=』，刊本作『委委佗佗』。案《爾雅·釋訓》釋文：『佗佗，本或作它字，音徒河反。』則『包』當爲『它』之譌字，而『他』則爲『佗』之俗字。于省吾《澤螺居詩經新證》卷上『委委佗佗』條認爲當讀作『委佗委佗』。今丁卷作『委=包=』，底二乙作『委=他=』，根據重文符號的讀法，可有『委委佗佗』與『委佗委佗』兩讀，故此寫卷不能助成于説。胡平生《阜陽漢簡〈詩經〉異文初探》一文（載胡平生、韓自強《阜陽漢簡〈詩經〉研究》，上海古籍出版社一九八八）不盡同意于氏的觀點，他認爲：『（阜陽漢簡《詩經·羔羊》）重文作「〔委=〕蛇=」，則此句既可讀爲「委委蛇蛇」，又可讀爲「委蛇委蛇」。……以于文所舉重文諸例觀之，或爲一完整語句之重讀……或爲短語與名詞之重疊……全非形容詞之重疊式，與「委委佗佗」詞性不同，不應類比。而綜觀《詩經》疊字（重言詞），其作爲形容詞者，一般都不作「委蛇委蛇」的形式而多爲「委委佗佗」的形式。如：「顒顒卬卬」、「萋萋萋萋」、「雝雝喈喈」、「緜緜翼翼」、「濟濟蹌蹌」……以此例之，則「委=佗=」讀爲「委委佗佗」順理成章。另一例證據是古文獻中又有「委委」與

「佗佗」單用之實例。《靈樞經・陰陽二十五人篇》：「足厥陰佗佗然。」《通天篇》：「陰陽和平之人，其狀委委然。」故就音義、形式而言，「委委佗佗」並不存在問題。然則「委委佗佗」並不排斥「委蛇委蛇」。蓋「委蛇」一詞爲叠韵聯緜詞，情形特殊。……總之，根據現存資料，尚無法證明「委委佗佗」是古人誤讀。從《毛詩》二者並存的情形看，應認爲「委委佗佗」、「委蛇委蛇」兩讀皆可。」（第四一至四二頁）張涌泉認爲：《羔羊》『委蛇委蛇』句《毛傳》云：『委蛇，行可從迹也。』《君子偕老》『委委佗佗』句《毛傳》云：『委委者，行可委曲蹤迹也。』『委蛇』和『委委』《毛傳》訓釋略同，疑《毛傳》所據經本兩詩重文形式原本一致，均作『委委佗佗（蛇蛇）』或『委蛇（佗）委蛇（佗）』，故其訓釋相同。而今本《毛傳》兩詩重文形式不一，疑爲後人舛亂。《爾雅・釋訓》：『委委佗佗，美也。』則可爲前一種形式提供佐證。

〔三六〕何，丁卷誤作『河』。

〔三七〕瑳兮瑳兮，丁卷、刊本作『玼兮玼兮』，《釋文》：『玼，音此，又且禮反，鮮盛貌。本或作瑳，此是後文瑳兮……然舊本皆前作玼，後作瑳字。』段玉裁在《說文・玉部》『玼』篆下注：『《詩・君子偕老》二章、三章皆曰「玼兮玼兮」，是以二章毛、鄭有注，三章無注，或兩章皆作瑳。……淺人分別「玼」屬二章，「瑳」屬三章，畫爲二字二義，又於《說文》增「瑳」爲訓釋。』馬瑞辰《毛詩傳箋通釋》從之。然阮校則從《釋文》而不從段說。今此寫本作『瑳』，可證段說之善。

〔三八〕狄兮，丁卷作『狄也』，刊本作『翟也』。『翟』正字，『狄』借字。段玉裁《詩經小學》云：『此篇「也」字，疑古皆作「兮」。《說文》引「玉之瑱兮」、「邦之媛兮」，《著》正義引孫毓「故曰玉之瑱兮」，皆古本之存於今，改之未盡者也。』案今寫卷作『兮』，正合段氏之說。且後或作『兮』，或作『也』，或改『兮』爲『也』，或無而後加『也』，或無而後加『兮』，正可見古書改動之過程也。

〔三九〕揥也，丁卷『揥』形誤作『褅』。底二乙『也』上『揥』字已在行末，『也』字乃後加於界欄之外者。

〔四〇〕楊且之皙也，『楊』字丁卷同，刊本作『揚』。案作『揚』是。第三章兩『楊』字亦當作『揚』。『皙』字底二乙原作『晢』，丁卷、刊本作『晳』。《五經文字·白部》：『晳，思歷反，人色白。相承多從曰，非。』盧文弨《經典釋文考證》云：『當從白作晳。』茲據以改正。

〔三三一〕天，丁卷同，刊本下有『也』。

〔三三二〕帝，刊本下有『也』；丁卷『帝』涉上誤作『禘』，無『也』字。

〔三三三〕兮，底二乙旁注，丁卷、刊本作『也』。

〔三三四〕也，底二乙旁注。

〔三三五〕也，底二乙旁注。丁卷無。

〔三三六〕兮，刊本同，丁卷無。

〔三三七〕邽之媛兮，丁卷、刊本『邽』作『邦』，『邽』爲『邦』字隸變之異。『兮』，底二乙原如此，後在上面用朱筆改成『也』；丁卷作『兮』。

〔三三八〕一章章七句一章章九句一章章八句，底二乙原爲雙行小注，與全卷體例不符，茲改從單行大字。又刊本不叠『章』字。丁卷無此句。

〔三三九〕至乎世族，『乎』字丁卷同，刊本作『于』，二字古通用。『世』，底二乙缺右邊竪筆，乃避諱缺筆字，茲據刊本改。

〔三四〇〕幽遠，刊本同，丁卷下有『之處』二字。案《正義》引無此二字。

〔三四一〕然也，刊本無此二字，丁卷無『然』字。《正義》云：『定本云「而不可止」，「止」下有「然」字。……故序云「政散民流而不可止」，是以《樂記》曰「桑間濮上之音，亡國之音也。其政散，其民流，誣上行私而不可止」，是也。』據《正義》所云，則似無『然』者是也。

〔三四二〕宮，丁卷作『官』，形誤字。下二章『宮』字同此。

〔三四三〕乎，丁卷奪此字。

〔三四四〕淇，丁卷作『期』，音誤字。

〔三四五〕三章章七句，丁卷無此句。

〔三四六〕宣姜也，丁卷、刊本『宣姜』作『衛宣姜』。案《緑衣》、《日月》、《終風》小序皆云：『衛莊姜傷己也。』《雄雉》、《匏有苦葉》、《新臺》小序皆云：『刺衛宣公也。』《君子偕老》小序云：『刺衛夫人。』皆有『衛』字，則此當以作『衛宣姜』者爲是。丁卷無『也』字。

〔三四七〕奔奔，刊本同，丁卷作『夲夲』。『夲』爲『本』之俗字，説詳《敦煌俗字研究》下編二二七頁。『奔』、『本』二字同音通用。

〔三四八〕二章章四句，丁卷『章』字不疊，誤。

〔三四九〕翟人，刊本作『狄』，丁卷作『翟』，皆無『人』字。《釋文》：『衛爲狄所滅，一本作狄人。』阮校：『《正義》云「是爲狄所滅之事」，又云「故爲狄所滅，懿公時也」，皆指序而言。是《正義》本與《釋文》同，其自爲文，則多言狄人，非其本有「人」字也。考序於此及《載馳》、《木瓜》凡三言「狄人」，文例宜同，當以有者爲長。』

〔三五〇〕度，丁卷同，刊本作『渡』，『度』、『渡』古今字。

〔三五一〕曹，丁卷同，刊本作『漕』，『漕』字古作『曹』。

〔三五二〕攘戎翟，丁卷『攘』誤作『權』。『翟』字丁卷同，刊本作『狄』，『狄』正字，『翟』借字。

〔三五三〕宫，丁卷作『官』，形誤字。

〔三五四〕爲，丁卷同，斯二七二九亦同，刊本作『于』。《經義述聞》卷五云：『于當讀曰爲。古聲于與爲通。』馬瑞辰《毛詩傳箋通釋》、俞樾《群經平議》贊同其説。案：今三敦煌本皆作『爲』，可證其説之善。王先謙《詩三家義集疏》以爲作『爲』者是《齊詩》、《韓詩》，作『于』者爲《魯詩》，誤。下句『作爲楚室』同。

〔三五五〕漆，丁卷作『柒』，俗字。

〔三五六〕墟，丁卷、刊本作『虚』。《釋文》：『虚，起居反，本或作墟。』清趙容《誦詩小識》卷二云：『丘虚之虚，古並不作「墟」。其作「墟」者，後人所加也。漢時碑碣亦用「虚」字。」陳奂《詩毛氏傳疏》、馬瑞辰《毛詩傳箋通釋》考知「虚」爲地名，更可證作「墟」之誤。

〔三五七〕矣，丁卷無。案此詩四字一句，「矣」字不當無。蓋手民爲了「望楚」二字用重文符號，而刪去「矣」。

〔三五八〕卜，底二乙原寫作「上」，後用朱筆在上改爲「卜」。

〔三五九〕雨，丁卷作「而」，形誤字。

〔三六〇〕中，丁卷奪。

〔三六一〕焉，底二乙此字在行首。丁卷、刊本無。案古書「也焉」不連用，「焉」蓋衍文。

〔三六二〕女之，丁卷、刊本作「女子」。案《廣韻》「之」音止而切，照紐平聲之韻，「子」音即里切，精紐上聲止韻，聲韻均有别。然敦煌寫卷中多有聲紐精、照同用，韻部平、上合用者，説詳洪藝芳《唐五代西北方音研究》三十一、八十二頁。伯二六二二《孝子傳》：「舜之已亡。」「舜子」寫作「舜之」。則「之」爲「子」之音誤字。

〔三六三〕隮，底二乙原寫作「濟」，後將「氵」改爲「阝」而成「隮」。

〔三六四〕兮，刊本作「也」，丁卷無。案《韓詩外傳》卷一、《列女傳》卷七「陳女夏姬」條引《詩》皆作「兮」，王先謙《詩三家義集疏》據此認爲作「兮」者爲《魯詩》、《韓詩》，黄位清《詩異文録》認爲《毛詩》當作「也」。陳奂《詩毛氏傳疏》云：「「也」，《日月》篇作「兮」，《韓詩外傳》、《列女傳》皆作「兮」。古也、兮通用。」今此寫卷亦作「兮」，則王、黄之説可商。

〔三六五〕婚，丁卷作「昏」，刊本作「昬」。案「昬」、「昏」異體，「婚」爲「昏」之後起字。

〔三六六〕太，丁卷、刊本作「大」，「太」爲後起字，古當作「大」。

〔三六七〕「正」前丁卷、刊本有「能」字。

〔三六八〕也，刊本同，丁卷無。

〔三六九〕也，刊本同，丁卷無。

〔三七〇〕卑，丁卷同，刊本作『畀』。敦煌寫卷凡『畀』字多寫作『卑』，『卑』應是俗譌字。

〔三七一〕干，底二乙原誤作『于』，茲據丁卷、刊本改正。下章『干旌』之『干』同此。

〔三七二〕組，底二乙作『徂』，形誤字，茲據丁卷、刊本改正。

〔三七三〕章六句，丁卷止於此。

〔三七四〕顛覆，底二乙原脱，茲據刊本補。

〔三七五〕救之，刊本作『救也』。

〔三七六〕翟，刊本作『狄』，『狄』正字，『翟』借字。

〔三七七〕曹，刊本作『漕』。『漕』古作『曹』。本詩中『曹』字同此，不復出校。

〔三七八〕乎，刊本作『于』，二字古通用。

〔三七九〕旋反視爾不臧我思不遠既不我嘉不能，底二乙無此十二字，當是手民因將『不能旋反』之『不能』看作『不能旋濟』之『不能』而漏抄。茲據刊本補。

〔三八〇〕檖，刊本作『旋』。案字書未見此字，疑爲『旋』之俗訛。

〔三八一〕虻，刊本作『蝱』，《玉篇·蚰部》云：『蝱，俗作虻。』

〔三八二〕稺池，『稺』，刊本作『穉』，『稺』爲『穉』之俗字。『池』爲底二乙旁注直音。

〔三八三〕蓬，底二乙旁注直音，寫在『芃』之左邊。

〔三八四〕乎，刊本作『于』，二字古通用。

〔三八五〕其，刊本無。案據體例，『其』字不當有。

〔三八六〕二章章六句二章章四句一章章八句，刊本作『一章六句，二章四句，一章六句，一章八句』。案底二乙此句本爲雙行小注，今據通例改爲單行大字。刊本是逐章計數，而寫卷則統一計數。又刊本下有『鄘國十篇，三十章，百七十六句』。案底二乙在《鄘風》末有『鄘國十有九篇，七十一章，三百六十三句』，按例此處亦應有此篇、章、句之計數，今無者，手民抄奪也。

〔三八七〕國風，底二乙在『邶風』卷則作『毛詩國風』四字，故知此處奪『毛詩』二字。

〔三八八〕隩，刊本作『奥』，陳奂《詩毛氏傳疏》云：『今詩作「奥」者，古文假借耳。』案《衛風》卷題作『奥』，正是本字。本詩中『隩』字皆當作『奥』。

〔三八九〕覙，刊本作『規』，《正字通·矢部》：『覙，規本字。』

〔三九〇〕乎，刊本作『于』，二字古通用。

〔三九一〕瑳，刊本作『磋』，阮校：『《唐石經》同，小字本、相臺本「磋」作「瑳」。考《五經文字》：「磋，治也。」在石部；「瑳，玉色鮮」，在玉部。是唐人有以此字從石，與「瑳兮瑳兮」字別者。《說文》有「瑳」無「磋」，「磋」本「瑳」之俗字耳。此經及傳並《小雅·谷風》、《大雅·卷阿、桑柔》箋皆當本是「瑳」字。』

〔三九二〕歡，底二乙旁注直音。

〔三九三〕暄，底二乙旁注直音。

〔三九四〕瑩，底二乙作『螢』，形誤字，劉師培亦認爲此字是訛文。兹據刊本改正。

〔三九五〕珪，刊本作『圭』，《說文·土部》以『珪』爲『圭』之古文。

〔三九六〕先君，刊本作『先公』。案《正義》云：『刺其不能繼其先君武公之業。』又云：『言先君者。』則孔所據本作『先君』也。考《日月》小序『傷己不見荅於先君』，《相鼠》小序『而刺在位承先君之化』，《權輿》小序『忘先君之舊臣』，皆作『先君』，惟《大雅》及《頌》方言『先公』。作『先公』者誤。

〔三九七〕薖，底二乙此字原寫壞，故補於天頭。

〔三九八〕譖，刊本作『僭』。《說文·言部》：『譖，愬也。』段玉裁於《說文·人部》『僭』篆下注云：『以下儗上，僭之本義也。』則此當作『僭』，作『譖』者，借字也。

〔三九九〕也，刊本無。

〔四〇〇〕齊，刊本作「躋」。《釋文》云：「齏，本亦作躋，又作齊，同。」案《説文》作「齏」，則「齏」爲正字，「躋」爲異體，「齊」爲借字。

〔四〇一〕屖，刊本作「屖」，慧琳《一切經音義》卷三《大般若波羅蜜多經》第三三二卷「遲鈍」條云：「犀音西，從尾從牛，經文從尸從羊，俗字也。」

〔四〇二〕秦，底二乙旁注音。

〔四〇三〕盼，刊本作「盻」，阮校：「《唐石經》「盻」作「盼」，毛本同。案「盼」字是也」。

〔四〇四〕税乎，刊本作「説于」，《釋文》：「説，本或作税。毛始鋭反，舍也；鄭作襚，音遂，衣服曰襚。」《正義》云：「毛以爲……則説舍于衛之近郊。」《爾雅·釋詁》：「税，舍也。」《方言》卷七：「税，舍車也。」説、税二字通用，考詳郝懿行《爾雅義疏》、錢繹《方言箋疏》。

〔四〇五〕毋，底二乙旁注音。

〔四〇六〕狄，刊本作「翟」，「翟」正字，「狄」借字。

〔四〇七〕豁，底二乙寫於界欄外，應是「濊」之直音，《廣韻》「濊」、「豁」同音呼括切。

〔四〇八〕鱣檀鮪偉潑潑，「檀」、「偉」皆底二乙旁注音。刊本「潑潑」作「發發」，羅振玉云：「今本「潑潑」作「發發」。案《呂氏春秋·季春紀》高注、《淮南·説山》高注引均作「潑潑」。「潑」殆「潑」之譌。」

〔四〇九〕葭加菼淡，「加」、「淡」皆底二乙旁注音。

〔四一〇〕泯，底二乙原「民」旁作「氏」，乃避諱改偏旁。詩中「泯」字同此，不復出校。

〔四一一〕弃，刊本作「棄」。「弃」，《説文》以爲古文「棄」字。唐代因爲避太宗之諱，多從古文寫作「弃」，説詳《敦煌俗字研究》下編二四〇頁。

〔四一二〕配偶，刊本作「妃耦」，「妃耦」正字，「配偶」借字，説詳段玉裁《説文》「妃」篆、「耦」篆下注。

〔四一三〕政，刊本作「正」，「正」正字，「政」借字。

〔四一四〕佚也，刊本『佚』作『泆』，《説文·人部》：『佚，佚民也。』《水部》：『泆，水所蕩泆也。』段注：『凡言淫泆者，皆謂之太過。其引申之義也。』是『泆』爲正字，『佚』爲借字。『也』，底二乙原有，後用朱筆塗去。案刊本有此字。

〔四一五〕抱，底二乙原作『枹』，乃因俗寫扌、木不分故也，兹據刊本改正。

〔四一六〕葉，底二乙原作『䈎』，諱改字，兹據刊本改。

〔四一七〕椹，刊本作『葚』，《釋文》：『葚，本又作椹，音甚，桑實也。』《説文·艸部》云：『葚，桑實也。』《爾雅·釋宫》：『椹謂之榩。』郭璞注：『斫木櫍也。』李富孫《詩經異文釋》云：『椹本椹質字，此借爲葚字。』

〔四一八〕躭，刊本作『耽』，《玉篇·身部》『躭，俗耽字。』下『躭』字均同此，不復出校。

〔四一九〕士之，刊本作『士也』。案上句云『女也不爽』，則此句亦當作『也』。

〔四二〇〕乎，刊本作『于』，二字古通用。

〔四二一〕楤，刊本作『總』，『楤』爲『揔』之俗訛，『揔』、『總』皆爲『總』的俗字，説見《敦煌俗字研究》下編五三三頁。

〔四二二〕以，刊本作『已』，二字古通用。

〔四二三〕氓，底二乙原誤作『泯』，兹據刊本改正。

〔四二四〕竹干，刊本作『竹竿』，『竿』正字，『干』借字。本詩中『干』字同此。

〔四二五〕不荅，刊本作『不見荅』，案當有『見』字。

〔四二六〕也，刊本作『者也』。

〔四二七〕藋藋，刊本作『籊籊』，案敦煌寫卷多艹、⺮混用。此爲竹竿，故當以從『⺮』爲正。

〔四二八〕悠悠，刊本作『滺滺』，《釋文》：『浟浟，本亦作滺。』《毛詩異文箋》卷三云：『《竹竿》「滺」字本作「攸」，後人加水於其旁作「浟」，又加心於其下作「滺」，或又去水作「悠」，皆由不明「攸」字本義故耳。』案作『浟』作『滺』皆涉『水』字類化增旁。

〔四二九〕檝，刊本作『楫』，《説文》有『楫』無『檝』，『檝』當爲後起增旁字。

〔四三〇〕丸蘭，刊本作『芄蘭』，《釋文》：『芄，音丸，本亦作丸。』蔡主賓《敦煌寫本儒家經籍異文考》云：『「芄」作「丸」，當是同音通段。』（一一三頁）本詩中『丸』字同此。

〔四三一〕葉，底二乙原作『𦯧』，諱改字，兹據刊本改。

〔四三二〕韘，底二乙原作『韋』旁『𦯧』，應是諱改字，兹據刊本改。下句『韘』字同。

〔四三三〕乎，刊本作『于』，二字古通用。

〔四三四〕沆，底二乙原作此形，後朱筆改『氵』爲『舟』；刊本作『杭』。案《説文・水部》：『沆，莽沆，大水也。』『斻，方舟也。』段注：『杭即斻字。斻亦作航。』是杭、航別體，而作『沆』者則爲假借。

〔四三五〕舠，刊本作『刀』，馬瑞辰《毛詩傳箋通釋》云：『《毛詩》本假「刀」爲「䑳」，字書乃加舟旁作「舠」。《太平御覽》引《詩》作「舠」，蓋从字書而改經耳。』

〔四三六〕河廣，底二乙『河』原誤作『何』，兹據刊本改正。

〔四三七〕『君子』前刊本有『言』字。

〔四三八〕邽之傑兮，刊本『邽』作『邦』，『邽』爲『邦』字隸變之異；刊本『傑』作『桀』，『桀』『傑』古今字。

〔四三九〕得，底二乙原作『能』，劉師培以『能』爲訛文，兹據刊本改正。

〔四四〇〕配偶，刊本作『妃耦』，『配偶』爲『妃耦』之借字。

〔四四一〕煞礼而多婚，刊本『煞』作『殺』，『婚』作『昬』。《干禄字書・入聲》：『煞、殺，上俗下正。』『昏』、『昬』異體，『婚』爲『昏』之後起字。下凡『煞』字均不復出校。

〔四四二〕室家，刊本作『夫家』。羅振玉云：『今本「室」作「夫」。案作「室」義爲長。』案《周禮・地官・媒氏》：『司男女之無夫家者而會之。』《詩序》之言蓋出此。《傳》文兩處言『室家』，《序》蓋當作『室家』爲是。後人因《周禮》言『夫家』，故改作『夫家』也。

〔四四三〕蕃育民人，刊本作『育人民』。《釋文》：『所以育人民也，本或作「蕃育」者非。』案《正義》：『會男女之無夫家者，使爲夫婦，所以蕃育人民。』則孔所據本爲『蕃育人民』。阮校：『「人民」以作「民人」爲是。《出其東門序》云「民人思保其室家焉」，《蓼莪序》云「民人勞苦」，《摽有梅》傳亦作「民人」，此序當同。』

〔四四四〕淇，底二乙原作『其』，音誤字，茲據刊本改正。

〔四四五〕曹，刊本作『漕』，『曹』爲『漕』之古字。

〔四四六〕之，底二乙旁注。

〔四四七〕『遺』下刊本下有『之』字，《正義》云：『下總言遺之車馬器服』，則孔所據本亦有『之』。

〔四四八〕以，底二乙旁注。

〔四四九〕弟三，刊本無，下有『衛國十篇，三十四章，二百四句』。案據例，底二乙亦當有，此脱耳。

〔四五〇〕故訓傳弟六，刊本『故』作『詁』，案當作『故』，説詳校記〔一〕。按例，『弟六』下當有『毛詩國風，鄭氏箋』諸字。

〔四五一〕『大夫』前刊本前有『周』字，案『周』字不應删，否則不知爲何國之大夫矣，『周大夫』，東周之大夫也。

〔四五二〕庿，底二乙原作『𢊍』，刊本作『廟』。案『𢊍』當爲『庿』之訛，『庿』爲『廟』之古文，故據以改正。

〔四五三〕彷徨，刊本作『仿偟』，《五經文字·彳部》：『彷徨，見《詩》，作仿偟者訛。』案聯緜詞無定字，彷徨、仿偟並同。

〔四五四〕『是詩』下刊本有『也』字。

〔四五五〕塒，底二乙原『土』旁作『忄』旁，劉師培認爲是訛文，茲據刊本改正。

〔四五六〕陽陽，底二乙原寫作『湯=』，後朱筆改『氵』爲『阝』。

〔四五七〕代，底二乙原作『伏』，『伏』應是『代』之訛變字，『代』爲『世』字諱改字。刊本無此字。

〔四五八〕矣，刊本無。

〔四五九〕我，底二乙無，羅振玉、劉師培皆以爲脱字，兹據刊本補。

〔四六〇〕游遨，底二乙「遨」原寫作「敖」，後朱筆加「辶」。刊本作「由敖」。馬瑞辰《毛詩傳箋通釋》云：「由、遊古同聲通用，由敖猶遊遨也。」「游」、「遊」與「敖」、「遨」均古今字。

〔四六一〕二章，底二乙作「三章」，劉師培云：「『三』當作『二』。」兹據刊本改正。

〔四六二〕楊之水，刊本「楊」作「揚」，《釋文》：「揚，如字，激揚也。或作『楊木』之字，非。」王先謙《詩三家義集疏》云：「古書楊、揚通作，説詳《漢書・地理志》，此文作『揚』正字，作『楊』通叚。」黄焯《經典釋文彙校》云：「傳、箋皆以『揚』作激揚解，當依陸氏定从『揚』字爲是。」案：俗書「扌」旁「木」旁相亂，漢隸已然，故俗書「揚」「楊」混用不分。本詩中「楊」字同此。

〔四六三〕民，底二乙缺末筆，乃避諱缺筆字，兹據刊本改。

〔四六四〕怨，刊本作「怨思」，《鄭箋》云：「怨平王恩澤不行於民，而久令屯戍，不得歸，思其鄉里之處者。」《釋文》出「怨思」，《正義》標起止有「思」字。則《鄭箋》與《釋文》及《正義》所據本皆有「思」字。

〔四六五〕不，底二乙旁注。

〔四六六〕遏，刊本作「曷」，案第三章作「曷」，此「遏」當是音誤字。第二章「遏」字同此。

〔四六七〕椎，刊本作「蓷」，案「椎」爲「推」之手寫變體，「推」爲「蓷」之借字。本詩中第一章「推」及二、三兩章「椎」字同此，不復出校。

〔四六八〕女，底二乙旁注。

〔四六九〕歎，刊本作「嘆」，案二字爲改換意符之異體。下句「歎」字同此。

〔四七〇〕嘯，刊本作「歗」，據《説文》，「歗」爲「嘯」之籀文。下句「嘯」字同此。

〔四七一〕仳罹，刊本作「仳離」，馬瑞辰《毛詩傳箋通釋》以「仳離」爲聯緜詞，則作「仳罹」與「仳離」無别。不過，一二兩章皆作「仳離」，此亦當同。

〔四七二〕菟爰，刊本「菟」作「兔」，「兔」「菟」古今字。本詩中皆同，不復出校。

〔四七三〕畔，底二乙原作「眯」，蔡主賓《敦煌寫本儒家經籍異文考》云：「當是『畔』之譌。」（二九頁）茲據以改正。刊本作「叛」，「畔」爲「叛」之借字。

〔四七四〕構，底二乙右旁上半部寫作「云」，乃諱改字，茲據刊本改。

〔四七五〕罹，刊本作「離」，《説文·隹部》：「離，黄離，倉庚也。」附離之離爲「麗」之借，《毛詩異文箋》卷二云：「離爲麗之叚借。」「罹」爲「羅」的俗字（《説文·网部》「羅」篆下段注），此則爲「離」之假借字。下二章「罹」字同此。

〔四七六〕逄，刊本作「逢」，《干禄字書·平聲》：「逄、逢，上俗下正。」下二章「逄」字同此。

〔四七七〕訛，刊本作「吪」，《説文》有「吪」無「訛」，「訛」當爲「吪」之後起字，説見《毛詩異文箋》卷三。

〔四七八〕櫐，刊本作「藟」，案段玉裁於《説文·艸部》「藟」篆下注：「凡藤者謂之藟，系之艸則有藟字，系之木則有蘽字，其實一也。」《玉篇·木部》：「蘽，木名。櫐，同上。」是「櫐」爲「蘽」之別體，「蘽」爲「藟」之借。本詩中「櫐」字皆同此，不復出校。

〔四七九〕桓王，刊本作「平王」，《釋文》云：「刺桓王，本亦作刺平王。案《詩譜》是平王詩。」《正義》云：「定本云『刺桓王』，義雖通，不合鄭《譜》。」黄焯《經典釋文彙校》云：「案《詩》意爲刺平王忘殺父之讎，而德申侯之立己，故詩稱『謂他人父』、『謂他人母』也。宜從《詩譜》説，定爲刺平王詩。」

〔四八〇〕棄，底二乙原作「弃」，乃是「棄」之避讳缺笔字，茲據刊本録正。

〔四八一〕綿綿，刊本作「緜緜」，《説文》有「緜」無「綿」，「綿」當是後起別字。本詩中「綿」字皆同。

〔四八二〕蘽，刊本作「藟」，「蘽」爲「藟」之借。下尾題「蘽」字同此。

〔四八三〕脣，刊本作「漘」，「脣」爲「漘」之借字。

〔四八四〕采，底二乙作「菜」，劉師培認爲是訛文，茲據刊本改正。

〔四八五〕淩遅，刊本「淩」作「陵」，「遅」作「遲」。「淩」、「陵」二字通用，説詳校記〔二三〕；「遅」爲「遲」之俗字。

〔四八六〕噭，刊本作「曒」，《説文·白部》「曒」篆下段注云：「此叚曒爲皦也。」《説文》無「曒」字，《毛詩異文箋》卷三認爲「曒」即「皦」之俗字。

〔四八七〕麻，底二乙下有重文符號，誤衍，當删。

〔四八八〕彼，底二乙「彼」字及其重文符號皆旁注。

〔四八九〕其將，刊本作「將其」，《正義》云：「毛以爲……其將來之時，施施然甚難進而易退。」又云：「鄭以爲……其將欲來，舒行施施然。」則孔所據本作「其將來施施」，與寫卷同。陳奐《詩毛氏傳疏》、胡承珙《毛詩後箋》認爲當作「其將」。下章「其將來食」句同。

〔四九〇〕詒，刊本作「貽」，「詒」正字，「貽」借字。

〔四九一〕章四句，刊本下有「王國十篇，二十八章，百六十二句」。案依例，底二乙亦當有此篇章句數。此無者，抄脱也。

〔四九二〕故訓傳弟七，刊本「故」作「詁」。案當作「故」，説詳校記〔一〕。「弟七」下按例當有「毛詩國風，鄭氏箋」諸字。

〔四九三〕之德，刊本無。

〔四九四〕弊，刊本作「敝」，「弊」爲「敝」之俗字，説見《玉篇·㡀部》。下二章「弊」字同此。

〔四九五〕舘，刊本作「館」，《干禄字書·去聲》：「舘、館，上俗下正。」《毛詩》本當作「館」。第二章仍作「館」，是也。第三章「舘」字亦當作「館」。

〔四九六〕席，刊本作「蓆」，「席」、「蓆」古今字。

〔四九七〕「叔」前刊本有「弟」字。

〔四九八〕騄，刊本無。案《釋文》於首章《鄭箋》「祭仲驟諫」句下出「驟諫」，則陸所據本小序無「驟」字。然斯二七二九《毛詩音》有『驟』條，且位置在《小序》中，是所據本有『驟』字也。頗疑《釋文》已經後人改竄。

〔四九九〕折，底二乙原作『析』，此爲俗書偏旁扌、木不分故也，茲據刊本改爲『折』。本詩中『折』原皆作『析』。

〔五〇〇〕章六句，刊本作『章八句』，是也。

〔五〇一〕叔于田，自此起，底二乙行款變密，與前不同，且另起一紙，疑非一時所寫。

〔五〇二〕狩，底二乙原作『田』，劉師培認爲是訛文，是也。此涉第一章『叔于田』而誤，茲據刊本改正。

〔五〇三〕叔于田，底二乙『叔』原作『淑』，音誤字，茲據刊本改正。

〔五〇四〕太叔于畋，刊本『太』作『大』，『大』『太』古今字，《毛詩》本當作『大』。本詩中『太叔』同此。刊本『畋』作『田』，案『田』『畋』古今字。詩中二、三兩章仍作『田』，則此本亦當作『田』，第一章『畋』字亦當作『田』。

〔五〇五〕毋，刊本作『無』，二字古通用。

〔五〇六〕鴇，刊本作『鴇』，《說文》有『鴇』無『鴇』，『鴇』始見於《玉篇》。『鴇』蓋後出變體字。

〔五〇七〕嫚，刊本作『慢』，《說文·心部》：『慢，惰也。』《女部》：『嫚，侮易也。』段注：『「嫚」與《心部》之「慢」音同義別，凡嫚人當用此字。』是『慢』正字，『嫚』借字。

〔五〇八〕掤，底二乙原作『栩』，形誤字，茲據刊本改正。

〔五〇九〕忌字底二乙朱笔後加於『弓』下。

〔五一〇〕之，刊本無。案後既有『遠之』，則此『之』應是衍文。

〔五一一〕御狄于境，刊本『御』作『禦』，『境』作『竟』。『御』『禦』、『竟』『境』並古今字。

〔五一二〕乎，刊本無。

〔五一三〕㨯，刊本作『旋』，案底二乙《鄘風·載馳》『不能㨯濟』句，刊本『㨯』字作『旋』，與此略近，疑『㨯』亦『旋』俗體之訛變。

〔五一四〕大夫，刊本無。

〔五一五〕己，刊本作『其』，陳奐《詩毛氏傳疏》云：『其、己聲同。』下二章『己』字同此。

〔五一六〕邽，刊本作『邦』，『邽』爲『邦』字隸變之異。下章『邽』字同此。

〔五一七〕㪍，刊本作『魗』，《釋文》：『魗，本亦作㪍，又作㪍，市由反。』盧文弨《經典釋文考證》云：『案《說文》：「㪍，棄也。」引《詩》「無我㪍兮」。《毛傳》：「魗，棄也。」正爲《說文》所本，《釋文》本又作㪍，字又相合。「魗」乃俗字，㪍即㪍之譌。』羅振玉云：『今本「㪍」作「魗」。《釋文》「本亦作㪍，又作㪍」。此作㪍，从攴，殆从攴之譌。』

〔五一八〕兮，刊本作『也』。《釋文》云：『故也，一本作故兮，後「好也」亦爾。』盧文弨《經典釋文考證》云：『段云：古《尚書》、《周易》無「也」字，《毛詩》、《周官》始見而孔門盛行之。兮在第十六部，也在第十部，部異而音近。此篇二「也」字皆作「兮」，古本也。』

〔五一九〕路，底二乙旁注。

〔五二〇〕士，刊本無，《正義》云：『陳古之賢士好德不好色之義，以刺今之朝廷之人。』又云：『定本云「古義」，無「士」字，理亦通。』是孔所據本與寫卷同。

〔五二一〕美，刊本無，《正義》標起止云：『至「好色」』。則孔所據本亦無『美』字。

〔五二二〕珮，刊本作『佩』，『佩』『珮』古今字。本章中兩『珮』字同此。

〔五二三〕鳴，底二乙原脱，兹據刊本補。

〔五二四〕不婚于齊也，刊本『婚』作『昏』，無『也』字。『昏』、『昬』異體，『婚』爲『昏』之後起字。

〔五二五〕忽，刊本無。

〔五二六〕刺，底二乙原脱，兹據刊本補。

〔五二七〕美人，刊本作『美然』。《鄭箋》云：『言忽所美之人，實非美人。』《正義》云：『箋、傳意雖小異，皆是所美非美人之事。定本云「所美非美然」，與俗本不同。』則作『美人』者爲長。

〔五二八〕橋，刊本作「喬」。阮校：「《唐石經》、小字本、相臺本「喬」作「橋」，閩本、明監本、毛本亦同。案橋字是也。」黄位清《詩異文録》云：「當從「喬」訓高義爲正。」案黄説爲長。

〔五二九〕汝，刊本作「女」，「女」「汝」古今字，本當作「女」，本詩下皆作「女」，是也。

〔五三〇〕湌，刊本作「餐」，《説文·食部》：「餐，或从水。」《廣韻·寒韻》：「湌，俗作湌。」則「湌」爲「餐」之俗字。

〔五三一〕恣，底二乙原作「姿」，形誤字，茲據刊本改正。

〔五三二〕婚姻之道鈌，刊本「婚」作「婚」，「鈌」作「缺」。「婚」、「婚」異體；「鈌」爲「缺」之俗字，説見《説文·缶部》「缺」篆下段注。

〔五三三〕也，刊本無。

〔五三四〕于，刊本作「乎」，二字古通用。

〔五三五〕倡，刊本作「昌」，《説文·日部》：「昌，美言也，一曰日光也。」「倡，樂也。」是「倡」爲「昌」之借字。

〔五三六〕二章章三句，底二乙原無下「章」字，刊本作「二章章三句」，底二乙當是脱重文符號，茲據刊本補。

〔五三七〕壇，刊本作「墠」，《釋文》云：「壇，音善，除地町町者也。依字當作「墠」。」馬瑞辰《毛詩傳箋通釋》云：「字作「墠」爲正。《釋文》及《正義》本作「壇」者，假借字也。」本詩中「壇」字同此，不復出校。

〔五三八〕蘆，底二乙原作「蘆」，劉師培認爲是訛文，茲據刊本改正。

〔五三九〕⿱𠆢爾，刊本作「邇」，案「⿱𠆢爾」爲「爾」小篆的隸定字，「爾」「邇」義同。下皆同，不復出。

〔五四〇〕不，底二乙原寫作「甚」，後改爲「不」。刊本作「甚」。案作「甚」是，此手民誤解此句之意而妄改。

〔五四一〕栗，底二乙原作「票」，蔡主賓《敦煌寫本儒家經籍異文考》云：「當涉與「栗」形近而訛。」茲據刊本改正。

〔五四二〕家室，底二乙原寫作「室家」，後用朱筆在旁加乙字符號。

〔五四三〕思⿱𠆢爾，刊本作「爾思」，案刊本是也。《毛詩》多見「豈不爾思」句，而無「豈不思爾」句。

〔五四四〕四，底二乙原作「三」，劉師培云：「「三」當作「四」。」茲據刊本改正。

〔五四五〕簫簫，刊本作『瀟瀟』，段玉裁《詩經小學》認爲古無『瀟』字，當從《説文》作『潚』。馬瑞辰《毛詩傳箋通釋》從之，並謂『蕭蕭』即『潚潚』之假借。案《説文·竹部》：『簫，參差管樂。』疊音詞多見『蕭蕭』，未見『簫簫』，則此『簫簫』當爲『蕭蕭』之俗寫。

〔五四六〕瘳，底二乙原誤作『廖』，兹據刊本改正。

〔五四七〕『不脩』下刊本有『焉』字，《正義》標起止亦有『焉』字。

〔五四八〕佻，刊本作『挑』，案聯緜詞無定字，作挑達、佻達均可。

〔五四九〕楊之水，刊本『楊』作『揚』，案當作『揚』，説詳校記〔四六三〕。本詩中『楊』字同此。

〔五五〇〕汝，刊本作『女』，『女』『汝』古今字。詩中『汝』字同。

〔五五一〕相棄，底二乙『相』字旁注，『棄』原作『弃』，乃是『棄』之避讳缺笔字，兹據刊本録正。

〔五五二〕云，刊本作『員』，《正義》云：『云、員古今字。』

〔五五三〕徂，刊本作『且』，李富孫《詩經異文釋》、馬瑞辰《毛詩傳箋通釋》均以『且』爲『徂』之省借字。

〔五五四〕茹藘，底二乙作『如蘆』，形誤字，兹據刊本改正。

〔五五五〕虞，刊本作『娱』，《説文·虍部》：『虞，騶虞也。』女部：『娱，樂也。』段注：『古多借虞爲之。』是『娱』爲正字，『虞』爲借字。

〔五五六〕門，底二乙原脱，兹據刊本補。

〔五五七〕不流於下，刊本作『不下流』，《正義》云：『言思得逢遇男女合會之時，由君之恩德潤澤不流及於下。』則似孔所據本亦作『不流於下』。姜亮夫認爲敦煌本義勝。

〔五五八〕人，刊本無。

〔五五九〕團，刊本作『漙』，馬瑞辰《毛詩傳箋通釋》認爲『漙』爲『專』之後起字。陳奂《詩毛氏傳疏》認爲古本《毛詩》作『專』，爲『團』之假借字。

〔五六〇〕揚，底二乙原作『楊』，乃因扌、木不分之故也，兹據刊本改正。

〔五六一〕陽，刊本作『揚』，馬瑞辰《毛詩傳箋通釋》認爲『陽』爲『揚』之假借字。案本詩第一章作『清揚』，則此亦當作『揚』。

〔五六二〕維，刊本無，李富孫《詩經異文釋》云：『攷文古本「士」上有「維」字，下章同。案此句與上「溱與洧」均以三字爲句，攷文古本當以下文「維士與女」而增之。』案此寫卷已增『維』字，攷文古本蓋亦有所本。下章『維士与女，殷其盈矣』之『維』同。

〔五六三〕以，底二乙旁注。

〔五六四〕卷弟四，刊本無。刊本下有『鄭國二十一篇，五十三章，二百八十三句』。案依例，底二乙亦當有此篇章句數。此無者，抄脱也。

〔五六五〕弟八，按例此下當有『毛詩國風，鄭氏箋』諸字。

〔五六六〕故陳古賢妃貞女夙夜警戒相成之道也，『古賢妃』，伯二六六九《毛詩傳箋》（以下稱『伯二六六九』）同，刊本無『古』字。案《正義》云：『君子見其如此，故作此詩，陳古之賢妃貞女，夙夜警戒於去，以相成益之道焉。』則孔所據本亦有『古』字。底二乙『警』原誤作『驚』，兹據刊本、伯二六六九改正。刊本『也』作『焉』，伯二六六九無。《正義》標起止作『焉』。

〔五六七〕昌矣，底二乙旁注。

〔五六八〕与，刊本、伯二六六九作『予』，馬瑞辰《毛詩傳箋通釋》、于省吾《雙劍誃詩經新證》皆認爲『予』當讀爲『與』。

〔五六九〕饜，伯二六六九同，刊本作『厭』，《説文·甘部》『猒』篆下段注云：『猒、厭古今字，猒、饜正俗字。』

〔五七〇〕間，刊本作『閒』，『閒』『間』古今字。

〔五七一〕豣，伯二六六九同，刊本作『肩』。《釋文》：『肩，如字，獸三歲曰肩。《説文》云：「三歲豕，肩相及者。」本亦作豣，音同。』馬宗霍《説文解字引詩考》云：『《豳風・七月》云：「獻豣于公。」彼傳云：「豕三歲曰豣。」是毛於兩詩異字同訓，故此詩正義亦引《七月》以申傳，許引作「豣」，訓曰三歲豕，文義皆與《七月》合。以豳證齊，以許證毛，疑此詩「肩」字毛本作「豣」。……然則作「肩」蓋是《韓詩》，後人以韓改毛。』羅振玉云：『今本「豜」作「肩」。《釋文》本亦作「豜」。《説文・豕部》引《詩》「並驅從兩豣兮」，此作「豜」，乃「豣」之别字。』案：今兩敦煌寫卷皆作『豜』，可爲馬説佐證。

〔五七二〕兮，底二乙旁注。

〔五七三〕親迎，伯二六六九同，刊本下有『也』字。

〔五七四〕珫，伯二六六九同，刊本作『充』，《廣韻・東韻》：『珫，珫耳，玉名。《詩傳》云：「充耳謂之瑱。」字俗從玉。』下章『珫』字同此。

〔五七五〕瑩，底二乙原作『螢』，形誤字，兹據刊本、伯二六六九改正。

〔五七六〕刺襄公也，伯二六六九同，刊本作『刺衰也』。《釋文》云：『刺衰，色追反，本或作刺襄公，非也，南山已下始是襄公之詩。』《正義》以爲是刺哀公之詩。明何楷《詩經世本古義》卷二十一認爲是刺襄公之詩。姜亮夫《敦煌——偉大的文化寶藏》云：『今本《序》作「刺衰也」，而二五二九及二六六九兩卷皆云「刺襄公也」。這明明是「襄」以形誤「衰」，後人不知，而又删去「公」字。』諸説不同，未知孰是。

〔五七七〕達，伯二六六九同，刊本作『闥』，陳奂《詩毛氏傳疏》云：『闥，古字當作達。』下句『達』字同此。

〔五七八〕東方之日，底二乙『之』字旁注。

〔五七九〕朝庭興居而無節度，刊本、伯二六六九『朝庭』作『朝廷』。《説文・广部》：『庭，宫中也。』廴部：『廷，朝中也。』是『廷』正字，『庭』借字。底二乙『而』、『度』兩字旁注，刊本無此二字，伯二六六九有。案《周禮・春官・雞人》疏引與刊本同。

〔五八〇〕晞，底二乙原作『睎』，形誤字，兹據刊本、伯二六六九改正。

〔五八一〕命，伯二六六九同，刊本作「令」。「命」、「令」二字義同，然《詩經》多見「命之」，惟此一處刊本作「令之」，而今寫卷亦作「命之」，疑《毛詩》本作「命」也。

〔五八二〕晨，伯二六六九同，刊本作「辰」。《毛傳》：「辰，時也。」《廣雅·釋言》：「時，伺也。」馬瑞辰《毛詩傳箋通釋》云：「『不能辰夜』，即不能伺夜也。」「晨」爲「辰」之同音借字，作「晨」易滋歧義，故顧炎武《九經誤字》、李富孫《詩經異文釋》並以作「晨」爲非。

〔五八三〕暮，伯二六六九同，刊本作「莫」。「莫」「暮」古今字。

〔五八四〕去焉，伯二六六九同，刊本作「去之」，《正義》標起止亦作「去之」。

〔五八五〕綏，伯二六六九同，刊本作「緌」，《説文·糸部》：「緌，系冠纓也。」段注：「或叚綏爲之。」則「緌」正字，「綏」借字也。

〔五八六〕藝，伯二六六九同，刊本作「蓺」。《釋文》：「蓺，魚世反，樹也。本或作藝，技藝字耳。」案：李富孫《詩經異文釋》云：「《説文》云：『埶，穜也。』不从艸。《廣韻》：『蓺，本埶。』則艸已是後人所加。『藝』爲才藝字，世俗不知其義，恒與『蓺』相亂。」《説文》「埶」篆下段注：「唐人樹埶字作『蓺』，六埶字作『藝』。說見《經典釋文》。然蓺、藝字皆不見於《説文》。周時六藝字，蓋亦作『埶』。」

〔五八七〕從衡，刊本作「衡從」，斯二七二九先出「衡」，後出「從」，是亦作「衡從」。案伯二六六九《毛詩傳箋》亦作「從衡」，然其《傳》云：「衡獵之，從獵之。」則當作「衡從」爲是。蓋手民習於「從衡」一詞而誤改。

〔五八八〕娶，刊本、伯二六六九作「取」。案《説文·女部》：「娶，取婦也。」王筠《説文解字句讀》：「以取釋娶，明「娶」爲「取」之分別文也。」是取、娶爲古今字。下章「娶」字同此。

〔五八九〕析，底二乙原作「折」，此爲俗書偏旁扌、木不分故也，兹據刊本改爲「析」。

〔五九〇〕儀，刊本、伯二六六九作「義」，「義」爲古「儀」字，説詳《經義述聞》卷十三「不行禮義」條。

〔五九一〕其，伯二六六九同，刊本無。

〔五九二〕所求之者，伯二六六九同，刊本作「所以求者」。

〔五九三〕佃，伯二六六九同，刊本作「田」，「田」「佃」古今字。下章「佃」字同此。

〔五九四〕心，底二乙原作「思」，案上章「勞心忉忉」，此亦當作「勞心」，兹據刊本及伯二六六九改正。

〔五九五〕総角卝兮，「総」爲「總」之俗字。「卝」，伯二六六九同，刊本作「丱」。阮校及陳奐《詩毛氏傳疏》、馬瑞辰《毛詩傳箋通釋》均認爲當作「卝」。案二字爲隸變之異。

〔五九六〕見之，伯二六六九同，刊本作「見兮」。《釋文》：「見兮，一本作見之。」阮校及李富孫《詩經異文釋》、黄位清《詩異文録》均認爲當作「見兮」。

〔五九七〕铃，伯二六六九同，刊本作「令」。《正義》作「鈴」，陳奐《詩毛氏傳疏》以「令」爲「铃」之古文假借字。案清人所謂「古文假借字」，实即古字也。本詩中「鈴」字皆同。

〔五九八〕刺風，伯二六六九無「風」，刊本無「刺」。「風」、「刺」同義，此衍其一。

〔五九九〕鯤，伯二六六九同，刊本作「鰥」，二字同音通用。

〔六〇〇〕苟，伯二六六九同，刊本作「笱」，「笱」寫作「苟」，乃因俗書⺮、艹不分之故也。本詩中「苟」字皆同。

〔六〇一〕儀，伯二六六九同，刊本作「義」，「義」爲「儀」之古字。

〔六〇二〕鞹，刊本同，伯二六六九作「鞟」，《説文》有「鞹」無「鞟」，朱駿聲《説文通訓定聲》以「鞟」爲「鞹」之俗字。

〔六〇三〕驷，伯二六六九同，刊本作「四」，黄焯《經典釋文彙校》云：「作『四』是。」

〔六〇四〕愷悌，伯二六六九同，刊本作「豈弟」。案「豈」「愷」古今字，説詳王筠《説文釋例》卷十四《删篆》；「弟」「悌」古今字，説見徐灝《説文解字注箋》。下凡「愷悌」皆同此，不復出校。

〔六〇五〕滔滔，底二乙原作「淊淊」，形誤字，兹據刊本改正。

〔六〇六〕敖，底二乙原作「遨」，後用朱筆塗去「辶」。刊本及伯二六六九作「敖」。

〔六〇七〕伎，伯二六六九同，刊本作「技」。《説文·手部》：「技，巧也。」人部：「伎，與也。」則「技」爲正字，「伎」爲借字。

〔六〇八〕陽，伯二六六九同，刊本作『揚』。案《原本玉篇殘卷·阜部》『陽』下引《韓詩》曰：『卬若陽兮。』王先謙《詩三家義集疏》云：『此「揚」自以從《韓》作「陽」爲確。』寫卷亦作『陽』，則非僅《韓詩》作『陽』也。

〔六〇九〕楊，伯二六六九同，刊本作『揚』，案『揚』字是。

〔六一〇〕趍，伯二六六九同，刊本作『趨』，『趍』爲『趨』之俗字，説見《廣韻·虞韻》。

〔六一一〕清，底二乙原作『倩』，劉師培認爲是訛文，兹據刊本及伯二六六九改正。

〔六一二〕清楊椀兮，刊本、伯二六六九『楊』作『揚』。案『揚』字是。『椀』，底二乙原作此形，後朱筆改『木』旁爲『女』。刊本、伯二六六九作『婉』。

〔六一三〕御，刊本作『禦』，『御』『禦』古今字。

〔六一四〕章六句，刊本下有『齊國十一篇，二十四章，百四十三句』；伯二六六九下有『齊國十有一篇，廿四章，百卌三句』。案：依例，底二乙亦當有此篇章句數。此無者，抄脱也。《齊風》共有三十四章，刊本及伯二六六九皆誤。

〔六一五〕其人機巧趍利，『人』爲諱改字，伯二六六九、刊本均作『民』，是也。『趍』爲『趨』之俗字。

〔六一六〕也，底二乙朱筆後加於『之』下。刊本無，伯二六六九有。

〔六一七〕糾，底二乙朱筆改『丩』爲『乚』。伯二六六九作『糺』，刊本作『糾』。《廣韻·黝韻》：『糾，俗作糺。』

〔六一八〕僻，刊本作『辟』，『辟』『僻』古今字。

〔六一九〕輅，伯二六六九同，刊本作『路』。伏俊璉《讀敦煌〈詩經〉寫卷札記》云：『「輅」是本字，「路」則同音借字。』（《敦煌學》二十五輯，一一二頁，臺北樂學書局二〇〇四）案伏説誤也，《毛傳》：『路，車也。』《釋名·釋車》：『天子所乘曰路，路亦車也，謂之路者，言行於道路也。』畢沅《疏證》認爲當作『路』，不當作『輅』。段玉裁於《説文·車部》『輅』篆下注：『若近代用輅爲路車字，其淺俗不足道也。』『輅』爲『路』之後世分別文，本當作『路』。

〔六二〇〕人，刊本、伯二六六九作『民』，案當作『民』，『人』爲諱改字。

〔六二一〕而，伯二六六九同，刊本作『故』。

〔六二二〕我不知者，伯二六六九同，刊本作『不我知者』。馬瑞辰《毛詩傳箋通釋》云：『「不我知」猶《論語》云「不患莫己知」，古人自有倒語耳。今本作「不知我」，蓋因《箋》云「不知我所爲歌謡之意者」而誤。』案據馬説，則寫卷『我不』二字誤倒。

〔六二三〕不知我者，刊本、伯二六六九作『不我知者』。案當作『不我知者』，考詳上條。

〔六二四〕國小而迫而數見侵削，伯二六六九作『國小而迫而見侵削』，刊本作『國迫而數侵削』。案《釋文》云：『國迫而數侵削，本或作「國小而迫數見侵削」者誤。』阮校：『《正義》云「今定本云國迫而數侵削，義亦通也」，下云「箋以文承數見侵削」，是《正義》本「數」下有「見」字。』據此，底二乙爲善，伯二六六九脱『數』字。

〔六二五〕役于大國之間，『于』，伯二六六九同，刊本作『乎』，二字古通用。『之間』，伯二六六九同，刊本無，案據《鄭箋》及《正義》所引，知彼所據者亦無『之間』二字。

〔六二六〕毋，伯二六六九同，刊本作『無』。案一、三兩章作『無』，此章作『毋』。雖然二字古多通用，然此當前後一致。《説文·毋部》：『毋，止之詞也。』疑《詩》本作『毋』。

〔六二七〕罡，伯二六六九同，刊本作『罔』。『罡』爲『罔』之俗字『罡』的訛體，説詳《敦煌俗字研究》下編二八頁。

〔六二八〕間，伯二六六九同，刊本下有『兮』。李富孫《詩經異文釋》云：『攷文古本二章並無「兮」字。』此詩三句皆用「兮」字，攷文古本恐非。』劉師培亦以爲寫卷挩字。下章『十畝之外』同。

〔六二九〕旋，伯二六六九同，刊本作『還』。『還』正字，『旋』借字。

〔六三〇〕壥，伯二六六九『𡒄』，刊本作『廛』，『壥』、『𡒄』皆『廛』之俗字，説見《敦煌俗字研究》下編一八〇頁。

〔六三一〕懸，伯二六六九同，刊本作『縣』，『縣』『懸』古今字。下二章『懸』字同。

〔六三二〕飱，伯二六六九同，刊本作「餐」。「飱」爲「飡」之俗字（段玉裁《説文·食部》「飡」篆下注），本章以檀、干、漣、廛、貆、餐押元韻，飡爲文部字，當作「餐」爲是。第三章押文韻，作「飡」是也。

〔六三三〕倚直，伯二六六九同，刊本作「直猗」。案第一章「河水清且漣猗」，第三章「河水清且淪漪」（漪當作猗，説詳下），且「猗」即「兮」也（馬瑞辰《毛詩傳箋通釋》、陳玉樹《毛詩異文箋》卷四），故當從刊本作「直猗」，「倚」「猗」同音通用。

〔六三四〕漪，刊本、伯二六六九作「猗」，王念孫云：「「猗」字因「漣」字而誤加水。」（《經義述聞》卷三十二《通説下》「上下相因而誤」條）

〔六三五〕十，伯二六六九同。刊本作「九」，羅振玉云：「今本「十」作「九」。案作「十句」是。」案：不知羅氏何據？

〔六三六〕之，伯二六六九同，刊本無。

〔六三七〕人，刊本、伯二六六九作「民」，案作「人」者爲諱改字。

〔六三八〕汝，伯二六六九同，刊本作「女」，「女」「汝」古今字。《詩》本當作「女」，第三章仍作「女」，可證。第二章「汝」字亦當作「女」。

〔六三九〕詠，伯二六六九同，刊本作「永」，案當作「詠」，説參校記〔五〕。

〔六四〇〕卷弟五，刊本無。

〔六四一〕卷第六，刊本無。案按例，此下當有「毛詩國風，鄭氏箋」諸字。

〔六四二〕憂思深遠，底二乙自此始有《傳》、《箋》，均雙行夾注。

〔六四三〕暮，刊本作「莫」，「莫」「暮」古今字。

〔六四四〕也，刊本無。

〔六四五〕也，刊本無。

〔六四六〕是，刊本作「是時」，案有「時」義長。

〔六四七〕將，刊本作『且』，案『將』『且』同義。

〔六四八〕者也，刊本無。

〔六四九〕太，刊本作『大』，『大』、『太』古今字。本詩中『太』字皆同，不復出校。

〔六五〇〕也，刊本無。

〔六五一〕也，刊本無。

〔六五二〕人，刊本作『又』。

〔六五三〕言國中政令者，刊本『言』作『謂』，無『者』字。

〔六五四〕君子之好樂，刊本無『子』字，『樂』作『義』。阮校：『小字本、相臺本「義」作「樂」，考文古本同。案「樂」字是也。』

〔六五五〕者，刊本無。

〔六五六〕『行』下刊本有『也』字。

〔六五七〕也，刊本無。

〔六五八〕者也，刊本無，案『者也』二字蓋爲使雙行對齊而添。

〔六五九〕也，刊本無。

〔六六〇〕休，底二乙『休』下原有重文符號，誤衍，兹據刊本删。

〔六六一〕也，刊本無。

〔六六二〕也，刊本無。

〔六六三〕掃，刊本作『埽』，『埽』『掃』古今字。本詩中『掃』字同，不復出校。

〔六六四〕『之』下刊本有『也』字。

〔六六五〕賄貨，刊本作『財貨』。案經典多有『貨賄』詞而無『賄貨』詞，則『賄』當爲『財』之譌。

〔六六六〕材也，刊本『材』作『財』，無『也』字，案作『材』較長。

〔六六七〕驅，底二乙原作『馳』，蔡主賓《敦煌寫本儒家經籍異文考》云：『驅作馳者，當是書寫者一時筆訛。』（二一七八頁）兹據刊本改正。

〔六六八〕菀，刊本作『宛』。《釋文》：『宛，於阮反，本亦作苑，死貌。』案『菀』即『苑』的俗字，説詳《敦煌俗字研究》下編五〇五頁。馬瑞辰《毛詩傳箋通釋》云：『宛爲苑之假借。』本詩中『菀』字皆同，不復出校。

〔六六九〕也，刊本無。

〔六七〇〕者，刊本作『也』，案作『也』義長。

〔六七一〕也，刊本無。

〔六七二〕庭，刊本作『廷』，『庭』本字，『廷』借字，説詳《經義述聞》卷五『子有廷内』條。

〔六七三〕擊，刊本作『鼓』，陳奂《詩毛氏傳疏》、馬瑞辰《毛詩傳箋通釋》並以作『擊』爲是。

〔六七四〕漆，底二乙原作『洡』，俗字（『桼』旁作『來』漢碑已然），兹據刊本改。

〔六七五〕何不，刊本下有『日』，劉師培認爲寫卷捝『日』字。

〔六七六〕也，刊本無。

〔六七七〕楊之水，刊本『楊』作『揚』，是也，説詳校記〔四六二〕。本詩中『楊』字皆同，不復出校。

〔六七八〕『微』下刊本有『弱』字。

〔六七九〕於沃，刊本『於』作『于』，『沃』下有『也』字。

〔六八〇〕曲沃，刊本前有『沃』，《正義》引亦有『沃』字。

〔六八一〕狠，刊本作『貌』，『狠』爲『貌』之俗譌字。

〔六八二〕波流，刊本作『激流』。阮校：『相臺本「激」作「波」，考文古本同。案「波」字是也。《正義》云：「激揚之水，波流湍疾。」是其證。』

〔六八三〕 諭桓叔盛強，刊本「諭」作「喻」。《説文》有「諭」無「喻」，「喻」爲後起別體。《新加九經字樣·言部》：「諭、喻，上《説文》，下經典相承，今通用之。」下凡寫卷作「諭」者，刊本均作「喻」，不復出校。刊本「強」作「彊」。「彊」正字，「強」借字。

〔六八四〕 將以，刊本作「得以」，案作「得以」義長。

〔六八五〕 霄，底二乙下句之「霄」本爲重文符號，而無此「霄」字，蓋抄脱也。下云「中衣以霄黼爲領」，故據補「霄」字。刊本作「綃」，與此不同。案《儀禮·昬禮》「姆纚、笄、宵衣」鄭注：「宵，讀爲《詩》『素衣朱綃』之綃，《魯詩》以綃爲綺屬也。」《儀禮·特牲饋食禮》「主婦纚笄宵衣」鄭注：「宵，綺屬也，此衣染之以黑，其繒本名曰宵。《詩》有『素衣朱宵』。」《釋文》：「宵，音綃，本亦作綃。」是鄭、陸所見皆有作「宵」之本。宵、霄古多通用。下二句之「霄」皆「宵」之借也。

〔六八六〕 領，刊本作「黼」。案「領」爲誤字。《毛傳》云：「諸侯繡黼丹朱中衣。」《禮記·郊特牲》：「繡黼丹朱中衣，大夫之僭禮也。」

〔六八七〕 爲，底二乙原脱，茲據刊本補。

〔六八八〕 者也，刊本無，案「者也」二字蓋爲使雙行對齊而添。

〔六八九〕 也，刊本無。

〔六九〇〕 浩浩，刊本作「皓皓」。阮校：「《唐石經》初刻同，後磨改作『皓』，案『晧』字是也。《説文·白部》無『皓』字，是『晧』字本從日也。《廣韻》三十二晧亦無『皓』字，《釋文》當本作『晧』，今誤。」案「浩」者「晧」之假借。

〔六九一〕 潔，刊本作「潔」，《玉篇·冫部》：「潔，俗絜字。」《説文》有「絜」無「潔」，新附始有「潔」字。《廣韻·屑韻》：「潔，清也。經典用絜。」

〔六九二〕 領，刊本作「黼」，下有「也」字。

〔六九三〕鄰鄰，刊本作「粼粼」，「鄰」爲「粼」之假借。
〔六九四〕鄰，底二乙原僅一重文符號，按例當有二重文符號，兹補一「鄰」字。刊本作「粼粼」。
〔六九五〕不可，刊本作「不敢以」。
〔六九六〕也，刊本無。
〔六九七〕也，刊本無。
〔六九八〕不，刊本作「不敢以」。
〔六九九〕二章，底二乙無此二字，劉師培以爲當有，兹據刊本補。
〔七〇〇〕之，刊本下有「盛彊」。劉師培以爲寫卷有挩文。
〔七〇一〕國，刊本作「晉國」。
〔七〇二〕子，刊本作「椒」。
〔七〇三〕椒性，刊本作「椒之性」。
〔七〇四〕支別，刊本前有「之」。
〔七〇五〕將以日盛也，刊本作「將日以盛也」。案刊本爲長。
〔七〇六〕己，刊本作「其」。「己」、「其」同聲通用。下章「己」字同，不復出校。
〔七〇七〕是，刊本無。《召南·江有汜》「之子歸，不我以」箋云：「之子，是子也。是子，謂嫡也。」句式與此同，疑「是」下奪「子」字。
〔七〇八〕壯皃，底二乙「壯」原作「狀」，形誤字，兹據刊本改正。「皃」字刊本作「貌」，案據《説文》，「皃」小篆隸定字，「貌」籀文隸定字。下凡「皃」字皆同，不復出校。
〔七〇九〕美，刊本作「德美」。
〔七一〇〕也，刊本無。

〔七一一〕桓叔之德彌廣博也，底二乙「桓」原誤作「椒」，茲據刊本改正。刊本無「也」字。

〔七一二〕遠條且，刊本下有《毛傳》「言聲之遠聞也」六字。陳奐《詩毛氏傳疏》認爲此傳文當在上章《毛傳》「條長也」之上，後人誤奪而附於篇末者。阮校：「此《傳》言「聲之遠聞也」，乃篇末總發一篇之傳，謂此《椒聊》詩乃言桓叔聲之遠聞也。篇末摠發傳，毛氏每有此例。如《采蘋》、《木瓜》之屬是矣。此《傳》毛當有所案據，自作《正義》時已無文以言之，後遂專繫諸第二章「遠條且」一句而疑其有所不可通也。」案：寫卷無此六字，與陳奐所言合，疑陳説爲長。然上章《毛傳》「條長也」上亦無此六字，則疑不能解，俟考。

〔七一三〕椒聊，底二乙原作「椒聊也」，「也」字衍文，茲據刊本刪。

〔七一四〕國亂則婚姻，底二乙原無「國亂」二字，劉師培認爲寫卷挩文，茲據刊本補。刊本「婚」作「㛰」，「㛰」正字，「婚」諱改字。

〔七一五〕者，刊本無。

〔七一六〕裯，刊本作「綢」。蔡主賓《敦煌寫本儒家經籍異文考》認爲同音通叚（三六四頁）。案本詩中「綢繆」詞唯此及尾題寫作「裯」，餘皆作「綢」，一詩之中例當一律，故當以作「綢」爲是。

〔七一七〕謂，底二乙原脱，茲據刊本補。

〔七一八〕薪蒭待人事而束，刊本「蒭」作「芻」。《玉篇·艸部》：「芻，俗作蒭。」下「蒭」字皆同此，不復出校。刊本「而」下有「後」，《正義》云：「薪芻待人事而束，猶室家待禮而成也。」則孔所據本亦無「後」字。

〔七一九〕可嫁娶也，刊本「可」下有「以」字，《正義》引作「可以」。刊本「也」作「矣」。

〔七二〇〕星也心，底二乙原無，此當爲手民將前一「心」字看成爲後一「心」字而誤脱，茲據刊本補。

〔七二一〕以，底二乙無，《正義》所引亦有「以」字，茲據刊本補。

〔七二二〕也，刊本無。

〔七二三〕云不得其時，此五字倒寫於前行之末。

〔七二四〕善室，刊本作『美室』。案《詩》中『良』字《毛傳》均訓爲『善』，無訓爲『美』者，此蓋以作『善室』爲長。

〔七二五〕云，底二乙原作『之』，形誤字，兹據刊本改正。

〔七二六〕汝，刊本作『女』，『女』『汝』古今字。

〔七二七〕者，刊本無。

〔七二八〕子兮，底二乙本爲一重文符號。案此重文符號前爲經文『如此良人何』，依重文符號之規律，當是指『何』字，則與經義不合。兹據刊本改作『子兮』。

〔七二九〕嗟兹，底二乙下有一重文符號，兹據刊本删。

〔七三〇〕斥娶者也，刊本『斥』作『斥』。《説文·言部》『訴』篆下段注：『凡從㡿之字隸變爲斥，俗又譌斥。』據此，『斥』爲隸變字，『斥』爲俗字。刊本『娶者也』作『嫁取者』。阮校：『「嫁」衍字也。此但刺取者不刺嫁者，故下文云「子取後陰陽交會之月」也，《正義》亦可證。』狩野直喜同阮説（《舊抄本毛詩殘卷跋》，《先秦經籍考》上册一四八頁，上海文藝出版社一九九〇）。羅振玉云：『今本「斥」下衍「嫁」字。』

〔七三一〕之娶，刊本無『之』字，『娶』作『取』。案《正義》云：『今子之娶，後於陰陽交會之月。』則有『之』字爲長。『取』、『娶』古今字。

〔七三二〕也，刊本無。

〔七三三〕也，刊本無。

〔七三四〕解覯，刊本作『邂逅』，陳奐《詩毛氏傳疏》云：『《説文》無「邂」字，「邂逅」當依《釋文》作「解覯」。』本詩中皆同此，不復出校。

〔七三五〕狠，刊本作『貌』，『狠』爲『貌』之俗譌字。

〔七三六〕月，底二乙旁有删字符，刊本有『月』字。《正義》云：『《小星》箋云：「心在東方，三月時。」則心星始見在三月矣。此箋云「三月之末，四月之中」者，正以三月至於六月，則有四月。此詩唯有三章，而卒章言「在户」，謂正中直户，必是六月昏也。』案據《正義》所云，正月時心星尚未現於天空，何能『直户』，則『月』字爲衍文無疑。

〔七三七〕三星，刊本作『心星』，案首章《鄭箋》已釋『三星』爲心星，依鄭箋通例，此當作『心星』。

〔七三八〕謂，刊本作『謂之』，阮校：『小字本、相臺本「謂」下無「之」字，考文古本同。案無者是也。』

〔七三九〕也，刊本無。

〔七四〇〕都，刊本作『者』，劉師培云：『「都」有美訓，似出他本之上。』羅振玉云：『案《國語》「女三爲粲」，注：「粲，美貌。」「粲都」猶言其人美且都，義較「粲者」爲長。』下『粲都』同此。

〔七四一〕杖，刊本作『杕』，是也。本詩中『杖』字皆當作『杕』。

〔七四二〕葉，底二乙原作『萗』，諱改字，兹據刊本改。本詩中『葉』字同此，不復出校。

〔七四三〕貌也，刊本『貌』作『皃』，無『也』字。據《說文》，『貌』爲籀文隸定字，『皃』爲小篆隸定字。

〔七四四〕比近者，刊本作『比也』。阮校：『案「比」下當有「次」字。此傳「比次」，即取經「胡不比焉」、「胡不佽焉」之文也。《釋文》「湑湑」下云「不相比次也」，是其本有「次」字。《正義》云「傳於此云湑湑枝葉不相比」，標起止云「至相比」，或因經注本無「次」字而誤去之耳。』陳奂《詩毛氏傳疏》云：『《釋文》據《傳》「不相比」下有「次」字，「比次」即比佽，亦當以《釋文》本爲長。』案：今寫本作『近』，與《釋文》作『次』不同，未知孰是？

〔七四五〕耳，刊本作『也』。

〔七四六〕所，底二乙原作『何』，形誤字，兹據刊本改正。

〔七四七〕汝何不輔君爲政令也，刊本『汝』作『女』，無『也』字，『女』『汝』古今字。下句《箋》中『汝』同此。

〔七四八〕『見』下刊本有『君』字。

〔七四九〕也，刊本無。

〔七五〇〕皃，刊本無。

〔七五一〕也，刊本無。

〔七五二〕嬛嬛，刊本作「睘睘」，馬瑞辰《毛詩傳箋通釋》認爲「嬛」與「睘」通用。注中同，不復出。

〔七五三〕刺其君在位之不恤其民也，刊本無「君」、「之」二字。《正義》云：「俗本或「其」下有「君」，衍字。定本無「君」字，是也。」底二乙原無「民」字，劉師培認爲寫卷挩文，兹據刊本補。

〔七五四〕末，刊本無，段玉裁《毛詩故訓傳定本》、陳奂《詩毛氏傳疏》皆補「末」字。

〔七五五〕也，刊本無。

〔七五六〕懷惡，刊本作「悖惡」，案作「悖惡」較長。

〔七五七〕者也，刊本無，案「者也」二字蓋爲使雙行對齊而添。

〔七五八〕菜，刊本作「采」，馬宗薌《爾雅本字考》以「采」爲采地之本字。則「菜」爲借字也。

〔七五九〕曰，刊本作「云」。

〔七六〇〕人也，刊本作「之人」。

〔七六一〕褏，刊本作「褎」，《説文》以「褏」爲「褎」之俗字。注中同，不復出。

〔七六二〕「居居」下刊本有「也」字。

〔七六三〕「他人」下刊本有「者」字。

〔七六四〕風焉，底二乙倒寫於上行之末。刊本無「焉」。

〔七六五〕鳵羽，刊本「鳵」作「鴇」。羅振玉云：「鳵正字，鴇俗字。」案《説文》有「鴇」無「鳵」，《玉篇》有「鳵」無「鴇」，《正字通・鳥部》云：「从鴇爲正。」羅説誤。本詩中「鳵」字皆同，不復出校。

〔七六六〕也，刊本無，下「孝侯」、「鄂侯」、「哀侯」下「也」字同。

〔七六七〕者也，刊本無。

〔七六八〕鳥，刊本作「鴗」。

〔七六九〕也，刊本無。

〔七七〇〕稹也，刊本「稹」作「積」，無「也」字。《説文·禾部》：「稹，穜概也。」段注：「引伸爲凡密緻之偁。」《爾雅·釋言》：「苞，稹也。」郭注：「今人呼物叢緻者爲稹。」《説文·木部》：「槙，木頂也。」槙、稹《廣韻》並音照忍切，是「槙」爲「稹」之假借。《箋》中「槙」字同此。

〔七七一〕平安，刊本作「安平」。

〔七七二〕征，刊本作「征役」，是也。

〔七七三〕根，底二乙原作「恨」，形誤字，兹據刊本改正。

〔七七四〕僌，刊本作「致」。阮校：「《正義》云：『定本緻皆作致。』是《正義》本此箋及下傳箋『攻致』皆作『緻』也。考《説文·糸部》本無『緻』字，徐氏新附字有之。鄭《考工記注》云：『稹，致也。』亦不從糸。當以《釋文》、定本爲長。」案：《説文》無「僌」字，《方言》卷一：「抵、僌，會也。」「僌」當爲「致」之借。

〔七七五〕致，刊本作「緻」，案當作「致」，説詳上條校記。下《箋》中「致」字同此，不復出校。

〔七七六〕藝，刊本作「蓺」，「蓺」「藝」古今字。

〔七七七〕攻，底二乙原作「政」，形誤字，兹據刊本改正。

〔七七八〕播，刊本作「播種」。

〔七七九〕所怙者也，刊本無「所」字，亦無「者也」二字。案「者也」二字蓋爲使雙行對齊而添。

〔七八〇〕翩，刊本下有「也」，案依例當有「也」。

〔七八一〕粱，底二乙作「梁」，形誤字，兹據刊本改正。

〔七八二〕蒼，底二乙無，劉師培認爲寫卷挩字。兹據刊本補。

〔七八三〕美，刊本作「刺」。阮校：「《唐石經》、小字本、相臺本「刺」作「美」，考文古本同。案《正義》云「美晉武公也，所以美之者」，又云「而作是《無衣》之詩以美之」，又云「美其能并晉國」，作「美」者是也。」

〔七八四〕也，刊本無。

〔七八五〕命，刊本無，「命」字疑衍。

〔七八六〕也，刊本無。

〔七八七〕杖，刊本作「杕」，是也。本詩中「杖」皆當作「杕」。

〔七八八〕公，刊本無。

〔七八九〕道之陽，刊本作「道左之陽」，案東爲左爲陽，西爲右爲陰。左即陽也，《箋》云：「道左，道東也。」道東即道之陽也，「左」字疑衍。

〔七九〇〕「休息」下刊本有「也」字。

〔七九一〕蔭，刊本作「陰」，「陰」「蔭」古今字。

〔七九二〕宗，刊本作「宗族」。

〔七九三〕邦，刊本作「國」，案鄭玄東漢人，不避劉邦之諱。作「國」者，當爲後人所改。

〔七九四〕來，刊本作「求」，阮校：「小字本、相臺本「求」作「來」。案「來」字是也。《正義》云「皆可使之適我君之所」，此「來之」之義也。」

〔七九五〕耳也，刊本作「之」，案句末助詞無「耳也」連用者。

〔七九六〕心誠愛好之，刊本「心」前有「中」字，無「愛」字。

〔七九七〕當盡禮極歡以待之者，底二乙原脱「極」字，茲據刊本補；「歡」原作「勸」，形誤字，茲據刊本改正。刊本無「者」字。

〔七九八〕游，刊本作「遊」，「游」「遊」古今字。《傳》中「游」字同。

〔七九九〕喪，底二乙原作「哀」，形誤字，茲據刊本改正。

〔八〇〇〕棄亡不反，刊本前有『夫從征役』四字。

〔八〇一〕之也，刊本無。

〔八〇二〕莚，刊本作『延』，《玉篇·艸部》：『莚，蔓莚。』此當是類化俗字。

〔八〇三〕楚蘞生蔓，底二乙無，林平和認爲寫本脱字，兹據刊本補。

〔八〇四〕也，刊本無。

〔八〇五〕也，刊本無。

〔八〇六〕言所美人，刊本作『言我所美之人』。

〔八〇七〕吾今誰与居乎，刊本無『今』字。底二乙『誰』下有重文符號，兹據刊本删；『居』原作『君』，形誤字，兹據刊本改正。

〔八〇八〕期今無於此也，刊本『期』作『其』，無『也』字。

〔八〇九〕爤，刊本作『爛』，《説文》有『爤』無『爛』，『爛』後起字。

〔八一〇〕齋，刊本作『齊』，『齊』『齋』古今字。本詩中『齋』字同此，不復出校。

〔八一一〕斂，底二乙原無。案《禮記·内則》：『夫不在，斂枕篋簟，席襡器而藏之。』《毛傳》改『簟』爲『衾』，『斂枕』與『篋衾』均動賓结构，『斂』字不應無。兹據刊本補。

〔八一二〕席韣而藏之，刊本同。《禮記·内則》：『夫不在，斂枕篋簟，席襡器而藏之。』陳奐《詩毛氏傳疏》云：『今本《内則》「韣」作「襡」，「襡」下又誤衍一「器」字，當從《詩正義》所引無「器」字爲善本。』案：寫卷亦無『器』字，可爲佐證。

〔八一三〕其祭也，刊本前有『不失』二字。林平和認爲寫卷脱『不失』二字。案《正義》云：『箋嫌夫不在，則妻不祭，故辨之云：夫雖不在，其祭也使人攝代爲主。雖他人代夫爲主，主婦猶自齊而行事。』尋味《正義》之言，乃以『其祭也攝主』連讀，既然祭祀時使人代爲主，當然已含有不失其祭之意，故『不失』二字可無。今本有

「不失」者，後人臆增也。《正義》所據本並無此二字。

〔八一四〕也，刊本無。

〔八一五〕與，底二乙原脱，兹據刊本補。

〔八一六〕絜，刊本作「潔」。《説文》有「絜」無「潔」，新附始有「潔」字。《廣韻·屑韻》：「潔，清也。經典用絜。」

〔八一七〕晝夜長之時，刊本作「晝夜之長時」。案：羅振玉謂刊本誤。

〔八一八〕極言之以盡情也，刊本無「言」、「也」二字，阮校：「小字本、相臺本「極」下有「言」字，閩本、明監本、毛本同，考文古本無「極」字。案：此十行本無「言」字者是也。《大、小雅譜》云「要於極賢聖之情」，是其證。」

〔八一九〕壹，刊本作「一」，二字古多通用。《漢書·敘傳》：「元元本本，數始於一。」壹者，專壹之義。（《説文·壹部》）則此當以作「壹」者爲本字，「一」則借字也。

〔八二〇〕也，刊本無。

〔八二一〕室猶居也，刊本下有「箋云室猶冢壙」，劉師培認爲寫卷「挩鄭箋全文」。

〔八二二〕采苓，底二乙「采」作「菜」，音誤字，兹據刊本改正。

〔八二三〕顛，刊本作「巔」，「顛」「巔」古今字。

〔八二四〕「細事」下刊本有「也」，案前後數句皆有「也」字。

〔八二五〕「小行」下刊本有「也」，案當有「也」字。

〔八二六〕徵，底二乙作「微」，形誤字，兹據刊本改正。

〔八二七〕皆云我時月而采之，刊本作「皆云采此苓」。

〔八二八〕陽山之上，底二乙原脱，兹據刊本補。

〔八二九〕而今之採苓者未必於此山然而人必信之，刊本「而」前有「然」字，「採」作「采」，無「苓」字。「采」「採」古今字。底二乙原脱「此山然」三字，兹據刊本補。

〔八三〇〕也，刊本無。

〔八三一〕淺，刊本作『箋』，《説文》有『箋』無『淺』，《玉篇》始見『淺』字，『淺』當是後起别體字。

〔八三二〕苟且也，底二乙無，劉師培云：『箋挩「苟且也」三字。』案下箋文有『此二者且無信』句，是其釋『苟』爲『且』也，與《毛傳》不同，兹據刊本補。

〔八三三〕爲言，底二乙原作『爲信言』，案此釋『人之爲言』，並無『信』字，故據刊本删。

〔八三四〕鳸，刊本作『薦』，《五經文字·鹿部》：『鳸，相承以爲薦進字，非。』案『鳸』應爲『薦』之借字。

〔八三五〕旃之也，刊本作『旃之言焉也』。案《廣雅·釋訓》：『旃，之也。』《魏風·陟岵》『上慎旃哉』毛傳：『旃，之。』《左傳·桓公十年》『虞公求旃』、《襄公二十八年》『其將聚而殲旃』，杜預並云：『旃，之也。』羣經中釋『旃』爲『之』者即此三處，而釋爲『焉』者惟《采苓》一處。楊樹達《詞詮》以『旃』爲指示代名詞，將《采苓》之『旃』亦釋爲『之』。今寫卷作『旃之也』，正合楊氏之説，當是《鄭箋》原貌。劉師培亦認爲寫卷之義較長。

〔八三六〕焉，底二乙『舍之』二字下均有重文符號，而『焉』下無，當是偶脱，兹據刊本補『焉』字。

〔八三七〕人，底二乙作『也』，誤。兹據刊本改正。

〔八三八〕荅之且無然荅然之也，刊本作『受之且無荅然』。案下句之箋云：『不信，受之不荅；然之，從後察之。』則刊本爲長。

〔八三九〕言，刊本作『此言』。

〔八四〇〕也，底二乙在雙行小字之第二行首，刊本無。案此句前後對文，前云『不信，受之不荅』，後云『然之，從後察之』，『也』字不當有。

〔八四一〕『苦菜』下刊本有『也』字。

〔八四二〕者，刊本無。

〔八四三〕菜也，刊本作「菜名也」。

〔八四四〕有，刊本無。

〔八四五〕卅五章二百五句，刊本作「三十三章二百三句」，劉師培云：「『卅五章二百五句』當作『卅三章二百三句』。」

〔八四六〕凡三千二百五十二字，刊本無。

〔八四七〕第十一，按例此下當有「毛詩國風，鄭氏箋」諸字。

〔八四八〕秦仲爲周宣王大夫也，刊本無。

〔八四九〕先令寺人使傳，刊本作「必先令寺人使傳告之」。

〔八五〇〕始有此臣也，刊本「始」前有「又」字，無「也」字。

〔八五一〕坡，刊本作「陂」，《爾雅·釋地》：「陂者曰阪，下者曰隰。」伯二六六一《爾雅》殘卷亦作「坡」。案「陂」、「坡」二字音義皆同，説詳段玉裁《説文》「坡」篆、「陂」篆下注。

〔八五二〕君臣所有各得其宜也，底二乙原脱「臣」字，兹據刊本補。刊本無「也」字。

〔八五三〕也，刊本作「焉」。

〔八五四〕者，刊本無。

〔八五五〕以閑暇燕飲酒相晏樂之也，刊本「閑」作「閒」。「閑」爲「閒」之借字，説見段玉裁《説文·門部》「閒」篆下注。刊本無「酒」、「之」二字，「酒」及「之」當是衍文。刊本「晏」作「安」，《説文·宀部》：「安，静也。」《日部》：「晏，天清也。」則「晏」爲「安」之借字。

〔八五六〕子，刊本無。

〔八五七〕也，刊本無，案經典「焉也」不連用，疑「也」字衍。

〔八五八〕仕，底二乙作「在」，形誤字，兹據刊本改正。

〔八五九〕『徒』前刊本有『其』字。

〔八六〇〕者，底二乙作『我』，劉師培認爲寫卷爲訛文。案第二章云『今者不樂』，則此亦當作『者』，兹據刊本改正。

〔八六一〕二章章六句一章章四句，刊本作『一章四句，二章章六句』，案此詩第一章四句，二、三兩章各六句，則當以刊本爲長。

〔八六二〕四，刊本作『駟』，段玉裁《説文·馬部》『駟』篆下注、陳奂《詩毛氏傳疏》皆以作『四』爲是。詩中凡『四驖』字皆同此，不復出校。

〔八六三〕菀，刊本作『園』。

〔八六四〕者，刊本無。

〔八六五〕也，刊本無。

〔八六六〕也，刊本無。

〔八六七〕者，刊本無。

〔八六八〕上下，刊本無。《正義》引此句作『謂使君臣上下和合』，是亦有『上下』二字。

〔八六九〕也，刊本無。

〔八七〇〕春秋獻鹿豕群獸也，底二乙原無『秋』字。《周禮·天官·獸人》：『冬獻狼，夏獻麋，春秋獻獸物。』兹據刊本補。刊本無『也』字。

〔八七一〕也，刊本無。

〔八七二〕之，刊本無，案『之』字蓋爲使雙行對齊而添。

〔八七三〕䠶，刊本作『射』，據《説文》，『䠶』爲『射』之古文。

〔八七四〕括，刊本作『拔』，案鄭玄解經，在對經中之詞作訓詁後，凡重複此句經文，必以訓詁之語代之，如《邶風·凱風》『爰有寒泉』箋云：『爰，曰也。曰有寒泉者，在浚之下浸潤之。』《魏風·碩鼠》『碩鼠碩鼠』箋云：

「碩，大也。大鼠大鼠者，斥其君也。」《小雅·南山有臺》「遐不眉壽」箋云：「遐，遠也。遠不眉壽者，言其近眉壽也。」則此處箋文當以作「舍括則獲」爲善。

〔八七五〕言善射也，刊本「言」下有「公」字。案《正義》中《箋》云：「既言『公曰』，則是公自舍之，故云『公善射』也。」則孔所據者亦有「公」字。刊本無「也」字。

〔八七六〕游，刊本作「遊」，「游」「遊」古今字。《箋》中「游」字同此。

〔八七七〕剋，刊本作「克」，「剋」本爲「勀」之俗訛字，後與「克」混用不分，説詳段玉裁《説文·力部》「勀」篆下注、郝懿行《爾雅義疏·釋詁下》「剋，勝也」條。

〔八七八〕「游」下刊本有「于」字。

〔八七九〕載獫歇獢，底二乙「獫」原作「歛」，形誤字，兹據刊本改正。《傳》中「歛」亦均爲「獫」之誤，並據以改。刊本「歇獢」作「歇驕」，李富孫《詩經異文釋》云：「猲獢爲正字，歇驕叚借字。」《傳》中同此，不復出校。

〔八八〇〕輶車輕車也，刊本無兩「車」字。姜亮夫《敦煌——偉大的文化寶藏》：「历来注家，頗有争論，比較可靠的校訂，是認爲「輕」下敚一「車」字，而二五二九卷，便有此一「車」字。」

〔八八一〕載始也，刊本無。

〔八八二〕短喙曰獢，底二乙「短」原作「桓」，形誤字，兹據刊本改正。刊本「獢」作「驕」，前有「歇」字。《爾雅·釋畜》：「長喙，獫；短喙，猲獢。」郭璞注：《詩》曰：「載獫猲獢。」是「獢」前當有「歇」字。

〔八八三〕者，刊本無。

〔八八四〕也，刊本無。

〔八八五〕「成之」下刊本有「也」字。

〔八八六〕者，刊本無。

〔八八七〕強，刊本作「彊」，「彊」正字，「強」借字。

〔八八八〕則，刊本作『能』，《正義》云：『婦人應多怨閔，則能閔念其君子。』是孔所據本亦作『能』。

〔八八九〕人，底二乙原脱，兹據刊本補。

〔八九〇〕以美君政教之功也，刊本『以』前有『所』，無『也』字。《正義》云：『故序外内之情以美之。』則『所』字不當有。

〔八九一〕也，刊本無。

〔八九二〕也，刊本無。

〔八九三〕也，刊本無。

〔八九四〕御，刊本作『禦』，『御』『禦』古今字。

〔八九五〕順，刊本作『慎』，『順』爲『慎』之借字。

〔八九六〕蔭，刊本作『陰』，『陰』『蔭』古今字。

〔八九七〕掩，刊本作『揜』，『揜』『掩』同字。下《箋》中『掩』字同此。

〔八九八〕脅，刊本作『外脅』。

〔八九九〕車，刊本無。

〔九〇〇〕續白金飾續靷環之也，刊本無前一『續』及『也』二字，『環之』作『之環』。

〔九〇一〕也，刊本無。

〔九〇二〕我，刊本無。羅振玉云：『今本脱我字。』案羅校是也，『我』字當有，此爲《鄭箋》通例，説詳校記〔八七五〕。

〔九〇三〕者也，刊本無，案『者也』二字蓋爲使雙行對齊而添。

〔九〇四〕『心亂』下刊本有『也』字。

〔九〇五〕『四句』下刊本有『者』字。

〔九〇六〕所以，刊本作『所用』。

〔九〇七〕駠，刊本作『騮』，『駠』爲俗字。《箋》中『駠』字同此。

〔九〇八〕者，刊本作『也』。案作『也』是。

〔九〇九〕兩，刊本無。案四馬共有八轡，兩驂馬各有内外轡，是兩驂馬有兩内轡也。則寫卷多一『兩』字較長。

〔九一〇〕軫前者也，刊本無『軫』字，亦無『者也』二字。案『者也』二字蓋爲使雙行對齊而添。

〔九一一〕者，刊本作『也』。

〔九一二〕方，刊本作『方今』。

〔九一三〕『望之』下刊本有『也』字。

〔九一四〕菀，刊本作『苑』，『菀』即『苑』的俗字，説詳《敦煌俗字研究》下編五〇五頁。注中同。

〔九一五〕駟，刊本作『四』。案當作『四』。

〔九一六〕矛，刊本無。陳奐《詩毛氏傳疏》據《正義》增『矛』字，正與寫卷合。

〔九一七〕三偶矛，刊本『偶』作『隅』，末有『也』字。案『偶』當作『隅』。

〔九一八〕干，底二乙原作『千』，形誤字，兹據刊本改正。

〔九一九〕狠也，刊本『狠』作『貌』，無『也』字。案『狠』爲『貌』之俗譌字。

〔九二〇〕也，刊本無。

〔九二一〕孔甚也羣者，刊本作『甚羣者』。劉師培云：『據《毛傳》已有「孔甚也」之文，則「孔」、「也」二字均衍。』

〔九二二〕尨，刊本作『厖』。《正字通·广部》：『厖，俗庬字。』阮校：『依《説文》，則「尨」者正字，「厖」者假借字。』《箋》中『尨』字同此。

〔九二三〕也，刊本無。

〔九二四〕交暢二弓交二弓於暢中也，底二乙原作『交也暢二弓於暢中也』，刊本作『交韔，交二弓於韔中也』。陳奐《詩毛氏傳疏》云：『傳文「交韔」下當有「二弓」二字，《正義》云「交二弓於韔中，謂顛倒安置之」是也。』

案：箋文『交二弓於韔中也』，乃釋『交韔二弓』，非釋『交韔』二字，是陳説可從。寫卷作『交也暢二弓』，『也』字無義，應是衍文。『交暢二弓』四字正可爲陳説之佐證。寫卷下半句『於暢中也』，其義不備，應如刊本作『交二弓於暢中也』，因前『交暢二弓』諸字而誤奪『交二弓』三字。今據刊本補。又馬瑞辰《毛詩傳箋通釋》云：『《釋文》云「本亦作暢」，《鄭風》作「鬯」，皆韔之假借。』

〔九二五〕也，刊本無。

〔九二六〕也，刊本無。

〔九二七〕寑，刊本作『寢』。寑，本字；寢，隸變字。《箋》中『寑』字同。

〔九二八〕袟袟，刊本作『秩秩』。案敦煌寫卷衤旁、禾旁混用，『袟』實爲『秩』之俗。《傳》中『袟袟』同此。

〔九二九〕智，刊本作『知』，『知』『智』古今字。

〔九三〇〕子，底二乙原脱，兹據刊本補。

〔九三一〕德，底二乙下尚有『　＝也』，應是爲雙行對齊而添，兹據刊本删。

〔九三二〕德化，刊本作『德教』。

〔九三三〕蒹，底二乙原作『蒹葭』，兹據刊本删『葭』字。

〔九三四〕也，刊本無。

〔九三五〕□，底二乙空格，刊本作『後』。案『後』字應有。

〔九三六〕蒼蒼強，刊本作『蒼蒼然彊盛』。

〔九三七〕凝，刊本下有『戾』。

〔九三八〕不服從襄公之政令者，刊本無『服』、『之』二字。

〔九三九〕至得周礼以教之則皆服之也，刊本作『得周禮以教之則服』。

〔九四〇〕方，底二乙原脱，兹據刊本補。

〔九四一〕翳，刊本作『繄』，敦煌寫卷『繄』多寫作『翳』，二字同音通假。下句『翳』字同此。

〔九四二〕也，刊本無。

〔九四三〕岨，刊本作『阻』，《說文·阜部》：『阻，險也。』山部：『岨，石戴土也。』是作『岨』者爲『阻』之借字也。下二章『岨』字同，不復出校。

〔九四四〕不能得見也，刊本作『則不能得見』。

〔九四五〕慎禮而未濟，刊本『慎』作『順』，『未濟』作『求濟』，無『而』字。案『慎』正字，『順』借字。《傳》、《箋》中『慎』字皆同，不復出注。《正義》云：『定本「未濟」作「求濟」，義亦通也。』

〔九四六〕道來迎慎求之則之也，刊本作『道來迎之』。劉師培云：『「道來迎慎求之則近也」，下六字各本無，乃涉《鄭箋》而衍。』

〔九四七〕然，刊本無。

〔九四八〕狠也，刊本『狠』作『貌』，無『也』字。案『狠』爲『貌』之俗訛字。

〔九四九〕言易得見之也，刊本無『言』、『之』二字。

〔九五〇〕萋萋，刊本同。案寫卷傳文作『淒淒』，下章傳『采采猶淒淒也』，與刊本作『萋萋』不同。陳奐《詩毛氏傳疏》云：『淒淒讀爲萋萋，故傳與上章「蒼蒼」同訓爲盛，若本作「萋萋」，訓盛。已見於《葛覃傳》，不當云「猶蒼蒼」矣。宋本作「淒淒」，不誤也。』則此『萋萋』經、傳皆應作『淒淒』也。

〔九五一〕也，刊本無。

〔九五二〕言其難至如升阪也，底二乙『言』字原脱，兹據刊本補。刊本無『也』字。

〔九五三〕渚，底二乙原作『者』。《說文·土部》云：『坻，小渚也。』兹據刊本改正。

〔九五四〕淒淒，刊本作『萋萋』，案當作『淒淒』，說見校記〔九五〇〕。

〔九五五〕未止也，刊本作『猶未止也』。阮校：『段玉裁云此「猶」字衍。』兹據刊本補『未』字。

〔九五六〕涯，刊本作『厓』，『厓』『涯』古今字。

〔九五七〕右，刊本作『右者』。

〔九五八〕小坻曰沚也，刊本『坻』作『渚』，無『也』字。《説文・水部》、《爾雅・釋水》並云：『小渚曰沚。』則作『渚』是也。

〔九五九〕而作是詩以勸之也，刊本『而』作『故』，無『也』字。

〔九六〇〕樤，刊本作『條』。《釋文》：『條，本亦作樤。』《經義述聞》卷五『有紀有堂』條云：『條、梅、紀、堂皆木名也。』故李富孫《詩經異文釋》云：『「樤」是增加偏旁字。』《傳》中『樤』字同，不復出校。

〔九六一〕也，刊本無。

〔九六二〕『何有』下刊本有『者』字。

〔九六三〕木，刊本作『茂木』。

〔九六四〕『宜』前刊本有『乃』字。

〔九六五〕也，刊本無。

〔九六六〕采衣，刊本作『采色』。阮校：『《正義》云：「錦者，雜采爲文，故云采衣也。」是《正義》本「色」當作「衣」。』陳奂《詩毛氏傳疏》云：『「疑「色」乃「衣」之誤。」』

〔九六七〕也，刊本無。

〔九六八〕也，刊本無。

〔九六九〕淳，刊本作『厚』，《釋文》亦作『淳』。下句『淳』字同此。

〔九七〇〕儀狠尊嚴之，刊本『狠』作『貌』，乃『貌』之俗訛字。刊本『之』作『也』。案作『之』無義，寫卷蓋爲雙行對齊而添。

〔九七一〕高大，刊本前有『亦』。

〔九七二〕已，刊本無。案蓋當爲「也」之訛。

〔九七三〕者也，刊本無，此蓋爲雙行對齊而添。

〔九七四〕菴，刊本作「奄」。「菴」字始見於《玉篇》，作「奄」是，下經、傳中皆作「奄」，可證。「菴」爲音誤字。又刊本「菴」前有「謂」字。

〔九七五〕自煞人從死白者，刊本「人」作「以」，無「白者」二字。案「白者」在此無義。

〔九七六〕狠也，刊本「狠」作「貌」，無「也」字。案「狠」爲「貌」之俗譌字。

〔九七七〕所，底二乙原脱，兹據刊本補。

〔九七八〕也，刊本無。

〔九七九〕也，刊本無。

〔九八〇〕也，刊本無。

〔九八一〕誰從穆公者乎，刊本「誰」前有「言」字，無「乎」字。

〔九八二〕也，刊本無。

〔九八三〕也，刊本無。

〔九八四〕雄俊，刊本前有「最」，《正義》引亦有「最」。

〔九八五〕栗，刊本作「慄」，陳奐《詩毛氏傳疏》云：「慄，當作栗。」本詩中「栗」字皆同，不復出校。

〔九八六〕惴惴，刊本作「慄慄」。阮校：「小字本、相臺本「慄慄」作「惴惴」，考文古本同。案：「惴惴」是也。」

〔九八七〕冢壙也，刊本作「塚壙中也」。《説文·勹部》：「冢，高墳也。」《玉篇·土部》：「塚，塚墓也。正作冢。」

〔九八八〕之也，刊本無，此爲雙行對齊而添。

〔九八九〕也，刊本無。

〔九九〇〕遡之也，刊本「遡」作「愬」，無「也」字。據《説文》，「𧦝」，告也，「愬」爲其或體。「𣵽」，向也，「遡」爲其或體。則『愬』正字，『遡』借字。

〔九九一〕甚也，刊本作『之甚』。

〔九九二〕此一人當於百夫也，刊本『此』前有『言』字，無『於』、『也』二字。

〔九九三〕可，底二乙原作『何』，劉師培認爲是訛字。茲據刊本改正。

〔九九四〕衛，刊本作『禦』。案『衛』、『御』之俗寫（《龍龕・彳部》），『御』『禦』古今字。《傳》中『衛』字同此。

〔九九五〕可，底二乙原作『何』，茲據刊本改正。

〔九九六〕鴪，刊本作『鴥』。《釋文》：『鴥，《説文》作鴪，尹橘反，疾飛貌。』段玉裁《説文解字注》據《釋文》所引《説文》改『鴥』爲『鴪』。阮校則認爲當作『鴥』。羅振玉云：『《説苑・奉使》、《爾雅・釋鳥》注、《北堂書鈔》十、《文選》曹顔遠《感舊詩》、左太沖《蜀都賦》、干寶《晉紀論》注引並作「鴪」。』案寫卷亦作『鴪』，則似段説爲善。

〔九九七〕狠也，刊本『狠』作『貌』，無『也』字。案：『狠』爲『貌』之俗訛字。

〔九九八〕刊本『使』作『駛』，『林』前有『北』，無『矣』字。阮校：『小字本作「駛」，案「駛」字是也。考此字《説文》在新附中，而《廣雅》已有之，皆作「駛」。《玉篇》、《廣韻》皆作駛。』案《説文》『使』篆下段注疑『使』、『駛』古今字。今寫卷『駛』作『使』，可爲段説佐證。

〔九九九〕也，刊本無。

〔一〇〇〇〕中，刊本作『心中』。

〔一〇〇一〕思望之而憂，刊本作『思望而憂之』。案寫卷義長。此穆公思望賢者而憂賢者之不來，非思望而爲賢者擔憂。

〔一〇〇二〕也，刊本作『矣』。

〔一〇〇三〕也，刊本無。

〔一〇〇四〕汝忘我之事大多，刊本『汝』作『女』，『大』作『賓』，『女』『汝』古今字。

〔一〇〇五〕豹，底二乙原無。《爾雅·釋畜》：『駮如馬，倨牙，食虎豹。』兹據刊本補。

〔一〇〇六〕國所宜有也，刊本作『國家所宜有之』。

〔一〇〇七〕則百姓能，底二乙『姓』原作『性』，音誤字，兹據刊本改正。刊本『能』作『樂』。

〔一〇〇八〕責康公，刊本『責』前有『此』字。底二乙原脱『公』字，兹據刊本補。

〔一〇〇九〕當，刊本作『嘗』。

〔一〇一〇〕汝，刊本作『女』，『女』『汝』古今字。本詩中皆同此，不復出校。

〔一〇一一〕欲，底二乙原脱，兹據刊本補。

〔一〇一二〕『於』下刊本有『也』字。

〔一〇一三〕脩我戈矛与子同仇往伐之，底二乙無『我』、『同』、『往』三字。案《正義》云：『則曰：脩治我之戈矛，與子百姓同往伐此怨耦之仇敵。』兹據刊本補。

〔一〇一四〕好戰也，刊本作『好攻戰』。

〔一〇一五〕閏，刊本作『潤』，『閏』爲『潤』之借字。

〔一〇一六〕澤，刊本作『襗』，阮校：『小字本「襗」作「澤」，案「澤」字是也。』

〔一〇一七〕近汙垢者也，刊本『汙』作『污』，無『者也』二字。案『汙』『污』同字。『也』爲雙行對齊而添。

〔一〇一八〕皆，刊本作『偕』，二字音義皆同，古多通用。下章『皆』字同此。

〔一〇一九〕戟，底二乙無，依《鄭箋》之通例，當有。兹據刊本補。

〔一〇二〇〕『車戟常』下刊本有『也』字。

〔一〇二一〕反，底二乙原作『及』，劉師培認爲寫卷訛字。兹據刊本改正。

〔一〇二二〕太子，刊本作『大子』，『大』『太』古今字。

〔一〇二三〕「及」下刊本有「其」字。

〔一〇二四〕雍，刊本作「雝」，「雍」爲「雝」之隸變。

〔一〇二五〕渭陽，刊本作「渭陽者」。

〔一〇二六〕送舅於咸陽之地也，刊本「舅」下有「氏」，無「也」字。

〔一〇二七〕黄，刊本無。

〔一〇二八〕珮，刊本作「佩」，「佩」「珮」古今字。

〔一〇二九〕石次玉者也，刊本作「石而次玉」。

〔一〇三〇〕輿，底二乙原作「興」，形誤字，茲據刊本改正。

〔一〇三一〕賢人，刊本作「賢者」。

〔一〇三二〕渠渠猶懃懃，底二乙僅一「渠」字，蓋脱重文符號，茲據刊本補。刊本「懃懃」作「勤勤」，《周南・卷耳》釋文：「殷勤，俗本下並加心，非也。」下文「懃懃」同此。

〔一〇三三〕「言」下刊本有「君」字。

〔一〇三四〕也，刊本無。

〔一〇三五〕裁，刊本作「纔」，二字古多通用。

〔一〇三六〕也，底二乙原無。按例當有，茲據刊本補。

〔一〇三七〕粱，底二乙原作「梁」，形誤字，茲據刊本改正。

〔一〇三八〕五，底二乙原作「二」，劉師培認爲當作「五」，茲據刊本改正。

〔一〇三九〕百七十七句，刊本作「百八十一句」，劉師培云：「當作百八十一句。」

〔一〇四〇〕刊本無「凡二千九百八十字，卷六」諸字。

〔一〇四一〕菀，刊本作「宛」，「菀」爲「苑」之俗字，「苑」爲「宛」之借字。下皆同，不復出校。

〔一〇四二〕卷七，刊本無。

〔一〇四三〕卿大夫，刊本作「大夫」。案《小序》云刺幽公，幽公諸侯，即周室之卿也。「卿大夫」者，實指卿，「大夫」二字連類而及也。卿者，暗指幽公也。《毛傳》實與《鄭箋》同義。《正義》以毛、鄭不同，並詳考「大夫」之義，是其所見之本亦無「卿」字故也。陳奐《詩毛氏傳疏》云：「序刺幽公，傳以子庌大夫者，以下篇子仲爲陳大夫，與此相類，風化之所行由於幽公之淫荒昏亂，庌大夫即以刺幽公，兩詩一意也。」陳説與《正義》同。此曲爲之説也。

〔一〇四四〕厈，刊本作「斥」。據《説文·言部》「䜣」篆下段注，「厈」爲「庌」之隸變，「斥」爲「厈」之俗字。

〔一〇四五〕也，刊本無。

〔一〇四六〕効之，刊本「効」作「傚」，無「也」字。案「傚」爲「效」之或體，「効」爲「效」之俗字，説詳段玉裁《説文·攴部》「效」篆下注。

毛詩（二）（小雅鴻鴈—十月之交、大雅緜—桑柔）

斯三三三〇（底一）　斯六三四六（底二）　斯六一九六（底三）

【題解】

底一編號爲斯三三三〇，起《小雅·鴻鴈之什·鴻鴈》第二章「之子于垣」，至《小雅·節南山之什·十月之交》末句「我不敢傚我友自逸」，共六十四行，前三行上端殘缺。《翟目》定爲「毛詩鄭氏牋」。《索引》定名爲「毛詩詁訓傳」，並云：「起：鴻雁之什第三章□□劬勞，維彼愚人，迄：沔水天命不□，我不敢效我友自逸。」《索引新編》因之。《寶藏》定名「毛詩詁訓傳（小雅庭燎至十月之交）」，《英藏》因之。《目録提要》定名爲「毛詩（小雅鴻鴈之什鴻鴈—節南山之什十月之交）」。考此卷内容全爲白文，並無傳箋。第三十四行有「節南山之詁訓傳弟十九，毛詩國風小雅，鄭氏箋」字樣，知其所據者爲《毛詩傳箋》本。内容無傳箋，故不能定爲「毛詩鄭氏牋」或「毛詩詁訓傳」；又其内容起於《鴻鴈》第二章而非第三章，更非起於《庭燎》篇，《索引》及《寶藏》定名均誤。《目録提要》所定之名較確，今據以定爲「毛詩（小雅鴻鴈—十月之交）」。

底二，《翟目》的編號爲斯六三四六，《向目》、《索引》、《寶藏》、《目録提要》、《英藏》、《索引新編》則以爲斯六三四六背。《翟目》認爲此卷與斯三三三〇字迹相同，王重民亦認爲兩卷「筆跡相同，當爲同一鈔本」（《敘録》四四頁）。故從《翟目》，定爲正面。

此卷起《大雅·文王之什·綿》之尾題，至《大雅·生民之什·公劉》「止基乃理」，共八十五行，卷面殘破而模糊，一、二兩行僅存中間五字，三、四、五行上部約十五、六字殘泐，末四行殘去下半截，卷中又有多處破損。《翟目》定名爲「毛詩鄭氏牋」；《索引》定名爲「毛詩故訓傳」，《英藏》、《索引新編》從之；《寶藏》定名爲「毛詩大雅故訓傳』，《目録提要》定爲『毛詩(大雅棫樸—公劉)』。案此卷全爲白文，並無傳箋。第四十三至四十四行有『生民之什詁訓□』，毛詩大雅，鄭氏牋』標題，則其所據者爲《毛詩傳箋》本。內容無傳箋，故不能定爲『毛詩鄭氏牋』或『毛詩故訓傳』；又諸家所云寫卷之起訖亦多誤。今定名爲《毛詩(大雅綿—公劉)》。

底三，起《大雅·蕩之什·蕩》『天生烝民』之『生』，至《桑柔》『自西徂東』之『西』，涉及《蕩》、《抑》、《桑柔》三篇內容。共二十七行，前十五行上下端均殘，只存中間一長條，行存二至六字不等；末三行又殘去下半截。《翟目》編爲斯六一九六背，没有定名。黄永武首先比定其名(《英倫所藏敦煌未知名殘卷目録的新探索》下，《敦煌叢刊初集》第一册附第七頁，臺北新文豐出版公司一九八五)，他在《寶藏》中將之名爲『毛詩大雅抑十二章及桑柔篇』。《目録提要》定爲『毛詩(大雅蕩—桑柔)』，《英藏》又定名爲『毛詩詁訓傳』。考此卷所存者全爲白文，並無傳箋，故不能定爲『毛詩詁訓傳』，《英藏》之定名不確。《寶藏》乃是據卷中《抑》篇之尾題及《桑柔》篇之首題定名，而未能反映出前面《蕩》篇之內容。《目録提要》之定名最佳，兹從之。

王卡認爲斯六一九六與斯六三四六非《詩經》面是同一抄本，並定名爲『鎮宅解犯治病日曆』(《敦煌道教文獻研究》一五七頁，中國社會科學出版社二〇〇四)，是斯三三三〇、斯六三四六與斯六一九六本當爲同一卷，其字體、行款均相同。既然斯三三三〇與斯六三四六抄有《詩經》的一面翟目均認爲是正面，那麼斯六一九六亦當同。翟目以斯六一九六《詩經》面是背面，當是將抄寫清楚的一面作爲正面了。今將三個殘卷《詩經》面的編號均作正面。

寫卷『世』、『民』均不缺筆，然《節南山》『俾民不寧』句，寫卷『民』作『人』；《假樂》『宜民宜人』句寫作『宜=人=』，明顯是承襲諱改字。而且硬筆書寫，字體不佳，字距細密，蓋唐後期之抄本也。而斯三三三〇背爲雜寫，中有書於乾寧四年(公元八九七年)二月廿八日之『石和滿訴狀』，則正面之《毛詩》應抄於此前。

潘重規《敦煌詩經卷子之研究》(簡稱『潘重規』)對底一作過簡單的校勘。今皆據《英藏》録文，以中華書局影印阮元刻《十三經注疏·毛詩正義》爲校本(簡稱『刊本』)，校録於後。

（前缺）

□之子于垣，百堵皆作。雖則▨▨（劬勞）〔一〕□□□□□□□□□（勞，其究安宅。鴻鴈于飛，哀）▨（鳴）〔二〕□劬〔三〕勞。維彼愚人，謂我宣驕。

《▨□（鴻鴈）》〔四〕□□□□□（三章，章六句）。

□□▨（《庭燎》，美）〔五〕宣□其〔六〕？夜未央，庭燎之光。君子至止，鸞聲瑲瑲〔七〕。夜如何期〔八〕？夜未艾，庭▨（燎）▨□〔九〕。［君子至止］〔一〇〕，▨（鸞）〔一一〕聲噦噦。夜如何期？夜向〔一二〕晨，庭燎有輝〔一三〕。君子至止，言觀其旂〔一四〕。

《庭燎》三章，章五句。

《沔水》，規〔一五〕宣王也。

沔彼流水，朝宗于海。鴥〔一六〕彼飛隼，載飛載止。嗟我兄弟〔一七〕，邦〔一八〕人諸友。莫肯念亂，誰無父母！沔彼流水，其流湯湯。鴥彼飛隼，載飛載揚。念彼不蹟，載起載行。心之憂矣，不可弭忘。鴥彼飛隼，率彼中陵。民之訛言，寧莫之懲。我友敬矣，讒言其興。

《沔水》三章，一章章八句，一章章〔一九〕六句。

《鶴鳴》〔二〇〕，誨宣王也。

鶴鳴于九皋〔二一〕，聲聞于野。魚潛在淵，或在于渚。樂彼之園，爰有樹檀，其下維蘀。他〔二二〕山之石，可以爲錯。鶴鳴于九皋，聲聞于天。魚在于渚，或潛在淵。樂彼之園，爰有樹檀，其下維穀。他山之石，可以攻玉。

《鶴鳴》二章，章九句。

《祈父》，刺宣王也。

祈父，予王之爪牙。胡轉予于恤，靡所止居？　祈父，予王之爪士。胡轉予于恤，靡所底〔二三〕止？　祈父，亶不聰。胡轉予于恤，有母之尸饔！

《祈父》三章，章四句。

《白駒》，大夫刺宣王也。

皎皎〔二四〕白駒，食我場苗。縶之維之，以永今朝。所謂伊人，於焉逍遙？　皎皎白駒，食我場藿。縶之維之，以永今夕。所謂伊人，於焉賓客〔二五〕？　皎皎白駒，賁然來思。尔〔二六〕公尔侯？逸豫無期。慎尔憂遊〔二七〕，勉尔遁思。　皎皎白駒，在彼空谷。生蒭〔二八〕一束，其人如玉。毋金玉尔音，而有遐心。

《白駒》四章，章六句。

《黄鳥》，刺宣王也。

黄鳥黄鳥，無集于木〔二九〕，無啄我粟。此邦之人，不我肯穀。言旋言歸，復我邦族。　黄鳥黄鳥，無集于桑，無啄我粮〔三〇〕。此邦之人，不可与〔三一〕明。言旋言歸，復我諸兄。　黄鳥黄鳥，無集我〔三二〕栩，無啄我黍。此邦之人，不可与處。言旋言歸，復我諸父。

《黄鳥》三章，章七句。

《我行其野》，刺宣王也。

我行其野，蔽芾其樗〔三三〕。婚〔三四〕姻之故，言就尔居。尔不我畜，復我邦家。　我行其野，言采其蓫。婚〔三五〕姻之故，言就尔宿。尔不我［畜］，言歸斯復。　我行其野，言采其葍。不思舊姻，求尔新特。誠〔三六〕不以富，亦祇〔三七〕以異。

《我行［其野］》三章，章六句。

《斯干》，宣王考室也。

秩秩斯干，幽幽南山。如竹苞矣，如松茂矣。兄及弟矣，式相好矣，無相猶〔三八〕矣。以〔三九〕續妣祖，築室百堵，西南其户。爰居爰處，爰笑爰語。約之閣閣，椓之橐橐。風雨攸除，鳥鼠攸去，君子攸芋。如跂斯翼，如矢斯棘，如鳥斯革〔四〇〕，如翬斯飛，君子攸躋。殖殖其庭，有覺其楹。噲噲其征〔四一〕，噦噦其冥。君子攸寧。下莞上簟，乃安斯寢〔四二〕。乃寐〔四三〕乃興，乃占我夢。吉夢維何？維熊維羆〔四四〕，維虺維蛇〔四五〕。大人占之：『維熊維羆〔四六〕，男子之祥；維虺維蛇，女子之祥。』乃生男子，載寢之牀，載衣之裳，載弄之璋。其泣喤喤，朱芾〔四七〕斯皇，室家君王。乃生女子，載寢之地，載衣之裼，載□□□□□□（弄之瓦）。無非無）儀，維酒食是宜〔四八〕，無父母詒罹。

《斯干》八章，上章七句，次四章章五句，次章十二句，▨□〔四九〕。

《□（無）羊》，宣王考牧也。

誰謂尔無羊？三百維群。誰謂尔無牛？九十其犉。□（尔）〔五〇〕羊來思，▨（其）〔五一〕□□□□□□（角濈濈）。尔牛來）思，其耳〔五二〕濕濕。或降于阿，或飲于池，或寢或訛。尔牧來思，荷蓑荷笠〔五三〕，或負□□□□□（其餱）。三十維）物，尔牲則具。尔牧來思，以薪以蒸，以雌以雄。尔羊來思，矜矜〔五四〕兢兢，不騫不崩。麾之以肱，□□（畢來）既升。牧人乃夢，衆維魚矣，旐維旟矣。大人占之：『衆維魚□（矣），實維豐年；旐維□□（旟矣），室家溱溱。』〔五五〕

《無羊》四章，章八句〔五六〕。

節南山之［什］詁訓傳第十九〔五七〕　毛詩〔五八〕　小雅　鄭氏箋　毛詩卷第十二

《節南山》，家父刺幽王也。

節彼南山，維石巖巖。赫赫師尹，民具尒瞻。憂心如惔，不敢戲談。國既卒斬，何用不監。

節彼南山，有實其猗。赫赫師尹，不平謂何！天方薦〔五九〕瘥，喪亂弘多。民言無嘉，憯莫懲嗟。尹氏太師〔六〇〕，維周之氐。秉國之均，四方是維。天子是毗，俾民不迷。不吊〔六一〕昊天，不宜空我師。不躬不親，庶民不信。不問不仕〔六二〕，勿罔君子。式夷式已，無小人殆。瑣瑣姻亞，則無膴士〔六三〕。昊天不慵〔六四〕，降此鞫〔六五〕訩。昊天不惠，降此大戾。君子如屆，俾民心闋。君子如夷，惡怒是違。不吊昊天，亂靡有定。式月〔六六〕斯生，俾人〔六七〕不寧。憂心如酲，誰秉國成？不自爲政，卒勞百姓。駕彼四牡，四牡項領。我瞻四方，蹙蹙靡所騁。方茂尒惡，相尒矛矣。既夷既懌，如相讎矣。昊天不平，我王不寧。不懲其心，覆怨其正。家父作誦，以究〔六八〕王訩。式訛尒心，以畜萬邦。

《節南山》十章，六章章八句，四章章四句。

《正月》，大夫刺幽王也。

正月繁霜，我心憂傷。民之訛言，亦孔之將。念我獨兮，憂心京京。哀我小心，癙憂以痒。父母生我，胡俾我瘉？不自我先，不自我後。好言自口，莠言自口。憂心愈愈，是以有侮。憂心惸惸，念我之〔六九〕無祿。民之無辜，并其臣僕。哀我人斯，于何從祿？瞻烏爰止，于誰之屋？瞻彼中林，侯薪侯蒸。民今方殆，視天夢夢。既剋〔七〇〕有定，靡人不〔七一〕勝。有皇上帝，伊誰云憎？謂山蓋卑，爲罡〔七二〕爲陵。民之訛言，寧莫之懲。召彼故老，訊〔七三〕之占夢。具曰予聖，誰知烏之雌雄？謂天蓋高？不敢不跼〔七四〕。謂地蓋厚？不敢不蹐。維號斯言，有倫有脊。哀今之人，胡爲虺蜴？瞻彼阪田，有菀其特。天之扤我，如不我克。彼求我則，如不我得。執我仇仇，亦不我力。我心〔七六〕憂矣，如或結之。今兹之正，胡然厲矣？燎之方陽〔七七〕，寧或戚〔七八〕之？赫赫宗周，裦似〔七九〕威之。終其永懷，又窘陰雨。其車既載，乃棄尒輔。載輸尒載，將伯助予。無棄尒輔，員于尒輻。屢顧尒僕，不輸尒載。終踰絶險，曾是不意！魚在于沼，亦匪克樂。潛雖伏矣，亦孔之炤。憂心慘慘，念國之爲虐。彼有旨酒，又有嘉肴〔八〇〕。洽比其鄰，婚〔八一〕姻孔云。念我獨兮，憂心殷殷〔八二〕。佌佌彼有屋，蔌蔌方有穀。民今之無禄，天夭〔八三〕是椓。哿矣富人，哀此惸獨！

《正月》十三章，上〔八四〕八章章八句，下〔八五〕五章章六句。

《十月之交》，大夫刺幽王也。

十月之交，朔月辛卯。日有食之，亦孔之醜。彼月而微，此日而微。今此下民，亦孔之哀。日月告〔八六〕凶，不用其行。四國無政，不用其良。彼月而食，則維其常。此日而食，于何不臧！燁燁〔八七〕震電，不寧不令。百川沸騰，山冢崒崩。高岸爲谷，深谷爲陵。哀今之人，胡憯〔八八〕莫懲！皇父卿士，番爲〔八九〕司徒，家伯維宰，仲允膳夫。棸子内史，蹷〔九〇〕維趣馬，楀維師氏，豔妻煽方處。抑此皇父，豈曰不時？胡爲我作，不即我謀。徹我牆屋，田卒汙萊〔九一〕。曰予不戕，禮則然矣。皇父孔聖，作都于向。擇三有事，亶侯多藏。不憖遺一老，卑〔九二〕守我王。擇有車馬，以居徂向。黽勉從事，不敢告勞。无〔九三〕罪无辜，讒口嚻嚻〔九四〕。下民之孽，匪降自天。噂沓背憎，職〔九五〕競由人。悠悠我㾖〔九六〕，亦孔之痗。四方[有]羨，□▨(我獨)〔九七〕居憂。民莫之〔九八〕不逸，我獨不敢休。天命不徹，我不敢劮〔九九〕我友自逸。

《十月》□

(中間殘缺)

□三〔一〇〇〕九章，章六▨(句)〔一〇一〕。□濟濟〔一〇二〕辟王，▨(左)〔一〇三〕□

彼〔一〇四〕雲漢，爲章于天。周王壽□▨（王）〔一〇五〕，綱紀四方。

《棫樸》五章，章四句。

《旱麓》，□▨▨▨▨（稷公劉之業）〔一〇六〕，大王、王季申之〔一〇七〕百福干禄焉。

瞻彼旱麓，榛楛濟濟。愷悌▨□（君子）〔一〇八〕，干禄愷▨（悌）〔一〇九〕。　瑟彼玉瓚，黄流在中。愷悌君子，福禄攸降。　鳶〔一一〇〕飛戾天，魚躍于淵。　愷悌君子，遐不作人。　清酒既載，騂牡既備。以享以祀，以介景福。　瑟彼柞棫，民所燎□（矣）。　愷悌君子，神所勞矣。　莫莫葛藟，施于條枚。愷悌君子，求福不回。

《旱麓》六章，章四句。

《思齋》〔一一一〕，文王所以聖也。

思齋大任，文王之母。思媚周姜，京室之婦。大姒嗣徽音，則百斯男。　惠于宗公，臣〔一一二〕罔時怨，神罔時恫。　刑于寡妻，至于兄弟，以御于家邦。　雝雝在宫，肅肅在廟〔一一三〕。不顯亦臨，無射亦保。　肆戎疾不殄，烈遐不瑕〔一一四〕。　不聞亦式，不諫亦入。　肆成人有德，小子有造。　古之人無斁〔一一五〕，譽髦斯士。

《思齋》四章，章六句。

《皇矣》，美周也。天監代殷，莫若於〔一一六〕周。周世世脩德，莫若文王。

皇矣上帝，臨下有赫。監觀四方，求民之莫。維此二國，其政不獲。維彼四國，爰究爰度。上帝耆之，憎其式廓。乃眷西顧，此維〔一一七〕与宅。　作之屏之，其菑其翳。脩之平之，其灌其栵。啓之辟之，其檉其椐。攘之剔之，其檿其柘。帝▨（遷）〔一一八〕□□（明德），串夷載路。天立厥配，受命既固。　帝省其山，柞棫斯拔，松栢[一一九]斯兑。帝作▨(邦)[一二〇]□□(作對)，▨(自)太[一二一]伯、王季。維此王季，因心則友。則友其兄，則篤其慶，載錫之光。受禄□□(無喪)，奄有四方。　維此王季，帝度其心。貊其德音，其德克明。克明克類，克長□▨(克君)[一二二]。　王此大邦，克順克比。比于文王，其德靡悔。既受帝祉，施于孫子。　帝謂文王，▨(無)[一二三]□□(然畔)援。無然歆羨，誕先登于岸。密人不恭，敢距大邦，侵阮徂共。王赫斯怒，▨(爰)[一二四]整其旅，以安[一二五]徂旅。以篤於[一二六]周祜，以對于天下。　依其在京，侵自阮彊[一二七]。陟我高崗[一二八]，無矢我陵，我陵我阿。無飲我泉，我泉我池。度其鮮原，居岐之陽，在渭[一二九]之將。萬邦之方，下民之王。　帝謂文王，予懷明德。不大聲以色，不長夏以革。不識不知，順帝之則。帝謂文王，詢尒仇方。同尔兄苐，以尔鉤[一三〇]援。与尔臨衝，以伐崇墉。　臨衝閑閑，崇墉言言。執許[一三一]連連，攸馘安安。是類是禡，是致是附，四方以無侮。臨衝茀茀，崇墉仡仡。是伐是肆，是絶是忽，四方以無拂。

《皇矣》八章，章十二句。

《靈臺》，民始附也。文王受命，而民樂其有靈德，以及鳥獸昆蟲焉。

經始靈臺，經之營之。庶民攻之，不日成之。　經始勿亟，庶民子來。　王在靈囿，麀鹿攸伏。麀鹿濯濯，白鳥翯翯。王在靈沼，□(於)牣魚躍。　虡[一三二]業維樅，賁鼓維▨(鏞)[一三三]。□(於)倫[一三四]鼓鍾，於樂辟廱[一三五]。　於倫鼓鍾，於樂辟廱。鼉鼓逢逢[一三六]，矇瞍奏公。

《靈臺》五章，章四句。

《下武》，繼文也。武王有聖德，□(復)受天命，能昭先人之功焉。

下武維周，世有哲王。三后在天，王配于京。　王配于京，世德作求。永言配命，成王之孚。成王之孚，下土之式。永言孝思，孝思維則。　媚茲一人，應侯順德。永言孝思，昭哉嗣服。　昭茲來許，繩其祖武。於萬斯年，受天之祜。受天之祜，四方來賀。於萬斯□□（年，不）遐有佐。

《下武》六章，章四句。

《文王有聲》，繼伐也。武王能廣文王之聲，卒其伐功〔一三七〕。

文王有聲，遹駿有聲。遹求遹寧，遹觀厥成。文王烝哉！　文王受命，有此武功。既伐于崇，作邑于豐。文王烝哉！　築城伊淢，作豐伊匹。匪棘其慾〔一三八〕，遹追來孝〔一三九〕。王后烝哉！　王公伊濯，維豐之垣。四方攸同，王后維翰。王后烝哉！　豐水東注，維禹之績。四方攸同，皇王維辟。皇王烝哉！　鎬京辟廱〔一四〇〕，自西自東，自南自北，無思不服。皇王烝哉！　考卜維王，宅是鎬京。維龜正之，武王□□（成之）。武王烝哉！　豐水有芑，武王豈不仕？詒厥孫謀，以燕翼子。武王烝哉！

《□□□□（文王有聲）》八章，章五句。

毛詩詁訓傳弟廿三　　毛詩卷第十□（六）〔一四一〕

生民之什詁訓□□□□（傳苐廿四）〔一四二〕　　**毛詩大雅**　　**鄭氏牋**

《生民》八□（章），首章、四章、五章、七章十句；□（二章、三章、六章、卒章八句）〔一四三〕。

《生民》，尊祖也。后稷[生]於姜嫄，文武之功起於后稷，故推以配天焉。

厥初生民，時維□（姜）嫄。生民如何？　剋〔一四四〕禋剋祀，以弗▨（無）〔一四五〕□□□（子。履帝）武敏歆，攸介攸止。載震載夙，載生載育，時維后稷。　誕弥〔一四六〕厥月，□□（先生）如羍〔一四七〕。不坼不▨（堛）〔一四八〕，無灾〔一四九〕無害。以赫[厥]靈，上帝不寧。不康禋[祀]，居然生子。　誕寘□（之）▨（隘）〔一五〇〕巷，牛羊腓字之。誕寘之平林，會伐平林。誕寘之寒冰，鳥覆翼之。鳥乃去矣，后稷□□（呱矣）。　實覃實訏，厥聲載路。誕實匍匐，克岐克嶷，以就口食。蓺之任菽[一五一]，任菽旆旆，禾役穟穟，麻麥幪□（幪），瓜瓞唪唪。　誕后稷之穡，有相之道。茀厥豐草，種之黄茂。實方實苞，實□（種）實褎，實發實秀，實堅實好，實穎實栗，即有邰家室。　誕降嘉種，維秬維秠，維穈維芑。亘[一五二]之秬秠，是獲[一五三]是畝。亘之穈芑，是任是負，以歸肇[一五四]祀。　誕我祀如何？或舂或揄，或簸或蹂。釋之叟叟，烝之浮浮。載謀載維[一五五]，取蕭祭脂。取羝以軷，載燔載烈。以興嗣歲。　卬盛于豆，[于豆][一五六]于登，其香始升。[上]帝居歆，胡臭[一五七]亶時？后稷肇祀，庶無罪悔，以迄于今。

《行葦》八章，章四句。

《行葦》，忠厚也。周家忠厚，仁及草木，故能内睦九族，外尊[一五八]黄耇，養老乞言，以成其福禄焉。

敦彼行葦，牛羊勿踐履。方苞方體，唯[一五九]葉泥泥。　戚戚兄苐，莫遠具尔。或肆之筵，或授之几。　肆筵設席，授几有緝御。或獻或酢，洗爵奠斝。　醓醢以薦[一六〇]，或燔或炙。如肴[一六一]脾□□（臄，或）歌或咢。　敦弓既堅，四鍭既鈞。舍矢既均，序賓以賢。　敦弓既句，既挾四鍭。四鍭如樹，□（序）賓以□（不）侮。　曾孫維主，酒醴維醹。酌以大斗，以祈黄耇。　黄耇台背，以引以翼。　壽▨（考）維祈[一六二]，以介景福。

《醉酒》[一六三]八章，章四句。

《既醉》，告太平也[一六四]。　醉酒飽德，人有士君子之行[一六五]。

既醉以酒，既飽以□（德）。　君子萬年，介尔景福。　既醉□□（以酒），尔肴[一六六]既將。　君子萬年，介尔昭明。　昭明有融，高朗令終。　令終有俶，公尸嘉告。　其告維何？　□（籩）豆静嘉。

朋友攸攝，攝以[一六七]威儀。威儀孔時，君子有孝子。孝子不匱，永錫尔類。其類維何？室家之壼。君子萬年，永錫祚胤。其胤維何？天被尔禄。君子萬年，景命有僕。其僕維何？釐尔女□（士）。釐尔女士，從以孫子。

《鳧鷖》五章，章六句。

《鳧鷖》，守成[一六八]。太[一六九]平之君子，能持盈守成[一七〇]，神祇祖考安樂之矣[一七一]。

鳧鷖在涇，公尸來燕來□（寧）。爾酒既清，爾肴[一七二]既馨。公尸燕飲，福禄來成。鳧鷖在沙，公尸來燕來宜。尔酒既多，尔肴既嘉。公尸燕飲，福禄來爲。鳧鷖在渚，公尸來燕來處。尔酒既湑，尔肴伊脯。公尸燕飲，福禄來下。鳧鷖在潨，公尸來燕來宗。既燕于宗，福禄攸□（降）。公尸燕飲，福禄來崇。鳧鷖在亹，公尸來□（止）熏熏。旨酒欣欣，燔炙芬芬。公尸燕飲，無有後艱。

《假樂》四章，章六句。

《假樂》，嘉成王也。

假樂君子，顯顯令德。宜人[一七三]宜人，受禄于天。保佑[一七四]命之，自[天]申之。干禄百福，子孫千億。穆穆皇皇，宜君宜王。不僭[一七五]不忘，率由舊章。威儀抑抑，德音秩秩。無怨無惡，率由群匹。受福無彊[一七六]，四方之綱。之綱之□（紀），▨（燕）[一七七]及朋友。百辟卿士，媚[于]天□（子）。匪[一七八]解于位，民之攸塈。

《公劉》六章，章十句。

《公劉》，□□（召康）公戒成王也。成王將莅政[一七九]，戒以民事，美公劉之厚於民，而獻作是詩〔一八〇〕。

篤公劉，匪居匪康。迺場迺彊〔一八一〕，迺積迺倉。迺裹餱糧，于橐于囊，思輯用□□□▨（光。弓矢斯張）〔一八二〕，干戈鉞〔一八三〕揚，爰方啓行。篤公劉，于胥斯原，既庶既繁，既慎迺〔一八四〕宣，如〔一八五〕無□□□□▨（永歎。陟則在巘）〔一八六〕，復降在原。何以舟之？維玉及瑤，鞞琫容刀。［篤公劉］，逝彼百泉，瞻□（彼）溥原。□□□□□□□□（迺陟南岡，乃覯于京）。京師▨▨（之野）〔一八七〕，于時處處，▨▨▨（于時廬）〔一八八〕□（旅），于時言言，于時語語。［篤公劉，于京斯依］。蹌蹌濟濟，俾▭〔一八九〕□□（酌之）用匏。飲之食之〔一九〇〕，君之宗之。篤公劉，▭〔一九一〕▨（流）〔一九二〕泉。其軍三單，度其隰原，徹田爲糧。度▨（其）▭〔一九三〕▨（渭）〔一九四〕□□（爲亂），▨▨▨▨▨▨▨▨（取厲取鍛。止基乃理）〔一九五〕▭

（中間殘缺）

▭▨（生）〔一九六〕烝▭類〔一九七〕，彊禦多▭于〔一九八〕中國，斂怨以爲▭▨（爾）〔一九九〕以酒，不義從▭▨（如）〔二〇〇〕沸如羹。小▭時〔二〇一〕，不殷不▨（用）〔二〇二〕▭言〔二〇三〕：顛沛之▭

《▨（抑）》〔二〇四〕，衛武公▭疾〔二〇五〕。哲▭告〔二〇六〕。敬▭▨（念）〔二〇七〕厥紹。▭内〔二〇八〕，維民▭不〔二〇九〕虞。慎爾▭無〔二一〇〕曰苟矣。▨（莫）〔二一一〕▭不▨（承）〔二一二〕。▨▨（視爾）▭〔二一三〕相在爾〔二一四〕室，尚不媿于▨（屋）〔二一五〕□□□（漏。無曰）不顯，莫予□（云）覯。神之格思，不可度思，矧可射思。辟爾爲德，［俾臧］俾嘉。淑慎爾止，不愆〔二一六〕于儀。不僭不賊，鮮不爲則。投我以桃，報之以李。彼童而角，實虹小子。荏染柔木，言緡〔二一七〕之絲。温温恭人，維德之基。其維哲人，告之詁〔二一八〕言，順德之行。其維愚人，覆謂我僭，民各有心。於乎〔二一九〕小子，未知臧否。匪手携〔二二〇〕之，言示之事。匪面命之，言提其耳。借曰未知，亦既抱子。民之靡盈，誰夙知而暮〔二二一〕成？昊天孔昭，我生〔二二二〕靡樂。視爾夢夢，我心慘慘。誨爾諄諄，聽我藐藐。▨（匪）〔二二三〕□（用）爲教，覆用爲虐。借曰未知，聿來〔二二四〕既耄！於乎小子，告爾舊止。聽用我謀，庶無□□□□（大悔。天方）艱難，曰喪厥國。取譬不遠，昊天不忒。迴〔二二五〕遹其德，俾民大棘。

《抑》十二章，三□□□□□（章章八句，九）章章十句。

《桑柔》，芮伯刺厲王也。

菀彼桑柔，其下侯旬。捋采□□□（其劉，瘼）此下□（民）。□（不）殄心憂，□□□□（倉兄填兮）。倬彼昊天，寧不我矜。四牡騤□□（騤，旟）旐有翩。亂生不夷，靡□□□□（國不泯。民）靡有黎，具▭〔二二六〕資，天不我將。靡所止□□□□□□（疑，云徂何往？君）子實維，▨（秉）▭〔二二七〕慇慇，念我生〔二二八〕土宇。我生不辰，逢天亶〔二二九〕怒。自東〔二三〇〕▭

（後缺）

【校記】

〔一〕劬勞，底一『劬』存左半『句』，『勞』存左上角殘畫，兹據刊本擬補。以下底卷中凡殘字、缺字、脱字補出者，均據刊本，不復一一注明。

〔二〕嗚，底一存左邊『口』及右邊『鳥』之下半部分殘畫。

〔三〕『劬』前底一殘泐八字，刊本作『嗸嗸維此哲人謂我』。

〔四〕鴻，底一殘存上半。

〔五〕美，底一殘存左下角殘畫。

〔六〕『其』前底一殘泐九字，刊本作『王也因以箴之夜如何』。

〔七〕瑲瑲，刊本作『將將』，『瑲』字不見於字書，蓋爲『將』之增傍俗字。

〔八〕何期，底一『何』原作『夜』，蓋涉上『夜』字而誤，兹據刊本改正。刊本『期』作『其』。孔穎達《毛詩正義》（以下簡稱『正義』）云：『其，語辭。』陸德明《經典釋文·毛詩音義》（以下簡稱『釋文』）在《小雅·頍弁》『實維何期』句下釋云：『期，本亦作其，音基，辭也。』王引之《經傳釋詞》『其期居』條所引作『期』者惟此一例，而此例《釋文》云『亦作其』，故盧文弨《經典釋文考證》遂認爲『古本《毛詩》作「其」』。又本詩第一章作『其』，二、三兩章作『期』，疑以作『其』者爲善，『期』蓋音借字。

〔九〕燎▨□，底一『燎』殘存左邊『火』。『▨』，底一存左邊『扌』，刊本作『晣』。《釋文》云：『晣晣，本又作哲，之世反，明也。』《易·大有》『明辯哲也』，李鼎祚《周易集解》作『明辯折也』。《經典釋文·周易音義》：『哲，章舌反。王廙作晣，同音。徐、李之世反。虞作折。』則折、晣二字可通假。底一應是『折』之殘。『□』，底一殘缺。上一字底一存『折』之『扌』旁，而刊本此爲重疊聯緜詞『晣晣』，則此處底一蓋爲重文符號。

〔一〇〕『君子至止』，底一無此四字，當是抄脱，兹據刊本補。

〔一一〕鸞，底一存左半。

〔一二〕向，刊本作『鄉』，『向』正字，『鄉』借字，説見朱駿聲《説文通訓定聲》『鄉』字下注。

〔一三〕輝，刊本作『煇』，案《説文·火部》：『煇，光也。』段玉裁注：『俗作輝。』則『輝』爲後起字。

〔一四〕旂，底一原誤作『祈』，兹據刊本改正。

〔一五〕䂓，刊本作『規』，《正字通·矢部》：『䂓，規本字。』『䂓』爲『䂓』之誤字。

〔一六〕鴪，刊本作『鴥』。《秦風·黄鳥》釋文：『鴥，《説文》作鴪，尹橘反，疾飛貌。』段玉裁《説文解字注》據《釋文》所引《説文》改『鴥』爲『鴪』，伯二五二九即作『鴪』。今此卷亦作『鴪』，可爲段説佐證。下二章『鴪』字同此，不復出校。

〔一七〕苐，刊本作『弟』。『苐』為『弟』之俗字，俗書『⺮』旁多寫作『艹』旁，俚俗據『苐』楷正，則成『第』字。下凡此均不復出校。

〔一八〕邽，刊本作『邦』，『邽』爲『邦』字隸變之異。

〔一九〕章，刊本無，『章』字蓋衍，《毛詩》分章，凡一章者，不叠『章』字，兩章以上方叠『章』字。

〔二〇〕鸖，刊本作『鶴』，《干禄字書·入聲》：『鸖、鶴，上俗下正。』下凡『鸖』字同此。

〔二一〕睾，刊本作『臯』，『睾』，俗『臯』字。下章『睾』字同此。

〔二二〕他，刊本作『它』，段玉裁在《説文·它部》『它』篆下云：『其字或叚佗爲之，又俗作他。經典多作它，猶言彼也。』下章『他』字同此。

〔二三〕底，刊本作『底』，陳奂《詩毛氏傳疏》、馬瑞辰《毛詩傳箋通釋》皆認爲當作『厎』，俗本作『底』爲誤字。

〔二四〕晈晈，刊本作『皎皎』，《五經文字·白部》：『皦、皎，上玉石之白者，下月皎字，今《詩·風》通用之。案今《詩》本及《釋文》多從日，傳寫之誤。』下三章『晈』字皆同此，不復出校。

〔二五〕賔客，刊本作『嘉客』。

〔二六〕尔，刊本作『爾』。『尔』者，『尒』之變體，「爾」「尒」古本非一字，後世則合二而一，字多寫作「爾」，説見《敦煌俗字研究》下編第七頁。以下凡寫卷作『尒』或『尔』者，刊本皆作『爾』，均不復出校。

〔二七〕憂遊，刊本作『優游』，『憂』爲『優』之借字，『游』『遊』古今字。

〔二八〕蒭，刊本作『芻』，《玉篇·艸部》：『芻，俗作蒭。』

〔二九〕木，刊本作『穀』，『木』爲樹木之總名，二、三兩章作『桑』與『栩』，皆樹木之專名。此蓋作『穀』爲長。《説文・木部》：『穀，楮也。』

〔三〇〕粮，刊本作『粱』，《五經文字・米部》：『糧，作粮訛。』『粮』應是後起別體字。《説文・米部》：『糧，穀食也。』乃糧食之總名，此詩第一章言『粟』，第三章言『黍』，均糧食之專名，則此不當用總名，作『粱』是也。

〔三一〕与，刊本作『與』，二字古混用無別，敦煌寫本多用『与』字，後世刊本多改作『與』。下凡此均不復出校。

〔三二〕我，刊本作『于』，案上二章均作『于』，此當亦作『于』。

〔三三〕樝，刊本作『樗』，《豳風・七月》『采荼薪樗』，陳啓源《毛詩稽古編》曰：『樗字本應作⿰木虖，⿰木虖，惡木，敕書切。樗，乎化切，亦木名。以皮裹松脂可以爲燭，非惡木也。今諸書皆譌⿰木虖爲樗。』是『樝』爲『⿰木虖』之形誤。

〔三四〕婚，刊本作『昏』，『婚』爲『昏』之後起字。

〔三五〕婚，刊本作『昬』，『昏』、『昬』異體，『婚』爲『昏』之後起字。

〔三六〕誠，刊本作『成』。顧炎武《九經誤字》云：『宋蘇氏曰：「成當依《論語》作誠。」今本竟改作「誠」，非。』阮元《詩經校勘記》（以下簡稱『阮校』）云：『考文古本「成」作「誠」。案：「誠」字非也，乃依《論語》改之耳。』陳奐《詩毛氏傳疏》、馬瑞辰《毛詩傳箋通釋》均認爲『成』是『誠』之借字。

〔三七〕祇，刊本作『祗』，《毛傳》：『祇，適也。』《説文・示部》：『祗，敬也。』則作『祇』是，『祗』爲誤字。

〔三八〕猷，刊本作『猶』，《説文》有『猶』無『猷』，陳玉樹《毛詩異文箋》卷七云：『《毛詩》「猶」字二十二見，「猷」字二見，「猷」左酋右犬，「猶」左犬右酋，實一字。』

〔三九〕以，刊本作『似』。『似』與『以』通用，不過，據《毛傳》與《鄭箋》，此當以作『似』爲佳。

〔四〇〕翮，刊本作『革』。《釋文》：『《韓詩》作䩐。』（據盧文弨《經典釋文考證》）《説文・羽部》：『䩐，翅也。』段注：『毛用古文假借字，韓用正字。』又《説文・羽部》：『翮，羽莖也。』疑底一『翮』爲『䩐』之誤。

〔四一〕征，刊本作『正』，『正』正字，『征』借字。

〔四二〕寢，刊本作『寑』。寑，本字；寢，隸變字。下凡『寢』字皆同此，不復出校。

〔四三〕寐，刊本作『寢』。《説文・宀部》：『寑，卧也。』此字隸變作『寢』。又《説文・宀部》：『寐，卧也。』段注：『俗所謂睡著也。』寑、寐《説文》均訓卧，然其義有别。寑重在睡之動作，寐重在睡之狀態。《左傳・昭公十二年》：『王揖而入，饋不食，寢不寐，數日。』《公羊傳・僖公二年》：『獻公朝諸大夫而問焉，曰：「寡人夜者寢而不寐，其意也何？」』《逸周書・太子晉》：『吾聞王子之語高於泰山，夜寢不寐，晝居不安。』皆可證。《秦風・小戎》：『言念君子，載寢載興。』《小雅・無羊》：『或降于阿，或飲于池，或寢或訛。』與此句式同，並作『寢』。作『寢』是也。本詩中凡『寢』仍寫作本字，故應作『寑』。

〔四四〕羆，底一作『罷』，形誤字，兹據刊本改正。

〔四五〕虵，刊本作『蛇』，《新加九經字樣・虫部》：『蛇，今俗作虵。』下『虵』字同此。

〔四六〕羆，底一作『罷』，形誤字，兹據刊本改正。

〔四七〕弗，刊本作『芾』。《説文・市部》：『市，韠也。上古衣蔽前而已，市以象之。天子朱市，諸侯赤市，卿大夫蔥衡。韍，篆文市，从韋从犮。俗作紱。』《小雅・采芑》『服其命服，朱芾斯皇』《釋文》：『茀，本又作芾，或作紱，皆音弗。下篇「赤芾」同。』是『芾』、『茀』皆爲『市』之借字。此作『弗』者，又爲『茀』之省文或『市』之同音借字。其本字當作『市』也。

〔四八〕維酒食是宜，刊本『維』作『唯』，『宜』作『議』。『維』『唯』古多通用，『宜』爲『議』之借字。

〔四九〕『八章，上章七句，次四章章五句，次章十二句，▨』諸字，刊本作『九章，四章章七句，五章章五句』。案：寫卷分章與刊本不同。刊本所云乃歸納總數，非逐章計數。逐章計數應如下：首章七句，二章、三章、四章、五章章五句，六章七句，七章五句，八章、卒章章七句。《正義》所云與刊本同。寫卷與刊本之不同，自第六章始。寫卷云『次章十二句』，即指第六章，而刊本六章、七章分别爲七句、五句，兩章相加爲十二句。此兩章内容所言者爲占夢之事，刊本將此分爲二章，似不甚適宜。刊本八章、卒章章七句，與寫卷分章同。而寫卷此句已殘缺。如此，寫卷分爲八章，刊本分爲九章，正相符合。考其内容，當以寫卷之分章爲善。

《正義》在每章始，皆有總括之章旨，而於第七章則無章旨，其章旨内容均見於第六章。可知六、七兩章之内容渾然一體，其所言者乃成室之後居而寢宿，而夢得吉祥，將生男女之事，不宜分成二章。寫卷「十二句」下一字殘存上半，當是「次」之殘存者。

〔五〇〕尔，底一殘缺，刊本作「爾」。底卷凡「爾」多寫作「尔」，茲據以補。下句「尔牛來思」句同。

〔五一〕其，底一存上部三分之一。

〔五二〕耳，底一作「尔」，音誤字，茲據刊本改正。

〔五三〕荷蓑荷笠，「荷」字刊本皆作「何」。《説文·艸部》：「荷，扶渠葉。」《人部》：「何，儋也。」段注：「何，俗作荷。凡經典作荷者，皆後人所竄改。」

〔五四〕俔俔，刊本作「矜矜」。案字書無「俔」字。

〔五五〕瑧瑧，刊本作「溱溱」。案「瑧」字《龍龕》始收入，云：「玉名。」此蓋爲「溱」之誤字。

〔五六〕章八句，刊本下有「鴻鴈之什十篇三十二章二百三十句」。

〔五七〕什，底一原無「什」字，潘重規云：「「之」下蓋脱「什」字。」茲據刊本補。

〔五八〕毛詩，底一下有「國風」二字。潘重規云：「「毛詩」下衍「國風」二字。」茲據删。

〔五九〕廌，刊本作「薦」。「廌」、「薦」通假，寫卷多有。《説文》「薦」从廌从艸會意，不从廌聲。則「廌」者，「薦」之省形借字也。

〔六〇〕尹氏太師，底一「氏」原誤作「民」，茲據刊本改正。刊本「太」作「大」，「大」「太」古今字。

〔六一〕吊，刊本作「弔」。《干禄字書·去聲》：「吊、弔，上俗下正。」下凡「吊」字均不復出校。

〔六二〕不躬不親庶民不信不問不仕，五「不」字刊本均作「弗」，二字義同。

〔六三〕士，刊本作「仕」。「仕」正字，「士」借字。

〔六四〕慵，刊本作「傭」。《説文·人部》：「傭，均也，直也。」（據段玉裁注本）《説文》無「慵」字，新附始有，云「懶也」。《毛傳》：「傭，均。」是當作「傭」，作「慵」者當爲形誤字。

〔六五〕鞫，刊本作「鞠」。據《説文·幸部》「𥷚」篆下段注，知「鞫」爲正字，「鞠」爲借字。

〔六六〕月，底一原作「用」，形誤字，茲據刊本改正。

〔六七〕人，刊本作「民」。案「人」爲諱改字。

〔六八〕究，底一原作「宂」，「宂」乃「宄」之變體，而「宄」則又爲「究」之形誤字，茲據刊本改正。

〔六九〕之，刊本無。案下有「憂心慘慘，念國之爲虐」句，與此「憂心惸惸，念我之無禄」爲對文，疑《毛詩》本有「之」字。

〔七〇〕尅，刊本作「克」。《説文·克部》「克」篆下段注：「俗作剋。」而「尅」則爲「剋」之變體，説見朱珔《説文假借義證》「克」篆下注。

〔七一〕不，刊本作「弗」，二字義同。

〔七二〕罡，刊本作「罔」。「罡」爲「罔」之俗字「罡」的訛體，説詳張涌泉《敦煌俗字研究》下編二八頁。

〔七三〕訊，底一作「誶」。「誶」爲「誶」之俗字，不合詩意。「誶」應是「訊」之形誤字，茲據刊本改正。

〔七四〕跼，刊本作「局」。于鬯《香草校書》云：「此「局」字不誤，諸書所引作「跼」者，涉下文「蹐」字而誤加足旁也。」案于説是，《説文》有「局」無「跼」，跼爲後起增旁字。

〔七五〕誶，刊本作「我」。「誶」爲「誶」之俗字，此處「誶」應是「訊」之形誤。作「訊」不合詩意，當從刊本作「我」。此疑手民熟於《小雅·出車》「執訊獲醜」句而誤。

〔七六〕我心，刊本作「心之」。案《毛詩》多有「心之憂矣」句式，而無「我心憂矣」之句。

〔七七〕陽，刊本作「揚」。此處毛無傳，《鄭箋》云：「燎之方盛之時，炎熾熛怒，寧有能滅息之者？」是鄭玄訓爲「盛」也，則所據本應是「陽」字。《漢書·谷永傳》引《詩》作「陽」，王先謙《詩三家義集疏》謂爲《齊詩》，陳玉樹《毛詩異文箋》引其父陳蔚林之説，以「陽」爲正字，「揚」爲借字。其説是也。然陳又謂作「陽」者

〔七八〕出於三家詩,《毛詩》乃作「揚」。據此敦煌本,則其説未愜也。

〔七九〕烕,刊本作「滅」。毛氏爲下句「褒姒烕之」作傳云:「烕,滅也。」明此不作「烕」。王筠《説文解字句讀》在「烕」篆下云:「毛以今字釋古字,而上文用『滅』字者,此猶《邶》之《谷風》,『售』即『讎』之俗字,皆寫經者之過。」在「滅」篆下云:「滅者,烕之絫增字。」依王意,則《毛詩》此作「滅」,不作「烕」。《漢書·谷永傳》引《詩》作「滅」。寫卷作「烕」者,後人所改也。

〔八〇〕㐮似,刊本作「褒姒」。段玉裁在《説文·衣部》「褒」篆下注:「隸作褒,作㐮。」又《説文》無「姒」字,王筠《説文解字句讀》「姓」篆下注云:「禹之姓以『似』爲正,故許君不收『姒』字。」馬宗霍《説文解字引詩考》認爲《説文》在「烕」篆下所引當是「褒似」,今作「姒」者爲後人所改。

〔八一〕肴,刊本作「殽」。《説文·肉部》:「肴,啖也。」段注:「今經傳皆作『殽』,非古經之舊也。」「肴」、「殽」古今字。

〔八二〕婚,刊本作「昬」。「昏」「昬」異體,「婚」爲「昏」之後起字。

〔八三〕殷殷,刊本作「慇慇」。黄位清《詩異文録》卷三、陳玉樹《毛詩異文箋》卷二均認爲「慇」爲「殷」之後起字。

〔八四〕夭,底一作「方」,形誤字,兹據刊本改正。

〔八五〕上,刊本無。

〔八六〕下,刊本無。

〔八七〕告,底一原作「吉」,形誤字,兹據刊本改正。

〔八八〕憛憛,刊本作「爗爗」。案「憛」字始見於《集韻》,云:「心侈也。」爗爗狀震電,從火爲是。《説文·火部》:「爗,盛也。」《玉篇·火部》在「爗」下出「燁」字,云:「火光皃。」不云與「爗」同字;《集韻·葉韻》以爗、燁爲異體。「憛」當是「燁」之譌字。

〔八九〕慘,刊本作「憯」。《釋文》:「憯,七感反,曾也,亦作慘。」馬瑞辰《毛詩傳箋通釋》認爲「憯」爲正字,「慘」

爲同音假借字。

〔八九〕爲，刊本作「維」。案《廣韻》「爲」音薳支切，于紐支韻；「維」音以追切，喻紐脂韻。唐五代西北方音于、喻同用，則「爲」可作「維」之同音借字。參見洪藝芳《唐五代西北方音研究》四四頁。

〔九〇〕蹷，刊本作「蹶」。案「蹷」、「蹶」僅偏旁位置之異，《説文·足部》有「蹷」。

〔九一〕萊，底一原作「菜」，蔡主賓《敦煌寫本儒家經籍異文考》云：「「菜」字當涉與「萊」形近而譌。」（二一一頁）茲據刊本改正。

〔九二〕卑，刊本作「俾」。《説文·ナ部》：「卑，賤也，執事者。」人部：「俾，益也。」段注：「古或假卑爲俾。」案：金文無「俾」字，凡俾使之字皆作「卑」，「卑」「俾」應是古今字。

〔九三〕无，刊本作「無」。《説文·亾部》：「无，奇字無也。」下「无」字同此。

〔九四〕蹓蹓，底一作「蹞蹞」，形誤字，茲據刊本改正。

〔九五〕軄，刊本作「職」，《玉篇·身部》云：「軄，俗職字。」

〔九六〕悠悠我瘇，底一「悠悠」誤作「修修」，茲據刊本改正。刊本「瘇」作「里」。《釋文》：「里，如字。毛，病也；鄭，居也。本或作瘇，後人改也。」盧文弨《經典釋文考證》云：「《爾雅·釋詁》：「瘇，病也。」疏云：「瘇、里音義同。」毛以里爲瘇之假借，鄭則如字讀。樊光引《詩》與鄭同，《玉篇》引《詩》「悠悠我瘇」，此陸所謂後人改也。如毛本作「瘇」字，鄭安得竟訓爲居。」

〔九七〕獨，底一存右邊「蜀」。

〔九八〕之，刊本無。「之」爲衍文。

〔九九〕㑭，刊本作「傚」。《説文·攴部》：「效，象也。」段注：「傚，效法字之或體。」《廣韻·效韻》「效」字下云：「効，俗。」則「㑭」當爲「傚」之俗寫。

〔一〇〇〕「〻」爲重文符號。下一行有「濟濟辟王」句，是《棫樸》篇之内容。此重文符號下有「九章〻六」等字，應是

《棫樸》之前一詩的尾題。然該篇刊本爲《緜》，題目僅一字，似不應有重文符號。北敦一四六三六號《毛詩傳箋》中《緜》詩之首題及尾題均作『綿〻』，是此詩篇題亦有作『綿綿』者，那麽此處之重文符號當是篇題『綿綿』之下一字也。

〔一〇一〕句，底二存上半，兹據刊本擬補。

〔一〇二〕『濟濟』前底二殘泐。從前行『句』至本行『濟』間底二共殘泐約十六字，刊本作『棫樸文王能官人也芃芃棫樸薪之槱之』。

〔一〇三〕左，底二殘存上半。

〔一〇四〕『彼』前底二殘泐。從前行『左』至本行『彼』間底卷共殘泐約三十六字，刊本作『右趣之濟濟辟王左右奉璋奉璋峨峨髦士攸宜淠彼涇舟烝徒楫之周王于邁六師及之倬』。

〔一〇五〕王，底二存下部『土』。『王』前底卷殘泐約十六字，刊本作『考遐不作人追琢其章金玉其相勉勉我』。

〔一〇六〕稷公劉之業，此五字底二均存左半。『稷』前底二殘泐約十字，刊本作『受祖也周之先祖世脩后』。

〔一〇七〕之，刊本作『以』。伯二六六九《毛詩傳箋》作『以』，北敦一四六三六作『之以』。

〔一〇八〕愷悌君子，刊本『愷悌』作『豈弟』。案『豈』『愷』古今字，『弟』『悌』古今字。本詩中『愷悌』均同此，不復出校。底卷『君』存左半。

〔一〇九〕悌，底二模糊不清，刊本作『弟』。案本詩中他處底卷均作『悌』，故據此擬補。

〔一一〇〕䳒，刊本作『鳶』，《五經文字・鳥部》：『鳶，俗或作䳒。』

〔一一一〕齋，伯二六六九、北敦一四六三六同，刊本作『齊』。徐灝《説文解字注箋・示部》云：『齊、齋古今字，相承增示也。』《毛詩》用古字，本當作『齊』。《毛傳》：『齊，莊。』《鄭箋》：『常思莊敬者，大任也。』後人據以改爲『齋』。本詩中『齋』字同此，不復出校。

〔一一二〕臣，刊本作『神』，伯二六六九及北敦一四六三六亦作『神』。案《廣韻》『臣』音植鄰切，『神』音食鄰切，聲紐禪、神有別。敦煌寫卷二字常通用，如伯三六九七《捉季布传文》『要其捨罪收皇勑，半由天子半由臣』，斯五四三九作『臣』作『神』；北圖八六七二(河十二)號寫卷有『惟願出將入相，長爲國下之重神』句。此二字通用之證。此處『臣』爲『神』之借字。

〔一一三〕 庿，刊本作『廟』。『庿』爲『廟』之古文。

〔一一四〕 烈遐不瑕，刊本作『烈假不遐』。伯二六六九及北敦一四六三六作『烈假不瑕』。案：『烈假』之義，未有定說，故不能定二字何者爲長。然遐、假音同通用，則無疑也。《鄭箋》：『瑕，已也。』北京大學出版社之標點本《十三經注疏·毛詩正義》據《鄭箋》及《釋文》認爲刊本當作『瑕』，不應作『遐』。案：《毛傳》云：『烈，業；假，大也。』僅釋『烈假』二字。《釋文》云：『瑕，毛音遐，遠也；鄭古雅反，已也。』《正義》云：『毛以爲……王之功業廣大，豈不長遠乎？言長遠也。以惡人皆消，故王業遠大，是其聖也。』若經文作『瑕』而不作『遐』，《釋文》、《正義》何從釋爲『遠』？《毛詩》本當作『遐』，作『瑕』者鄭玄改經也。此作『遐』，則上『遐』字當作『假』也，否則『烈遐不遐』不辭。

〔一一五〕 歎，刊本作『斁』。案：《周南·葛覃》『服之無斁』《釋文》：『斁，本又作歎，音亦，猒也。』黄焯《經典釋文彙校》云：『要之从欠从犬，皆「斁」之譌體也。』

〔一一六〕 於，刊本無。案：《正義》云：『求可以代殷爲天子者，莫若於周。』又云：『定本……「莫若周」，又無「於」字。』是《正義》所據本有『於』字。伯二六六九有『于』字，于、於通用。

〔一一七〕 此維，底二原作『維此』，誤倒，兹據伯二六六九、刊本乙正。

〔一一八〕 遷，底二存上部。

〔一一九〕 栢，刊本作『柏』。《正字通·木部》：『栢，俗柏字。』

〔一二〇〕 邦，底二殘脱右半『阝』。

〔一二一〕 自太，底二『自』存下半。刊本『太』作『大』，『大』『太』古今字。

〔二二〕君，底二存下半。

〔二三〕無，底二存上半。

〔二四〕爰，底二存右上角殘畫。

〔二五〕安，刊本作「按」，「按」正字，「安」借字。

〔二六〕於，刊本作「于」，二字古通用。

〔二七〕彊，刊本作「疆」，「彊」爲「疆」之俗字，説詳《敦煌俗字研究》下編四一六頁。

〔二八〕崗，刊本作「岡」，《集韻·唐韻》：「岡，俗作崗。」

〔二九〕渭，底二作「謂」，形誤字，兹據刊本改正。

〔三〇〕尔鉤，底二「尔」原作「示」，寫卷「爾」字多寫作「尒」或「尔」，「示」應是「尔」之譌變，兹據刊本改正。底二「鉤」原作「鈞」，形誤字，亦據刊本改正。

〔三一〕誶，刊本作「訊」。《釋文》：「訊，音信，言也，又作誶。」「誶」即「誶」之俗字。李富孫《詩經異文釋》云：「作『誶』非是。」

〔三二〕虡，底二原作「虗」，形誤字，兹據刊本改正。

〔三三〕鏞，底二存上半。

〔三四〕倫，刊本作「論」。《毛傳》：「論，思也。」《鄭箋》：「論之言倫也。」此作「倫」，據《箋》改經字也。下章「倫」字同此。

〔三五〕雍，刊本作「廱」。《説文·川部》：「邕，四方有水自邕成池者是也。」段玉裁以「邕」爲「辟雝」之「雝」的本字。然《説文·广部》又云：「廱，天子饗飲辟廱。」又隹部：「雝，雝渠也。」段注：「經典多用爲雝和、辟雝。」陳玉樹《毛詩異文箋》卷十云：「廱與雝皆當作邕。雍爲雝之隸變。」「邕」正字，「雝」借字，「雍」爲「雝」之隸變，而「廱」則是「辟雝」字之後起本字。下章「雍」字同此。

〔一三六〕蓬蓬，刊本作「逢逢」。《太平御覽》卷五八二引亦作「蓬蓬」，李富孫《詩經異文釋》認爲作「蓬」爲誤字。案「逢」「蓬」古今字。

〔一三七〕「伐功」下刊本有「也」字。

〔一三八〕慾，刊本作「欲」。「慾」爲「欲」之後起增旁字，《説文·欠部》「欲」篆下段注：「古有欲字，無慾字，後人分別之，製慾字，殊乖古義。」

〔一三九〕孝，底二原作「者」，形誤字，兹據刊本改正。

〔一四〇〕壁雍，刊本作「辟廱」。《靈臺》毛傳：「水旋丘如璧曰辟廱，以節觀者。」則「壁」當是「辟」之借字。「雍」爲「邕」之借字「雝」的隸變，「廱」又「雝」之後起字，考詳校記〔三五〕。

〔一四一〕十六，底二「六」字殘泐。案：伯三三八三《毛詩音》第十七行有「生民第廿四，卷十七」八字，第五十三行有「蕩之什第廿五，卷之十八」諸字，此爲《文王之什》，應是第十六卷，兹依例補「六」字。

〔一四二〕傳第廿四，底二殘泐。案：前《文王之什詁訓傳》爲第廿三，則此《生民之什詁訓傳》應是第廿四，伯三三八三《毛詩音》第十七行有「生民第廿四」五字，兹依例補此四字。

〔一四三〕此句刊本作「生民八章四章章十句四章章八句」，《正義》標起止云：「《生民》八章，首章十句，二章、三章八句，四章、五章十句，六章八句，七章十句，卒章八句。」據此知刊本總括全詩章句，《正義》則依次列出每章句數。據寫卷所云，知其標章句之格式介於刊本與《正義》之間，分別標出每章句數，而將相同句數之章置於一處，故據以擬補後半部分。又案：自此後底卷每詩標章句皆在篇首，與《正義》同。

〔一四四〕尅，刊本作「克」。《説文·克部》「克」篆下段注：「俗作尅。」下「尅」字同。

〔一四五〕茀無，刊本「茀」作「弗」。《爾雅·釋詁下》：「弗，治也。」郝懿行《義疏》認爲「茀」爲「弗」之借字。底二「無」字存上半。

〔一四六〕弥，刊本作「彌」。「弥」爲「彌」之俗字，説見《敦煌俗字研究》下編二一〇八頁。

〔一四七〕羍，刊本作『達』。《説文・羊部》『羍』篆下段注：『尋《箋》不云「達讀爲羍」，則知《毛詩》本作「羍」。』

〔一四八〕不坼不堛，刊本『坼』作『拆』。案：《説文・土部》：『㘿，裂也。《詩》曰：「不㘿不疈。」』《言部》『謕』篆下段注：『凡從㡿之字隸變爲斥，俗又譌斥。』據此，『坼』爲隸變字，『拆』爲俗字。而『拆』則又爲『坼』之訛變。底二『堛』字左旁略有残泐，刊本作『副』。案：《説文・土部》『㘿』篆下引《詩》云：『不㘿不疈。』『副』爲小篆隸定字，『疈』爲籀文隸定字。《正義》云：『以凡常之人，在母腹則病，其生則又拆堛災害其母，以横逆人道。』《禮記・曲禮上》：『爲天子削瓜者副之。』孔氏於此引『副』作『堛』。然《説文・土部》云：『堛，凷也。』凷者，土塊也。與詩義不合。阮校謂《正義》作『堛』，乃是『蒙上文「坼」从土而轉寫誤耳』。案阮説是也，作『堛』者乃是因『坼』而類化。

〔一四九〕灾，刊本作『菑』。《説文・艸部》：『菑，不耕田也。』又火部：『烖，天火曰烖。』『灾』爲『烖』之別體。段注：『經傳多借「菑」爲之。』

〔一五〇〕隘，底二存左邊『阝』。

〔一五一〕藝之任菽，刊本『藝』作『蓺』，『任』作『荏』。《説文・丮部》『埶』篆下段注：『唐人樹埶字作「蓺」，六埶字作「藝」。』『蓺』『藝』皆爲『埶』的後起繁化字。《毛傳》云：『荏菽，戎菽（平案：刊本無「菽」字，兹據阮校補）也。』《鄭箋》：『戎菽，大豆也。』陳奐《詩毛氏傳疏》云：『「荏」疑當作「任」。「任」與「戎」皆有大義。』案：作『荏』者，乃因『菽』而類化。下句『任』字同此。

〔一五二〕亘，刊本作『恒』。《释文》：『恒之，古鄧反，偏也。本又作亘。』朱珔《説文假借義證》、胡承珙《毛詩後箋》皆以『恒』爲『亘』之假借。下句『亘之穈芑』之『亘』同此。

〔一五三〕獲，刊本作『穫』。『穫』正字，『獲』借字。

〔一五四〕肈，刊本作『肇』。段玉裁《詩經小學》云：『《玉篇・攴部》：「肇，俗肈字。」《五經文字・戈部》：「肈，作肇訛。」《唐石經》此詩二「肈」皆从戈，《廣韻》有「肈」無「肇」，今本《説文・攴部》有「肇」字，唐後人妄增入無疑。凡古書「肇」字皆當改「肈」。」下凡「肈」字皆同此。

〔一五五〕維，刊本作「惟」。《説文·心部》：「惟，凡思也。」則作「惟」爲正字，「維」爲借字。

〔一五六〕于豆，底二無。上句爲「卬盛于豆」，寫卷蓋在「于豆」二字下均脱去重文符號。兹據刊本補。

〔一五七〕臰，刊本作「臭」。「臰」爲俗字，説見《玉篇·自部》。

〔一五八〕「尊」下刊本有「事」字。

〔一五九〕唯，刊本作「維」，二字古多通用。

〔一六〇〕廌，刊本作「薦」。稱薦之薦，「薦」之借字也。廌、薦通假，寫卷多有。《説文》「薦」從廌從艸會意，不從廌聲。則「廌」者，「薦」之省形借字也。

〔一六一〕如肴，刊本「如」作「嘉」，「肴」作「殽」。阮校：「案《正義》云：「定本、《集注》經皆作嘉，《箋》以脾臄爲加，故謂之嘉，是爲嘉美之加也。」依此是《正義》經當作「加」字，考此《箋》之意，以嘉殽之文與脾臄相連，明爲一事，不與他經單言「嘉殽」者同，故用「加殽」爲説。以「加」訓「嘉」者，詁訓之法也。若經字作「加」，則《箋》無庸云「故謂之嘉矣」，當以定本、《集注》爲長。」馬瑞辰《毛詩傳箋通釋》從之。案：今寫本作「如」者，當是「加」之形誤。「肴」「殽」古今字。

〔一六二〕壽考維祈，底二「考」存上部「土」。刊本「祈」作「祺」。案當作「祺」，「祈」蓋爲同音借字。

〔一六三〕醉酒，刊本作「既醉」。案當作「既醉」，此蓋涉《小序》「醉酒飽德」而誤。

〔一六四〕告太平也，刊本作「大平也」。阮校：「《正義》云：「本或云告大平者，此與《維天之命》敘文相涉，故遂誤耳。今定本無告字。」《釋文》以「既醉大平」作音，是《正義》本、《釋文》本皆無「告」字。考《維天之命》在《頌》，故序云「告，謂以其成功告於神明」，此《既醉》在《雅》，序本不云「告」，或作本誤。」案：大、太古今字。

〔一六五〕之行，刊本下有「焉」。《正義》標起止有「焉」字。

〔一六六〕肴，刊本作『殽』，『肴』『殽』古今字。

〔一六七〕以，底二下有『成』字，衍文，兹據刊本删。

〔一六八〕守成，刊本下有『也』。案有『也』爲長。

〔一六九〕太，刊本作『大』，『大』『太』古今字。

〔一七〇〕成，底二原作『城』。案『成』『城』可通假，然此若作『城』，易生歧義，故據刊本改爲『成』。

〔一七一〕矣，刊本作『也』。

〔一七二〕肴，刊本作『殽』，『肴』『殽』古今字。本詩中『肴』字皆同，不復出校。

〔一七三〕宜人，刊本作『宜民』。案作『人』者諱改字。

〔一七四〕佑，刊本作『右』，『右』『佑』古今字。《説文》無『佑』字，《毛詩》本應是『右』。

〔一七五〕僭，刊本作『愆』。案『愆』之俗字寫作『僁』，『僭』當爲『僁』之形誤。

〔一七六〕彊，刊本作『疆』。『彊』爲『疆』之俗字，説詳《敦煌俗字研究》下編四一六頁。

〔一七七〕燕，底二存下部小半。

〔一七八〕匪，刊本作『不』。《釋文》出『不解』，黄焯《經典釋文彙校》云：『不，宋本作匪。』阮校：『考文古本作「匪」，當是依《公劉》箋中「不」字、經中「匪」字而爲之耳。』蔡邕《陳留太守胡碩碑》云：『納忠盡規，匪懈于位。』馮登府《三家詩異文疏證》據之認爲作『匪』者爲《魯詩》。案伯三三八三《毛詩音》出『匪解』，《釋文》之宋本亦作『匪』，則阮、馮之説可商。

〔一七九〕莅政，刊本『莅』作『涖』。案朱珔《説文假借義證》『逮』篆下云：『莅、涖皆或體，爲逮之假借。』底二原有兩『政』字，兹據刊本删其一。

〔一八〇〕作是詩，刊本無『作』字，末有『也』字。案『獻作』不辭，『作』當是衍文，蓋因詩之《小序》多言『作是詩』而誤衍。

〔一八一〕彊，刊本作『疆』。『彊』爲『疆』之俗字，説詳《敦煌俗字研究》下編四一六頁。

〔一八二〕張，底二存下半。

〔一八三〕鉞，刊本作『戚』。『鉞』蓋是『鏚』之誤字，『戚』『鏚』古今字。

〔一八四〕慎迺，刊本『慎』作『順』，『慎』爲『順』之借字。底二『迺』原作『既』，涉上句『既庶既繁』而誤，兹據刊本改正。

〔一八五〕如，刊本作『而』，二字古通用。

〔一八六〕巘，底二存右下角殘畫。

〔一八七〕之野，底二此二字均存右半。

〔一八八〕于時廬，底二此三字均存右半。

〔一八九〕『俾』下底卷殘泐約十五字，刊本作『筵俾几既登乃依乃造其曹執豕于牢』。

〔一九〇〕飲之食之，刊本作『食之飲之』。《釋文》出『食之飲之』。案《小雅・緜蠻》：『飲之食之，教之誨之。命彼後車，謂之載之。』以食、誨、載韻。此詩則以飲、宗韻。若作『飲之食之』，則『食』不與『宗』韻。故當以刊本、《釋文》爲是。

〔一九一〕『劉』下底二殘泐約十四字，刊本作『既溥既長既景迺岡相其陰陽觀其』。

〔一九二〕流，底二存左下角殘畫。

〔一九三〕其，底二存上半。『其』下底二殘泐約十四字，刊本作『夕陽豳居允荒篤公劉于豳斯館涉』。

〔一九四〕渭，底二存右半『胃』。

〔一九五〕取厲取鍛止基乃理，底卷此八字皆存右半。

〔一九六〕生，底三存下部一横。

〔一九七〕『類』前底三殘泐。從第一行『烝』至本行（第三行）『類』間底三殘泐約五十六字（第二行殘存約兩個字的位置，而字迹已摩滅，上下兩端均已殘泐），刊本作『民其命匪諶靡不有初鮮克有終文王曰咨咨汝殷商曾是彊禦曾是掊克曾是在位曾是在服天降滔德女興是力文王曰咨咨女殷商而秉義』。

〔一九八〕『于』前底三殘泐。自前行『多』至本行『于』間底三殘泐約二十八字，刊本作『懟流言以對寇攘式内侯作侯祝靡届靡究文王曰咨咨女殷商女炰烋』。

〔一九九〕爾，底三殘去上面一横。『爾』前底三殘泐，自前行『爲』至本行『爾』間底三殘泐約三十字，刊本作『德不明爾德時無背無側爾德不明以無陪無卿文王曰咨咨女殷商天不湎』。

〔二〇〇〕如，底三殘存左下角殘畫。自前行『從』至本行『如』間底三殘泐約二十九字，刊本作『式既愆爾止靡明靡晦式號式呼俾晝作夜文王曰咨咨女殷商如蜩如螗』。

〔二〇一〕『時』前底三殘泐，自前行『小』至本行『時』間底三殘泐約二十九字，刊本作『大近喪人尚乎由行内奰于中國覃及鬼方文王曰咨咨女殷商匪上帝不』。

〔二〇二〕不殷不用，前一『不』字刊本無，應是衍文。底三『用』存上部殘畫。

〔二〇三〕『言』前底三殘泐，自前行『用』至本行『言』間底三殘泐約二十九字，刊本作『舊雖無老成人尚有典刑曾是莫聽大命以傾文王曰咨咨女殷商人亦有』。

〔二〇四〕抑，底三存下半。自前行『之』至本行『抑』間底三殘泐約二十五字，刊本作『揭枝葉未有害本實先撥殷鑒不遠在夏后之世蕩八章章八句』。

〔二〇五〕『疾』前底三殘泐，自前行『公』至本行『疾』間底三殘泐約三十一字，刊本作『刺厲王亦以自警也抑抑威儀維德之隅人亦有言靡哲不愚庶人之愚亦職維』。

〔二〇六〕『告』前底三殘泐，自前行『哲』至本行『告』間底三殘泐約三十一字，刊本作『人之愚亦維斯戾無競維人四方其訓之有覺德行四國順之訏謨定命遠猶辰』。

〔二〇七〕念，底三存下部『心』。『念』前底三殘泐，自前行『敬』至本行『念』間底三殘泐約三十字，刊本作『慎威儀維民之則其在于今興迷亂于政顛覆厥德荒湛于酒女雖湛樂從弗」。

〔三〇八〕「内」前底三殘泐，自前行「紹」至本行「内」間底三殘泐約三十字，刊本作「罔敷求先王克共明刑肆皇天弗尚如彼泉流無淪胥以亡夙興夜寐洒埽庭」。

〔三〇九〕「不」前底三殘泐，自前行「民」至本行「不」間底三殘泐約二十八字，刊本作「之章脩爾車馬弓矢戎兵用戒戎作用逷蠻方質爾人民謹爾侯度用戒」。

〔三一〇〕「無」前底三殘泐，自前行「爾」至本行「無」間底三殘泐約三十字，刊本作「出話敬爾威儀無不柔嘉白圭之玷尚可磨也斯言之玷不可爲也無易由言」。

〔三一一〕莫，底三殘泐下部「大」。

〔三一二〕不承，底三「承」字存右上角殘畫。「不承」前底三殘泐，自前行「莫」至本行「不」間底三殘泐約三十一字，刊本作「捫朕舌言不可逝矣無言不讎無德不報惠于朋友庶民小子子孫繩繩萬民靡」。

〔三一三〕視㝈，底三「視」存右上角殘畫，「㝈」存左半。「㝈」字下底三殘泐約十一字，刊本作「友君子輯柔爾顔不遐有愆」。

〔三一四〕㝈，刊本作「爾」。「㝈」爲「爾」字小篆隸變之異。下「㝈」字同此。

〔三一五〕媿于屋，刊本「媿」作「愧」。據《説文》，「愧」爲「媿」之或體。底三「屋」殘存「尸」旁。

〔三一六〕愆，底三誤作「衍」，兹據刊本改正。

〔三一七〕緍，刊本作「緡」。「緍」爲諱改字。

〔三一八〕詁，刊本作「話」。《釋文》云：「告之話言，户快反。話言，古之善言。《説文》作詁，云：「詁，故言也。」」《説文·言部》：「詁，訓故言也。《詩》曰詁訓。」段注：「此四字當爲「詩曰告之詁言」六字無疑。《毛傳》曰：「詁言，古之善言也。」以古釋詁，正同許以故釋詁。陸氏所見《説文》未誤也。自有淺人見《詩》無「告之詁言」，因改爲「詩曰詁訓」，不成語耳。」臧琳《經義雜記》卷九「告之詁言」條亦認爲當作「詁」。阮元

《詩經校勘記》、盧文弨《經典釋文考證》、李富孫《詩經異文釋》從之。陳壽祺《左海經辨・詁言話言辨》、馬宗霍《説文解字引詩考》亦同段説。案寫卷作『詁』，疑爲『詁』之形誤。

〔二九〕乎，刊本作『呼』。《釋文》：『於乎，上音烏，下音呼。凡此二字相連音皆放此。』《匡謬正俗》卷二『烏呼』條云：『《詩》皆云「於乎」字。』阮校：『唐石經、小字本、相臺本「呼」作「乎」，閩本、明監本、毛本同。案：「呼」字誤也。』案伯三三八三《毛詩音》亦出『乎』字。

〔三〇〕携，刊本作『攜』。《説文》有『攜』無『携』。《五經文字・手部》云：『攜，相承作擕，或作携者，皆非。』

〔三一〕暮，刊本作『莫』，『莫』『暮』古今字。

〔三二〕生，底三原作『王』，形誤字，兹據刊本改正。

〔三三〕匪，底三殘存上面一横。

〔三四〕聿來，刊本作『亦聿』。案上一章『借曰未知，亦既抱子』與此句式全同。『亦聿既耄』者，亦既耄也。楊樹達《詞詮》以此『聿』爲句中助詞，是也。應從刊本作『亦聿』。若作『聿來』，後應爲動詞，《緜》『聿來胥宇』是也。

〔三五〕迴，刊本作『回』。《小雅・小旻》『謀猶回遹，何日斯沮』《毛傳》：『回，邪；遹，辟。』回遹者，邪辟也。《説文・口部》：『回，轉也。』《交部》：『㚃，衺也。』此回邪之『回』的本字。而『迴』則爲回轉之『回』的後起字，作『迴』誤。

〔三六〕『具』下底三殘泐十四字，刊本作『禍以燼於乎有哀國步斯頻國步滅』。

〔三七〕秉，底三存上部。『秉』下底三殘泐十三字，刊本作『心無競誰生厲階至今爲梗憂心』。

〔三八〕生，刊本無。案：『生』爲衍文，蓋涉下句『我生』而衍。

〔三九〕亶，刊本作『僤』。《釋文》：『僤，都但反，厚也。本亦作亶，同。』馬瑞辰《毛詩傳箋通釋》云：『《左傳疏》引樊光注引《詩》「逢天亶怒」，《毛傳》蓋亦讀僤如亶，故訓爲厚。』葉蕙心《爾雅古注斠》云：『今《詩》作

「逢天僤怒」，僤與單同，單謂之厚，僤亦謂之厚。僤、單皆亶之叚借字。」

〔三三〇〕自東，刊本作「自西」。「自東」下底三殘泐，刊本作「自西徂東，靡所定處」，作「自西」，與底三不同。案此爲《桑柔》篇第四章，其偶數句之宇、怒、處、圉相押，而其奇數句之慇、辰、東、痻當亦押韻，然慇、辰、痻爲真文部，而「東」則爲東部。「西」爲脂部字，脂部與真文部對轉。江有誥《詩經韻讀》認爲「自西徂東」當作「自東徂西」，朱駿聲《説文通訓定聲》「東」篆下云：「當作自東徂西，傳寫誤到。」今寫卷作「自東」，知其下二字必爲「徂西」，可爲江、朱之説佐證。

毛詩（三）（小雅小旻—瞻彼洛矣）

伯二九七八

【題解】

底卷編號爲伯二九七八，起《小雅·節南山之什·小旻》「如彼築室于道謀」之「于」，至《小雅·甫田之什·瞻彼洛矣》尾題「瞻彼」，共一百零四行，末二行上下端均有殘缺，行三十字左右。伯希和《巴黎圖書館敦煌寫本書目》（陸翔譯，《國立北平圖書館館刊》第八卷第一號，民國二十三年）定爲「《詩傳》卷十二（《南山之什》詁訓傳）、卷十三（《谷風之什》詁訓傳）」。《索引》定名爲「毛詩白文」，並云：「存卷第十二至第十四，始小昊（平案：當作「小旻」）至瞻彼洛矣。」《索引新編》從之。《寶藏》定名「毛詩白文（小雅小旻至大田）」。《法藏》定名《毛詩卷第十二至十四》。查卷中有「谷風之什詁訓傳廿」、「甫田之什詁訓傳第廿」等標題，然所録内容基本上爲白文，僅從《蓼莪》至《楚茨》間有雙行夾注《毛傳》文九條，《鄭箋》文一條，但這是「鈔者信手爲之，非意爲取捨」（傅振倫「敦煌寫本毛詩白文三卷」，《續修四庫全書總目提要》，上册三〇〇頁，中華書局一九九三），故不以爲《毛詩傳箋》本，而名爲《毛詩（小雅小旻—瞻彼洛矣）》。

傅振倫云：「卷中「民」字不避，「淵」字缺筆，蓋作於唐高祖時。」姜亮夫云：「「庶民來之」之「民」作「人」，他則不諱，疑寫於太宗朝。」（《敦煌本毛詩傳箋校録》，《敦煌學論文集》五七頁，上海古籍出版社一九八七）石塚晴通云：「九世紀後半以降書寫。」（《敦煌の加點本》，池田温主編《講座敦煌·五·敦煌漢文文獻》二五四頁，東京大東出版社，一九九二）今案：底卷「淵」字凡三見（第二、十二、五十六行），前二例作「渆」，後一例作渕，類似寫法六朝碑刻中已見，未必是避唐諱缺筆。寫卷中有八處「民」字不諱，僅《小宛》「庶民采之」一處改「民」爲

『人』，不僅見其避諱之不謹，亦可能已經回改，且此卷用硬筆書寫，書法不佳，因而不能以之爲唐朝前期的寫本。石塚認爲是九世紀後半的寫本，可能比較接近於事實。

傅振倫《敦煌寫本毛詩白文三卷》（簡稱『傅振倫』）、姜亮夫《敦煌本毛詩傳箋校録》（簡稱『姜亮夫』）、潘重規《敦煌詩經卷子之研究》（《華岡學報》第六期，一九七〇。簡稱『潘重規』）均曾對底卷作過簡單的校勘。今據縮微膠卷録文，以中華書局影印阮元刻《十三經注疏·毛詩正義》爲校本（簡稱『刊本』），校録於後。

（前缺）

于道[一]，是用不潰于成。　國雖靡止，或聖或否。民雖靡膴，或哲或謀，或肅或艾。▨（如）[二]□（彼）泉流，無淪胥以敗。　不敢暴虎，不敢馮河。人知其一，莫知其他。　戰戰兢兢，如臨深淵，如履薄冰。

《小旻》六章，三章章八句，三章章七句。

《小菀》[三]，大夫刺幽王[四]也。

菀彼[五]鳴鳩，翰飛戾天。我心憂傷，念昔先人。明發不寢[六]，有懷二人。　人之齊聖，飲酒温尅[七]。彼昏[八]不知，壹醉日富。各敬尒儀，天命不又。　中原有菽，庶人[九]采之。螟蛉有子，蜾蠃負[一〇]之。教誨尒子，式穀似之。　題彼鶺鴒[一一]，載飛載鳴。我日斯邁，而月斯征。夙興夜寐，無[一二]忝尔所生。　交交桑扈，率場啄粟。哀我填寡，宜岸宜獄[一三]。握粟出卜，自何能穀？　温温恭人，如集於[一四]木。惴惴小心，如臨于谷。　戰戰兢兢，如履薄冰。

《小菀》六章，章六句。

《小弁》，刺幽王也。太[一五]子之傅作焉。

弁彼鸒斯，歸[一六]飛提提。民莫不穀，我獨于罹。何辜于天？我罪伊何？心之憂矣，云如之何？ 踧踧周道，鞫[一七]爲茂草。我心憂傷，惄焉如擣。假寐永歎，維憂用老。心之憂矣，疢如疾首。 維桑與梓，必恭敬止。靡瞻匪父，靡依匪母。不屬于毛，不離[一八]于裏。天之生我，我辰安在？ 菀彼柳斯，鳴蜩嘒嘒。有漼者淵，萑葦淠淠[一九]。譬彼舟流，不知所屆。心之憂矣，不皇暇[二〇]寐。 鹿斯之奔，維足伎伎[二一]。雉之朝雊，尚求其雌。譬彼壞木，疾用無枝。心之憂矣，寧莫之知！ 相彼投兔[二二]，尚或先之。行有死人，□(尚)或墐之。君之[二三]秉心，維其忍之。心之憂矣，涕既隕[之]。 君子信讒，如或醻之。君子不惠，不舒究之。伐木掎矣，析薪扡矣。舍彼有罪，予之他[二四]矣！ 莫高匪山，莫浚匪泉。君子無易由言，耳屬于垣。無逝我梁，無發我笱[二五]。我躬不閱，皇[二六]恤我後。

《小弁》八章，章八句。

《巧言》，刺幽王也。大夫傷於讒，而[二七]作是詩也。

悠悠昊天，曰父母且。無罪無辜，亂如此憮。昊天已威，予慎無罪。昊天泰[二八]憮，予慎無辜。 亂之初生，僭始既涵。亂之又生，君子信讒。君子如怒，亂庶遄沮。君子如祉，亂庶遄已。 君子屢盟，亂是用長。君子信盜，亂是用暴。盜言孔甘，亂是用談[二九]。匪其止共，維王之邛。 奕奕寢廟[三〇]，君子作之。秩秩[三一]大猷，聖人模[三二]之。他人有心，予忖度之。躍躍毚兔[三三]，遇[三四]犬獲之。 荏染柔木，君子樹之。往來行言，心焉數之。蛇蛇[三五]碩言，出自口矣。巧言如簧，顔之厚矣。 彼何人斯，居河之麋。無攉[三六]無勇，職[三七]爲亂階。既微且尰，尔[勇][三八]伊何？爲猷[三九]將多，尔居徒幾何？

《巧言》六章，章八句。

《何人斯》，蘇公刺暴公也。暴公爲卿士而譖蘇公焉，故蘇公作是詩而絶之也〔四〇〕。

彼何人斯？其心孔艱。胡逝我梁，不入我門？伊誰云從？維〔四一〕暴之云。　二人從行，誰爲此禍？胡逝我梁，不入唁我？始者不如今，云不我可！　彼何人斯？胡逝我陳？我聞其聲，不見其身。不媿〔四二〕于人？不畏于天？　彼何人斯？其爲票〔四三〕風。胡不自北？胡不自南？胡逝我梁，祇攪我心？　爾之安行，亦不皇〔四四〕舍。爾之亟行，皇〔四五〕脂爾車。一〔四六〕者之來，云何吁矣〔四七〕？　爾旋〔四八〕而入，我心易也。旋而不入，否難知也。一者之來，俾我祇也。伯氏吹壎，仲氏吹篪〔四九〕。及爾如貫，諒不我知！出此三物，以詛爾□（斯）！　□（爲）鬼爲蜮，則不可得。有靦面目，視人罔極。作此好歌，以極反側。

《何人斯》八章，章六句。

《巷伯》，刺幽王也。寺人傷於讒，而作是詩〔五〇〕。

萋兮菲〔五一〕兮，成是貝錦。彼譖人者，亦已太〔五二〕甚！　哆兮侈兮〔五三〕，成其〔五四〕南箕。彼譖人者，誰適与謀？　緝緝扁扁〔五五〕，謀欲譖人。慎尔言也，謂尔不信。　捷捷幡幡，謀欲譖言。豈不尔受，既其女遷。　驕人好好，勞人草草。蒼天蒼天！視彼驕人，矜〔五六〕此勞人。　彼譖人者，誰適与謀？取彼譖人，投畀豺虎〔五七〕。豺虎不食，投畀有北。有北不受，投畀□□（有昊）。　楊園之道，猗于畝丘。寺人孟子，作爲是〔五八〕詩。凡百君子，敬而聽之。

《巷伯》七章，上四章章四句，次一章章五句，次一章章八句，下一章章六句〔五九〕。

《節南山》之什十篇，七十九章，五百五十二句。　　卷第十二〔六〇〕

谷風之什詁訓傳廿〔六一〕　**卷第十三**〔六二〕

《谷風》，刺幽王也。天下俗薄，朋友道絶焉。

習習谷風，維風及雨。將恐將懼，維予與女。將安將樂，女轉棄予。 習習谷風，維風及穨。將恐將懼，寘予于懷。將安將樂，棄我〔六三〕如遺。 習習谷風，維山崔嵬。無草不死，無木不萎。忘我大德，思我小怨〔六四〕。

《谷風》三章，章六句。

《蓼莪》，刺幽王也。民人勞苦，孝子不得終養爾〔六五〕。

蓼蓼者莪，匪莪伊蒿〔六六〕。 哀哀父母，生我劬勞。 蓼蓼者莪，匪莪伊蔚。哀哀父母，生我勞瘁。 缾之罄矣，維罍之恥。鮮民之生，不如死之久矣。無父何怙？無母何恃？出則銜恤，入則靡至。 父兮生我，母兮鞠我。拊我畜我，長我育我。顧我復我，出入腹我。鞠，養也；腹，原也〔六七〕。欲報之恩〔六八〕，昊天罔極。 南山列列〔六九〕，票〔七〇〕風發發。民莫不穀，我獨何害？ ［南山律律，飄風弗弗。］〔七一〕 民莫不穀，我獨何卒〔七二〕！ 穀，養也；卒，終也。

《蓼莪》六章，其二章章八句，四章章四句〔七三〕。

《大東》，刺亂也。東國困於役〔七四〕而傷於財，譚大夫作是詩以告病焉。

有饛簋飧〔七五〕，有捄棘匕。周道如砥，其直如矢。如砥，貢賦平均〔七六〕。如矢，賞罰不偏〔七七〕。 君子所履，小人所視。 睠〔七八〕言顧之，潸焉出涕。睠，反顧也。潸，涕下皃〔七九〕。 小東大東，杼柚其空。糾糾〔八〇〕葛屨，可以履霜。佻佻君子〔八一〕，行彼周行。既往既來，使我心疚。 有洌氿泉，無浸穫〔八二〕薪。 契契寤歎，哀我憚人。薪是穫薪，尚可載也。哀我憚人，亦可息也。 東人之子，職勞不來。西人之子，粲粲衣服。東人，譚人也。來，勤也。西人，京師人也。粲粲，鮮盛也〔八三〕。 舟人之子，熊羆〔八四〕是裘。私人之子，百寮〔八五〕是試。 或以其酒，不以其漿。鞙鞙佩璲〔八六〕，不以其長。 維天有漢，監亦有光。漢，天河也。跂彼織女，終日七襄。雖則七襄，不成報章。晥〔八七〕彼牽牛，不以服相〔八八〕。東有啓明，西有長庚。有捄天畢，載施之行。維南有箕，不可以簸揚。維北有斗，不可〔八九〕挹酒漿。維南有箕，載翕其舌。維北有斗，西柄之揭。

《大東》七章，章八句。

《四月》，大夫刺幽王也。在位貪殘，下國構禍，怨〔九〇〕亂並興焉。

四月維夏，六月徂暑。先祖匪人，胡寧忍予〔九一〕？秋日淒淒，百卉腓腓〔九二〕。淒淒，涼風也。卉，草也。明，病〔九三〕。亂離瘼矣，爰其適歸。冬日列列〔九四〕，票〔九五〕風發發。民瘼〔九六〕不穀，我獨何害？山有嘉卉，侯栗侯梅。癈〔九七〕爲殘賊，莫知其尤。相彼泉水，載飢載渴〔九八〕。我日構禍，曷云能穀？滔滔江漢，南國之紀。盡瘁以仕，寧莫我有。匪鶉匪鳶〔九九〕，翰飛戾天。匪鱣匪鮪，潛逃于淵。山有蕨薇，隰有杞荑〔一〇〇〕。君子作歌，維以告哀。

《四月》八章，章四句。

《北山》，大夫刺幽王也。役使不均，己勞於從事，而不得養其父母〔一〇一〕。

陟彼北山，言采其杞。偕偕仕〔一〇二〕子，朝夕從事。王事靡固〔一〇三〕，憂我父母。溥天之下，莫非王土。率土之濱，莫非王臣。大夫不均，我從事獨賢。四牡彭彭，王事傍傍。嘉我未老，鮮我方將。旅力方剛，經營〔一〇四〕四方。或燕燕居息，或盡瘁事國。或息偃在牀，或不已于行。或不知叫號，或慘慘劬勞。或棲遲〔一〇五〕偃仰，或王事鞅掌。或湛樂飲酒，或慘慘畏咎。或出入風議，或靡〔一〇六〕事不爲。

《北山》六章，其〔一〇七〕三章章六句，三章章四句。

《無將大車》，大夫悔將小人也。

無將大車，祇自塵兮。無思百憂，祇自底〔一〇八〕兮。　無將大車，維塵冥冥。無思百憂，不出于熲。熲，光〔一〇九〕。　無將大車，維塵雝兮。無思百憂，祇〔一一〇〕自重兮。

《無將大車》三章，章四句。

《小明》，大夫悔仕於亂世〔一一一〕。

明明上天，照臨下土。我征徂西，至于艽野。二月初吉〔一一二〕，載離寒暑。艽野，遠荒田也〔一一三〕。心之憂矣，其毒太〔一一四〕苦。念〔一一五〕彼共人，涕零如雨。豈不懷歸？畏此罪罟。　昔我往矣，日月方除。曷云其旋〔一一六〕？歲聿云暮〔一一七〕。念我獨兮，我事孔庶。心之憂矣，憚我不暇〔一一八〕。念彼共人，睠睠〔一一九〕懷顧。豈不懷歸？畏此譴怒。　昔我往矣，日月方燠〔一二〇〕。曷云其旋〔一二一〕？政事〔一二二〕愈蹙。歲聿云暮〔一二三〕，采蕭獲〔一二四〕菽。心之憂矣，自詒伊慼〔一二五〕。念彼共人，興言出宿。豈不懷歸？畏此反覆。［嗟爾君子！無恒安處。］〔一二六〕靖共爾位，正直是與。神之聽之，式穀以女。　嗟爾君子，無恒安息。靖共爾位，好是正直。神之聽之，介尔景福。

《小明》五章，其〔一二七〕三章章十二句，二章章六句。

《皷鍾》〔一二八〕，刺幽王也。

皷鍾將將，淮水湯湯，憂心且傷。淑人君子，懷允不忘。　皷鍾喈喈，淮水湝湝，憂心且悲。淑人君子，其德不回。　皷鍾伐鼛，淮有三洲，憂心且妯。淑人君子，其德不猶。　皷鍾欽欽，皷瑟皷琴，笙磬同音。以雅以南，以籥不僭。

《皷鍾》四章，章五句。

《楚茨》，刺幽王也。政煩賦重，田萊多荒，飢饉〔一二九〕降喪，民卒流亡，祭祀不饗，故君子思古焉。

楚楚者茨，言抽其棘。自昔[一三〇]何爲？我藝[一三一]黍稷。我黍與與，我稷翼翼。我倉既盈，我庾維億。以爲酒食，以享以祀。以妥以侑，以介景福。妥，安□□（坐也）。侑，勸□（也）。濟濟蹌蹌，潔[一三二]尒牛羊，以往烝嘗。或剝或享[一三三]，或肆或將。祭祀[一三四]于祊，祀事孔明。先祖是皇，神保是▨（饗）[一三五]。孝孫有慶，報以介福，萬壽無彊[一三六]。執爨踖踖，爲俎孔碩，或燔或炙。君婦莫莫，爲豆孔庶，[爲賓][一三七]爲客。獻醻交錯，禮儀卒度，笑[一三八]語卒獲。神保是格，報[一三九]以介福，萬壽攸酢。我孔熯矣，式禮莫愆。工祝致告：『徂賚孝孫。苾芬孝祀，神耆[一四〇]飲食。卜爾百福，如幾如式。既齋[一四一]既稷，既筐[一四二]既勑。永錫尔極，時萬時億。』禮儀既備，鍾鼓既戒。孝孫徂位，工祝致告。神具醉止，皇尸載起。鼓鍾送尸，神保聿歸。諸宰君婦，廢徹不遲[一四三]。諸父兄苐，備言燕私。樂具[一四四]入奏，以綏後[一四五]禄。爾肴[一四六]既將，莫怨具慶。既醉既飽，小大稽首。『神耆[一四七]飲食，使君壽考。孔惠孔時，維其盡之。子子孫孫，勿替引之。』

《楚茨》六章，章十二句。

《信南山》，刺幽王也。不能脩成王之業，彊[一四八]理天下，以奉禹功，故君子思古焉。

信彼南山，維禹[一四九]甸之。畇畇[一五〇]原隰，曾孫田之。我彊我理，南東其畝。尚[一五一]天同雲，雨雪雰雰[一五二]。益之以霢霂，既憂[一五三]既渥，既沾[一五四]既足，生我百穀。彊場翼翼，黍稷彧彧[一五五]。曾孫之穡，以爲酒食。卑[一五六]我尸賓，壽考萬年。中田有廬，彊埸[一五七]有瓜。是剝是菹，獻之皇祖。曾孫壽考，受天之祜[一五八]。祭以清酒，從以騂牡，享于祖考。執其鸞刀，以啓其毛，取其血膋。是烝是享，苾苾芬芬，祀事孔明。先祖是皇，報以介福，萬壽無彊。

《信南山》六章，章六句。

毛詩卷第十三〔一六一〕

《谷風之什》十篇〔一五九〕，五十二章〔一六〇〕，三百五十六句。

甫田之什詁訓傳第廿〔一〕〔一六二〕　卷第〔十〕四〔一六三〕

《甫田》，刺幽王也。君子傷今而思古焉。

倬彼甫田，歲取十千。我取其陳，食我農人，自古有年。今適南畝，或芸或耔〔一六四〕，黍稷薿薿。攸介攸止，烝我髦士。以我齊明，與我牛羊〔一六五〕，以社以方。我田〔一六六〕既臧，農夫之慶。琴瑟擊鼓，以御田祖，以祈甘雨，以介我稷黍，以穀我士女。曾孫來止，以其婦子，饁彼南畝。田畯〔一六七〕至喜，攘其左右，嘗其旨否。禾易長畝，終善且有。曾孫不怒，農夫克敏。曾孫之稼，如茨如梁。曾孫之庾，如坻如京。乃求千斯倉，乃求萬斯箱。黍稷稻粱〔一六八〕，農夫之慶。報以介福，萬壽無疆〔一六九〕。

《甫田》四章，章十句。

《大田》，刺幽王也。言矜〔一七〇〕寡不能自存焉。

大田多稼，既種既戒，既備乃事。以我覃耜〔一七一〕，俶載南畝。播厥百穀，既庭且碩，曾孫是若。既方既▨(皁)〔一七二〕，既堅既好，不稂不莠。去其螟螣，及其蟊賊，無害我田稺〔一七三〕。田祖有神，秉畀〔一七四〕炎火。有渰萋萋，興雨祁祁〔一七五〕，雨我公田，遂及我私。彼有不穫稺，此有不斂積〔一七六〕；彼有遺秉，此有滯穗，伊寡婦之利。曾孫來止，以其婦子，饁彼南畝，田畯〔一七七〕至喜。來方禋祀，以其騂黑，與其黍稷。以享以祀，以介景福。

《大田》四章，其上二章章八句，下二章章九句〔一七八〕。

《瞻彼洛矣》，刺幽王也。思古明王能爵命諸侯，賞善罰惡焉。

瞻彼洛矣，維水泱泱。君▨（子）〔一七九〕□□□（至止，福）▨（禄）〔一八〇〕如茨。韎韐有奭，以□子〔一八一〕至止，鞞琫有珌。君子萬□家〔一八二〕邦。《瞻彼□

（後缺）

【校記】

〔一〕于道，刊本『道』下有『謀』字。

〔二〕如，底卷存左邊『女』。以下底卷中凡殘字、缺字、脱字補出者，均據刊本，不復一一注明。

〔三〕菀，刊本作『宛』。『菀』爲『苑』之俗字，『苑』爲『宛』之借字。本詩中『菀』字同此。

〔四〕幽王，刊本作『宣王』。阮元《詩經校勘記》（以下簡稱『阮校』）云：『唐石經、小字本、相臺本「宣」作「幽」，考文古本同。案「宣」字誤也。』

〔五〕彼，底卷作『彼彼』，兹據刊本删其一。

〔六〕寑，刊本作『寐』。《説文·宀部》：『寑，卧也。』此字今多寫作『寢』。又《説文·宀部》：『寐，卧也。』段注：『俗所謂睡著也。』寑、寐《説文》均訓卧，然其義有别。寑重於睡之動作，寐重於睡之狀態。馬瑞辰《毛詩傳箋通釋》云：『明、發皆醒也，即謂醒而不寐也。《邶·柏舟》詩：「耿耿不寐。」《廣雅·釋詁》：「耿，明也。」耿耿亦醒而不寐之貌，與此詩言「明發不寐」正同。』是作『寑』者誤字。

〔七〕尅，刊本作『克』。《説文·克部》『克』篆下段注：『俗作剋。』而『尅』則爲『剋』之變體，説見朱珔《説文假借義證》『克』篆下注。

〔八〕昬，刊本作『昏』，二字異體。

〔九〕庶人，刊本作『庶民』。案『人』爲『民』之諱改字。

〔一〇〕羸，底卷原作『羸』，形誤字，兹據刊本改正。

〔一一〕鶺鴒，刊本『脊令』。『鶺鴒』爲後起本字，《毛詩》當本作『脊令』。

〔一二〕無，刊本作『毋』，二字通用。

〔一三〕嶽，刊本作『獄』。案《説文·屵部》：『岸，水厓洒而高者。』嶽者，高山也。《説文·山部》『嶽，東岱、南靃、西華、北恒、中大室。』抄經者不悟《毛傳》訓『岸』爲訟，乃爲『犴』之借字，犴、獄同類。（《荀子·宥坐》『獄犴不治』楊倞注：『犴亦獄也。』）故因『岸』而改『獄』爲『嶽』。

〔一四〕於，刊本作『于』，二字古多通用。

〔一五〕太，刊本作『大』，『大』『太』古今字。

〔一六〕帰，刊本作『歸』。據《説文》，『帰』爲籀文隸定字，『歸』爲小篆隸定字。下凡此均不復出校。

〔一七〕鞠，刊本作『鞫』。陸德明《經典釋文·毛詩音義》（以下簡稱『釋文』）：『鞫，九六反，窮也。』盧文弨《經典釋文考證》云：『唐石經、注疏本、宋板皆作「鞫」，此从「匊」蓋後人所改。』阮校：『閩本、明監本、毛本「鞫」誤「鞠」。案《釋文》「鞫」，通志堂亦誤「鞠」，影宋本不誤。』鞠、鞫二字古多通用，此處『鞠』爲『鞫』之假借。

〔一八〕離，刊本作『罹』。阮校：『唐石經「罹」作「離」。案：孔穎達《毛詩正義》云：「不離歷於母乎？」又云：「離者，謂所離歷。」考《小明》、《漸漸之石》皆經言「離」，則《正義》言「離歷」，即《魚麗》正義所云「麗歷」、傳云「麗，歷也」是也。麗、離古字同用，聲類至近也。「罹」字即非此義，各本皆誤，當依《唐石經》正之。』

〔一九〕渒渒，刊本作『淠淠』。案《説文·水部》：『淠，淠水，出汝南弋陽垂山，東入淮。』《集韻·至韻》：『淠，水出汝南弋陽重山，東入淮。』又《支韻》：『渒，水名，在弋陽。』則《集韻·支韻》之『渒』字必爲重出。王念孫《廣雅疏證·釋訓》：『淠淠，各本譌作渒渒，今訂正。』可知『淠』字後世多有寫作『渒』者。敦煌寫卷『畀』往往寫作『卑』。『渒』應是俗訛字。

〔二〇〕皇暇，刊本『皇』作『遑』，『暇』作『假』。案『皇』『遑』古今字，《毛詩》本當作『皇』。《説文》無『暇』字。

《玉篇·目部》云：『睱，閑睱視也。』案作『睱』無義，當作『假』，二章云『假寐永歎』亦可證。『睱』蓋『暇』之譌，『假』、『暇』二字古常通用。然此處亦不當作『暇』，『暇』爲借字。『假寐』乃常語，『假寐永歎』《鄭箋》云：『不脱冠衣而寐曰假寐。』《左傳·宣公二年》『坐而假寐』杜預注：『不解衣冠而睡。』此『假寐』之義也。

〔三一〕跂跂，刊本作『伎伎』。《説文·足部》：『跂，足多指也。』人部：『伎，與也。』皆不與詩義合。《毛傳》訓『伎伎』爲舒貌，段玉裁《説文解字注》、朱珔《説文假借義證》皆認爲是『徥徥』之借。馬瑞辰《毛詩傳箋通釋》認爲『伎伎』應讀作『䞕䞕』，釋爲『奔貌』。《説文·走部》：『䞕，緣大木也。一曰行皃。』《玉篇·走部》：『䞕，䞕䞕，鹿走也。』王先謙《詩三家義集疏》認爲《韓詩》作『䞕䞕』。案作『跂』者，蓋涉前『足』字而類化，《釋文》云：『伎伎，本亦作跂。』《白孔六帖》卷九十七引亦作『跂』。

〔三二〕⿱艹勉，刊本作『兔』。案《莊子·天地》有『將閭⿱艹勉見季徹』句，陸德明《經典釋文·莊子音義》云：『⿱艹勉，字亦作葂，音免，又音晚，郭音問。』《集韻·阮韻》武遠切、《獮韻》美辨切、《問韻》文運切下均收『⿱艹勉』字，其字出於《莊子》，而其音皆出於《釋文》。而伯二四九五《莊子》殘卷此字作『兔』。『兔』字底卷作『⿱艹勉』，《巧言》篇『躍躍毚兔』，底卷亦寫作『⿱艹勉』。『兔』古多有寫作『莬』者，兔、免形近，故『莬』或寫作『葂』；免、勉通用，故又寫作『⿱艹勉』。⿱艹勉者，兔之俗譌字也。《莊子》寫卷之『兔』，應是『兔』之形誤，故或譌作葂、⿱艹勉，諸家據誤字作音，《集韻》又據以收入，逾走逾遠矣。

〔三三〕君之，刊本作『君子』。案下二章三言『君子』，則此當亦作『君子』。『之』、『子』二字唐五代西北方音同音，敦煌寫卷中二字多有混用之例，《鄘風·蝃蝀》『女子有行』，伯二五二九作『女之有行』；伯二六二一《孝子傳》：『舜之已亡。』『舜子』寫作『舜之』。是『之』爲『子』之音誤字。

〔三四〕他，刊本作『佗』。段玉裁在《説文·它部》『它』篆下云：『其字或叚佗爲之，又俗作他。』

〔三五〕笱，底卷原作『苟』，乃是因⺮、⺾不分造成之俗訛字，茲據刊本改正。

〔二六〕皇，刊本作『遑』，『皇』『遑』古今字。陳奐《詩毛氏傳疏》云：『遑當作皇，暇也。』

〔二七〕而，刊本作『故』。俄敦〇五五八八《毛詩》寫卷亦作『而』。

〔二八〕泰，刊本作『大』。馮登府《三家詩異文疏證》：『古作大，無作太作泰者。』陳玉樹《毛詩異文箋》卷四：『「泰」字雖見《説文》，究係後出之字，古止作「大」，俗作「太」。』

〔二九〕談，刊本作『餤』。《釋文》：『餤，沈旋音談，徐音鹽。』傅振倫云：『餤字沈音談，則作談爲是。』案：沈旋音談，並不能説明其所據本作『談』。

〔三〇〕弈弈寢廟，刊本『弈弈』作『奕奕』。案《説文・大部》：『奕，大也。』𠬞部：『弈，圍棊也。』二字音同義異，『弈』當爲『奕』之借字。底卷『廟』原作『庿』，刊本作『廟』。案『庿』當爲『庿』之訛，『庿』爲『廟』之古文，故據以改正。

〔三一〕袟袟，刊本作『秩秩』。案『袟』、『秩』二字同音，當可通用。然《廣雅・釋詁》云：『秩，次也。』而『袟』字則《集韻》始收入，入聲《質韻》：『袟，祭有次也。』而敦煌寫卷『禾』旁字常寫作『礻』旁，則此處『袟』應可作爲『秩』之俗寫看待。

〔三二〕模，刊本作『莫』。傅振倫云：『以本字易借字也。』案《毛傳》：『莫，謀也。』陳奐《詩毛氏傳疏》、馬瑞辰《毛詩傳箋通釋》並以『莫』爲『謨』之借。傅氏以『模』爲本字，誤。

〔三三〕菟，刊本作『兔』。案當作『兔』，考詳校記〔三〕。

〔三四〕遇，底卷作『過』，形誤字，兹據刊本改正。

〔三五〕虵虵，刊本作『蛇蛇』。《新加九經字樣・虫部》：『蛇，今俗作虵。』

〔三六〕攉，刊本作『拳』。傅振倫云：『拳字徐音權，訓力，則作權者義長。』案傅氏録『攉』爲『權』，誤。拳者，捲之借字，捲或寫作『攉』。是『攉』爲正字，『拳』爲借字，説詳段玉裁《説文・手部》『捲』篆下注、馬瑞辰《毛詩傳箋通釋》。

〔三七〕 軄，刊本作『職』，《玉篇・身部》云：『軄，俗職字。』下『軄』字同，不復出校。

〔三八〕 勇，底一原脱，兹據刊本補。

〔三九〕 猷，刊本作『猶』。傅振倫云：『爲猶將多作猷，以本字易借字也。』陳玉樹《毛詩異文箋》卷七云：『《毛詩》「猶」字二十二見，「猷」字二見，「猷」左酋右犬，「猶」左犬右酋，實一字。』《説文》有『猶』無『猷』，傅説誤。

〔四〇〕 而絶之也，刊本作『以絶之』。阮校：『《唐石經》作「而絶之也」。考《正義》云「故序專云刺暴公而絶之也」，《唐石經》是也。』寫卷正與《唐石經》同。

〔四一〕 維，刊本作『誰』。阮校：『《唐石經》、小字本、相臺本「誰」作「維」，考文古本同。案：「誰」字誤也。』傅振倫、潘重規皆同阮説。案：《鄭箋》云：『譖我者，是言從誰生乎？乃暴公之所言也。』《正義》云：『令譖我者，維誰之所云從而出乎？維乃暴公之所云耳。』是鄭、孔所據本均作『維』也。

〔四二〕 媿，刊本作『愧』。據《説文》，『愧』爲『媿』之或體。

〔四三〕 票，刊本作『飄』。《説文・風部》：『飄，回風也。』《檜風・匪風》『匪風飄兮』傳：『迴風爲飄。』《大雅・卷阿》『飄風自南』傳：『飄風，迴風也。』故『飄』爲正字，『票』爲借字。

〔四四〕 皇，刊本作『遑』。陳奂《詩毛氏傳疏》云：『遑，古秖作皇。』

〔四五〕 皇，刊本作『遑』，『皇』『遑』古今字。又底卷『皇』前有『亦不』二字，蓋涉上『亦不皇舍』而衍，兹據刊本删。

〔四六〕 一，刊本作『壹』。阮元校《箋》『終不得一者之來見我』云：『小字本、相臺本「一」作「壹」，下箋小字本作「一」。案《正義》中皆作「一」，則作「一」是也。作「壹」者依經改耳。』案寫卷作『一』，則經、箋原皆作『一』也。作『壹』者，後人所改。下章『一者之來』同此。

〔四七〕 盱矣，刊本作『其盱』。阮校：『《唐石經》無「其」字，旁添之。案《正義》標起止云：「至其盱。」又云：「毛以此云何其盱。」《釋文》以「其盱」作音，是正義本、《釋文》本皆有「其」字，《唐石經》未知出何本也。』錢大昕《十駕齋養新録》卷一引臧庸堂云：『《卷耳》「云何盱矣」（平案：刊本《周南・卷耳》作『云何吁矣』），

《都人士》「云何盱矣」，文法與此同，即三字爲句未始不可。《箋》云：「于女亦何病乎？」既何病連文，知中無「其」字矣。」李富孫《詩經異文釋》從之。案：《説文·心部》：「忬，憂也。」《口部》：「吁，驚也。」《目部》：「盱，張目也。」段注：「《毛詩·卷耳》曰：「盱，憂也。」《何人斯》、《都人士》皆無傳，然則三詩皆作「盱」，訓憂。今《卷耳》作「吁」，誤也。」《毛詩異文箋》卷一云：「盱與吁古字通。吁與盱皆忬字叚借。」段玉裁謂《卷耳》亦應作「盱」，其理由乃是《何人斯》與《都人士》皆作「盱」而毛無傳。然《卷耳》篇斯一七二二、俄敦一一九三三B＋俄敦一一九三七、斯三九五一、伯四六三四B 四寫卷均作「吁」，而《何人斯》寫卷亦作「吁」，則《毛詩》三處本皆作「吁」而不似段説之作「盱」，亦未可知也。又臧庸堂認爲今本「其」字不當有，是也。然云三字爲句，則非。今寫卷作「云何吁矣」四字，正與《卷耳》、《都人士》合，當是《毛詩》原貌。

〔四八〕旋，刊本作「還」。案《説文·疒部》：「旋，旌旗之指摩也。」辵部：「還，復也。」則「還」爲本字，「旋」爲借字，説可參陳玉樹《毛詩異文箋》卷三。下「旋而不入」句同此。

〔四九〕箎，刊本作「篪」。《説文》有「篪」（𪛉之或體）無「箎」，「箎」爲後起別體。

〔五〇〕而作是詩，刊本作「故作是詩也」。

〔五一〕菲，刊本作「斐」。《释文》：「斐，孚匪反，本或作菲。」馬瑞辰《毛詩傳箋通釋》認爲「菲」爲「斐」之假借字。

〔五二〕太，刊本作「大」，「大」「太」古今字。

〔五三〕侈兮，底卷前有「其」字，當爲衍文，今據刊本删。

〔五四〕其，刊本作「是」。

〔五五〕扁扁，刊本作「翩翩」。《釋文》：「翩翩，音篇，往來貌，字又作扁。」馬瑞辰《毛詩傳箋通釋》認爲「扁」爲「翩」之借字。

〔五六〕矝，刊本作「矜」。案作「矝」是也，凡經典「矜」字皆「矝」之譌，説詳《説文·矛部》「矝」篆下段注、臧庸

《拜經日記》卷五「矜」字條。

〔五七〕投卑犲虎，刊本「卑」作「畀」，「犲」作「豺」。敦煌寫卷凡「畀」字多寫作「卑」，「卑」應是俗訛字，本詩中「卑」字皆同此。「犲」爲「豺」之俗字，説詳《敦煌俗字研究》下編五八七頁，下句「犲」字同。

〔五八〕是，刊本作「此」，二字同義。

〔五九〕此行刊本作「四章章四句一章五句一章八句一章六句」，《正義》標起止云：「上四章章四句，次章五句，次章八句，卒章六句。」

〔六〇〕卷第十二，刊本無。「苐」爲「弟」之俗字，俗書竹頭多寫作草頭，俗據「苐」楷正，則成「第」字。下凡「苐」字均不復出校。

〔六一〕廿，刊本作「第二十」。唐以前凡「二十」多寫作「廿」。下凡此均不復出。

〔六二〕卷第十三，刊本無。

〔六三〕我，刊本作「予」。案《新序·雜事五》、《文選》卷二五郭泰機《荅傅咸詩》李善注引均作「我」，王先謙《詩三家義集疏》因而認爲《魯詩》作「我」。今此《毛詩》寫卷亦作「我」，且本詩中予、我互見，是未能的知《毛詩》作「我」抑或作「予」也。

〔六四〕怨，底卷原作「然」，形誤字，兹據刊本改正。

〔六五〕𠆩，刊本作「爾」。「𠆩」爲「爾」小篆的隸定字。下凡此字均不復出校。

〔六六〕蒿，底卷原作「高」，音誤字，兹據刊本改正。

〔六七〕腹原也，刊本作「腹厚也」。「原」當爲「厚」形誤，《爾雅·釋詁》：「腹，厚也。」

〔六八〕恩，刊本作「德」。案：《鄭箋》云：「欲報父母是德。」則鄭所據本作「德」。此句德、極爲韻，若作「恩」，則於韻不協。「恩」當爲「悳」之形誤，「悳」者「德」之古文。

〔六九〕列列，刊本作「烈烈」。「列」、「烈」通用，聯緜詞無定字。

〔七〇〕票，刊本作『飄』。案當作『飄』，説詳校記〔四三〕。

〔七一〕南山律律飄風弗弗，底卷無，傳振倫云：『寫本於《蓼莪》脱「南山律律，飄風弗弗」二句。』兹據刊本補。

〔七二〕何卒，刊本作『不卒』。《鄭箋》云：『我獨不得終養父母，重自哀傷也。』則作『不卒』爲是。寫卷作『何卒』者，乃據上句『何害』而臆改。

〔七三〕其二章章八句四章章四句，刊本作『四章章四句，二章章八句』。《正義》標起止云：『上下各二章，章四句；中二章，章八句。』《正義》據次序而言，而寫本、刊本則總括而言。

〔七四〕困於役，底卷『困』原作『囚』，形誤字，兹據刊本改正。刊本『役』作『役』，《説文·殳部》：『古文役从人。』下凡『役』字，刊本均作『役』，不復出校。

〔七五〕湌，刊本作『飧』。《説文·食部》：『饔，孰食也。』『飧，餔也。』段注認爲二者互文，其意則是饔爲朝之熟食，飧爲夕之熟食。《毛傳》云：『飧，熟食也。』則此當作『飧』。『湌』爲『餐』之或體，与『飧』形音義均異，『湌』應是『飧』之誤字。

〔七六〕『平均』下刊本有『也』字。

〔七七〕賞罸不偏，刊本『罸』作『罰』，末有『也』字。《五經文字·罒部》：『罰、罸，上《説文》，下《石經》，五經多用上字。』下凡『罸』字同此。

〔七八〕腃，刊本作『睠』。《龍龕手鏡·肉部》：『腃，俗，音眷，正作睠，還顧也。』傳中『腃』字同。

〔七九〕皃，刊本作『貌』。據《説文》，『皃』小篆隸定字，『貌』籀文隸定字。

〔八〇〕糺糺，刊本作『糾糾』。《廣韻·黝韻》：『糾，俗作糺。』

〔八一〕君子，刊本作『公子』。案《毛傳》云：『公子，譚公子也。』則作『公子』爲是。

〔八二〕獲，刊本作『穫』。《説文·犬部》：『獲，獵所獲也。』禾部：『穫，刈穀也。』《毛傳》：『穫，艾也。』《釋文》：『穫，户郭反。毛：刈也。』是陸讀『艾』爲刈也。『穫』正字，『獲』借字。下『薪是獲薪』句同。

〔八三〕也，刊本作『貌』。

〔八四〕羆，底卷原作『罷』，形誤字，兹據刊本改正。

〔八五〕寮，刊本作『僚』。『寮』爲『寮』之俗字，『僚』爲『寮』之借字，説參《説文·穴部》『寮』篆下段注、《毛詩異文箋》卷七。

〔八六〕隧，刊本作『璲』。《毛傳》：『璲，瑞也。』則作『璲』是，『隧』爲同音借字。

〔八七〕晛，刊本作『晥』。案《説文·日部》：『晛，日見也。』與詩義不合。《説文》無『晥』字，《毛傳》：『晥，明星貌。』《玉篇·目部》：『睍，目出皃，詩云：「睍晥黄鳥。」晥，目出皃。』乃釋《詩》『睍晥』，而無『明星貌』之義。又《玉篇·日部》：『晛，奴見切，日氣。又户顯切，明也。』敦煌寫卷多有從『見』與從『完』之字相混者，『晛』蓋當爲『晥』字，《玉篇·日部》：『晥，明星也。』疑即據《毛傳》。

〔八八〕相，刊本作『箱』。『箱』正字，『相』同音借字。

〔八九〕不可，刊本作『不可以』。

〔九〇〕怨，底卷原作『然』，形誤字，兹據刊本改正。

〔九一〕予，底卷原作『子』，形誤字，兹據刊本改正。

〔九二〕腓腓，刊本作『具腓』。作『具腓』爲是，《毛傳》釋『腓』，不釋『腓腓』。此作『腓腓』，蓋涉上句『凄凄』而誤。

〔九三〕明病，刊本『明』作『腓』，末有『也』字。案『明』爲『腓』之形誤字。

〔九四〕列列，刊本作『烈烈』。『列』、『烈』通用，聯緜詞無定字。

〔九五〕票，刊本作『飄』。案當作『飄』，説詳校記〔四三〕。

〔九六〕瘼，刊本作『莫』。案《蓼莪》第五章云『南山烈烈，飄風發發。民莫不穀，我獨何害？』『瘼』蓋涉上『亂離瘼矣』句而訛。

〔九七〕 癈，刊本作『廢』。阮校：『《唐石經》初刻「癈」，後磨改「廢」。』案『癈』爲『廢』之俗字。

〔九八〕 載飢載渴，刊本作『載清載濁』。案刊本是，《鄭箋》云：『相，視也。我視彼泉水之流，一則清，一則濁。』是鄭玄所據本作『載清載濁。』

〔九九〕 𪀗，刊本作『鳶』。《五經文字·鳥部》：『鳶，俗或作𪀗。』

〔一〇〇〕 荑，刊本作『桋』。《釋文》：『桋，本亦作荑。』《說文·木部》：『桋，赤桋也。《詩》曰：「隰有杞桋。」』與《毛傳》同。《說文·艸部》：『荑，艸也。』《正義》云：『言山之有蕨薇之菜，隰之有杞桋之木，是菜生於山，木生於隰，所生皆得其所，以興人生處於安樂以得其所。』則當以作『桋』爲是，『荑』乃假借字。

〔一〇一〕 父母，刊本下有『焉』。案《正義》標起止亦有『焉』。

〔一〇二〕 仕，刊本作『士』。『士』正字，『仕』借字。

〔一〇三〕 固，刊本作『盬』。案《鄭箋》釋『盬』爲『不堅固』，王引之《經義述聞》卷五釋『盬』爲『止息』，若作『固』字，易生歧義。『固』應是音誤字。

〔一〇四〕 營，底卷原作『勞』，『經勞』不辭，《小雅·何草不黄》、《大雅·江漢》皆有『經營四方』之語。『勞』應是『營』之形誤字，兹據刊本改正。

〔一〇五〕 遅，刊本作『遲』。『遅』爲『遲』之俗字。

〔一〇六〕 靡，底卷原作『美』，音誤字，兹據刊本改正。

〔一〇七〕 其，刊本無。

〔一〇八〕 底，刊本作『疷』。段玉裁《詩經小學》及陳奐《詩毛氏傳疏》、馬瑞辰《毛詩傳箋通釋》、李富孫《詩經異文釋》皆以『疷』爲『疧』之誤。底卷『底』又爲『疧』字訛省。

〔一〇九〕 『光』下刊本有『也』字。

〔一一〇〕 祇，底卷原誤作『多』，兹據刊本改正。

〔一一一〕「亂世」下刊本有「也」字。

〔一一二〕吉，底卷原作「告」，形誤字，兹據刊本改正。

〔一一三〕遠荒田也，刊本作「遠荒之地」。案《釋文》、《正義》均作「遠荒之地」。

〔一一四〕太，刊本作「大」，「大」「太」古今字。

〔一一五〕念，底卷作「今」。案二、三兩章均作「念彼共人」，「今」當爲誤字，兹據刊本改正。

〔一一六〕旋，刊本作「還」。「還」正字，「旋」借字。

〔一一七〕暮，刊本作「莫」，「莫」「暮」古今字。

〔一一八〕暇，底卷原作「暇」，形誤字，兹據刊本改正。

〔一一九〕腃腃，刊本作「睠睠」。《龍龕·肉部》：「腃，俗，音眷，正作睠，還顧也。」

〔一二〇〕燠，刊本作「奥」。案《説文·宀部》：「奥，宛也。」段注：「宛者，委曲也。室之西南隅，宛然深藏，室之尊處也。」則「奥」之本義即室之西南隅也。《説文·火部》：「燠，熱在中也。」段注：「古多叚「奥」爲之。」段玉裁《古文尚書撰異·洪範》「曰燠」下云：「《宋世家》、《五行志》、《王莽傳》、何休《公羊注》皆作「奥」，古字也。」是「奥」「燠」古今字。

〔一二一〕旋，刊本作「還」。「還」正字，「旋」借字。

〔一二二〕政事，底卷原作「政其事」，「其」爲衍文，兹據刊本删。

〔一二三〕暮，刊本作「莫」，「莫」「暮」古今字。

〔一二四〕獲，刊本作「穫」。「穫」正字，「獲」借字。

〔一二五〕慼，刊本作「戚」。「慼」爲「慽」字或體，「戚」「慽」古今字，參看《説文·戉部》「戚」篆下段注。

〔一二六〕嗟爾君子無恒安處，底卷無，傅振倫云：「寫本於《小明》脱「嗟爾君子，無恒安處」二句。」兹據刊本補。

〔一二七〕其，刊本無。

〔二八〕皷鍾，刊本『皷』作『鼓』。《正字通·皮部》：『皷，俗鼓字。』下『皷』字同此，不復出校。

〔二九〕飢饉，刊本『飢』作『饑』，『饉』作『饉』。《説文·食部》：『飢，餓也。』『饑，穀不孰爲饑。』《爾雅·釋天》：『穀不熟爲饑，蔬不熟爲饉。』則『饑』爲正字，『飢』爲借字。《龍龕·食部》：『饉，俗；饉，正。』

〔三〇〕昔，底卷原作『吉』，形誤字，兹據刊本改正。

〔三一〕藝，刊本作『蓺』。《説文·丮部》『埶』篆下段注：『唐人樹埶字作「蓺」，六埶字作「藝」。』『蓺』『藝』皆爲『埶』的後起繁化字。

〔三二〕潔，刊本作『絜』。《玉篇·冫部》：『潔，俗絜字。』

〔三三〕享，刊本作『亨』。《説文·亯部》『亯』篆下段注：『薦神作亨，亦作享；飪物作亨，亦作烹。……隸書作亨、作享，小篆之變也。』故此處『享』當作『亨』，即今之『烹』字。

〔三四〕祭祀，刊本作『祝祭』。《鄭箋》云：『孝子不知神之所在，故使祝博求之平生門内之旁，待賓客之處，祀禮於是甚明。』則作『祭祀』者誤也。

〔三五〕饗，底卷殘存左上角。

〔三六〕彊，刊本作『疆』。『彊』爲『疆』之俗字，説詳《敦煌俗字研究》下編四一六頁。

〔三七〕爲賓，底卷脱，兹據刊本補。

〔三八〕笑，底卷原作『嘆』，當爲『笑』俗字『咲』的訛變，兹據刊本改正。

〔三九〕報，底卷原作『執』，形誤字，兹據刊本改正。

〔四〇〕耆，刊本作『嗜』。『耆』『嗜』古今字。

〔四一〕齋，刊本作『齊』。『齊』『齋』古今字，古多混用。然此處『齊』字，《鄭箋》訓減取，《正義》訓『整齊』，陳奂《詩毛氏傳疏》、馬瑞辰《毛詩傳箋通釋》皆訓爲『疾』，不能讀作『齋』。作『齋』誤。

〔四二〕筐，刊本作『匡』。《釋文》：『筐，本亦作匡。』其所據本作『筐』，與寫卷同。阮校：『考此經毛無傳，但以

「稷，疾；勑，固」例之，必不與鄭義同。《正義》依王述毛以説傳，云「既能誠正矣」，是其本經字作「匡」，與《釋文》亦作本同。《毛氏詩》經字自如此也，《鄭箋》本經字亦作「匡」，其云「受之以筐者」，以「匡」爲「筐」之假借，不云讀爲，而於訓釋中竟改其字以顯之也。《釋文》本經字作「筐」，乃依《箋》所改。當以《正義》本爲長。」

〔四三〕遲，刊本作「遟」。「遟」爲「遲」之俗字。

〔四四〕具，底卷原作「且」，形誤字，兹據刊本改正。

〔四五〕後，底卷誤作「多」，兹據刊本改正。

〔四六〕肴，刊本作「殽」，「肴」「殽」古今字。

〔四七〕者，刊本作「嗜」，「者」「嗜」古今字。

〔四八〕彊，刊本作「疆」。「彊」爲「疆」之俗字，説詳《敦煌俗字研究》下編四一六頁。本詩中「彊」字皆同，不復出校。

〔四九〕禹，底卷作「雨」，音誤字，兹據刊本改正。

〔五〇〕眴眴，刊本作「畇畇」。《釋文》：「畇畇，音匀，又作眴。」《玉篇·田部》「畇」字下云：「眴，同上。」「眴，畦也。」則「眴」當爲「眴」之譌。「眴」爲「畇」之别體。

〔五一〕尚，刊本作「上」。「尚」爲「上」之借字。

〔五二〕雰雰，底卷作「雲雲」，形誤字，兹據刊本改正。

〔五三〕憂，刊本作「優」。《釋文》：「優，《説文》作瀀，音憂。」馬宗霍《説文解字引詩考》云：「此《詩》瀀、渥承「霢霂」而言，知作「瀀」爲正字，作「優」叚借字也。」案「憂」亦假借字。

〔五四〕沾，刊本作「霑」。《説文·雨部》：「霑，雨霅也。」水部：「沾，沾水，出上黨壺關，東入淇。」是「沾」爲「霑」之借字。

〔一五五〕 彧彧，底卷原作「惑𢧨」，形誤字，兹據刊本改正。

〔一五六〕 卑，刊本作「畀」。敦煌寫卷凡「畀」字多寫作「卑」，「卑」應是俗訛字。

〔一五七〕 埸，底卷原作「塲」，形誤字，兹據刊本改正。

〔一五八〕 祜，底卷原作「祐」，阮校：「閩本、明監本、毛本『祜』誤『祐』。」兹據刊本改正。

〔一五九〕 十篇，底卷原作「苐」，案前已云「谷風之什廿」，此應述篇及章、句數，此「苐」應是手民之誤，兹據刊本改正。

〔一六〇〕 五十二章，刊本「二」作「四」。案「谷風之什」共五十四章，此作「二」，誤。

〔一六一〕 毛詩卷苐十三，刊本無。

〔一六二〕 甫田之什詁訓傳苐廿一，底卷「詁」字旁注，脱「一」字，兹據刊本補「一」。

〔一六三〕 卷苐十四，底卷原無「十」字。案：前《谷風之什》爲卷第十三，此當是第十四卷，故據補。

〔一六四〕 或芸或耔，刊本「芸」作「耘」，「耔」作「耔」。《説文·艸部》：「芸，艸也，似目宿。」耒部：「䅵，除苗閒穢也。䅵，或从芸。」朱珔《説文假借義證》云：「芸爲䅵之假借。其作耘者，省艸耳。」「耔」本字，「耔」後起字。

〔一六五〕 牛羊，刊本作「犧羊」。案《鄭箋》云：「以絜齊豐盛，與我純色之羊。」《經義述聞》卷十九「五牲三犧」條云：「養之則曰畜，用之則曰牲，色純則曰犧。」鄭云「純色之羊」，可知其所據本作「犧羊」。

〔一六六〕 田，底卷原作「四」，形誤字，兹據刊本改正。

〔一六七〕 俊，刊本作「畯」。《説文·田部》：「畯，農夫也。」人部：「俊，才過千人也。」是「俊」爲「畯」之借字。

〔一六八〕 粱，底卷原作「梁」，形誤字，兹據刊本改正。

〔一六九〕 彊，刊本作「疆」。「彊」爲「疆」之俗字，説詳《敦煌俗字研究》下編四一六頁。

〔一七〇〕 矜，刊本作「矜」。凡經典「矜」字皆「矜」之訛，説詳《説文·矛部》「矜」篆下段注、臧庸《拜經日記》卷五

「矜」字條。

〔一七一〕 秬，刊本作「秬」。「秬」爲「秬」之俗寫，見《龍龕・禾部》。

〔一七二〕 卓，底卷存上部殘畫。

〔一七三〕 稺，刊本作「穉」。「稺」爲「穉」之俗字。本詩中「稺」字同此。

〔一七四〕 卑，刊本作「畀」。敦煌寫卷凡「畀」字多寫作「卑」，「卑」應是俗訛字。

〔一七五〕 祁祁，刊本作「祈祈」。阮校、陳奂《詩毛氏傳疏》皆認爲作「祈祈」者誤。馬瑞辰《毛詩傳箋通釋》云：「「祈祈」，各本引《詩》皆作「祁祁」，惟監本、毛本作「祈祈」，嚴可均謂避明諱，是也。」

〔一七六〕 積，刊本作「穧」。《正義》云：「定本、《集注》「穧」作「積」。」阮校：「以《釋文》、《正義》考之，「積」字非也。或「積」當作「穧」，以齊、資得通用而借穧爲穧也。」馬瑞辰《毛詩傳箋通釋》云：「《廣雅・釋詁》：「穧，積也。」又曰：「穧，穧也。」積與穧音近而義同，故《集注》本「穧」作「積」耳。」案：馬説是。《説文・禾部》：「穧，積禾也。」「積，聚也。」二字義同。《説文》「穧」下引《詩》「穧之秩秩」，今本《周頌・良耜》作「積之栗栗」，馬宗霍《説文解字引詩考》云：「穧、積雙聲字，故通用。」

〔一七七〕 俊，刊本作「畯」。「俊」爲「畯」之借字。

〔一七八〕 其上二章章八句下二章章九句，刊本作「二章章八句，二章章九句」，《正義》標起止云：「上二章章八句，下二章章九句」。

〔一七九〕 子，底卷殘存右上角。

〔一八〇〕 禄，底卷左上角殘泐。

〔一八一〕 「子」前底卷殘泐約十二字，刊本作「作六師瞻彼洛矣維水泱泱君」。

〔一八二〕 「家」前底卷殘泐。從前行「萬」至本行「家」間底卷共殘泐約二十七字，刊本作「年保其家室瞻彼洛矣維水泱泱君子至止福禄既同君子萬年保其」。

毛詩（四）（周頌般——商頌）

伯三七三七

【題解】

底卷編號爲伯三七三七，起《周頌·閔予小子之什·般》尾題，至《商頌》末，存《魯頌》、《商頌》全部。正文一百二十七行，行約十八字，末又有二行敘述《詩》傳授源流：『毛氏學本出子夏，子夏傳魯申公，魯申公傳魏人李克，李克傳魯人大毛公，大毛公傳小毛公。』（平案：此説與《經典釋文·序録》所云最爲接近，蓋節略之而成。然『申公』蓋爲『曾申』之誤，『申公』乃傳述《魯詩》者）《索引》定名爲『毛詩詁訓傳卷第廿九、第卅』，《寶藏》及《索引新編》從之。《法目》（四）定爲『毛詩詁訓傳』，並云：『鄭玄注。』卷中小題有『鄭氏箋』三字，《索引》以爲『蓋據鄭箋本抄寫』。寫卷雖據《毛詩傳箋》本抄寫，然内容全爲白文，而無傳箋，故不應名爲『毛詩詁訓傳』，因改擬今名。全卷『民』凡六處，有三處不諱，三處缺末筆；九處出現『國』，其中四處作武后新字寫作『圀』。武后新字中，『圀』字較晚出，在天册萬歲二年（公元六九六）始有（參王三慶《敦煌寫卷中武后新字之調查研究》，《漢學研究》第四卷第二期，一九八六年二月），而寫卷中年、日、載、正、天、君、臣等字均無作新字者，則此卷抄寫時代不會早於武后朝，極有可能在武后朝以後。寫卷最後之十三行（第九紙）字體與前不同，潘重規認爲是中唐以後人所補抄。

潘重規《巴黎藏毛詩詁訓傳第廿九第卅卷題記》（香港《東方文化》第七卷第二期，一九六九年七月。簡稱『潘重規』）作過一些校勘。今據縮微膠卷録文，以中華書局影印阮元刻《十三經注疏·毛詩正義》爲校本（簡稱『刊本』），校録於後。

（前缺）

《般》一章，□[一]。

▨▨（清廟）之什詁訓傳弟[二]　□□（廿六）□□□（臣工弟）廿七，閔予小子弟廿八[三]

駉之什詁訓傳苐廿九[四]　**毛詩魯頌**　**鄭氏箋**

□（《駉》），頌僖公也。僖公能尊[五]伯禽之法，儉以足用，寬以愛民，務農重穀，牧乎坰野[六]，魯人尊之，於是季[孫]行父請乎周[七]，而史克作是頌也[八]。

駉駉牧[九]馬，在坰之野。薄言駉者，有驈有皇，有▨（驪）[一〇]有黃，以車彭彭。思無□□▨（疆，思馬）[一一]斯臧。　駉駉牧馬，在坰之野。薄言駉□□□□□□□（者，有騅有駓，有騂有）騏，以車伾伾。思無期，思馬斯才。　駉駉□（牧）[一二]□□（馬，在）坰之野。薄言駉者，有驒有駱，有騮有▨（雒）[一三]，□（以）車繹繹。思無斁[一四]，思馬斯作。　駉駉牡馬，在坰之□（野）。薄言駉者，有駰有騢，有驔有魚，以車祛□□（祛。思）無耶[一五]，思馬斯徂。

《駉》四章，章八句。

《有駜》，頌僖公君臣之有道也。

□（有）駜有駜，駜彼乘黃。夙夜在公，在公明明。振振鷺，鷺于下。鼓咽咽，醉言▨（舞）[一六]，于胥樂兮。　有駜有駜，駜彼乘牡。夙夜在公，在公飲酒。振振鷺，鷺于飛。鼓咽咽，醉言歸，于胥樂兮。　有駜有駜，駜彼▨（乘）[一七]駽。夙夜在公，在公載燕。自今以始，歲其有秊[一八]。君子有穀，詒厥子孫[一九]，于胥樂兮[二〇]。

《有駜》三章，章九句。

《泮水》，頌僖公脩[二一]泮宮也。

思樂泮水，薄采其芹。魯侯戾止，言觀其旂。▨（其）旂伐伐[二二]，鸞聲噦噦。無小無大，從公于邁。思樂泮水，薄采其藻。魯侯戾止，其馬蹻蹻[二三]。其馬蹻蹻，其音昭昭。載色載笑，匪怒伊教。思樂泮水，薄采其茆。魯侯戾止，在泮飲酒。既飲旨酒，永錫難老。□（順）彼長道，屈此群醜。穆穆魯侯，敬明其德。敬慎威儀，維民[二四]之則。允文允武，照嘏[二五]烈祖。靡有不孝，自求伊祜。明明魯侯，克明其德。既作泮宮，淮夷攸服。蟜蟜[二六]虎臣，在□（泮）獻馘。淑問如皋陶，在▨（泮）[二七]獻囚。濟濟多士，克廣德心。桓桓于征，狄彼東南。烝烝皇皇，不吳不揚。不告于訩，在泮獻功。角弓其觓[二八]，束矢其搜。戎車孔博，徒御無斁[二九]。既克淮夷，孔淑不□（逆）。式固尒猶[三〇]，淮夷卒獲。翩彼飛鴞，集于泮林。食我桑黮，懷我好音。憬彼淮夷，來獻其琛。元龜象齒，大賂南金。

《泮水》八章，章八句。

《□（閟）宮》，頌僖公之[三一]能復周公之宇也。

閟宮有侐，實實枚枚。赫赫姜嫄，其德不回。上帝是依，無灾[三二]無害。彌月不遲[三三]，是生后稷，降之百福。黍稷穜[三四]穋，稙稺[三五]菽麥。掩[三六]有下國，俾民稼▨（穡）[三七]。有稷有黍，有稻有秬。掩有下土，纘禹之緒。后稷之孫，實維大王。居岐之陽，實始翦商。至于文武，纘大王之緒。致天之届，于牧之野。無貳無虞，上帝臨女。敦[三八]商之旅，克咸厥▨[三九]。王曰『叔父，建尒元子，卑侯于魯。大啓尒宇，爲周室輔』。乃命魯公，卑侯于東，錫之山川，土田附庸。周公之孫，莊公之子，龍旂承祀，六轡耳耳，春秋匪解，享祀不忒。皇皇后帝，皇祖□（后）稷，享以騂犧，是饗是宜，降福既多。周公皇祖，亦其福女。秋而載甞，夏而楅[四〇]衡。白牡騂剛，犧尊將將。毛炰胾羹，邊〔四一〕豆大房。《萬舞》洋洋，孝孫有慶。卑尒熾而昌，卑尒壽而臧。保□（彼）東方，魯邦是常〔四二〕。不虧不崩，不震不騰；三壽作朋，如崗〔四三〕如陵。公車千乘，朱英緑縢，二矛重弓。公徒三萬，貝冑朱綅，烝徒增增。戎翟〔四四〕是膺，荆舒是懲，則莫我敢承。卑尒昌而熾，卑尒壽而富。黄髮台背，壽胥與試。卑尒昌而大，卑尒耆而艾。萬有千歲，眉壽無有害。泰山巖巖，魯邦所詹。掩有龜蒙，遂荒大東，至于海邦，淮夷來同。莫不率從，魯侯之功。保有凫繹，遂荒徐宅。至于海邦，淮夷蠻貊〔四五〕。及彼南夷，莫不率從。莫敢不諾，魯侯是若。天錫公純嘏，眉壽保魯。居常與許，周公〔四六〕之宇。魯侯燕喜，令妻壽母。宜大夫庶士，邦國是有。既多受祉，黄髮兒齒。徂來之松，新甫之柏，是斷是度，是尋是尺。松桷有舄，路寢孔碩。新廟弈弈〔四七〕，奚斯所作。孔曼且碩，萬民是若。

《閟宫》八章，其〔四八〕二章章十七句，一章十二句，一章卅〔四九〕八句，二章章八句，二章章十句〔五〇〕。

那之什詁訓傳弟卅　毛詩商頌　鄭氏箋

《那》，祀成湯也。微子至乎〔五一〕戴公，其閒礼樂癈壞〔五二〕。有正考甫得《商頌》十二篇於周之太師〔五三〕，以《那》爲首。

猗與那與，置我鞉鼓。奏鼓簡簡，衎我烈祖。湯孫奏假，綏我思成。鞉鼓淵淵，嘒嘒管聲。既和既〔五四〕平，依我磬聲。於赫湯孫，穆穆厥聲。庸鼓有斁〔五五〕，萬舞有弈〔五六〕。我有嘉客，亦不夷懌。自古在昔，先民有作。温恭朝夕，執事有洛〔五七〕。顧予烝嘗，湯孫之將。

《那》一章，廿二句。

《烈祖》，祀中宗也。

嗟嗟烈祖！ 有秩斯祜，申錫無疆[五八]，及尒斯所。既載清酤，賚我思成。亦有和羹，既戒既平。鬷[六〇]假無言，時靡有爭。綏我眉壽，黃耇無疆。約軧[六一]錯衡，八鸞鶬鶬。以假以享，我受命溥將。自天降康，豐年[六二]穰穰。來假來饗，降福無疆。顧予烝嘗，湯孫之將。

《烈祖》一章，廿二句。

《玄鳥》，祀高宗也。

天命玄鳥，降而生商，宅殷土芒芒[六三]。古帝命武湯，正域彼四方。方命厥后，奄有九有。商之先后，受命不殆，在武丁孫子。武王[六四]孫子，武王靡不勝。龍旂十乘，大糦是承。邦畿千里，維民[六五]所止，肇域彼[六六]四海。四海來假，來假祁祁。景員維何[六七]，殷受命咸宜，百禄是荷[六八]。

《玄鳥》一章，廿二句。

《長發》，大禘也。

濬哲維商，長發其祥。洪水芒芒[六九]，禹敷下土方。外大國是彊[七〇]，幅隕既長。有娀[七一]方將，帝立子生商。玄王桓撥，受小圀[七二]是達，受大圀是達。率履不越，遂視既發。相土烈烈，海外有截。帝命不違，至于湯齊。湯降不遲[七三]，聖敬日躋。昭假遲遲，上帝是祗。帝命式于九圍。受小球大球，爲下圀綴流[七四]，何天之休。不競不絿，不剛不柔，敷政優優，百禄是遒。受小共大共，爲下圀駿庬，何天之龍。溥[七五]奏其勇，不震不動，不戁不竦，百禄是總。武王載旆，有虔秉鉞，如火烈烈，則莫我敢曷。苞有三蘖，莫遂莫達。九有有截，韋顧既伐[七六]，昆吾夏桀。昔在中葉[七七]，有震且業。允也天子，降予卿士。實維阿衡，實左右商王。

《長發》七章，其一章十八句[七八]，四章章七句，一章九句，一章六句。

《殷武》，祀高宗也。

撻彼殷武，奮伐荆楚。罙入其阻，裒荆之旅。有截其所，湯孫之緒。維女楚荆〔七九〕，居國南鄉。昔有成湯，自彼氐羌，莫敢不來享，莫敢不來王，曰商是常。天命多辟，設都于禹之績。歲事來辟，勿予禍適，稼穡匪解。天命降監，下民有嚴。不譖〔八〇〕不濫，不敢怠皇〔八一〕。命于下國，封建厥福。商邑翼翼，四方之極。赫赫厥聲，濯濯厥靈。壽考且寧，以保我後生。陟彼景山，松栢丸丸。是斷是遷，方斲是虔。松桷有梴，旅楹有閑。寢成孔安。

《殷武》六章，其〔八二〕三章章六句，二章章七勾〔八三〕，一章五句。

《那》之什〔八四〕五篇，十六章，百五十四句。

【校記】

〔一〕『章』下底卷殘泐，刊本有『七句』二字。

〔二〕清庿之什詁訓傳弟，底卷『清庿』二字各存左半，刊本『庿』作『廟』。案『庿』爲『廟』之古字。以下底卷中凡殘字、缺字補出者，均據刊本，不復一一注明。刊本『弟』作『第』。『弟』爲『第』之俗字，俗書『⺮』旁多寫作『艹』旁，俗據『苐』楷正，則成『第』字。後凡此不復出校。

〔三〕此句總括《毛詩·周頌》之三卷卷題。前『般』篇爲《閔予小子之什》的最後一篇，亦即《周頌》的最後一篇，依例當在其後寫『閔予小子之什弟廿八』字樣，而今却寫作『清庿之什詁訓傳弟廿六』，而將『臣工弟廿七，閔予小子弟廿八』作爲雙行小注，疑不能明。

〔四〕駧，刊本作『駉』。《説文·馬部》：『駧，馳馬洞去也。』『駉，牧馬苑也。』陸德明《經典釋文·毛詩音義》（以下簡稱『《釋文》』）云：『駉，古熒反，《説文》作驍，又作駫，同。』臧琳《經義雜記》卷二『駫駫牡馬』條、桂馥《札樸》卷一《温經》『駉駉牧馬』條、段玉裁《説文·馬部》『駫』篆注均認爲當作『駫駫』，作『駉駉』者後人臆改。案『駧』則又爲『駉』之形誤。下凡『駧』字皆爲『駉』之誤，不復出校。

〔五〕尊，刊本作『遵』，『尊』『遵』古今字。

〔六〕牧乎埛野，刊本『乎』作『于』，『埛』作『坰』。『乎』、『于』二字古通用。《説文·冂部》：『冂，邑外謂之郊，郊外謂之野，野外謂之林，林外謂之冂。』坰爲冂之或體。『埛』字不見於《説文》，《玉篇·土部》云：『埛，缶埛也。』『埛』應是『坰』之形誤。詩中『埛』字同此，不復出校。

〔七〕季孫行父請乎周，底卷無『孫』字，潘重規云：『卷子「季」下脱寫「孫」字耳。』茲據刊本補。刊本『請乎周』作『請命于周』。孔穎達《毛詩正義》（以下簡稱『正義』）云：『於是卿有季孫氏名行父者，請於周。』是孔所據本亦無『命』字。

〔八〕也，刊本無。

〔九〕牧，刊本作『牡』。潘重規云：『《顔氏家訓·書證篇》曰：「《詩》云：駉駉牡馬。江南書皆作牝牡之牡，河北本悉爲放牧之牧。」此卷《魯頌》正作「駉駉牧馬」，則底本當出自北朝。《經典釋文》云：「牡馬，茂后反，本或作牧。」陸德明南人，所據本作「牡馬」，爲江南本；而或本作「牧」，蓋河北本也。又案《孔疏》云：「駉駉然腹幹肥張者，牧養之良馬也。所以得肥張者，由其牧之在於坰遠之野，其水草既美，牧人又良，飲食得所，莫不肥健，故皆駉駉然。」又云：「定本牧馬字作牡馬。」是《孔疏》本原作「駉駉牧馬」，定本則作「駉駉牡馬」也。孔穎達爲《毛詩正義》，本於北朝劉焯、劉炫舊疏，是其所據固河北本也。段玉裁《詩經小學》及阮元《毛詩校勘記》並以河北本爲長。』本詩中『牧』字同，不復出校。

〔一〇〕驪，底卷存右下角殘畫。

〔一一〕馬，底卷存右下角殘畫。

〔一二〕牧，底卷殘缺，刊本作『牡』。案此詩皆作『牧』，考已詳校記〔九〕，茲據以擬補。

〔一三〕雒，底卷存上半。

〔一四〕歝，刊本作『斁』。案《周南·葛覃》『服之無斁』《釋文》：『斁，本又作歝，音亦，猒也。』黃焯《經典釋文彙

校》云：『要之从欠从犬，皆「歎」之譌體也。』（四七頁，中華書局一九八〇年）

〔一五〕耶，刊本作『邪』。『耶』爲『邪』之俗字。

〔一六〕舞，底卷存下半。

〔一七〕乘，底卷存下半。

〔一八〕秊，刊本無。案『秊』爲小篆隸定字，『年』隸變字。《釋文》云：『歲其有，本或作歲其有矣，又作歲其有年者矣，皆衍字也。』阮元《詩經校勘記》（以下簡稱『阮校』）：『「歲其有」，小字本、相臺本同，《唐石經》「有」下旁添「年」字。《周頌·豐年》正義云：「《魯頌》曰歲其有年。」當是其本有「年」字，與或作本同。《唐石經》本之添也。考此詩「有」與下「子」韻，不容更有「年」字。依《釋文》本爲是。惠棟引《漢西嶽華山廟碑》有「歲其有年」之文，此或出於三家耳。』陳奐《詩毛氏傳疏》、馬瑞辰《毛詩傳箋通釋》、黄位清《詩異文録》、李富孫《詩經異文釋》從阮説。王先謙《詩三家義集疏》云：『「歲」謂每歲，「有」下得「年」字語方足，不容謂之衍。』王氏又引黄山之説曰：『「駽」本平聲，「燕」三聲並讀，皆與「年」韻。』案：王、黄二氏之説是也。本章不唯駽、燕、年押元韻，而且與下句『孫』元文合韻，《小雅·楚茨》第四章熯、愆、孫三字及《秦風·小戎》第三章群、錞、苑三字亦元文合韻（見王力《詩經韻讀》）。陳氏諸家囿於始、有、子押韻，不意駽、燕、年、孫亦可押韻。

〔一九〕詒厥子孫，刊本作『詒孫子』。《釋文》云：『詒孫子，以之反，遺也。本或作「詒厥孫子」，「詒于孫子」，皆是妄加也。』阮校：『「詒孫子」，小字本、相臺本同，《唐石經》「詒」下旁添「厥」字。考《正義》説此經云：「可以遺其孫子。」若以「其」説「厥」，則其本或有「厥」字也。但當依《釋文》爲是。』馮登府《三家詩異文疏證》「貽厥孫子」條據《列女傳》認爲有「厥」者爲《魯詩》。潘重規云：『卷子本「詒」下有「厥」字，「孫子」誤倒爲「子孫」。』案寫卷作『詒厥子孫』，孫與上駽、燕、年韻。因或本於『歲其有年』句刪『年』字，以始、有、子押韻，故又倒『子孫』爲『孫子』。

〔三〇〕兮，底卷原作「号」，形誤字，茲據刊本改正。

〔三一〕脩，刊本作「能脩」。《正義》云：「定本云『頌僖公脩泮宮』，無『能』字。」

〔三二〕其旆伐伐，底卷「其」存左半；刊本「伐伐」作「茷茷」。臧琳《經義雜記》云：「據《釋文》、《羣經音辨》皆作「伐伐」，《正義》當亦作「伐」，乃陸氏所見已有作「茷」者，而今本又誤从之。」阮校不從臧氏之説，認爲臧氏是依《釋文》改《正義》，並云：「《羣經音辨・人部》載此乃取諸《釋文》，非賈昌朝曾見經文作「伐」之本也。」案：寫卷亦作「伐」，則臧氏所言爲長。陳奐《詩毛氏傳疏》、馬瑞辰《毛詩傳箋通釋》均以「伐」、「茷」爲「旆」之借，是也。

〔三三〕喬喬，刊本作「蹻蹻」。《説文・夭部》：「喬，高而曲也，从夭从高省。」徐灝《説文解字注箋・夭部》「喬」篆下云：「橋、嶠等字皆周秦以來相承增偏旁，不得概謂之俗字也。《周南・漢廣篇》「南有喬木」，《毛傳》：「喬，上竦也。」按从喬之字如僑、驕、蹻、撟之類皆取高意，橋、矯、繑、蟜之類皆取曲意。」是「蹻」爲「喬」之後起字。下句「喬喬」同。

〔三四〕民，底卷原缺末筆，避諱缺筆字，茲據刊本録正。

〔三五〕照暇，刊本作「昭假」。《毛傳》：「假，至也。」則「假」爲「假」之借字，説詳《説文・人部》「假」篆下段注。《説文・古部》：「暇，大遠也。」「暇」亦爲「假」之借字。「照」爲「昭」之同音借字，敦煌寫卷多此例，茲不贅。

〔三六〕蟜蟜，刊本作「矯矯」。《釋文》：「蟜蟜，本又作矯，亦作蹻，居表反，武貌。」《毛詩異文箋》卷十以爲蟜、矯、蹻並假借字，其正字作「赳」。

〔三七〕泮，底卷存左半「氵」及右半下部。

〔三八〕觓，刊本作「觩」。《説文・角部》：「觓，角皃。」段注：「俗作觩。」

〔三九〕繹，刊本作「斁」。《釋文》：「繹，本又作射，又作斁，或作懌，皆音亦，厭也。」阮校：「依《釋文》本，則此經又假借作「繹」。」

〔三〇〕式固尒猶，底卷「式」原作「戒」，形誤字，玆據刊本改正。刊本「尒」作「爾」，「「爾」「尒」古本非一字，後世則合二而一，字多寫作「爾」」（《敦煌俗字研究》下編第七頁）。下凡此均不復出。

〔三一〕之，刊本無。

〔三二〕灾，刊本作「災」。「烖」之或體作「灾」，籀文作「災」，見《説文・火部》「烖」篆下説解。

〔三三〕遅，刊本作「遲」。「遅」爲「遲」之俗字。

〔三四〕穜，刊本作「重」。案《説文・禾部》：「穜，埶也。」「種，先穜後孰也。」《五經文字・禾部》：「穜，經典相承作種稑之種。種，經典相承以爲種植之種。」是「穜」者，今種植之「種」；「種」者，今種子之「種」。今義與古互易。寫卷之「穜」當作「種」；刊本作「重」者，「種」之省。

〔三五〕稺，刊本作「穉」。「稺」爲「穉」之俗字，《五經文字・禾部》：「稺、穉，上《説文》，下《字林》。」

〔三六〕掩，刊本作「奄」。「奄」「掩」古今字。本詩中「掩」字皆同。

〔三七〕卑民稼穡，刊本「卑」作「俾」。「卑」「俾」古今字。本詩中「卑」字皆同。底卷「民」缺末筆，避諱缺筆字，玆據刊本録正。底卷「穡」存右半。

〔三八〕敦，底卷原寫作「敦」，旁加卜，又旁改「敦」。案「敦」爲「𢾾」之變體，「𢾾」者小篆隸定字，「敦」者隸變字。

〔三九〕▨，此字殘存右邊「刀」，刊本作「功」。「功」俗寫作「切」，此應是「功」之殘。

〔四〇〕福，底卷原作「福」，形誤字，玆據刊本改正。

〔四一〕邊，刊本作「籩」。《説文・竹部》：「籩，竹豆也。」「邊」應是同音借字。

〔四二〕常，刊本作「嘗」。阮校：「《唐石經》、小字本、相臺本「嘗」作「常」，閩本、明監本、毛本同。案：「嘗」字誤也。」潘重規同阮説。

〔四三〕崗，刊本作「岡」。《集韻・唐韻》：「岡，俗作崗。」

〔四四〕翟，刊本作『狄』。『狄』正字，『翟』借字。

〔四五〕貊，刊本作『貊』。『貊』爲『貉』之俗字，考詳《敦煌俗字研究》下編五八八頁。案『貊』又爲『貊』之省筆俗字。

〔四六〕周公，刊本前有『復』。

〔四七〕新廚弈弈，刊本『廚』作『廟』，『弈弈』作『奕奕』。『廚』爲『廟』之古文。敦煌寫卷『廾』部多有寫作『大』部者，當是俗寫變體。

〔四八〕其，刊本無。

〔四九〕卅，刊本作『三十』。『卅』爲『三十』之合文。

〔五〇〕二章章十句，刊本下有『駉四篇二十三章二百四十三句』。案下《那之什詁訓傳》末有『那之什五篇十六章百五十四句』一行篇、章、句數，依例此亦當有。

〔五一〕乎，刊本作『于』，二字古通。

〔五二〕其閒礼樂癈壞，刊本『閒』作『間』，『礼』作『禮』，『癈』作『廢』。『閒』『間』古今字；『礼』爲古文『禮』字，敦煌寫本多用此字，後世刊本則多用『禮』字；『癈』爲『廢』之俗字。

〔五三〕有正考甫者得商頌十二篇於周之太師，刊本『正考甫』下有『者』字，『太』作『大』。『大』『太』古今字。

〔五四〕既，刊本作『且』。

〔五五〕斢，刊本作『斆』。案『斢』爲『斆』之譌體，説詳校記〔一四〕。

〔五六〕弈，刊本作『奕』。『弈』爲『奕』之俗寫變體，説見校記〔四七〕。

〔五七〕洛，原寫作『恪』，後改『忄』爲『氵』。案作『恪』是。

〔五八〕彊，刊本作『疆』。『彊』爲『疆』之俗字，説詳《敦煌俗字研究》下編四一六頁。本詩中皆同，不復出校。

〔五九〕戒，底卷原作『式』，形誤字，兹據刊本改正。

〔六〇〕叜，刊本作「𣫡」，二字應是同音通假。

〔六一〕軝，刊本作「軧」。案「軝」爲「軧」之或體，「軧」爲「軝」之形誤字。

〔六二〕年，底卷原作「秊」，旁改爲「年」。

〔六三〕茫茫，刊本作「芒芒」。「芒」、「茫」古多通用。

〔六四〕武王，刊本作「武丁」。王引之《經義述聞》卷七：「經文兩言「武丁」，皆「武王」之譌。而「武王靡不勝」，則「武丁」之譌。」馬瑞辰《毛詩傳箋通釋》從之。案寫卷此句作「武王孫子」，正與王氏之説同。然其餘二句不與王説同，而仍同於刊本，待考。

〔六五〕民，底卷缺末筆，避諱缺筆字，兹據刊本録正。

〔六六〕肇域彼，刊本「肇」作「肈」，「彼」作「彼」。《玉篇·攴部》：「肇，俗肈字。」《廣雅·釋詁》：「彼，衺也。」「彼」與「彼」可通假，説見王念孫《疏證》。然此處當以作「彼」爲是。

〔六七〕何，刊本作「河」。《釋文》：「河，鄭云河之言何也，王以爲河水，本或作何。」阮校：「《正義》云「轉員爲云，河爲何」者云云，是其本作「河」也。此經本是「何」字，故王申毛以爲河水。或作本乃以《箋》改經耳。」馬瑞辰《毛詩傳箋通釋》亦同阮説，認爲當作「河」。

〔六八〕荷，刊本作「何」。「何」「荷」古今字。

〔六九〕茫茫，刊本作「芒芒」。「芒」、「茫」古多通用。

〔七〇〕彊，刊本作「疆」。「彊」爲「疆」之俗字。

〔七一〕娀，底卷原作「娥」，形誤字，兹據刊本改正。

〔七二〕圀，刊本作「國」。「圀」爲武后新字。下凡「圀」字皆同，不復出校。

〔七三〕遅，刊本作「遲」。「遅」爲「遲」之俗字，「遲」爲小篆隸定字，「遅」爲籀文隸定字。下「遅」字同此。

〔七四〕流，刊本作「旒」。陳奂《詩毛氏傳疏》云：「古冕旒、旌旒本作流。」

〔七五〕溥，刊本作「敷」。案《釋文》：「傅，音孚，本亦作敷。」《羣經音辨·人部》：「傅，陳也，芳吴切。《詩》『傅奏其勇』，今本作『敷』。」《説文·攴部》：「敷，敀也。」段注：「此與《寸部》専音義同，俗作敷。」《説文·寸部》：「専，布也。」《玉篇·寸部》：「専，或作敷。」《説文·水部》：「溥，大也。」《人部》：「傅，相也。」則當作「敷」，「溥」、「傅」皆借字也。

〔七六〕伐，底卷原作「代」，敦煌寫卷「伐」、「代」常混，兹據刊本改正。

〔七七〕葉，底卷原作「桒」，諱改字，兹據刊本改。

〔七八〕其一章十八句，刊本無「其」、「十」二字。案「十」應是衍文。

〔七九〕楚荆，刊本作「荆楚」。案前云「荆楚」，此亦當同。

〔八〇〕譖，刊本作「僭」。「僭」正字，「譖」借字。

〔八一〕皇，刊本作「遑」。「皇」「遑」古今字。

〔八二〕其，刊本無。

〔八三〕勾，刊本作「句」。《干禄字書·去聲》：「勾、句，上俗下正。」

〔八四〕之什，刊本無。

毛詩傳箋

毛亨　鄭玄

毛詩傳箋（一）（周南樛木—桃夭）

伯二六六〇

【題解】

底卷編號爲伯二六六〇，起《周南·樛木》首章「南有樛木，葛藟纍之」箋「而上下俱盛」之「上」，至《桃夭》小序《鄭箋》「老而無妻曰鰥」之「妻」字，共十一行，大字每行約二十四字。第一行僅存《箋》文一個半字；第二行上下端均殘損，僅存整字兩個及殘字兩個；第三行上半殘泐；末行僅存上端注文三字。實存整行七行。均經文單行大字，傳箋雙行小字。伯希和《巴黎圖書館敦煌寫本書目》（陸翔譯，《國立北平圖書館館刊》第七卷第六號，民國二十二年）定名爲《詩經》；《索引》定爲《詩經鄭箋》，《寶藏》、《索引新編》從之；《法藏》定名爲《詩經注》。今定名爲《毛詩傳箋（周南樛木—桃夭）》。寫卷破損嚴重，字體不佳。潘重規《敦煌詩經卷子之研究》（《華岡學報》第六期，一九七〇年二月。簡稱「潘重規」）有簡單的校記。今據縮微膠卷録文，以中華書局影印阮元刻《十三經注疏·毛詩正義》爲校本（簡稱「刊本」），校録於後。

（前缺）

□上▨（下）〔一〕□樂〔二〕只□□□□（君子，福履）▨▨（將之）〔三〕。□▨

（木）〔四〕，葛藟縈〔五〕之。樂只君子，福履成之。縈，旋也。成，就也。

《樛木》三章，章四句。

《螽斯》，后妃子孫衆多也。言若螽斯不妬忌，則子孫衆多〔六〕。忌，□□（有所）諱□□（惡於）人也〔七〕。

螽斯羽，詵詵兮。螽斯，蚣蝑也。詵詵，衆□（多）貌〔八〕也。箋云：凡物有陰陽情欲〔九〕者無不妬忌，維□□□□（蚣蝑不耳），各得受氣而生子，故能詵詵然衆多也〔一〇〕。后妃之得〔一一〕能如是，則亦然〔一二〕。宜爾子孫，振振兮。振振，□□□□（仁厚也。箋）云：后妃之德寬容不嫉妬，則宜汝〔一三〕之子孫，使其無不人厚之也〔一四〕。螽斯羽，薨薨兮。宜尒〔一五〕子孫，繩繩兮。薨薨，衆多也。繩繩，戒慎也。螽斯羽，揖揖兮。揖揖，會聚〔一六〕。宜爾子孫，蟄蟄兮。［蟄］蟄〔一七〕，和集也。

《螽斯》三章，章四句。

《桃夭》，后妃之所致也。不妬忌，則男女以正，昏〔一八〕姻以時，國無鰥民▨〔一九〕。老無妻〔二〇〕□

（後缺）

【校記】

〔一〕下，底卷殘存上面一横，茲據刊本擬補。以下底卷中凡殘字、缺字補出者，均據刊本，不復一一注明。

〔二〕『樂』前底卷殘泐。自前行《鄭箋》『下』至此行經文『樂』間底卷殘泐，刊本作『俱盛興者喻后妃能以意下逮衆妾使得其次序則衆妾上附事之而礼義亦俱盛南土謂荊楊之域樂只君子福履綏之履禄綏安也箋云妃妾以礼義相與和又能以礼樂樂其君子使爲福禄所安南有樛木葛藟荒之』。

〔三〕將之，底卷『將』存下部殘畫，『之』存左上角殘畫。

〔四〕木，底卷存右下角殘畫。從前行『之』至本行『木』間底卷殘泐，刊本作『荒奄將大箋云此章申殷勤之意將猶扶助也南有樛』。

〔五〕帯，刊本作「縈」。陸德明《經典釋文·毛詩音義》出「帯」，云：「本又作縈，烏營反，《説文》作荣。」馬瑞辰《毛詩傳箋通釋》云：「『帯』與『縈』皆『荣』之假借。」

〔六〕「衆多」下刊本有「也」字。

〔七〕也，刊本無。

〔八〕貌，刊本無。

〔九〕欲，刊本作「慾」。案「慾」爲「欲」之後起增旁字，《説文·欠部》「欲」篆下段注：「古有欲字，無慾字，後人分别之，製慾字，殊乖古義。」

〔一〇〕也，刊本無。

〔一一〕得，刊本作「德」。「德」正字，「得」同音借字。

〔一二〕亦然，刊本作「宜然」。案「亦」之俗寫與「宜」形近，「亦」蓋「宜」之形誤。

〔一三〕汝，刊本作「女」，「女」「汝」古今字。

〔一四〕人厚之也，刊本「人」作「仁」，無「之也」二字。「人」、「仁」二字敦煌寫卷多通用，此處「人」爲「仁」之借字。

〔一五〕尒，刊本作「爾」。「爾」「尒」古本非一字，後世則合二而一，字多寫作「爾」（《敦煌俗字研究》下編第七頁）。

〔一六〕揖揖會聚，底卷原爲單行大字。刊本此條傳文在章末，「會聚」下又有「也」字。案此爲《毛傳》，應是雙行小字，故依例改正。上一章「薨薨」、「繩繩」之傳文皆在章末，此亦當在章末。

〔一七〕蟄蟄，底卷僅有一重文符號。底卷第一章傳文「振振」作「振=」，第二章傳文「薨薨」作「薨=」，此應當作「蟄=」。刊本作「蟄蟄」，故擬補如上。

〔一八〕昏，刊本作「婚」。「昏」、「昬」異體，「婚」爲「昬」之後起字。

〔一九〕 鰥民▨，刊本「鰥」作「鰥」，黄焯《經典釋文彙校》云：「『鰥』爲『鰥』之别體。」底卷「▨」存右旁殘畫，潘重規録作「焉」，刊本作「也」。

〔二〇〕 老無妻，刊本作「老而無妻」。

毛詩傳箋（二）（邶風柏舟—靜女）

伯二五三八（底一甲）　斯五四一（底一乙）　斯一〇（底二）

【題解】

底一編號爲伯二五三八（底一甲）+斯五四一（底一乙）。底一甲起《邶風》卷題，至《匏有苦葉》『卬須我友』傳『我猶待而不涉』之『待』，共一百一十二行。底一乙起《匏有苦葉》『卬須我友』傳『我猶待而不涉』之『而』，至《旄丘》『何誕之節兮』箋『故其臣於君事亦疏廢也』，共三十九行。兩卷之字體、行款均一致，而且其内容正好前後銜接，並無一字之缺，故可綴合。底一甲，伯希和《巴黎圖書館敦煌寫本書目》（陸翔譯，《國立北平圖書館館刊》第七卷第六號，民國二十二年）、《索引》、《寶藏》、《索引新編》均以抄寫《詩經》内容的一面爲正面，而以抄寫《因緣心釋論開決記》内容的爲其背面。而《翟目》、《向目》、《索引》、《寶藏》、《目録提要》、《索引新編》均以底一乙抄寫《詩經》内容的一面爲背面，而以抄寫《因緣心釋論開決記》的一面爲正面。既然這是由一個寫卷撕裂而成的，當然不可能同一件文獻在一個寫卷是抄在正面的，而在另一個寫卷上卻是抄在背面的。底一乙抄寫有《詩經》的一面應該是正面，考詳許建平《敦煌〈詩經〉卷子研讀札記二則·斯五四一號寫卷的正面與背面》（《敦煌学輯刊》二〇〇四年第一期）。

兩卷綴合後，共一百五十一行，起《邶風》卷題，至《旄丘》第一章，涉及《柏舟》、《緑衣》、《燕燕》、《日月》、《終風》、《擊鼓》、《凱風》、《雄雉》、《匏有苦葉》、《谷風》、《式微》、《旄丘》共十二篇的内容，大字每行約四十四字，均經文單行大字，傳箋雙行小字，故可名爲《毛詩傳箋（邶風柏舟—旄丘）》。

劉師培《敦煌新出唐寫本提要·毛詩詁訓傳鄁風殘卷》，載《劉申叔遺書》下册二〇〇五至二〇〇六頁，江蘇古籍出版社一九九七）、姜亮夫《莫高窟年表》二二二頁，上海古籍出版社一九八五）説底一甲中有二『民』字缺筆，姜進而認爲底一甲是太宗時寫本。查卷中『民』字僅一見（第六十六行），並不缺筆。《匏有苦葉》篇中四『葉』字，底一甲皆作『桒』形；《谷風》篇中『凡民有喪』及《鄭箋》『凡於民有凶禍之事』，二『民』字底一乙皆作『人』，此皆爲避諱改字可知。『葉』字改作『桒』，已是唐高宗以後之事，故不能定此爲太宗時寫本。惟卷中避諱頗不嚴密，難以定其確切之抄寫時代，羅振玉《敦煌本毛詩故訓傳殘卷跋》（載《雪堂校刊羣書敘録》卷下，收入黄永武主編《敦煌叢刊初集》第八册二六七頁，臺北新文豐出版公司一九八五）泛指爲唐寫本，是較爲審慎的做法。

P.2538　S.541

底一甲與底一乙綴合圖（局部）

底二編號爲斯一〇，共有三片。右上角一殘片，四殘行，存《燕燕》内容，起第二章『燕燕于飛，頡之頏之』《鄭箋》『頡頏，興戴嬀將歸』之『頏』，至第四章『先君之思』。殘卷大片起《日月》第一章『寧不我顧』，至《靜女》第三章『美人之詒』《毛傳》『美其人能遺我法則』之『法』，九十一行。兩殘片之間殘缺數行，不能直接連接。兩片共計九十五行。第三片有一張小紙，旁有十一碎片，殘碎過甚，無法録文。《索引》定名《毛詩鄭箋》，《索引新編》因之；《英藏》定名《毛詩鄭箋（邶風燕燕—靜女）》。案此寫卷内容有《毛傳》及《鄭箋》，故今定爲《毛詩傳箋（邶風燕燕—靜女）》。王重民認爲『唐諱不避，六朝寫本也』（《敘録》三一頁），姜亮夫《莫高窟年表》（一六一頁）、王素與李方所著《魏晉南北朝敦煌文獻編年》（二七六頁，臺北新文豐出版公司一九九七）從之。考寫卷

『民』、『治』均不缺筆，然卷中『葉』均寫作『茱』，則是諱『世』字的鐵證，從而可知該寫卷的抄寫時間不可能早於唐高宗時。從其優秀的書法來看，似亦不可能遲至陷蕃後的中晚唐時期，平山久雄認爲是盛唐抄本的説法（《敦煌〈毛詩音〉殘卷反切的結構特點》，《古漢語研究》一九九〇年第三期第三頁），應該比較接近於事實。

底二卷背有以極小之字所寫字音，注於正面的經、傳、箋之字的對應位置。縮微膠卷及《敦煌寶藏》均未拍攝卷背字音，《英藏敦煌文獻》第一册收入了背面字音的放大照片。王重民《敘録》認爲其背面字音多與《經典釋文》及斯二七二九《詩音》同，係六朝舊音，並録出四十八字字音（三二至三三頁）；平山久雄《敦煌毛詩音殘卷反切の研究（上）》（《北海道大學文學部紀要》第十四號第三分册第二一九至二二七頁，一九六六年三月）據大英博物館爲東洋文庫攝製之縮微膠卷録出一百二十六字字音。潘重規在《倫敦斯一〇號毛詩傳箋殘卷校勘記》（載《敦煌詩經卷子研究論文集》，香港新亞研究所一九七〇）中云此卷之音與斯二七二九多同，當爲同時之作，並録出一百一十三字之音（簡稱『潘録』）；平山久雄《敦煌毛詩音殘卷反切の研究（中の一）》（《東洋文化研究所紀要》第七十八册第二十五至三十一頁，一九七九年三月）據潘重規録文又對卷背注音重作録文，得一百二十八字字音。寧可《敦煌遺書散録二則·英藏斯一〇號〈毛詩鄭箋〉卷背字音録補》認爲有一百四十四字之音，並録出潘所漏録、誤録者五十二字之音（《敦煌吐魯番研究》第一卷三一三頁，簡稱『寧録』）。今據中國國家圖書館國際敦煌項目網站上的照片，重新過録，得一百四十五字之音。潘重規《倫敦斯一〇號毛詩傳箋殘卷校勘記》（六五頁）、郝春文《英藏敦煌社會歷史文獻釋録》（第一卷第九頁，科學出版社二〇〇一）均認爲紙背文字與正面文字同出於一人之手。潘重規《敦煌毛詩詁訓傳殘卷題記》（載《敦煌詩經卷子研究論文集》，香港新亞研究所一九七〇）認爲此是六朝《音隱》類著作之遺迹，《英藏敦煌文獻》徑定名爲《毛詩鄭箋音隱》。今謂此爲讀者在閲讀過程中據别種《毛詩音》而注於卷背者，乃是一種獨立的《毛詩音》（底二第二十九行『翍翍其羽』，卷背注音『以世反』；第五十四行『既詒我肄』，卷背注音『以世、以自反』，以『世』作爲反切用語，應該是一種六朝時的《毛詩音》），非是與正文文字合成有機整體的《毛詩鄭箋音隱》，只是它用以注音的方法與六朝的音隱類著作相同。考詳許建平《敦煌〈詩經〉卷子研讀札記二則·斯一〇號〈毛詩傳箋〉卷背注音之性質》（《敦煌学輯刊》二〇〇四年第一期）。

劉師培《敦煌新出唐寫本提要·毛詩詁訓傳鄁風殘卷》（簡稱『劉師培』）、林平和《敦煌伯二五二九、二五三八號唐寫本毛詩詁訓傳殘卷書後》（《人文學報》第八期，一九九〇年。簡稱『林平和』）對底一甲作有校記；潘重規《巴黎倫敦所藏敦煌詩經卷子題記》（簡稱『潘重規』）對底一甲、底一乙作過校勘；郝春文《英藏敦煌社會歷史文獻釋録》第三卷（簡稱『郝春文』）對底一乙作過校勘；潘重規《倫敦斯一〇號毛詩傳箋殘卷校勘記》（簡稱『潘校』）、郝春文《英藏敦煌社會歷史文獻釋録》第一卷（簡稱『郝校』）對底二作過校勘；黄瑞雲《敦煌古寫本詩經校釋札記（二）》（《敦煌研究》一九八六年第三期。簡稱『黄瑞雲』）對底一甲、底二亦作過數條校證。姜亮夫《敦煌本毛詩傳箋校録》（《敦煌學論文集》，上海古籍出版社一九八七年）對底一甲也有校録。

本篇先以底一爲底本，自《旄丘》第一章『叔兮伯兮，何多日也』起以底二爲底本。底一甲據縮微膠卷録文，底一乙據《英藏》録文，底二據中國國家圖書館國際敦煌項目網站上的照片録文，以中華書局影印阮元刻《十三經注疏·毛詩正義》爲校本（簡稱『刊本』），校録於後。

鄁栢舟故訓傳第三[一]　毛詩國風　鄭氏箋

《栢舟》，言仁而不遇也。衛傾[二]公之時，仁人不遇，小人在▨（側）[三]。不遇者，君不受[四]己之志也。君近小人，則賢者見侵害。

汎彼栢舟，亦汎其流。興也。汎，流狠也[五]。栢，木，所宜以[六]爲舟也。亦汎[七]其流，不以濟度[八]。箋云：舟，載渡物者也[九]，今不用而与衆物汎汎然俱流[水]中[一〇]。興者，喻仁人不用[一一]，与羣小人並烈[一二]，亦猶是[一三]。耿耿不寐，如有隱憂。耿耿猶儆儆也。隱，痛也。箋云：仁人既不[一四]遇，憂在見侵害之也[一五]。微我無酒，以遨[一六]以遊。非我無酒，可以遨遊忘憂[一七]。我心匪監[一八]，不可以茹。監，所以察形也。茹，度也。箋云：監之察形，但知方員〔一九〕白黑，不能度其真僞。我心非如是監也〔二〇〕，我於衆人之善惡外内，心度知之。亦有兄苐，不可以據。據，依也。箋云：兄苐至親，當相據依。言亦有不相據依以爲是者，希耳。責之以兄苐之道，同在臣〔二一〕。薄言往愬，逢〔二二〕彼之怒。彼，［彼］兄苐也〔二三〕。我心匪石，不可轉也。我心匪席，不可卷也。石雖堅，尚可轉。席雖平，尚可卷也〔二四〕。箋云：言己心志堅平，過於石、席也〔二五〕。威儀棣棣，不可選也。君子望之儼然可畏，礼容府仰各有宜尒〔二六〕。棣棣，富而閑習也。物有其容，不可數也。箋云：稱己威儀如此者，言〔二七〕德備而不遇，而愠〔二八〕。憂心悄悄，愠于羣小。愠，怨〔二九〕也。箋云：悄悄，憂狠〔三〇〕。羣小，衆人在君側者也〔三一〕。覯閔既多，受侮不少。閔，病〔三二〕。靜言思之，寤擗〔三三〕有摽。彰〔三四〕，安也。擗，拊心也。摽，拊心皃也〔三五〕。箋云：言，我也。日居月諸，胡迭而微？箋云：日，君象也。月，臣象也。微，謂虧傷也。君道當常明如日，而月有虧盈。今君失道而任小人，臣〔三六〕專恣，則如日月然〔三七〕。心之憂矣，如匪澣衣。如衣之不澣矣。箋云：衣之不澣，則憒辱無照察。靜言思之，不能奮飛。不能如鳥奮翼而飛去也〔三八〕。箋云：臣不遇於君，猶不忍去，厚之至也。

《栢舟》五章，章六句。

《緑衣》，衛莊姜傷己也。妾上僭，夫人失位而作是詩也。緑當爲褖，故作褖，轉作緑，字之誤也。莊姜，莊公夫人，齊女，姓姜〔三九〕。上僭者〔四〇〕，謂公子州吁之母也〔四一〕，母嬖而州吁驕。

緑兮衣兮，緑衣黄裹。興也。緑，間色；黄，正色也〔四二〕。箋云：緑〔四三〕兮衣兮者，言褖衣自［有］〔四四〕礼制也。諸侯夫人祭服之下，鞠衣爲上，展〔四五〕衣次之，褖衣次之。［次之］〔四六〕者，衆妾亦以貴賤之等服之也〔四七〕。鞠衣黄，展衣白，褖衣黑，皆以素紗爲裹。今褖衣反〔四八〕以黄爲裹，非其礼制〔四九〕，故以喻妾上僭。心之憂矣，曷維其已。憂雖欲自止，何時能止〔五〇〕？緑兮衣兮，緑衣黄裳。上曰衣，下曰裳。箋云：婦人之礼〔五一〕服，不殊衣裳，上下同色。今衣黑而裳黄，喻亂嫡妾之礼也〔五二〕。心之憂矣，曷維其亡。箋云：亡之言忘也。緑兮絲兮，女所治兮。緑，末也。絲，本也。箋云：女，女上僭者也〔五三〕。先染絲，後制〔五四〕衣，皆女之所治爲也，而［女反］〔五五〕亂之，亦喻其〔五六〕亂嫡妾之礼，責以本末之所行也〔五七〕。礼，大夫以上衣織，故本於絲也。我思古人，俾無訧焉〔五八〕。俾，使也；訧，過也〔五九〕。箋云：古人，謂制礼者也〔六〇〕。我思此人定尊卑，使人無過差之行。心善之也。絺兮綌兮，淒其以風。淒，寒風也。箋云：絺綌，所以當暑也〔六一〕，今以待寒，喻失所之〔六二〕。我思古人，實獲我心。古之君子，實得我之心也。箋云：古之聖人制礼者，使夫婦有道，妻妾貴賤有次序也〔六三〕。

《緑衣》四章，章四句。

《燕燕》，衛莊姜送歸妾〔六四〕。莊姜无〔六五〕子，陳女戴嬀〔六六〕生子名完，莊姜以爲己子。莊公薨，完立，而州吁煞〔六七〕之。戴嬀於是大歸，莊姜遠送之子〔六八〕于野，作詩見己意〔六九〕。

燕燕于飛，差池其羽。燕，乙也〔七〇〕。燕之於〔七一〕飛，必差池其羽。箋云：差池其羽，謂張舒其尾翼也〔七二〕，興戴嬀將歸，顧視其衣服。之子于歸，遠送于野。之子，去者也。歸，歸宗也。遠送過礼也〔七三〕。于，於也。野，郊外也〔七四〕。箋云：婦人之礼，送迎不出門。今我送是子，乃至於〔七五〕野者，舒己憤，盡己情。瞻望不〔七六〕及，泣涕如雨。瞻，見〔七七〕。燕燕于飛，頡之頏之。飛而上曰頡，飛而下曰頏。箋云：頡亢〔七八〕，興戴嬀將歸，出入前却之〔七九〕。之子于歸，遠于將之。將，行也。箋云：將亦送〔八〇〕。瞻望弗及，竚〔八一〕立以泣。竚〔八二〕，久立也。燕燕于飛，下上〔八三〕其音。飛而上曰上音，［飛而下曰下音］〔八四〕。箋云：下上其音，興戴嬀將歸，言語感激，［聲］有大小也〔八五〕。之子于歸，遠送于南。陳在衛南。瞻望弗及，實〔八六〕勞我心。實，是〔八七〕。仲氏任〔八八〕只，其心塞〔八九〕淵。仲，戴嬀字也。［任，大；］〔九〇〕塞，實也〔九一〕；淵，深也。箋云：任者，以恩相親信也。《周礼》『六行：孝友睦因任恤』也〔九二〕。終温〔九三〕且惠，淑慎其身。惠，慎〔九四〕也。箋云：温，謂顔色和也。淑，善也。先君之思，以勖〔九五〕寡人！勖，勉也。箋云：戴嬀思先君莊公之故，故將歸，猶勸勉寡人以礼義。寡人，莊姜自謂也。

《燕燕》四章，章六句。

《日月》，衛莊姜傷己也。遭州吁之難，傷己不荅〔九六〕於先君，以至困窮也〔九七〕。

日居月諸，照臨下土。日乎月乎，照臨之也。箋云：日月喻國君與夫人之〔九八〕也，當同德齊意以治國者，常道也。乃如之［人］〔九九〕兮，逝不古處。逝，逮也〔一〇〇〕；古，故也。箋云：之人，是人〔一〇一〕，謂莊公也。其所以接及我者，不以故處，違〔一〇二〕其初時。胡能有定？寧不我顧？胡，何也〔一〇三〕；定，止也。箋云：寧猶曾也。君之行如是，何能有所定乎？曾不顧念我之言，是其所以不能定完〔一〇四〕。日居月諸，下土是冒。冒，覆也。箋云：覆猶照臨也。乃如之人兮〔一〇五〕，逝不相好。不及我以好〔一〇六〕也。箋云：其所以接及［我］〔一〇七〕者，不以相好之恩情。甚於己薄也。胡能有定？寧不我報？盡婦道而不得報也〔一〇八〕。日居月諸，出自東方。日始月盛，皆出東方。箋云：自，從也。言夫人當盛之時，与君同位。乃如之人兮，德音無良。音，聲也〔一〇九〕；良，善［也。箋云：無善］恩意之［聲］語於我也〔一一〇〕。胡能有定？俾也可忘。箋云：俾，使〔一一一〕。君之行如此，何能有所定，使是無良可忘〔一一二〕。日居月諸，東方自出。父兮母兮，畜〔一一三〕我不卒。箋云：畜，養也〔一一四〕；卒，終也。父兮母兮者，言己尊之，又親之也〔一一五〕，乃反養遇我而〔一一六〕不終也。胡能有定？寧不我述〔一一七〕。述，循也。箋云：不循〔一一八〕，不循［禮也］〔一一九〕。

《日月》四章，章六句。

《終風》，衛莊姜傷己也。遭州吁之暴，見侮慢而不能止〔一二〇〕也。止猶正〔一二一〕也。

終風且暴，顧我則笑。興也。終日風爲終風。暴，疾也。笑，侮慢之〔一二二〕。箋云：既竟日風矣，而又暴疾。興者，喻〔一二三〕州吁之爲不善，如終風之無〔一二四〕休止。其間又甚惡〔一二五〕，其在莊姜之旁〔一二六〕，視莊姜則反笑之，是無敬心之甚也〔一二七〕。謔浪笑敖〔一二八〕，言戲謔不敬也〔一二九〕。中心是悼。箋云：悼者，傷其如是〔一三〇〕，然而已不能得而正〔一三一〕之。終風且霾〔一三二〕，霾，雨土也〔一三三〕。惠然肯來？言時有順心也〔一三四〕。箋云：肯，可也。有順心然後可以來至我旁〔一三五〕，不欲見其戲謔之也〔一三六〕。莫往莫來，悠悠我思。人無子道以來事己，己亦不得以母道往加之。箋云：我思其如是，心悠悠然也〔一三七〕。終風且曀〔一三八〕，不［日］有曀〔一三九〕。陰而［風］〔一四〇〕曰曀。箋云：有，又也。既竟日風，且復曀不見日矣〔一四一〕。而又曀者〔一四二〕，喻州吁之闇亂甚〔一四三〕。寤言不寐，願言則疐〔一四四〕。疐，欬〔一四五〕也。箋云：言，我也〔一四六〕；願，思也。疐讀當爲不敢疐〔一四七〕。我〔一四八〕憂悼而不能寐，女〔一四九〕思我心如是，我則疐〔一五〇〕也。今俗人云：『人道，疐。』〔一五一〕此古之遺語也〔一五二〕。曀曀其陰，如〔常〕陰曀曀然〔一五三〕。虺虺其雷〔一五四〕。暴若震雷之〔聲〕虺虺然也〔一五五〕。寤言不寐，願我〔一五六〕則懷。懷，傷也。箋云：懷，安也。女思我心如是，我則安也〔一五七〕。

《終風》四章，章四句。

《擊鼓》〔一五八〕，怨州吁也。衛州吁用兵暴亂，使公孫文仲將〔一五九〕而平陳與宋，國人怨其勇而無礼也。將者，將兵以伐鄭也〔一六〇〕。平，成也。將伐鄭，先告陳與宋，以成事〔一六一〕。《春秋傳》曰：『宋殤公之即位也〔一六二〕，公子憑〔一六三〕出奔鄭。鄭人欲納之。及衛州吁立，將修先君之怨於鄭，而求寵於諸侯，以和其民〔一六四〕。使告於宋曰：「君若伐鄭以除君害，君爲主，弊邑以賦與〔一六五〕陳、蔡從，則衛國之願也。」宋人許之。於是陳、蔡方睦於衛，故宋公、陳侯、蔡人、衛人伐鄭。』是〔一六六〕也。伐鄭在魯隱四年也〔一六七〕。

擊鼓其鏜〔一六八〕，踊〔一六九〕躍用兵。鏜然〔一七〇〕，擊鼓聲〔一七一〕。使〔衆〕皆踊躍用兵也〔一七二〕。箋云：用兵〔一七三〕，謂治兵時之者也〔一七四〕。土國城曹〔一七五〕，我獨南行。曹，衛邑也〔一七六〕。箋云：此言衆民皆勞苦也〔一七七〕，或役土功於國〔一七八〕，或脩治〔一七九〕曹城，而我獨見使從軍南行伐鄭，是尤勞苦之甚也〔一八〇〕。從孫子仲，平陳與宋。孫子仲，公孫文仲也〔一八一〕，平陳於宋也〔一八二〕。箋云：仲，宋也〔一八三〕。平陳於宋，謂使告宋曰『君爲主，弊邑以賦與陳、蔡從』也〔一八四〕。不我以歸〔一八五〕，憂心有忡〔一八六〕。憂心忡忡然也〔一八七〕。箋云：〔以〕猶與〔一八八〕。我南行〔一八九〕，不與歸〔一九〇〕。兵〔一九一〕，凶事，懼不得歸，豫憂也〔一九二〕。爰居爰處？爰喪〔一九三〕其馬？有不還者，〔有〕亡其馬〔者〕〔一九四〕。箋云：爰，於也。不還，謂死也、傷也〔一九五〕、病也。今於何居乎？〔於〕〔一九六〕何處乎？於何喪其馬乎也〔一九七〕？于以求之？于林之下。山木曰林。箋云：于，於也。求不還者及亡〔其〕〔一九八〕馬者，當於〔山〕林〔之〕下〔一九九〕。軍行必依山林〔二〇〇〕，求其故處，近得之也〔二〇一〕。死生契闊〔二〇二〕，與子成悅〔二〇三〕。挈〔二〇四〕闊，勤苦也〔二〇五〕。說，數也〔二〇六〕。箋云：從軍之士與其五約〔二〇七〕，死［也］〔二〇八〕生也，相與處勤苦之中，我與子成相説愛之〔二〇九〕恩，志在相存救〔二一〇〕。執子之手，與子偕老。偕，俱也。箋云：執其手，與之約誓〔二一一〕示信也。言俱老〔二一二〕，［庶］幾俱免於難之也〔二一三〕。

于嗟闊兮，不我活兮！不［與］我生活也〔二一四〕。箋云：州吁阻兵安忍〔二一五〕，阻兵無衆，安忍無親，衆叛〔二一六〕親離。軍士棄〔二一七〕其約，離散而〔二一八〕相遠，故于〔二一九〕嗟歎之：闊兮〔二二〇〕，汝不〔二二一〕與我相救活。傷之者〔二二二〕。于嗟絢〔二二三〕兮，不我信〔二二四〕兮！絢，遠也〔二二五〕；信，極也。箋云：歎其棄〔二二六〕約，不與我相親信〔二二七〕。亦傷之也〔二二八〕。

《擊鼓》五章，章四句。

《颽風》〔二二九〕，美孝子也。衛之淫風流行，雖有七子之母，猶不〔二三〇〕安其室，故美七子能盡其孝道，以慰其母心而［成］〔二三一〕其志爾。不安其室，欲去嫁〔二三二〕。成其志者，成言孝［子］〔二三三〕自責之意。

颽風自南，吹彼棘心。興也。南風謂之颽風。樂夏之長也〔二三四〕。棘，難長養者也〔二三五〕。箋云：興者，以颽風喻寬仁〔二三六〕之母，棘猶七子之〔二三七〕。棘心夭夭〔二三八〕，母氏劬勞。夭夭，成就貌〔二三九〕。劬勞，病苦〔二四〇〕也。箋云：夭夭以喻七子少長，母養之病苦也〔二四一〕。

颽風自南，吹彼棘薪。棘薪，其成就也〔二四二〕。母氏聖善，我無令人。聖，叡也。箋云：『叡作聖』。［令］〔二四三〕，善也。母有叡智〔二四四〕之善德，我七子無善人能報之者〔二四五〕，故母不安我室，欲去嫁〔二四六〕也。

爰有寒泉，在浚之下。浚，衛邑也〔二四七〕。『在浚之下』，言有益於浚也〔二四八〕。箋云：爰，曰〔二四九〕。曰有寒泉〔二五〇〕，在浚之下浸〔二五一〕潤之，使浚之民逸樂〔二五二〕，以興七子不能如也。有子七人，母氏勞苦。

睍睆皇鳥〔二五三〕，載好其音。睍睆，好貌也〔二五四〕。箋云：睍睆，以興顔色悦也〔二五五〕。『好其音』〔二五六〕者，其和順也〔二五七〕，以言七子不能如之〔二五八〕。有子七人，莫慰〔二五九〕母心。慰，安〔二六〇〕。

《颽風》四章，章四句。

《雄雉》，刺衛宣公也。淫亂〔二六一〕不恤國事，軍旅數〔二六二〕起，大夫久役，男女怨曠，國人患之〔二六三〕。淫亂者，荒放於妻妾，烝於夷姜之等也〔二六四〕。國人久役軍旅之事〔二六五〕，故男多曠，女多怨也。男曠而苦〔二六六〕其事，女怨而望其君子也〔二六七〕。

雄雉于飛，泄〔二六八〕泄其羽。興也。雄雉見雌雉飛，而鼓其翼泄泄然。箋云：興者，喻宣公〔整其〕衣服〔二六九〕而〔起，奮訊其形貌，志在婦人而〕〔二七〇〕已，不恤國之政事〔二七一〕。我之懷矣，自詒伊阻。詒，遺也〔二七二〕；〔伊，維也；〕〔二七三〕阻，難也。箋云：懷，安也。伊當作繄〔二七四〕，繄猶是也〔二七五〕。君之行如是，我安其朝而不去。今從軍旅，久役不得歸，此自遺以患難之事〔二七六〕。雄雉于飛，下上其音。箋云：〔『下上其音』〕〔二七七〕，興宣公大小其聲〔二七八〕，怡悦婦人。展矣君子，實勞我心。展，誠也。箋云：誠矣君子，訴於君子也〔二七九〕。君〔之〕〔二八〇〕行如是，實使我心勞〔二八一〕。君若不然，則我無軍役之事也〔二八二〕。瞻彼日月，悠悠我思〔二八三〕。瞻，視也。箋云：視〔二八四〕日月之行，迭往迭來。今君子獨久〔二八五〕行役而不來，使我心悠悠〔二八六〕思之。女怨之辭。道之云遠，曷云能來？箋云：曷，何也。何時能來望之也〔二八七〕。百尒〔二八八〕君子，不知德行〔二八九〕。箋云：尒，女也。〔女〕〔二九〇〕衆君子，我不知人之德行如何者〔二九一〕可謂爲德行，而君或有所留也〔二九二〕。女怨，故問此焉。不忮不求，何用不臧？忮，害也〔二九三〕；臧，善也。箋云：我君子之行，不疾害也〔二九四〕，不求備於一人也〔二九五〕，其〔行〕何〔用〕〔二九六〕爲不善，而君〔二九七〕獨遠使之，在外不得來歸〔二九八〕？亦女怨之辭〔二九九〕。

《雄雉》四章，章四句。

《匏有苦葉》〔三〇〇〕，刺衛宣公〔三〇一〕。公與夫人並爲淫亂。夫人謂夷姜也〔三〇二〕。

匏〔三〇三〕有苦葉，濟〔三〇四〕有深涉。興也。匏謂之瓠〔三〇五〕，瓠葉苦不可食也〔三〇六〕。濟，渡也。由膝以上爲涉。箋云：瓠葉苦而渡處深，謂八月之時。時陰陽始交〔三〇七〕，可爲昏礼〔三〇八〕，納綵問名之〔三〇九〕。深則厲〔三一〇〕，淺則揭〔三一一〕。以衣〔三一二〕涉水爲厲，謂由帶以上也〔三一三〕。揭，褰衣也。遭時制宜〔三一四〕，如遇水深〔三一五〕則厲，淺則揭矣。男女之際，安可以無礼儀〔三一六〕？將無以自濟也。箋云：既以深淺〔三一七〕記時，因以水深淺喻男女之才性賢〔與〕不肖及長幼〔三一八〕。

各〔三一九〕順其人之宜，爲之求配偶也〔三二〇〕。有瀰〔三二一〕濟盈，有鷕〔三二二〕雉鳴。瀰，深水也。盈，滿也。深［水］〔三二三〕，人之〔三二四〕所難也。鷕，雌［雉］〔三二五〕聲也。衛夫人有淫佚〔三二六〕之志，授人以色，假〔三二七〕人以辞，不顧礼儀〔三二八〕之難，至使公有淫昏〔三二九〕之行。箋云：『有瀰濟盈』，謂過〔三三〇〕於厲，喻犯礼深也。濟盈不濡軌〔三三一〕，雉鳴求其牡〔三三二〕。濡，漬之〔三三三〕。由輈以上爲軌〔三三四〕。違礼義，不由其道〔三三五〕，猶雉鳴而求其〔三三六〕牡矣。飛曰雌雄〔三三七〕，走曰牝牡。箋云：渡深水者必濡軌〔三三八〕，而〔三三九〕不濡者，喻夫人犯礼而不自知也〔三四〇〕。雉鳴反求其牡〔三四一〕，喻夫人所求非所求也〔三四二〕。雝雝〔三四三〕鳴鴈，旭〔三四四〕日始旦。雝雝，鴈聲和也〔三四五〕。納采用鴈。旭日始出，大昕之［時］也〔三四六〕。箋云：鴈者隨陽而處〔三四七〕，似婦人〔三四八〕從夫，故昏〔三四九〕礼用焉。自納采至請期用昕，［親］迎用昏〔三五〇〕。士〔三五一〕如歸妻，迨〔三五二〕冰未泮。迨，及也〔三五三〕；泮〔三五四〕，散也。箋云：歸妻，使之來歸於己，謂請期也〔三五五〕。冰未散，正月中以前也〔三五六〕，二月以昏〔三五七〕。招招舟子，人涉昂否〔三五八〕。招招，號召之皃〔三五九〕。舟子，舟人，主濟渡者。昂，我也。箋云：舟人之子〔三六〇〕，號召當渡者，猶媒人之會男女之〔三六一〕無夫家者，使爲妃匹也〔三六二〕。［人］〔三六三〕皆從之而渡，而我獨否之也〔三六四〕。人涉卬否〔三六五〕，卬須我友。人皆涉，我友未至，我猶待而〔三六六〕不涉。以言室家之道，非得所〔三六七〕適，貞女不行；非得礼儀〔三六八〕，婚姻不成也〔三六九〕。

《匏有苦葉》〔三七〇〕四章，章四句。

《谷風》，刺夫婦失道也。衛人化其上，淫於新昏而棄其舊室〔三七一〕，夫婦離絶，國俗傷敗焉。新昏〔三七二〕，新所與爲昏［礼］者也〔三七三〕。

習習谷風，以陰以雨。興也。習習，和舒皃也〔三七四〕。東風謂之谷風。陰陽和而谷風至，夫婦和則〔三七五〕室家成，［室家成］而繼嗣生者也〔三七六〕。黽勉〔三七七〕同心，不宜有怒。言黽勉〔三七八〕，思與君子同心也〔三七九〕。箋云：所以黽勉［者］〔三八〇〕，以爲見譴〔三八一〕怒者，非夫婦之宜〔三八二〕。采葑采菲〔三八三〕，無以下體。葑，須也〔三八四〕。菲，芴也〔三八五〕。下體，根莖也〔三八六〕。箋云：此二菜者，蔓菁与葍〔三八七〕之類也，皆上下可食。然而其根莖〔三八八〕有美時，有惡時，采之者不可用根惡時并棄其葉〔三八九〕。喻夫婦以礼義合，顔色［相］〔三九〇〕親，亦不可用〔三九一〕顔色衰，棄其相與之礼也〔三九二〕。德音莫違，及爾[同]〔三九三〕死。箋云：莫，無也〔三九四〕；及，與也。夫婦之言，無相違者，則可与汝長相与處至死〔三九五〕。顔色斯須之有也〔三九六〕。行道遲遲〔三九七〕，中心有違。遲遲，舒[行]皃也〔三九八〕。違，離〔三九九〕也。箋云：違，徘徊也〔四〇〇〕。行[於]〔四〇一〕道路之人，至將離別〔四〇二〕，尚舒行，心〔四〇三〕徘徊然，喻君子於己不能如〔四〇四〕。不遠伊尒〔四〇五〕，薄送我畿〔四〇六〕。畿，門[內]〔四〇七〕也。箋云：尒，近也。言君子与己訣〔四〇八〕別，不能遠〔四〇九〕，惟〔四一〇〕近耳，送我裁至門內〔四一一〕，無恩之甚也〔四一二〕。誰謂荼苦？其甘如薺。荼，苦[菜]也〔四一三〕。箋云：[荼]誠苦矣〔四一四〕，而君子於己之苦毒又甚於荼〔四一五〕，比方之荼[則]甘如薺之者也〔四一六〕。燕尒新昏〔四一七〕，如兄如弟。燕，安〔四一八〕。涇以渭濁，湜湜其沚〔四一九〕。涇渭相入而清濁異。箋云：小渚曰沚。涇水以有渭，故見渭濁〔四二〇〕。湜湜，持正狠也〔四二一〕。喻若君子得新昏〔四二二〕，故謂己惡〔四二三〕。己之持正守初〔四二四〕如沚然，不動搖也〔四二五〕。此絶去所經見〔四二六〕，因取以喻己也〔四二七〕。燕尒新婚〔四二八〕，不我屑以〔四二九〕。屑，潔〔四三〇〕也。箋云：以〔四三一〕，用也。言君子不復潔用我當室家也〔四三二〕。毋〔四三三〕逝我梁，毋發我笱。逝，之□(也)〔四三四〕。梁笱，以捕魚也〔四三五〕。箋云：毋者，喻禁新婚也〔四三六〕。女毋之我〔四三七〕家，取我爲〔四三八〕室家之道。我躬不閲，皇卹〔四三九〕我後。閲，容也。箋云：躬，身也〔四四〇〕；皇，暇也〔四四一〕；恤，憂也。我身〔四四二〕尚不能自容，何暇憂後所生子孫〔四四三〕。就其深矣，方之舟之〔四四四〕。就其淺矣，泳之游〔四四五〕之。舟，船也。箋云：方，泭也〔四四六〕。潛行爲泳。言[深淺者]〔四四七〕，喻君子[之]〔四四八〕家事無難易，吾皆爲之者也〔四四九〕。何有何亡，黽勉〔四五〇〕求之。有謂富也〔四五一〕，亡謂貧也〔四五二〕。箋云：君子何所有乎？何[所]〔四五三〕亡乎？吾其黽勉勤力爲求之〔四五四〕，有求多，亡求有也〔四五五〕。凡人〔四五六〕有喪，匍匐救之。箋云：匍匐，言盡力也〔四五七〕。凡於〔四五八〕人有凶禍之事，鄰里尚盡力往救之，況我於君子之家[事]難易乎〔四五九〕？固[當]勉勉〔四六〇〕。以疏喻親之也〔四六一〕。不我能畜〔四六二〕，反以我爲讎〔四六三〕。畜，養也。箋云：畜，驕也。君子不能以恩驕樂我〔四六四〕，反憎惡我也〔四六五〕。既阻我德，賈用不售〔四六六〕。阻，難也〔四六七〕。箋云：既難却我，隱弊〔四六八〕我之善，我脩〔四六九〕婦道而事之，覬其察己，猶見疏〔四七〇〕外，如賣物之不售也〔四七一〕。昔育恐育鞫〔四七二〕，及爾顛覆。育，長也〔四七三〕；鞫，窮也。箋云：［昔］育者〔四七四〕，育，穉〔四七五〕也。及，與〔四七六〕。昔幼穉時〔四七七〕，恐至長老窮匱，□▨（故与）〔四七八〕女顛覆盡力於衆事，難易無所避之者〔四七九〕。既生既育，□□▨（比予于）〔四八〇〕毒。箋云：生謂財〔四八一〕業也。育謂長老〔四八二〕也。于，於也。既有財業矣，又既長老矣，其視我如毒螫〔四八三〕。言惡己之甚〔四八四〕。我有旨畜〔四八五〕，亦以御〔四八六〕冬。旨，美也〔四八七〕；御，禦也。箋云：蓄聚美菜者，以御冬月之無之時也〔四八八〕。燕爾新昏〔四八九〕，以我御窮。箋云：君子但以我［御窮苦之時，至］於富貴〔四九〇〕，則棄我如旨蓄也〔四九一〕。有洸有潰〔四九二〕，既詒我肄〔四九三〕。洸洸，武也。潰潰，怒也。肄，勞也。箋云：詒，遺也。君子洸洸〔四九四〕潰潰然，無溫閏〔四九五〕之色，而盡遺我以勞苦之事，欲窮困我〔四九六〕。不念昔者，伊余來塈〔四九七〕！塈，息也。箋云：君子忘舊，不念往者〔四九八〕年穉，我始來之時安息我也〔四九九〕。

《谷風》六章，章八句。

《式微》，黎侯寓于衛〔五〇〇〕，其臣勸以歸也〔五〇一〕。寓，寄也。黎侯爲狄〔五〇二〕人所逐，棄〔五〇三〕其國而寄於衛。衛處之〔五〇四〕以二邑，因安之，可以歸［而不歸］〔五〇五〕，故其臣勸之也〔五〇六〕。

式微式微，胡不歸？式，用也。箋云：『式微［式微］』〔五〇七〕者，微乎［微者也］〔五〇八〕。君何〔五〇九〕不歸乎？禁君留［止於］此之辞也〔五一〇〕。［式］，發聲也〔五一一〕。微君之故，胡爲乎中露〔五一二〕？微，無也。中露，衛邑也〔五一三〕。箋云：我若無君，何爲處此〔五一四〕？臣又極諫之辞〔五一五〕。式微式微，胡不歸？微君之躬，胡爲乎泥中？泥中，衛邑〔五一六〕。

《式微》二章，章四句。

《旄丘》〔五一七〕，責［衛］〔五一八〕伯也。狄人迫逐黎侯，黎侯寓于衛。［衛］不能脩方伯連率之職〔五一九〕，黎之臣子以責於衛也〔五二〇〕。衛康叔之封爵稱侯，今〔五二一〕曰伯者，時爲［州］伯也〔五二二〕。周之制，使伯佐〔五二三〕牧。《春秋傳》曰『五侯九伯』，侯爲牧也〔五二四〕。

旄丘之葛兮，何誕之節兮？興也。前高後下曰旄丘。諸侯以國相連屬，憂患相及，如葛之蔓延相連及也〔五二五〕。誕，闊〔五二六〕也。箋云：土氣緩則葛生闊節。興者，喻此時衛伯不恤其職，故其臣於君事亦疏廢也〔五二七〕。叔〔五二八〕兮伯兮，何多日也？日月已〔五二九〕逝而不我憂。箋云：叔、伯，字〔五三〇〕。呼衛之諸臣，叔与（羊諸反）〔五三一〕伯与，期來迎我君而復（服）之〔五三二〕。可來而不來，女日數（所具反）何一多〔五三三〕？先叔後伯，臣之命不以齒也〔五三四〕。何其處也？必有與也。言与仁義〔五三五〕。箋云：此我君何以久處〔五三六〕於此乎？必以衛有仁義之道故也。又〔五三七〕責衛今不行仁義。何其久也？必有以也。必以有功意〔五三八〕。箋云：我君何以久留於此乎？必以衛有功德故也。又責〔衛〕今不務功德〔五三九〕。狐裘蒙（武容反）戎（辱容反）〔五四〇〕，匪車不東。大夫狐蒼裘。蒙戎，以言亂也。不東，言不來東〔五四一〕。箋云：刺〔五四二〕衛諸臣形皃蒙戎然，但爲昏〔五四三〕亂之行。女非有戎車乎？何不來東迎我君而復之。黎國在衛西，今所寄〔五四四〕在衛東，故言不東也〔五四五〕。叔兮伯兮，靡所与同。無▨▨（救患）恤同〔五四六〕。箋云：衛之諸臣行如是，不与諸伯之臣同，言其非之特甚。瑣〔五四七〕兮尾兮，鶹離〔五四八〕之子。瑣尾，少好之皃。鶹離之鳥〔五四九〕，少好長醜，始而愉（湯侯反）〔五五〇〕樂，終以微弱。箋云：衛之諸臣，初有小善，終無成功，似鶹離也。叔兮伯兮，褎（以救反、羊秀）如琉耳〔五五一〕。褎，盛服〔五五二〕。琉耳，盛飾〔五五三〕。大夫褎然有尊盛之服而不能稱也〔五五四〕。箋云：琉耳，〔塞耳也〕〔五五五〕。言衛之諸臣顏色褎然，□（如）塞耳無所聞〔知〕〔五五六〕。如人耳聾〔五五七〕，恒多笑而已也〔五五八〕。

《旄丘》四章，章四句。

《蕑（皆限反）兮》〔五五九〕，刺不用賢也。衛之賢者仕於伶官，皆可以承事王者〔五六〇〕。伶〔官〕〔五六一〕，樂官也。伶氏世掌樂官而善焉，故後世多號樂官爲伶官。

蕑兮蕑兮，方將《萬》舞。蕑，大也。〔方，四方也〕〔五六二〕。將，行也。以干羽爲《萬》舞，用之宗廟山川，故〔言〕〔五六三〕於四方。箋云：蕑，擇也〔五六四〕；將，且〔五六五〕。擇人者〔五六六〕，爲且祭祀，當用《萬》舞〔五六七〕。《萬》舞，干舞〔五六八〕。日之方中，在前上處（杵，下同）〔五六九〕。教國子弟，以日中爲期。箋云：『在前上處』者，在前列上頭〔五七〇〕。《周礼》：『太胥掌學士之板，以待致諸子〔五七一〕。春，入學，舍（赦）〔五七二〕采合舞。』碩人俁俁，公庭《萬》舞。碩人，大德也。俁俁，容皃大也。《萬》舞非但〔五七三〕在四方，親在宗廟〔五七四〕、公庭。　有力如虎，執轡如組。組，織組〔五七五〕。武力比於虎，可〔五七六〕御亂。御衆組有文章〔五七七〕。言能治衆組〔五七八〕，動於近，成於遠也。箋云：碩人有禦亂、禦衆〔五七九〕之德，可任爲王臣也〔五八〇〕。左手執籥，右手秉翟。籥，六孔。翟，□▨（翟羽）〔五八一〕也。箋云：碩▨□（人多）才藝〔五八二〕，又能籥舞。言文武道備。赫如渥（烏角反）赭（章社反）〔五八三〕，公言錫（抙）〔五八四〕爵。赫，赤皃。渥，厚〔五八五〕也。祭有畀（方寐反）韗（許願、于郡，二）、胞（苻交反）、翟、閽（虎門反）、寺（時志反）〔五八六〕，惠下之道，見惠不過一散（桑早反）〔五八七〕。箋云：碩人容□□（色赫）然如厚漬之丹〔五八八〕，君徒賜其[一]〔五八九〕爵而已。不知其賢而進[用]〔五九〇〕之。散受五升也〔五九一〕。　山有蓁（側巾反）〔五九二〕，隰有苓（零）〔五九三〕。榛，木名。下濕曰隰。苓，大苦也〔五九四〕。箋云：蓁也、苓也，生各得其所。以言碩人處非其位也〔五九五〕。云誰之思？西方美人。箋云：我[誰]〔五九六〕思乎？思周室之賢〔五九七〕，以其宜薦〔五九八〕碩人，与（預）在王位也〔五九九〕。　彼美人兮，西方之人兮！乃宜在王室。箋云：彼美人，謂碩人〔六〇〇〕。

《蕑兮》三章，章六句。

《泉水》，衛女思歸也。嫁於諸侯，父母終，思歸寧而不得，作詩〔六〇一〕以自見也。『以自見』者，見己〔六〇二〕志也。國君夫人，父母在則得歸寧尒〔六〇三〕，沒則使大夫寧於兄苐。衛女[之]〔六〇四〕思歸，雖非礼，恩〔六〇五〕之至也。

毖彼泉水，亦流于淇。興也。泉水始發〔六〇六〕，毖然流入淇水〔六〇七〕。箋云：泉水流而入淇，猶婦人出嫁於異國。有懷于衛，靡日不思。箋云：懷，至；靡，無也。以言我有所至念於衛，無一日而不▨（思）〔六〇八〕。所至念者，諸姬、諸姑及伯姊也〔六〇九〕。　孌（力軟反）〔六一〇〕彼諸姬，聊與之謀。孌，好皃也〔六一一〕。諸姬，同姓之女。聊，願也。箋云：聊，且略之辝。諸姬〔六一二〕，未嫁之女。我〔六一三〕欲略与之謀婦人之礼，觀其志意，親親之恩也。　□□□（出宿于）濟（箋礼反）〔六一四〕，飲餞（慈箭反）于禰（年礼反）〔六一五〕。濟，地名也〔六一六〕。祖而舍（釋）軷（蒲末反）〔六一七〕，飲酒於[其]〔六一八〕側曰餞，重始有事於道也。禰，地名。箋云：濟、禰者，所嫁國適衛之道所經見〔六一九〕，故思宿餞焉也〔六二〇〕。　女子有行，遠父母兄茀。箋云：行，道也。婦人〔六二一〕出嫁之道，遠于〔六二二〕親親，故礼緣人情，使得歸寧尔也〔六二三〕。問我諸姑，遂及伯姊。父之姊妹稱姑。先生曰姊。箋云：寧則又問姑及姊，親其類也。先姑後姊，尊姑也。出宿于干，飲餞于言。干、言也〔六二四〕，所適國郊〔六二五〕。箋云：干、言猶言〔六二六〕濟、禰，未聞遠近異同〔六二七〕。載脂載舝（行瞎反）〔六二八〕，還（旋）〔六二九〕車言邁。脂舝其車，以還我則行〔六三〇〕。箋云：言還車者，嫁時乘來，今思乘以歸。遄臻于衛，不瑕有害（毛如字，鄭何割）〔六三一〕？遄，疾也〔六三二〕；臻，至也〔六三三〕；瑕，遠也。箋云：瑕猶過也。害，何也。我還車疾至於衛而反〔六三四〕，於行無過差，有何不可而止我？我思肥泉，兹之永歎（湯丹反）〔六三五〕。所出同、所歸異爲肥泉。箋云：兹，此也。自衛而來所渡水，故思此而長歎。思須與曹〔六三六〕，我心悠悠。須、曹，衛邑〔六三七〕。箋云：自衛而來所經邑，故又思之也〔六三八〕。駕言出遊，以寫我憂。寫，除也。箋云：既不得歸〔六三九〕，且欲乘車出遊，以除我憂也〔六四〇〕。

《泉水》四章，章六句。

《北門》，刺仕不得其〔六四一〕志也。言衛之忠臣不得其志尒。不得其志者，君不知己志而遇困厄〔六四二〕。

出自北門，憂心殷殷（隱、殷，二）〔六四三〕。興也。北門背明向暗〔六四四〕。箋云：自，從也。興者，喻己仕□（於）暗〔六四五〕君，猶行〔六四六〕出北門，心爲之憂殷殷然也〔六四七〕。終寠（其矩反）〔六四八〕且貧，莫知我艱。寠者，無礼〔六四九〕。貧者，困於財。箋云：艱，難也。君於己禄薄，終不足以爲礼。又〔六五〇〕困於財，無知己以〔六五一〕爲難者。言君〔六五二〕既然矣，諸臣亦如之。已焉哉，天實爲之，謂之何哉！箋云：謂勤施人事，君不知志〔六五三〕，故自決歸之於天。我勤身以事君何哉？忠之不〔六五四〕至。王事適我，正事一埤（頻移反）〔六五五〕益我。適，之也〔六五六〕；埤，厚也。箋云：國有王命役使之事，則不以之彼，必來之我；我〔六五七〕有賦税之事，則減彼而一二〔六五八〕以益我。以言君政教偏（補見反）〔六五九〕，已兼其苦也〔六六〇〕。我入自外，室人交偏（遍，下同）讁（根革反）〔六六一〕我。讁，責也。箋云：我從自外〔六六二〕，在室之人更迭偏〔六六三〕來責我，使已去〔六六四〕。言室人不知己之志也〔六六五〕。已焉哉，天實爲之，謂之何哉！王事敦（都迴反、都温反，二）〔六六六〕我，政事一埤遺（与季反）〔六六七〕我。敦，厚也〔六六八〕；遺，加也。□（箋）〔六六九〕云：敦猶投擲□（也）〔六七〇〕。我入自外，室人交徧催（徂雷反、祖迴反）〔六七一〕我。催，沮（慈呂反）〔六七二〕也。箋云：催，譏刺之言〔六七三〕。已焉哉，天實爲之，謂之何哉！

《北門》三章，章七句。

《北風》，刺虐也。衛國並爲威虐，百姓不親，莫不相携持而去之〔六七四〕。

北風其涼，雨（云付反）雪其雱（普黄反）〔六七五〕。興也。北風，寒□（涼）〔六七六〕之風。雱，盛皃也〔六七七〕。箋云：寒涼之風，病害万物。興者，諭君政教酷暴，民〔六七八〕散亂。惠而好我，攜手同行（如字）〔六七九〕。惠，愛也〔六八〇〕。行，道也。箋云：彼〔六八一〕性仁愛而又好我者，与我相携持同道而去。疾時政也。其虚其耶（餘，徐，二）〔六八二〕？既亟（居力反）只（紙）且（子餘反，下同）〔六八三〕！虚，徐也〔六八四〕。亟，急〔六八五〕。箋云：耶讀如徐。言今在位之人，其故威儀虚徐寬仁者，今皆爲急刻之行也〔六八六〕，所以當去，以此〔六八七〕。北風其喈，雨雪其霏（孚非反）〔六八八〕。喈，疾皃也〔六八九〕。霏，甚皃也〔六九〇〕。惠而好我，携手同帰。帰，帰有德〔六九一〕。其虚其耶（詳余反）〔六九二〕？既亟（己力反）〔六九三〕只且！莫赤匪狐，莫黑匪烏。狐赤烏黑，莫能別也。箋云：赤則狐〔六九四〕，黑則烏〔六九五〕，猶今君臣相承，爲惡如一。惠而好我，攜手同車。攜手就車。其虚其耶？既亟只且。

《北風》三章，章六句。

《静女》，刺時也。衛君無道，夫人無德。德君〔六九六〕及夫人無道德，故陳静女遺我〔六九七〕彤管之法，德如是，可以易之，爲人君之妃〔六九八〕。

静女其姝，俟我于〔六九九〕城隅。静，貞〔七〇〇〕静。女〔七〇一〕貞静而有法度，乃可説（悦）〔七〇二〕也。姝，美色〔七〇三〕。俟，待也。城隅，以言高而不可踰。箋云：女德貞静，然後可畜（香六反）〔七〇四〕美色，然後可安。又能服從，待礼而動，自防如城隅，故可愛也〔七〇五〕。愛而不見，搔（自刀反）〔七〇六〕首踟躕。言志往而行止〔七〇七〕。箋云：志往謂踟躕，行止，[謂]〔七〇八〕愛之而不往見。静女其孌，□□□□（貽我彤管）〔七〇九〕。既有□□（静德）〔七一〇〕，又有美色，又能遺我以古人之法，可以配人君〔七一一〕。古者，夫人必有女史彤管之法〔七一二〕，史不記過，其罪煞〔七一三〕。后妃[　　]〔七一四〕書其日月，授之以環以進退之。生子、月娠（辰，字或誤爲娠）〔七一五〕，則以金環▨□（退之）〔七一六〕。▨▨（當御）〔七一七〕者，以銀環進之，著于左手；既御，著于[　　]〔七一八〕云：彤管，筆赤管〔七一九〕。**彤管有煒**（于尾反）〔七二〇〕，**悦懌**（悦懌，上毛容雪、鄭束鋭，下羊石、舒石反）〔七二一〕**女美。**煒，赤皃。彤▨（管）□□□□（以赤心正）人者〔七二二〕。箋云：悦懌當作〔七二三〕説釋。［赤］▨□□□□□（管煒煒然，女史）以［之］〔七二四〕説釋妃妾之德，美［之］〔七二五〕。**自牧**（目）〔七二六〕**歸▨（荑）**〔七二七〕[　　]**▨（之）**〔七二八〕**爲美，［美］人之詒**〔七二九〕。非▨（爲）[　　]〔七三〇〕法[　　]

（下缺）

【校記】

〔一〕鄁栢舟故訓傳第三，刊本「鄁」作「邶」，「栢」作「柏」，「故」作「詁」，「苐」作「第」。「邶」爲本字，而「鄁」則是後起俗字。《正字通·木部》：「栢，俗柏字。」段玉裁於《説文·攴部》「故」篆下注：「《毛詩》云『故訓傳』者，故訓猶故言也，謂取故言爲傳也。」則當以作「故」爲是，作「詁」者，後人所改。「苐」爲「弟」之俗字，俗書竹頭多寫作草頭，俗據「苐」楷正，則成「第」字。下凡此均不復出校。

〔二〕傾，刊本作「頃」，「頃」「傾」古今字。

〔三〕側，底一甲右邊「刂」殘泐，兹據刊本擬補。

〔四〕受，底一甲作「愛」，形誤字，兹據刊本改正。

〔五〕汎流狠也，刊本作「汎汎流貌」。陸德明《經典釋文·毛詩音義》（以下簡稱「釋文」）出「汎流貌」，云：「本或作『汎汎流貌』者，此從王肅注加。」孔穎達《毛詩正義》（以下簡稱「正義」）標起止作「汎流」，與《釋文》同。阮元《詩經校勘記》（以下簡稱「阮校」）、盧文弨《經典釋文考證》、陳奐《詩毛氏傳疏》皆認爲「汎」字不當重。「狠」爲「貌」之俗譌字。

〔六〕所宜以，刊本作「所以宜」。

〔七〕汎，刊本作「汎汎」。案「汎」字不當重，參見校記〔五〕。

〔八〕「濟度」下刊本有「也」字。

〔九〕也，刊本無。

〔一〇〕与衆物汎汎然俱流水中，刊本「与」作「與」，二字古混用無别，敦煌寫本多用「与」字，後世刊本多改作「與」。下凡此均不復出校。底一甲原無「水」字，劉師培認爲寫卷訛挩，兹據刊本補。

〔一一〕不用，刊本作「之不見用」。

〔一二〕与君小人並烈，刊本「与」前有「而」，「烈」作「列」。案「烈」爲「列」之同音借字。

〔一三〕「猶是」下刊本有「也」字。

〔一四〕既不，底一甲誤倒作「不既」，兹據刊本乙正。

〔一五〕之也，刊本無此二字，底一甲蓋爲雙行對齊而添。

〔一六〕遨，刊本作「敖」。李富孫《詩經異文釋》云：「《説文》云：『敖，出游也。』《玉篇》：『遨，游也。』此俗字。徐鉉以俗書譌謬，不合六書之體，『遨』其一也。」案：《説文》無「遨」字，乃「敖」之後出增旁字。《傳》中「遨」字同此。

〔一七〕「忘憂」下刊本有「也」字。

〔一八〕監，刊本作「鑒」。《説文·臥部》：「監，臨下也。」金部：「鑑，大盆也。」「鑑」與「鑒」同字，《毛傳》云：「鑒，所以察形也。」段於「監」篆下注云：「『監』與『鑒』互相假。」此處則「鑒」爲正字，「監」爲借字。《傳》、《箋》中「監」字同此，不復出校。

〔一九〕員，刊本作「圓」，「員」「圓」古今字。

〔二〇〕也，刊本無。

〔二一〕同在臣，刊本作『謂同姓臣也』。案《正義》標起止作『姓臣』，則應以刊本爲是。

〔二二〕逄，刊本作『逢』，《干禄字書·平聲》：『逄、逢，上俗下正。』

〔二三〕彼兄弟也，底一甲原無『彼』字，劉師培認爲寫卷挩字。案劉説是也，《王風·黍離》『彼黍離離』傳云：『彼，彼宗廟宫室。』與此同例，兹據刊本補。刊本無『也』字。

〔二四〕也，刊本無。

〔二五〕也，刊本無。

〔二六〕礼容府仰各有宜尒，刊本『礼』作『禮』，『府』作『俯』。『礼』爲古文『禮』字，敦煌寫本多用此字，後世刊本則多用『禮』字。下諸本凡『礼』、『禮』之别者均不復出校。『府』爲『俯』之同音借字。又刊本『宜尒』作『威儀耳』。阮校：『案「威儀」二字當作「宜」。考《正義》云：「此言君子望之儼然可畏，解經之威也；禮容俯仰各有宜耳，解經之儀也。」是《正義》本作「各有宜耳」也。《傳》以「畏」解「威」，以「宜」解「儀」，所謂詁訓之法。不知者改「宜」字作「威儀」，於是此傳既「威儀」二字分解者，而「威」字乃互見「儀」字解中矣。毛氏以「宜」解「儀」之詁訓，遂不復可見，失之甚者也。當依《正義》所述《毛傳》改正之。』陳奐《詩毛氏傳疏》與阮説同。案：《説文·八部》：『尒，詞之必然也。』是『耳』爲『尒』之借字。

〔二七〕『言』下刊本有『己』字。

〔二八〕而愠，刊本作『所以愠也』。劉師培認爲寫卷有訛挩。

〔二九〕怨，刊本作『怒』。阮校：『案《釋文》「愠」下云：「怒也。」是《釋文》本此傳作「怒也」。《正義》云：「言仁人憂心悄悄然，而怨此羣小人在於君側者也。」《正義》本「怒」字當是「怨」字。《緜》傳云「愠，恚」，《正義》云：「《説文》愠，怨也；恚，怒也。有怨必怒之。」所引《説文》作「愠，怨也」，亦其一證。』案：臧庸《拜經日記》卷二『愠怨也』條及陳奐《詩毛氏傳疏》均認爲當作『怨』，馬瑞辰《毛詩傳箋通釋》説亦同。

〔三〇〕悄悄憂狠，刊本此條在『箋云』前，『狠』作『貌』。劉師培云：『各本均誤爲《毛傳》，此獨上冠「箋云」，千年疑藴，至是始詮。」「狠」爲「貌」之俗訛字。

〔三一〕衆人在君側者也，刊本「衆人」作「衆小人」，無「也」字。劉師培認爲寫卷有訛捝。案：劉説是也。在君側者非僅小人，故不當泛言「衆人」。

〔三二〕「病」下刊本有「也」字，案依例當有「也」字。

〔三三〕擗，刊本作「辟」。《説文·日部》「晤」篆下引《詩》作「辟」，《玉篇·手部》引《詩》作「擗」。李富孫《詩經異文釋》云：「毛作「辟」，爲古字；「擗」，後人滋益之字。」案「辟」「擗」古今字。《傳》中「擗」字同。

〔三四〕彰，刊本作「靜」。《説文·彡部》：「彰，清飾也。」丹部：「靜，宷也。」段注：「安靜本字當从《立部》作竫。」是「彰」、「靜」二字皆爲「竫」之假借字。

〔三五〕皃也，刊本「皃」作「貌」，無「也」字。據《説文》，「皃」小篆隸定字，「貌」籀文隸定字。下諸本凡「皃」、「貌」之别者，均不復出校。

〔三六〕臣，刊本作「大臣」。

〔三七〕如日月然，刊本作「日如月然」。案作「日如月然」義長。

〔三八〕也，刊本無。

〔三九〕姜，刊本作「姜氏」。

〔四〇〕「上僭者」前刊本有「妾」字。

〔四一〕也，刊本無。

〔四二〕也，刊本無。

〔四三〕緑，刊本作「禒」。案《箋》在小序中已釋「緑當爲禒」，依《鄭箋》通例，此當作「禒」。

〔四四〕有，底一甲原脱，兹據刊本補。

〔四五〕展，底一甲其右上角有一「黄」字，字體不同，蓋後人所添。

〔四六〕次之，底一甲原無，劉師培認爲寫卷訛挩，兹據刊本補。

〔四七〕也，刊本無。

〔四八〕反，底一甲原作「又」。《正義》云：「今褖衣反以黄爲裏，非其制。」劉師培亦以寫卷爲訛字，兹據刊本改正。

〔四九〕「礼制」下刊本有「也」字。

〔五〇〕「能止」下刊本有「也」字。

〔五一〕礼，刊本無。

〔五二〕也，刊本無。

〔五三〕女上僭者也，刊本「女」下有「妾」，無「也」字。案《正義》標起止有「妾」字。

〔五四〕制，刊本作「製」。王筠《説文解字句讀》「製」篆下注：「製即制之絫增字也。」

〔五五〕女反，底一甲原無，《正義》云：「故汝上僭之妾，言汝反亂之。」劉師培亦以寫卷爲訛挩，兹據刊本補。

〔五六〕其，刊本無。

〔五七〕本末之所行也，刊本作「本末之行」。《正義》引亦作「本末之行」，尋其義，當以《正義》、刊本爲長。

〔五八〕焉，刊本作「兮」。潘重規認爲當作「兮」。

〔五九〕也，刊本無。

〔六〇〕也，刊本無。

〔六一〕也，刊本無。

〔六二〕喻失所之，刊本作「喻其失所也」。案「之」字無義，蓋爲雙行對齊而添。

〔六三〕有次序也，刊本作「各有次序」。

〔六四〕「歸妾」下刊本有「也」字。

〔六五〕无，刊本作『無』。《説文·亾部》：『无，奇字無也。』下凡此均不復出校。

〔六六〕嫣，底一甲原作『僞』，形誤字，兹據刊本改正。

〔六七〕煞，刊本作『殺』。《干禄字書·入聲》：『煞、殺，上俗下正。』下凡此不復出校。

〔六八〕子，刊本無。案『子』當是衍文。

〔六九〕意，刊本作『志』。案《正義》標起止亦作『志』。

〔七〇〕燕乙也，刊本作『燕燕鳦也』。《爾雅·釋鳥》：『巂周燕燕鳦。』郭璞讀作『巂周。燕燕，鳦』。王引之《經義述聞》卷二十八、陳奐《詩毛氏傳疏》、馬瑞辰《毛詩傳箋通釋》皆認爲當讀作『巂周，燕；燕，鳦』。然又不能以之解釋《毛傳》『燕燕，鳦也』之訓，諸家遂認爲《毛傳》作『燕燕』，乃是因爲《詩》作『燕燕』，故依經作訓。今寫卷『燕』字不重，正可釋諸家未解之疑。《毛傳》本同於《爾雅》，今作『燕燕』者，後人據經文而添也。《説文·乙部》：『乙，玄鳥也，齊魯謂之乙，取其鳴自呼。乙或从鳥。』段注：『本與甲乙字異，俗人恐與甲乙亂，加鳥旁爲鳦，則贅矣。』是『乙』爲『乙』之形誤，『鳦』爲『乙』之後起增旁字。寫卷作『乙』，可知《毛傳》本應作『乙』，而不作『鳦』。

〔七一〕於，刊本作『于』，『于』、『於』二字古通用，然此當以作『于』爲是。

〔七二〕也，刊本無。

〔七三〕也，刊本無。

〔七四〕野郊外也，刊本作『郊外曰野』。

〔七五〕於，刊本作『于』，『于』、『於』二字古通用。

〔七六〕不，刊本作『弗』。潘重規云：『「瞻望弗及，佇立以泣」，仍作「弗」不作「不」，此蓋寫手之駮文。』

〔七七〕見，刊本作『視』，下有『也』。案當從刊本。《説文·目部》：『瞻，臨視也。』《爾雅·釋詁》：『瞻，視也。』『也』字依例亦當有。

〔七八〕亢，刊本作『頏』，底二同（底二起於此）。《説文·亢部》：『亢，人頸也。或从頁。』『頏』爲『亢』之後起字，段玉裁認爲《詩》『頏之』，古本當作『亢之』。底二下有『者』字。

〔七九〕之，刊本無。

〔八〇〕『送』下刊本有『也』字。

〔八一〕竚，刊本作『佇』。《説文·宁部》：『宁，辨積物也。』段注：『俗字作佇、作竚，皆非是。』《爾雅·釋詁下》：『佇，久也。』王闓運《爾雅集解》云：『佇从宁。宁，積物，故有久待之義，加人加立加貝皆俗字。』《傳》中『竚』字同此。

〔八二〕『竚』下刊本有『立』字。

〔八三〕上，底二卷背有注音『成兩反』。寧録此音爲『歲雨反』，並且定爲『寔勞我心』句『寔』之音。審此反切所書之位置，並非在『寔』之背面，當在第二行之上部，乃是『上』之切語。因『寔』與『任』同在第三行，而卷背之切語『成兩』與『毛而林鄭而鴆』並未書在一行上可知。《廣韻·職韻》『寔』音常職切，與『成兩反』韻部不合。

〔八四〕飛而下曰下音，底一甲原無，底二作『飛而上曰上音，飛□音』。劉師培認爲底一甲有挩字。兹據底二及刊本補。

〔八五〕聲有大小也，底一甲原無『聲』字，底二此處殘泐。刊本作『聲有小大』，兹據補『聲』字。阮校：『閩本、明監本、毛本「小大」作「大小」，誤也。案上《正義》云「故以上下其音喻言語大小」者，以自爲文，故與經「下上」、箋「小大」皆倒也，不當據改。又《雄雉》箋亦作「小大」可證。』林平和云：『阮氏據小字本、相臺本校訂閩本、明監本、毛本「小大」作「大小」爲誤，又以《正義》作「大小」是自爲文，其説未必是。蓋伯二五三八號此正作「大小」，又《雄雉》箋亦作「大小」，則《正義》之作「大小」，當有所本，而非如阮氏所謂自爲文，故阮氏所校有待商榷也。』

〔八六〕實，刊本同。底二此處殘缺。郝校認爲底二殘缺者爲『寔』字。案『實』、『寔』通用，説詳陳玉樹《毛詩異文箋》卷二。

〔八七〕實是，底二作『寔是』，刊本無。阮校：『相臺本下有「實是也」，乃《釋文》誤遺耳。』《補校》又云：『餘本皆不誤，考文古本有，非也。』黄焯《經典釋文彙校》云：『《蜀石經》「實勞我心」下有「實是也」三字，蓋誤以《釋文》語爲《毛傳》。』潘校云：『蓋經文有作實、作寔之異，釋文「實是」之訓，即本於傳，考文古本有者是也。』林平和云：『伯二五三八號卷於「實勞我心」下有《毛傳》「實，是」，與相臺本、考文古本同，疑此當爲《毛傳》之文，而非如阮氏所謂爲《釋文》誤遺也，故阮氏所校未必是也。』案：潘、林所説是。又依例，『是』下當有『也』字，相臺本有『也』者是。

〔八八〕任，底二卷背有注音『毛而林、鄭而鴆』。

〔八九〕塞，底二卷背有注音『桑則反』。

〔九〇〕任大，底一甲原無，底二此處殘缺。《釋文》云：『任，入林反，毛云：大也。』《正義》標起止有『任大』，林平和認爲寫卷脱『任大』二字，是也。兹據刊本補。

〔九一〕實也，底二此處殘缺，刊本作『瘗』。阮校：『案《正義》云：「定本任大之下云：塞，瘗也。俗本塞，實也。」《正義》本從俗本，故云「其心誠實而深遠也」，不更説「瘗」字。《釋文》云：「瘗，崔《集注》本作實。」考《定之方中》「塞」字無傳，而箋云「塞，充實也」；《常武》箋云「自實滿」，本此傳也。當以《集注》、《正義》本爲長。』盧文弨《經典釋文考證》云：『案俗本作「實」，定本作「瘗」，《正義》從俗本。《書·舜典》正義云：「《詩》毛傳訓塞爲實。」定本作「瘗」非是。《説文·心部》：「寒，實也。从心塞省聲。」是《毛詩》借塞爲寒也。』

〔九二〕孝友睦因任恤也，刊本『因』作『姻』，無『也』字。《周禮·地官·大司徒》：『二曰六行，孝、友、睦、婣、任、恤。』則《周禮》作『婣』，阮校：『相臺本「姻」作「婣」，毛本同。案「婣」字是也。此《箋》用漢時今字，與

《周禮經》古字不同也。相臺本、毛本所改皆非是。』案阮説是也。《儀禮・鄉飲酒禮》『主人就先生而謀賓、介』下鄭注引《周禮》亦作『姻』。寫卷作『因』，則又爲『姻』之古字。王筠《説文解字句讀》於『姻』篆下云：『昏因古字，婚姻後作。』

〔九三〕温，底一甲下有『清』字，劉師培、潘重規均認爲是衍文，兹據刊本删。

〔九四〕慎，刊本作『順』。『順』正字，『慎』借字。

〔九五〕勗，刊本作『勖』。《字彙・力部》『勖』字下云：『勗，同上，俗字。』《傳》中『勗』字同此。

〔九六〕不荅，刊本作『不見荅』。伯二五二九與斯七八九兩《毛詩》寫本亦作『不荅』。

〔九七〕以至困窮也，刊本作『以至困窮之詩也』。《正義》標起止云：『至困窮。』並云：『俗本作「以致困窮之詩」者，誤也。』則孔所據本與底一甲同。

〔九八〕之，刊本無。案有『之』字語句不順，『之』當爲衍文。

〔九九〕人，底一甲原無，劉師培、林平和認爲寫卷挩『人』字，兹據刊本補。

〔一〇〇〕也，刊本無。

〔一〇一〕『是人』下刊本有『也』字。

〔一〇二〕『違』前刊本有『甚』字。

〔一〇三〕也，刊本無。

〔一〇四〕『定完』下刊本有『也』字。

〔一〇五〕兮，刊本同，底二無。《日月》一詩共四章，前三章均有『乃如之人兮』句，底二第一章殘泐，二、三兩章均無『兮』字。李富孫《詩經異文釋》云：『《韓詩外傳》七、《列女傳》七引竝無「兮」字。案：劉向傳《魯詩》，是無「兮」字，韓、魯本同。』胡平生云：『《毛詩》九十九字，《阜詩》九十六字，當是《毛詩》第一、二、三章「乃如之人兮」一句中的三個「兮」爲《阜詩》所無。』（《阜陽漢簡詩經研究》二七、四六頁，上海古籍出版社一九八八）案底二爲《毛詩》，亦無「兮」字。

〔一〇六〕好，底二同，刊本作「相好」。牟庭《詩切》云：「逝不相好，言不相愛之甚也。毛傳……鄭箋……皆非矣。」牟氏釋「好」爲「愛」，是也，然未釋「相」字之義。今謂此「相」字乃是偏指用法，非互指用法。「不相好」者，不愛我也。陳奐《詩毛氏傳疏》申毛，謂「逝不」倒句，故《毛傳》釋爲「不及」。此語是莊公一方面對莊姜一方面的動作，並非莊公與莊姜雙向互動。「不相好」者，是莊公對莊姜的不好，故若《毛傳》作「不及我以相好」，則所指即是莊公與莊姜雙向互動，與詩義不合。作「不及我以好」，其意即是指莊公不及我以愛，正與詩義相合。雖然毛氏未知「相」爲偏指第一人稱，然其領會詩義則精確無誤也。呂叔湘《相字偏指釋例》一文在先秦文獻中舉出《左傳·隱公十一年》一例，云：「然如『其能降以相從也，無滋他族實逼處此，以與我鄭國爭此土也』，則謂許從鄭，非鄭亦從許，相字亦無兩相之義。此類偏指用法，先秦經籍不數數見，兩漢漸多，魏晉以後滋盛。以形式言，凡互指之句，其A、B兩辭互爲施受，隱顯相俱。偏指之句，A辭施而不受，其隱與顯一循句法之尋常則例；B辭受而不施，通例不復標示，一若相字足以相代者。如上舉『其能降以相從也』，其義與『降以從我』無殊，而有相字以相指示，則不復標『我』也。」（《漢語語法論文集》一〇四頁，商務印書館一九八四）以彼證此，益知《詩》句「相」爲偏指用法矣。林平和謂底一甲脱「相」字，誤也。刊本《毛傳》中「相」字定爲後人據經文而添。

〔一〇七〕我，底一甲原無。案《鄭箋》申毛也，「我」字不應無，兹據底二、刊本補。

〔一〇八〕也，刊本無。

〔一〇九〕也，底二、刊本無。

〔一一〇〕良善也箋云無善恩意之聲語於我也，底一甲原無「也箋云無善」五字，此蓋抄手看錯一「善」字之位置而抄脱，兹據刊本補。底一甲亦無「聲」字，今據刊本補。

〔一一一〕「使」下刊本有「也」字。案依例當有「也」字。

〔一一二〕『忘』下底二、刊本有『也』字，案有『也』較長。

〔一一三〕畜，底二卷背有注音『香六反』。

〔一一四〕也，刊本無。

〔一一五〕言己尊之又親之也，刊本作『言己尊之如父又親之如母』。案劉師培認爲『義可兩存』。

〔一一六〕而，刊本無。

〔一一七〕寧不我述，底二、刊本作『報我不述』。案《毛傳》：『述，循也。』《鄭箋》：『不循，不循禮也。』《箋》申毛，其所據本即作『不述』。當作『報我不述』，此蓋涉第二章『寧不我報』而誤。

〔一一八〕循，刊本同，底二下有『者』字。

〔一一九〕禮也，底一甲原無，底二有『礼』字，劉師培、林平和均認爲寫卷脱『禮也』二字。兹據刊本補。

〔一二〇〕止，底二同，刊本作『正』。黄瑞雲曰：『寫本斯一〇卷作「□□□□□□□□不能止也」，箋語作「止猶正也」；伯二五三八卷作「遭州吁之暴見侮慢而不能止也」，箋語亦作「止猶正也」。按，伯二五三八卷兩「止」字均先寫作「正」，後改爲「止」，可見非筆誤。經文「終風且暴，顧我則笑」，鄭玄箋：「既竟日風矣而又暴疾，興者喻州吁之爲不善如終風之無休止。」經文「謔浪笑敖，中心是悼」，鄭玄箋：「悼者，傷其如是然而已（平案：當作『己』）不能得而止之。」鄭氏云云，顯由序語引發而來，則序文原當作「見侮慢而不能止也」，序之箋語亦應作「止猶正也」。《詩·序》之説雖無根據，然就詞語而論，「不能止也」較「不能正也」更切合莊姜的境况：「不能正也」還顯出一點自視尊嚴，「不能止也」更顯得無可奈何。』案：黄説是也。　劉師培以寫卷爲訛字，則是以不誤爲誤也。

〔一二一〕止猶正也，底二同，刊本作『正猶止也』。案刊本誤，説詳上條校記。

〔一二二〕侮慢之，底二『侮』下殘泐，刊本作『侮之也』。

〔一二三〕喻，刊本同。底二作『諭』。《新加九經字樣·言部》：『諭、喻，上《説文》，下經典相承，今通用之。』『喻』

字刊本皆作「喻」，底二皆作「諭」，下凡此均不復出校。

〔二四〕無，刊本同，底二作「不」。

〔二五〕其間又甚惡，刊本作「而其間又有甚惡」。

〔二六〕旁，刊本同，底二作「傍」，「旁」「傍」古今字。

〔二七〕也，底二同，刊本無。

〔二八〕謔浪笑敖，「謔」，底二卷背有注音「向略反」；「敖」，底二卷背有注音「五號反」。

〔二九〕也，底二同，刊本無。

〔三〇〕悼者傷其如是，刊本同。底二此處作「□傷也▨□」，「▨」字殘存左邊「亻」，應是「傷」之殘留。《鄭箋》釋詞之例往往作「A，B也。B……」，此「傷也」二字應爲「悼」之釋義，《毛傳》「悼」字無釋，故《箋》先釋「悼」，而後闡釋詩句大意。「傷其如是……」乃鄭釋詩之意，非爲「悼」之義。悼者，傷也；傷者，哀傷也。《檜風·羔裘》「中心是悼」，《毛傳》：「悼，動也。」《鄭箋》：「悼猶哀傷也。」正申毛釋「悼」爲「哀傷」。此處當以底二爲傳箋原貌，茲補足底二之文，以備觀覽：「悼，傷也。傷其如是……」

〔三一〕正，底二殘缺，刊本作「止」。劉師培認爲「義可兩存」。案小序《箋》云：「止猶正也。」依鄭箋通例，此當作「正」。

〔三二〕霾，底二卷背有注音「埋」。

〔三三〕也，刊本同，底二無。

〔三四〕也，刊本同，底二無。

〔三五〕可以來至我旁，底二無「以」字，「旁」作「傍」，「旁」「傍」古今字。

〔三六〕之也，底二、刊本無。案此當爲雙行對齊而添。

〔三七〕也，底二、刊本無。案「也」當爲雙行對齊而添。

〔一三八〕曀，底二卷背有注音『□計反』，寧録作『宴計反』，並云『宴字殘下半』。

〔一三九〕不日有曀，『日』字底一甲原無，劉師培認爲寫卷挩文，兹據底二、刊本補。『曀』，底二卷背有注音『宴計反』。

〔一四〇〕風，底一甲原無。劉師培認爲寫卷抄挩。《説文・日部》：『曀，陰而風也。』《爾雅・釋天》：『陰而風爲曀。』兹據底二、刊本補。

〔一四一〕矣，刊本同，底二無。

〔一四二〕者，刊本同，底二無。

〔一四三〕州吁之闇亂甚，底二同；刊本無『之』字，末有『也』字。案《正義》引亦有『之』字。

〔一四四〕疐，底二作『啑』，刊本作『嚔』。案『疐』不見於字書。《集韻・業韻》：『跲，《説文》躓也。或作劫、踕。』查《説文・足部》：『躓，跲也。』《叀部》：『疐，礙不行也。』段注：『以《大學》「懥」亦作「懫」推之，則「疐」即「躓」字，音義皆同。許不謂一字，殊其義者，依字形爲之説也。如許説，則《爾雅》、《毛傳》假疐爲躓。』據此，《集韻》之『踕』與寫卷之『疐』應是一字，均爲『疐』之訛體也。《釋文》：『疐，本又作嚔，又作疐，舊竹利反，又丁四反，又豬吏反，或竹季反，劫也。鄭作嚔，音都麗反。』阮校：『段玉裁云：毛作「疐，跲也」，鄭云「疐讀爲不敢嚔咳之嚔」，此鄭改字。《唐石經》以下經傳皆從口，是用鄭廢毛，「嚔」不得訓「跲」明矣。今考《正義》本傳是「跲」也，則其經當是「疐」字。《釋文》「疌」即「嚔」之變體。《狼跋》釋文「疐，本又作疌」可證也，與《説文・止部》之「疌」字迥不相涉。若經字作止部之「疌」，鄭不得讀爲「嚔」，《釋文》亦不當作竹利等反矣。』王樹枏《爾雅説詩》云：『《毛傳》原作「疐」，故云跲也。與王肅本同。鄭破字爲「嚔」，故曰「讀當爲不敢嚔咳之嚔」。若鄭原作「嚔」，則不煩改讀矣。「啑」爲「嚔」之俗體。「劫」與「跲」音義皆同。』諸家之説正與此合。底二卷背有注音『帝』。

〔一四五〕欬，底二作『咳』，刊本作『跲』。案《説文・欠部》：『欬，屰气也。』口部：『小兒笑也。』是當作『欬』，『咳』

應是通假字，例參《説文解字義證·欠部》『欬』篆下説解。而此處當從刊本作『跆』，若作『欬』，則鄭玄不必云『讀當爲不敢嚏咳之嚏』，此後人據《鄭箋》而改《毛傳》也。底二卷背有注音『肯代反』，『咳』之反切。寧録將它与『帝』並列，置於『嚏』下，誤。

〔一四六〕也，底二同，刊本無。

〔一四七〕疌讀當爲不敢疌，底二作『啑讀僞不敢啑咳之啑』，刊本作『嚏讀當爲不敢嚏咳之嚏』。案：正當作『疐讀當爲不敢嚏欬之嚏』，考詳校記〔一四四〕、〔一四五〕。

〔一四八〕我，底二同，刊本下有『其』。

〔一四九〕女，底二、刊本作『汝』，『女』『汝』古今字。

〔一五〇〕疌，底二作『啑』，刊本作『嚏』。『啑』爲『嚏』之俗字。依《鄭箋》通例，當作『嚏』。下句『疌』字亦當作『嚏』。

〔一五一〕今俗人云人道疌，底二作『今俗人言啑云人道我我則啑』，刊本作『今俗人嚏云人道我』。《正義》云：『言「我則嚏」，解經言「則嚏」也。稱「俗人云」者，以俗之所傳，有驗於事，可以取之。』案：據《正義》所言，其本『俗人云』三字連文，則與底一甲同；『我則嚏』三字連文，則與底二同。疑《正義》所據本作『今俗人云人道我我則嚏』，底一甲與刊本均有脱漏，底二則多『言啑』二字。

〔一五二〕此古之遺語也，刊本同，底二無『此』、『也』二字。

〔一五三〕如常陰曀曀然，底一甲原無『常』字，《正義》引有『常』字，兹據底二、刊本補。『曀曀』，底二多一『曀』字，當爲衍文。

〔一五四〕虺虺其雷，『虺虺』，底二卷背有注音『勳鬼反』。『雷』字底二同，刊本作『靁』，『靁』『雷』古今字。《傳》中『雷』字同，不復出校。

〔一五五〕震雷之聲虺虺然也，底一甲原無『聲』字，劉師培認爲寫卷鈔挩，兹據底二、刊本補。底二、刊本無『也』字。

〔一五六〕我，底二、刊本作「言」。潘重規云：「「言」誤「我」。」

〔一五七〕也，刊本同，底二無。

〔一五八〕皷，底二同，刊本作「鼓」。《正字通·皮部》：「皷，俗鼓字。」下凡「皷」皆同，不復出校。

〔一五九〕將，底二卷背有注音「子亮反」。

〔一六〇〕以伐鄭也，刊本同，底二無「以」、「也」二字。

〔一六一〕以成事，底二作「成以其伐事」，刊本作「以成其伐事」。案刊本爲善。

〔一六二〕也，刊本同，底二無。《左傳·隱公四年》有「也」字。

〔一六三〕憑，底二、刊本作「馮」。《左傳·隱公四年》亦作「馮」。案《説文·馬部》：「馮，馬行疾也。」徐鉉注：「本音皮冰切，經典通用爲依馮之馮，今别作憑，非是。」「憑」當爲「馮」之後起增旁字。

〔一六四〕民，刊本同，底二作「民人」。《左傳》無「人」字。

〔一六五〕弊邑以賦與，「弊」，底二同，刊本作「敝」。《説文》有「敝」無「弊」，「弊」爲後起字。《左傳》亦作「敝」。「與」，底一甲原作「興」，形誤字，兹據刊本改正。

〔一六六〕是也，刊本同，底二無。

〔一六七〕伐鄭在魯隱四年也，底二作「在魯隱公四年」，刊本無「也」字。

〔一六八〕鐺，底二、刊本作「鏜」。案：《説文·金部》：「鏜，鼓鐘之聲。」「鐺，鋃鐺也。」是「鏜」爲正字，「鐺」爲借字。《集韻·唐韻》則將「鐺」作爲「鏜」之異體收入。《傳》中「鐺」字同此。底二卷背有注音「湯」。

〔一六九〕踊，刊本同，底二作「踴」。「踴」爲「踊」之後起增旁字。《傳》中「踊」字同，不復出校。

〔一七〇〕鐺然，刊本作「鏜然」，底二作「鏜鏜然」。案：「鐺」爲借字，説已見校記〔一六八〕。郝校録底二作「鏜，鏜然」，並於前一「鏜」字下校云：「鏜，甲本（平案：指刊本）脱此字。」案：《鄭風·野有蔓草》「零露漙兮」傳：「漙漙然，盛多也。」《小雅·蓼蕭》「零露湑兮」傳：「湑湑然，蕭上露貌。」《商頌·那》「庸鼓有斁，萬舞有奕』傳：『斁斁然，盛也；奕奕然，閑也。』是《毛傳》釋詞有此義例。疑以底二作『鏜鏜然』爲長。

〔七一〕擊鼓聲，底二同，刊本下有『也』。

〔七二〕衆皆踊躍用兵也，底一甲原無『衆』字，劉師培認爲寫卷挩字，兹據底二、刊本補。底二無『也』字。

〔七三〕用兵，底二、刊本前均有『此』字。《正義》標起止亦有『此』字。

〔七四〕謂治兵時之者也，底二作『謂治兵之時』，刊本作『謂治兵時』。案：『之者也』三字無義，蓋本爲雙行對齊而加，此卷抄手承襲之而未刪。

〔七五〕曹，底二同，刊本作『漕』。陳奂《詩毛氏傳疏》云：『漕，古作曹。』本詩中『曹』字皆同此，不復出校。

〔七六〕也，刊本同，底二無。

〔七七〕勞苦也，底一甲『苦』原作『若』，形誤字，兹據底二、刊本改正。底二無『也』字。

〔七八〕或伇土功於國，『伇』，底二同，刊本作『役』。《説文·殳部》：『古文役从人。』下凡此均不復出校。『國』，底一甲誤作『曹』，兹據底二、刊本改正。

〔七九〕治，底二同，刊本作『理』。案『理』乃傳承唐之諱改字而未回改者。

〔八〇〕是尤勞苦之甚也，底二無『是』字；底二、刊本無『也』字。

〔八一〕公孫文仲也，底二無『也』，刊本前有『謂』。

〔八二〕也，底二、刊本無。

〔八三〕仲宋也，底二、刊本作『子仲字也』。

〔八四〕弊邑以賦與陳蔡從也，『弊』，底二同，刊本作『敝』。『敝』本字，『弊』後起字。底二、刊本無『也』字。

〔八五〕歸，刊本同，底二作『帰』。據《説文》，『帰』爲籀文隸定字，『歸』爲小篆隸定字。底二凡『歸』字皆寫作『帰』，刊本皆作『歸』。後凡『帰』、『歸』之別者皆不復出校。

〔八六〕忡，底二卷背有注音『勑中反』。

〔一八七〕也，底二、刊本無。

〔一八八〕以猶與，底一甲原脱『以』，茲據底二、刊本補。底二『與』作『与』，刊本下有『也』。『與』、『与』同，古常混用。

〔一八九〕我南行，底二同，刊本『我』前有『與』。

〔一九〇〕不與歸，底二作『不我与歸期』，刊本作『不與我歸期』。案當從刊本。底一甲無義，底二『与我』誤倒。

〔一九一〕兵，刊本同，底二下有『者』。

〔一九二〕也，底二、刊本作『之』。案《正義》標起止亦作『之』。作『之』爲長。

〔一九三〕喪，底二卷背有注音『□□反』，『反』依稀可見。寧録作『息浪反』，云『息字漫漶』。案《釋文》亦音『息浪反』。

〔一九四〕有亡其馬者，底一甲脱『有』、『者』二字，茲據底二、刊本補。

〔一九五〕傷也，刊本同，底二無。

〔一九六〕於，底一甲脱，茲據底二、刊本補。

〔一九七〕也，底二、刊本無，當爲雙行對齊而添。

〔一九八〕其，底一甲脱，茲據底二、刊本補。

〔一九九〕山林之下，底一甲原作『林下』。案《箋》申《毛傳》『山木曰林』，故當作『山林之下』。《正義》標起止作『之下』，並云：『往於何處求之？當於山林之下。』是其所據本亦作『山林之下』，茲據底二、刊本補。

〔二〇〇〕山林，底一甲原作『此川』，誤。詩中並未言『川』，劉師培認爲寫卷訛字，茲據底二、刊本改正。

〔二〇一〕也，底二、刊本無。

〔二〇二〕闊，底二卷背有注音『苦活反』。

〔二〇三〕成悦，底二『成』作『誠』，『誠』爲『成』之借字。底二、刊本『悦』作『説』。潘重規云：『經文作「悦」，傳文作「説」，亦抄手之草率。』底二卷背有注音「説、悦，二」。案「二」指有兩個音，「悦」乃據鄭義破讀。但「説」與被注字「説」複緟，不合規範。

〔三〇四〕挈，底二、刊本作「契」。潘重規云：「經文作「契」，而傳文作「挈」，此亦當由寫手草率不劃一之故。」段玉裁《説文解字注》、陳奐《詩毛氏傳疏》並以「契」之本字爲「挈」，正與底一甲合。

〔三〇五〕也，刊本同，底二無。

〔三〇六〕也，刊本同，底二無。

〔三〇七〕從軍之士與其五約，「軍」字底一甲原寫作「事」，在「事」下又有一「軍」字，然又塗去，茲據底二、刊本改「事」爲「軍」。底二、刊本「五」作「伍」。「五」「伍」古今字，《周禮·地官·小司徒》云：「五人爲伍。」

〔三〇八〕也，底一甲原無，底二亦無。案《正義》云：「從軍之士與其伍約，云我今死也生也，共處契闊勤苦之中。」無「也」則句不順，茲據刊本補。

〔三〇九〕愛之，底一甲原作「憂心」，形誤字，愛、憂形近，「心」之草體與「之」亦形似。茲據底二、刊本改正。

〔三一〇〕存救，底二作「救活也」，刊本作「存救也」。

〔三一一〕約誓，刊本同，底二作「約束」。案當作「約誓」。

〔三一二〕老，底二同，刊本下有「者」。

〔三一三〕庶幾俱免於難之也，底一甲原脱「庶」字，茲據底二、刊本補。「於難」，底二作「患難」。案作「於難」較佳。底二、刊本無「之也」二字。案：此底一甲爲雙行對齊而添。

〔三一四〕不與我生活也，底一甲原無「與」字，劉師培認爲寫卷挩字，茲據刊本補。「生活」，刊本同，底二作「相救活」。

〔三一五〕阻兵安忍，刊本同，底二奪。

〔三一六〕叛，底二作「畔」，「畔」爲「叛」之借字。

〔二七〕棄，刊本同，底二作「弃」。案「弃」字《説文》以爲古文「棄」字。唐代因爲避太宗之諱，多從古文寫作「弃」，説詳《敦煌俗字研究》下編二四〇頁。

〔二八〕而，底二同，刊本無。

〔二九〕于，底二同，刊本作「吁」。阮校：「案「吁」當作「于」，《騶虞》、《氓》兩箋皆作「于」，是其證也。」正與寫卷合。

〔三〇〕兮，刊本同，底二下有「者」，當是衍文。

〔三一〕汝不，刊本「汝」作「女」，「女」「汝」古今字；底二「不」下有「復」字。

〔三二〕者，底二作「也」，刊本無。

〔三三〕絢，底二、刊本作「洵」。《釋文》：「洵，呼縣反，遠也。本或作詢，誤也，詢音荀。《韓詩》作夐，夐亦遠也。」《説文·𡕝部》「夐」篆下段注：「《韓詩》「于嗟夐兮」，云：「遠也。」《毛詩》作「洵」，異部假借字。」馬瑞辰《毛詩傳箋通釋》云：「據《釋文》「洵，呼縣切」，《玉篇》「絢，遠也」，《釋文》原本當作「絢」。絢與夐雙聲，同在曉母，故通用。」案：馬説是也。此寫卷即作「絢」，底二卷背有注音「血縣反」，斯二七二九《毛詩音》「洵」音「血縣」，亦當爲「絢」之切語。《廣韻》「夐」音休正切，古音曉紐耕部；「絢」音許縣切，古音曉紐真部。耕真二部古音最相接近（説見王引之《經義述聞》卷三「平章百姓」條），故錢大昕《潛研堂文集》卷六《答問三》云：「古讀「夐」如「絢」。」然錢氏又展轉相借，最后定從「「夐」與「洵」音亦相近矣」。若錢氏得見此作「絢」之本，則不復有此論矣。林平和認爲寫卷「洵」誤作「絢」，是以不誤爲誤也。《傳》中「絢」字同此，不復出校。

〔三四〕信，底二卷背有注音「吝二」、「鄭息」。「吝二」在右，「鄭息」在左，「鄭息」高於「吝二」二字位置，寧録「毛□鄭息吝二」，云「「毛」字殘右半，「□」存右半，似爲「申」字」。案此乃是修補寫卷不慎，未能拉齊行款，遂使本爲同一行之字錯位。寧録是也。唯「毛」、「申」二字影本未見，寧親見原卷，所云蓋不誤。

〔三二五〕也，底二同，刊本無。

〔三二六〕棄，刊本同，底二作「弃」。案説參校記〔三一七〕。

〔三二七〕相親信，刊本同，底二無「親」字。案底二誤奪。

〔三二八〕也，底二、刊本無。

〔三二九〕飄風，底二、刊本「飄」作「凱」。王先謙《詩三家義集疏》云：「凱、飄古今字之異。」案「飄」實即「凱」的類化增旁俗字。本詩中「飄」字皆同此，不復出校。

〔三三〇〕不，底二、刊本作「不能」。案《正義》引有「能」字。

〔三三一〕以慰其母心而成，「慰」，刊本同，底二作「尉」。案《漢書·車千秋傳》「思欲寬廣上意，尉安衆庶」師古注：「尉安之字，本無心也，是以《漢書》往往存古體字焉。」底一甲原無「成」，劉師培認爲寫卷捝字，兹據底二、刊本補。

〔三三二〕「去嫁」下刊本有「也」字，底二作「嫁去」。

〔三三三〕成言孝子，底二誤脱「成」字。底一甲原無「子」，應是因換行而誤脱，兹據底二、刊本補。

〔三三四〕樂夏之長也，底二作「樂夏之長養萬物」，刊本作「樂夏之長養者」。案作「樂夏之長也」、「樂夏之長養者」，語皆不順。《毛傳》「南風謂之飄風」乃用《爾雅·釋天》之文。《正義》引李巡《爾雅注》曰：「南風長養萬物，萬物喜樂，故曰凱風。凱，樂也。」繆楷《爾雅稗疏》謂李説本於《毛傳》，應是。「夏之長」，有何可樂？「夏之長養」，則缺賓語。「夏之長養萬物」，故可樂。又「樂」，底二卷背有注音「洛」；「夏」，底二卷背有注音「暇」。

〔三三五〕棘難長養者也，底二無「者也」二字，刊本無此句。潘重規云：「觀《正義》引述《傳》文，與此卷全同，知此卷同於《正義》本也。今宋以下各本則皆有脱文，雖阮芸臺、段玉裁、顧千里諸人校訂《詩詁訓傳》，漸得其底本之真，然終不若此卷之碻然明白也。」

〔三三六〕寬仁，底一甲『寬』原作『危』，誤字，兹據底二、刊本改正。底二『仁』作『人』，『人』爲『仁』之同音借字。

〔三三七〕之，底二無，刊本作『也』。案『之』字爲雙行對齊而添。

〔三三八〕夭夭，底二卷背有注音『英驕反』。

〔三三九〕成就貌，底二作『盛皃』，刊本作『盛貌』。據《説文》，『皃』小篆隸定字，『貌』籀文隸定字。是『皃』、『貌』同字。《周南·桃夭》『桃之夭夭』傳：『夭夭，其少壯也。』陳奐《詩毛氏傳疏》云：『少壯與茂盛同義。』《禮記·大學》引『桃之夭夭』，鄭玄注：『夭夭，美盛貌。』《釋文》云：『夭夭，於驕反，盛貌。』是陸所據本《毛傳》亦作『盛貌』。又『吹彼棘薪』傳云：『棘薪，其成就也。』棘長成薪方訓成就，其未長成不可訓爲成就。是當以作『盛貌』爲是。劉師培以爲寫卷『較今本爲長』，誤也。

〔三四〇〕病苦，刊本同，底二無『苦』字。案《爾雅·釋詁下》：『劬勞，病也。』然《箋》申毛云：『母養之病苦也。』又《小雅·鴻鴈》『劬勞于野』傳：『劬勞，病苦也。』是仍當以作『病苦』爲是，底二蓋偶脱耳。

〔三四一〕也，刊本同，底二無。

〔三四二〕也，底二同，刊本作『者』。案《正義》標起止作『者』。

〔三四三〕令，底一甲原無，當是因換行而脱，兹據底二、刊本補。

〔三四四〕有叡智，底二、刊本『有』前有『乃』。刊本『智』作『知』，『知』『智』古今字。

〔三四五〕我七子無善人能報之者，刊本同，底二作『我七子無善人不能報之』。案此二句皆通，惟其讀法不同耳。前句讀作『我七子/無善人能報之者』，意爲『我们七子中没有一個善人能報答母亲』；後句讀作『我七子無善人/不能報之』，意爲『我们七子都是不善之人，故不能報答母亲』。馬瑞辰認爲上句『母氏聖善』之『聖善』爲同義連文，則其意當爲『母亲是聖善之人』，如此『我無令人』句即可釋爲『我们七子不是善人』。那麽，當以底二所作爲長。『子』，此字底一甲用濃筆寫作『囟』，不解何意。兹據底二、刊本改作『子』。

〔三四六〕去嫁，刊本同，底二作『嫁去』。

〔二四七〕也，刊本同，底二無。

〔二四八〕也，底二、刊本無。

〔二四九〕曰，底二、刊本下有「也」。案依例當有。

〔二五〇〕曰有寒泉，底一甲「曰」誤作「月」，兹據底二、刊本改正。刊本末有「者」字。

〔二五一〕浸，底二卷背有注音「子衽反」。

〔二五二〕使浚之民逸樂，底一甲「浚」原誤作「俊」，兹據底二、刊本改正。底二「逸」作「佚」。「佚」正字，「逸」借字，説詳《説文通訓定聲》「佚」字下説解。

〔二五三〕睍睆皇鳥，「睍」，底二卷背有注音「下顯反」。「睆」，底二卷背有注音「胡板反」。「皇」，底二、刊本作「黄」。林平和云：「「黄」誤作「皇」。」案：「黄」本字，「皇」借字。「皇」、「黄」二字古多有通假者，不可謂爲誤字。

〔二五四〕也，底二同，刊本無。

〔二五五〕悦也，刊本「悦」作「説」，「説」、「悦」古今字。底二無「也」字。

〔二五六〕好其音，刊本同，底二作「載好其音」。

〔二五七〕其和順也，底二作「興辝令順」，刊本作「興其辭令順也」。《正義》標起止作「令順」，又云：「音聲猶言語，故興辭令也。」是底一甲誤也。《干禄字書・平聲》：「辝、辤、辭，上中竝辝讓；下辭説，今作辝，俗。」是在唐时，「辝」已成爲「辭」之俗字。而「辞」則又為「辝」之譌變俗字。底一、底二之「辝」、「辞」，刊本皆作「辭」，下不復出校。

〔二五八〕之，底二無，刊本作「也」。案「之」字爲雙行對齊而添。

〔二五九〕慰，刊本同。底二本作「尉」，後又添「心」旁，而《傳》中仍作「尉」。案「尉」本字，「慰」後起字，説已見校記〔三三〕。

〔二六〇〕安，底二同，刊本下有『也』。

〔二六一〕淫亂，刊本同，伯二五二九、斯七八九兩《毛詩》寫本亦同；底二前有『宣公』二字。案小序凡言刺某人，後所言其具體之事迹，往往省略主語。如《新臺》小序：『刺衛宣公也。納伋之妻，作新臺于河上而要之。』其他如《芄蘭》、《揚之水》、《將仲子》、《考槃》小序：『刺莊公也。不能繼先公之業，使賢者退而窮處。』《狡童》、《南山》、《蟋蟀》諸詩之小序亦皆如此。底二之『宣公』二字蓋衍文。

〔二六二〕數，底二卷背有注音『朔』。

〔二六三〕患之，底二同，伯二五二九、斯七八九兩《毛詩》寫本亦同。刊本下有『而作是詩』四字。阮校：『小字本、相臺本同；《唐石經》初刻無此四字，後改有。案有者是也，《正義》標起止云「至是詩」可證。按據標起止爲證，乃是《正義》所據本耳。』案：此僅是《正義》所據本耳。今四唐寫本均無『而作是詩』四字，且《唐石經》初刻亦無，是不可遽定石經後刻爲善。

〔二六四〕烝於夷姜之等也，『烝』，底二卷背有注音『之仍反』。底二無『之等也』三字，刊本無『也』字。

〔二六五〕久役軍旅之事，刊本作『久處軍役之事』；底二同刊本，惟『役』寫作『伇』。

〔二六六〕苦，底二卷背有注音『庫』。

〔二六七〕也，底二、刊本無。

〔二六八〕泄泄，刊本同，底二作『𦐂𦐂』。案《廣雅·釋訓》：『翍翍，飛也。』王念孫《疏證》：『泄與翍通。』《左傳·隱公元年》『其樂也洩洩』杜注：『洩洩，舒散也。』陳奐《詩毛氏傳疏》謂此『泄泄』即《左傳》之『洩洩』（平案：唐人諱『世』字，改『泄』爲『洩』），狀雄雉之翼舒散貌。潘重規云：『此卷翍翍……殆即六朝人俗字，陸德明所謂「豈必飛禽即須安鳥，水族便應著魚」者也。』是『𦐂』爲『泄』之換旁俗字，而『𦐂』與『翍』即是一字，僅偏旁位置互易而已。《傳》中『泄泄』同此，不復出校。又底二卷背有『𦐂』之注音『以世反』。

〔二六九〕整其衣服，『整其』，底一甲原無，兹據刊本補。底二作『整而』，郝校謂『而』爲『其』之誤。『衣』，底二誤奪。

〔三七〇〕起奮訊其形貌志在婦人而，底一甲原無此十一字，應是因换行而將前一『而』字看成後一『而』字而誤脱，兹據刊本補。又『訊』，底二作『迅』。《釋文》：『訊，音信，又音峻，字又作迅，同。』

〔三七一〕政事，刊本同，底二下有『也』。

〔三七二〕也，底二同，刊本無。

〔三七三〕伊維也，底一甲原無，劉師培認爲寫卷挩字，兹據底二補。刊本作『伊，維』，無『也』字。此卷前云『詒，遺也』，是『伊，維』下亦當有『也』字，故不取刊本。

〔三七四〕翳，底二同，刊本作『緊』。案敦煌寫卷『緊』多寫作『翳』，二字同音通假。下句『翳』字同此。又底二卷背有注音『烏雞反』。

〔三七五〕也，刊本同，底二無。

〔三七六〕此句底二作『此自遺以患難』，刊本作『此自遺以是患難』。劉師培云：『義可兩存。』案《小雅・小明》『心之憂矣，自詒伊戚』箋云：『我冒亂世而仕，自遺此憂。』準此，疑以刊本爲長。

〔三七七〕下上其音，底一甲原無，兹據底二、刊本補。

〔三七八〕大小其聲，『大小』，底二同，刊本作『小大』。案説参校記〔八五〕。『聲』字刊本同，底二作『聲音』。

〔三七九〕訴於君子也，刊本作『愬於君子也』。底二作『於君也』。案底二應有脱漏。據《説文》，『愬』爲『訴』之或體，『訴』爲『訴』之隸變字，『訢』之俗體。

〔三八〇〕之，底一甲原無，兹據底二、刊本補。

〔三八一〕勞，底二作『勞苦』，刊本作『勞矣』。

〔三八二〕則我無軍役之事也，『則』，刊本同，底二作『實則』。《正義》云：『以君若不然，則無今日之役故也。』蓋孔所據本亦無『實』字。底二、刊本無『也』字。

〔二八三〕思，底二卷背有注『四音，注中如字』。

〔二八四〕視，底二作『我視』，刊本無。阮校：『小字本、相臺本「日」上有「視」字。案有者是也。《正義》云：「言我視彼日月之行。」即本《箋》爲説也。考文古本有「我視」二字，采《正義》而有誤。』案：底二亦作『我視』，正與《正義》所言及考文古本合。考文古本當有所承，未必採《正義》也。

〔二八五〕獨久，底一甲原誤倒作『久獨』，兹據底二、刊本改正。

〔二八六〕悠悠，底二、刊本作『悠悠然』。案有『然』字爲長，《終風》『莫往莫來，悠悠我思』《箋》云：『我思其如是，心悠悠然。』可爲佐證。

〔二八七〕也，刊本同，底二無。

〔二八八〕尒，底二作『尔』，刊本作『爾』。『「爾」「尒」古本非一字，後世則合二而一，字多寫作「爾」』，而『尔』者，『尒』之變體，説見《敦煌俗字研究》下編第七頁。以下寫卷各本及刊本凡『尒』、『尔』、『爾』之别者均不復出校。

〔二八九〕行，底二卷背有注音『下孟反，下同』。

〔二九〇〕女，底一甲原脱，兹據刊本補。底二作『汝』，『女』『汝』古今字。

〔二九一〕德行如何者，『德行』，刊本同，底二無『德』字。案：『我不知人之德行何如者可謂爲德行』，此句存在邏輯上的毛病。前『德行』之『德』應是衍字。《正義》云：『汝爲衆之君子，我不知人何者謂爲德行。』其所據本蓋亦無『德』字。『如何者』，底二、刊本作『何如者』。案：作『何如者』較善。

〔二九二〕而君或有所留也，『而』，底二同，刊本作『事』。阮校：『小字本、相臺本「事」作「而」。案「而」字是也。』底二、刊本無『也』字。

〔二九三〕也，底二、刊本無。

〔二九四〕疾害也，底一甲『害』原誤作『苦』，兹據底二、刊本改正。刊本無『也』字。

〔二九五〕也，底二同，刊本無。

〔二九六〕其行何用，底一甲脱「行」、「用」二字，兹據底二、刊本補。

〔二九七〕君，刊本同。底二無，郝校據刊本補「君」字。

〔二九八〕歸，刊本同，底二下有「也」字。

〔二九九〕辞，底二作「辤」，下有「也」字。

〔三〇〇〕苦葉，底一甲「苦」原誤作「若」，兹據底二、刊本改正。底一甲「葉」原作「𦯧」，諱改字，兹據刊本改。底二與底一甲同。本詩中底一甲、底二「葉」全作「𦯧」，故均據刊本改爲「葉」，不復出校。

〔三〇一〕「宣公」下刊本、底二有「也」字。

〔三〇二〕也，底二同，刊本無。

〔三〇三〕匏，底二卷背有注音「苻交反」。「苻」爲「符」之俗字。

〔三〇四〕濟，底二卷背有注音「祖戾反」。

〔三〇五〕瓠，底二卷背有注音「胡姑反」。

〔三〇六〕也，刊本同，底二無。

〔三〇七〕時陰陽始交，底二、刊本無「時」字，「始交」作「交會」。案二月仲春爲陰陽始交之時，疑此當作「交會」。

〔三〇八〕可爲昏礼，底二作「始可以成婚礼」，刊本作「始可以爲昏禮」。案「昬」、「昏」異體，「婚」爲「昏」之後起字。

〔三〇九〕納綵問名之，底二、刊本「綵」作「采」，無「之」字。案「采」、「綵」本爲古今字。然此非綵色之綵，應作「采」。《儀禮·士昏禮》：「昏禮：下達，納采用鴈。」鄭注：「將欲與彼合昏姻，必先使媒氏下通其言。女氏許之，乃後使人納其采擇之禮。」「之」當是爲雙行對齊而添。

〔三一〇〕勵，底二、刊本作「厲」。劉師培云：「勵乃訛字也。」

〔三一一〕揭，底二卷背有注音「憩」。

〔三一二〕衣，底一甲原誤作「水」，兹據底二、刊本改正。

〔三一三〕也，刊本同。底二作「爲揭」，郝校云：「據上下文義，應以甲本（平案：指刊本）爲是。」

〔三一四〕宜，底一甲在其右上角有一「乱」字。

〔三一五〕水深，底一甲誤倒作「深水」，兹據底二、刊本改正。

〔三一六〕礼儀，底二同，刊本作「禮義」。劉師培認爲寫卷「較今本爲長」。案劉説不確。「義」爲古「儀」字，説詳《經義述聞》卷十三「不行禮義」條。

〔三一七〕淺，底一甲原誤作「涉」，兹據底二、刊本改正。

〔三一八〕賢與不肖及長幼，底一甲原無「與」字，兹據底二、刊本補。底二、刊本末有「也」字。

〔三一九〕各，底一甲原作「容」，形誤字，兹據底二、刊本改正。

〔三二〇〕配偶也，底二同，刊本「配偶」作「妃耦」，底二與底一甲同。「妃耦」正字，「配偶」借字，説詳段玉裁《説文》「妃」篆、「耦」篆下注。底二、刊本無「也」字。

〔三二一〕瀰，底二卷背有注音「莫婢反」。

〔三二二〕鷕，底二卷背有注音「以小反、以水反」。

〔三二三〕水，底一甲脱，兹據底二、刊本補。

〔三二四〕人之，底一甲「人」誤作「衣」，兹據底二、刊本改正。底二無「之」字。

〔三二五〕雉，底一甲原無。劉師培認爲寫卷挩字，兹據底二、刊本補。

〔三二六〕佚，刊本同，底二作「泆」。《説文・人部》：「佚，佚民也。」水部：「泆，水所蕩泆也。」段注：「凡言淫泆者，皆謂之太過。其引申之義也。」是「泆」爲正字，「佚」爲借字。

〔三二七〕假，底二卷背有注音「皆訝反」。

〔三二八〕儀，底二、刊本作「義」，「義」爲古「儀」字，

〔三二九〕公有淫昏，「公」，底二同，刊本作「宣公」。《正義》引亦無「宣」字。此詩即爲刺宣公而作，疑無「宣」者爲善本。「昏」字底二作「婚」，刊本作「昬」。「昏」、「昬」異體，「婚」爲「昏」之後起字。作「婚」者誤，此言昏亂，不言婚姻。

〔三三〇〕過，刊本同。底二作「遇」，形誤字。

〔三三一〕濡軓，「濡」，底二卷背有注音「辱朱反」。「軓」字底二作「軛」，刊本作「軌」。《釋文》：「軓，舊龜美反，謂車轊頭也。依《傳》意宜音犯。」戴震《毛鄭詩考正》、段玉裁《毛詩故訓傳定本》、王引之《經義述聞》、阮元《詩經校勘記》、黄位清《詩異文録》、李惇《群經識小》等均認爲作「軓」是。案諸説是也。作「軓」作「軓」者皆爲「軓」的常見俗字。刊本作「軌」，亦「軓」之訛，阮元《詩經校勘記》已發之。底二之「軛」，「軓」之譌變，郝校校爲「軓」。其卷背有注音「范，凡之上聲」，是亦爲誤字「軓」作音。

〔三三二〕牡，底二卷背有注音「莫厚反」。

〔三三三〕之，底二、刊本作「也」。案作「也」是。

〔三三四〕由輈以上爲軓，「輈」字底二卷背有注音「張流反」。「軓」字刊本同，底二作「軛」。案當作「軓」，考詳校記〔三三一〕。

〔三三五〕不由其道，刊本同，底二前有「如」。

〔三三六〕其，刊本同，底二誤脱。

〔三三七〕雌雄，刊本同，底二作「雄雌」。

〔三三八〕渡深水者必濡軓，「渡」字刊本同，底二作「濟」。「軓」，底二作「其軛」，刊本作「其軌」。案當作「軓」，説見校記〔三三一〕。

〔三三九〕而，底二、刊本作「言」。

〔三四〇〕也，底二、刊本無。

〔三四一〕牡，底二卷背有注音『母』。

〔三四二〕也，底二同，刊本無。

〔三四三〕雍雍，底二同，刊本作『雝雝』。案『雝』本字，『雍』隸變字。《傳》中『雍雍』同此。

〔三四四〕旭，底二卷背有注音『許玉反』。

〔三四五〕也，刊本同，底二無。

〔三四六〕時也，底一甲無『時』字，《釋文》：『旭，許玉反，徐又許袁反。日始出，謂大昕之時也。』《正義》標起止作『之時』，兹據底二、刊本補。底二、刊本無『也』字。

〔三四七〕隨陽而處，『隨陽』，刊本同，底二作『隨陰陽』。阮校：『《正義》云：「定本云鴈隨陽，無陰字。」是《正義》本有「陰」字，作「鴈者陰隨陽而處」。考《箋》下云「似婦人之從夫」，《正義》云「此皆陰陽並言」，謂下句並言「婦人與夫」，上句宜並言「陰隨陽」也，當以《正義》本爲長。』案：阮説誤也。《儀禮·士昏禮》：『昏禮：下達，納采用鴈。』鄭注：『用鴈爲摯者，取其順陰陽往來。』賈公彦《疏》：『鴈木落南翔，冰泮北徂。夫爲陽，婦爲陰，今用鴈者，亦取婦人從夫之義，是以昏禮用焉。』是鴈爲候鳥，隨陽氣而往還，故以鴈比婦人，此納采用鴈之意也。鄭注言陰者，此邏輯學上連類而及之現象。《正義》云：『此皆陰陽並言。《禹貢注》云：「陽鳥，鴻鴈之屬，隨陽氣南北。」不言陰者，以其彭蠡之澤近南恒暖，鴻鴈之屬避寒隨陽而往居之，故經云「陽鳥攸居」，注釋其名曰陽鳥之意，故不言陰耳。定本云（『云』本作『木』，據阮校改）「鴈隨陽」，無「陰」字。』《正義》所云乃指鴈隨陰陽之氣而處，非謂陰鴈隨陽鴈而處。阮氏誤會孔意，遂以爲孔所據本作「陰隨陽」。若果如此，則納采之鴈需用雌鴈而不當用雄鴈矣，然求之經籍，惟言鴈，不言雌與雄也。底二作『鴈者隨陰陽而處』，正可爲《正義》之佐證。北京大學出版社之標點本《十三經注疏·毛詩正義》據阮校而在《箋》中增『陰』字於『隨』前，誤之甚也。『處』，底二卷背有注音『杵』。

〔三四八〕婦人，刊本同，底二下有『之』。

〔三四九〕昏，底二作「婚」，刊本作「昬」。「昏」、「昬」異體，「婚」爲「昏」之後起字。

〔三五〇〕親迎用昏，底一甲原無「親」字，茲據底二、刊本補。「昏」，底二同，刊本作「昬」。「昏」、「昬」異體。

〔三五一〕士，底一甲原誤作「土」，茲據底二、刊本改正。

〔三五二〕迨，底二卷背有注音「殆」。

〔三五三〕也，底二、刊本無。

〔三五四〕泮，底一甲原誤作「伴」，茲據底二、刊本改正。

〔三五五〕謂請期也，刊本同，底二作「請期」，有脱漏。

〔三五六〕也，刊本同，底二無。

〔三五七〕二月以昏，底二作「二月可以爲婚也」，刊本作「二月可以昏矣」。案《正義》云：「所以正月以前請期者，二月可以爲昏故也。」則似底二較善。

〔三五八〕昂否，「昂」字底二、刊本作「卬」，潘重規云：「「卬」作「昂」，而下句「卬」則作「卬」。」案《説文》無「昂」字，新附始有，云：「舉也。」雖然「昂」、「卬」同音，可以通假。然《爾雅·釋詁上》云：「卬、吾、台、予、朕、身、甫、余、言，我也。」應以作「卬」爲善。《傳》中「昂」字同此，不復出校。底二卷背有「卬」之注音「昂、五剛反」。「昂」與「五剛反」不在同一行上，且「昂」的位置又在「五剛反」上。「五剛反」與「甫久反」上下相接，應是釋「卬否」二字。而「昂」之位置似乎是介於「許玉反」及「五剛反」兩行之間。而且字體、用墨亦與它字不同，筆畫較粗，不似其它字尖細。疑後增入。「否」，底二卷背有注音「甫久反」。

〔三五九〕「皃」下刊本有「也」字。

〔三六〇〕子，刊本同，底二奪。

〔三六一〕之，底二、刊本無。案「之」當爲衍文。

〔三六二〕使爲妃匹也，刊本「使」下有「之」字，無「也」字。底二「妃」作「配」，「妃」正字，「配」借字。

〔三六三〕人，底一甲脱，兹據底二、刊本補。

〔三六四〕而我獨否之也，刊本無「而」、「之也」；底二無「之」字。案「之」字衍文無疑，有「也」於語氣亦不順。蓋底一甲本無此二字，乃爲雙行對齊而添。底二之「也」亦爲後添。

〔三六五〕否，底二卷背有注音「不」。

〔三六六〕猶待而，刊本「猶」作「獨」，劉師培認爲寫卷「較今本爲長」。案《正義》云：「人見號召，皆從渡，而我獨否。」是孔所據本亦作「獨」。刊本「待」下有「之」字。又底一甲至於「待」字，底一乙起於「而」字。

〔三六七〕所，底一乙原誤作「可」，兹據底二、刊本改正。

〔三六八〕得礼儀，底二奪「得」字。刊本「儀」作「義」，「義」爲古「儀」字。

〔三六九〕婚姻不成也，「婚」，底二同，刊本作「昏」。案「婚」爲「昏」之後起字。底二、刊本無「也」字，此爲雙行對齊而添。

〔三七〇〕底二奪「苦葉」二字。

〔三七一〕新昏而棄其舊室，「昏」字底二作「婚」，刊本作「昬」。案「昏」、「昬」異體，「婚」爲「昏」之後起字。《箋》中皆同此，不復出校。「棄」字刊本同，底二作「弃」。案説見校記〔三七〕。

〔三七二〕新昏，刊本下有「者」。

〔三七三〕昏礼者也，「礼」，底一乙脱，底二作「礼」，刊本作「禮」。案底一乙凡「禮」字均寫作「礼」，故據底二補「礼」字。「者也」，刊本無，底二無「者」字。

〔三七四〕皃也，底二作「之皃」，刊本無「也」字。

〔三七五〕「則」前底一乙原有「而谷風至夫婦和」七字，當是手民在抄好「夫婦和」後，因看錯「和」之位置，又從「陰陽和」後之「而」開始抄，遂致衍此七字。兹據底二及刊本删此七字。

〔三七六〕室家成而繼嗣生者也，底一乙抄脱「室家成」三字，兹據底二及刊本補。底二「而」作「則」。底二無「者」，刊本無『者也』二字。案此句『陰陽和』等三句排比而且對偶，末無助詞語氣較勝。蓋底一乙本無此二字，乃爲雙行對齊而添。底二之『也』亦爲後添。

〔三七七〕黽勉，刊本同，底二作『僶俛』。案：僶俛、黽勉皆雙聲叠韻聯綿詞，而聯綿詞無定字。《傳》、《箋》中『黽勉』同此，不復出校。底二卷背有『僶』之注音『武忍反、黽，二』。『武忍反』爲切語，『黽』爲直音。『二』表示有兩個音。寧録『黽二』在『僶』下，『武忍反』在『俛』下，誤。潘録不誤。

〔三七八〕『黽勉』下底二、刊本有『者』字。

〔三七九〕也，刊本同，底二無。

〔三八〇〕黽勉者，刊本同。底二『黽勉』作『俛俛』。案《釋文》云：『黽勉猶勉勉也。』下『黽勉求之』箋『吾其黽勉勤力爲求之』，『黽勉』，底二作『俛俛』；『凡民有喪，匍匐救之』箋『固當黽勉』，『黽勉』，底一乙作『勉勉』，底二作『俛俛』。黽勉、僶俛、勉勉、俛俛皆一聲之轉，可參看《爾雅·釋詁上》『亹亹、蠠沒、孟、敦、勖、釗、茂、劭、勔，勉也』條郝懿行《義疏》。如此，《箋》語亦有作『勉勉』、『俛俛』之本，是未知《鄭箋》本作何字也，故不能據刊本改『勉勉』、『俛俛』爲『黽勉』。底一乙原無『者』字。案『所以……者』句式，爲古漢語複音虛詞的固定結構，以表示推求原因。茲據底二、刊本補。

〔三八一〕讀，底二卷背有注音『輕戰反』。

〔三八二〕宜，刊本同，底二作『義』。『宜』正字，『義』借字。

〔三八三〕采葑采菲，刊本同，底二『葑』作『蘴』。案《方言》卷三：『蘴蕘，蕪菁也。陳楚之郊謂之蘴，魯齊之郊謂之蕘，關之東西謂之蕪菁。』《正義》云：『蘴與葑字雖異，音實同。即葑也，須也，蕪菁也，蔓菁也，葑蓯也，蕘也，芥也，七者一物也。』錢大昕《十駕齋養新録》卷一『葑』條云：『葑、蘴同音，本非二物。』《釋文》云：『葑，孚容反，徐音豐。字書作蘴，孚容反。』蓋陸氏未見作『蘴』之本也。《傳》中『葑』字同此，不復出校。又底二卷背有注音『豐』。『菲』，底二卷背有注音『敷尾反』。

〔三八四〕須也，「須」，底二卷背有注音「宣喻反」。底二無「也」字。

〔三八五〕菲芴也，「菲」，底二卷背有注音「敷非反」。「芴」，底二卷背有注音「勿」。

〔三八六〕根莖也，刊本同，底二前有「謂」字。潘重規云：「此卷『根莖』上有『謂』字，依傳例當有『謂』字。」

〔三八七〕蕾，底一乙原作「當」，刊本作「蕾」。案「當」應是「蕾」之形誤。《説文通訓定聲》謂「蕾」是「葍」之或體。兹據底二改正。又底二卷背有注音「蒲北反、富，二」。案：《廣韻・宥韻》「蕾」音方副切，與「蒲北反」不協。《釋文》讀「匍匐」之「匐」皆音蒲北反。然寫卷「匍匐救之」句與此相隔七行之遠，故「蒲北反」不應是「匐」之注音。錢大昕《十駕齋養新餘録》卷上「古今音異」條云：「古讀富如備，《廣韻》以富入宥韻，蓋齊梁以後之音，轉重脣爲輕脣也。」「備」古音在並紐職部，正與「蒲北反」相合。

〔三八八〕莖，底二、刊本無。潘重規云：「『其根』下有『莖』字，據《正義》云：『言采葑菲之菜者，無以下體根莖之惡並棄其葉。』則箋『根』下亦當有『莖』字也。」

〔三八九〕不可用根惡時并棄其葉，底二、刊本「用」作「以」，「用」、「以」義同。「并」字底二卷背有注音「倂」。「棄其葉」，底二「棄」作「弃」，「弃」爲諱改字，説見校記〔二一七〕。《箋》中「棄」字同此，不復出校。底一乙「葉」原作「菜」（底二同），諱改字，兹據刊本改。

〔三九〇〕相，底一乙無，郝春文據底二、刊本補，兹從之。

〔三九一〕用，底二、刊本作「以」，「用」、「以」義同。

〔三九二〕也，底二同，刊本無。

〔三九三〕同，底一乙原無，郝春文據底二、刊本補，兹從之。

〔三九四〕也，底二同，刊本無。

〔三九五〕与汝長相与處至死，刊本「汝」作「女」，「女」「汝」古今字。「至」字底一乙原作「室」，郝春文據底二、刊本改作「至」，兹從之。

〔三九六〕也，底二、刊本無。

〔三九七〕遲遲，底二同，刊本作「遟遟」。「遲」爲「遟」之俗字。《傳》中「遲遲」同此。

〔三九八〕舒行皃也，「行」，底一乙原無，郝春文據底二、刊本補。案《箋》云：「尚舒行。」是鄭所據本有「行」字，兹據以補。底二、刊本無「也」字。

〔三九九〕離，底二卷背有注音「力智反」。

〔四〇〇〕違徘徊也，刊本無「違」字。阮校：「小字本、相臺本「云」下有「違」字，考文古本「違」字亦同。案有者是也。」潘重規同阮説。底二「徘徊」作「俳佪」。案聯緜詞無定字，作「徘徊」或「俳佪」均可。

〔四〇一〕於，底一乙原無，郝春文據底二、刊本補，兹從之。

〔四〇二〕離別，底二同，刊本作「於別」。潘校：「作「離別」文義亦較勝。」

〔四〇三〕心，底二同，刊本作「其心」。

〔四〇四〕於已不能如，底二「於」前有「之」。案「之」爲衍文。底一乙「如」誤作「用」，兹據底二、刊本改正。刊本末有「也」字。

〔四〇五〕尒，底二作「迩」，刊本作「邇」。「尒」與「邇」同，説詳王引之《經義述聞》卷十九「偪介之關」條。「迩」爲「邇」之古文「迩」的變體，説詳《敦煌俗字研究》下編五八四頁。《箋》中「尒」字同此，不復出校。

〔四〇六〕畿，刊本同，底二作「幾」。「畿」正字，「幾」借字，説詳《毛詩異文箋》卷九。《傳》中「畿」字同。底二卷背有注音「祈」。

〔四〇七〕内，底一乙原無，郝春文據底二、刊本補，兹從之。

〔四〇八〕訣，刊本同，底二作「决」。「决」爲「決」之俗字。《説文》無「訣」字，「決別」之「決」正字應是「抉」，而「訣」則爲後起換旁字（説參朱駿聲《説文通訓定聲》「抉」字説解）。

〔四〇九〕不能遠，刊本同，底二下有「也」。

〔四一〇〕惟，底二、刊本作『維』，二字古通用。

〔四一一〕送我裁至門内，底二作『送我至門内』，刊本作『送我裁於門内』。

〔四一二〕也，底二、刊本無。案此蓋爲雙行對齊而添。

〔四一三〕苦菜也，底一乙原無『菜』字，郝春文據底二、刊本補，兹從之。底二無『也』字。

〔四一四〕荼誠苦矣，底一乙原脱『荼』字，兹據底二、刊本補。底二『矣』作『也』。

〔四一五〕而君子於己之苦毒又甚於荼，底二無『而』字，末有『也』字。

〔四一六〕比方之荼則甘如薺之者也，底二『荼』前有『於』字。底一乙原無『則』字，兹據底二、刊本補。『之者也』，底二無『之者』二字，刊本無此三字。案底一乙『之者也』三字蓋爲雙行對齊而添。

〔四一七〕燕尒新昏，『燕』，底二同，刊本作『宴』。《説文·宀部》：『宴，安也。』《燕部》：『燕，鳦也。』陳奂《詩毛氏傳疏》云：『全詩「宴安」字皆假作「燕」，唯此「宴爾新昏」作「宴」。』案：據敦煌本，則此詩亦假作『燕』也。本詩中『燕』皆同，不復出校。又底二卷背有注音『燕顯反』。案切上字與被切字同。斯二七二九《毛詩音》出『宴尒』，音『燕顯』，『燕顯反』乃是爲『宴』作音。『昏』字底二作『婚』，刊本作『昬』。案『昏』、『昬』異體，『婚』爲『昏』之後起字。

〔四一八〕安，底二同，刊本下有『也』。

〔四一九〕湜湜其沚，『湜湜』，底二卷背有注音『殖、成力反』。『沚』，底二卷背有注音『止』。

〔四二〇〕渭濁，刊本同，底二脱『渭』字。

〔四二一〕持正狠也，底二作『持心皃』，刊本作『持正貌』。案『正』之俗字與『心』形近，故『正』誤爲『心』。『狠』爲『貌』之俗訛字。『皃』小篆隸定字，『貌』籀文隸定字。

〔四二二〕喻若君子得新昏，底二、刊本無『若』字。『昏』，底二作『婚』，刊本作『昬』。『昏』、『昬』異體，『婚』爲『昏』之後起字。

〔四二三〕『惡』下底二、刊本有『也』字。

〔四二四〕持正守初，底一乙『正』原誤作『心』，茲據刊本改正。底二『正』誤作『心』，『初』誤作『物』。

〔四二五〕也，底二同，刊本無。

〔四二六〕經見，刊本同，底二下衍『也』字。

〔四二七〕因取以喻己也，底二作『因取以爲諭』，刊本作『因取以自喻焉』。

〔四二八〕婚，底二同，刊本作『昬』。『昏』、『昬』異體，『婚』爲『昏』之後起字。

〔四二九〕不我屑以，底一乙倒作『不以我屑』，茲據底二、刊本改正。

〔四三〇〕潔，底二同，刊本作『絜』。《玉篇·冫部》：『潔，俗絜字。』下《箋》中『潔』字同此。

〔四三一〕以，底一乙原作『以以』，郝春文云：『其中一「以」字爲衍文，據甲、乙二本及文義當删。』茲從之。

〔四三二〕言君子不復潔用我當室家也，底二無『言』、『也』二字，刊本無『也』字。

〔四三三〕毋，刊本同，底二作『無』。《説文·毋部》：『毋，止之詞也。』段注：『古通用無。』下句及《傳》、《箋》中『毋』字同此，不復出校。

〔四三四〕之，底一乙殘缺，茲據底二、刊本擬補。

〔四三五〕梁笱以捕魚也，底二作『梁笱所以捕魚』，刊本作『梁魚梁笱所以捕魚也』。案：《詩經》此處『梁』、『笱』首次出現，《毛傳》應有釋，疑以刊本爲善。底一乙『笱』原作『苟』，乃是因⺮、艹不分造成之俗訛字，茲據底二、刊本改正。

〔四三六〕毋者喻禁新婚也，底二脱『毋者』二字。刊本『婚』作『昬』，案『昏』、『昬』異體，『婚』爲『昏』之後起字。

〔四三七〕之我，底一乙倒作『我之』，茲據底二、刊本乙正。

〔四三八〕爲，刊本同，底二無。

〔四三九〕皇卹，『皇』，底二、刊本作『遑』。案陳奐《詩毛氏傳疏》云：『遑，古衹作「皇」。《禮記》、《左傳》皆作

「皇」。皇，暇也。』《箋》中『皇』字同此。『卹』，底二、刊本作『恤』。《説文・心部》：『恤，憂也。』段注：『恤與卹音義皆同。又疑古衹有卹，恤其或體也。』《血部》：『卹，憂也。』段注：『卹與心部恤音義皆同，古書多用卹字，後人多改爲恤。』盧文弨《經典釋文考證・毛詩音義上考證》『不恤』條：『據段説知古本《毛詩》本作「卹」，攷《魏石經》《尚書・大誥篇》「卹」字有古文、篆文、隸字三體皆从卩而不從心，漢《街彈碑》「优卹民隱」，《張納功德敘》「卹澹凍餧」亦皆从卩，疑《説文・心部》字是後人所增。』案：此『卹』爲改之未盡者也，《箋》中已改作『恤』。

〔四四〇〕也，底二同，刊本無。

〔四四一〕也，底二同，刊本無。

〔四四二〕身，刊本同，底二作『躬』。案依《鄭箋》通例，當作『身』。

〔四四三〕何暇憂後所生子孫，底二作『何暇憂我所生子孫』，刊本作『何暇憂我後所生子孫也』。

〔四四四〕方之舟之，底二『方』作『舫』，『之』誤作『矣』。黄瑞云曰：『「方」爲本字，後加「舟」旁作「舫」。』

〔四四五〕游，刊本同，底二作『遊』。『游』『遊』古今字。

〔四四六〕方泭也，底二『方』誤作『舩』，卷背有『泭』之注音『孚』。

〔四四七〕深淺者，底一乙原無，郝春文據底二、刊本補，茲從之。

〔四四八〕之，底一乙原無，茲據底二、刊本補。

〔四四九〕者也，底二無『者』，刊本無『者也』二字。案『者也』爲雙行對齊而添。

〔四五〇〕黽勉，刊本同，底二作『僶俛』。案僶俛、黽勉皆雙聲疊韻聯緜詞，聯緜詞無定字。

〔四五一〕也，刊本同，底二無。

〔四五二〕也，刊本同，底二無。

〔四五三〕所，底一乙原無，郝春文據底二、刊本補，茲從之。

〔四五四〕吾其黽勉勤力爲求之，底二「其」作「皆」，「黽勉」作「俛俛」，末有「也」字。案：下《箋》云「有求多，亡求有」，則應以作「皆」者爲善。《正義》云：「不問貧富，吾皆勉力求之。」是其所據本亦作「皆」。「黽勉」與「俛俛」一聲之轉，説見校記〔三八〇〕。後「有求多亡求有」下有「也」字，則此處之「也」字不當有。底二蓋衍。

〔四五五〕也，底二同，刊本無。

〔四五六〕人，底二、刊本作「民」。案「人」爲諱改字。《箋》中「人」字同此。

〔四五七〕也，刊本同，底二無。

〔四五八〕於，刊本同，底二無。

〔四五九〕況我於君子之家［事］難易乎，底二作「況我君子受我家事無難易乎」，刊本作「況我於君子家之事難易乎」。案底一乙原無「事」字，郝春文據底二、刊本補。案郝補是也，《正義》云：「鄰里之疏猶能如是，況我於君子家事難易，何得避之？」兹據以補。又阮校：「明監本、毛本「家之」作「之家」。案所改是也。」案：據《正義》所云，阮校爲善。底二所云不合詩意。

〔四六〇〕固當勉勉，底一乙原無「當」，郝春文據底二、刊本補，兹從之。「勉勉」，底二作「俛俛」，刊本作「黽勉」。案此皆一聲之轉，説見校記〔三八〇〕。

〔四六一〕之也，底二無，刊本無「之」。案「之」當爲衍文。

〔四六二〕畜，底二同，刊本作「慉」。《説文・心部》云：「慉，起也。《詩》曰：「能不我慉。」」則「畜」爲假借字。《傳》、《箋》中「畜」字皆同此。底二卷背有注音「香六反」。

〔四六三〕讎，底二卷背有注音「市由反」。

〔四六四〕不能以恩驕樂我，底一乙「不」原作「木」，郝春文據底二、刊本改爲「不」，兹從之。「樂」，底二卷背有注音「洛」。

〔四六五〕反憎惡我也，底一乙「憎」原誤作「曾」，兹據底二、刊本改正。底二、刊本無「也」字。

[四六六] 賈用不售，『賈』，底二卷背有注音『工户反』。『售』，底二卷背有注音『市又反』。

[四六七] 也，底二同，刊本誤作『云』。

[四六八] 弊，底二同，刊本作『蔽』。『蔽』正字，『敝』借字。『弊』爲『敝』之俗字，説見《玉篇·㡀部》。底二卷背有注音『并袂反』。

[四六九] 我脩，刊本同。底二脱『我』字，『脩』作『修』。案『循』、『脩』二字之俗寫形近，不易區別。據文義此處當是『脩』字，『脩』爲『修』之借字。

[四七〇] 疏，刊本同，底二誤作『路』。

[四七一] 也，底二、刊本無。

[四七二] 育恐育鞠，底一乙『恐』原作『恕』，郝春文據底二、刊本改爲『恐』，兹從之。刊本『鞠』作『鞫』。段玉裁《詩經小學》以『鞫』爲正字，『鞠』爲假借字。《傳》中『鞠』字同此。

[四七三] 也，底二同，刊本無。

[四七四] 昔育者，底一乙原無『昔』，郝春文據底二、刊本補。案郝補是也，《正義》云：『以「育」得兩説，故《釋言》爲「稚」，《釋詁》爲「長」；以經有二「育」，故辨之云：「昔育者，育，稚也。」』兹據以補。底二、刊本無『者』字。《正義》云：『以經有二「育」，故辨之云：「昔育者，育，稚也。」』則孔所據本有『者』字。

[四七五] 稺，底二、刊本作『稚』。『稚』爲『稺』之俗字，『稺』爲『穉』之後起字。《五經文字·禾部》：『穉、稺，上《説文》，下《字林》。』《説文·禾部》：『穉，幼禾也。』段注：『引伸爲凡幼之偁，今字作稚。』本詩中『稺』字同此。

[四七六] 『與』下底二、刊本有『也』字。

[四七七] 昔幼稺時，底一乙『昔』原誤作『者』，兹據底二、刊本改正。底二、刊本『時』前有『之』字。

[四七八] 故与，底一乙『故』字殘缺，兹據底二、刊本補。底一乙『与』字殘存右下角部分殘畫，兹據底二補。底二

「与」前有「願」字。

〔四七九〕避之者，刊本「避」作「辟」，「辟」「避」古今字。底二、刊本無「之者」二字，此蓋爲雙行對齊而添。

〔四八〇〕比予于，底一乙「比予」二字殘缺，「于」字殘存下端殘畫，兹據底二、刊本補。底二卷背有注音「匕」。

〔四八一〕財，底一乙下有「時」字，衍文，兹據底二、刊本刪。

〔四八二〕老，刊本同，底二脱。

〔四八三〕我如毒螫，底二「如」下有「視」字。「螫」，底二卷背有注音「尸石反」。

〔四八四〕惡己之甚，底一乙「惡」原作「思」，郝春文據底二、刊本改作「惡」，兹從之。底二、刊本末有「也」；刊本無「之」字。

〔四八五〕畜，底二、刊本作「蓄」。「蓄」正字，「畜」借字。底二卷背有注音「勑六反」。

〔四八六〕御，底二卷背有注音「言呂反、圉、馭，次下句同」。

〔四八七〕也，底二同，刊本無。

〔四八八〕御冬月之無之時也，刊本「御」作「禦」。御、禦古今字。「之時也」，底二、刊本無「之」字，「之」爲衍文。底二無「也」字。

〔四八九〕昬，底二作「婚」，刊本作「昏」。案「昬」、「昏」異體，「婚」爲「昏」之後起字。

〔四九〇〕但以我御窮苦之時至於富貴，刊本「但」前有「亦」字；底一乙原脱「御窮苦之時至」六字，兹據底二、刊本補。

〔四九一〕則棄我如旨蓄也，底二「棄」作「弃」。案説見校記〔三一七〕。底二、刊本無「也」字。

〔四九二〕有洸有潰，「洸」，底二卷背有注音「光、古黄反」。「潰」，刊本同，底二作「憒」。郝校據刊本改底二之「憒」爲「潰」。案《釋文》：「潰，户對反，怒也。《韓詩》云：「潰潰，不善之貌。」」《説文·水部》「洸」篆下引《詩》作「有洸有潰」。是當以從水旁之「潰」爲本字，「憒」爲借字。《大雅·召旻》「潰潰回遹」，則爲「憒憒』之假借。底二卷背有注音『繪』。

〔四九三〕既詒我肄，『詒』，底二卷背有注音『怡』。『肄』，底二卷背有注音『以世、以自反，二』。

〔四九四〕洸洸，底二同，刊本下有『然』。

〔四九五〕閏，底二、刊本作『潤』，『閏』爲『潤』之借字。

〔四九六〕窮困我，刊本同；底二無『窮』字，末有『也』字。

〔四九七〕塈，底二卷背有注音『許氣反』。

〔四九八〕往者，底二同，刊本作『往昔』。

〔四九九〕也，底二、刊本無。

〔五〇〇〕衛，刊本同，底二下有『也』字。

〔五〇一〕也，刊本同，底二無。

〔五〇二〕狄，底一乙原誤作『秋』，兹據底二、刊本改正。

〔五〇三〕棄，刊本同，底二作『弃』。案説見校記〔三一七〕。

〔五〇四〕處之，『處』，底二卷背有注音『杵，下同』。『之』，底一乙原作『之之』。郝春文云：『其中一「之」字爲衍文，據文義及甲、乙二本當删。』案郝説是，此因換行誤重，兹據以删一『之』字。

〔五〇五〕而不歸，底一乙原無，郝春文據底二、刊本補，兹從之。

〔五〇六〕也，底二、刊本無。

〔五〇七〕式微式微，底一乙原僅『式微』二字，蓋脱去重文符號，兹據底二、刊本補。

〔五〇八〕微乎微者也，底一乙無『微者也』三字，郝春文據刊本補。案郝補是也，《爾雅·釋訓》：『式微式微者，微乎微者也。』《毛傳》據《爾雅》，兹據以補。底二作『微于微也』。于、乎古多通用，皆可爲語末助詞（可參《經傳釋詞》）。

〔五〇九〕何，刊本同，底二作『胡』。何、胡義同。

〔五一〇〕止於此之辞也，底一乙原脱『止於』二字，兹據刊本補。底二『於』作『于』，二字古混用無別。底二、刊本無『也』字。

〔五一一〕式發聲也，底一乙原無『式』字，郝春文據底二、刊本補，兹從之。底二『發』作『微』，無『也』字。案：此乃涉『式微』句而誤。

〔五一二〕露，刊本同，底二作『路』。黄瑞雲曰：『中路與泥中，所指實同一地方。近人解「式微」爲日暮，則更應爲「中路」，不宜作「中露」。濃露多在早上，起露亦在日落以後，日暮尚無露水，則不應云「胡爲乎中露」。日已暮矣，猶在路中，猶在泥中，其辛苦可知。』案：黄説是。《傳》中『露』字同此。

〔五一三〕衛邑也，刊本同，底二作『衛下邑』。案：《春秋·莊公二十八年》『冬，築郿』杜預注：『郿，魯下邑。』孔穎達《春秋左傳正義》：『國都爲上，邑爲下，故云魯下邑。』此『中露』、『泥中』皆非衛都，是釋爲『衛下邑』者亦通。

〔五一四〕何爲處此，底二作『何處此乎』，刊本作『何爲處此乎』。案作『何爲』義長，底二蓋脱『爲』字。

〔五一五〕臣又極諫之辞，底二脱『臣』字，『又』作『有』。案『又』、『有』古通用。

〔五一六〕衛邑，刊本下有『也』，底二作『衛下邑』。案説見校記〔五一三〕。

〔五一七〕旄丘，刊本同，伯二五二九、斯七八九九兩《毛詩》寫卷亦同，底二『旄』作『堥』。潘重規云：『堥丘與《字林》古本合。』《釋文》：『旄，音毛，前高後下曰旄丘。《字林》作「堥」，云：「堥丘也。亡周反，又音毛。」《山部》又有「嵍」字，亦云：「嵍丘，亡付反，又音旄。」』《爾雅·釋丘》『前高，旄丘』《釋文》：『旄，《字林》作嵍，又作堥，倶亡付反。』《文選》卷四五班固《答賓戲》『欲從堥敦而度高乎泰山』李注引應劭曰：『《爾雅》曰：「前高堥丘。」』《原本玉篇殘卷·山部》『嵍』下引《爾雅》作『嵍丘』。吴承仕《經籍舊音辨證》：『旄丘字正作「嵍」，或作「堥」，「旄」則假字也。』《説文·山部》：『嵍，山名。』段注：『按此篆許書本無，後人增之。許書果有是山，則當廁於山名之類矣。……據顔、陸之書，《字林》乃有「嵍」字，則許書之本無此顯然矣。」案：《詩》及《爾雅》「旄丘」下《釋文》兩引《字林》，而無異本，則陸氏未曾見有作「嵍」或「堥」之本。而《説文》無「嵍」及「堥」字，此二字當始見於《字林》。李善注引應劭及《玉篇》引《爾雅》之「嵍」與「堥」，均後人據《字林》改。《漢書·敘傳·答賓戲》師古注引應劭注作「旄」而不作「堥」。敦煌四寫卷唯此底二作「堥」，餘皆作「旄」，此「堥」亦當爲後人所改也。本詩中「旄」字底二均作「堥」，後不復出。底二卷背有注音「毛」。

〔五一八〕衛，底一乙原無，郝春文據底二、刊本補，兹從之。

〔五一九〕衛不能脩方伯連率之職，底一乙原無「衛」字，郝春文據底二、刊本補，兹從之。底二「脩」作「修」，「脩」爲「修」之借字。「率」，底二卷背有注音「色類反」。「職」，刊本作「職」，底二「職」下有「也」字。《玉篇·身部》云：「軄，俗職字。」下凡「軄」字均不復出校。

〔五二〇〕也，刊本同，底二無。

〔五二一〕今，刊本同，郝春文謂底二誤作「命」，是也。案「今」前衍一「侯」之重文符號。

〔五二二〕州伯也，底一乙原無「州」字，郝春文據底二、刊本補。案郝補是也，《正義》引有「州」字，並云：「牧是州牧，伯佐之，是州伯也。」兹據以補。底二無「也」字。

〔五二三〕佐，刊本同，底二誤作「從」。

〔五二四〕也，刊本同，底二無。

〔五二五〕也，刊本同，底二無。

〔五二六〕闕，刊本同，底二下衍一「節」字。

〔五二七〕也，刊本同，底二無。底一乙至於此。

〔五二八〕叔，自此以下以底二爲底本。

〔五二九〕已，刊本作「以」。二字通用。

〔五三〇〕字，刊本下有「也」。

〔五三一〕羊諸反，底二卷背注音。

〔五三二〕期來迎我君而復服之，刊本作「女期迎我君而復之」。《正義》云：「汝所期來迎我君而復之。」又云：「汝期來迎我君而復之。」是孔所據本作「女期來迎我君而復之」，則底一脱「女」字，刊本脱「來」字。「服」爲底二卷背注音。

〔五三三〕日數所具反何一多，「所具反」爲底二卷背注音。刊本「何一多」作「何其多也」。案古漢語複音虚詞「何其」，與之同義者爲「一何」，而此作「何一」。是「一何」倒作「何一」，抑「其」誤作「一」，疑不能定，待考。

〔五三四〕也，刊本無。

〔五三五〕「仁義」下刊本有「也」字。

〔五三六〕此我君何以久處，刊本無「此」、「久」二字。

〔五三七〕又，刊本無。

〔五三八〕以有功意，底二「以有」原倒作「有以」，兹據刊本改正。刊本「意」作「德」。案《箋》申毛作「功德」，《正義》數引亦皆作「功德」，是「功德」不誤。「意」當是「悳」之形誤。「悳」者，「德」之古字。

〔五三九〕責衛今不務功德，底二原脱「衛」字，兹據刊本補。刊本末有「也」字。

〔五四〇〕蒙武容反戎辱容反，「武容反」、「辱容反」皆底二卷背注音。

〔五四一〕「東」下刊本有「也」字。

〔五四二〕刺，底二原作「此」，音誤字，兹據刊本改正。

〔五四三〕昏，刊本作「昬」，「昏」、「昬」異體。

〔五四四〕寄，刊本作「寓」。《正義》引亦作「寓」。案前篇《式微》箋云：「寓，寄也。」故本詩「寓」字《箋》無釋。依例，此當作『寄』。

〔五四五〕故言不東也，刊本無。

〔五四六〕救患恤同，底二『救』字殘存左半『求』，『患』字殘存下部『心』，兹均據刊本擬補。刊本末有『也』字。

〔五四七〕瑮，刊本作『瑣』。此『瑮』爲『瑣』之俗字，考詳《敦煌俗字研究》下編二三四頁。《傳》中『瑮』字同此。

〔五四八〕鶹離，刊本作『流離』。《釋文》：『流，音留，本又作鶹。』《爾雅·釋鳥》『鳥少美長醜爲鶹鷅』郭注：『鶹鷅猶留離。《詩》所謂「留離之子」。』《釋文》：『留離，《詩》字如此，或作鶹離，後人改耳。』《説文·鳥部》：『鶹，鳥少美長醜爲鶹離。』段注：『《詩》本字作「留」，《爾雅注》及《音義》可證，《詩音義》則淺人改易之。』案：留、鶹古今字，『流』則爲『留』之借字。《傳》、《箋》中『鶹離』同此，不復出校。

〔五四九〕鶹離之鳥，刊本作『流離鳥也』。案『流離鳥也』可有兩種讀法，一爲『流離鳥也』，作主語；一爲『流離，鳥也』，作判斷句。《毛傳》釋鳥或以别名爲解，如《豳風·七月》『倉庚，離黄也』。如以總名『鳥』作解，則作『×，×鳥也』，如《陳風·墓門》『鴞，惡聲之鳥也』，《豳風·東山》『鸛，水鳥也』，《小雅·采芑》『隼，急疾之鳥也』，《周頌·振鷺》『鷺，白鳥也』。皆有於鳥之特性或類屬之限定詞。惟《魏風·伐檀》一處作『鶉，鳥也』，而此篇所釋乃是爲與上二章之『縣貆』、『縣特』區别，明所懸者爲鳥，非别物，而不必説明何鳥。是《毛傳》釋鳥之例皆爲『×，×鳥也』。如此，不應讀作『流離，鳥也』，而應讀『流離鳥也』。《傳》後又有『少好長醜，始而愉樂，終以微弱』，乃言流離之特性，則其主語如寫卷作『鶹離之鳥』較佳。

〔五五〇〕湯侯反，底二卷背注音。《釋文》：『愉，以朱反。』斯二七二九《毛詩音》出『而偷』，音『湯侯』。案：愉、偷古今字，説詳《説文·心部》『愉』篆下段注。《廣韻·虞韻》小韻『羊朱切』下有『愉』，注云：『悦也，和也，樂也。』《侯韻》小韻『託侯切』下有『偷』，注云：『盜也。《爾雅》云：「佻偷也。」謂苟且。』然古音喻三歸定，『愉』字當讀爲定紐。偷音託侯切（或湯侯反），透紐，透定相爲清濁也。《廣韻》分爲兩音，已是後起之音也。是作『偷』者後起字，音『以朱反』者後起之音也。

〔五五一〕褎以救反羊秀如琇耳，刊本「褎」作「褏」、「琇」作「充」。案《説文》以「褎」爲「褏」之俗字。底二《傳》文中仍有一處寫作正字「褏」。《廣韻·東韻》：「琇，琇耳，玉名。《詩傳》云：『充耳謂之瑱。』字俗從玉。」《傳》、《箋》中「褎」、「琇」字並同此。「以救反羊秀」，底二卷背注音。

〔五五二〕「盛服」下刊本有「也」字。

〔五五三〕「盛飾」下刊本有「也」字。

〔五五四〕也，底二原作「服」，乃涉上「服」字而誤，兹據刊本改正。

〔五五五〕塞耳也，底二原無此三字。案《毛傳》釋「琇耳」爲「盛飾」，而《箋》下句云「言衛之諸臣顔色褎然，如見塞耳無所聞」，則不釋爲「盛飾」。依《箋》例，如於毛義有不同者，則下己意。此當爲「琇耳」作解而寫卷無解。《儀禮·士喪禮》「瑱，用白纊」鄭注：「瑱，充耳。」《小雅·都人士》「充耳琇實」箋云：「言以美石爲瑱。瑱，塞耳。」可爲鄭玄釋「充耳」爲「塞耳」之證。故據刊本補此三字。

〔五五六〕如塞耳無所聞知，「如」，底二此處殘泐一字位置，刊本作「如見」。《正義》云：「汝顔色褎褎然，如似塞其耳無所聞知也。」是孔據本亦無「見」字。兹據補「如」字。刊本「無所聞知」作「無聞知也」。《正義》云：「汝顔色褎褎然，如似塞其耳無所聞知也。」兹據刊本補「知」字。刊本無「所」字，蓋脱耳。底二無「知」字。

〔五五七〕如人耳聾，刊本作「人之耳聾」。案有「如」字義長。

〔五五八〕也，刊本無。

〔五五九〕蕑皆限反兮，刊本「蕑」作「簡」。《釋文》：「簡，居限反，字從竹。或作蕑，是草名，非也。」李富孫《詩經異文釋》云：「蕑爲香草，故陸以爲非。然从竹字隸體多省變从艸。」李説是。俗竹、艹混用，此「蕑」實爲「簡」之俗寫。本詩中「蕑」字皆同，不復出校。「皆限反」，底二卷背注音。

〔五六〇〕「者」下刊本有「也」字。

〔五六一〕官，底二脱，兹據刊本補。

〔五六二〕方四方也，底二脱，郝校據刊本補此四字。案吐魯番出土《毛詩簡兮》寫卷（載黄文弼《吐魯番考古記》，後簡稱『黄文弼本』）亦有此四字。

〔五六三〕言，底二脱，郝校據刊本補，兹從之。

〔五六四〕也，黄文弼本同，刊本無。

〔五六五〕『且』下刊本有『也』字。

〔五六六〕擇人者，黄文弼本同，刊本作『擇兮擇兮者』。案小序《正義》云：『又刺衛不用賢，而箋云「擇人」。』《正義》釋《鄭箋》云：『鄭以爲，衛君擇人兮，擇人兮，爲有方且祭祀之時，使之當爲《萬》舞。』是孔所據本蓋作『擇人』。據《正義》，尚不能定《鄭箋》是作『擇人者』還是作『擇人兮擇人兮』，兩寫卷均作『擇人者』，疑爲古貌。

〔五六七〕用萬舞，刊本無『用』字，末有『也』字。《正義》云：『鄭以爲，衛君擇人兮，擇人兮，爲有方且祭祀之時，使之當爲《萬》舞。』則以有『用』者爲善。

〔五六八〕干舞，刊本作『干羽』，下有『也』字。郝校據刊本改作『干羽』。案當作『干舞』。阮校：『小字本、相臺本「羽」作「舞」，考文古本同。案「羽」字誤也。以「干羽」爲「萬舞」，是毛義；「萬舞」爲「干舞」，「籥舞」爲「羽舞」，鄭所易也，《正義》有明文。又標起止云「箋簡擇至干舞」亦可證，不知者乃順上《傳》改此《箋》耳。』

〔五六九〕杵下同，底二卷背注音。

〔五七〇〕『上頭』下刊本有『也』字。

〔五七一〕太胥掌學士之板以待致諸子，刊本『太』作『大』，『板』作『版』。『大』『太』古今字。《説文》有『版』無『板』，『板』爲『版』之後起换旁字。底二『待致』下原有『教』字。《周禮·春官·大胥職》無『教』字，兹據刊本删。

〔五七二〕 赦，底二卷背注音。據《説文》，「赦」爲「赦」之或體。

〔五七三〕 但，底二作「俱」，形誤字，兹據刊本、黄文弼本改正。

〔五七四〕 庿，刊本作「廟」。據《説文》，「庿」爲古文「廟」字。

〔五七五〕 「織組」下刊本有「也」字。

〔五七六〕 可，刊本作「可以」。

〔五七七〕 御衆組有文章，刊本無「組」字。《正義》云：「又言『御衆有文章』者，御衆似執轡，有文章似織組。又云：『言能治衆，動於近，成於遠』者，又總解御衆有文章之事也。以執轡及於如組與治衆，三者皆動於近、成於远也。此治民似執轡，執轡又似織組，轉相如，故經直云『執轡如組』，以喻御衆有文章也。」案：《正義》釋毛義已極詳審，「組」字必爲衍文。

〔五七八〕 組，刊本無。郝校認爲刊本脱去「組」字。案「組」爲衍文，説已見上條校記。

〔五七九〕 禦亂禦衆，黄文弼本同，刊本兩「禦」字均作「御」。案古只有「御」字，「禦」乃據「御」之抵御義而造之分别文。「御亂」之「御」可寫作「禦」，「御衆」之「御」不可寫作「禦」。此當從刊本作「御」。

〔五八〇〕 也，刊本無。

〔五八一〕 翟羽，底二「翟」字殘缺，「羽」存右上角殘畫，兹據刊本擬補。

〔五八二〕 碩人多才藝，底二「人」存一撇之上部殘畫，兹據刊本擬補。底二「多」字殘缺，郝校據刊本補，今從之。刊本「才」下有「多」字。《正義》云：「碩人有多才多藝。」是孔所據本有「多」字。

〔五八三〕 渥烏角反赭章社反，「烏角反」、「章社反」均底二卷背注音。

〔五八四〕 抍，底二卷背注音。「抍」爲「析」之俗寫，説見《敦煌俗字研究》下編二三〇頁。

〔五八五〕 厚，刊本作「厚漬」。案《釋文》云：「渥，於角反，厚也。」《正義》云：「定本『渥，厚也』，無『漬』字。」是《釋文》所據本及定本均無『漬』字。陳奐《詩毛氏傳疏》云：『赫爲赤，故云「赫，赤皃」。赫如猶赤然也。厚赤曰渥赭，則訓渥爲厚，其義已足，不必於「厚」下增「漬」字矣。……今本有「漬」字者，後人乃依《終南》箋增改之耳。』又此行天頭有『淳厚，殊脣反』五字，而且『淳』字殘去上半。考斯二七二九《毛詩音》『渥』及『赭』條下又出『淳』條，音『殊脣』。則此又有異本作『淳漬也』。《秦風・終南》『顔如渥丹』箋云：『渥，厚漬也。』《釋文》：『「渥丹」，於角反，淳漬也。「淳」，之純反，又如字，本亦作厚。「漬」，辭賜反。』是《釋文》所據本《鄭箋》作『渥，淳漬也』。伯二五二九《毛詩》亦作『淳漬也』。可知後人不僅依《終南》箋『厚漬也』之語改此《簡兮》毛傳『厚也』爲『厚漬也』，亦有據彼異本『淳漬也』之語而改此《毛傳》『厚也』爲『淳漬也』。阮校：『考文古本作「淳」。采《釋文》。』案阮説誤也，考文古本非采《釋文》，古自有作『淳』之本。

〔五八六〕畁方寐反韠許願于郡二胞苻交反翟閽虎門反寺時志反，『方寐反』、『許願于郡二』、『苻交反』、『虎門反』、『時志反』並底二卷背注音。刊本『畁』作『畀』、『韠』作『煇』，『寺』下有『者』字。敦煌寫卷凡『畀』字多寫作『畁』，『畁』應是俗譌字。《釋文》：『煇，字亦作韠，暄願反。劉昌宗音運。甲吏之賤者。』阮校：『閩本、明監本、毛本「韠」誤「煇」。案：序下《正義》兩「韠」字可證。依此《正義》本，《傳》當作「韠」字。《釋文》云「煇字亦作韠」者，是也，其引《祭統》，乃順彼文作「煇」耳。』案：阮説無據。陸氏無改『韠』爲『煇』之理由。既然《禮記》本作『煇』字，（《禮記・祭統》：『夫祭有畀煇、胞、翟、閽者，惠下之道也。』鄭注：『煇，《周禮》作韠，謂韠磔皮革之官也。』）而此《毛傳》引《禮記》（《祭統》成文早於《孟子》，而《孟子》成書於孟子晚年，約公元前二九五年後的十年之内。説詳沈文倬《略論禮的實行和〈儀禮〉書本的撰作》，《宗周禮樂文明考論》四四頁，杭州大學出版社一九九九），當然亦應作『煇』，作『韠』者，蓋後人據《周禮》改也。《説文・革部》：『韠，攻皮治鼓工也。或从韋。』煇、韠都從軍聲，『煇』應是『韠』之借字。

〔五八七〕桑早反，底二卷背注音。

〔五八八〕容色赫然如厚漬之丹，底二『色赫』二字殘泐，郝校據刊本補，兹從之。『厚漬之丹』，黄文弼本同，刊本作丹」爲是。

〔五八九〕一，底二原無。《傳》云：「惠下之道，見惠不過一散。」《正義》曰：「《禮器》云：『貴者獻以爵，賤者獻以散。』……散謂之爵，爵總名也。」茲據刊本及黄文弼本補。

〔五九〇〕用，底二原無，茲據刊本及黄文弼本補。

〔五九一〕也，刊本、黄文弼本無。

〔五九二〕蓁側巾反，刊本、黄文弼本「蓁」作「榛」。案《傳》云：「榛，木名。」傳文既作「榛」，又釋爲「木名」，則作「榛」是也。《説文·艸部》：「蓁，艸盛皃。」與木名無涉。此作「蓁」者，「榛」之同音借字也。《箋》中「蓁」字同此。「側巾反」爲底二卷背注音。

〔五九三〕零，底二卷背注音。

〔五九四〕也，刊本無。

〔五九五〕也，刊本無。

〔五九六〕誰，底二原作「求」。郝校以刊本作「我誰思乎」爲是。案作「求」無義，茲據刊本改正。

〔五九七〕「賢」下刊本有「者」字。

〔五九八〕薦，刊本、黄文弼本作「薦」。稱薦之薦，「荐」之借字也。「薦」、「薦」通假，寫卷多有。《説文》「薦」从薦从艸會意，不从薦聲。則「薦」者，「薦」之省形借字也。

〔五九九〕与預在王位也，「預」，底二卷背注音。刊本、黄文弼本無「也」字。

〔六〇〇〕碩人，黄文弼本同，刊本下有「也」。

〔六〇一〕作詩，刊本作「故作是詩」。

〔六〇二〕見己，底二原倒作「己見」，茲據刊本乙正。

〔六〇三〕則得歸寧尒，刊本無『得』、『尒』二字。案尋味語句，似不宜有語氣詞『尒』。

〔六〇四〕之，底二原無。案此『之』字在句中的作用是作爲結構助詞把『衛女思歸』這個句子變成一個名詞主語，底二蓋偶脱，兹據刊本補。

〔六〇五〕恩，刊本作『思』。阮校：『案《正義》云：「雖非禮，而思之至極也。君子善其思，故録之也。定本作思字。」如其所言非爲異本，當有誤也。《釋文》云：「一本思作恩。」或定本如此，但未有明文。明監本、毛本作「定本作恩字」，用《釋文》改耳。』案：阮校是也。孔云『定本作思字』，明孔所據本作『恩』也，正與此寫卷合。不過，據《箋》意，以作『思』字爲長。

〔六〇六〕發，刊本作『出』。

〔六〇七〕毖然流入淇水，刊本作『毖然流也淇水名也』。

〔六〇八〕無一日而不思，刊本無『一』、『而』二字，末有『也』字。底二『思』字殘泐中間部分，兹據刊本擬補。

〔六〇九〕諸姬諸姑及伯姊也，刊本作『謂諸姬諸姑伯姊』。

〔六一〇〕力軟反，底二卷背注音。

〔六一一〕也，刊本無。

〔六一二〕『姬』下刊本有『者』字。

〔六一三〕我，刊本下有『且』字，郝校據補。案底二『我』下有殘缺，然據位置來看，『我』下應直接下句經文『出宿于』，並無注文之位置。而且《箋》云『聊，且略之辞』，聊，且也；且，略也。若此有『且』字，則與下『略與之謀』重複。疑此處無『且』字。

〔六一四〕出宿于濟箋礼反，底二『出宿于』三字殘缺，郝校據刊本補『出宿於』三字。案刊本作『于』，不作『於』。且本詩中經文皆作『于』，無作『於』者。刊本『濟』作『泲』。『濟』、『泲』二字古多混用，故李富孫《詩經異文釋》云：『《説文》云：「泲，沇也。」與濟水出常山源流各異。《漢地理志注》云：「泲亦濟水字。」今皆淆而莫辨。』馬瑞辰《毛詩傳箋通釋》則以『泲爲濟之或體』解之。《傳》、《箋》中『濟』字同此。『箋礼反』，底二卷背注音。

〔六一五〕飲餞慈箭反于禰年礼反，『慈箭反』、『年礼反』均底二卷背注音。

〔六一六〕濟地名也，底二『濟』下原有『禰』字。案《傳》在下有『禰地名』三字，且《毛傳》釋經，依次而解。『禰』在句末，自當於句末釋之。故據刊本删之。刊本無『也』字。

〔六一七〕舍釋載蒲末反，『釋』、『蒲末反』均底二卷背注音。

〔六一八〕其，底二原無。《儀禮·聘禮》云：『出祖，釋載，祭酒脯，乃飲酒于其側。』故據刊本補。

〔六一九〕見，刊本無。

〔六二〇〕焉也，刊本無。案『焉也』無連用者。

〔六二一〕『婦人』下刊本有『有』字。

〔六二二〕于，刊本作『於』，二字古通用。

〔六二三〕尔也，刊本無。

〔六二四〕也，刊本無。

〔六二五〕『國郊』下刊本有『也』字。

〔六二六〕言，刊本無。

〔六二七〕異同，刊本作『同異』。

〔六二八〕行瞎反，底二卷背注音。

〔六二九〕旋，底二卷背注音。

〔六三〇〕則行，刊本作『行也』。

〔六三一〕毛如字鄭何割，底二卷背注音。

〔六三二〕也，刊本無。

〔六三三〕也，刊本無。

〔六三四〕反，刊本作『返』，『反』『返』古今字。

〔六三五〕湯丹反，底二卷背注音。

〔六三六〕湏與曹，刊本『湏』作『須』，『曹』作『漕』。案王先謙《詩三家義集疏》引陳蔚林《詩説》以『須』爲『湏』之譌。陳奐《詩毛氏傳疏》在《擊鼓篇》『土國城漕』句下釋云：『漕，古作曹。』《傳》中『湏』、『曹』字同此。

〔六三七〕『衛邑』下刊本有『也』字。

〔六三八〕也，刊本無。

〔六三九〕『歸』下刊本有『寧』字。

〔六四〇〕也，刊本無。

〔六四一〕其，刊本無。

〔六四二〕困厄，刊本作『困苦』。

〔六四三〕隱殷二，底二卷背注音。案經文作『殷殷』，故注音『殷』可疑。《釋文》：『殷，本又作慇，同。』伯二五二九《毛詩》作『慇慇』，『慇』爲『殷』之後起增旁字。卷背注音『殷』，當是注『慇』字。

〔六四四〕向暗，刊本作『鄉陰』。『向』正字，『鄉』借字，説見朱駿聲《説文通訓定聲》『鄉』字下注。陰、暗同義。

〔六四五〕於暗，底二『於』字殘缺，茲據刊本補。刊本『暗』作『闇』。《説文·日部》：『暗，日無光也。』《門部》：『闇，閉門也。』是『暗』爲本字，『闇』爲借字。

〔六四六〕『行』下刊本有『而』字。

〔六四七〕也，刊本無。

〔六四八〕其矩反，底二卷背注音。

〔六四九〕「礼」下刊本有「也」字。

〔六五〇〕「又」下刊本有「近」字。

〔六五一〕「以」下刊本有「此」字。

〔六五二〕君，底二原作「器」，郝校據刊本改爲「君」，兹從之。

〔六五三〕謂勤施人事君不知志，刊本作「謂勤也詩人事君無二志」。

〔六五四〕不，刊本無。案《正義》標起止亦無「不」，此當爲衍文。

〔六五五〕正事一埤頻移反，刊本「正」作「政」。「政」正字，「正」借字。「頻移反」，底二卷背注音。

〔六五六〕也，刊本無。

〔六五七〕我，刊本無。

〔六五八〕而一二，刊本作「一而」。案《正義》云：「減彼一而益我，使彼少而我多。」是孔所據本作「一而」。馬瑞辰《毛詩傳箋通釋》云：「《箋》云『減彼一而以益我』，則不詞，當從蜀本石經作『減彼而一以益我』。但據《正義》釋《箋》，則早誤作『減彼一』矣。」寫卷與《蜀石經》略同，可爲馬説添一證。「二」字蓋涉「一」而衍，當删。

〔六五九〕以言君政教偏補見反，刊本無「以」、「教」二字。「補見反」，底二卷背注音。

〔六六〇〕也，刊本無。

〔六六一〕偏遍下同讁根革反，「遍下同」、「根革反」均底二卷背注音。

〔六六二〕從自外，刊本作「從外而入」。

〔六六三〕偏，刊本作「遍」，「偏」「遍」古今字。

〔六六四〕「去」下刊本有「也」字。

〔六六五〕言室人不知己之志也，刊本作「言室人亦不知己志」。

〔六六六〕都迴反都温反二，底二卷背注音。

〔六六七〕与季反，底二卷背注音。

〔六六八〕也，刊本無。

〔六六九〕箋，底二殘缺，郝校據刊本補「箋」字，今從之。

〔六七〇〕也，底二殘缺，兹據刊本補。

〔六七一〕催徂雷反祖迴反，刊本「催」作「摧」。《説文·人部》：「催，相擣也。《詩》曰：『室人交徧催我。』」段注：「據許則『催』是也。不從傳者，傳取沮壞之義，與摧訓擠訓折義同。蓋當時字作催而毛釋爲摧之假借，許則釋其本義也。」《傳》、《箋》中「催」字同此。「徂雷反祖迴反」爲底二卷背注音。

〔六七二〕慈呂反，底二卷背注音。

〔六七三〕催譏刺之言，刊本「催」下有「者」，「譏刺」作「刺譏」。

〔六七四〕相携持而去之，刊本「携」作「攜」，「之」作「焉」。《説文》有「攜」無「携」。《五經文字·手部》云：「攜，相承作擕，或作携者，皆非。」則「携」爲後起字。本詩中「携」字同此，不復出校。《正義》標起止作「焉」。

〔六七五〕雨云付反雪其霶普黄反，刊本「霶」作「雱」。《説文》以「雱」爲「旁」之籀文。案「霶」當是「雱」之後起字。《傳》中「霶」字同此。「云付反」、「普黄反」並底二卷背注音。

〔六七六〕涼，底二原脱，兹據刊本補。郝校據刊本補「凉」字，誤。「凉」爲俗字，《玉篇·冫部》：「凉，俗涼字。」

〔六七七〕也，刊本無。

〔六七八〕「民」前刊本有「使」字。

〔六七九〕如字，底二卷背注音。

〔六八〇〕也，刊本無。

〔六八一〕彼，刊本無。

〔六八二〕耶餘徐二，刊本「耶」作「邪」。「耶」爲「邪」之俗字。本詩中「耶」字同此，不復出校。「餘徐二」爲底二卷背注音。

〔六八三〕既亟居力反只紙且子餘反下同，「居力反」、「紙」、「子餘反下同」並底二卷背注音。

〔六八四〕虚徐也，刊本作「虚虚也」。《釋文》：「虚虚也，一本作虚徐也。」案：臧琳《經義雜記》卷二「北風傳虚徐也」條認爲當作「虚徐也」。馬瑞辰《毛詩傳箋通釋》説同。

〔六八五〕「急」下刊本有「也」字。

〔六八六〕爲急尅之行也，刊本「爲」前有「以」字，「尅」作「刻」，「也」作「矣」。案「尅」爲「刻」之借字。

〔六八七〕「以此」下刊本有「也」字。

〔六八八〕孚非反，底二卷背注音。

〔六八九〕也，刊本無。

〔六九〇〕也，刊本無。

〔六九一〕帰帰有德，刊本無前一「帰」字，末有「也」字。

〔六九二〕詳余反，底二卷背注音。

〔六九三〕己力反，底二卷背注音。

〔六九四〕「狐」下刊本有「也」字。

〔六九五〕「烏」下刊本有「也」字。

〔六九六〕德君，刊本「德君」作「以君」。案作「德」無義，蓋爲「以」之誤。

〔六九七〕「我」下刊本有「以」字。

〔六九八〕妃，刊本作「配」。「妃」正字，「配」借字。

〔六九九〕于，刊本作「於」，二字古通用。

〔七〇〇〕「貞靜」下刊本有「也」字。

〔七〇一〕「女」下刊本有「德」字。

〔七〇二〕悦，底二卷背注音。

〔七〇三〕「美色」下刊本有「也」字。

〔七〇四〕香六反，底二卷背注音。

〔七〇五〕也，刊本作「之」。

〔七〇六〕自刀反，底二卷背注音。案《廣韻·豪韻》「搔」音蘇遭切，《釋文》「蘇刀反」，皆心紐；「自」則爲從紐字。「自」爲誤字。

〔七〇七〕止，刊本作「正」。案阮校據《終風》傳（平案：阮校誤作「箋」）「正猶止也」而以爲作「止」者誤，不悟《終風》傳當作「止猶正也」（考詳校記〔二〇〕），陳奐《詩毛氏傳疏》即以「正」爲「止」之誤字。此自當以作「止」爲是。箋中「止」字同此。

〔七〇八〕謂，底二原脱，兹據刊本補。

〔七〇九〕貽我彤管，底二殘缺，郝校據刊本補，兹從之。

〔七一〇〕靜德，底二殘缺，郝校據刊本補，兹從之。

〔七一一〕「人君」下刊本有「也」字。

〔七一二〕夫人必有女史彤管之法，刊本「夫人」作「后夫人」。底二「彤」原作「肜」，形誤字，兹據刊本改正。下凡「彤」字皆同此。

〔七一三〕其罪煞，刊本末有「之」字。

〔七一四〕「后妃」下底二約殘泐十字，刊本作「羣妾以礼御於君所女史」。

〔七一五〕月娠辰字或誤爲娠，刊本「月娠」作「月辰」。案斯二七二九「月辰」條注云：「字或誤爲娠，非。」《禮記·內則》：『妻將生子，及月辰，居側室。』《正義》云：『月辰，謂生月之辰，初朔之日也。』據《禮記》，知『娠』爲同音誤字。『辰字或誤爲娠』，底二卷背注音。案：注音與被注字相同。此爲《鄭箋》語『生子月辰則以金環退之』中文，是正文爲『辰』，作『娠』者誤字。故注云『字或誤爲娠』，斯二七二九《毛詩音》即如此。抄手據彼注此，用意在於説明正文作『娠』爲誤字，然若直注云『字或誤爲娠』，則與正文複緟，難以使人明了，故在前加一『辰』字。

〔七一六〕退之，底二『退』殘存『艮』，『之』殘缺，茲據刊本補。

〔七一七〕當御，此二字底二殘存右邊小半，茲據刊本擬補。

〔七一八〕『著于』下底二約殘泐十一字，刊本作『右手事無大小記以成法箋』。

〔七一九〕筆赤管，刊本末有『也』字。

〔七二〇〕于尾反，底二卷背注音。

〔七二一〕悦懌悦懌上毛容雪鄭束鋭下羊石舒石反，刊本『悦』作『説』，『説』『悦』古今字。『悦懌上毛容雪鄭束鋭下羊石舒石反』爲底二卷背注音。

〔七二二〕彤管以赤心正人者，底二『管』字殘存上部『⺮』之部分殘畫，茲據刊本擬補。底二『以赤心正』四字殘缺，郝校據刊本補，茲從之。刊本『者』作『也』。

〔七二三〕悦懌當作，刊本『悦』作『説』，『説』『悦』古今字。底二『作』下原有『懌』，茲據刊本删。

〔七二四〕赤管煒煒然女史以之，底二無『赤』、『之』二字，『管』殘存上半，『煒煒然女史』五字殘缺，茲據刊本補。

〔七二五〕之，底二無，茲據刊本補。

〔七二六〕目，底二卷背注音。

〔七二七〕荑，底二殘存上半，茲據刊本擬補。

〔七二八〕之，底二殘存下面一捺。自前行『荑』至此行『之』間底二殘泐，刊本作『洵美且異牧田官也荑茅之始生也本之於荑取其有始有終箋云洵信也茅絜白之物也自牧田歸荑其信美而異者可以供祭祀猶貞女在窈窕之處媒氏達之可以配人君匪女』。

〔七二九〕美人之詒，底二無『美』字，蓋脱漏重文符號，兹據刊本補。刊本『詒』作『貽』，《説文·言部》：『詒，相欺詒也。一曰遺也。』段注：『《釋言》、《毛傳》皆曰：「詒，遺也。」俗多叚「貽」爲之。』

〔七三〇〕爲，底二殘存右上角，兹據刊本補。『爲』下底二殘泐《毛傳》文約十三字，刊本作『荑徒説美色而已美其人能遺我』。

毛詩傳箋(三)(齊風—魏風)

伯二六六九B(底卷)

天理本(甲卷)

【題解】

伯二六六九號有兩部分内容,前爲《大雅·文王之什》,一百七十七行;後爲《齊風》與《魏風》,一百零四行。均經文單行大字,傳箋雙行小字。姜亮夫認爲兩者『出於一人之手』(《敦煌——偉大的文化寶藏》九〇頁,上海古典文學出版社一九五六),陳鐵凡云:『前後同出一人手,書迹凡拙,蓋村童所寫。』(《敦煌本易書詩考略》,《孔孟学報》第十七期)潘重規云:『此《大雅》八紙及《國風》五紙所據似非一本。』(《敦煌毛詩詁訓傳殘卷題記》,載《敦煌詩經卷子研究論文集》,香港新亞研究所一九七〇)今謂潘氏所疑是也。此兩部分内容不同之處有:一、行款不同,《大雅》部分行款(依單行大字計)均二十餘字,無三十字以上者;而《國風》部分則基本上在三十字以上。二、字體雖似,而實不同。二者雖書迹凡拙,然相較之下,《大雅》部分的字體尤劣。三、《大雅》卷章句題在經文前,《國風》卷章句題在經文後。四、《大雅》卷『鄭箋』之『箋』均寫作『牋』,《國風》卷則仍寫作『箋』。五、『《大雅》卷朱點句讀及四聲,有朱筆黄筆校改,且注反音於卷背。《國風》無朱點,無注音。』(潘重規語)綜上五證,可知此二者並非出於一人之手,應是兩個不同的寫卷而被硬配於一處者。姜亮夫認爲兩者之粘合乃『巴黎整理時所爲』。然伯希和《巴黎圖書館敦煌寫本書目》(陸翔譯,《國立北平圖書館館刊》第七卷第六號,民國二十二年)云:『殘《詩經》,始於《大明》章之中段,第五卷全,題曰:《齊鷄鳴詁訓傳》,末章爲《碩鼠》。背爲雜字數行,下署大順二年。』則非巴黎所爲可知矣。既然兩者並非一卷,故分别校録。今以《國風》部分爲伯二六六九B,《大雅》部分爲伯二六六九A。

底卷編號伯二六六九B，存《齊風》、《魏風》全部，凡一百零四行。《索引》定名『毛詩詁訓傳（鄭氏箋）』，《索引新編》因之。《寶藏》定名『毛詩詁訓傳（齊風及魏風）』，《法藏》定名『毛詩詁訓傳』。寫卷内容傳、箋兼具，故今名爲《毛詩傳箋（齊風—魏風）》。

傳振倫認爲殘卷是武德時寫本（《敦煌寫本毛詩詁訓傳三卷》，《續修四庫全書總目提要》上册三〇一頁，中華書局一九九三），姜亮夫則以爲是六朝寫本（《敦煌本毛詩傳箋校録》，《敦煌學論文集》五九頁，上海古籍出版社一九八七）。寫卷世、民、治諸字未見有避諱之例，但伯二六六九A卷背有雜寫一行『大順貳年伍月十九日遜迎▨』，説明伯二六六九A卷的抄寫年代不會晚於唐昭宗大順二年（公元八九一年），而且此卷書法低劣，硬筆所書，就敦煌寫本的普遍情況來看，絶非六朝初唐寫本。故陳鐵凡以爲其抄寫時代『在中唐晚唐之交』（《敦煌本易書詩考略》），可能是符合事實的。

甲卷藏日本天理大學圖書館，收入編號爲二二二一-イ四七的《敦煌石室遺珠》册子本（兹所據者爲《中國西北文獻叢書》第八輯第八卷《敦煌學文獻》之《石室遺珠》影印本，五六、五八頁，蘭州古籍書店一九九〇）。有二殘片，第一片八行，殘存下半截，其中第二行殘泐無字。起《還》末章『子之昌兮』句，至《著》二章『充耳以青乎而』之『充耳』，涉及《齊風》之《還》及《著》二篇内容。第二片七行，殘存下截，起《著》『尚之以瓊英乎而』之『乎而』，至《東方之日》首章『在我室兮，履我即兮』箋『與之去也』，涉及《齊風》之《著》及《東方之日》二篇内容。兩片字體一致，行款亦同，王三慶認爲二者同卷（《日本天理大學天理圖書館典藏之敦煌寫卷》，《第二届敦煌國際研討會論文集》第八〇至八一頁，臺北漢學研究資料及服務中心一九九一）。只是兩片之間並不直接連接，中間約缺二行。經文單行大字，傳箋雙行小字。今名之爲《毛詩傳箋（齊風還—東方之日）》。

傳振倫《敦煌寫本毛詩詁訓傳三卷》（簡稱『傳振倫』）、潘重規《敦煌毛詩詁訓傳殘卷題記》（簡稱『潘重規』）、黄瑞雲《敦煌古寫本詩經校釋札記（二）》（《敦煌研究》一九八六年第三期。簡稱『黄瑞雲』）均曾對底卷作過校勘，姜亮夫《敦煌本毛詩傳箋校録》也有校録。

底卷據縮微膠卷録文，以甲卷及中華書局影印阮元刻《十三經注疏・毛詩正義》爲校本（簡稱『刊本』），校録於後。

齊鷄鳴詁訓傳第八　卷五〔一〕

《鷄鳴》，思賢妃也。哀公荒淫怠慢，故陳古賢妃貞女夙夜警戒相成之道〔二〕。

鷄既鳴矣，朝既盈矣。鷄鳴而夫人作，朝盈而君作也〔三〕。箋云：鷄鳴朝盈，夫人与君〔四〕可以起之常禮。是警戒之道〔五〕。匪鷄則鳴，蒼蠅之聲。蒼蠅之聲，有似遠鷄之鳴。箋云：夫人以蠅聲爲鷄鳴，則作早於朝礼時〔六〕，亦敬〔七〕。

東方明矣，朝既昌矣。東方明則夫人纚笄而朝，之〔八〕已昌盛則君聽朝。箋云：東方明，朝既昌，亦夫人与君可以視朝之常禮也〔九〕。君日出而視朝也〔一〇〕。［匪］〔一一〕東方則明，月出之光。見月出之光，以爲東方明矣〔一二〕。箋云：夫人以月光爲東方明，則朝亦敬也。

蟲飛薨薨，甘與子同夢。古之夫人配其君子，亦不忘其敬也〔一三〕。箋云：虫〔一四〕飛薨薨，東方且明之時也〔一五〕，我猶樂与君子〔一六〕臥而同夢，言親愛之無已。會且歸〔一七〕矣，無庶予子憎。會，會於朝也。卿大夫朝會於朝〔一八〕聽政，夕歸治其家事。無庶予子憎，無見惡於夫人也〔一九〕。箋云：庶，衆也。蟲飛薨薨，所以當起者，卿大夫朝者且罷歸故也。毋使衆臣以我故惡子〔二〇〕，戒之也。

《鷄鳴》三章，章四句。

《還》，刺荒也。哀公好田獵，從禽獸而無厭〔二一〕。國人化之，遂成風俗，習於田獵謂之賢，閑於馳逐謂之好焉。荒謂正事癈亂〔二二〕。

子之還兮，遭我乎猛之閒兮。還，便捷之貌也〔二三〕。猛，山名也〔二四〕。箋云：子也，我也，皆士大夫也，俱出田獵而相遭者〔二五〕也。並驅從兩豜〔二六〕兮，揖我謂我儇兮。從，逐也。獸三歲曰肩。儇，利也。箋云：並，併也。子也、我也〔二七〕，並驅而逐二獸〔二八〕。子則揖耦我，謂我儇，［譽之也］〔二九〕。譽之者，以報前言還也。子之茂兮，遭我乎猛之道兮。茂，美也。並驅從兩牡兮，揖我謂我好兮。箋云：譽之言好者，以報前言茂也。子〔三〇〕之昌兮，遭我乎猺之陽兮。昌，盛也。箋云：昌，佼好之皃〔三一〕。並驅從兩狼兮，揖我謂我臧兮。狼，獸名。臧，善也。

《還》三章，章四句。

《著》，刺時也。時不親迎。時不親迎〔三二〕，故陳親迎之礼以刺之〔三三〕。

俟我於著乎而，充耳以素乎而，俟，待也〔三四〕。門屏之閒曰著。素，象瑱也〔三五〕。箋云：我者〔三六〕，嫁者自謂也。待我於著，謂從君子而出至于著〔三七〕，君子揖之時〔三八〕，我視君子則以素爲充耳，謂所以縣瑱者也〔三九〕，或名紞紞〔四〇〕，織之，人君五色，臣則三色而已。此言素者，目所先見而云也〔四一〕。尚之以瓊華乎而。瓊華，美石，士之所〔四二〕服也。箋云：尚猶飾〔四三〕。［飾］〔四四〕之以瓊華者，謂懸之於紞末〔四五〕，所謂瑱也。人君以玉爲之〔四六〕。瓊華，石色似瓊玉者〔四七〕。俟我於庭乎而，琉〔四八〕耳以青乎而，青，青玉也〔四九〕。箋云：待我於庭，揖我於庭時也〔五〇〕。青，紞之青者也〔五一〕。尚之［以］〔五二〕瓊瑩乎而。瓊瑩，美石似玉者也〔五三〕，卿大夫之服也。箋云：石色似瓊、似瑩之〔五四〕。俟我於堂乎而，琉耳以黄乎而，黄，黄玉也〔五五〕。箋云：黄，紞之黄者〔五六〕。尚之以瓊英乎而。瓊英，美石似玉者，人君之服〔五七〕。箋云：瓊英猶言瓊瑩耳〔五八〕。

《著》三章，章三句。

《東方之日》，刺襄公也〔五九〕。君臣失道，男女淫奔，不能以禮化也。

東方之日兮，彼姝者子，在我室兮。興也。日出東方，人君明盛，無不照察也。姝者，初婚〔六〇〕之皃。箋云：言東方之日者，訴之乎尔〔六一〕。有姝姝美好之子，來在我室，欲与我爲室家，我無如之何〔六二〕。日在東方，其明未融。興者，諭君不明也〔六三〕。在我室兮，履我即兮。履，禮也。箋云：即，就也。在我室者，以禮來，我則就之，與之去〔六四〕。言今者之子，不以禮來也。東方之月兮，彼姝者子，在我達〔六五〕兮。月盛於東方。君明於上，若日〔六六〕。臣察於下，若月也。達，門内也。箋云：月以興臣，月在東方，亦言不明也〔六七〕。在我達兮，履我發兮。發，行也。箋云：以礼來，則我行而與之去也〔六八〕。

《東方之日》二章，章五句。

《東方未明》，刺無節也。朝廷興居而無節度〔六九〕，號令不時，挈壺氏不能掌其職〔七〇〕焉。號令猶召呼也。挈壺氏，掌漏刻者。

東方未明，顛倒衣裳。上曰衣，下曰裳。箋云：挈壺氏失漏刻之節，東方未明而爲已明〔七一〕，故羣臣促遽，顛倒衣裳也〔七二〕。羣臣之朝，別色始入也〔七三〕。顛之倒之，自公召之。箋云：自，從也。羣臣顛倒衣裳，而朝人又從君所來而召之，漏刻失節，君又早興也〔七四〕。東方未晞，顛倒裳衣。晞，明之始昇也〔七五〕。倒之顛之，自公命〔七六〕之。命，告也。折柳樊圃，狂夫瞿瞿。柳，葇〔七七〕脆之木。樊，藩〔七八〕也。圃，菜園也。折柳以〔七九〕藩園，無益於禁〔八〇〕矣。瞿瞿，無守之貌也〔八一〕。古者有挈壺氏掌〔八二〕以水火分日夜，以告時於朝。箋云：柳木之不可以爲藩，猶是狂夫不可任挈壺氏之事也〔八三〕。不能晨〔八四〕夜，不夙則暮〔八五〕。晨，時也〔八六〕；夜，暮也〔八七〕；夙，早也〔八八〕。箋云：此狂夫〔八九〕不任其事者，恒失節數也。

《東方未明》三章，章四句。

《南山》，刺襄公也。鳥獸之行，淫乎其妹，大夫遇是惡也〔九〇〕，作詩[而]去焉〔九一〕。襄公之妹，魯桓公夫人文姜是〔九二〕也。襄公素與淫通。及嫁，公讁〔九三〕之。公與夫人如齊，夫人訴〔九四〕之襄公。襄公使公子彭生乘車〔九五〕而搤殺之，夫人久留於齊。莊公即位後乃來，猶復會齊侯于禚，于祝丘，又如齊師。大夫〔九六〕見襄公行惡如是，有詩刺之者〔九七〕。又非魯桓公不能禁制夫人而去也〔九八〕。

南山崔崔，雄狐綏綏。興也。南山，齊南山也。崔崔，高大也。國君尊嚴，若〔九九〕南山崔崔然。雄狐相隨，綏綏然無別，失陰[陽]之正矣〔一〇〇〕。箋云：雄狐行求耦〔一〇一〕於南山之上，形狠〔一〇二〕綏綏然。興者，諭襄公居人君之尊位〔一〇三〕，而[爲]淫佚〔一〇四〕之行，其威儀可恥惡，其狀如狐尔〔一〇五〕。魯道有蕩，齊子由帰。蕩，平易也。齊子，文姜也。箋云：婦人謂嫁曰帰。言文姜既以礼從此道嫁於〔一〇六〕魯侯也。既曰帰止，曷又懷止？懷，思也。箋云：懷，來也。言文姜既曰帰於魯侯〔一〇七〕，何復來爲乎？非其來〔一〇八〕。　葛屨五兩，冠緌〔一〇九〕雙止。葛屨，服之賤者也〔一一〇〕。冠緌，服之尊［者］〔一一一〕。箋云：葛屨五兩，論文姜与姪娣及傅姆同處也〔一一二〕。冠緌，論襄公也。五人爲奇，而襄公往，從而雙之。冠屨不宜同處，猶襄公、文姜不宜爲夫婦之道〔一一三〕。　魯道有蕩，齊子庸止。庸，用也。　既曰庸止，曷又從止？箋云：此言文姜既用此道嫁於魯侯，襄公何復送而從之，爲淫佚之行也〔一一四〕？　藝〔一一五〕麻如之何？從衡〔一一六〕其畝。藝，樹也。衡獵之，從獵之，必種之然後以得麻〔一一七〕。箋云：樹麻者必先和耕〔一一八〕其田，然后樹種之〔一一九〕，以言人君取妻必先議於父母也〔一二〇〕。　取妻如之何？必告父母。必告父母之廟也〔一二一〕。箋云：娶〔一二二〕妻之禮，議於生者，卜於死者之廟〔一二三〕，此之謂告也〔一二四〕。　既曰告止，曷又鞠止？鞠，窮也。箋云：鞠，盈也。魯侯汝既告父母娶妻〔一二五〕，汝何復盈縱令至齊〔一二六〕？又非魯桓。　析〔一二七〕薪如之何？匪斧不克。克，能也。箋云：此言欲折薪者必待斧乃能得也〔一二八〕。　娶〔一二九〕妻如之何？匪媒不得。箋云：此言娶妻必待媒乃得之也〔一三〇〕。　既曰得止，曷又極止？極，至也。箋云：汝〔一三一〕既以媒得之矣，何不禁制而止之〔一三二〕，而恣極其耶〔一三三〕意，令至齊乎？又非魯桓也〔一三四〕。

《南山》四章，章六句。

《甫田》，大夫刺襄公也。無禮義而求大功，不脩其〔一三五〕德而求諸侯，志大心勞，所求之者〔一三六〕非其道也。

無佃〔一三七〕甫田，維莠驕驕。興也。甫，大也。大田過度，而无〔一三八〕人功，不能獲也〔一三九〕。箋云：興者，論人君欲立功致治，必勤身脩德，積小以成高大。　無思遠人，勞心忉忉。忉忉，勞也〔一四〇〕。箋云〔一四一〕：此〔一四二〕言無德而求諸侯，徒勞其心忉忉耳。　無佃甫田，維莠桀桀。桀桀猶驕驕也。　無思遠人，勞心怛怛。怛怛猶忉忉也。　婉兮孌兮，總角丱〔一四三〕兮。未幾見之〔一四四〕，突而弁兮。婉孌，好美皃也〔一四五〕。総角，聚兩髦也〔一四六〕。丱，幼穉狠〔一四七〕也。弁，冠也。箋云：人君爲政〔一四八〕，內善其身，外脩〔一四九〕其德，居無幾何，可以立功致治〔一五〇〕，猶是婉孌之僮〔一五一〕子，少自脩飾，丱然而稚，不〔一五二〕見之無幾何，突尔〔一五三〕加冠爲成人也。

《甫田》三章，章四句。

《盧鈴》〔一五四〕，刺荒也。襄公好田獵畢弋而不脩民事，百姓苦之，故陳古以刺焉。畢，濁〔一五五〕也。弋，繳射也。

盧鈴鈴，其人美且仁。盧，田犬也〔一五六〕。鈴鈴，纓環聲也〔一五七〕。箋云〔一五八〕：人君〔一五九〕能有美德，盡其仁愛，百姓欣而奉之，愛而樂之。順時游〔一六〇〕田，与百姓共其樂，同其獲，故百姓聞而説之，其德〔一六一〕聲鈴鈴然。盧重環，重環，子母環也。其人美且鬈。鬈，好貌也〔一六二〕。箋云：鬈讀當爲權〔一六三〕。權，勇壯也。盧重鋂，鋂，一環貫二也。其人美且偲。偲，材〔一六四〕也。箋云：材，多材也。

《盧令》三章，章二勾〔一六五〕。

《敝笱》，刺文姜也。齊人惡魯桓公微弱，不能防閑文姜，使至淫亂，爲二國患焉。

敝笱在梁，其魚魴鰥〔一六六〕。興也。鰥，大魚也〔一六七〕。箋云：鰥，魚子也。魴也、鰥也，魚之易制者也〔一六八〕。然而敝敗之笱不能禁制〔一六九〕。興者，諭魯桓微弱，不能防閑文姜，終其初時之婉順也〔一七〇〕。齊子〔歸〕〔一七一〕止，其從如雲。如雲，言盛也。箋云：其從，謂姪娣之屬也〔一七二〕。言文姜初嫁於魯桓公〔一七三〕之時，其從者之心意如雲然。雲之行，順風耳。後知魯桓微弱，文姜遂淫恣，從者亦隨之爲惡尔〔一七四〕。敝笱在梁，其魚魴鱮。魴、鱮，大魚也〔一七五〕。箋云：鱮，似魴而弱鱗也〔一七六〕。齊子歸止，其〔一七七〕從如雨。如雨，言多也。箋云：〔如〕〔一七八〕雨，言無常，天下之則下，天不下之〔一七九〕則止，以言姪娣之善惡，亦在文姜所使止之〔一八〇〕。敝笱在梁，其魚唯唯。唯唯，出入不能制也〔一八一〕。箋云：唯唯，行相隨順也〔一八二〕。齊子歸止，其從如水〔一八三〕。如水，諭衆多也〔一八四〕。箋云〔一八五〕：水之性可停可行，亦言姪娣之善惡在文姜也。

《敝笱》三章，章四句。

《載驅》，齊人刺襄公也。無禮儀〔一八六〕故，盛其車服，疾驅於通道大都，与文姜淫，播其惡於萬民焉。故猶端也。載驅薄薄，簟茀朱鞹〔一八七〕。薄薄，疾驅聲也。簟，方文席〔一八八〕也。車之蔽者曰茀〔一八九〕。諸侯之輅車有朱革之質而羽飾也〔一九〇〕。箋云：此車襄公乃乘焉，而求与文姜會也〔一九一〕。魯道有蕩，齊子發夕。發夕，自夕至旦也〔一九二〕。箋云：襄公既無礼儀〔一九三〕，乃疾驅其乘車以入魯境〔一九四〕。魯之道路平易，文姜又〔一九五〕發夕，由之往會焉。曾無慙恥之色也〔一九六〕。駟〔一九七〕驪濟濟，垂轡濔濔。四驪，言物色盛也。濟濟，美貌也〔一九八〕。垂轡，轡之有〔一九九〕垂者。濔濔，衆也。箋云：此又刺襄公乘是駟驪馬〔二〇〇〕而來，從〔二〇一〕爲淫亂之行。魯道有蕩，齊子愷悌〔二〇二〕。愷，樂；悌，易〔二〇三〕。言文姜於是樂易然也〔二〇四〕。箋云：此愷悌猶言發夕也。愷讀爲闓〔二〇五〕。悌〔二〇六〕，《古文尚書》以悌爲圛。圛，明也。汶水湯湯，行人彭彭。湯湯，大很也〔二〇七〕。彭彭，多很也〔二〇八〕。箋云：汶水上〔二〇九〕蓋有都焉，襄公与文姜時所會。魯道有蕩，齊子翱翔。翱翔猶仿佯〔二一〇〕也。汶水滔滔〔二一一〕，行人儦儦。滔滔，流很也。儦儦，衆很也。魯道有蕩，齊子遊敖。

《載驅》四章，章四句。

《猗嗟》，刺魯莊公也。齊人傷魯莊公有威儀伎〔二一二〕藝，然而不能以禮防閑其母，失子之道，人以爲齊侯之子焉。

猗嗟昌兮，頎而長兮。猗嗟，嘆辞也〔二一三〕。昌，盛也。頎，長皃也〔二一四〕。箋云：昌，佼好皃也〔二一五〕。抑若陽〔二一六〕兮，抑，美色也〔二一七〕。陽，廣陽也〔二一八〕。美目揚〔二一九〕兮。好目揚眉。巧趍〔二二〇〕蹌兮，射則臧兮。蹌，巧趍皃也〔二二一〕。箋云：臧，善也。猗嗟名兮，美目清兮，目上爲名，目下爲清。儀既成兮。終日射侯，不出正兮。展我甥兮。二尺曰正。外孫曰甥。箋云：成猶備也。正，所射於侯也〔二二二〕，天子五正，諸侯三征〔二二三〕，大夫二正，士一正。外皆居其侯中叅〔二二四〕分之一焉。展，誠也。姊妹之子爲甥〔二二五〕。容皃伎〔二二六〕藝如此，誠我齊之甥也〔二二七〕。言誠者，距〔二二八〕時人言齊侯之子。猗嗟變兮，變，壯好皃也〔二二九〕。清揚婉兮。婉，好眉目也。舞則選兮，射則貫兮。

選，齊也〔二三〇〕；貫，中也。箋云：選者，謂於倫等最上也〔二三一〕。貫，習也。四矢反兮，以御〔二三二〕亂兮。四矢，乘矢也〔二三三〕。箋云：反，復也。礼射三而止〔二三四〕。每射四矢，皆得其故處，此之謂復射。必四矢者，象其能御四方之爲〔二三五〕亂也。

《猗嗟》三章，章六句。

齊國十有一篇，廿四章，百卅三句〔二三六〕。

魏葛屨詁訓傳第九

《葛屨》，刺褊也。魏地陿隘，其民機巧趍利，其君儉嗇褊急，而無德以將之也〔二三七〕。儉嗇而無德，是其所以見侵削。

糺糺〔二三八〕葛屨，可以履霜？糺糺猶繚繚也。夏葛屨，冬皮屨。葛屨非所以履霜也〔二三九〕。箋云：葛屨賤，皮屨貴，魏俗至冬猶謂葛屨可以履霜，利其賤也。摻摻女手，可以縫裳？摻摻猶纖纖也。婦〔二四〇〕三月廟見，然後執婦功。箋云：言女手者，未三月未成爲婦。礼也〔二四一〕。裳，男子之下服，賤，又未可使縫裳也〔二四二〕。魏俗使未三月婦縫裳〔二四三〕，利其事也。要之襋之，好人服之。［要，要也］〔二四四〕。襋，領也。好人，女人手之人也〔二四五〕。箋云：服，整也。要也領也在上，好人上可使整之〔二四六〕。謂屬著之。好人提提，宛然左僻〔二四七〕，佩其象揥。提提，安諦也。宛，避皃也〔二四八〕。婦至門，夫揖而入，不敢當尊，宛然而左避。象揥，所以爲飾也〔二四九〕。箋云：婦新至，慎於威儀。如是使之，非礼也〔二五〇〕。維是褊心，是以爲刺。箋云：魏俗所以然者，是君心褊急，而无德教之爾也〔二五一〕，我是以刺之。

《葛屨》二章，一章六句，一章五句。

《汾沮洳》，刺儉也。其君儉以能勤，刺不得礼也。

彼汾沮洳，言采其莫。汾，水也。沮洳〔二五二〕，其漸洳者也〔二五三〕。莫，菜也。箋云：言，我也。於彼汾水漸沮洳〔二五四〕之中，我采莫〔二五五〕以爲菜，是其儉勤也〔二五六〕。彼其之子，美無度。箋云：之子，是子也。是子之德〔二五七〕，美無有度，言不可尺寸也〔二五八〕。美無度，殊異乎公輅〔二五九〕。輅，車也。箋云：是子之美〔二六〇〕信無度矣。雖然，其采莫之事〔二六一〕，則非公輅之礼也。公路〔二六二〕，主君之軞車，庶子爲之。『晉趙盾〔二六三〕爲軞車之族』是也。彼汾一方，言采其桑。箋云：采桑，親蠶之事〔二六四〕。彼其之子，美如英。萬人爲英。美如英，殊異乎公行。公行，從公之行也。箋云：從公之行者，主君兵車之行列也〔二六五〕。彼汾一曲，言采其藚。藚，水舄也。彼其之子，美如玉。美如玉，殊異乎公族。公族，公屬也〔二六六〕。箋云：〔公〕〔二六七〕族，主君同姓昭穆者〔二六八〕也。

《汾沮洳》三章，章六句。

《園有桃》，刺時也。大夫憂其君國小而迫，而儉以嗇，不能用其民，而無德教，日以侵削，而〔二六九〕作是詩也。

園有桃，其實之殽。興也。園有桃，其實之食〔二七〇〕。國有民，得其力。箋云：魏君薄公稅，省國用，不取於民，食園桃而已。不施德教，民無以戰，其侵削之由是〔二七一〕。心之憂矣，我歌且謠。曲合樂曰歌，徒歌曰謠。箋云：我心憂君之行如此，故歌謠以寫我憂也〔二七二〕。我不知者〔二七三〕，謂我士也驕。箋云：士，事也。不知我所爲歌謠之意者，反謂我於君事驕逸故。彼人是哉，子曰何其。彼人謂君我欲何爲乎〔二七四〕。箋云：彼人，謂君也。曰，於也。不知我所爲憂者，既非責我，又曰：君儉而嗇，所行是其道哉。子於此憂之，何也〔二七五〕？心之憂矣，其誰知之？箋云：如是則衆臣無知我憂所爲者也〔二七六〕。其誰知之，蓋亦勿思。箋云：無知我憂所爲者，則宜無復思念之以自止也。衆臣〔二七七〕不信我，或時謂我謗君，使己〔二七八〕得罪也。園有棘，其實之食。棘，棗也。心之憂矣，聊以行國。箋云：聊，且略然之辞〔二七九〕。聊出行於國中，觀民事以寫我憂〔二八〇〕。不我知者，謂我士也罔極。罔，無〔二八一〕；極，中也。箋云：見我聊出行於國中〔二八二〕，謂我於君事无中心也〔二八三〕。彼人是哉，子曰何其。心之憂矣，其誰知之？其誰知之，盖亦勿思。

《園有桃》二章，章十二句。

《陟岵》，孝子行役〔二八四〕，思念父母也。國小而迫而見侵削〔二八五〕，役于大國之間〔二八六〕，父母兄弟離散，而作是詩也。役乎大國者，爲大國所徵發也〔二八七〕。

陟彼岵兮，瞻望父兮。山無草木曰岵。箋云：孝子行役，思其父〔二八八〕之戒，乃登彼岵山，以遥瞻其父所在之處也〔二八九〕。父曰：『嗟，予子！行役夙夜無已。箋云：予，我也〔二九〇〕；夙，早也〔二九一〕；夜，暮〔二九二〕也。無已，無懈〔二九三〕倦。上慎旃哉！猶來無止。』旃，之也〔二九四〕；猶，可也。父尚義也〔二九五〕。箋云：上〔二九六〕者，謂在軍事作部列時也〔二九七〕。陟彼屺兮，瞻望母兮。山有草木曰屺。箋云：又〔二九八〕思母之戒，而登屺山望之〔二九九〕。母曰：『嗟，予季！行役夙夜無寐。季，少子也。無寐者〔三〇〇〕，無耆〔三〇一〕寐也。上慎旃哉！猶來毋〔三〇二〕棄。』母尚恩〔三〇三〕。陟彼罡〔三〇四〕兮，瞻望兄兮。兄曰：『嗟，予弟！行役夙夜必偕。偕，俱也。上慎旃哉！猶來無死。』兄尚親也。

《陟岵》三章，章六句。

《十畝之間》，刺時也。言其國削小，民無所居焉。

十畝之間〔三〇五〕，桑者閑閑兮，閑閑然，男女無別，往來之皃也〔三〇六〕。箋云：古者一夫百畝，今十畝之間，而〔三〇七〕往來者閑閑然，削小之甚也〔三〇八〕。行與子旋〔三〇九〕兮。或行來者，或來還也〔三一〇〕。十畝之外，桑者泄泄兮，泄泄，多人之皃也〔三一一〕。行與子逝兮。箋云：逝，逮也。

《十畝之間》二章，章三句。

《伐檀》，刺貪也。在位貪鄙，無功而受禄，君子不得進仕𠆭〔三一二〕。

坎坎伐檀兮，寘之河之干兮，河水清且漣猗。坎坎，伐檀聲也〔三一三〕。寘，置也。干，崖〔三一四〕也。風行而水成文曰漣漪〔三一五〕。伐檀以俟世用，而必寘之河濱〔三一六〕，俟，待也。河水清且漣也〔三一七〕。箋云：是謂君子之人不得進仕者〔三一八〕也。不稼不穡，胡取禾三百壥〔三一九〕兮？不狩不獵，胡瞻𠆭庭有懸〔三二〇〕貆兮？種之曰稼，斂之曰穡。一夫之居曰廛。貆，獸名也〔三二一〕。箋云：是謂在位貪鄙，無功而受禄者〔三二二〕也。冬田〔三二三〕曰狩，宵田曰獵。胡，何也。貉子曰貆也〔三二四〕。彼君子兮，不素飧〔三二五〕兮！素，空也。箋云：彼君子者，斥伐檀之人也〔三二六〕，仕有功乃肯受禄也〔三二七〕。

坎坎伐輻兮，寘之河之側兮，河水清且猗直〔三二八〕。輻，檀輻也。側猶崖〔三二九〕也。直，直波〔三三〇〕。不稼不穡，胡取禾三百億兮？萬萬曰億。獸三歲曰特。箋云：十萬曰億。三百億者〔三三一〕，禾秉之數。不狩不獵，胡瞻爾庭有懸特兮？彼君子兮，不素食兮！

坎坎伐輪兮，寘之河之漘兮，河水清且淪猗。檀可以爲輪也〔三三二〕。漘，崖〔三三三〕也。小風行水成文轉如輪者也〔三三四〕。不稼不穡，胡取禾三百囷兮？不狩不獵，胡瞻爾庭有懸鶉兮？圓者爲囷。鶉，鳥也。彼君子兮，不素飧〔三三五〕兮！孰食曰飧〔三三六〕。箋云：飧，[讀如]魚飧之飧也〔三三七〕。

《伐檀》三章，章十句〔三三八〕。

《碩鼠》，刺重斂也。國人刺其君之〔三三九〕重斂，蠶食於民，不脩其政，貪而畏人，若大鼠也。

碩鼠碩鼠，無食我黍。三歲貫女，莫我肯顧。貫，事也。箋云：碩，大也。大鼠大鼠者，斥〔三四〇〕其君也。汝〔三四一〕無復食我黍，疾其稅斂之多也。我事汝三歲矣，曾無教令恩德來顧眷〔三四二〕我，又疾其不脩德〔三四三〕。古者三年大比，民或於是多徙也〔三四四〕。逝將去汝，適彼樂土。箋云：逝，往〔三四五〕。訣別之辭也〔三四六〕。樂土，有德之國。樂土樂土，爰得我所！箋云：爰，曰也。

碩鼠碩鼠，無食我麥。三歲貫女，莫我肯德。箋云：不肯施德於我也〔三四七〕。逝將去女，適彼樂國。樂國樂國，爰得我直！直，得其直道也〔三四八〕。箋云：直猶正也。

碩鼠碩鼠，無食我苗。苗，嘉穀也。三歲貫女，莫我肯勞。箋云：不勞來於我也〔三四九〕。逝將去女，適彼樂郊。箋云：郭外曰郊。樂郊樂郊，誰之詠〔三五〇〕號！號，呼也。箋云：之，往也。詠，歌也。樂郊之地，誰獨當往而歌號者。言皆喜悅無憂苦也〔三五一〕。

《碩鼠》三章，章八句。

魏國七篇十八章百廿八句〔三五二〕　卷第十五〔三五三〕

【校記】

〔一〕卷五，刊本無。

〔二〕陳古賢妃貞女夙夜警戒相成之道，刊本無『古』字，伯二五二九《毛詩》有。傅振倫云：『今本奪古字。』案：孔穎達《毛詩正義》（以下簡稱『《正義》』）云：『君子見其如此，故作此詩，陳古之賢妃貞女夙夜警戒於去，以相成益之道焉。』則孔所據本亦有『古』字。刊本末有『焉』字。案《正義》標起止有『焉』。

〔三〕也，刊本無。

〔四〕夫人与君，刊本作『夫人也君也』。《正義》云：『二者是夫人與君可以起之常禮，故言之以戒君也。』蓋孔氏所據本亦作『夫人與君』。底卷『夫』原作『大』，形誤字，兹據刊本改正。『与』、『與』二字古混用無別，敦煌寫本多用『与』字，後世刊本多改作『與』。下凡此均不復出。

〔五〕是警戒之道，刊本無。

〔六〕則作早於朝礼時，刊本作『則起早於常禮』。案上句《箋》云『夫人与君可以起之常禮』，鄭氏已釋『作』爲『起』，此應以『起』字爲是。《正義》云：『以雞鳴之後未幾而朝盈，朝盈與雞鳴時節相將，以雞既鳴，知朝將盈，故夫人於雞鳴之時并云朝盈耳。』雞鳴爲夫人起牀之時，朝盈爲君起牀之時，今夫人以蠅聲爲雞鳴而起，是其起之時早於早朝之時，故作『早於朝礼時』於義更愜。《正義》數言『早於常禮』，則孔所據本已作『早於常禮』。又『礼』爲古文『禮』字，敦煌寫本多用此字，後世刊本則多用『禮』字。下凡此均不復出校。

〔七〕亦敬，刊本作『敬也』。

〔八〕之，刊本作『朝』。案『之』字無義，蓋本爲前句『朝』之重文符號，譌變而成『之』。

〔九〕亦夫人与君可以視朝之常禮也，刊本『夫人与君』作『夫人也君也』，『視朝之常禮也』作『朝之常禮』。案作『視朝』義長。

〔一〇〕也，刊本無。

〔一一〕匪，底卷脱，兹據刊本補。

〔一二〕矣，刊本無。

〔一三〕也，刊本無。

〔一四〕虫，刊本作『蟲』，《干禄字書·平聲》：『虫、蟲，上俗下正。』

〔一五〕且明之時也，底卷『且』作『旦』，形誤字，兹據刊本改正。刊本無『也』字。

〔一六〕君子，刊本無『君』字。

〔一七〕歸，刊本作『歸』。據《説文》，『歸』爲籀文隸定字，『歸』爲小篆隸定字。下凡刊本作『歸』者皆不復出校。

〔一八〕朝，刊本作『君朝』。

〔一九〕也，刊本無。

〔二〇〕毋使衆臣以我故惡子，刊本『毋』作『無』，『惡子』作『憎惡於子』。《説文·毋部》：『毋，止之詞也。』段注：『古通用無。』

〔二一〕饜，刊本作『厭』。《説文·甘部》『猒』篆下段注云：『猒、厭古今字，猒、饜正俗字。』

〔二二〕正事癈亂，刊本『正』作『政』，『癈』作『廢』。『正』爲『政』之借字，『癈』爲『廢』之俗字。

〔二三〕也，刊本無。

〔二四〕也，刊本無。

〔二五〕者，刊本無。

〔二六〕豣，刊本作『肩』。陸德明《經典釋文·毛詩音義》(以下簡稱『釋文』)云：『肩，如字，獸三歲曰肩。《説文》云：「三歲豕，肩相及者。」本亦作豣，音同。』馬宗霍《説文解字引詩考》：『《豳風·七月》云：「獻豣于公。」彼傳云：「豜三歲曰豜。」是毛於兩詩異字同訓，故此詩《正義》亦引《七月》以申傳，許引作「豜」，訓曰三歲豕，文義皆與《七月》合。以豳證齊，以許證毛，疑此詩「肩」字毛本作「豜」。……然則作「肩」蓋是《韓詩》，後人以韓改毛。」黄焯《經典釋文彙校》云：「猏乃豜之别字。」案伯二五二九《毛詩》及斯二七二九《毛詩音》亦皆作「猏」，可爲馬説佐證。《傳》中作「肩」、「猏」、「肩」二字混淆之例也。

〔二七〕也，底卷脱，兹據刊本補。

〔二八〕並驅而逐二獸，刊本「並」作「併」，「二獸」作「禽獸」。案《箋》云「並，併也」。依《鄭箋》通例，當以作「併」爲是。阮元《詩經校勘記》（後簡稱「阮校」）云：「小字本、相臺本「禽」作「二」。案「二」字是也。「禽」字誤。」

〔二九〕譽之也，底卷原無。案若無此三字，則下「譽之者」三字無所承襲，依文義宜有，兹據刊本補。

〔三〇〕子，甲卷起於此。

〔三一〕之皃，刊本無「之」字，「皃」作「貌」。據《説文》，「皃」小篆隸定字，「貌」籀文隸定字。下凡底卷作「皃」、刊本作「貌」者均不復出校。

〔三二〕「親迎」下刊本有「也」字。

〔三三〕「刺之」下甲卷有「也」字。

〔三四〕待也，底卷「待」原誤作「衛」，兹據刊本、甲卷改正。甲卷無「也」字。

〔三五〕也，甲卷同，刊本無。

〔三六〕者，甲卷同，刊本無。

〔三七〕出至于著，甲卷作「出著」，刊本「于」作「於」，「于」、「於」二字古多通用。

〔三八〕「時」下甲卷、刊本有「也」字。

〔三九〕縣瑱者也，刊本「縣」作「懸」，無「也」字。阮校：「小字本、相臺本「懸」作「縣」。案「縣」字是也。縣、懸古今易字而説之也，不知者乃以《正義》所易改《箋》。」

〔四〇〕或名綩紞，甲卷作「或爲沉」，刊本作「或名爲紞」。案《説文》無「綩」字。《玉篇·糸部》：「綩，紘也。」《説文·糸部》：「紘，冠卷也。」即系於頷下的帽帶。《説文·糸部》：「紞，素也。」段注：「素者，白致繒也。」綩、紞皆與《箋》義不符。《國語·魯語下》「王后親織玄紞」韋昭注：「紞，所以懸瑱當耳者也。」《詩·周南·葛覃》毛傳「古者王后織玄紞」《正義》：「紞，縣瑱之物，織五采爲之。」是綩、紞、沉皆爲「紞」之誤字。

〔四一〕也，刊本無。

〔四二〕所，刊本無。案第二章傳云「卿大夫之服」，第三章傳云「人君之服」，皆無「所」字，此亦不應有「所」字。

〔四三〕「飾」下刊本有「也」字。

〔四四〕飾，底卷原無，此蓋脱漏重文符號所致，兹據刊本、甲卷補。

〔四五〕懸之於紞末，刊本作「懸紞之末」。

〔四六〕之，刊本無。阮校：「小字本、相臺本「爲」下有「之」字，考文古本同。案有者是也。」

〔四七〕石色似瓊玉者，刊本作「石色似瓊也」。案《正義》云：「君乃用玉，臣則不可，而瓊是玉名，嫌臣亦用玉，故辨之云：「瓊華，美石，色似瓊者也。」非用瓊爲瑱也。箋既言人君似玉，即云「瓊華，美石」。」似孔氏所據本作「美石色似瓊者也」。第二章云「美石似玉者也」，第三章云「美石似玉者」，蓋孔所據本爲善。底卷脱「美」，衍「玉」，刊本脱「美」字。

〔四八〕琉，甲卷、刊本作「充」。《廣韻·東韻》：「琉，琉耳，玉名。《詩傳》云：「充耳謂之瑱。」字俗從玉。」下章「琉」字同此。

〔四九〕也，刊本無。

〔五〇〕揖我於庭時也，刊本作「謂揖我於庭時」。

〔五一〕者也，刊本無。

〔五二〕以，底卷脱，兹據刊本補。

〔五三〕美石似玉者也，「美石」，甲卷同，刊本無「美」、「者也」三字。案當有「美」字，説詳校記〔四七〕。

〔五四〕之，刊本作「也」。案「之」字無義。

〔五五〕也，刊本無。

〔五六〕者，刊本無。

〔五七〕「人君之服」下刊本有「也」字。

〔五八〕猶言瓊瑩耳，刊本無「言」字，「瓊瑩耳」作「瓊華也」。案鄭玄釋詞，或用「猶」，或用「猶言」，義無别。《正義》云：「然則英是華之别名，故言『瓊英猶瓊華』。二章瓊、瑩，俱玉石名也，故云『似瓊、似瑩』。英、華是玉光色，故不言似英、似華耳。今定本云『瓊英猶瓊華、瓊瑩』，兼言瓊瑩者，蓋衍字也。」孔所見定本作「瓊英猶瓊華、瓊瑩」，則此句有三異本矣，一作「瓊英猶瓊華」，一作「瓊英猶瓊瑩」，一作「瓊英猶瓊華、瓊瑩」。據《正義》所釋，作「瓊英猶瓊華」者爲善。

〔五九〕刺襄公也，刊本作「刺衰也」。《釋文》云：「刺衰，色追反，本或作刺襄公，非也，南山已下始是襄公之詩。」《正義》以爲是刺哀公之詩。明何楷《詩經世本古義》卷二一認爲是刺襄公之詩。姜亮夫《敦煌——偉大的文化寶藏》云：「今本《序》作『刺衰也』，而二五二九及二六六九兩卷皆云『刺襄公也』。這明明是『襄』以形誤『衰』，後人不知，而又删去『公』字。」諸説不同，未知孰是。

〔六〇〕婚，甲卷作「婚」，刊本作「昬」。「昏」、「昬」異體，「婚」爲「昏」之後起字，「婚」爲「昬」之後起字。

〔六一〕訴之乎尔，刊本「訴」作「愬」，「尔」作「耳」。據《説文》，「愬」爲「𧦅」之或體，「訴」爲「𧦅」之隸變字「訴」的俗體。「尔」者，「尒」之變體，説見《敦煌俗字研究》下編第七頁。《説文·八部》：「尒，詞之必然也。」是「耳」爲「尒」之借字。

〔六二〕「如之何」下刊本有「也」字。

〔六三〕諭君不明也，甲卷、刊本「諭」作「喻」。《新加九經字樣·言部》：「諭、喻，上《説文》，下經典相承，今通用之。」下凡寫卷作「諭」者，刊本均作「喻」，不復出校。刊本無「也」字。

〔六四〕「去」下甲卷、刊本有「也」字。甲卷止於此。

〔六五〕達，刊本作「闥」。陳奐《詩毛氏傳疏》云：「闥，古字當作達。」《傳》及下句「達」字同此。

〔六六〕「日」下刊本有「也」字。

〔六七〕也，刊本無。

〔六八〕也，刊本無。

〔六九〕而無節度，刊本無「而」、「度」二字。案《周禮·春官·雞人》疏引與刊本同。

〔七〇〕軄，刊本作「職」。《玉篇·身部》云：「軄，俗職字。」下凡此均不復出校。

〔七一〕爲已明，刊本作「以爲明」。《正義》云：「以挈壺氏失漏刻之節，每於東方未明而爲已明，告君使之早起。」是孔據本亦作「爲已明」。案：爲者，以爲也，説參裴學海《古書虚詞集釋》。作「爲已明」是。

〔七二〕也，刊本無。

〔七三〕也，刊本無。

〔七四〕也，刊本無。

〔七五〕昪也，刊本「昪」作「升」，無「也」字。《廣韻·蒸韻》：「昪，日上。本亦作升，俗加日。」是「昪」爲後起增旁字。

〔七六〕命，伯二五二九《毛詩》同。刊本作「令」。案「命」、「令」二字義同，然《詩經》多見「命之」，惟此一處刊本作「令之」。而今寫卷亦作「命之」，疑《毛詩》本作「命」也。《傳》中「命」字同此。

〔七七〕菜，刊本作「柔」。《玉篇·艸部》：「菜，香菜菜，蘇類也。」義與此不合。「菜」當是「柔」之俗字。古有加「艹」頭而成爲繁化俗字者，參張涌泉《漢語俗字叢考》一三三頁「蕤」字條。

〔七八〕蕃，刊本作「藩」，「蕃」「藩」古今字。《傳》、《箋》中「蕃」字同此，不復出校。

〔七九〕以，刊本作「以爲」。段玉裁《毛詩故訓傳定本小箋》認爲「爲」字衍。案段説是也。折柳與蕃園，皆動賓詞組，「以」爲連詞，不可用介詞「以爲」。作「以爲」者，誤讀「蕃園」爲名詞也。

〔八〇〕禁，底卷作「樊」，形誤字，兹據刊本改正。

〔八一〕也，刊本無。

〔八二〕掌，刊本無。《周禮·夏官·挈壺氏》：「凡軍事，縣壺以序聚欜；凡喪，縣壺以代哭者。皆以水火守之，分以日夜。」此挈壺氏所掌之職，有「掌」字於義爲長。

〔八三〕不可任挈壺氏之事也，刊本無「可」、「也」二字。案有「可」於義爲長。

〔八四〕晨，刊本作「辰」。《毛傳》：「辰，時也。」《廣雅·釋言》：「時，伺也。」馬瑞辰《毛詩傳箋通釋》云：「『不能辰夜』，即不能伺夜也。」「晨」爲「辰」之同音借字，作「晨」易滋歧義，故顧炎武《九經誤字》、阮校、李富孫《詩經異文釋》並以作「晨」爲非。《傳》中「晨」字同此。

〔八五〕暮，刊本作「莫」，「莫」「暮」古今字。

〔八六〕也，刊本無。

〔八七〕夜暮也，刊本無。

〔八八〕夙早也，刊本無「也」字，下有「莫晚也」三字。

〔八九〕狂夫，刊本作「言」。

〔九〇〕也，刊本無。

〔九一〕作詩而去焉，底卷無「而」，伯二五二九《毛詩》亦有「而」字，兹據刊本補。「去焉」，伯二五二九同，刊本作「去之」。案《正義》標起止亦作「去之」。

〔九二〕是，刊本無。

〔九三〕讁，刊本作『謫』。陳奐《詩毛氏傳疏》於《邶風・北門》『室人交徧讁我』下注云：『讁，俗謫字。《說文》、《玉篇》皆有「謫」無「讁」，《廣韻・二十一麥》云：「謫，責也。讁，上同。」至《唐韻》始見「讁」字。』

〔九四〕訴，刊本作『愬』。案：說見校記〔六二〕。

〔九五〕乘車，刊本作『乘公』。案：《釋文》云：『彭生乘，繩證反。一本作彭生乘公，乘則依字讀。』《左傳・桓公十八年》：『使公子彭生乘公，公薨于車。』《公羊傳・莊公元年》：『齊侯怒，與之飲酒。於其出焉，使公子彭生送之。於其乘焉，搚幹而殺之。』則『車』當作『公』，蓋手民不解『乘公』意而臆改。

〔九六〕大夫，刊本作『齊大夫』。

〔九七〕有詩刺之者，刊本作『作詩以刺之』。案刊本義長。

〔九八〕去也，刊本作『去之』。

〔九九〕若，刊本作『如』，『若』、『如』義同。

〔一〇〇〕失陰陽之正矣，刊本作『失陰陽之匹』。案底卷原無『陽』字，當爲誤脱，兹據刊本補。《正義》云：『毛以爲，南山、雄狐各自爲喻。言南山高大崔崔然，以喻國君之位尊高如山也；雄狐相隨綏綏然，雄當配雌，理亦當然也。今二雄無別，失陰陽之匹，以喻夫當配妻。今襄公兄與妹淫，亦失陰陽之匹。以襄公居尊位而失匹配，故舉淫事以責之。』又云：『今定本云「失陰陽之正」，義亦通也。』然孔氏並無詳釋。今謂作『正』無義，當作『匹』。『正』之俗體與『匹』形似，故譌『正』爲『匹』也。『正』、『匹』古多互誤，例參黄靈庚《楚辭異文辯證》一四〇、四二〇頁，然黄氏以『正』有『匹』義，則非也，因其所舉均二字互誤之例，並無釋『正』爲『匹』之確證。

〔一〇一〕耦，刊本作『匹耦』。案《鄭箋》無單用『耦』者，《匏有苦葉》、《碩人》、《有狐》均作『妃耦』，妃、匹同義。是應以作『匹耦』爲是。

〔一〇二〕狠，刊本作『貌』。『狠』爲『貌』之俗訛字。

〔一〇三〕位，刊本無。《正義》云：『喻襄公淫泆於人君之位，其可恥惡如狐貌。』蓋孔所據本亦有『位』字。

〔一〇四〕爲淫佚，底卷原脱『爲』字，兹據刊本補。刊本『佚』作『泆』。《説文·人部》：『佚，佚民也。』《水部》：『泆，水所蕩泆也。』段注：『凡言淫泆者，皆謂之太過。其引申之義也。』是『泆』爲正字，『佚』爲借字。

〔一〇五〕其狀如狐尔，刊本無『其狀』、『尔』三字。《正義》云：『鄭以爲，狐在山上爲喻，言南山高大崔崔然，有雄狐在此山上，以求配耦，形貌綏綏然，其狀可恥惡也。』蓋孔據本亦有『其狀』二字。

〔一〇六〕於，刊本作『于』，『於』、『于』古多通用。

〔一〇七〕帰於魯侯，刊本『帰於』作『嫁于』，末有『矣』字。案《箋》前已釋曰『婦人謂嫁曰帰』，依《鄭箋》通例，此當作『嫁』。『於』、『于』古多通用。

〔一〇八〕『非其來』下刊本有『也』字。

〔一〇九〕綏，刊本作『緌』。案《説文·糸部》：『緌，系冠纓也。』段注：『或叚綏爲之。』則『緌』正字，『綏』借字也。《傳》、《箋》中『綏』字同此，不復出校。

〔一一〇〕也，刊本無。

〔一一一〕者，底卷原脱，兹據刊本補。

〔一一二〕也，刊本無。

〔一一三〕夫婦之道，此四字底卷爲雙行對齊而倒寫於上行之末。

〔一一四〕淫佚之行也，刊本『佚』作『泆』，無『也』字。案『泆』正字，『佚』借字。

〔一一五〕藝，刊本作『蓺』。《釋文》：『蓺，魚世反，樹也。本或作藝，技藝字耳。』李富孫《詩經異文釋》云：『《説文》云：「埶，穜也。」不从艸。《廣韻》：「蓺，本埶。」則艸已是後人所加。「藝」爲才藝字，世俗不知其義，恒與「蓺」相亂。』《説文》『埶』篆下段注：『唐人樹埶字作「蓺」，六埶字作「藝」。説見《經典釋文》。然蓺、藝字皆不見於《説文》。周時六藝字，蓋亦作「埶」。』《傳》中『藝』字同此。案：『蓺』、『藝』皆爲『埶』之後起繁化字。

〔二六〕從衡，伯二五二九《毛詩》同，刊本作『衡從』，斯二七二九《毛詩音》先出『衡』，後出『從』，是亦作『衡從』。案：《傳》云：『衡獵之，從獵之。』則當作『衡從』爲是。蓋手民習於『從衡』一詞而誤改。

〔二七〕必種之然後以得麻，刊本無『必』、『以』二字。

〔二八〕和耕，刊本作『耕治』。

〔二九〕然后樹種之，刊本『后』作『後』，無『種』字。『后』、『後』二字通用。

〔三〇〕也，刊本無。

〔三一〕之廟也，刊本無『之』、『也』字。

〔三二〕娶，刊本作『取』，『取』、『娶』古今字。

〔三三〕之廟，刊本無。案《正義》引無『之廟』二字，然彼又云：『婚有納吉之禮，卜而得吉，使告女家，是娶妻必卜之。《士冠禮》云：「筮於廟門。」明卜亦在廟也。……其後諸禮皆轉以相似，則禮法皆告廟矣。女家尚每事告廟，則夫家將行六禮，皆告於廟，非徒一卜而已。明以卜爲大事故特言之。』是婚禮每事告廟，卜亦在廟，當以有『之廟』二字者爲善。孔所據本蓋無此二字，故云然。

〔三四〕也，刊本無。

〔三五〕汝既告父母娶妻，刊本『汝』作『女』，『娶妻』作『而取』。『女』『汝』古今字。下句『汝』字同此。

〔三六〕盈縱令至齊，刊本『縱』作『從』，『至齊』作『至于齊乎』。『從』『縱』古今字。

〔三七〕析，底卷原作『折』，乃是因扌、木混用造成之俗寫，兹據刊本改爲『析』。

〔三八〕欲扸薪者必待斧乃能得也，刊本無『欲』、『者』、『得』三字，『扸』作『析』。『扸』爲『析』之俗寫，説見《敦煌俗字研究》下編二三〇頁。

〔三九〕娶，刊本作『取』，『取』『娶』古今字。然此當作『取』，上一章尚作『取』，可證。

〔三〇〕娶妻必待媒乃得之也，刊本「娶」作「取」，無「之」字。「取」「娶」古今字。
〔三一〕汝，刊本作「女」，「女」「汝」古今字。
〔三二〕而止之，刊本無。
〔三三〕耶，刊本作「邪」，「耶」爲「邪」之俗字。
〔三四〕也，刊本無。
〔三五〕其，刊本無。
〔三六〕所求之者，刊本作「所以求者」。
〔三七〕佃，刊本作「田」，「田」「佃」古今字。下章「佃」字同此。
〔三八〕无，刊本作「無」。《説文·亾部》：「无，奇字無也。」
〔三九〕不能獲也，刊本作「終不能獲」。
〔四〇〕勞也，刊本作「憂勞也」。
〔四一〕箋云，刊本無。阮校：「小字本、相臺本「言」上有「箋云」，考文古本有，亦同。案有者是也。」
〔四二〕此，刊本無。案：「此」字當有。刊本脱「箋云」二字，以下文爲毛傳，無須以「此」字引言，遂删之。
〔四三〕丱，刊本作「丱」。阮校、陳奐《詩毛氏傳疏》、馬瑞辰《毛詩傳箋通釋》均認爲當作「丱」。案：「丱」「丱」一字隸變之異。《傳》、《箋》中「丱」字同，不復出校。
〔四四〕見之，刊本作「見兮」。《釋文》：「見兮，一本作見之。」阮校、李富孫《詩經異文釋》及黄位清《詩異文録》均認爲當作「見兮」。
〔四五〕好美皃也，刊本作「少好貌」。
〔四六〕総角聚兩髦也，「総」爲「總」之俗字；底卷「聚」原作「娶」，形誤字，兹據刊本改正。
〔四七〕幼穉狠，刊本「穉」作「穉」，無「狠」字。「穉」爲「穉」之俗字，「狠」爲「貌」之俗譌字。

〔一四八〕爲政，刊本無。

〔一四九〕脩，刊本作「修」。「修」正字，「脩」借字。

〔一五〇〕致治，刊本無。

〔一五一〕僮，刊本作「童」。案「童」「僮」古今字，漢以後始有僮僕之「僮」字（説參齊佩瑢《訓詁學概論》八六頁，中華書局一九八四）。此言「童子」，應作「童」。

〔一五二〕不，刊本無。案「不」爲衍文。「未幾」已用「無幾何」釋之，前不當又加「不」字。此蓋後人未詳審其文而臆加。

〔一五三〕尒，刊本作「耳」。《説文・八部》：「尒，詞之必然也。」是「耳」爲「尒」之借字。

〔一五四〕鈴，刊本作「令」。陳奂《詩毛氏傳疏》以「令」爲「鈴」之古文假借字。本詩中「鈴」字皆同。

〔一五五〕濁，刊本作「噣」。《爾雅・釋天》：「濁謂之畢。」清楊賡元《讀爾雅日記》：「『噣』爲『濁』之本字，作『濁』者，假借字也。」

〔一五六〕田犬也，底卷「犬」原作「大」，形誤字，兹據刊本改正。刊本無「也」字。

〔一五七〕也，刊本無。

〔一五八〕箋云，刊本無。《正義》標起止云：「傳『盧田』至『令令然』。」是孔所據本無「箋云」二字，亦以後數句爲傳文。

〔一五九〕人君，刊本前有「言」。

〔一六〇〕游，刊本作「遊」。「游」「遊」古今字。

〔一六一〕德，刊本無。案有「德」字較佳。若僅云「其聲鈴鈴然」，則無以别田犬之纓環聲與人君之德聲也。

〔一六二〕也，刊本無。

〔一六三〕攉，刊本作「權」。段玉裁《詩經小學》云：「今本作權，誤。《説文》『捲，气勢』，引《國語》有捲勇。今《齊語》「子之鄉有拳勇」，《小雅》「無拳無勇」，皆作拳。《五經文字》權字注云：「從手作攉者，古拳握字。」可知《鄭箋》从手非从木，與捲勇、拳勇字同。今字書佚此字，而僅存於張參之書也。」下句『攉』字同此。

〔一六四〕材，刊本作『才』。《說文·木部》：『材，木梃也。』段注：『引伸之義凡可用之具皆曰材。』《才部》：『才，艸木之初也。』段注：『引伸爲凡始之稱……凡才、材、財、裁、纔字以同音通用。』是『材』爲正字，『才』爲借字。《箋》中『材』字同此。

〔一六五〕勾，刊本作『句』，《干祿字書·去聲》：『勾、句，上俗下正。』

〔一六六〕鯤，刊本作『鰥』，二字同音通用。《傳》、《箋》中『鯤』字皆同，不復出校。

〔一六七〕也，刊本無。

〔一六八〕也，刊本無。

〔一六九〕敝敗之笱不能禁制，底卷『笱』原作『苟』，乃是因竹、艹不分造成之俗訛字，茲據刊本改正。以下本詩中之『笱』原皆作『苟』，並據以改正。刊本無『禁』字。

〔一七〇〕也，刊本無。

〔一七一〕帰，底卷原無，刊本作『歸』。據《說文》，『帰』爲籀文隸定字，『歸』爲小篆隸定字。底卷下兩章皆作『帰』，茲據以擬補。

〔一七二〕謂姪娣之屬也，刊本無『謂』、『也』二字。

〔一七三〕初嫁於魯桓公，刊本無『於』、『公』二字。

〔一七四〕尔，刊本無。

〔一七五〕也，刊本無。

〔一七六〕也，刊本無。

〔一七七〕其，底卷原作『齊』，音誤字，茲據刊本改正。

〔一七八〕如，底卷原脱，兹據刊本補。

〔一七九〕之，刊本無。

〔一八〇〕亦在文姜所使止之，刊本無『在』、『之』二字。

〔一八一〕不能制也，刊本作『不制』。

〔一八二〕也，刊本作『之貌』。

〔一八三〕其從如水，底卷後補於『齊子歸止』下雙行小字之中間。

〔一八四〕如水諭衆多也，刊本作『水喻衆也』。陳奂《詩毛氏傳疏》云：『舊本《北堂書鈔·禮儀部五》引傳「如水言衆者也」，「者」衍字。此與「如雲言盛也」、「如雨言多也」一例，當據以訂正。』案《北堂書鈔》所引較善，寫本蓋已有改篡，如刊本，則其誤逾甚矣。

〔一八五〕云，底卷原誤作『言』，兹據刊本改正。

〔一八六〕儀，刊本作『義』，『義』爲『儀』之古字。

〔一八七〕韓，刊本作『鞹』。《説文》有『鞹』無『韓』，朱駿聲《説文通訓定聲》以『韓』爲『鞹』之俗字。

〔一八八〕簟，刊本作『簟』。《干禄字書·入聲》：『簟、席，上俗下正。』阮校：『小字本、相臺本「簟」作「席」。案「席」字是也。簟，大也。在《緇衣》，非此之用。但俗體有加草者耳。』

〔一八九〕車之蔽者曰茀，刊本作『車之蔽曰茀』。案當從刊本。

〔一九〇〕諸侯之輅車有朱革之質而羽飾也，刊本『輅』作『路』，無『也』字。《釋名·釋車》：『天子所乘曰路，路亦車也，謂之路者，言行於道路也。』畢沅《疏證》認爲當作『路』，不當作『輅』。段玉裁於《説文·車部》『輅』篆下注：『若近代用輅爲路車字，其淺俗不足道也。』案：『輅』爲『路』之後世分別文，本當作『路』。底卷『車』下原有『鞹』字。案《説文·革部》：『鞹，革也。』（此據段注本）朱鞹，朱革也。此言諸侯之輅車有朱革之質以飾之也，『鞹』字置於此則不成句，必爲衍文，故删之。

〔一九一〕而求与文姜會也，刊本「求」作「來」，無「也」字。案作「來」義長。

〔一九二〕自夕至旦也，刊本作「自夕發至旦」。

〔一九三〕儀，刊本作「義」，「義」爲「儀」之古字。

〔一九四〕境，刊本作「竟」，「竟」「境」古今字。

〔一九五〕又，刊本無。

〔一九六〕也，刊本無。

〔一九七〕駟，刊本作「四」。黄焯《經典釋文彙校》云：「作「四」是。」案《傳》中仍作「四」。《箋》中「駟」字亦當作「四」。

〔一九八〕也，刊本無。

〔一九九〕有，刊本無。案「有」字無義。

〔二〇〇〕駟驪馬，刊本無「馬」字。案《正義》云：「襄公將與妹淫，乘其一駟之馬，皆是鐵驪之色。」《爾雅·釋畜》「驪馬白跨，驈」郭注：「驪，黑色。」《禮記·檀弓上》「戎事乘驪」鄭注：「馬黑色曰驪。」驪訓黑色，黑色亦可謂驪。「駟（當作「四」，説見校記〔一九七〕）驪」者，四匹黑馬也。其義已足，不必再添「馬」字。

〔二〇一〕從，刊本作「徒」。《釋文》：「徒，一本作從，兩通。」

〔二〇二〕愷悌，刊本作「豈弟」。案「豈」「愷」古今字，説詳王筠《説文釋例》卷十四《删篆》；「弟」「悌」古今字，説見徐灝《説文解字注箋》。下凡「愷悌」皆同此，不復出校。

〔二〇三〕愷樂悌易，刊本無。案《釋文》出「樂易」，釋下句「文姜於是樂易然」，是陸氏所據本亦無此「愷樂悌易」之訓。

〔二〇四〕也，刊本無。

〔二〇五〕愷讀爲闓，刊本「愷」作「豈」，「讀爲」作「讀當爲」。「豈」「愷」古今字。段玉裁《周禮漢讀考·序》云：

「讀爲、讀曰者，易其字也，易之以音相近之字，故爲變化之詞。……「當爲」者，定爲字之誤、聲之誤而改其字也。……凡言「讀爲」者，不以爲誤；凡言「當爲」者，直斥其誤。」愷、闓古音皆在溪紐微部，則鄭讀愷爲闓，非言聲誤也，乃言通假也。應作「讀爲」，刊本誤。

〔二〇六〕悌，刊本作「弟」。「弟」「悌」古今字。下句「悌」字同。

〔二〇七〕狠也，刊本「狠」作「貌」，無「也」字。「狠」爲「貌」之俗譌字。下章《傳》兩「狠也」皆同此，不復出校。

〔二〇八〕很也，刊本「很」作「貌」，無「也」字。「很」爲「狠」之變體，而「狠」爲「貌」之俗譌字。

〔二〇九〕上，刊本作「之上」。

〔二一〇〕仿佯，刊本作「彷徉」。案聯緜詞無定字，仿佯、彷徉並同。

〔二一一〕滔滔，底卷原作「洽洽」，形誤字，玆據刊本改正。《傳》中「滔滔」同此。

〔二一二〕伎，刊本作「技」。《説文·手部》：「技，巧也。」人部：「伎，與也。」則「技」爲正字，「伎」爲借字。

〔二一三〕嘆辞也，刊本「嘆辞」作「歎辭」，無「也」字。案「嘆」、「歎」二字爲改換意符之異體。《干禄字書·平聲》：「辞、辤、辭，上中竝辞讓；下辭说，今作辞，俗。」是在唐時，「辞」已成爲「辭」之俗字，而「辞」則又爲「辞」之訛變俗字。

〔二一四〕也，刊本無。

〔二一五〕也，刊本無。

〔二一六〕陽，刊本作「揚」。案「陽」、「揚」二字古多通用，然此句中「揚」之義，説者紛繁，迄未定論，故未能遽定何者爲正字，何者爲借字。《傳》中「陽」字同此。

〔二一七〕也，刊本無。

〔二一八〕也，刊本無。

〔二一九〕楊，刊本作「揚」。案「揚」字是。《傳》中「楊」字亦當作「揚」。

〔二二〇〕 趍，刊本作「趨」。「趍」爲「趨」之俗字，説見《廣韻·虞韻》。下凡「趍」字同此。

〔二二一〕 也，刊本無。

〔二二二〕 所射於侯也，刊本作「所以射於侯中者」。案侯者箭靶，正即侯中，即今所言箭靶中間之鵠的。射箭不射侯，乃射鵠的。故底卷誤也。

〔二二三〕 征，刊本作「正」。案「征」爲「正」之音借字。

〔二二四〕 叅，刊本作「參」，《廣韻·談韻》：「三，數名。參，上同，俗作叅。」

〔二二五〕 姊妹之子爲甥，底卷「妹」原作「姝」，形誤字，兹據刊本改正。刊本「爲」作「曰」。案「曰」、「爲」義同，説見王引之《經傳釋詞》。

〔二二六〕 伎，刊本作「技」。案説詳校記〔一二二〕。

〔二二七〕 也，刊本無。

〔二二八〕 距，刊本作「拒」。《説文》有「距」無「拒」，「拒」爲後起字。

〔二二九〕 也，刊本無。

〔二三〇〕 也，刊本無。

〔二三一〕 也，刊本無。

〔二三二〕 御，刊本作「禦」，「御」「禦」古今字。《箋》中「御」字同此。

〔二三三〕 也，刊本無。

〔二三四〕 止，底卷原作「正」，形誤字，兹據刊本改正。

〔二三五〕 爲，刊本無。案《正義》標起止作「之亂」，是孔所據本亦無「爲」字，「爲」蓋衍文。

〔二三六〕 齊國十有一篇廿四章百卌三句，刊本無「有」字，「廿四」作「二十四」，「卌」作「四十」。案《齊風》共有三十四章。「廿」當作「卅」，底卷與刊本皆誤。唐以前「三十」多寫作「卅」，「四十」多寫作「卌」。

〔二三七〕也，刊本無。

〔二三八〕糺糺，刊本作「糾糾」。《廣韻・黝韻》：「糾，俗作糺。」《傳》中「糺糺」同此。

〔二三九〕也，刊本無。

〔二四〇〕婦，刊本作「婦人」。

〔二四一〕礼也，刊本無。

〔二四二〕裳也，刊本無。案前已言「裳」，此「裳」字衍文無疑。

〔二四三〕婦縫裳，底卷前原衍「未成」二字，兹據刊本删之。刊本末有「者」字。

〔二四四〕要要也，底卷原無，刊本作「要，䙅也」。段玉裁《毛詩故訓傳定本小箋》云：「『䙅』當是本作『要』，淺人加衣耳。」下《鄭箋》「䙅也」，底卷作「要也」，可證段説之善。兹據以擬補。

〔二四五〕女人手之人也，刊本作「好女手之人」。《正義》云：「上云『女手』，此云『好人』，故云『好人，女手之人』。今定本云『好人，好女手之人』者，義亦通。」陳奂《詩毛氏傳疏》云：「《小箋》（平案：段玉裁《毛詩故訓傳定本小箋》）從《正義》本，不從定本，是也。」則底卷「女」下衍「人」字。

〔二四六〕好人上可使整之，刊本「上」作「尚」，「整」下有「治」字。「尚」爲「上」之借字。

〔二四七〕僻，刊本作「辟」，「辟」「僻」古今字。

〔二四八〕避皃也，刊本「避」作「辟」，無「也」字。案經文作「僻」，而傳文作「避」，前後矛盾。蓋經、傳本均爲「辟」字也。作「僻」與「避」皆後人改也，遂有此前後齟齬之事。下《傳》文「避」字同此。

〔二四九〕也，刊本無。

〔二五〇〕也，刊本無。

〔二五一〕而无德教之爾也，刊本無「而」字，「之爾也」作「使之耳」。案「之爾也」無義。蓋本作「使之爾」，後又衍「也」字。「爾」、「耳」通假。

〔三五二〕洳，底卷原作「如」，誤，茲據刊本改正。

〔三五三〕也，刊本無。

〔三五四〕漸洳，底卷原作「漸沮洳」，馬瑞辰《毛詩傳箋通釋》云：「《蒼頡篇》：『沮者，漸也。』沮、漸同義，故《傳》謂沮洳即漸洳。」茲據刊本删「沮」字。

〔三五五〕采莫，刊本作「采其莫」。

〔三五六〕是其儉勤也，刊本作「是儉以能勤」。

〔三五七〕之德，底卷倒作「德之」，茲據刊本乙正。

〔三五八〕也，刊本無。

〔三五九〕輅，刊本作「路」。案作「路」是，説詳校記〔一九〇〕。《傳》、《箋》中「輅」皆同此。

〔三六〇〕美，刊本作「德美」。

〔三六一〕事，刊本作「士」。阮校：「小字本、相臺本「士」作「事」，閩本、明監本、毛本同。案「事」字是也，「士」乃誤字。」

〔三六二〕路，原寫作「輅」，塗去，下又寫「路」。案作「路」是也。

〔三六三〕遁，刊本作「盾」，「遁」爲「盾」之借字。

〔三六四〕之事，刊本作「事也」。

〔三六五〕也，刊本無。

〔三六六〕也，刊本無。

〔三六七〕公，底卷原脱，茲據刊本補。

〔三六八〕者，刊本無。

〔三六九〕而，刊本作「故」。

〔三七〇〕食，刊本作『殽』。阮校：『小字本、相臺本「殽」作「食」，案「食」字是也。此《傳》以「食」解「殽」，非複舉經文。《正義》説《箋》云「明食桃爲殽」，正用《傳》。』潘重規同阮校。

〔三七一〕其侵削之由是，刊本作『其侵削之由由是也』。案底卷義長。

〔三七二〕也，刊本作『矣』。

〔三七三〕我不知者，刊本作『不我知者』。馬瑞辰《毛詩傳箋通釋》云：『「不我知」猶《論語》云「不患莫己知」，古人自有倒語耳。今本作「不知我」，蓋因《箋》云「不知我所爲歌謡之意者」而誤。』案據馬説，則底卷『我不』二字誤倒。

〔三七四〕彼人謂君我欲何爲乎，刊本作『夫人謂我欲何爲乎』。案《正義》云：『今定本云「彼人」，不云「夫人」，義亦通也。』『君』字蓋衍。

〔三七五〕何也，刊本作『何乎』。

〔三七六〕如是則衆臣無知我憂所爲者也，刊本『如是』作『知是』，無『者』字。阮校：『小字本、相臺本「知」作「如」，考文古本同。案「如」字是也。』潘重規同阮校。

〔三七七〕臣，刊本無。

〔三七八〕己，刊本無。

〔三七九〕且略然之辞，刊本作『且畧之辭也』。案《泉水》箋亦云『聊，且略之辞』，此『然』字疑衍。

〔三八〇〕觀民事以寫我憂，底卷『事以』原倒作『以事』，兹據刊本乙正。刊本無『我』字。

〔三八一〕罔無，刊本無。

〔三八二〕於國中，底卷原作『中國』，《毛傳》云：『聊出行於國中。』兹據刊本改正。

〔三八三〕中心也，刊本作『中正』。案『心』當爲『正』之俗字的訛變。《民勞》『以謹罔極』箋云：『罔，無；極，中也。無中，所行不得中正。』可爲佐證。

〔三八四〕役，刊本作『役』。《説文・殳部》：『古文役从人。』下凡此不復出校。

〔三八五〕國小而迫而見侵削，刊本作『國迫而數侵削』。案《釋文》云：『國迫而數侵削，本或作「國小而迫數見侵削」者誤。』阮校：『《正義》云「今定本云國迫而數侵削，義亦通也」，下云「箋以文承數見侵削」，是《正義》本「數」下有「見」字。』是底卷脱『數』字。

〔三八六〕于大國之間，刊本『于』作『乎』，無『之間』二字。案『于』、『乎』二字古多通用。據《鄭箋》及《正義》所引，知彼所據者亦無『之間』二字。

〔三八七〕也，刊本無。

〔三八八〕父，底卷原作『父母』，兹據刊本删『母』字。

〔三八九〕遥瞻其父所在之處也，刊本『瞻』下有『望』，無『也』字。案『瞻』、『望』義同，作『遥瞻望』語不順，蓋無『望』者爲善。

〔三九〇〕也，刊本無。

〔三九一〕也，刊本無。

〔三九二〕暮，刊本作『莫』，『莫』『暮』古今字。

〔三九三〕懈，刊本作『解』，『解』『懈』古今字。

〔三九四〕也，刊本無。

〔三九五〕也，刊本無。

〔三九六〕上，刊本作『止』。阮校：『明監本、毛本「止」作「上」。案「上」字是也。《正義》云「若至軍中，在部列之上」，又説《箋》云「此變言上」，又云「明在軍上爲部分行列時也」，標起止云「箋上者」，皆可證。山井鼎云：「按《疏》作上爲是。」』潘重規同阮校。

〔三九七〕也，刊本無。

〔二九八〕「又」前刊本有「此」字。

〔二九九〕望之，刊本作「而望之也」。

〔三〇〇〕者，刊本無。

〔三〇一〕嗜，刊本作「耆」。「耆」「嗜」古今字。

〔三〇二〕毋，刊本作「無」。案：一、三兩章作「無」，此章作「毋」。雖然二字古多通用，然此當前後一致。《説文·毋部》：「毋，止之詞也。」疑《詩》本作「毋」。

〔三〇三〕「尚恩」下刊本有「也」字。

〔三〇四〕罡，刊本作「岡」。「罡」爲「岡」之俗字「罡」的訛體，説詳《敦煌俗字研究》下編二八頁。

〔三〇五〕間，刊本下有「兮」。李富孫《詩經異文釋》云：「攷文古本二章並無「兮」字。此詩三句皆用「兮」字，攷文古本恐非。」下章「十畝之外」句同此。

〔三〇六〕也，刊本無。

〔三〇七〕而，刊本無。

〔三〇八〕也，刊本無。

〔三〇九〕旋，刊本作「還」。《説文·㫃部》：「旋，旌旗之指麾也。」辵部：「還，復也。」則「還」爲本字，「旋」爲借字，説可參陳玉樹《毛詩異文箋》卷三。

〔三一〇〕也，刊本作「者」。

〔三一一〕也，刊本無。

〔三一二〕𤕨，刊本作「爾」。「𤕨」爲「爾」小篆的隸定字。下凡此字均不復出校。

〔三一三〕也，刊本無。

〔三一四〕崖，刊本作「厓」。王筠《説文釋例》卷七《異部重文》云：「《屵部》崖與《厂部》厓同。」

〔三五〕風行而水成文曰漣漪，刊本作「風行水成文曰漣」。案《釋名·釋水》：「風行水波成文曰瀾。」瀾、漣同字（見《説文·水部》「瀾」篆説解）。第三章「河水清且淪猗」傳：「小風行水成文轉如輪者也。」「行」下均無「而」字，是底卷「而」爲衍文。又「漣猗」之「猗」爲助詞，義同「兮」，作「漪」者後人因前「漣」字而加水，後代辭賦家沿襲譌謬，以「漣漪」並稱，作「微波」解。（説見段玉裁《説文·犬部》「猗」篆下注、王引之《經義述聞》卷三一、陳玉樹《毛詩異文箋》卷四、陳奐《詩毛氏傳疏》、馬瑞辰《毛詩傳箋通釋》）底卷經文作「漣猗」，而傳文於「漣」下加「漪」，蓋抄手熟於此「漣漪」詞而誤綴。

〔三六〕而必寘之河濆，刊本無。

〔三七〕俟待也河水清且漣也，刊本作「若俟河水清且漣」。案經無「俟」字，前《傳》文有「俟」，毛氏釋經而不釋己之傳文，「待也」二字定爲抄手所添。

〔三八〕者，刊本無。

〔三九〕壥，刊本作「廛」。案「壥」爲「廛」之俗字，説見《敦煌俗字研究》下編一八〇頁。《傳》中「壥」字同此。

〔三〇〕懸，刊本作「縣」，「縣」「懸」古今字。下二章「懸」字同此，不復出校。

〔三一〕也，刊本無。

〔三二〕者，刊本無。

〔三三〕冬田，刊本作「冬獵」。案「田」、「獵」義同。

〔三四〕狢子曰貆也，刊本「狢」作「貉」，無「也」字。「狢」爲「貉」之後起换旁字，《干禄字書·入聲》：「狢貉，上通下正。」

〔三五〕飱，刊本作「餐」。案「飱」爲「飧」之俗字（段玉裁《説文·食部》「飧」篆下注），本章以檀、干、漣、廛、貆、餐押元韻，飱爲文部字，當作「餐」爲是。第三章押文韻，作「飧」是也。

〔三六〕厈伐檀之人也，刊本「厈」作「斥」，無「也」字。《説文·言部》「訴」篆下段注：「凡從㡿之字隸變爲厈，俗又譌斥。』據此，『厈』爲隸變字，『斥』爲俗字。

〔二七〕也，刊本無。

〔二八〕猗直，刊本作『直猗』。案第一章『河水清且漣猗』，第三章『河水清且淪猗』，且『猗』即『兮』也，故當從刊本作『直猗』。

〔二九〕崖，底卷原作『崔』，第一章《傳》云：『干，崖也。』『崔』應是『崖』字形誤，兹據以改正。刊本作『厓』，案『厓』、『崖』同字，説見校記〔三四〕。

〔三〇〕『直波』下刊本有『也』字。

〔三一〕者，刊本無。

〔三二〕也，刊本無。

〔三三〕崖，刊本作『厓』。案説見校記〔三四〕。

〔三四〕小風行水成文轉如輪者也，刊本無『行』、『者』二字。案『行』字當有，説參校記〔三五〕。

〔三五〕飧，刊本作『飱』。『飧』爲『飱』之俗字，説見段玉裁《説文·食部》『飱』篆下注。

〔三六〕孰食曰飧，刊本『孰』作『熟』，『飧』作『飱』。『孰』『熟』古今字。《説文·食部》：『餐，或从水。』《廣韻·寒韻》：『飧，俗作飧。』則『飧』爲『餐』之俗字。《説文·食部》：『饔，孰食也。』『飱，餔也。』段注認爲二者互文，饔爲朝之熟食，飱爲夕之熟食。案此則析言之，渾言之則饔、飱均爲熟食，此當以作『飱』爲是。『飧』與『飱』形音義均異，『飧』應是『飱』之形誤字。《箋》中兩『飧』字同此，皆當作『飱』。

〔三七〕讀如魚飧之殘也，底卷原無『讀如』二字，依《鄭箋》通例當有，兹據刊本補。刊本『殘』作『飱』，無『也』字。案『殘』爲『飱』之俗字。此亦可證《傳》、《箋》中三『飧』字爲『飱』之誤也。

〔三八〕章十句，刊本作『章九句』。

〔三九〕之，刊本無。

〔三四〇〕厈，刊本作「斥」。案説見校記〔三六〕。

〔三四一〕汝，刊本作「女」。「女」「汝」古今字。下「汝」字皆同此，不復出校。

〔三四二〕顧眷，刊本同。阮校：「案依《正義》當作「眷顧」，各本皆誤倒也。」案《王風・葛藟》「亦莫我顧」箋云：「謂他人爲己父，無恩於我，亦無顧眷我之意。」鄭玄自作「顧眷」，孔氏作「眷顧」，各自用詞習慣不同而已，阮校誤也。北京大學出版社標點本《十三經注疏・毛詩正義》據阮校而改「顧眷」爲「眷顧」，鹵莽之舉也。

〔三四三〕脩德，刊本作「修政也」。

〔三四四〕於是多徙也，刊本無「多」、「也」二字。

〔三四五〕「往」下刊本有「也」字。

〔三四六〕訣別之辞也，刊本前有「往矣將去女與之」七字，無「也」字。

〔三四七〕也，刊本無。

〔三四八〕也，刊本無。

〔三四九〕不勞來於我也，刊本作「不肯勞來我」。

〔三五〇〕詠，刊本作「永」。黄瑞雲曰：「寫本伯二五二九卷、伯二六六九卷並作「誰之詠號」……必係古本如此。詩人之意，謂苟能適彼樂郊，誰復去歌詠呼號！蓋歌詠亦泄憤之聲，非特悦懌之音也。」《箋》中「詠」字同此。

〔三五一〕喜悦無憂苦也，刊本「悦」作「説」，無「也」字。「説」「悦」古今字。

〔三五二〕魏國七篇十八章百廿八句，刊本無此句。阮校：「十行本脱此一行，各本皆有。」

〔三五三〕卷弟十五，刊本無。案「十」爲衍文。

毛詩傳箋(四)(豳風—小雅鹿鳴之什)

斯一三四(底一甲)　斯一四四二(底一乙)　斯二〇四九(底二甲)
伯四九九四(底二乙)　俄敦一〇六八(甲卷)　伯二五一四(乙卷)
伯二五七〇(丙卷)

【題解】

底一編號爲斯一三四(底一甲)+?+斯一四四二(底一乙),底一甲起《豳風》卷題『毛詩國風』,至《七月》『禾麻菽麥』毛傳『後熟曰重』之『熟』,共五十九行,前四行上截殘,末行下截殘,大字每行十三字左右,行有界欄,經文單行大字,傳箋雙行小字。羅振玉定名爲『毛詩豳風殘卷』(《敦煌石室碎金·毛詩豳風殘卷》),《索引》定名爲『毛詩卷鄭氏箋豳風』,《寶藏》定名『毛詩鄭氏箋豳風七月』,郝春文據《寶藏》而定爲『毛詩鄭箋(豳風七月)』(《英藏敦煌社會歷史文獻釋録》第一卷,科學出版社二〇〇一),寫卷内容傳、箋兼具,茲定名爲《毛詩傳箋(豳風七月)》。《翟目》以之爲七世紀寫本,案此卷『葉』字寫作『⿱芸木』,『民』字出現兩次而均不諱,書法尚佳而硬筆書寫,應非初唐寫本,其爲中唐寫本的可能性較大。寫卷中有紅筆句讀及校改(《翟目》、《英藏敦煌社會歷史文獻釋録》第一卷二三三頁),陳鐵凡認爲應是鄉塾教讀課本(《敦煌本易書詩考略》,《孔孟學報》第十七期)。

底一乙編號爲斯一四四二,起《豳風·鴟鴞》『予手拮据』之『拮』,至《狼跋》小序『美周公也』之『公』,共八十九行,大字每行約十三字,經文單行大字,傳箋雙行小字。《翟目》定名爲『毛詩鄭氏牋』,《索引》定爲『毛詩故訓傳』,《寶藏》及《索引新編》從之。《英藏》定名《毛詩故訓傳(豳風鴟鴞—遠罭)》(案:『遠』當作『九』)。寫卷内容傳、箋兼具，故今名爲《毛詩傳箋（豳風七月—狼跋）》。此卷之行款、字體、界欄均同底一甲，而且卷中亦多紅筆校改，乃同一寫卷之不同部分。《翟目》以之爲六世紀抄本。今據其與底一甲之關係，可知翟氏所説不確。

底二編號爲斯二〇四九（底二甲）+伯四九九四（底二乙）。底二甲起《豳風·七月》第二章「七月流火」之「流」，至《小雅·鹿鳴之什·杕杜》第四章「而多爲恤」之「多」，共二百三十一行，前五行下截殘。從一百五十行開始，行有界欄，而且前後字體不一，蓋爲二人所書。底二乙起《小雅·鹿鳴之什·杕杜》「而多爲恤」之「爲恤」，至《鹿鳴之什》末，尾題「毛詩卷苐九」，凡十六行。此兩卷徐俊認爲前後銜接，可以綴合（徐俊《敦煌詩集殘卷輯考》四六四頁，中華書局二〇〇〇），今從之。兩卷綴合後，共二百四十七行，起《豳風·七月》，至《小雅·鹿鳴之什》末，均經文單行大字，傳箋雙行小字，故可名爲《毛詩傳箋（豳風—小雅鹿鳴之什）》。全卷雖字體不佳，然卷面清晰。卷中多有脱漏之處，蓋學子所抄也。卷背爲古詩文雜抄，徐俊名之爲《唐詩叢鈔》。其中有《酒賦》一篇，張錫厚據其中所反映的内容，考定爲中唐以後的作品（《敦煌賦彙》二〇六頁，江蘇古籍出版社一九九六）。而《詩經》寫卷，「民」字或改爲「人」，或缺筆，或不諱；「治」字不諱；「葉」或寫作「菜」，避諱極不嚴格，其抄寫時代應不會早於盛唐時期。

甲卷編號爲俄敦一〇六八，存《鹿鳴》首章，起「食野之苹」毛傳「苹蓱也」之「也」，至「承筐是將」傳「吹笙而鼓簧矣」之「簧」，共三行，殘存下截，計存經文五字，傳文十五字，經文單行大字，傳文雙行小字。《俄藏》定名《詩經小雅鹿鳴》，案此爲毛詩傳箋本，故今定名爲《毛詩傳箋（小雅鹿鳴）》。《孟目》以之爲九至十世紀寫本。

S.2049 P.4994

底二甲與底二乙綴合圖（局部）

乙卷編號爲伯二五一四，起《小雅・鹿鳴之什・鹿鳴》第一章『鼓瑟吹笙』之『吹』，至《鹿鳴之什》末，共二百零三行，大字每行約十六字，經文單行大字，傳箋雙行小字，尾題『毛詩卷苐九』。《索引》據尾題定爲『毛詩卷第九殘卷』，《索引新編》因之；《寶藏》定名爲《毛詩卷第九（小雅鹿鳴至魚麗）》，今因其爲毛詩傳箋本，故名之爲《毛詩傳箋（小雅鹿鳴之什）》。前十三行書迹拙劣，與後一百九十行截然不同，羅振玉認爲非一人所書（《雪堂校刊羣書敘録》卷下《敦煌本毛詩故訓傳殘卷跋》），潘重規疑前十三行爲原卷缺損後補抄（潘重規《巴黎倫敦所藏敦煌詩經卷子題記》，載《敦煌詩經卷子研究論文集》一五三頁，香港新亞研究所一九七〇）。寫卷不避唐諱，羅振玉以之爲六朝抄本，諸家並無異議。

丙卷編號爲伯二五七〇，起《小雅・鹿鳴之什・出車》第四章『黍稷方華』箋『朔方之地六月時也』之『時』，至《鹿鳴之什》末，共四十七行，大字每行約十六字，行有界欄，經文單行大字，傳箋雙行小字，尾題『毛詩卷苐九』。《索引》據尾題定爲『毛詩卷第九殘卷』，《寶藏》及《索引新編》均因之。今因此爲毛詩傳箋本，故名之爲《毛詩傳箋（小雅出車—魚麗）》。卷末有『寅年淨土寺學生趙令全讀爲己』一行，字迹與正文不類，爲讀者所加無疑。其以『寅年』紀年，則爲吐蕃時期所書可知。寫卷字體清晰，有魏碑風。羅振玉《敦煌本毛詩故訓傳殘卷跋》認爲是六朝寫卷（《雪堂校刊羣書敘録》卷下，收入黄永武主編《敦煌叢刊初集》第八册二六七頁，臺北新文豐出版公司一九八五），劉濤以爲『是六世紀的寫本，如果斷定爲北魏寫本，也應當是晚期』（評《敦煌書法庫》，《敦煌吐魯番研究》第二卷四〇四頁，北京大學出版社一九九七）。

羅振玉《毛詩豳風殘卷》跋文（《敦煌叢刊初集》第七册《敦煌石室碎金》。簡稱『羅跋』）、陳邦懷《敦煌本毛詩豳風七月殘卷跋》（《藝觀》第六期，一九二九年，簡稱『陳邦懷』）、郝春文《英藏敦煌社會歷史文獻釋録》第一卷（簡稱『郝春文』）對底一甲均作有校記；林平和《敦煌斯二〇四九號毛詩故訓傳殘卷書後》（《孔孟月刊》第三十卷第十一期，一九九二年七月，簡稱『林平和』）、黄瑞雲《敦煌古寫本詩經校釋札記》（《敦煌研究》一九八六年第二期，簡稱『黄瑞雲』）、黄瑞雲《敦煌古寫本詩經校釋札記（二）》（《敦煌研究》一九八七年第一期，簡稱『黄校』）對底二甲有校札；姜亮夫《敦煌本毛詩傳箋校録》（《敦煌學論文集》，上海古籍出版社一九八七年，簡稱『姜亮夫』）對乙卷有校記；羅振玉《敦煌古寫本毛詩校記》（《敦煌叢刊初集》第八册，簡稱『羅振玉』）、林平和《敦煌伯二五一四、二五七〇、二五〇六號毛詩詁訓傳小雅殘卷書後》（《孔孟月刊》第二十九卷第八期，一九九一年年四月，簡稱『林校』）對乙卷、丙卷有校札。潘重規《巴黎倫敦所藏敦煌詩經卷子題記》（《敦煌詩經卷子研究論文集》，香港新亞研究所一九七〇年，簡稱『潘重規』）則在對底一甲、底二甲、甲卷、乙卷、丙卷所作的題記中有簡單的校記。

本篇先以底一甲爲底本，自《豳風・七月》第七章『禾麻叔麥』毛傳『後熟曰重』之『曰重』起以底二爲底本。底一甲、底二甲據《英藏》録文，底二乙據縮微膠卷録文。以甲、乙、丙卷及中華書局影印阮元刻《十三經注疏・毛詩正義》（簡稱『刊本』）爲校本，校録於後。

（前缺）

▯▨▨▨（毛詩國）風〔一〕　　鄭氏箋

▯變〔二〕故，陳后稷先▯業〔三〕之艱難也。周□□□□□□（公遭變者，管蔡）〔四〕流言，避之〔五〕，居□□（東都）〔六〕。

□（七）〔七〕月流火，九月授衣。火，大火也。流，下也。九月霜始降，婦功成，可以授冬衣□（矣）〔八〕。箋云：大火者，寒暑之候也。火星中而寒暑退，故言將寒〔九〕，先▨（著）火星所在也〔一〇〕。一之日觱發，二之日栗烈，無衣無褐，何以卒歲？一之日，十之餘〔一一〕。一之日，周正月也。觱發，風寒▨（也）〔一二〕。二之日，殷正月也。栗烈，寒氣也。箋云：□□▨（褐，毛布）〔一三〕。卒，終也。此二月正之〔一四〕，人之貴者無衣，賤者無褐，何以〔一五〕終歲乎？故八月則當績者矣〔一六〕。三之日于耜〔一七〕，四之日舉趾。同我婦子，饁彼南畝，田畯至喜。三之日，夏正月也。豳地〔一八〕晚寒。于耜，始脩耒耜也。四之日，周四月也，民无〔一九〕不舉足而耕矣。饁，饋也。田畯，田大夫也。箋云：同猶俱也。喜讀爲饎，饎，酒食也。

耕者之婦子，俱以饟饋〔二〇〕來至於南畝之中，其見田大夫也〔二一〕，又爲設酒食焉，言勸其事，又愛其吏也。此章陳人衣食急〔二二〕，餘章廣而成之。　七月流火〔二三〕，九月授衣。▨▨▨（箋云：將）言女功之始〔二四〕，▨（故）又本於此也〔二五〕。　春日載陽，有鳴倉庚。女執懿匡〔二六〕，遵彼微行，爰求柔桑。倉庚，離黄也。懿匡，深匡也。微行，牆下徑也。『五畝之宅，樹之［以］〔二七〕桑』。箋云：載之言則也。陽，温也。温而倉庚又鳴，可蠶之候也〔二八〕。柔桑，穉〔二九〕桑。［蠶始生，宜穉桑］者也〔三〇〕。　春日遲遲〔三一〕，采蘩〔三二〕祁祁。女心傷悲，殆及公子同歸〔三三〕。遲遲，舒緩也。蘩，藩蒿也〔三四〕，所以生蠶。祁祁，衆多也。傷悲，感事苦也。春女悲，秋士思〔三五〕，感其物化也〔三六〕。殆，始也〔三七〕；及，與也。豳公子躬率其民，同時［出，同時］歸〔三八〕。箋云：春女〔三九〕感陽氣而思男，秋士感陰氣▨▨（而思）女〔四〇〕，是其物化，所以悲也。悲則始有与□□▨（公子同）歸之志〔四一〕，欲嫁焉。女感事苦而生此志，此〔四二〕謂《豳風》。　七月流火，八月萑〔四三〕葦。薍爲萑，葭爲葦。豫蓄〔四四〕萑葦，可以爲苗〔四五〕也。箋云：將言女功自始至成，故亦又［本］於此者〔四六〕。　蠶月條桑，取彼斧斨，以伐遠揚〔四七〕，猗彼女桑。斨，方銎也。遠，枝遠也〔四八〕。揚，條揚也〔四九〕。角〔五〇〕而束之曰猗。女桑，荑桑〔五一〕。箋云：條桑，枝落者采其葉也〔五二〕。女桑，少枝〔五三〕，長條不枝落者〔五四〕，束而采之〔五五〕。　七月鳴鵙，八月載績。載玄載黄，我朱孔陽，爲公子裳。鵙，伯勞〔五六〕。載績〔五七〕，絲事畢而麻事起矣〔五八〕。玄，黑而有赤也〔五九〕。朱，染蘍〔六〇〕。陽，明也。祭服玄衣熏〔六一〕裳。箋云：伯勞鳴，將寒之候也〔六二〕，五□□▨（月則鳴）〔六三〕。豳地〔六四〕晚寒，鳥物之候從其炁焉〔六五〕。凡染者〔六六〕，春暴〔六七〕練，夏熏玄〔六八〕，秋染夏。爲公子裳，厚於所貴而説者〔六九〕。　四月秀〔七〇〕葽，五月鳴蜩。八月其穫，十月隕籜〔七一〕。不榮而實曰秀葽。葽，草也。蜩，螗〔七二〕也。穫，亦▨也〔七三〕。隕，墜也〔七四〕；籜，落也。箋云：《夏小正》〔七五〕：『四月，▨□（王萯）莠。』〔七六〕葽其是乎？秀葽也，鳴蜩也，穫禾也，隕蘀也〔七七〕，四者物成而將寒之候也〔七八〕，物成自秀葽始〔七九〕。　一之日于狢〔八〇〕，取彼狐狸〔八一〕，爲公子裘。于狢，謂取狐狸、貉之皮也〔八二〕。狐貉之厚以居，孟冬則〔八三〕天子始裘。箋云：于貉，往捕狢以自爲裘也〔八四〕。狐狸以共〔八五〕尊者。言此，▨▨（時寒）宜助女功者〔八六〕。　二之日其同，載纘武功。言私其豵〔八七〕，獻豣〔八八〕于公。纘，繼也〔八九〕；功，事也〔九〇〕。豕〔九一〕一歲曰豵，三歲曰豣。大獸公之，小獸私之。箋云：其同者，君臣及民因習兵事〔九二〕，俱出田獵也〔九三〕。不用仲冬，亦豳土晚寒也〔九四〕。豕生三歲曰豵者也〔九五〕。五月斯螽〔九六〕動股，六月莎鷄振羽。七月在野，八月在宇，九月在户，十月蟋蟀入我床〔九七〕下。斯螽，蚣蝑也〔九八〕。莎鷄羽成振迅之矣〔九九〕。箋云：自〔一〇〇〕七月在野，至十月入我床下，皆謂蟋蟀也〔一〇一〕。言三物之始此〔一〇二〕，著將寒之〔一〇三〕有漸，非卒來〔一〇四〕。穹窒熏鼠，塞向墐▨（户）〔一〇五〕。穹，窮；窒，塞也。向，北出牖也〔一〇六〕。墐，塗也〔一〇七〕。庶▨（人）〔一〇八〕蓽户。箋云：爲此四者以備寒〔一〇九〕。嗟我婦子，曰爲改歲，入此室處。箋云：『〔曰〕〔一一〇〕爲改歲』者，〔歲〕〔一一一〕終，而『一之日觱發，二之日栗烈』〔一一二〕，當避寒氣，而入穹室墐户之室而居〔一一三〕，〔至〕此而女功止〔一一四〕。六月食鬱及薁〔一一五〕，七月亨葵及叔〔一一六〕，八月剝棗。十月穫稻，爲此春酒，以介眉壽。鬱，棣屬也〔一一七〕。薁，蘡〔薁〕也〔一一八〕。剝，擊也。春酒，凍〔一一九〕醪也。眉壽，豪眉也〔一二〇〕。箋云：介，〔助也〕〔一二一〕。既以鬱〔下〕及棗助男功〔一二二〕，又穫稻而釀酒以助其養老之具也〔一二三〕，此之謂豳雅者〔一二四〕。七月食瓜，八月斷壺，九月叔苴。采荼薪樗〔一二五〕，食我農夫。壺，瓠也〔一二六〕。叔，拾也〔一二七〕。苴，麻〔子〕〔一二八〕也。樗，惡木也〔一二九〕。箋云：瓜瓠之蓄，麻實之糝〔一三〇〕，乾荼之菜，惡木之薪，亦所以助男功養農夫之具者也〔一三一〕。九月築場圃，春夏爲圃，秋冬爲場。箋云：場圃同地耳〔一三二〕，物生之時，和治之以種養菜茹〔一三三〕，物盡成〔一三四〕，築堅以爲場〔一三五〕。十月納禾稼，▨▨□□□（黍稷重穋，禾）麻叔麥〔一三六〕。後▨（熟）曰重〔一三七〕，先熟曰穋。箋云：納，内也。治之於場而内之囷倉〔一三八〕。嗟我農夫，我稼〔一三九〕既同，上入執于宫功〔一四〇〕。入爲上，出爲下。〔箋云〕〔一四一〕：既同，言已聚〔一四二〕，可以〔上〕〔一四三〕入都邑之宅，治宫〔中〕之事〔一四四〕。於是時，男之野功畢也〔一四五〕。晝尔于茅〔一四六〕，宵〔一四七〕尔索綯，宵，夜；綯，絞也。箋云：尔，汝〔一四八〕也。〔汝〕〔一四九〕當晝日往取茅歸〔一五〇〕，夜作綯索以待時用之〔一五一〕。亟其乘屋，其始播百穀。乘，升也。箋云：亟，急也〔一五二〕；乘，治也。十月定星中〔一五三〕，急當治野廬之屋。『其始播百穀』，謂祈來年也〔一五四〕。二之日鑿冰冲冲〔一五五〕，三之日納于陵〔一五六〕陰，四之日其蚤，獻羔祭韭。冰盛水腹，則命取冰於山林。冲冲，鑿冰之意。凌陰，冰室也〔一五七〕。箋云：『古者，日在北陸而藏冰，西陸朝覿而出之。祭司寒而藏之，獻羔而啓之。其出之也，朝之祿位，賓、食、喪、祭，於是〔乎〕用之〔一五八〕。』《月令》『仲春，天子乃獻羔開冰，先薦寢廟』〔一五九〕。

《周礼》冰人之職〔一六〇〕，『夏，班〔一六一〕冰掌事。秋，刷』。上章備寒，故此章備暑。言后稷先公，礼教備之也〔一六二〕。九月肅霜，十月滌〔一六三〕場。朋酒斯饗，曰殺〔一六四〕羔羊。肅，縮也。霜始降而收縮万物〔一六五〕。滌，掃也〔一六六〕。場功畢入〔一六七〕。兩尊〔一六八〕曰朋。〔饗者〕〔一六九〕，鄉人以狗，大〔夫〕〔一七〇〕加以羔羊。箋云：十月，人事既訖〔一七一〕，男〔女〕〔一七二〕俱畢，無飢寒之憂，國君閑於政事而饗群臣也〔一七三〕。躋彼公堂，稱彼兕觵〔一七四〕，萬壽無疆〔一七五〕！公堂，學校〔一七六〕也。觵〔一七七〕，所以誓衆。疆〔一七八〕，境也。箋云：於饗而正齒位〔一七九〕，故因〔時〕〔一八〇〕而誓焉。飲酒既樂，〔欲〕大壽無疆〔一八一〕，是謂之豳頌也〔一八二〕。

〔《七月》八章，章十一句〕〔一八三〕。

《鴟鴞》〔一八四〕，周公救亂也。成王未知周公之志，〔公〕〔一八五〕乃爲詩以遺王，名之曰《鴟鴞》〔一八六〕。未知公之志者，未知其欲攝政之意也〔一八七〕。

鴟鴞鴟鴞！既取我子，無毁我室。興也。鴟鴞，寧鴂〔一八八〕也。無〔能〕毁我室〔一八九〕，我功之堅故〔一九〇〕。煞〔一九一〕二子，不可〔一九二〕毁我周室。箋云：重言鴟鴞鴟鴞〔一九三〕者，將述其意〔一九四〕所欲言，丁寧之志〔一九五〕。室猶巢也。鴟鴞言：既〔一九六〕取我子者，幸無毁我〔巢。我巢〕〔一九七〕積日累功，作之甚苦，故欲愛惜之〔一九八〕。時周公竟〔一九九〕武王之喪，欲攝政以〔二〇〇〕成周道，致太〔二〇一〕平之功。管蔡等流言於國〔二〇二〕云：『公將不利於孺子。』成王未〔二〇三〕知其意，而多罪其屬黨。興者，喻此諸侯〔二〇四〕乃世臣之子孫，其父祖〔二〇五〕以勤勞有此官位土地，今若誅煞之，幸無絶其官位，〔奪〕其土地〔二〇六〕。王意欲誚公，此之由然者也〔二〇七〕。恩斯懃〔二〇八〕斯，鬻子之閔斯。恩，愛；鬻，稺〔二〇九〕；閔，病也。鬻〔二一〇〕子，成王也。箋云：鴟鴞之意，殷〔勤〕〔二一一〕於此，稺子當哀閔之。取〔二一二〕鴟鴞子者，恒於稺子〔二一三〕。以喻諸侯〔二一四〕之先臣，亦殷懃〔於〕〔二一五〕此，成王亦宜哀閔之。迨天之未陰雨，徹彼桑土，綢繆牖户。迨，及；徹，剥〔二一六〕。桑土，桑根〔二一七〕。〔箋云〕：綢繆猶纏綿〔二一八〕。此鴟鴞自説作巢至苦善〔二一九〕如是，喻諸侯之先臣亦及文武未定天下〔二二〇〕，積日累功，以固定此官位与土地也〔二二一〕。今女下民，或敢侮予。箋云：余，我也〔二二二〕。至苦如是〔二二三〕，今汝在我巢下大人〔二二四〕，寧有敢侮慢欲毁之者〔二二五〕？意欲恚〔二二六〕怒之，以喻諸侯〔二二七〕之先臣固定此官位土地，亦〔二二八〕不欲見其絶奪。予手拮据〔二二九〕，予所捋荼，予所畜祖〔二三〇〕，予口卒瘏〔二三一〕。拮据，戟挶〔二三二〕。荼，雚苕〔二三三〕。祖，爲〔二三四〕；瘏，［病也］〔二三五〕。手口皆偏〔二三六〕，故免于大鳥之難〔二三七〕。箋云：此言作之至苦，故能功〔二三八〕堅，人不得取其子也〔二三九〕。曰予未有室家。謂我未有室〔二四〇〕家。箋云：我［作］之至苦如是者〔二四一〕，我未有室家之故〔二四二〕。予羽譙譙，予尾消消〔二四三〕。譙譙，煞［也］〔二四四〕。消，敝〔二四五〕也。哀閔之〔二四六〕。箋云：手口既病，羽尾又煞敝〔二四七〕，言［己］勞苦甚也〔二四八〕。予室翹翹。風雨之所飄颻〔二四九〕，予維音之〔二五〇〕曉曉。翹翹，危也。曉曉，懼也。箋云：巢之翹翹而危，以其所託枝條弱〔二五一〕。以喻今我子孫不肖〔二五二〕，故使我家道危〔二五三〕。風雨喻成王〔二五四〕。維音曉曉〔二五五〕，恐懼告訴之意也〔二五六〕。

《鴟鴞》四章，章五句。

《東山》，周公東征也。周公東征，三年而歸，勞來歸士〔二五七〕，大夫美之，而作是詩也〔二五八〕。一章言其完〔二五九〕，二章言［其］思〔二六〇〕，三章言其室家之望汝〔二六一〕，四章樂男女之得以及時〔二六二〕。君子美之〔二六三〕，故〔二六四〕序其情而閔其勞，所以悦〔二六五〕也。『悦以使人〔二六六〕，民忘其死』，其維〔二六七〕《東山》乎？成王既得金縢［之］書〔二六八〕，親迎周公。周公歸，攝政。三監及淮夷畔〔二六九〕，周公乃〔二七〇〕東伐之，三年而後歸尔〔二七一〕。分別章［意］〔二七二〕者，言周［公］於是志意申〔二七三〕，美而詳之〔二七四〕。

我徂東山，滔滔〔二七五〕不歸。我來自東，零雨其濛。滔滔，言久［也］〔二七六〕。濛濛然，雨狠〔二七七〕。箋云：此四句者，序歸士之情〔二七八〕。我往之東山既久勞矣，歸［又］〔二七九〕道遇雨濛濛然，是左右善之甚〔二八〇〕。我東曰歸，我心西悲。公族有喪〔二八一〕，公親素服，不舉樂，爲之變，如其倫之喪〔二八二〕。箋云：我［在］東［山］〔二八三〕，常曰歸曰歸〔二八四〕。我心則念西而悲〔二八五〕。剬彼裳衣〔二八六〕，勿士銜〔二八七〕枚。士，事〔二八八〕；枚，微也〔二八九〕。箋云：勿猶無〔二九〇〕。尔〔二九一〕剬彼裳衣而來，［謂兵服也］〔二九二〕。［亦］初無行陳銜枚之事〔二九三〕，言前［定也］〔二九四〕。《春秋傳》曰：美陣也〔二九五〕。蜎蜎者蜀〔二九六〕，烝〔二九七〕在桑野。蜎蜎者，蜀皃〔二九八〕。蜀，桑［蟲也。烝，窴也］〔二九九〕。箋云：蜀蜎蜎然獨行〔三〇〇〕，久處［桑野，有似勞〕苦〔三〇一〕。古者〔聲〕寘、填、塵同也〔三〇二〕。敦彼獨宿，亦在車下。箋云：敦敦然〔獨宿於車〕〔三〇三〕下，此誠有勞〔苦之心〕〔三〇四〕。我徂東山，滔滔不歸。我來自東，零雨其濛。蜾蠃〔三〇五〕之實，亦施於〔三〇六〕宇。伊威在堂〔三〇七〕，蕭〔三〇八〕蛸在户。町畽鹿場，熠燿宵〔三〇九〕行。蜾蠃，栝樓〔三一〇〕。伊威，委黍〔三一一〕。蕭蛸，長踦〔三一二〕。町畽，鹿跡〔三一三〕。熠燿，燐〔三一四〕。燐，熒火也〔三一五〕。箋云：此五物者，家無人則生〔三一六〕，令人感思。不可畏也，伊可懷也。箋云：伊當作繄〔三一七〕，繄猶是也。懷，思〔也〕〔三一八〕。室中久〔三一九〕無人，故有此五物，吾是不足於畏，可思也〔三二〇〕。我徂東山，滔滔不歸。我來自東，零雨其濛。鸛〔三二一〕鳴于垤，婦歎〔三二二〕于室。洒埽穹窒〔三二三〕，我征聿至。垤，蟻塚〔三二四〕。天〔三二五〕將陰雨，則穴處先知之〔三二六〕。鸛好水，則〔三二七〕長鳴而喜也。箋云：鸛，水鳥〔三二八〕，〔將陰雨〕〔三二九〕則鳴。行者於陰雨尤苦〔三三〇〕，婦人尤念之〔三三一〕，則歎於室〔三三二〕。穹，窮；窒，塞〔三三三〕；〔洒〕，灑〔三三四〕；埽，〔拚也〕〔三三五〕。穹窒鼠穴〔三三六〕。我君子行役〔三三七〕，述其日月，今且〔至〕〔三三八〕矣。言婦人望之也〔三三九〕。有敦瓜〔三四〇〕苦，烝在栗薪。敦，專專也〔三四一〕。烝，衆也。言心苦〔三四二〕，事又苦也。箋云：此又言婦〔人〕〔三四三〕思其君子之居處，團團然〔三四四〕如瓜之繫綴焉。瓜之辯有苦〔者〕〔三四五〕，以喻其心〔苦也〕〔三四六〕。烝，塵〔三四七〕；栗，折〔三四八〕也。言君子〔久〕見使折薪於野〔三四九〕，〔於事尤苦也〕〔三五〇〕。古者聲栗、列同〔三五一〕。自我不見〔三五二〕，于今三年。我徂東山，滔滔不歸。我來自東，零雨其濛。箋云：凡先著此四勾〔三五三〕者，皆爲〔序〕歸士之情也〔三五四〕。蒼庚〔三五五〕于飛，熠燿其羽。箋云：蒼庚仲春而鳴，嫁娶之候〔三五六〕。熠燿其羽，〔羽〕鮮明也〔三五七〕。歸士始行之時，新合人〔三五八〕礼，今還，故極敘其情以相悦樂之。〔三五九〕〔之子于歸，皇駁其馬。黄白曰皇，騮白曰駁。箋云：之子于歸，謂始嫁時也。皇駁其馬，車服盛也〕〔三六〇〕。親結其離〔三六一〕，九十其儀。離，婦人之褘〔三六二〕。母戒女礼，施衿結帨〔三六三〕。九十其儀，言多儀〔三六四〕。箋云：女嫁，父母既戒之，庶母又申勑〔三六五〕之。九十其儀，〔喻〕〔三六六〕丁寧之多。其新孔嘉，其舊如之何？言久長之道〔三六七〕。箋云：嘉，善〔三六八〕。其新來之〔三六九〕時甚善，至今則久矣，不知其如何〔三七〇〕。又極厚〔三七一〕其情，樂而戲之也〔三七二〕。

《東山》四章，章十二句。

《破斧》，美周公也〔三七三〕。周大夫以惡四國焉。惡四國者，惡其流言欲毀周公也〔三七四〕。

既破我斧，又鈌〔三七五〕我斨。隋銎曰斧，方銎曰斨〔三七六〕。［斧斨］，人之所用〔三七七〕。礼義，國家［之］所用〔三七八〕。箋云：四國流言，既破毀我周公，又損傷我成王，以此二者爲大罪也〔三七九〕。周公東征，四國是皇。四國，管、蔡、商、奄〔三八〇〕。皇，匡〔三八一〕。箋云：周公既反攝政，東征此四國〔三八二〕，誅其君罪，正〔三八三〕其民人而已。哀我人斯，亦孔之將。將，大也。箋云：此言周公之哀我下人〔三八四〕，其德亦甚大也。既破我斧，又鈌我奇〔三八五〕。鑿〔三八六〕屬曰奇。周公東征，四國是訛〔三八七〕。訛，化〔三八八〕。哀我人斯，亦孔之嘉。箋云：嘉，善〔三八九〕。既破我斧，又鈌我銶。［木屬曰銶］〔三九〇〕。周公東征，四國是遒。遒，固也。箋云：遒，斂〔三九一〕。哀我人斯，亦孔之休。休，美〔三九二〕。

《破斧》三章，章六勾。

《伐柯》，美周公也〔三九三〕。周大夫刺朝廷之不知〔三九四〕。成王既得雷雨大風之變，［欲］〔三九五〕迎周公，而朝廷群臣猶或〔三九六〕於管蔡之言，不知周公之聖德，疑於王欲〔三九七〕迎之礼，是以刺之也〔三九八〕。

伐柯如之何〔三九九〕？匪斧不尅〔四〇〇〕。柯，斧柄〔四〇一〕。礼義者，亦治國之柄〔四〇二〕。箋云：尅，能也。伐柯之道，唯斧乃能尅之。此以類求其類〔四〇三〕。以諭王〔四〇四〕欲迎周公，當使賢者先往也〔四〇五〕。娶〔四〇六〕妻如之何？匪媒不得。媒，所以用礼〔四〇七〕。治國不能用礼則不安。箋云：媒者，能通二姓之言，定人室家之道〔四〇八〕。以諭王欲迎周公，當先使曉王与周公之意［者］又先往也〔四〇九〕。伐柯伐柯，其則不遠。以其所願乎上交於下〔四一〇〕，以其所願乎下事於上，不遠〔四一一〕求也。箋云：則，法也〔四一二〕。伐柯者必用柯，其大小長短〔四一三〕近取法於柯，所謂不遠求〔四一四〕。王欲迎周公使還，其［道］亦〔四一五〕不遠，於人心足以知之也〔四一六〕。我覯之子，籩〔四一七〕豆有踐。踐，行列狠〔四一八〕。箋云：覯，見也。之子，是子也，斥周公〔四一九〕。王［欲］〔四二〇〕迎周公，當設饗燕之撰行〔四二一〕，至歡樂以悦之〔四二二〕。

《伐柯》二章，章四句。

《九域》〔四二三〕，美周公也。周大夫刺朝廷之不知〔四二四〕。

九域之魚，鱒魴。興也。九域，緵〔四二五〕罟，小魚之罟〔四二六〕。鱒魴，大魚〔四二七〕。箋云：〔設〕〔四二八〕九域之罟，乃〔四二九〕得鱒魴之魚，言取物各有器〔四三〇〕。興者，喻王欲迎周公之來，亦當有其礼也〔四三一〕。我覯之子，衮衣繡裳。覯，見也〔四三二〕。所以見周公有聖德〔四三三〕。衮衣〔四三四〕，卷龍也。箋云：今王欲迎周公〔四三五〕，當以上公之服往見之。鴻飛遵渚，鴻不宜循渚〔四三六〕。箋云：鴻，大鳥〔四三七〕。不宜与鳧鷖之屬飛而循渚，比喻周公以〔四三八〕今与凡人處東都之邑，亦失其所〔四三九〕。公歸無所，於汝〔四四〇〕信處。周公未得礼迎〔四四一〕也。再宿曰信。箋云：信，誠也。時東都之人欲留周公不去〔四四二〕，故曉之云：西〔四四三〕歸而無所居，則可就汝成處是都〔四四四〕。今公當歸復〔四四五〕其位，不得〔留〕〔四四六〕也。鴻飛遵陸，陸非鴻之所宜止〔四四七〕。公歸不復〔四四八〕，於汝〔四四九〕信宿。宿，處〔四五〇〕。是以有衮衣兮，無以我公歸兮，無知以公之道〔四五一〕。箋云：是以東都之人欲周公留爲之〔君〕〔四五二〕，故云『是以〔四五三〕有衮衣』。胃成王所賫〔四五四〕來衮衣，願其封周公〔四五五〕於此。以此衮衣今留之〔四五六〕，無以公西歸之〔四五七〕。無使我心西〔四五八〕悲兮。箋云：周公西歸，東都之人〔心〕悲〔四五九〕，恩德之至也〔四六〇〕。

《九域》四章，章三勾〔四六一〕。

《狼跋》〔四六二〕，美周公〔四六三〕也。周公攝政，遠則四國流言，近則王不知。周大夫美其不失其聖〔四六四〕。不失其聖者，聞流言不或〔四六五〕，成王不知不怨〔四六六〕，終立其志，成周之王功，致太〔四六七〕平，復成王之位。又留之爲太師〔四六八〕，終始無愆，聖德著〔四六九〕焉。

狼跋其狐〔四七〇〕，載疐其尾。興也。跋，獵〔四七一〕；疐，跲也。老狼有〔四七二〕狐，進則獵其狐，退則跲其尾，進退有難，然而不失其猛。箋云：興者，喻周公進則獵其狐，猶始欲攝政，四國流言，避之東都〔四七三〕；退則跲其尾，胃〔四七四〕後復成王之位，而老，成王又留之，如是〔四七五〕，聖德無玷缺。公孫碩膚，赤寫〔四七六〕几几。公孫，成王，豳公之孫〔四七七〕。碩，大也〔四七八〕；

膚，美也。赤寫，人君之盛〔履也〕〔四七九〕。几几，絇狠〔四八〇〕。箋云：〔公〕，周公〔四八一〕。孫讀當如『公遜于齊』之遜〔四八二〕，遜，遜也〔四八三〕。周公攝政，七年致太〔四八四〕平，復成王之位，遜遯避此成功之大美〔四八五〕。欲老，成王又留之，以爲太〔四八六〕師，履赤寫几几然也〔四八七〕。　狼疐其尾，載跋其狐。公孫碩膚，德音不瑕？瑕。過也。箋云：不瑕者〔四八八〕，言不可疵瑕也。

《狼跋》二章，章四勾〔四八九〕。

鹿鳴之什故訓傳第十六〔四九〇〕　毛詩小雅　鄭氏箋

《鹿鳴》，燕羣臣嘉賓也。既飲食之，又實弊〔四九一〕帛筐篚，以將其厚意，然後忠臣嘉賓得盡其心矣。飲之而有弊，酬弊也。食之而有弊，侑弊也。

呦呦鹿鳴，食野之苹。興也。〔苹〕，蓱也〔四九二〕。鹿得苹〔四九三〕，呦呦然鳴而相呼，懇誠發乎中心〔四九四〕。興〔四九五〕嘉樂賓客，當有懇誠相招呼以盛〔四九六〕礼也。箋云：苹，藾蕭草也〔四九七〕。　我有嘉賓，皷瑟吹笙〔四九八〕。吹笙皷簧，承筐是將。簧，笙也。吹笙而簧皷矣〔四九九〕。筐，篚屬〔五〇〇〕，所以行弊帛也。箋云：承猶奉也。《書》曰『厥篚玄黃』也〔五〇一〕。　人之好我，示我周行。周，至也〔五〇二〕；行，道也。箋云：示當作寘。〔寘〕〔五〇三〕，置也。周行，周之〔列位也〕〔五〇四〕。好猶善也。人有以德善我者，我則置之〔於周之〕〔五〇五〕列位。言己唯賢是用〔五〇六〕。　鹿鳴呦呦〔五〇七〕，食野之蒿。蒿，菣〔五〇八〕也。　我有嘉賓，德音孔昭。視人〔五〇九〕不恌，君子〔是則〕〔五一〇〕是傚。恌，揄〔五一一〕也。是則是傚，言可法傚〔五一二〕。箋云：德音，先王道德之教〔五一三〕。孔，甚也〔五一四〕；昭，明也。視，古示字〔五一五〕。飲酒之礼，於旅也語。嘉賓之語先王德教甚明〔五一六〕，可以示天下之民，使之不揄於礼義。是乃君子所法傚，言其賢者也〔五一七〕。　我有旨酒，嘉賓以〔五一八〕燕以敖。敖，遊〔五一九〕也。　呦呦鹿鳴，食野之芩。芩，草也。　我有嘉賓，皷瑟皷琴。皷瑟皷琴，和樂且湛。湛，樂之久者也〔五二〇〕。　我有旨酒，以燕樂嘉賓之心。燕〔五二一〕，安也。夫〔不能〕〔五二二〕致其樂，則不能得其志；不能得其志，則嘉賓不能竭其力矣〔五二三〕。

《鹿鳴》三章，章八勾。

《四牡》，勞使臣之來也。有功而見知，則悦也〔五二四〕。文王爲西伯之時，叁分天下［有］其二〔五二五〕，以服事殷。使臣以王〔五二六〕事往來於其職。於其來〔五二七〕，陳其功苦以歌樂之。

四牡騑騑，周道倭遲〔五二八〕。騑騑，行不止之皃。周道，［岐］周之道〔五二九〕。倭遲，歷遠之皃〔五三〇〕。文王率諸侯撫叛國〔五三一〕，而朝聘乎〔五三二〕紂，故作樂以文王之道〔五三三〕，爲後世法也〔五三四〕。豈不懷歸？王事靡盬，我心傷悲。盬，不堅固〔五三五〕。思歸者，私恩也〔五三六〕；靡［盬］者，公義〔五三七〕；傷悲者，情思〔五三八〕。箋云〔五三九〕：無私恩，非孝子〔五四〇〕；無公義，非忠臣〔五四一〕。君子不以私害公，不以家事辞王事〔五四二〕。四牡騑騑，嘽嘽駱馬。嘽嘽，喘息之皃。馬勞則喘［息］〔五四三〕。白馬黑鬣曰駱也〔五四四〕。豈不懷歸？王事靡盬，不皇〔五四五〕啓處。皇，暇；啓，跪也〔五四六〕。臣受命〔五四七〕，舍弊于禰乃行也〔五四八〕。翩翩者鵻〔五四九〕，載飛載下，集于〔五五〇〕苞栩。鵻，夫丕〔五五一〕。箋云：夫丕之鳥愨謹者也〔五五二〕，人皆愛之，▨▨（可以）〔五五三〕不勞，猶［則飛］〔五五四〕則下，止［於］〔五五五〕栩木。諭人雖〔五五六〕無事，其可〔五五七〕獲安乎？感厲之〔五五八〕。王事靡盬，不皇〔五五九〕將父。將，養〔五六〇〕。翩翩者鵻，載飛載止，集于苞杞。杞，苟檵也〔五六一〕。王事靡盬，不皇將母。駕彼四駱，載驟駸駸。駸駸，驟皃也〔五六二〕。豈不懷歸？是用作歌，將母來諗。諗，念也。父兼尊親之道。母至親而尊不至。箋云：諗，告也。君勞使臣，述序〔五六三〕其情。女〔五六四〕曰：我豈不思歸［乎？誠思歸也］〔五六五〕。故作此歌〔五六六〕，以養父母之志來告於君〔五六七〕。人［之］〔五六八〕思，恒思親者〔五六九〕，再言『將母』，亦其情者〔五七〇〕。

《四牡》五章，章五勾。

《皇皇者華》，君遣使臣也。送之以禮樂，言遠而有光華焉〔五七一〕。言臣出使，揚〔五七二〕君之美，以延其譽於四方〔五七三〕，則爲不辱君命者也〔五七四〕。

皇皇者華，于彼原隰。皇皇猶煌煌也〔五七五〕。高平曰原，下濕曰隰。忠臣奉使，能光君命〔五七六〕，無遠無近，如華不以高下易其色也〔五七七〕。箋云：無遠無近，唯所之則然也〔五七八〕。駪駪征夫，每懷靡及。駪駪，衆多〔五七九〕皃。征夫，行人〔五八〇〕。每，雖也〔五八一〕；懷，和〔五八二〕。箋云：《春秋外傳》曰：『懷思爲每懷。』〔五八三〕和當爲〔私〕〔五八四〕。衆行人〔五八五〕既受君命，當速行，〔使〕每人懷其私相稽留〔五八六〕，則於事將無所及者〔五八七〕。我馬維駒，六轡如濡。箋云：如濡，言鮮澤〔五八八〕。載馳載驅，周爰諮諏〔五八九〕。忠信爲周。訪問於善爲咨。咨事爲諏。箋云：爰，於也。大夫出使，驅馳〔五九〇〕而行，見忠信之賢人，則〔於是〕〔五九一〕訪問，求其善道〔五九二〕。我馬維騏，六轡如絲。言調忍也〔五九三〕。載馳載驅，周爰咨謀。咨事之難易爲謀也〔五九四〕。我馬維駱，六轡沃若。載馳載驅，周爰咨度。咨禮義所宜爲度也〔五九五〕。我馬維駰，六轡既均。陰白雜毛曰駰。均，調〔五九六〕。載馳載驅，周爰咨詢。親慼〔五九七〕之謀爲詢。兼此五者，雖有忠〔五九八〕和，當自爲『無及於事，及於事乃成於六德』〔五九九〕。箋云：忠和謂忠信〔六〇〇〕。五者：咨也，諏也，謀也，度也，詢也。雖得此於忠信之賢人〔六〇一〕，猶當云『已將無及於事，則成六德』〔六〇二〕。言慎其事〔六〇三〕。

《皇皇者華》五章，章四勾。

《棠棣》〔六〇四〕，燕兄苐也〔六〇五〕。閔管蔡之失道也〔六〇六〕，故作《棠棣》焉。周公弔二叔之不咸〔六〇七〕，而使兄苐〔之恩〕疎〔六〇八〕。召公爲作此詩，而歌之以親〔六〇九〕。

棠棣之華，鄂不韡韡〔六一〇〕。興也。棠棣，棣也。〔鄂猶〕鄂鄂，言外發〔六一一〕。韡韡，光明也。箋云：承華者〔六一二〕曰鄂，不當作柎〔六一三〕。柎，鄂足〔六一四〕，得〔六一五〕華之光明，皃韡韡然〔六一六〕。興者，喻苐以敬事兄，兄以〔六一七〕榮覆苐，恩義〔之〕〔六一八〕顯亦韡韡然。古聲不、柎同也〔六一九〕。凡今之人，莫如兄苐。聞棠棣之言爲今也〔六二〇〕。箋云：聞棠棣之言，始聞棠棣〔華〕鄂之說〔六二一〕。如此，則人之〔六二二〕恩親，無如兄苐之最厚也〔六二三〕。死喪之威，兄苐孔懷。威，畏也〔六二四〕；懷，思也。箋云：死喪可畏怖之事，唯兄苐之親甚相思〔念〕〔六二五〕。原隰裒矣，兄苐求矣。裒，聚也。求矣〔六二六〕，言求兄苐〔六二七〕。箋云：原隰以〔六二八〕相與聚居之故，〔故〕〔六二九〕能定高下之名，猶兄苐相求〔六三〇〕，故能立榮顯之名〔六三一〕。鶺鴒〔六三二〕在原，兄苐急難。鶺鴒，雍渠〔六三三〕，飛則鳴，行則搖，不能自舍〔六三四〕爾。急難，言兄苐之相救於急難〔六三五〕。箋云：雍渠，水鳥，而今在原，失其〔常〕〔六三六〕處，則飛則鳴，求其類，天性〔六三七〕。猶兄苐之於急難。每有良朋，況也永歎。況，茲也〔六三八〕。〔永，長也〕〔六三九〕。箋云：每，雖也〔六四〇〕。良，善也。當〔六四一〕急難之時，雖有善同門來，茲對之長歎而已〔六四二〕。　兄弟鬩于牆，外衛其侮〔六四三〕。鬩，恨〔六四四〕也。衛，禦也〔六四五〕。兄弟雖内鬩而外衛侮〔六四六〕。每有良朋，烝也無戎。烝，填也〔六四七〕；戎，相也。箋云：當急難之時，雖有善同門來，久〔也〕猶無相助〔己〕者〔六四八〕。古聲填、寘、塵同也〔六四九〕。　喪亂既平，既安且寧。雖有兄弟，不如友生。兄弟尚恩怡怡然，朋友以義切切節節然〔六五〇〕。箋云：平猶正也。安寧之時，以礼義相琢〔六五一〕磨，則友生急也〔六五二〕。　儐爾籩豆〔六五三〕，飲酒之飫。儐，陳也〔六五四〕；飫，私也。不脱屨升堂謂之飫。箋云：〔私者〕，圖非常之事〔六五五〕。若議大疑於堂，則〔有〕〔六五六〕飫礼焉。聽朝爲公也〔六五七〕。　兄弟既具，和樂且孺。九族合〔六五八〕會曰和。孺，屬也。王與親戚燕則上毛〔六五九〕。箋云：九族，從〔己〕上至高祖、下及玄孫之親〔六六〇〕。屬者，以昭穆相次序者〔六六一〕。　妻子好合，如鼓琴瑟〔六六二〕。箋云：好合，志意合也〔六六三〕。合者〔六六四〕，如鼓琴瑟之聲應之〔六六五〕。王與族人燕，則宗婦内宗之屬亦從王后於房中焉〔六六六〕。　兄弟既翕，和樂且湛〔六六七〕。翕，合也〔六六八〕。　宜爾室家〔六六九〕，樂爾妻帑〔六七〇〕。帑，子也。箋云：族人和，則得保樂其家中之大小者也〔六七一〕。　是究是圖，亶其然乎。究，深也〔六七二〕；圖，謀也〔六七三〕；亶，信也。箋云：女〔六七四〕深謀之，信其如是乎〔六七五〕。

《棠棣》八章，章四勾。

《伐木》，燕朋友故舊也。自天子已下至于庶人〔六七六〕，未有不須友以成者也〔六七七〕。親親既〔六七八〕睦，友賢不棄，不遺故舊，則民德歸厚矣。

伐木丁丁，鳥鳴嚶嚶。興也。丁丁，伐木聲也〔六七九〕。嚶嚶，驚懼也。箋云：丁丁、嚶嚶，相切直也〔六八〇〕。言昔日未居王〔六八一〕位，在農之時，與友生於山巖伐木爲勤苦之事，猶以道德相切政〔六八二〕。嚶嚶，兩鳥聲〔六八三〕。其鳴之志，似於有友道然，故連言也〔六八四〕。　出自幽谷，遷于喬木。幽，深也〔六八五〕；喬，高也。箋云：遷，徙也〔六八六〕。謂嚮時之〔六八七〕鳥，出從深谷，今移處高木也〔六八八〕。　嚶其鳴矣，求其友聲。君子雖遷〔六八九〕於高位，不可以忘其朋友。箋云：嚶其鳴矣，遷處高木者也〔六九〇〕。求其友聲，求其尚在深谷者也〔六九一〕。其相得，則復鳴嚶嚶然〔六九二〕。　相彼鳥矣，猶求友聲。矧伊人〔六九三〕矣，不求友生？ 矧，況也。箋云：相，視也。［視］鳥尚知居高木呼其友也〔六九四〕，況是人乎，可不求之也〔六九五〕？神之聽之，終和且平。 箋云：以可否相增減曰和。平，齊等也。此言心誠［求之］〔六九六〕，神若聽之，使得如其〔六九七〕志，則友終相与和而齊功〔六九八〕。 伐木滸滸〔六九九〕，釃酒有藇。 滸滸，柹皃也〔七〇〇〕。以□〔七〇一〕曰釃，以藪曰湑。藇，美皃。箋云：此言前〔七〇二〕者伐木滸滸之人，［今］〔七〇三〕則有酒而釃之，本其心故〔七〇四〕。 既有肥羜，以速諸父。 羜，未成羊〔七〇五〕。天子［謂同姓］諸侯、諸侯謂同姓大夫皆曰父〔七〇六〕，異姓則稱舅。國君友其賢臣，大夫〔七〇七〕友其宗族之仁者。箋云：速，召也。有酒有羜，今以召［族］人飲酒者矣〔七〇八〕。 寧適不來，微我不〔七〇九〕顧。 微，無也。箋云：寧召〔七一〇〕之，適自不來，無使言我不顧念〔七一一〕也。 於粲洒掃〔七一二〕，陳饋八簋。 粲，鮮明皃。▨▨▨，▨（圓曰簋。天）〔七一三〕子八簋。箋云：粲然已灑攆〔七一四〕矣，陳其黍稷矣〔七一五〕，謂爲食礼也〔七一六〕。 既有肥牡，以速諸舅。 寧適不來，微我有咎。 咎，過也〔七一七〕。 伐木于阪，釃酒有衍。 衍，美皃也〔七一八〕。箋云：此言伐木于阪，亦本之〔七一九〕。 籩〔七二〇〕豆有踐，兄苐無遠。 箋云：踐，陳列皃也〔七二一〕。兄苐，父之黨，母之黨也〔七二二〕。 民之失德，乾餱〔七二三〕以愆。 餱，食也。箋云：失德，謂見謗訕也〔七二四〕。民當以乾餱之食獲過於人〔七二五〕，況天子之饌，反可以〔七二六〕恨兄苐乎？故不當遠也〔七二七〕。 有酒湑我，無酒酤我。 湑，莤之也〔七二八〕。酤，一宿酒〔七二九〕。箋云：酤，買之〔七三〇〕。［此］族人陳王之恩也〔七三一〕。王有酒，濟〔七三二〕莤之；王無酒，則酤買之〔七三三〕。要欲厚於族人也〔七三四〕。 坎坎皷我，蹲蹲舞我。 蹲蹲，舞皃。箋云：爲我〔七三五〕擊皷坎坎然，爲我興〔七三六〕舞蹲蹲然，謂以燕樂已〔七三七〕。 迨我暇矣，飲此湑矣。 箋云：迨，及也。此又述王意也〔七三八〕。王曰：及我今之閑暇〔七三九〕，共飲是〔七四〇〕湑酒。欲其無不醉之意也〔七四一〕。

《伐木》六章，章六勾。

《天保》，下報上［也］〔七四二〕。 君能下下以成其政，則臣〔七四三〕歸美以報其上焉。 下下，謂〔七四四〕《鹿鳴》至《伐木》皆君所以下臣也。臣亦宜歸美於王，以崇君之尊而福禄之，以荅其歌也〔七四五〕。

天保定爾，亦孔之固。 固，堅也。箋云：保，安也〔七四六〕；爾，女也。女，［王也］〔七四七〕。天保定女〔七四八〕，亦甚固矣〔七四九〕。俾爾單厚，何福不除？俾，使也〔七五〇〕；單，信也。或曰：單，厚也〔七五一〕。除，開也。箋云：單，盡也。天使女盡厚天下之民〔七五二〕，何福而［不］開〔七五三〕？言皆開出以予之〔七五四〕。俾爾多益，以莫不庶。庶，衆也。箋云：莫，無也。使女〔七五五〕每物益多，是以故無不衆者也〔七五六〕。天保定爾，俾爾戩穀。罄〔七五七〕無不宜，受天百禄。戩，福也〔七五八〕；穀，禄也〔七五九〕；罄，盡也。箋云：天使女〔七六〇〕所福禄之人，謂羣臣也〔七六一〕。其舉事盡得其宜，受天之多禄矣〔七六二〕。降爾遐〔七六三〕福，維日不足。箋云：遐，遠也。天又下予女〔七六四〕以廣遠之福，使天下者〔七六五〕蒙之，汲汲然如日〔七六六〕不足也。天保定爾，以莫不興。箋云：興，盛也。無不盛者，使萬物皆盛，草木暢茂，禽獸碩大者也〔七六七〕。如山如阜，如岡如陵。言其廣厚〔七六八〕。高平曰陸，大陸曰阜〔七六九〕，大阜曰陵。箋云：此言其福禄委積高大也〔七七〇〕。如川之方至，以莫不增。箋云：川之方至，謂其水縱長之時〔七七一〕，萬物之牧皆增多者〔七七二〕。［吉蠲爲饎，是用孝享。吉，善；蠲，絜也。饎，酒食也。享，獻也。箋云：謂將祭祀也］〔七七三〕。礿祠〔七七四〕烝嘗，于公先王。春曰礿，夏曰祠〔七七五〕，秋曰嘗，冬曰烝。公，事也。箋云：公，先公，謂后稷至諸盩至不窋〔七七六〕。君曰卜爾，萬壽無彊〔七七七〕。君，先君也〔七七八〕。尸所以象神。卜，予〔七七九〕也。箋云：『君曰卜［爾］〔七八〇〕』者，尸嘏主人，傳神辝〔七八一〕也。神之弔矣，詒爾多福。弔，至也〔七八二〕；詒，遺也。箋云：神之〔七八三〕至者，宗廟〔七八四〕致敬，鬼神著矣，此之謂也〔七八五〕。民〔七八六〕之質矣，日用飲食。質，成也。箋云：成，平也。民事平，以礼飲食相樂而［已］也〔七八七〕。羣黎百姓，偏〔七八八〕爲爾德。百姓，百官族姓〔七八九〕。箋云：黎，衆也〔七九〇〕。羣臣〔七九一〕百姓，偏爲女之德〔七九二〕。言則而象〔七九三〕之。如月之絙〔七九四〕，如日之升。絙，弦也〔七九五〕；升，出也。言俱進〔七九六〕。箋云：［月］〔七九七〕上弦而就盈，日始出而就明也〔七九八〕。如南山之壽，不騫不崩。騫，虧也〔七九九〕。如松栢〔八〇〇〕之茂，無不［爾］或承〔八〇一〕。箋云：或之言有〔八〇二〕。如松栢之支葉〔八〇三〕，常茂盛〔八〇四〕，相承不〔八〇五〕衰落也。

《天保》六章，章六句。

《采薇》〔八〇六〕，遣戍役〔八〇七〕也。文王之時，西有昆夷之患，北有玁允〔八〇八〕之難。以天子之命，命將率〔八〇九〕遣戍役，以守衛中國。故謌〔八一〇〕《采薇》以遣之，《出車》以勞還，《杕杜》以勤歸〔八一一〕。文王爲西伯服事之殷之時〔八一二〕。昆夷，西戎也。天子，殷王〔八一三〕。戍，守也。西伯以殷王〔八一四〕之命，命其屬爲將率，將戍役御〔八一五〕西戎及北狄之難，歌《采微》以遣之。[《杕杜》]以勤歸者〔八一六〕，以其勤勞之〔八一七〕故，於其歸〔八一八〕，[歌]《杕杜》[以]休息之也〔八一九〕。

采微采微，微亦作止。微，菜也〔八二〇〕；作，生也。箋云：[西伯將遣戍役，先]與之期〔八二一〕以采微之時。今微生矣，先輩可以行也〔八二二〕。重言之采微采微者〔八二三〕，丁寧行期也〔八二四〕。曰歸曰歸，歲亦暮〔八二五〕止。箋云：暮，晚也。曰女何時歸乎〔八二六〕？何時歸乎〔八二七〕？亦歲晚之時乃得歸〔八二八〕。又丁寧皈期〔八二九〕，定其心也〔八三〇〕。靡室靡家，[玁狁之故。不皇啓居]〔八三一〕，玁允之故。玁狁，北狄〔八三二〕。箋云：[北狄]，今凶奴也〔八三三〕。靡，無也〔八三四〕；皇，暇也〔八三五〕；啓，跪也。古者師出不踰時，今微〔八三六〕生而行，歲晚乃〔八三七〕得歸，使女無室家〔八三八〕之道，不暇跪〔八三九〕居者，有玁狁之難，故曉之者〔八四〇〕。采微采微，微亦柔止。柔，始生也〔八四一〕。箋云：柔，謂曉之時也〔八四二〕。曰歸曰歸，心亦憂止。箋云：憂者〔八四三〕，憂其歸期將晚也〔八四四〕。憂心烈烈〔八四五〕，載飢載渴。箋云：烈烈，憂皃。則飢則渴，言甚苦也〔八四六〕。我戍未定，靡使〔八四七〕歸聘。聘，問也。箋云：定，止也。我方守於狄〔八四八〕，未得止息，無所使〔八四九〕歸問。言所以憂也〔八五〇〕。采微采微，微亦剛止。少而剛也〔八五一〕。箋云：剛謂少堅急時也〔八五二〕。曰歸曰歸，歲亦陽止。陽，歷陽〔八五三〕月也。箋云：十月〔八五四〕爲陽。時巛〔八五五〕用事，嫌於無陽，故名此月爲陽也之〔八五六〕。王事靡鹽，不皇〔八五七〕啓處。箋云：鹽，不堅固也〔八五八〕。處猶居也〔八五九〕。憂心孔疚，我行不來。疚，病也〔八六〇〕；來，至也。箋云：我，戍役人〔八六一〕自我也。來猶反也〔八六二〕。已還家〔八六三〕曰來。彼祢〔八六四〕維何？維棠〔八六五〕之華。祢，華盛也〔八六六〕。棠，棠棣也。箋云：此言彼祢者乃〔八六七〕棠棣之華，以興將率車馬服飾之[盛]也〔八六八〕。彼路斯何？君子之車。箋云：斯，此也。君子，謂將率也〔八六九〕。戎車既駕，四牡業業。業業然，壯也〔八七〇〕。豈敢定居？一月三捷。捷，勝也。箋云：定，止也。將率之志，往至所征戍之地〔八七一〕，不敢止而居處以自安也〔八七二〕。往[則]庶乎〔八七三〕一月之中三有勝功，謂侵也、伐也、戰[也]〔八七四〕。駕彼四牡，四牡騤騤。君子所依，小人所腓。騤騤，彊皃〔八七五〕。腓，避〔八七六〕也。箋云：腓當作芘〔八七七〕。此言戎車者，將率之所依乘，戍役之所芘倚也〔八七八〕。四牡翼翼，象弭魚服。翼翼，閑也。象弭，弓反末也〔八七九〕，所以解紛也〔八八〇〕。魚服，魚皮也。箋云：弭，弓反末彆也〔八八一〕，以〔八八二〕象骨爲之，以助御〔八八三〕者解轡紛，宜滑也。服，矢服者〔八八四〕。豈不日戒〔八八五〕，玁狁孔棘。箋云：戒〔八八六〕，警勑軍事也〔八八七〕。孔，甚也〔八八八〕；棘，急也。言君子小人豈不日相警戒也〔八八九〕？[誠日相警戒也]〔八九〇〕。玁狁之難甚急，豫述其苦以勸之也〔八九一〕。昔我往矣，楊柳依依。今我來思，雨雪霏霏。楊[柳]，蒲柳也〔八九二〕。霏霏，甚皃〔八九三〕。箋云：我來謂戍止〔八九四〕，而始及時也〔八九五〕。上三章言[戍役，次二章言]〔八九六〕將率之行，故此章重序其往反〔八九七〕之時，極言其苦以說焉也〔八九八〕。行道遲遲，載渴載飢〔八九九〕。遲遲，長遠皃〔九〇〇〕。箋云：行〔九〇一〕反在於道路，猶飢渴，言至苦〔九〇二〕。我心傷悲，莫知我哀。君子能盡人之情，故人忘其死也〔九〇三〕。

《采薇》六章，章八句。

《出車》，勞還率也。遣將率及戍役，同時歌同時歸也〔九〇四〕，欲其同心〔九〇五〕。反〔九〇六〕而勞之，異欲〔九〇七〕歌異日，殊尊卑〔九〇八〕。《礼記》曰：『賜君子小人不同日。』此其義者〔九〇九〕。

我出我車，于彼牧矣。出車就馬於牧[地]〔九一〇〕。箋云：上我，殷王〔九一一〕。下我，將率自謂也〔九一二〕。西伯以天子之命，出我戎車於所牧之地，將使我出征伐也〔九一三〕。自天子之〔九一四〕所，謂我來矣。箋云：自，從也，有人從王所[來]〔九一五〕。謂我來矣〔九一六〕，謂以王命召己爲將率〔九一七〕。先出戎車，乃召將率〔九一八〕，將率尊也。召彼僕夫，謂〔九一九〕之載矣。王事多難，維其棘矣。僕夫，御夫也〔九二〇〕。箋云：棘，急也。棘王命〔九二一〕，已即召僕夫〔九二二〕，使裝載衣〔九二三〕物而往。王之〔九二四〕事多難，其召我必急，欲疾趍之〔九二五〕。此序其忠敬也〔九二六〕。我出我車，于彼郊矣。設此旐矣，建彼旄矣。龜蛇〔九二七〕曰旐。旄，干旄也〔九二八〕。箋云：設旐者，屬之於干旄而建之戎車〔九二九〕。將率〔九三〇〕既受命，行乃乘焉〔九三一〕。牧地，在遠郊者〔九三二〕。彼旟旐斯，胡不旆旆〔九三三〕？鳥隼曰旟。旆旆，流垂者〔九三四〕。憂心悄悄，僕夫況萃〔九三五〕。箋云：況，兹也。將率既受命，行而憂，臨事而懼〔九三六〕。御夫則兹益燋悴〔九三七〕，憂［其］馬之不政也〔九三八〕。　王命南仲，往城于方。出車彭彭，旂旐英英〔九三九〕。王，殷王也〔九四〇〕。南仲，王屬也〔九四一〕。方，［朔方］，近玁狁國〔九四二〕。彭彭，四馬皃。交龍曰旂〔九四三〕。英英，鮮明［皃］〔九四四〕。箋云：王使南仲爲率〔九四五〕，往築城於〔九四六〕朔方，爲軍壘以御狄難也〔九四七〕。　天子命我，城彼朔方。赫赫南仲，玁狁于襄。朔方，北方〔九四八〕。　𦬁𦬁，盛也〔九四九〕。襄，除也。箋云：此我，我戍役也。戍役築壘〔九五〇〕，而美其將率自此出征者也〔九五一〕。　昔我往矣，黍稷方華。今我來思，雨雪載塗。王事多難，不皇〔九五二〕啓居。塗凍始釋也〔九五三〕。箋云：黍稷方華者〔九五四〕，朔方［之］地六月時也〔九五五〕。以［此］時始出壘征伐玁允〔九五六〕，因伐西戎，至春凍始釋而來反，其間非有休息〔九五七〕。　豈不懷［歸］〔九五八〕？畏此簡〔九五九〕書。簡書，戒命〔九六〇〕。鄰國有急，以簡策相告〔九六一〕，則奔命投〔九六二〕之。　喓喓草蟲，趯趯阜螽。箋云：草虫〔九六三〕鳴，阜螽跳躍〔九六四〕而從之，天性也。諭〔九六五〕近西戎之諸侯，聞南仲既征玁狁〔九六六〕，將伐西戎之命，則跳躍而嚮〔九六七〕望之，如阜螽之聞草虫鳴焉〔九六八〕。草虫鳴，晚秋之時也〔九六九〕。此以其時見而興也〔九七〇〕。　未見君子，憂心忡忡。既見君子，我心則降。箋云：君子，斥南仲也〔九七一〕。降，下也〔九七二〕。　赫赫南仲，薄伐西戎。春日遲遲〔九七三〕，卉木萋萋。蒼庚〔九七四〕喈喈，采蘩〔九七五〕祁祁。執誶〔九七六〕獲醜，薄言還〔九七七〕歸。卉，草也。誶，辞也。箋云：誶，言〔九七八〕；醜，衆也。伐西戎，以凍始釋時反〔九七九〕朔方之壘，息戎［役］〔九八〇〕。至此時而歸京師，稱美時物以及事〔九八一〕，喜而詳之〔九八二〕。［執訊］〔九八三〕，執其可言問［及］〔九八四〕所獲之衆以歸者，當獻之〔九八五〕。　赫赫南仲，玁允〔九八六〕于夷。夷，平也。箋云：平者，平之於王也〔九八七〕。此時亦伐〔九八八〕西戎，獨言平玁允者〔九八九〕，玁允大，故以爲始，以爲終之也〔九九〇〕。

《出車》六章，章八勾。

《杕杜》〔九九一〕，勞還役也。役，戍〔九九二〕役也。

有杕之杜，有睆〔九九三〕其實。興也。睆，實貌〔九九四〕。杕杜猶得其時蕃〔九九五〕滋，役夫勞苦，不得盡其天性也〔九九六〕。

王事靡盬，繼嗣我日。箋云：嗣，續也。王事无不堅固，我行役嗣續其日月〔九九七〕。言常勞苦，無休息〔九九八〕。日月陽止，女心傷止〔九九九〕，征夫皇〔一〇〇〇〕止。箋云：十月爲陽〔一〇〇一〕。皇，暇〔一〇〇二〕也。婦人思望其君子，陽月之時已憂傷矣〔一〇〇三〕。行夫如今已閒暇且歸也〔一〇〇四〕，而尚不［得］〔一〇〇五〕歸，故序其男女之情以説〔一〇〇六〕之。陽月而思〔一〇〇七〕望之者，以初時云『歲亦暮止』者矣〔一〇〇八〕。有杕之杜，其葉〔一〇〇九〕萋萋。王事靡盬，我心傷悲。箋云：心〔一〇一〇〕傷悲者，念其君子於今勞苦也〔一〇一一〕。卉木萋止，女心悲止，征夫歸止。室家踰時則思之也〔一〇一二〕。陟彼北山，言采其杞。王事靡盬，憂我父母。箋云：杞非菜也〔一〇一三〕，而升北［山］采之者〔一〇一四〕，託有事以望君子也〔一〇一五〕。檀車幝幝〔一〇一六〕，四牡痯痯〔一〇一七〕，征夫不遠。檀車，役車也〔一〇一八〕。幝幝，弊〔一〇一九〕皃。痯痯，罷皃也〔一〇二〇〕。箋云：不遠者，言其來近〔一〇二一〕。匪載匪來，憂心孔疚〔一〇二二〕。箋云：匪，非〔一〇二三〕；疚，病也。君子至期不裝載也〔一〇二四〕，意不爲來〔一〇二五〕。我念之，憂心甚病〔一〇二六〕。期逝不至，而多爲恤〔一〇二七〕。逝，往也〔一〇二八〕；恤，憂也〔一〇二九〕。遠行不必如期，室家之情以期望也〔一〇三〇〕。卜筮偕〔一〇三一〕止，會言近止，征夫爾〔一〇三二〕止。卜之筮之，會人占之也〔一〇三三〕。爾，近也〔一〇三四〕。箋云：偕，俱也〔一〇三五〕；會，合也。或卜之，或筮之，俱占之，合言於▨（繇）〔一〇三六〕爲近。征夫如今近耳〔一〇三七〕。

《杕杜》〔一〇三八〕四章，章七句〔一〇三九〕。

《魚麗》，美萬物盛多，能備礼也。文、武以〔一〇四〇〕《天保》以上治内，《采微》〔一〇四一〕以下治外，始於憂勤〔一〇四二〕，終於逸樂，故［美］〔一〇四三〕萬物盛多，可以告於神明矣〔一〇四四〕。内爲諸夏〔一〇四五〕，外謂夷狄也〔一〇四六〕。告於神明者，於祭祀而歌之也〔一〇四七〕。

魚麗於〔一〇四八〕罶，鱨鯊〔一〇四九〕。麗，歷也。罶，曲梁也〔一〇五〇〕，寡婦之笱〔一〇五一〕。鱨，楊也〔一〇五二〕。鯊，鮀也。太平而後微物衆多〔一〇五三〕，取之有時〔一〇五四〕，用之有道，則万物莫不多矣〔一〇五五〕。古者不風不暴，不行火〔一〇五六〕。草木不槎，斤斧不入山林〔一〇五七〕。豺祭獸然後殺〔一〇五八〕，獺祭魚然後漁，鷹祭隼然後罻羅設〔一〇五九〕。是以天子不合圍，諸侯不掩〔一〇六〇〕羣，大夫不麛〔一〇六一〕不卵，士不隱塞，庶人［不］數罟〔一〇六二〕，罟必四寸，然後入〔一〇六三〕澤梁。故山不童，澤不竭，鳥獸魚鼈皆得其性然也〔一〇六四〕。君子有酒，旨且多。箋云：酒美而此魚又多也〔一〇六五〕。魚麗于罶，魴鱧。鱧，鯇〔一〇六六〕也。君子有酒，多且旨。箋云：酒多而此魚又〔一〇六七〕美也。魚麗于罶，鰋鯉。鰋，鮎〔也〕〔一〇六八〕。君子有酒，旨且有。箋云：酒美而此魚又有〔也〕〔一〇六九〕。物其多矣，維其嘉矣。〔箋云：魚既多，又善。物其旨矣，維其偕矣〕〔一〇七〇〕。箋云：魚既美，又齊等〔一〇七一〕。物其有矣，維其時矣。箋云：魚既有，又得其時〔一〇七二〕。

《魚麗》六章，其三章章四句，〔三章章二句〕〔一〇七三〕。

《南陔》，孝子相戒以養也。《白華》，孝子之絜白也。《華黍》，時和歲豐，宜黍稷也。有其義而亡其辞〔一〇七四〕。此三〔一〇七五〕篇者，《鄉飲酒》、《燕礼》則〔一〇七六〕用焉，乃『笙入，立于懸中〔一〇七七〕，奏《南陔》、《白華》、《華黍》』是也。孔子論《詩》，雅、頌各得其所，其時在耳〔一〇七八〕。篇弟〔一〇七九〕當在於此，遭戰國及秦之世而亡之，〔其〕義則與〔衆〕篇〔一〇八〇〕之義合編，故存。至毛公爲《詁訓傳》，乃分衆篇之〔義〕〔一〇八一〕，各置於〔一〇八二〕篇端，云又闕其亡者，以見在爲數，故推改什首，遂通爾〔一〇八三〕，而非孔子之舊制也〔一〇八四〕。

《鹿鳴之什》〔十〕篇，五〔十五〕章，三百十五句〔一〇八五〕。

毛詩卷第九

【校記】

〔一〕毛詩國，底一甲『毛』存左上角殘畫，『詩』存左邊『言』，『國』存左下角殘畫，茲皆據刊本擬補。

〔二〕『變』前底一甲約殘泐九字位置，刊本爲篇題『七月』二字及小序『陳王業也周公遭』七字。

〔三〕『業』前底一甲約殘泐八字位置，刊本爲『公風化之所由致王』。

〔四〕『公遭變者管蔡』六字底一甲殘缺，茲據刊本擬補。

〔五〕避之，刊本『避』作『辟』，無『之』字。『辟』『避』古今字。

〔六〕東都，底一甲『東都』二字殘缺，茲據刊本擬補。

〔七〕七，底一甲殘缺，兹據刊本擬補。

〔八〕矣，底一甲殘缺，兹據刊本擬補。

〔九〕故言將寒，刊本作『故將言寒』。羅跋：『以此卷之義爲長。』

〔一〇〕先著火星所在也，底一甲『著』字存下半『者』，兹據刊本擬補。刊本無『星』、『也』二字。郝春文云：『此句甲本（平案：指刊本）脱「星」字。』案郝説是也。《箋》前云『火星中而寒暑退』，是鄭玄已釋『火』爲『火星』，據鄭箋通例，後不當再言『火』。

〔一一〕『十之餘』下刊本有『也』字。

〔一二〕也，底一甲存右半，兹據刊本擬補。

〔一三〕褐毛布，底一甲『褐毛』殘缺，『布』殘存左邊殘畫，兹皆據刊本擬補。刊本末有『也』字。

〔一四〕二月正之，刊本作『二正之月』。郝春文云：『於文義以甲本（平案：指刊本）爲是，但此件經時人用朱筆校改過，此句雖有句讀，並未改動。』是郝氏於此疑而未定。案當以刊本爲是。《傳》云『一之日，周正月也』、『二之日，殷正月也』，『二正之月』即謂此也。

〔一五〕『何以』前刊本有『將』字。

〔一六〕故八月則當績者矣，刊本『故』前有『是』，『者矣』作『也』。案作『也』義長。

〔一七〕秬，刊本作『耜』。『秬』爲『耜』之俗寫，見《龍龕·禾部》。《傳》中『秬』字同。

〔一八〕地，刊本作『土』。陳邦懷云：『按「七月鳴鵙」，箋云「豳地晚寒」；「二之日其同」，箋云「亦豳地晚寒也」。鄭言「豳地」，蓋本於毛。今本傳作「豳土」，當爲「地」之壞字耳。』

〔一九〕无，刊本作『無』。《説文·亾部》：『无，奇字無也。』下凡此均不復出校。

〔二〇〕饋，刊本無。羅跋：『以此卷之義爲長。』陳邦懷云：『唐寫本「饟」下有「饋」字是也。《小雅》「饁彼南畝」，箋云：「饁，饟饋也。」《周頌》「有嗿其饁」，箋云：「饁，饋饟也。」皆可證唐寫本之善。』

〔二一〕其見田大夫也，『其』，底一甲後加於『中』與『見』之間。刊本無『也』字。

〔二二〕陳人衣食急，刊本作『陳人以衣食爲急』。郝春文認爲刊本『近是』。案《小序》正義云：『首章陳人以衣食爲急，餘章廣而成之。』是孔所據本亦作『陳人以衣食爲急』。

〔二三〕流火，底二甲起於此。

〔二四〕箋云將言女功之始，底一甲『箋云將』三字均殘存右半，茲據底二甲、刊本擬補。『始』刊本同，底二甲作『事』。案下一章『七月流火八月萑葦』箋云：『將言女功自始至成。』《小序》正義云：『故二章言女功之始，養蠶之事。』是當以作『始』爲善。

〔二五〕故又本於此也，底二甲作『故有本於此也』，刊本作『故又本作此』。底一甲『故』字殘存左半『古』，茲據底二甲、刊本擬補。阮元《詩經校勘記》（以下簡稱『阮校』）云：『小字本、相臺本「作」作「於」，考文古本「於」字亦同。案「於」字是也。』案底一甲、底二甲均作『於』，可證阮校之善。『又』爲『有』之古文，二字同音，底二甲作『有』者，音借字也。敦煌寫卷二字多有通假者，斯一一六四《迴向文》：『恨生前不盡指揮，没有慚昇法座。』『有』爲『又』之借。殷四十一《癸未年七月十五日張修造雇父駝契》：『又人悔者，罰麥壹碩，充入不悔人。』（唐耕耦、陸宏基編《敦煌社會經濟文獻真蹟釋録》第二册三八頁，全國圖書館文獻縮微複制中心，一九九〇年七月）『又』爲『有』之借。

〔二六〕匡，底二甲、刊本作『筐』，『匡』『筐』古今字。《傳》中『匡』字同此。

〔二七〕以，底一甲無，底二甲此處殘缺，茲據刊本及《孟子·梁惠王上》補。

〔二八〕也，刊本同，底二甲無。

〔二九〕稺，底二甲略同（底二甲左旁訛作『木』形），刊本作『穉』。『稺』爲『穉』之俗字，下『稺』字同此，不復出校。

〔三〇〕蠶始生宜稺桑者也，底一甲原無『蠶始生宜稺桑』，當是手民在抄好前一『稺桑』後，一時眼錯，將它看作後一『稺桑』，以致漏録此六字。茲據底二甲、刊本補。刊本『稺』作『穉』，因底一甲前文寫作『稺』，故擬補如上。底一甲無『者』字，有『者』於語不順，當是衍文。

〔三一〕遟遟，底二甲同，刊本作『遲遲』。『遟』爲『遲』之俗字。《傳》中『遟遟』同此。

〔三二〕繁，刊本作『蘩』，底二甲殘缺。《召南·采蘩》毛傳：『蘩，皤蒿也。』《説文·艸部》：『𦾰，白蒿。』段注：『皤亦白也。』『𦾰』爲『蘩』之本字（『緐』隸變作『繁』，因而『𦾰』亦作『蘩』矣），而『繁』則又爲『蘩』之借字。

〔三三〕歸，刊本同，底二甲作『帰』。據《説文》，『帰』爲籀文隸定字，『歸』爲小篆隸定字。下凡『歸』字刊本均作『歸』，底二甲均作『帰』，不復出校。

〔三四〕蘩藩蒿也，底一甲『蘩』原寫作『繁』，校改作『蘩』；刊本作『蘩』，底二甲作『繁』。考詳校記〔三二〕。『藩』，底二甲作『皤』，刊本作『白』。陳邦懷云：『按「藩」乃「皤」之譌字，《釋文》出「皤蒿」，宋巾箱本説作「蘩皤蒿」也，可爲此證。考《召南》「于以采蘩」傳云「蘩，皤蒿也」。「蘩，皤蒿」，毛公本《雅》訓，可互證也。知今本「白」爲「皤」之壞字矣。』案：陳氏以『藩』爲『皤』之譌，其説當是。陸德明《經典釋文·毛詩音義》（以下簡稱『釋文』）出『皤蒿』，孔穎達《毛詩正義》（以下簡稱『正義』）引定本亦作『皤蒿』，均與底二甲同。『白』應非『皤』之壞字也。《説文·艸部》：『𦾰，白蒿。』段注：『皤亦白也。』白蒿即皤蒿，作『白』者，蓋後人據《説文》改此《傳》也。《正義》云：『《傳》於《采蘩》云「皤蒿也」，此云「白蒿」，變文以曉人也。』則據誤本爲説耳。

〔三五〕春女悲秋士思，底二甲作『□女啼秋士悲』，刊本作『春女悲秋士悲』。案：《淮南子·繆稱》：『春女思，秋士悲，而知物化矣。』《藝文類聚》卷三引《淮南》云：『春女悲，秋士哀，知物化矣。』《北堂書鈔》卷一五四《歲時部二·春篇》『春女悲』條下引《淮南》云：『春女悲，秋士哀，知物化矣。』《太平御覽》卷一九、二四兩引《淮南》作『春女悲，秋士哀，知物化矣』。《文選》卷一九張華《勵志詩》李善注：『《淮南子》曰：「春女悲，秋士哀，而知物化矣。」』據諸本所引，知《淮南》應作『春女悲，秋士哀，而知物化矣』，今本《淮南》已非原貌。「思」有「哀」義（考詳郭在貽《訓詁學》頁二七，湖南人民出版社一九八六）。張華《勵志詩》云：「吉士思秋，寔感物化。」該句應化自《淮南》，故李善引《淮南》注之。則《淮南》之原本該當作「春女悲，秋士思，而知物化矣」，作「哀」者，因不知「思」有「哀」義而擅改也。諸家據擅改之本，故所引皆作「哀」。《毛傳》與《淮南》之語來源應同，《毛傳》亦應作「春女悲，秋士思」也。《箋》申毛云：「春女感陽氣而思男，秋士感陰氣而思女，是其物化，所以悲也。悲則始有與公子同歸之志，欲嫁焉。」雖其釋詞多誤，然亦可知鄭所據者作「悲」與「思」二字。刊本作「秋士悲」者，乃不悟「思」有「哀」義而改（刊本所據十行本雖爲宋本，然《正義》亦作「秋士悲」，知其早經改篡）；底二甲作「□女啼，秋士悲」者，蓋以兩「悲」字不偶，故改前一「悲」字爲「啼」也，愈改愈遠矣。林平和據底二甲作「啼」，因而認爲刊本作「悲」乃「啼」之誤，則幾近射覆。

〔三六〕也，刊本同，底二甲無。

〔三七〕殆始也，底二甲「殆」作「迨」，刊本無「也」字。《說文》：「隸，及也。《詩》曰：『隸天之未陰雨。』」段注：「《釋言》、《毛傳》、《方言》皆曰：『迨，及也。』此與歺部『殆』音義皆同。今《詩》作『迨』，俗字也。」是「迨」爲「隸」之後起字，而與「殆」通假。底一甲「始」字後加於「殆」與「也」之間。

〔三八〕同時出同時歸，底一甲原無「出同時」三字，蓋手民在抄好前一「同時」後，一時眼錯，將它看作後一「同時」，以致漏録此三字。兹據刊本補。刊本末有「也」字。

〔三九〕春女，刊本同，底二甲下有「悲」字。林平和認爲「悲」字衍文。

〔四〇〕秋士感陰氣而思女，底二甲「秋士」前有「是」字。「是」當是衍文。底一甲「氣」字後補於「陰」下界欄之外；「而思」二字存右邊小半部分殘畫，兹據刊本擬補。

〔四一〕悲則始有与公子同歸之志，底二甲無「始」字。《毛傳》釋「殆」爲「始」，《鄭箋》申毛，故「始」字不可無。「有与」，刊本作「有與」，底二甲作「有欲与」。林平和認爲「欲」爲「始」之誤。案：「始」在「有」前，而

『欲』在『有』後，位置不對。疑『欲』乃因後『欲嫁焉』句而增之衍文。『与』、『與』二字古混用無别，敦煌寫本多用『与』字，後世刊本多改作『與』。下凡『与』、『與』之别者均不復出校。底一甲『公子』二字殘缺，『同』殘存左半，兹皆據底二甲、刊本擬補。

〔四二〕 此，刊本作『是』。是、此同義。

〔四三〕 雚，底二甲同，刊本作『萑』。《説文·隹部》：『雚，小爵也，从萑吅聲。』艸部：『萑，薍也。』『萑，艸多皃。』是當作『萑』。《廣韻·桓韻》：『萑，俗作雚。雚本自音灌。』是寫卷作『雚』者，乃『萑』之俗字；『萑』乃誤字也。陳奐《詩毛氏傳疏》云：『萑當作萑。』是也。陳邦懷誤以『雚』爲『萑』之借字，惜未一查《廣韻》。《傳》中『雚』字同此。

〔四四〕 蓄，底二甲、刊本作『畜』。《説文·艸部》：『蓄，積也。』田部：『畜，田畜也。』是『畜』爲『蓄』之借字。

〔四五〕 苖，底二甲殘缺，刊本作『曲』。《説文·曲部》：『曲，象器曲受物之形也。或説：曲，蠶薄也。』段注：『其字俗作苖，又作笛。』陳邦懷以《説文·艸部》有『苖』字，故認爲段玉裁以『苖』爲俗字之説誤，而以『曲』爲『苖』之借字。今謂陳説誤也。『曲』象器曲受物之形，蠶薄形曲，故可作曲。因其以萑葦編織，故字從艸作苖。陳奐《詩毛氏傳疏》云：『曲、苖古今字。』是也。王筠《説文釋例》以曲、苖二字爲異部重文，是亦以爲古今字也。

〔四六〕 故亦又本於此者，底一甲原無『本』字，郝春文據刊本補，兹從之。底二甲亦有『本』字。底二甲『又』作『有』，『有』爲『又』之借字，説參校記〔三五〕。『者』字刊本無，底二甲作『之也』，今謂『者』及『之也』皆爲雙行對齊而添。

〔四七〕 楊，刊本作『揚』，底二甲作『陽』。『楊』爲『揚』之俗寫，『陽』音誤字。《傳》中『楊』字同此。

〔四八〕 也，刊本同，底二甲無。

〔四九〕 也，刊本同，底二甲無。

〔五〇〕角，刊本同，底二甲作『桷』。《廣雅·釋言》：『捔，掎也。』王念孫《疏證》：『角捔、猗掎古通用。』陳奐云：『角即捔字。』案：《説文》有『角』無『捔』，《左傳·襄公十四年》：『譬如捕鹿，晉人角之，諸戎掎之。』亦作『角』。角、捔蓋古今字。『桷』乃因扌、木不分而造成之俗字。

〔五一〕荑桑，底一甲原寫作『東』，後朱筆改『東』爲『荑』，下添『桑』字。底二甲作『柔桑』；刊本作『荑桑』，下有『也』字。《正義》云：『女是人之弱者，故知「女桑，柔桑」，言柔弱之桑，其條雖長，不假枝落，故束縛而采也。』是孔所據本作『柔桑』。《爾雅·釋木》：『女桑，桋桑。』《釋文》：『桋，大兮反，或作荑。』嚴元照《爾雅匡名》：『艸、木偏旁通用，故又作桋。』洪頤煊《讀爾雅録》：『「荑」古通作「雉」字，桋桑即稚桑也，《詩正義》引《集注》及定本皆云「女桑，荑（平案：『荑』本誤作『柔』，據阮校改）桑」。取《周易》「枯楊生荑」之義，荑是葉之新生者。與稚桑同義。』案：據洪説，本當作『荑』字。王照圓《詩小紀》亦認爲當作『荑』，『荑』與『薙』音義同，謂芟荑復生者（轉引自馬瑞辰《毛詩傳箋通釋》）。雖洪、王二説義有别，然均以爲本作『荑』，正與底一甲合。《毛傳》與《爾雅》多同，桋、荑皆荑之增旁字也。作『柔桑』者，當爲後改。陳奐《詩毛氏傳疏》云：『或以荑字難明，故易柔字。』柔桑，嫩桑也，亦新生之桑也，與『荑桑』義無别。

〔五二〕枝落者采其葉也，刊本無『者』字。底一甲『葉』原作『菜』，諱改字，兹據刊本改；底二甲亦作『菜』。

〔五三〕少枝，此二字底一甲朱筆旁補，刊本有此二字，底二甲無。

〔五四〕不枝落者，底一甲原作『少故落』，點去『少』字，右旁朱筆補『不枝』二字，又點去『故』字，『落』字右下側朱筆補『者』字；底二甲作『少枝落』三字。刊本作『不枝落者』。

〔五五〕束而采之，刊本同，底二甲作『束而不採也』。案此底二甲妄改也，未聞有將嫩桑枝捆成一束而不採者。

〔五六〕伯勞，底二甲同，刊本下有『也』字。

〔五七〕載績，刊本同；底二甲脱『績』字，前又有『將寒之候』四字。案此四字乃是因後《箋》文而衍。

〔五八〕絲事畢而麻事起矣，刊本同；底二甲『絲』誤爲『糸』，又脱下一『事』字。

〔五九〕也，刊本同，底二甲無。

〔六〇〕染𦵏，底二甲作『染纁』，刊本作『深纁』，下有『也』字。陳邦懷云：『按「染」字勝。《箋》云：「凡染者，春暴練，夏纁玄，秋染。」箋言染當於秋，正釋傳文，知今本「深」爲「染」之譌也。』案：《篇海類編》：『𦵏，臭菜，或作薰。』與此不合。《左傳·哀公十一年》『尉之以玄纁』釋文：『纁，本亦作勳。』是『纁』有同音借作『勳』者。『𦵏』當是『勳』之俗字，古有加『艹』頭而成爲繁俗字者，參張涌泉《漢語俗字叢考》一二三三頁『蘳』字條。《釋文》出『纁也』，是其所據本有『也』字，與刊本合。

〔六一〕熏，底二甲、刊本作『纁』。案『熏』爲『纁』之借字，説參朱珔《説文假借義證》『熏』篆下説解。下《箋》中『熏』字同此。

〔六二〕也，刊本同，底二甲無。

〔六三〕月則鳴，底一甲『月則』二字殘缺，『鳴』殘存左邊『口』之左半殘畫，兹皆據底二甲、刊本擬補。

〔六四〕地，刊本同，底二甲作『土』。案作『地』是，《公劉》『篤公劉，于豳斯館』箋：『厚乎公劉，於豳地作此宫室。』《周禮·夏官·職方氏職》『其澤藪曰弦蒲，其川涇汭』鄭注：『汭在豳地。』是鄭玄言『豳地』，不言『豳土』。

〔六五〕鳥物之候從其炁焉，底二甲『候』作『後』，音誤字。底二甲、刊本『炁』作『氣』。《玉篇·火部》：『炁，古氣字。』胡吉宣《玉篇校釋》：『此爲道士趙利貞所增入者。《廣韻》：「氣，古文炁，出道書。」今《周禮注》雖亦有炁字，必爲後人認作真古文而妄改也。』（四〇八一頁，上海古籍出版社一九八九）

〔六六〕凡染者，刊本同，底二甲脱。

〔六七〕暴，刊本同，底二甲作『㬥』。《集韻·鐸韻》有『㬥』字，爲『襮』之别體，與此不合。《周禮·天官·染人職》：『凡染，春暴練，夏纁玄，秋染夏，冬獻功。』鄭玄注：『暴練，練其素而暴之。』則當作『暴』。『㬥』蓋因『練』而類化增旁。

〔六八〕夏熏玄，底一甲「夏」字後補於「練」與「熏」之間。底二甲「熏玄」作「玄⿰糸勳」。《周禮》作「纁玄」，「熏」爲「纁」之借字，「⿰糸勳」則爲「纁」之俗字。

〔六九〕厚於所貴而説者，底二甲作「候厚其所貴而説之」，刊本作「厚於其所貴者説也」。案：「候」爲「厚」字音誤而未删者。

〔七〇〕秀，刊本同，底二甲作「莠」。「秀」爲動詞，「莠」當是因「蔞」而類化增旁。《傳》、《箋》中「秀」字皆同此，不復出校。

〔七一〕籜，底二甲、刊本作「蘀」。《干禄字書·入聲》：「蘀、籜，上草木落，下笋皮也。」是二字不同。「籜」當是因艹、⺮混用而造成之俗字。《箋》中仍作「蘀」，抄手粗疏之證。《傳》中「籜」字同此。

〔七二〕螗，刊本同，底二甲作「蟬」。宋嚴粲《詩緝》云：「《蕩》詩「如蜩如螗」，不得以爲一物也。毛氏於彼傳云：「蜩，蟬也。螗，蝘也。」於此詩乃云「蜩，螗」者，蓋舉其類以相明，非以蜩爲螗，自爲異同也。」陳奐《詩毛氏傳疏》云：「《詩》言蜩凡三見，傳於《小弁》、《蕩》皆釋蜩爲蟬，唯此蜩爲唐。《蕩》又釋唐爲蝘，其意以《七月》之蜩即《小正》之唐蝘。」胡承珙《毛詩後箋》認爲「《蕩》傳以對文則別，此以散文通稱」。總之，諸説雖於《毛傳》前後不同有疑，然均彌縫其説，而未料《七月》之「蜩」乃誤字也。底二甲作「蟬」，正可釋此疑矣。《釋文》：「鳴蜩，徒彫反，螗也。」是其誤由來久矣。《方言》卷十一：「蟬，楚謂之蜩，宋衛之間謂之螗蜩。」諸作「螗」者，疑據此而改也。

〔七三〕穫亦▨也，「穫」字底一甲左邊「禾」上墨點，今據經文而定作「穫」。底二甲作「穫禾可穫」，刊本作「穫禾可穫也」。「▨」字底一甲殘存右邊「蒦」，郝春文謂刊本是。案《正義》釋《傳》云：「八月其穫者，唯有禾耳，故知其穫謂禾可穫也。」郝説疑是。

〔七四〕墜也，刊本無「也」字；底二甲「墜」作「隧」，亦無「也」字。林平和云：「「墜」誤作「隧」。」

〔七五〕夏小正，刊本同，底二甲下有「曰」。

〔七六〕王萯莠，『王』，底一甲殘存上半，茲據底二甲、刊本擬補。『萯』，底一甲殘缺，底二甲作『負』。案：『負』乃是『萯』之借字，《禮記·月令》『王瓜生』鄭注：『今《月令》云：「王萯生。」』《大戴禮記·夏小正》云：『王萯秀。』皆作『萯』，故今據刊本補『萯』字。『莠』，底二甲、刊本作『秀』。案：作『秀』是，説參校記〔七〇〕。

〔七七〕秀葽也鳴蜩也穫禾也隕蘀也，底一甲『穫禾』原倒作『禾穫』，茲據底二甲、刊本乙正。四『也』字底二甲均無。

〔七八〕四者物成而將寒之候也，底二甲無『而』、『也』二字，刊本『四者』下有『皆』字。

〔七九〕始，刊本同，底二甲下有『也』字。

〔八〇〕狢，底二甲同，刊本作『貉』。『狢』爲『貉』之後起換旁字，《干禄字書·入聲》：『狢、貉，上通下正。』下凡『狢』、『貉』之別者皆不復出校。

〔八一〕狸，底二甲同，刊本作『貍』。『狸』爲『貍』之後起換旁字，《干禄字書·平聲》：『狸、貍，上通下正。』下凡『狸』、『貍』之別者皆不復出校。

〔八二〕謂取狐狸貉之皮也，底二甲作『取彼狐狸皮』，刊本作『謂取狐狸皮也』。潘重規云：『陳氏（平案：指陳啓源《毛詩稽古編》）分析傳箋，以明經意，訂正義、朱子之誤讀，其説甚是。惟傳語終覺簡澀。此卷傳作：「于貉，謂取狐狸貉之皮。狐貉之厚以居。」狸下有「貉」字。傳蓋探下文之意，兼以詳釋本文，此毛傳行文之常例。……此傳本釋「于貉謂取貉之皮」；而下文取彼狐狸，亦爲取狐狸之皮，故綜釋於此，而云「謂取狐狸貉之皮也」。又續引《鄉黨》「狐貉之厚以居」，則狐狸皆取其皮，其義至明白矣。陳氏之説雖當，苟無此卷以爲徵驗，終不能使後世讀者之疑渙然冰釋也。』郝春文亦認爲刊本脱『貉』字。

〔八三〕則，底二甲同，刊本無。

〔八四〕往捕狢以自爲裘也，底二甲、刊本『捕』作『搏』。阮校：『《正義》云「一之日往捕貉取皮」，又云「皆是往捕之而取其皮」，是《正義》本作「捕」字。《都人士》正義引「于貉，往捕貉」，亦其證。如《周禮·小司徒》注

「伺捕」、《小司寇》注「司搏」也。按「搏」、「捕」古今字，此正《箋》作「搏」，《正義》易字而説之也。』陳邦懷曰：『按注疏本、《釋文》本雖作「搏」，而此作「捕」，蓋唐時之又一本，故與《正義》本合也。《正義》作「捕」，正承箋而言，非易字爲説。』底一甲誤倒『以自』作『自以』，兹據底二甲、刊本乙正。底二甲無『也』字。

〔八五〕共，刊本同，底二甲作『供』，『共』『供』古今字。

〔八六〕言此時寒宜助女功者，刊本『言此』下有『者』字。底一甲『時寒』二字殘存右邊殘畫，兹據底二甲、刊本擬補。底二甲、刊本無『者』字。案『者』字無義，蓋爲雙行對齊而添。

〔八七〕豵，底二甲同，刊本作『豵』。案《毛傳》云豕一歲，《鄭箋》云豕生三，取義雖不同，其爲豕則同也。是當從豕旁，作『豵』者俗字。下凡『豵』字皆同，不復出校。

〔八八〕豜，底二甲同，刊本作『豣』。此亦豕也，當從豕旁，作『豜』者俗字。下凡『豜』字皆同，不復出校。

〔八九〕也，底二甲、刊本無。

〔九〇〕也，刊本同，底二甲無。

〔九一〕豕，刊本同，底二甲脱。

〔九二〕事，底二甲同，刊本無。羅跋：『此卷之義爲長。』郝春文同羅説。

〔九三〕獵也，刊本無，底二甲無『也』字。羅跋：『此卷之義爲長。』郝春文同羅説。

〔九四〕亦豳土晚寒也，刊本『土』作『地』，案當作『地』，説見校記〔六四〕。底二甲無『也』字。

〔九五〕豕生三歲曰豵者也，刊本無『歲』字。郝春文認爲刊本脱『歲』字。案：郝説誤也。《騶虞》『壹發五豵』箋云：『豕生三曰豵。』亦無『歲』字。《周禮·夏官·大司馬職》『大獸公之，小禽私之』鄭玄注：『鄭司農云：「大獸公之，輸之於公；小禽私之，以自畀也。《詩》云：言私其豵，獻肩于公。一歲爲豵，二歲爲豝，三歲爲特，四歲爲肩，五歲爲慎。此明其獻大者於公，自取其小者。」玄謂：慎讀爲麎，《爾雅》曰：「豕生三曰豵，豕牝曰豝，麋牝曰麎。」」是鄭玄不以『豵』爲歲之名，故引《爾雅》以正鄭衆之說。《爾雅・釋獸》云：『豕生三，豵。』是無『歲』字。底二甲無『者』字，刊本無『者也』二字。案：無『者也』語較順。

〔九六〕斯螽，刊本同，底二甲作『螽斯』。《周南・螽斯》『螽斯羽，詵詵兮』毛傳：『螽斯，蚣蝑也。』《爾雅・釋蟲》：『蜇螽，蚣蝑。』馬瑞辰《毛詩傳箋通釋》因以『螽斯』之『斯』爲語助。宋邢昺《爾雅疏》、清姜兆錫《爾雅注疏參義》、清邵晉涵《爾雅正義》、清郝懿行《爾雅義疏》、尹桐陽《爾雅義證》、劉師培《爾雅蟲名今釋》、王樹枏《爾雅說詩》、黄侃《爾雅音訓》等皆認爲二者文倒義同，不以『斯』爲語助。胡承珙《毛詩後箋》云：「或據《太平御覽・螽斯部》引《七月》「螽斯動股」，因謂詩兩處皆當作「螽斯」，非文有顛倒。此又不然。毛惟以「螽斯」「斯螽」互異，故兩引「蚣蝑」以釋之。若皆作「螽斯」，則《七月》不煩再傳矣。《御覽》引《七月》亦作「螽斯」，殆誤倒，不足爲據。」案：《太平御覽》所引作『螽斯』，正與底二甲合。然若《詩》兩處皆作『螽斯』，則與《爾雅》不合。若謂《螽斯》篇之『螽斯』爲『斯螽』之倒，則無一證以支持之。蓋二者文倒義同之說是也。底二甲、《御覽》作『螽斯』，蓋誤倒。惟胡承珙所謂『《七月》不煩再傳』之語則誤。《毛傳》釋詞並無此規律，只需翻閱陳奐《毛詩傳義類》即可知矣。

〔九七〕床，底二甲、刊本作『牀』。《干禄字書・平聲》：『床、牀，上俗下正。』下凡『床』字均不復出。

〔九八〕也，刊本同，底二甲無。

〔九九〕莎鷄羽成振迅之矣，底二甲無『成』字，刊本『成』下有『而』字。有『而』字語較順。底二甲則脱去『成而』二字矣。『迅』，底二甲作『訙』，刊本作『訊』。案『訙』爲『誶』之俗字，此處則應是『訊』之形誤。羅跋曰：『以此卷之義爲長。』郝春文認爲刊本作『訊』爲『迅』之誤字。今謂『訊』爲『迅』之借字，非誤字。說參《爾雅・釋言》『振，訊也』條下郝懿行《義疏》。底二甲、刊本均無『矣』字。

〔一〇〇〕自，刊本同，底二甲無。林平和謂底二甲脱，是也。

〔一〇一〕也，刊本同，底二甲無。

〔一〇二〕言三物之始此，底二甲作『言此二物之始此』，刊本作『言此三物之如此』。案林平和謂底二甲『二』爲『三』之誤，是。古無有作『始此』者，『始』爲『如』之誤字。

〔一〇三〕之，底二甲同，刊本無。

〔一〇四〕非卒來，底一甲此處無，原在下句《箋》文『爲此四者以備寒』下，蓋脱於此而補於彼者，兹據底二甲、刊本移於此。刊本末有『也』字。

〔一〇五〕穹窒熏鼠塞向墐户，底一甲此八字原寫作小字，羼入注文中，應是手民偶誤，兹依例改爲大字。底一甲『户』字殘存右邊殘畫，兹據底二甲、刊本擬補。

〔一〇六〕也，刊本同，底二甲無。

〔一〇七〕墐塗也，底一甲原寫作『墐坌』，又於地脚書此三字，應是改正原錯誤者，兹據以録正。

〔一〇八〕人，底一甲存左邊一撇之殘畫，兹據底二甲、刊本擬補。

〔一〇九〕爲此四者以備寒，底二甲無『四』字，末有『也』字，林平和謂底二甲脱，是也。底一甲『寒』下原有『非卒來』三字，現已移至前，參見校記〔一〇四〕。

〔一一〇〕曰，底一甲原無。《正義》標起止有『曰』字，兹據底二甲、刊本補。

〔一一一〕歲，底一甲原脱，兹據底二甲、刊本補。

〔一一二〕烈，刊本同，底二甲作『列』。案聯緜詞無定字，作『列』或『烈』均可。

〔一一三〕而入穹窒墐户之室而居，底二甲同，刊本『入』下有『所』，『居』下有『之』。

〔一一四〕至此而女功止，底一甲無『至』字，郝春文據刊本補『至』字。案底二甲亦有『至』字，兹從郝説而補。底一甲句末原有『者者也』三字，當是因雙行對齊而添，兹據刊本刪之。底二甲無『者者』，有『也』字。其『也』蓋亦因雙行對齊而添。

〔一一五〕薁，刊本同，底二甲作『奥』。『奥』應是『薁』之同音借字。

〔一一六〕亨葵及叔，底二甲『亨』作『烹』，『亨』『烹』古今字。『叔』字底二甲同，刊本作『菽』。『尗』本字，『菽』後起字，『叔』爲借字，説見陳奐《詩毛氏傳疏》。羅跋謂『此卷之義爲長』，誤也。

〔一一七〕鬱棣屬也，底二甲『鬱』下有『褘』字，應爲『棣』字形近誤書而未删去者。底二甲、刊本無『也』字。

〔一一八〕薁蘡薁也，底一甲無下『薁』字，郝春文據刊本補。《説文·艸部》：『薁，嬰薁也。』兹從郝説補。底二甲脱此四字。

〔一一九〕涑，底一甲原誤作『渴』，旁注改爲『涑』。

〔一二〇〕也，刊本同，底二甲無。

〔一二一〕助也，底一甲原無，郝春文據刊本補。底二甲亦有『助也』二字，兹據以補。

〔一二二〕既以鬱下及棗助男功，底一甲原無『下』，郝春文認爲刊本衍『下』字。案郝説誤。阮校：『閩本、明監本、毛本「下」作「薁」。案「下」者謂薁、葵、菽也，改作「薁」者誤。《正義》云：「鬱下及棗，揔助男功。」可證。』林平和以阮校爲是。底二甲亦有『下』字，兹據以補。底一甲『男功』原作『男之功』，『之』衍字，兹據底二甲、刊本删。底二甲末有『也』字。

〔一二三〕又穫稻而釀酒以助其養老之具也，底二甲無『又』、『而』、『也』三字，刊本無『也』字。

〔一二四〕此之謂豳雅者，底二甲作『此之謂豳』，刊本作『是謂豳雅』。案《正義》標起止作『豳雅』，是孔所據本有『雅』字。《周禮·春官·籥章職》：『凡國祈年于田祖，龡《豳雅》。』鄭玄注：『《豳雅》，亦《七月》也。《七月》又有于耜舉趾，饁彼南畝之事，是亦歌其類。謂之雅者，以其言男女之正。』可證底二甲脱『雅』字。

〔一二五〕薪樗，刊本同，底二甲作『新樗』。《説文·斤部》：『新，取木也。』艸部：『薪，蕘也。』王筠《説文釋例》以『薪』爲『新』之分别文，底二甲作『新』，本字也。林平和以『新』爲誤字，是以不誤爲誤。陳啓源《毛詩稽古編》云：『樗字本應作樗，樗，惡木，敕書切。樗，乎化切，亦木名。以皮裹松脂可以爲燭，非惡木也。今諸書皆譌樗爲樗。』案：《説文·木部》：『樗，木也，从木，虖聲。』『樗，木也，以其皮裹松脂，从木雩聲，讀若華。』今本《小雅・我行其野》『蔽芾其樗』傳作『樗，惡木也』，與今本《七月》同。因而段玉裁認爲《説文》二篆互訛，王筠《説文釋例》將之歸入於『説文與經典交易字』條下，其意實與段同。斯三三三〇《毛詩》『蔽芾其樝』，『樝』明顯是『榑』之形誤。可知《七月》與《我行其野》兩詩之『樗』，本皆當作『榑』，《説文》實不誤。馬瑞辰《毛詩傳箋通釋》據段説以陳啓源爲誤，是亦以不誤爲誤也。《傳》中『樗』字同此。

〔二六〕也，刊本同，底二甲無。

〔二七〕也，刊本同，底二甲無。

〔二八〕子，底一甲、底二甲並無，郝春文據刊本補『子』，兹從之。

〔二九〕也，刊本同，底二甲無。

〔三〇〕瓜瓠之蓄麻實之糁，刊本『蓄』作『畜』。『畜』爲『蓄』之借字。底二甲『麻』前衍『取』字。

〔三一〕助男功養農夫之具者也，底二甲、刊本無『功』字，郝春文認爲刊本脱『功』字。案郝説是也。《正義》云：『以黍、稷、菽、麥爲正男功，果實菜茹爲助男功，非是女助男也。』底二甲無『者』字，刊本無『者也』二字。

〔三二〕耳，底二甲同，刊本作『自』。案：阮校：『相臺本「自」作「耳」，考文古本同。案「耳」字是也，上屬斷句。』林平和、郝春文並同阮校。

〔三三〕和治之以種養菜茹，底二甲、刊本『和治』作『耕治』，無『養』字。羅跋謂作『和』義長，郝春文則據刊本改『和』爲『耕』。案：作物已生，似不可再耕治，疑作『和治』爲善。羅跋、郝春文均認爲當有『養』字。案：既謂物生之時，説明已種之後，豈能再言『種菜茹』？故當有『養』字，『種養』爲偏義複詞，義偏在養，而不在種。

〔三四〕物盡成，底二甲作『至物成』，刊本作『至物盡成熟』。案：《吕氏春秋・離俗覽・貴信》『穀不堅則五種不成』高誘注：『成，熟也。』《周禮・天官・酒正職》鄭注：『泛者，成而滓浮泛泛然。』賈公彦疏：『酒孰曰成。』是『成』有『熟』義，後不必更贅『熟』字。此蓋作『至物盡成』爲是。

〔一三五〕場，刊本同，底二甲下有『也』。

〔一三六〕黍稷重穋禾麻叔麥，底一甲『黍』存右半，『稷』存右邊『畟』，『重穋禾』三字殘缺，茲皆據底二甲、刊本擬補。刊本『叔』作『菽』。『叔』爲『菽』之借字。

〔一三七〕後熟曰重，底一甲『熟』存右上角，茲據底二甲、刊本擬補。底一甲止於此。自『曰』起以底二甲爲底本。

〔一三八〕治之於場而內之囷倉，刊本無前二『之』字，末有『也』字。《正義》云：『上言場，此言納，故知納是治於場而納於倉也。』是孔所據本亦無『之』字。底二甲『囷』字原寫錯，改於地脚。

〔一三九〕稼，底二甲原作『嫁』，音誤字，茲據刊本改正。

〔一四〇〕執于宮功，刊本無『于』字。《正義》云：『經當云「執於宮公」。本或「公」在「宮」上，誤耳。今定本云「執宮功」，不爲「公」字。』阮校：『唐石經「執」下有傍添「於」字。案旁添誤也。考此傳、箋皆無「公」字之訓，箋云「執宮中之事」，與上「載纘武功」傳「功，事也」相承，當以定本爲長。《正義》「於」字是自爲文，傍添者誤取之。』底二甲『宮功』誤倒作『功宮』，茲據刊本乙正。

〔一四一〕箋云，底二甲無，林平和謂底二甲脱。案：據《毛傳》體例，依經之前後次序釋詞，既然『既同』在『入爲上出爲下』之下，可知『既同』以下爲《箋》語。茲據刊本補。

〔一四二〕『已聚』下刊本有『也』字。

〔一四三〕上，底二甲原無。《正義》云：『野中無事，可以上入都邑之宅。』茲據刊本補。

〔一四四〕治宮中之事，底二甲原無『中』字，《正義》云：『可以上入都邑之宅，執治於宮中之事。』茲據刊本補。刊本末有『矣』字。

〔一四五〕也，刊本無。

〔一四六〕尔于茅，刊本『尔』作『爾』。『「爾」「尒」古本非一字，後世則合二而一，字多寫作「爾」』，而『尔』者，『尒』之變體，説見張涌泉《敦煌俗字研究》下編第七頁。以下凡底二甲作『尒』或『尔』而刊本作『爾』者均不復出校。底二甲「茅」原誤作「芧」，兹據刊本改正。

〔四七〕霄，刊本作「宵」。「霄」、「宵」二字古多通假，《説文·雨部》：「霄，雨霰爲霄。」宀部：「宵，夜也。」是「宵」爲正字，「霄」爲借字。《傳》中「霄」字同此。

〔四八〕汝，刊本作「女」，「女」「汝」古今字。

〔四九〕汝，底二甲無，刊本作「女」。案底二甲前云「尔汝也」，「女」「汝」古今字，底二甲用今字，兹據以擬補「汝」字。

〔五〇〕帰，刊本作「歸」，説見校記〔三〕。下凡此均不復出校。

〔五一〕夜作綯索以待時用之，刊本「綯索」作「絞索」，無「之」字。馬瑞辰《毛詩傳箋通釋》曰：「《傳》云「綯，絞也」，《箋》即申之曰「夜作絞索」，正申明《傳》義訓「綯」爲「絞」者爲絞索之絞，非誤釋經文「索」字爲繩索之索。其云「夜作絞索」，猶趙岐云「夜索以爲綯」也。」案馬説是。《毛傳》云：「綯，絞也。」《箋》無釋，則同毛。依《鄭箋》通例，當作「絞索」。

〔五二〕也，刊本無。

〔五三〕十月定星中，刊本作「七月定星將中」。阮校：「小字本、相臺本「七」作「十」，考文古本同。案「十」字是也。」案：阮校是也。「將」字亦不當有。《鄘風·定之方中》「定之方中，作于楚宫」箋云：「定星昏中而正，於是可以營制宫室，故謂之營室。定昏中而正，謂小雪時，其體與東壁連正四方。」《正義》云：「小雪者，十月之中氣。十二月皆有節氣，有中氣。十月立冬節，小雪中於此時，定星昏而正中也。」《爾雅·釋天》「營室謂之定」郭璞注：「定，正也。作宫室皆以營室中爲正。」《左傳·莊公二十九年》「水昏正而栽」杜注：「謂今十月，定星昏而中，於是樹板幹而興作。」由此知「將」爲衍文也。

〔五四〕謂祈來年也，刊本作「謂祈來年百穀于公社」。

〔五五〕冲冲，刊本作「沖沖」。《玉篇·冫部》云：「冲，俗沖字。」下「冲」字同此，不復出校。

〔一五六〕陵，刊本作『凌』。『凌陰』之『凌』《説文》作『滕』，『凌』爲其或體；而『陵』則爲大阜，是當作『凌』。『陵』應是同音借字。

〔一五七〕凌陰冰室也，底二甲原作『凌陰凌室也』，前一『凌』爲『凌』之形誤，『冰』涉前『凌』字而誤，兹皆據刊本改正。

〔一五八〕賓食喪祭於是乎用之，底二甲『食』原作『客』，無『乎』字。案《左傳·昭公四年》云：『其出之也，朝之禄位，賓食喪祭，於是乎用之。』兹據刊本補正。

〔一五九〕鳸寝庿，刊本『鳸』作『薦』，『寝』作『寢』，『庿』作『廟』。『鳸』、『薦』通假，寫卷多有。《説文》『薦』从鳸从艸會意，不从鳸聲。則『鳸』者，『薦』之省形借字也。『寝』爲本字，『寢』爲隸變字。底二甲『庿』原作『厝』，乃爲『庿』之訛字，『庿』爲『廟』之古文，兹據以改正。

〔一六〇〕冰人之軄，刊本『冰人』作『凌人』，『軄』作『職』。案『冰人』當作『凌人』，《周禮·天官》有凌人職。《玉篇·身部》云：『軄，俗職字。』下凡『軄』字均不復出校。

〔一六一〕班，刊本作『頒』。《周禮·天官·凌人職》孫詒讓《正義》：『讀頒爲班。班，賜也。』是『班』爲正字，『頒』爲借字。

〔一六二〕言后稷先公礼教備之也，刊本無『言』、『之』二字。案『之』應是衍文。

〔一六三〕條，刊本作『滌』。『條』應是『滌』之誤字，《傳》中仍作『滌』，可知也。

〔一六四〕煞，刊本作『殺』。《干禄字書·入聲》：『煞、殺，上俗下正。』下凡此均不復出校。

〔一六五〕霜始降而收縮万物，刊本無『始』字，『万』作『萬』。『万』、『萬』字同，寫卷作『万』者，刊本均作『萬』，下不復出校。

〔一六六〕埽也，刊本無。阮校：『小字本、相臺本「滌」下有「埽也」二字，考文古本同。案有者是也。《釋文》、《正義》皆可證。』案：《説文》有『埽』無『掃』，『掃』爲後起换旁字，《干禄字書·上聲》：『掃、埽，上通下正。』

〔一六七〕『畢入』下刊本有『也』字。

〔一六八〕尊，刊本作『樽』，『尊』『樽』古今字。

〔一六九〕饗者，底二甲脱，兹據刊本補。

〔一七〇〕夫，底二甲脱，兹據刊本補。

〔一七一〕人事既訖，刊本『人』作『民』，無『既訖』二字。案作『人』者諱改字。刊本無『既訖』二字，故『民事』二字連下『男女俱畢』爲讀，語頗不順。有此二字義長。

〔一七二〕女，底二甲脱，兹據刊本補。

〔一七三〕國君閑於政事而鄉群臣也，刊本『閑』作『閒』，『鄉』作『饗』，無『也』字。案『閑』爲『閒』之借字（説見《説文·門部》『閒』篆下段玉裁注）；『鄉』爲『饗』之借字。

〔一七四〕觵，刊本作『觥』。《説文·角部》：『觵，俗觵从光。』《傳》中『觵』字同此。

〔一七五〕彊，刊本作『疆』。『彊』爲『疆』之俗字，説詳《敦煌俗字研究》下編四一六頁。《傳》、《箋》中『彊』字同此。

〔一七六〕校，底二甲原作『教』，林平和謂作『教』誤，兹據刊本改正。

〔一七七〕『誓衆』下刊本有『也』字。

〔一七八〕境，刊本作『竟』。《説文·音部》：『竟，樂曲盡爲竟。』段注：『引伸之凡事之所止、土地之所止皆曰竟。《毛傳》：「疆，竟也。」俗別製「境」字，非。』《説文》無『境』字，新附有，徐鉉云：『疆也，从土，竟聲。經典通用竟。』是『竟』爲本字，『境』爲後起字。《毛傳》本當作『竟』，作『境』者後人所改。《釋文》：『疆，居良反，竟也。或音注爲境，非。』是陸所據本作『竟』也。阮校居然謂當從《正義》作『境』，林平和又謂此寫卷可佐證阮校，皆誤也。《説文》時没有『境』字，毛公作《傳》時怎能有『境』字呢？

〔一七九〕於鄉而正齒位，刊本『鄉』作『饗』，『饗』正字，『鄉』同音借字。底二甲『位』原作『值』，形誤字。《周禮·地官·黨正職》『國索鬼神而祭祀，則以禮屬民，而飲酒于序以正齒位：壹命齒于鄉里，再命齒于父族，三命而不齒』鄭注：『國索鬼神而祭祀，謂歲十二月大蜡之時，建亥之月也。正齒位者，《鄉飲酒義》所謂『六十者坐，五十者立侍。六十者三豆，七十者四豆，八十者五豆，九十者六豆』是也。必正之者，爲民三時務農，將闕於禮，至此農隙而教之尊長養老，見孝悌之道也。』茲據刊本改正。

〔一八〇〕因時，底二甲『因』原作『困』，無『時』字。《正義》云：『以正齒位，故因是時而誓焉。』茲據刊本改『困』爲『因』，補『時』字。

〔一八一〕欲大壽無彊，底二甲無『欲』字，林平和謂底二甲脱，茲據刊本補。刊本『彊』作『竟』。案《毛傳》已釋『疆』爲『竟』，依《鄭箋》通例，此當作『竟』。

〔一八二〕是謂之豳頌也，刊本無『之』字；底二甲『豳』字原寫錯，改於行末空白處；『也』字底二甲倒寫於前行之末，爲雙行對齊故也。

〔一八三〕七月八章章十一句，底二甲原無，依例當有，此偶脱耳，茲據刊本擬補。

〔一八四〕鵄鴞，刊本『鵄』作『鴟』。『鵄』爲『鴟』之俗字，説見《干禄字書·鳥部》。下『鵄』字皆同。

〔一八五〕公，底二甲原無，林平和認爲底二甲脱，茲據刊本補。

〔一八六〕鵄鴞，刊本下有『焉』。案《正義》標起止有『焉』。

〔一八七〕也，刊本無。

〔一八八〕寧鴂，刊本『寧』作『鸋』。《説文·鳥部》：『鸋，鴟鴞，寧鴂也。』是作『寧』者爲本字，『鸋』者『鴂』之類化字。

〔一八九〕無能毁我室，底二甲脱『能』字，茲據刊本補。刊本句末有『者』字。

〔一九〇〕我功之堅故，刊本作『攻堅之故也』。案：第三章《箋》云『故能功堅』，刊本作『故能攻堅』。《小雅·車攻》『我車既攻』傳：『攻，堅。』是『攻』有『堅』義。『攻堅』同義連文，鄭玄注經有二字連用之例，《周禮·地官·大司徒職》鄭注：『謂約椓攻堅，風雨攸除，各有攸宇。』『功』應是『攻』之同音借字。是當以刊本爲善。底二甲語序有錯亂。《正義》云：『以其巢室積日累功作之，攻堅故也。』則孔所據本與刊本同。

〔一九二〕煞，刊本作『寧亡』。

〔一九三〕不可，刊本作『不可以』。

〔一九三〕鵄鴞鵄鴞，刊本作『鴟鴞』。説詳校記〔八三〕。

〔一九四〕『其意』下刊本有『之』字。

〔一九五〕志，刊本作『也』。

〔一九六〕既，刊本作『已』，二字義同。

〔一九七〕巢我巢，底二甲原無。林平和謂底二甲脱此三字，兹據刊本補。

〔一九八〕故欲愛惜之，刊本作『故愛惜之也』。

〔一九九〕竟，底二甲原作『以』。案若作『以』，則似周公大有野心，欲趁武王之死攝政。故據刊本改爲『竟』。

〔二〇〇〕以，刊本無。

〔二〇一〕太，刊本作『大』，『大』『太』古今字。

〔二〇二〕管蔡等流言於國，底二甲『管蔡』誤作『管葵』，刊本作『管叔蔡叔』，兹據刊本改正。刊本無『於國』二字。案有此二字義長。明管叔、蔡叔乃在其封國散布流言，其身並不在周都鎬京。若在鎬京，則不必散布流言，直訴成王即可。

〔二〇三〕未，刊本作『不』，二字義同。

〔二〇四〕諸侯，刊本作『諸臣』。案作『諸臣』義長。此周公之屬黨，並未身封諸侯。

〔二〇五〕父祖，底二甲原作『祖父』，林平和謂其誤倒，兹據刊本乙正。

〔二〇六〕幸無絶其官位奪其土地，刊本無『幸』、『官』二字。案有『幸』義長。《正義》云：『以喻成王若誅此諸臣，幸無絶其官位，奪其土地。』則孔氏所據亦有『幸』字。阮校：『閩本、明監本、毛本「位」上有「官」字。案無者是也，當是蒙上而省。』林平和云：『其説未必是也。蓋「絶其官位」與下文「奪其土地」爲對文，又敦煌本卷此正有「官」字，故阮校有待商榷也。』案林説是也。上云『以勤勞有此官位土地』，故後分别言『官位』與『土地』，且『官位』與『土地』對文，若『官』蒙上省，詞不相儷矣。蒙上省者下『奪其土地』前之『無』字也。底二甲原脱『奪』字，兹據刊末補。

〔三〇七〕者也，刊本無，疑爲雙行對齊而添。

〔三〇八〕懃，刊本作『勤』。『勤』本字，『懃』爲後起增旁字。下『懃』字同此，不復出校。

〔三〇九〕穉，刊本作『稚』。『穉』爲『稺』之俗字。《五經文字·禾部》：『稺、穉，上《説文》，下《字林》。』《説文·禾部》：『稺，幼禾也。』段注：『引伸爲凡幼之偁，今字作稚。』下『穉』字同此，不復出校。

〔三一〇〕鬻，刊本作『稚』。案：前已釋『鬻』爲『穉』，依《毛傳》通例，此當作『穉』字。《召南·采蘋》『誰其尸之？有齊季女』毛傳：『尸，主；齊，敬；季，少也。少女，微主也。』即其例也。『穉』與『稚』同，説見上條校記。

〔三一一〕勤，底二甲原作『其』，旁有删字符，然又未見有補字，故據刊本補『勤』。

〔三一二〕『取』前刊本有『此』字。

〔三一三〕恒於穉子，刊本作『言稚子也』。

〔三一四〕諸侯，刊本作『諸臣』。案當作『諸臣』，説見校記〔二〇四〕。

〔三一五〕於，底二甲脱，兹據刊本補。

〔三一六〕『剥』下刊本有『也』字。

〔三一七〕根，底一甲原誤作『棍』，兹據刊本改正。刊本下有『也』字。

〔三一八〕箋云絅繆猶纏綿，底二甲無『箋云』二字，林平謂認爲底二甲脱字，《正義》標起止《毛傳》至於『桑根』，是孔所據亦有『箋云』二字。兹據刊本補。刊本末有『也』字。

〔三一九〕善，刊本無。案『善』字疑衍。

〔三二〇〕喻諸侯之先臣亦及文武未定天下，刊本「喻」前有「以」。「諸侯」當從刊本作「諸臣」，説見校記〔三〇四〕。底二甲「亦」下原有「乃」字，衍文，茲據刊本删。

〔三二一〕也，刊本無。

〔三二二〕余我也，刊本無此條。案《箋》於經之「予」或釋或不釋，並無規律可尋，不知此處是否當有，存疑。不過此作「余」，與經文用「予」不同。《詩經》「予」出現九十九次，「余」出現一次（《邶風·谷風》）。裘錫圭《文字學概要》云：「古人開始用「予」表「余」，不會早於春秋時代。但是在傳世的《尚書》、《詩經》兩書所包含的那些西周時代作品裏，第一人稱代詞「余」却全都已經被後人改作「予」了。」（二七二頁，商务印书馆一九八八）若此條《箋》文非衍的話，可能經文本作「余」。

〔三二三〕至苦如是，刊本作「我至苦矣」。林平和認爲刊本誤，不知何據？

〔三二四〕汝在我巢下大人，刊本「汝」作「女」，無「在」字，「大人」作「之民」。案經云「下民」，不可能釋爲「大人」，「大」當爲「之」之訛字，「人」則爲「民」之諱改字。

〔三二五〕「之者」下刊本有「乎」字。

〔三二六〕恚，底二甲原作「志」，形誤字，茲據刊本改正。

〔三二七〕諸侯，刊本作「諸臣」，是，説見校記〔三〇四〕。

〔三二八〕亦，底二甲原作「之」，當爲「亦」字俗寫的形誤，茲據刊本改正。

〔三二九〕据，底一乙起於此，此字底一乙殘存左邊「扌」。

〔三三〇〕畜祖，底一乙殘存「蓄祖」之左半，刊本作「蓄租」。案「畜」爲「蓄」之借字。李富孫《詩經異文釋》云：「租、祖聲相近，字形亦相似。《廣韻》「租，積也」，與《韓詩》同。《唐石經》、宋小字本、岳本竝作「租」。竊疑毛作「祖」，韓作「租」，後人轉寫互易耳。阮宫保師曰：「毛詩作祖，韓詩作租，釋文不誤。祖讀爲苴，今本毛誤爲租。祖、租無定，其爲苴之假借，益明。苴即陸機所謂紩巢之麻，與下捋荼荼字二物相配，非虚字。」」《傳》中『祖』字同此。

〔三三一〕屠，底一乙、刊本作『瘏』，《釋文》：『屠，本又作瘏。』案《説文·疒部》：『瘏，病也。』尸部：『屠，刳也。』是『屠』爲『瘏』之借字。《傳》中『屠』字同此。

〔三三二〕戟挶，底一乙同，刊本『戟』作『撠』；底一乙、刊本末又有『也』字。《釋文》：『撠，京劇反，本亦作戟。』案：《説文·手部》：『据，戟挶也。』『撠』應是『挶』之類化字。

〔三三三〕萑苕，刊本『萑』作『萑』。案當作『萑』，説詳校記〔四三〕。底一乙、刊本末有『也』字。

〔三三四〕爲，刊本同，底一乙下有『也』字。

〔三三五〕病也，底二甲原脱，兹據底一乙、刊本補。林平和謂底二甲脱『瘏病也』三字，非。底二甲『瘏』字不脱，不過寫作『屠』而已。

〔三三六〕手口皆偏，底一乙、刊本作『手病口病』。案『偏』疑爲『病』之誤。

〔三三七〕故免于大鳥之難，底一乙、刊本作『故能免乎大鳥之難』，底一乙句末有『也』字。

〔三三八〕功，刊本作『攻』。『功』爲『攻』之借字。

〔三三九〕也，刊本無。

〔三四〇〕室，底二甲原作『失』，音誤字，兹據刊本改正。

〔三四一〕我作之至苦如是者，底二甲原無『作』字。案：前句箋云『此言作之至苦』，則當亦有『作』字，兹據刊本補。底一乙『如是』前無『故能攻堅人不得取其子曰予未有室家謂我未有室家箋云我作之至苦』二十九字，乃因抄手看錯『至苦』二字之位置而誤漏者。

〔三四二〕我未有室家之故，刊本『我』前有『曰』，底一乙無『之』字。案：『我作之至苦如是者我未有室家之故』是一句表示原因的判斷句，故『我』前不當有『曰』字。又《毛傳》已釋『曰』爲『謂』，《鄭箋》不當更用『曰』字，即使此字原有，亦當是『謂』字。『曰』爲後人所臆加無疑。

〔三四三〕消消，底一乙作『脩脩』，刊本作『翛翛』。段玉裁《毛詩故訓傳定本小箋》云：『唐定本、宋監本、越本、蜀本皆作「修修」，《唐石經》、宋《集韻》、光堯石經皆作「脩脩」。蓋《毛詩》本用合韻，淺人改爲「消」，又或改爲「翛」，今本《釋文》亦是淺人所改，《集韻》所據《釋文》未誤。』錢大昕《十駕齋養新録》卷一『脩脩』條、胡承珙《毛詩後箋》、陳奐《詩毛氏傳疏》、馬瑞辰《毛詩傳箋通釋》皆謂當作『脩脩』。案：《淮南子·説山》：『髡屯犂牛，既科以⿰牜脩，決鼻而羈。』高誘注：『⿰牜脩，無尾。』因牛無尾字寫作『⿰牜脩』，鳥無尾故字可寫作『翛』，皆應從『脩』字而來。陳奐云：『《中谷有蓷》傳「脩，且乾也」，脩與修通。修修謂鳥尾勞敝修修然，無潤澤之色，亦且乾之義也。《説文》：「鱐，乾魚尾鱐鱐也。」應劭《風俗通義》説夏馬掉尾肅肅。馬尾肅肅、魚尾鱐鱐、鳥尾修修，聲義竝同也。』馬掉尾稱『肅肅』，又可爲鳥無尾稱『脩脩』作證也。肅、脩幽覺對轉。是諸家謂《詩》本當作『脩』，信有據矣。

〔三四四〕譙譙，煞也，底二甲『譙譙』下原有『然』字。案下『消消』、『翹翹』、『嘵嘵』下均無『然』字，茲據底一乙、刊本删。底二甲原無『也』字，茲據底一乙、刊本補。

〔三四五〕敝，底二甲原作『敞』，誤，茲據刊本改正。底一乙作『弊』，則爲『敝』之後起增旁字。

〔三四六〕哀閔之，底一乙、刊本無。案『予羽譙譙予尾消消』乃鴟鴞自言，此三字蓋衍文。

〔三四七〕羽尾又煞敝，底一乙『尾』誤作『翼』。底二甲『敝』原誤作『敞』，茲據刊本改正。底一乙作『弊』，『敝』之後起增旁字。

〔三四八〕言己勞苦甚也，底二甲無『己』字，茲據底一乙、刊本補。刊本無『也』字。

〔三四九〕風雨之所飄颻，底一乙、刊本『飄颻』作『漂搖』。《説文·風部》：『飄，回風也。』水部：『漂，浮也。』手部：『搖，動也。』無『颻』字。《鄭風·蘀兮》『風其漂女』釋文：『漂，匹遥反，本亦作飄。』『漂』承『雨』字，『搖』承『風』字。可知『飄』爲『漂』之借字，『颻』爲『搖』之换旁俗字。『之』，底一乙同，刊本無。案：説見下條校記。

〔三五〇〕之，底一乙、刊本無。《説文・口部》：「嘵，懼也。从口堯聲。《詩》曰：『唯予音之嘵嘵。』」（陳奐《詩毛氏傳疏》謂「唯」當作「維」；馬宗霍《説文解字引詩考》謂今本《説文》「唯予」二字誤倒，應據《玉篇》、《廣韻》乙正）《玉篇・口部》：「嘵，《詩》云『予維音之嘵嘵』。」《廣韻・蕭韻》：「嘵，《詩》曰『予維音之嘵嘵』。」段玉裁《毛詩故訓傳定本》據以補「之」字。李富孫《詩經異文釋》曰：「據《説文》、《玉篇》所引，是古本當有『之』字。」王先謙《詩三家義集疏》、馬宗霍《説文解字引詩考》皆以爲有「之」者出三家詩。案：上句「風雨所漂搖」，底二甲、底一乙「風雨」下均有「之」字，此處底一乙無「之」，應是誤奪。疑删「之」字起於《唐石經》。王、馬以爲出於三家詩，其誤不待言矣。第二章有「迨天之未陰雨」句，句式與此二句相同，亦有「之」字，今本《詩經》亦有，則删之未盡者也。

〔三五一〕枝條弱，底一乙「枝」作「支」，「支」「枝」古今字。底一乙、刊本句末有「也」字。

〔三五二〕肖，底二甲原作「肯」，形誤字，兹據底一乙、刊本改正。

〔三五三〕「危」下底一乙、刊本有「也」字。

〔三五四〕「成王」下底一乙、刊本有「也」字。

〔三五五〕維音嘵嘵，底一乙同，刊本作「音嘵嘵然」。

〔三五六〕告訴之意也，刊本「訴」作「愬」。據《説文》，「愬」爲「𧦝」之或體，「訴」爲「𧦝」之隸變字「[illegible]」的俗體。底一乙、刊本無「也」字。

〔三五七〕勞來歸士，底一乙無「勞來歸」三字，刊本無「來」字。《釋文》出「勞歸」，是亦無「來」字。案「勞」、「來」同義，或言「勞」，或言「勞來」，其義一也。《四牡》小序「勞使臣之來也」，《出車》小序「勞還率也」，《杕杜》小序「勞還役也」，皆作「勞」；《鴻鴈》小序「而能勞來還定安集之」，則作「勞來」。此處「周公東征」、「三年而歸」、「大夫美之」皆四字一句，疑此亦如底二甲之四字一句也。

〔三五八〕而作是詩也，底一乙、刊本「而」作「故」，底一乙無「也」字。

〔二五九〕『完』下底一乙、刊本有『也』字。

〔二六〇〕其思，底二甲原無『其』字，兹據底一乙、刊本補。底一乙、刊本末有『也』字。

〔二六一〕汝，底一乙同，刊本作『女』。『女』『汝』古今字。又底一乙、刊本下又有『也』字。

〔二六二〕得以及時，底一乙、刊本無『以』字，末有『也』字。案『以』字疑衍。

〔二六三〕君子美之，底一乙、刊本作『君子之於人』。

〔二六四〕故，底一乙、刊本無。

〔二六五〕悦，底一乙、刊本作『説』，『説』『悦』古今字。下句『悦』字同此。

〔二六六〕人，底一乙、刊本作『民』。案『人』爲諱改字。

〔二六七〕維，底一乙、刊本作『唯』，二字古多通用，然作爲反詰問句的複合疑問副詞，只作『其唯』，不作『其維』。

〔二六八〕金縢之書，底一乙『縢』誤作『騰』。底二甲無『之』字，《尚書·金縢》云：『天大雷電以風，禾盡偃，大木斯拔，邦人大恐。王與大夫盡弁，以啓金縢之書，乃得周公所自以爲功代武王之説。』金縢之書是指藏在用金封固的匱中的書，非指《金縢》這本書。故此處不可無『之』字，兹據底一乙、刊本補。

〔二六九〕畔，底一乙同，刊本作『叛』。『叛』正字，『畔』借字。

〔二七〇〕乃，刊本同，底二甲無。

〔二七一〕尔，底一乙作『爾』，刊本作『耳』。『尔』者，『尒』之變體，爲正字，『爾』、『耳』均爲借字。

〔二七二〕意，底二甲脱，兹據底一乙、刊本補。

〔二七三〕言周公於是志意申，刊本無『言』字。案有『言』義長。底二甲脱『公』，兹據底一乙、刊本補。刊本無『意』字，案《正義》云：『此序獨分别章意者，周公於是志意伸。』可證刊本脱『意』字。申、伸古今字。

〔二七四〕詳之，刊本同，底一乙下有『也』字。

〔二七五〕滔滔，底一乙、刊本作『慆慆』。胡承珙《毛詩後箋》、王先謙《詩三家義集疏》以『慆』爲『滔』之借字。王先謙據《太平御覽》所引即認爲作『滔』者爲三家詩，誤也。本詩中『滔滔』同此，不復出校。

〔二七六〕也，底二甲原無，尋其語氣，以有『也』爲善，茲據底一乙、刊本補。

〔二七七〕濛濛然雨狠，底一乙、刊本無『濛然』二字。《鄭風・野有蔓草》『零露漙兮』傳：『漙漙然，盛多也。』《小雅・蓼蕭》『零露湑兮』傳：『湑湑然，蕭上露貌。』《商頌・那》『庸鼓有斁，萬舞有奕』傳：『斁斁然，盛也；奕奕然，閑也。』是《毛傳》釋詞有此義例。疑以底二甲作『濛濛然』爲長。底一乙、刊本『狠』作『貌』。『狠』爲『貌』之俗訛字。底一乙『貌』下有『也』字。下凡底二甲作『狠』者皆不復出校。

〔二七八〕序歸士之情，底二甲『序』原作『厚』，形誤字，茲據底一乙、刊本改正。底一乙、刊本末有『也』字。

〔二七九〕又，底二甲脱，茲據底一乙、刊本補。

〔二八〇〕是左右善之甚，底一乙作『又是苦之甚』，刊本作『是尤苦也』。案作『善』無義。《正義》標起止云：『至「尤苦」。』

〔二八一〕喪，底一乙、刊本作『辟』。《禮記・文王世子》：『公族其有死罪，則磬于甸人。……獄成，有司讞于公。其死罪，則曰：「某之罪在大辟。」其刑罪，則曰：「某之罪在小辟。」……公素服不舉，爲之變。如其倫之喪，無服。』則作『辟』是，底二甲作『喪』，淺人妄改也。

〔二八二〕喪，刊本同，底一乙下有『也』。

〔二八三〕我在東山，底二甲原作『我東』，《正義》標起止云『我在』，茲據底一乙、刊本補『在』、『山』二字。

〔二八四〕曰歸曰歸，底一乙作『曰歸曰歸也』，刊本作『曰歸也』。案：言『曰歸曰歸』不辭，當以刊本爲是。

〔二八五〕而悲，刊本同，底一乙下有『者也』二字，當是爲雙行對齊而添。

〔二八六〕剬彼裳衣，底一乙、刊本『剬』作『制』。『剬』爲『制』的隸變訛字，説見《敦煌俗字研究》下編八〇頁。《箋》中『剬』字同此。底一乙『裳』作『常』。《説文・巾部》：『常，下帬也。』而『裳』則爲『常』之或體。是底一乙作『常』乃用本字。《箋》中『裳』字同此。

〔二八七〕衘，刊本作『行』；底一乙原寫作『衘』，後塗去中間『金』。《釋文》云：『行，毛音衡，鄭音衘。』段玉裁《毛詩故訓傳定本小箋》認爲當作『行』。阮校：『鄭箋「行陣衘枚之事」以釋經之「行枚」，猶傳以「樂道忘飢」釋經之「忘飢」也。此何容疑惑而必云「鄭讀行爲衘」乎？「行」古音杭，「衘」从行、金聲，絶不在古人讀如、讀若、讀爲、讀曰之例，蓋古音相近而後得有讀如、讀若、讀爲、讀曰也。此《釋文》云「鄭音衘」者，自是陸氏之誤。』胡承珙《毛詩後箋》、馬瑞辰《毛詩傳箋通釋》均以其説爲善。潘重規云：『此卷及斯一四四二卷「行」皆作「衘」。《校勘記》前後考訂之説，皆涉影響，今此二卷作「衘」，知六朝以來，舊有作「衘」之本也。』案：陸氏誤以鄭玄『衘枚』爲釋經之『行枚』，而注『鄭音衘』，然不云『本又作衘』，可知陸氏所見並無經文作『衘枚』之本。兩寫卷均爲唐寫本，其作『衘枚』應是唐人所改。而且底一乙原寫作『衘』，後校者又塗去中間『金』字，是唐人亦有不以作『衘』爲然者，至於《太平御覽》引作『衘枚』，乃是承唐本之誤耳。阮校不誤。

〔二八八〕士事，刊本同，底一乙末有『也』字。

〔二八九〕微也，底二甲、底一乙『微』原誤作『徵』，兹據刊本改正。

〔二九〇〕無，底一乙作『无』，刊本下有『也』。『無』、『无』字同。

〔二九一〕尔，底一乙、刊本作『女』，二字義同。

〔二九二〕謂兵服也，底二甲脱，兹據底一乙、刊本補。

〔二九三〕亦初無行陳衘枚之事，底二甲原無『亦』字，兹據底一乙、刊本補。底一乙『衘』作『行』。

〔二九四〕定也，底二甲原無，林平和謂底二甲脱，兹據底一乙、刊本補。

〔二九五〕美陣也，底一乙、刊本作『善用兵者不陳』。案此當是底二甲在『美陣』二字間脱『用兵者不』四字，『美』爲『善』之形誤字，『陣』爲『陳』之俗字。

〔二九六〕蜀，底一乙、刊本作『蠋』。馬瑞辰《毛詩傳箋通釋》云：『蜀本从虫，今加虫作蠋者，俗字也。』《傳》、《箋》

中「蜀」字同此。

〔二九七〕烝，刊本同，底一乙作「蒸」。「烝」「蒸」古今字，然底一乙《傳》中仍作「烝」，則當以作「烝」爲是。

〔二九八〕蜎蜎者蜀皃，底一乙、刊本無「者」字，「皃」作「貌」。據《説文》，「皃」小篆隸定字，「貌」籀文隸定字。下凡此均不復出校。

〔二九九〕蜀桑蟲也烝窴也，底二甲僅「蜀桑」二字，林平和認爲底二甲脱「蟲也烝窴也」五字，兹據刊本補。底一乙「蜀」作「蠋」，「窴」作「塵」。案：阮校：「小字本、相臺本「桑」上有「蠋」字，考文古本同。案有者是也。」「蠋」爲「蜀」之後起字，本當作「蜀」。《正義》云：「《傳訓「烝，窴也」，故轉窴爲久。而《釋詁》云：「塵，久也。」乃作「塵」字，故《箋》辨之。古者窴、填、塵三字音同，可假借而用之故也。」若此如底一乙作「塵」，則《箋》語没有着落。「塵」當爲後人所改。刊本無「蜀」字。

〔三〇〇〕蜀蜎蜎然獨行，底二甲「蜎蜎」原作「獨獨」，應是因後「獨」字而誤，兹據底一乙、刊本改正。刊本「獨行」作「特行」。「獨」「特」同義，然「獨」乃常用詞，《傳》、《箋》無有釋「獨」爲「特」者，《唐風·杕杜》「獨行踽踽」箋云：「獨行於國中踽踽然。」並没有釋作「特行」，當以作「獨行」爲是。

〔三〇一〕久處桑野有似勞苦，底二甲原作「久處苦」，脱漏嚴重，兹據底一乙、刊本補「桑野有似勞」五字。又刊本末有「者」字。

〔三〇二〕古者聲窴填塵同也，底二甲原無「聲」字，林平和認爲底二甲脱，兹據底一乙、刊本補。底一乙、刊本「窴」作「寘」。「寘」爲「窴」之俗訛字。底一乙「也」作「者」。案作「也」爲善。

〔三〇三〕獨宿於車，底二甲原無，林平和認爲底二甲脱，兹據刊本補。底一乙「宿」誤作「行」。

〔三〇四〕苦之心，底二甲原無，兹據刊本補「苦之心」三字。底一乙作「勞心之苦也」。案此爲「蜀」，似不可用「勞心」一詞，底一乙誤倒。

〔三〇五〕蜾贏，底一乙作「果蓏」，刊本作「果贏」。《爾雅·釋草》作「果贏」，「果贏」草類，不當從「虫」。「贏」、

「䑉」皆「贏」之形誤。《傳》中皆同此，不復出校。

〔三〇六〕於，底一乙、刊本作「于」，案二字古通用。

〔三〇七〕堂，底一乙同，刊本作「室」。《釋文》：「室，本或作堂，誤也。」李富孫《詩經異文釋》云：「堂與室以字形相涉而譌。」案：「實」與「室」韻，「宇」與「户」韻，隔句韻。

〔三〇八〕蕭，底一乙、刊本作「蠨」。《説文·虫部》作「蟰」，《爾雅·釋蟲》作「蠨」。段玉裁認爲「蠨」爲俗字。案「蕭」爲「蠨」之省形借字也。《傳》中「蕭」字同此。

〔三〇九〕霄，底一乙同，刊本作「宵」，「霄」爲「宵」之借字。

〔三一〇〕栝樓，刊本同，底一乙作「栝蔞」。《説文·艸部》作「葀蔞」，《爾雅·釋草》作「栝樓」，或作「栝蔞」，皆聲之轉。底一乙、刊本末有「也」字。

〔三一一〕委黍，刊本同，底一乙作「蜲⿰虫黍」。《釋文》：「委黍，並如字，沈委音於爲反。委黍，鼠婦也。本或並作虫邊。」嚴元照《爾雅匡名》：「加虫者，皆俗字。」底一乙、刊本末有「也」字。

〔三一二〕踦，刊本同，底一乙作「⿰虫奇」。《爾雅·釋蟲》：「蠨蛸，長踦。」《釋文》：「踦，字從足，虫旁作者非。」案郭璞注《爾雅》：「小鼅鼄長腳者，俗呼爲喜子。」因其長腳，故名長踦，故當從足，從虫者，因「蠨蛸」而類化也。

〔三一三〕鹿跡，底一乙、刊本「跡」作「迹」，「迹」、「跡」字同。底一乙、刊本末有「也」字。

〔三一四〕熠燿隣，底一乙「熠燿」作「⿰虫習蠗」，乃類化字。「隣」字底一乙作「⿰虫粦」，刊本作「燐」，「⿰虫粦」爲類化字，「隣」爲音誤字。底一乙、刊本末有「也」字。

〔三一五〕隣⿱炏儿火也，刊本「隣」作「燐」，底一乙脱。「隣」爲「燐」之誤。「⿱炏儿」字底一乙、刊本作「螢」。「⿱炏儿」爲「⿱炏气」之異體（説見《敦煌俗字研究》下編三六六頁），非此義也。「⿱炏儿」當爲「⿱炏火」之形誤。《爾雅·釋蟲》：「⿱炏火火，即炤。」邢昺疏：「⿱炏火火，一名即炤，夜飛腹下有火蟲也。《本草》：「又一名夜光，一名熠燿。」」《説文》

無『螢』字，『螢』應是後起換旁字。

〔三二六〕生，底一乙同，刊本作『然』。林平和云：『「生」，阮刻本誤作「然」。』

〔三二七〕毉，底一乙、刊本作『緊』。《五經文字·西部》：『醫，从巫俗。』『醫』、『緊』同音，然未見有助詞作『醫』者，鄭玄箋《詩》皆云『伊當作緊』，此應以作『緊』爲善。下句『毉』字同此。

〔三二八〕也，底二甲原無，依例當有，兹據底一乙、刊本補。

〔三二九〕久，刊本同，底一乙脱。

〔三三〇〕吾是不足於畏可思也，底一乙作『是不足畏乃可爲憂思』，刊本作『是不足可畏乃可爲憂思』。案：底一乙義長。

〔三三一〕灌，底一乙、刊本作『鸛』。《釋文》：『鸛，本又作雚，古玩反，水鳥。』《説文·雈部》引《詩》作『雚』。馬宗霍《説文解字引詩考》云：『雚本名雚雀，以其性好水，故又得水鳥之號，鸛乃雚之借字。』案底二甲作『灌』者，似不應爲『鸛』之訛，其形不近也。疑本當作『雚』，因其爲水鳥，或人加水成『灌』耳。《傳》、《箋》中『灌』字同此。

〔三三二〕歎，刊本同，底一乙作『嘆』，二字爲改換意符之異體。

〔三三三〕洒掃穹喹，底一乙、刊本『掃』作『埽』、『喹』作『窒』。『掃』爲『埽』之後起換旁字。《干禄字書·上聲》：『掃、埽，上通下正。』《箋》中『掃』字同此。蔡主賓《敦煌寫本儒家經籍異文考》曰：『喹出《篇海》，云：「齧也。」聲韻與「窒」字同，故通叚。』案：《箋》中兩處出『窒』，並不寫作『喹』，此當是筆誤也。

〔三三四〕垤蟻塚，底一乙『垤』誤作『姪』。『蟻塚』，底一乙作『蟻冢』，刊本作『螘塚』。《爾雅·釋蟲》：『蚍蜉，大螘。』嚴元照《爾雅匡名》：『《説文》：「螘，蚍蜉也，从虫，豈聲。」螘與蛾同，故經典或以蛾代螘；其从義者，又蛾之俗。』《玉篇·土部》：『塚，塚墓也。正作冢。』底一乙、刊本末有『也』字。

〔三三五〕天，底一乙、刊本無。

〔三一六〕則穴處先知之，底一乙無「則」字；底一乙末有「也」，刊本「也」作「矣」。

〔三一七〕則，底一乙、刊本無。

〔三一八〕「水鳥」下底一乙、刊本有「也」字。

〔三一九〕將陰雨，底二甲原脱，兹據底一乙、刊本補。

〔三二〇〕苦，刊本同，底一乙誤作「若」。

〔三二一〕婦人尤念之，底一乙同，刊本作「婦念之」。案《鄭箋》釋作爲主語之「婦」，若無「夫」作爲對稱詞，均言「婦人」，不單言「婦」。又此處底二甲與底一乙蓋涉上衍一「尤」字。

〔三二二〕「歎於室」下底一乙、刊本有「也」字。

〔三二三〕塞，刊本同，底一乙下有「也」。

〔三二四〕洒灑，底二甲無「洒」字，兹據底一乙、刊本補。底一乙末有「也」字。

〔三二五〕埽拚也，底二甲原無「拚也」二字，兹據刊本補。底一乙作「埽埽拚土也」，且在「穹窒鼠穴」句後。案底一乙蓋誤。穹、窒、洒三字均以動詞釋之，此「埽」似不應釋以一動賓詞組。且據次序，釋「埽」應在「洒」之後。

〔三二六〕鼠穴，底一乙同，刊本下有「也」。

〔三二七〕我君子行役，底一乙無「我」字，刊本「我」前有「而」字。刊本「役」作「役」，《説文·殳部》：「古文役从人。」刊本「役」無寫作「役」者，下凡底二甲與刊本爲役、役之别者均不復出校。

〔三二八〕至，底二甲脱，兹據底一乙、刊本補。

〔三二九〕言婦人望之也，刊本無「人」字，非，説見校記〔三二一〕。底一乙「之」作「者」，刊本無，應以作「者」者爲善。

〔三四〇〕瓜，刊本同，底一乙作「苽」。《干禄字書·平聲》：「苽、瓜，上俗下正。」《箋》中「瓜」字同此。

〔三四一〕敦專專也，底二甲原作「敦=專也」，誤，兹據底一乙改。刊本作「敦猶專專也」。

〔三四二〕言心苦，底一乙、刊本作『言我心苦』。

〔三四三〕人，底二甲脱，兹據底一乙、刊本補。

〔三四四〕團團然，底一乙作『專專然』，刊本作『專專』。案：『專』『團』古今字，然《毛傳》作『專』，鄭無釋，是從毛也，則《箋》亦應作『專』，此作『團』者，必爲後人所改。

〔三四五〕瓜之辯有苦者，底一乙、刊本『辯』作『辨』。《釋文》出『瓣』字，阮校：『小字本、相臺本「辨」作「瓣」，閩本、明監本、毛本同。案「瓣」字是也。《釋文》「瓣」下引《説文》云「瓜中實也」可證。十行本《正義》中亦作「辨」，明監本、毛本作「瓣」，所改是也。』案：『瓣』爲正字，辨、辯皆其音借字。底一乙脱『之』字。底二甲原脱『者』字，兹據底一乙、刊本補。

〔三四六〕苦也，底二甲脱，兹據底一乙、刊本補。

〔三四七〕塵，刊本同，底一乙下有『也』字。

〔三四八〕折，底一乙作『扸』，刊本作『析』。案『折』當是『析』字因扌、木不分造成之俗寫。『扸』亦『析』之俗寫，説見《敦煌俗字研究》下編二三〇頁。

〔三四九〕言君子久見使折薪於野，底二甲原無『久』字，案『久』釋『烝』字，不應無，兹據底一乙、刊本補。刊本『久』前有『又』字。『折』，底一乙作『枬』，刊本作『析』，『折』、『枬』均爲『析』之俗寫。刊本無『於野』二字，底一乙有。

〔三五〇〕於事尤苦也，底二甲原無。底一乙作『事又苦』，刊本作『於事尤苦也』。案：前言婦人思君子之苦，此言君子久役於野外，更勞苦，是作『尤』較佳，故據刊本擬補『於事尤苦也』五字。

〔三五一〕古者聲栗列同，底二甲『古』前原有『當』字，兹據底一乙、刊本删。底一乙、刊本『列』作『裂』，刊本『同』下又有『也』字。案『列』、『裂』同音通假。

〔三五二〕自我不見，底二甲原作『我不自見』，潘重規認爲底二甲抄誤，兹據底一乙、刊本乙正。

〔三五三〕勾，底一乙、刊本作『句』。《干禄字書·去聲》：「勾、句，上俗下正。」下凡『勾』字均不復出校。

〔三五四〕序婦士之情也，底二甲脱『序』字，兹據底一乙、刊本補。刊本無『也』字。

〔三五五〕蒼庚，底一乙同，刊本作『倉庚』。『倉』『蒼』古今字，底二甲在《七月》篇中則寫作『倉庚』。《箋》中同此。

〔三五六〕嫁娶之候，刊本『娶』作『取』，『取』『娶』古今字。底一乙、刊本末有『也』字。

〔三五七〕羽鮮明也，底二甲原無『羽』字，蓋脱重文符號，兹據底一乙、刊本補。底一乙無『也』字。

〔三五八〕人，底一乙作『婚』，刊本作『昏』。案『昏』、『昬』異體，『婚』爲『昏』之後起字。不知底二甲因何而誤作『人』。

〔三五九〕極叙其情以相悦樂之，刊本『叙』作『序』。《説文·广部》：「序，東西牆也。」攴部：「次弟謂之敘。」是應以『敘』爲正字，『序』爲借字。然二字後世混用不分。『叙』爲後起俗字。《干禄字書·上聲》：「叙、敘，上通下正。」『以相悦樂之』，底一乙作『安樂之』，刊本作『以樂之』。

〔三六〇〕之子于埽皇駁其馬黄白曰皇駵白曰駁箋云之子于埽謂始嫁時也皇駁其馬車服盛也，底二甲原無，林平和認爲底二甲『經、傳、箋文皆脱』，兹據刊本補。底二甲凡『歸』字皆作『埽』，故此據以作『埽』。底一乙『駁』作『駮』，無前一『也』，後一『也』作『者』。案《説文·馬部》：「駁，馬色不純。」「駮，獸如馬，倨牙食虎豹。」是『駁』爲正字，作『駮』者應是假借字。二字古多通用之例，參王引之《經義述聞》卷二『爲駁馬』條。

〔三六一〕離，底一乙同，刊本作『縭』。『離』爲『縭』之借字。《傳》中『離』字同此。

〔三六二〕褘，底一乙同，刊本下有『也』字。

〔三六三〕母戒女礼施衿結帨，刊本無『礼』字，底一乙脱『施』字。案《正義》云：「『母戒女禮，施衿結帨』，《士昏禮》文。」是孔所據本與底二甲同。《儀禮·士昏禮》云：「父送女，命之，曰：『戒之敬之，夙夜毋違命。』母施衿結帨，曰：『勉之敬之，夙夜無違宫事。』」則《傳》語乃是總括其意，非引文也。尋味其意，當有『禮』字。

『施衿結帨』者，母也，非女也。若如刊本作『母戒女施衿結帨』，則『施衿結帨』者女也，非母也。與禮不合。且《士昏禮》有母戒女之詞，故有『禮』字，方合其意。『礼』爲古文『禮』字，敦煌寫本多用此字，後世刊本則多用『禮』字，下凡『礼』、『禮』之别均不復出。

〔三六四〕『言多儀』下底一乙、刊本有『也』字。

〔三六五〕勑，底一乙同，刊本無。《儀禮·士昏禮》：『庶母及門内，施鞶，申之以父母之命，命之曰：「敬恭聽，宗爾父母之言。夙夜無愆，視諸衿鞶。」』《説文·力部》：『勑，勞也。』攴部：『敕，誡也。』『勑』爲『敕』之借字。『申勑』者，即《士昏禮》之申之、命之也。

〔三六六〕喻，底二甲脱，兹據底一乙、刊本補。

〔三六七〕『道』下底一乙、刊本有『也』字。

〔三六八〕善，底一乙同，刊本下有『也』字。

〔三六九〕之，底一乙、刊本無。

〔三七〇〕『如何』下底一乙、刊本有『也』字。

〔三七一〕厚，底一乙作『敘』，刊本作『序』。案『厚』爲『序』之形誤，『序』爲『敘』之借字。

〔三七二〕也，底一乙、刊本無。

〔三七三〕周公也，底一乙重複此三字，潘重規認爲衍字。

〔三七四〕欲毁周公也，底一乙、刊本無『欲』字。底一乙『也』前衍『者』字。

〔三七五〕缺，底一乙、刊本作『缺』。『缺』爲『缺』之俗字，説見《説文·缶部》『缺』篆下段注。下凡此均不復出校。

〔三七六〕方銎曰斨，底一乙同，刊本無。阮校：『案考文古本下有「方銎曰斨」四字，非也。此與《七月》傳「斨，方銎也」互文見義。《七月》正義云：「《破斧傳》云：隋銎曰斧，方銎曰斨。然則斨即斧也。」各本皆同，其實誤也。當作「然則方銎曰斨，斨即斧也。」因方銎曰斨與所引《破斧傳》云「隋銎曰斧」有似對文，乃誤屬「然則」二字於「斨即斧也」之首耳。此經又缺「我斨」，《釋文》「斨」下云「《説文》云方銎斧也」。浦鏜校彼《正義》，以爲觀《音義》則傳本無此四字，非脱也。其説當矣。特未悟彼《正義》亦本不引此傳「方銎曰斨」也，考文古本正采彼《正義》而致誤。」潘重規云：「校勘記之説非也。《正義》引《破斧傳》作「隋銎曰斧，方銎曰斨」，各本皆然，不得妄改以就臆説。考文古本正據舊本之文，此卷及斯二〇四九卷此傳皆有「方銎曰斨」之文，尤爲明證。考文古本固非采七月正義添綴此傳，此二卷子尤非采七月正義而致誤也。」案：潘説是。

〔三七七〕斧斨人之所用，底二甲原無「斧斨」二字，底一乙「斧」爲行首一字，其右上角有乙字符。然前行行末之「斨」乃屬「方銎曰斨」句，當是「斨」下脱重文符號。可知底一乙有「斧斨」二字，刊本亦有此二字，兹據以補。「人之所用」，底一乙作「民之所用也」，刊本作「民之用也」。案：「所」字應有，刊本脱。「人」爲諱改字。

〔三七八〕國家之所用，底二甲原無「之」字。案：《正義》云：「毛以爲，斧斨者，生民之所用，以喻禮義者，亦國家之所用。」是孔氏所據本作「國家之所用」，「所」字之語法作用是所字結構作名詞，「之」之語法作用爲取消句子獨立性作名詞，此二字均不可少。故據底一乙、刊本補「之」字。底一乙、刊本脱「所」字。刊本「用」下又有「也」字。

〔三七九〕也，底一乙同，刊本無。

〔三八〇〕「奄」下底一乙、刊本有「也」字。

〔三八一〕匡，底二甲原誤作「庭」，兹据底一乙刊本改正。底一乙、刊本下有「也」字。按例應有「也」字。

〔三八二〕東征此四國，底一乙、刊本「征」作「伐」，案《詩》云「東征」，《正義》亦言「東征」，蓋作「征」爲善。底一乙無「此」字。

〔三八三〕正，刊本同，底一乙誤作「止」。

〔三八四〕下人，底一乙、刊本作『民人』。案『下人』蓋當作『下民』，『人』爲諱改字。《詩》及傳、箋屢言『下民』。

〔三八五〕奇，底一乙、刊本作『錡』。『奇』爲『錡』之同音借字。《傳》中『奇』字同此。

〔三八六〕鑿，底二甲原誤寫作單行大字，茲依例改爲小字。

〔三八七〕訛，底一乙作『僞』，刊本作『吪』。『僞』當爲『譌』之形誤，『譌』『訛』古今字，《説文》無『訛』字。胡承珙《毛詩後箋》認爲『訛爲吪之假借』，是也。《傳》中『訛』字同此。

〔三八八〕化，底一乙下有『者也』，刊本下有『也』。『者』爲衍字，『也』字依例當有。

〔三八九〕善，底一乙下有『者也』，刊本下有『也』。『者』爲衍字，『也』字依例當有。

〔三九〇〕木屬曰銶，底二甲原無，林平和認爲底二甲脱，茲據底一乙、刊本補。

〔三九一〕僉，底一乙、刊本作『斂』，下有『也』字。『僉』當作『斂』，『也』字依例當有。

〔三九二〕美，底一乙下有『者也』，刊本下有『也』。『者』爲衍字，『也』字依例當有。

〔三九三〕美周公也，刊本同，底一乙抄有『美』字，又塗去。潘重規認爲底一乙脱『周公也』三字。案：底一乙已抄有『美』字，又塗去，可見其非脱。疑抄手臆删。

〔三九四〕『不知』下底一乙、刊本有『也』字。

〔三九五〕欲，底二甲原脱，茲據底一乙、刊本補。

〔三九六〕或，底一乙作『貳』，刊本作『惑』。『或』『惑』古今字；作『貳』于義不合，疑『貳』爲『或』之譌。

〔三九七〕欲，刊本無，有『欲』義長。

〔三九八〕也，底一乙、刊本無。

〔三九九〕伐柯如之何，底一乙同，刊本無『之』字。李富孫《詩經異文釋》云：『《白帖》十七、八十二，《藝文類聚》四十，《御覽》五百四十一引作「如之何」，下句同。案：《白帖》諸本引作「如之何」，當涉「南山崔崔」之文而誤。』案：《禮記·坊記》：『《詩》云：「伐柯如之何，匪斧不克；取妻如之何，匪媒不得。蓺麻如之何，橫從其畝；取妻如之何，必告父母。」」《正義》云：「《詩》云『伐柯如之何，非斧不克』者，此《詩·齊風·南山》之篇。」从「伐柯」至「不得」，當是《豳風·伐柯》之文；「蓺麻」以下，方爲《南山》之文。《正義》以爲全是《南山》之詩，誤也。今兩寫卷作「如之何」，三類書所引亦作「如之何」，正與《禮記》所引合。今本無「之」者，蓋以爲此詩皆四言而删之。朱廷獻《詩經異文集證》云：「尋繹本詩四字爲句，似無「之」字較妥。」（《文史學報》第十四期）所犯即此種錯誤。下「娶妻如之何」句同此。

〔四〇〇〕尅，底一乙同，刊本作「克」。《説文·克部》「克」篆下段注：「俗作尅。」而「尅」則爲「剋」之變體，説見朱珔《説文假借義證》卷十三「克」篆下注。本詩中「尅」字同此。

〔四〇一〕斧柄，底一乙、刊本末有「也」字。

〔四〇二〕柄，刊本同，底一乙下有「也」。

〔四〇三〕類，刊本同，底一乙作「報」，蓋爲誤字。底一乙、刊本下有「也」字。

〔四〇四〕論王，底一乙、刊本「論」作「喻」，《説文》有「論」無「喻」，「喻」應是後起字。下凡此均不復出校。底一乙、刊本「王」作「成王」，案：鄭玄在《小序箋》首句中已言「成王」，後均省稱爲「王」，此以作「王」爲是。

〔四〇五〕也，底一乙作「者也」，刊本無。「者」當爲衍文。

〔四〇六〕娶，底一乙同，刊本作「取」，「取」「娶」古今字。

〔四〇七〕礼，底一乙同，刊本下有「也」。

〔四〇八〕定人室家之道，刊本同，底一乙脱「人」字，句末衍「者」字。

〔四〇九〕周公之意者又先往也，底二甲原脱「者」字，「往」誤作「任」，兹據底一乙、刊本補正。底一乙、刊本無「也」字。

〔四一〇〕以其所願乎上交於下，底二甲「乎」原誤作「兮」，兹據底一乙、刊本改正。底一乙、刊本「於」作「乎」，「於」、「乎」古通用。下句「乎」、「於」字同此。

〔四一一〕遠，底二甲原作『逺』，形誤字，兹據底一乙、刊本改正。

〔四一二〕也，刊本同，底一乙脱。

〔四一三〕短，底二甲原誤作『矩』，兹據刊本改正。底一乙誤作『桓』。

〔四一四〕『遠求』下底一乙、刊本有『也』字。

〔四一五〕道亦，底二甲原脱『道』字，『亦』作『之』。案『之』與『亦』之俗寫形近，故誤。兹據底一乙、刊本補『道』，改『之』爲『亦』。

〔四一六〕於人心足以知之也，底一乙、刊本無『於』字，蓋爲衍文。刊本無『也』字。

〔四一七〕邊，底一乙同，刊本作『籩』。『籩』正字，『邊』同音借字。

〔四一八〕狠，底一乙作『皃』，刊本作『貌』。『狠』爲『貌』之俗訛字。『皃』爲小篆隸定字，『貌』爲籀文隸定字。底一乙『皃』下有『也』。

〔四一九〕『周公』下底一乙、刊本有『也』字。

〔四二〇〕欲，底二甲原脱，兹據底一乙、刊本補。

〔四二一〕當設饗燕之撰行，底一乙、刊本『設』作『以』，『撰』作『饌』。林平和云：『「饌」誤作「撰」。』

〔四二二〕至歡樂以悦之，刊本『至』下有『則』字。底一乙『歡』作『燕』。『悦』，底一乙、刊本作『説』，『説』『悦』古今字。底一乙句末又有『也』字。

〔四二三〕域，底一乙同，刊本作『罭』。胡承珙《毛詩後箋》云：『《説文》無「罭」字，古字當只作「域」。《文選·西京賦》「布九罭」注云：「罭，與緎同。」蓋「域」「緎」皆有界畫之義。』黄焯《經典釋文彙校》云：『當本作域。』案：《説文·戈部》：『或，邦也。域，或从土。』段注：『既从口从一矣，又从土，是爲後起之俗字。』今謂段説是，金文無『域』字，『域』爲『或』之後起增旁字，表示土地之界域。然『域』《説文》已收，則其産生亦較早。至於『罭』者，則應是『域』之後起換旁字，表示魚網之界域。黄侃《説文新附考原》以『罭』爲『黬』之後起（黄焯編次《説文箋識四種》，二七二頁，上海古籍出版社一九八三），蓋不確。蔡主賓《敦煌寫本儒家經籍異文考》以爲罭、域同音通假，誤也。本詩中『域』字同此。

〔四二四〕『不知』下底一乙、刊本有『也』字。

〔四二五〕緵，底二甲原誤作『緫』，茲據底一乙、刊本改正。

〔四二六〕罟，底一乙作『罔』；刊本作『網』，下有『也』。案『罔』『網』古今字。若《毛傳》已釋『罟』爲『網』，則下《鄭箋》不應云『九域之罟』，而應作『九域之網』矣。疑作『罟』爲是。

〔四二七〕『大魚』下底一乙、刊本有『也』字。

〔四二八〕設，底二甲脱，茲據底一乙、刊本補。

〔四二九〕乃，底一乙、刊本下有『後』。

〔四三〇〕『各有器』下底一乙、刊本有『也』字。

〔四三一〕亦當有其礼也，底一乙、刊本無『亦』、『也』二字。

〔四三二〕覯見也，底一乙、刊本無。林平和云：『阮刻本脱傳文「覯，見也」。』案上《伐柯》篇末章『我覯之子』句，毛氏無釋，不應僅一句之隔而於此處釋之。疑此爲後人據前詩《箋》文『覯，見也』而添，底一乙無此條，亦一證也。林氏臆説。

〔四三三〕所以見周公有聖德，底一乙作『所見謂周公也』，刊本作『所以見周公也』。案《正義》云：『毛以爲……我成王若見是子周公，當以衮衣繡裳往見之。刺王不知，欲使王重禮見之。』《正義》云：『傳解詩言「衮衣繡裳」者，是所以見公之服也。』孔説是也。成王服衮衣繡裳是用來迎接周公的，何以於此見『周公之聖德』呢？此必迂儒所爲，不可從。底一乙有錯亂，刊本所作是也。

〔四三四〕衮衣，刊本同，底一乙『衮』誤作『變』，無『衣』字。

〔四三五〕今王欲迎周公，底一乙、刊本無『今』、『欲』二字。

〔四三六〕「渚」下底一乙、刊本有「也」字。

〔四三七〕大鳥，底一乙同，刊本下有「也」字。

〔四三八〕比喻周公以，底一乙、刊本「比」作「以」，無「以」字。「以」蓋衍文。

〔四三九〕亦失其所，底一乙、刊本無「亦」字，蓋衍文。刊本句末有「也」。

〔四四〇〕汝，底一乙、刊本作「女」，「女」「汝」古今字。

〔四四一〕迎，底一乙同，刊本無。案《正義》引王肅曰：「以其周公大聖，不定命之功，不宜久處下土，而不見禮迎。」則王肅所據本有「迎」字。

〔四四二〕時東都之人欲留周公不去，底一乙脱「時」字。「欲留周公不去」，底一乙作「欲周公久不去」，刊本作「欲周公留不去」。《正義》云：「今公歸則复位，汝不得留之。美周公所在見愛，知東人願留之。」則似以底二甲爲善。

〔四四三〕西，底一乙同，刊本前有「公」。《正義》云：「公西歸若無所居，則可於汝之所誠處耳。」是孔所據本有「公」字。

〔四四四〕就汝成處是都，底一乙、刊本「汝」作「女」，「成處是都」作「誠處是東都也」。「女」「汝」古今字，「成」爲「誠」之借字。底二甲有脱漏，當以底一乙、刊本爲善。

〔四四五〕復，底二甲原作「服」，誤，兹據底一乙、刊本改正。

〔四四六〕留，底二甲脱，兹據底一乙、刊本補。

〔四四七〕陸非鴻之所宜止，底一乙「非」音誤作「飛」。底一乙、刊本無「之」字，蓋爲衍文。底一乙末又有「也」字。

〔四四八〕復，底二甲作「服」，潘重規認爲底二甲誤，兹據底一乙、刊本改正。

〔四四九〕汝，底一乙、刊本作「女」，「女」「汝」古今字。

〔四五〇〕宿處，底一乙、刊本作「宿猶處也」。《説文·言部》「讎」篆下段注：「凡漢人作注云猶者，皆義隔而通之。」

「宿」無「處」義，故云「宿猶處也」。底二甲有脱漏，當從底一乙、刊本。

〔四五一〕無知以公之道，底一乙作「無与我公歸之道也」，刊本作「無與公歸之道也」。案：《正義》標起止云「無與公歸之道」，然其解《傳》則曰：「成王未肯迎之，故無與我公歸之道，謂成王不與歸也。」疑孔所據本與底一乙同也。

〔四五二〕是以東都之人欲周公留爲之君，底一乙、刊本「是以」作「是是東都也」。刊本「爲之」誤作「之爲」。底二甲脱「君」字，兹據底一乙、刊本補。

〔四五三〕以，刊本同，底一乙脱。

〔四五四〕胃成王所賣，底一乙、刊本「胃」作「謂」，「賣」作「齎」。「胃」「謂」古今字，馬王堆出土帛書《戰國策》及《老子》凡「謂」字均寫作「胃」。《干禄字書·平聲》：「賣、齎，上通下正。」《説文》無「賣」字，後起别體也。

〔四五五〕其，刊本同，底一乙脱。

〔四五六〕以此衮衣今留之，底一乙、刊本無「此」字，「今」作「命」。

〔四五七〕之，底一乙作「也」，刊本無。案「之」當作「也」。

〔四五八〕西，底一乙、刊本無。《正義》云：「此經直言「心悲」，本或「心」下有「西」，衍字，與《東山》相涉而語耳。定本無「西」字。」阮校認爲考文一本有「西」，乃采自《正義》。案：底二甲有「西」字，知考文一本非采自《正義》也，古自有衍「西」之本。

〔四五九〕東都之人心悲，底一乙、刊本「東都」前有「而」字；底二甲無「心」字，兹據底一乙、刊本補。

〔四六〇〕恩德之至也，底二甲「恩」作「思」，形誤字，兹據底一乙、刊本改正。刊本此句作「恩德之愛至深也」；底一乙「之」下殘缺，然下僅存二字位置，則不可能與刊本同，疑所缺爲「至也」二字，與底二甲同。

〔四六一〕九域四章章三勾，底一乙「域」誤作「城」。「四章章三勾」，底一乙作「一章四□三章章三句」，刊本作「一章四句三章章三句」。林平和認爲底二甲誤。案首章前二句「九罭之魚，鱒魴」，若讀作「九罭之魚鱒魴」，則首章亦爲三句。林氏不考而臆説。

〔四六二〕跋，刊本同，底一乙作「狻」。《釋文》云：「跋，字或作拔，同。」「狻」蓋因「狼」字而類化。

〔四六三〕周公，底一乙止於此。

〔四六四〕不失其聖，刊本末有「也」字。

〔四六五〕或，刊本作「惑」，「或」「惑」古今字。

〔四六六〕成王不知不怨，刊本無「成」字。「不知不怨」，底二甲原作「不如不怒」，《正義》云：「近則成王不知，而周公不怨。」兹據刊本改正。

〔四六七〕太，刊本作「大」，「大」「太」古今字。

〔四六八〕又留之爲太師，刊本作「又爲之大師」。案於義底二甲爲長。

〔四六九〕著，底二甲作「音」，形誤字，兹據刊本改正。

〔四七〇〕狐，刊本作「胡」。案「狐」當是「胡」之同音借字。斯三三二八《伍子胥變文》：「胡菟怕而争奔，龍虵驚而競竄。」「狐」借作「胡」，是其比。本詩中「狐」字皆爲「胡」之借，下不復出校。

〔四七一〕獵，刊本作「躐」，「獵」當是「躐」之同音借字。本詩中「獵」字同此。

〔四七二〕有，底二甲原作「者」，形誤字，兹據刊本改正。

〔四七三〕避之東都，刊本作「辟之而居東都也」。「辟」「避」古今字。

〔四七四〕胃，刊本作「謂」，「胃」「謂」古今字。

〔四七五〕「如是」前刊本有「其」字。

〔四七六〕寫，刊本作「舄」。潘重規認爲作「寫」誤，是也。本詩中「寫」字同此。

〔四七七〕成王豳公之孫，刊本「王」、「孫」下均有「也」字。

〔四七八〕也，刊本無。

〔四七九〕屨也，底二甲脱，兹據刊本補。

〔四八〇〕狠，刊本作「貌」。案「狠」爲「貌」之俗訛字。

〔四八一〕公周公，底二甲脱前一「公」字，兹據刊本補。

〔四八二〕孫讀當如公遜于齊之遜，刊本兩「遜」字作「孫」。刊本末有「也」字。案：《春秋·昭公二十五年》：「九月，己亥，公孫于齊，次于陽州。」此鄭玄所本。《周禮·天官·太宰職》「曰主，以利得民」鄭注：「利讀如「上思利民」之利。」段玉裁《周禮漢讀考》卷一云：「注經之例，凡言讀如者擬其音，凡言讀爲者易其字，此皆不用其本字，如祝讀如注，聯讀爲連是也。凡有言讀如、讀爲而仍用本字者，如利讀如上思利民之利，斿讀爲囿斿之斿，此蓋一字有數音數義，利民之利音與財利別，囿斿之斿義與旗斿別，故云讀如、讀爲以別之也。」子孫之「孫」與孫遁之「孫」義別，故鄭引《春秋》文以別之。當從刊本作「孫」。

〔四八三〕遜遯也，刊本作「孫之言孫遁也」。案：前已用「讀如」別其義，後又用「之言」明假借，鄭箋《詩》及注《三禮》皆無此例。後無需再用讀破之法明假借，直釋「孫」之義可矣。當以底二甲爲善，惟「遜」當作「孫」。

〔四八四〕太，刊本作「大」，「大」「太」古今字。

〔四八五〕遜遯避此成功之大美，刊本「遜遯避」作「孫遁辟」，「功」作「公」。案：「遜」當作「孫」，説已見校記〔四八三〕。「遁」、「遯」正借字，「辟」「避」古今字。《正義》云：「言周公既致大平，乃遜遁避此成功之大美，復留在王朝，爲大師之官。」又云：「周公攝政七年，遜遁避成功之大業，《尚書·洛誥》有其事。」是孔所據亦作「功」也。尋其義，當作「功」。「大美」間底二甲原有「衆」字，《正義》釋「大美」爲「大業」，無「衆」字，兹據刊本删。

〔四八六〕太，刊本作「大」，「大」「太」古今字。

〔四八七〕也，刊本無。

〔四八八〕者，刊本無。

〔四八九〕二章章四勾，底二甲「二章」原作「四章」，林平和認爲底二甲誤，兹據刊本改正。刊本此句下有總括《豳風》之篇章句數「豳國七篇二十七章二百三句」，依例此亦應有，下《小雅・鹿鳴之什》末有此篇章句數可證。

〔四九〇〕故訓傳苐十六，刊本「故」作「詁」，「苐」作「第」。段玉裁於《說文・攴部》「故」篆下注：「《毛詩》云故訓傳者，故訓猶故言也，謂取故言爲傳也。」則當以作「故」爲是，作「詁」者，後人所改。「苐」爲「弟」之俗字，俗書竹頭多寫作草頭，俚俗據「苐」楷正，則成「第」字。下凡「苐」字均不復出校。

〔四九一〕弊，刊本作「幣」。「弊」爲「幣」之同音借字。本詩中「弊」字同此，不復出校。

〔四九二〕苹荓也，底二甲脱「苹」字，兹據刊本補。甲卷起於「也」字。

〔四九三〕苹，甲卷、刊本作「荓」。案：前既已釋「苹」爲「荓」，則此當作「荓」。又甲卷「荓」下有「草」字。《正義》云：「民以爲此聲者，鳴而相呼，食野中之苹草。言鹿既得苹草，有懇篤誠實之心發於中，相呼而共食。」疑有「草」者爲是。

〔四九四〕心，刊本無。《正義》云：「懇誠發乎中者。」是孔所據本亦無「心」字。

〔四九五〕「興」前刊本有「以」字。

〔四九六〕以盛，刊本作「以成」。案：底二甲原作「竹盛」，「竹」字無義，當是「以」字形誤，「盛」則爲「成」之同音借字。兹據刊本改「竹」爲「以」。

〔四九七〕草也，刊本無。案「草也」二字爲抄手臆加無疑，此不合鄭箋釋物名之通例。

〔四九八〕皷瑟吹笙，刊本「皷」作「鼓」。《正字通・皮部》：「皷，俗鼓字。」下同「皷」字同此。乙卷起於「吹」字。

〔四九九〕吹笙而簧皷矣，乙卷同；甲卷殘存「而簧」二字（甲卷止於此），可知亦作「吹笙而簧皷」。刊本作「吹笙而鼓簧矣」。段玉裁《毛詩故訓傳定本》據《王風・君子陽陽》正義所引改爲「吹笙則鼓簧矣」。陳奐《詩毛氏傳疏》贊同段說，認爲「而」當作「則」。阮校認爲「則」仍當作「而」。案：諸家糾纏於「而」、「則」之别，其實『而』即有『則』義（《經傳釋詞》收例甚夥）。此句中的關鍵應是在『鼓簧』一詞上。《宋書·樂志一》引作『吹笙則簧鼓矣』，段、阮無説，陳奐《詩毛氏傳疏》認爲『簧鼓』誤倒。今謂陳説誤也。簧是笙中用以發聲的片狀振動體，吹笙時，氣流吹到簧片上，簧片振動因而發出聲音。『吹笙』是原因，『簧鼓』是結果。經言『吹笙鼓簧』，似乎是一對並列的動賓詞組，易於使人誤會爲『吹笙』與『鼓簧』是對兩件物體所作的兩個動作。因而毛氏有對此作解釋的必要。毛先言『簧，笙也』，目的是使人明了簧非別物，與笙爲同物，接着説『吹笙而簧鼓矣』，不僅補充了上面『簧，笙也』之説，使人明白簧是笙中之物，而且也將吹笙器而奏樂的過程給表現出來了。若《毛傳》作『吹笙而鼓簧矣』，那等於没有解釋經文。沈約引作『吹笙則簧鼓矣』，已是深切領會了《毛傳》之意，而且改『而』爲『則』，就不會使人産生歧義。兩寫卷均作『簧鼓』，與《宋書》所引同，應是《毛傳》原貌。

〔五〇〇〕篚屬，刊本同，乙卷下有『也』。

〔五〇一〕厥篚玄黄也，乙卷、刊本『厥篚』作『篚厥』，無『也』字。阮校：『「篚厥」二字當倒。《正義》標起止云「箋書曰厥篚玄黄」，是《正義》本如此也。故下文云：「今《禹貢》止有厥篚元纁之文，而鄭《禹貢注》引《胤征》曰篚厥玄黄，則此所引亦爲《胤征》文。」正因此箋作「厥篚」，與《禹貢》相涉，故言「今止有」以明「黄」字之非彼文也。若作「篚厥」，但當引彼注，不煩言此矣。』底二甲可爲阮説之證。

〔五〇二〕也，乙卷同，刊本無。

〔五〇三〕寘，底二甲原無，乙卷此處殘缺。據鄭箋通例，有『寘』爲是，兹據刊本補。

〔五〇四〕周行周之列位也，刊本同，乙卷脱『周行』二字。底二甲原無『列位也』三字，林平和謂底二甲脱，兹據乙卷、刊本補。

〔五〇五〕於周之，底二甲原無，林平和謂底二甲脱，兹據乙卷、刊本補。

〔五〇六〕言己唯賢是用，乙卷無『己』，末有『也』字。刊本『唯』作『維』，二字古通。

〔五〇七〕鹿鳴呦呦，乙卷、刊本作『呦呦鹿鳴』。潘重規認爲底二甲誤。黄校曰：『阮元校勘引諸本無有作「鹿鳴呦呦」者，寫本此異文甚爲特別。首章「呦呦鹿鳴」，「鳴」字與「苹」、「笙」叶韻。「呦」字《集韻》又音于教切，則「鹿鳴呦呦」，「呦」字與「蒿、昭、恌、傚、敖」叶韻，古本或如此。詩章開頭詞語相同，倒其詞序以叶韻，詩中實有此例。』案：黄説疑是。『呦』古音幽部，『蒿』、『昭』、『恌』、『傚』、『敖』古音在宵部。《詩》中幽、宵常有相押者，《王風・君子陽陽》第二章以陶、翿、敖韻，《齊風・載驅》第四章以滔、儦、敖韻，《陳風・月出》第一章以皎、僚、糾、悄韻，《小雅・桑扈》第四章以觩、柔、敖、求韻，《小雅・魚藻》第一章以藻、首、鎬、酒韻，《大雅・民勞》第二章以體、逑、惙、憂韻，《大雅・抑》第三章以酒、紹韻，《周頌・良耜》以糾、趙、蓼、朽、茂韻，皆幽、宵相押之例。

〔五〇八〕莖，乙卷、刊本作『菣』。《釋文》：『菣，去刃反，字又作䓹，同。』案：《説文・艸部》：『菣，香蒿也。或从堅。』是『䓹』爲『菣』之或體。『坚』爲『堅』之俗字，底二甲作『莖』，實『䓹』之俗體也。

〔五〇九〕人，乙卷、刊本作『民』。案『人』爲諱改字。

〔五一〇〕是則，底二甲無，林平和認爲底二甲脱，是也，觀《傳》語可知。兹據乙卷、刊本補。

〔五一一〕揄，刊本作『愉』，乙卷作『偷』。阮校：『《釋文》云：「愉，他侯反，又音踰。」《正義》云：「愉音臾，《説文》訓爲薄也。」又云：「定本作愉。」如其所言不爲有異，應是定本作「偷」，依《爾雅》改耳。當以《釋文》、《正義》本爲長。』潘重規云：『阮氏之説，得此卷可供佐證，知《詩》有作愉、作偷之異本。』案：愉、偷古今字，説詳《説文・心部》『愉』篆下段注。『愉』之澆薄義後爲『偷』字所專，故或改此『愉』爲『偷』也。馬瑞辰《毛詩傳箋通釋》認爲當作『愉』，是也。底二甲之『揄』，蓋『愉』之形誤。《箋》中『揄』字同此，不復出校。

〔五一二〕法傚，乙卷無『傚』字，刊本下有『也』。

〔五一三〕『道德之教』下乙卷、刊本有『也』字。

〔五一四〕也，乙卷同，刊本無。

〔五一五〕「古示字」下乙卷、刊本有「也」字。

〔五一六〕嘉賓之語先王德教甚明，底二甲「德教」原作「之教」，《鄭箋》云：「德音，先王道德之教。」《正義》云：「言嘉賓於旅之節，語先王之德教甚明。」茲據乙卷、刊本改正。乙卷「之」誤作「也」。底二甲「甚」下原衍「其」字，茲據乙卷、刊本删。

〔五一七〕其賢者也，乙卷「其」誤作「甚」。乙卷、刊本無「者」字。案「者」不應有，抄手所加也。敦煌寫卷句末多有作「者也」者，其中「者」字多爲衍文。

〔五一八〕以，乙卷、刊本作「式」。案作「式」是。「式燕……」句式《詩》中多有，如《小雅·南有嘉魚》「嘉賓式燕以樂」、「嘉賓式燕以衎」、「嘉賓式燕綏之」、「嘉賓式燕又思」，與此相同。

〔五一九〕遊，刊本同，乙卷作「游」。《説文·放部》：「敖，出游也。」「游」「遊」古今字。

〔五二〇〕者也，乙卷同，刊本無。

〔五二一〕燕，底二甲原誤作「樂」，茲據乙卷、刊本改正。

〔五二二〕不能，底二甲脱，茲據乙卷、刊本補。

〔五二三〕矣，乙卷同，刊本無。

〔五二四〕悦也，乙卷「悦」字殘存右半「兑」，不知是「悦」还是「説」；「也」作「矣」。刊本作「説矣」。「説」「悦」古今字。

〔五二五〕叁分天下有其二，「叁」，乙卷作「參」，刊本作「三」。《廣韻·談韻》：「三，數名。參，上同，俗作叁。」底二甲脱「有」字，茲據乙卷、刊本補。

〔五二六〕王，刊本同，乙卷脱。

〔五二七〕來，乙卷同，刊本下有「也」。

〔五二八〕倭遅，乙卷作「委遅」，刊本作「倭遲」。案聯緜詞無定字，諸形無別。《傳》中「倭遅」同此。「遅」爲「遲」之俗字，下凡「遅」不復出校。

〔五二九〕岐周之道，底二甲無「岐」字，乙卷此處殘缺，刊本作「歧」，乃誤字，兹據段玉裁《毛詩故訓傳定本》補「岐」字。刊本末有「也」字。

〔五三〇〕皃，乙卷作「狠」，刊本作「貌」。案「狠」爲「貌」之俗訛字。以下凡「皃」字，乙卷皆作「狠」，刊本皆作「貌」，故不復出校。

〔五三一〕文王率諸侯撫叛國，乙卷「文王」前有「牋云」二字（「牋」爲「箋」之後起別體字），刊本則無，與底二甲同。以下乙卷凡「箋」字均寫作「牋」，不再出校。乙卷「叛」作「畔」。「叛」正字，「畔」借字。

〔五三二〕乎，刊本同，乙卷作「于」，二字古通用。

〔五三三〕故作樂以文王之道，乙卷作「周公作樂以歌文王之德」，刊本作「故周公作樂以歌文王之道」。《正義》云：「定本云『作樂以文王之道』，無『周公歌』三字。」是底二甲與定本同也。《正義》又云：「然《鹿鳴》、《皇皇者華》皆歌之，獨於此言者，舉中以明上下。」是《正義》不以定本爲然。陳奐《詩毛氏傳疏》云：「此言爲一部諸文王詩之總義矣。」此用《正義》説也。然何以不言於《鹿鳴》以該下二篇，而必舉中篇以明上下呢？《正義》之説難以服人。

〔五三四〕爲後世法也，刊本作「爲後世法」，乙卷作「以爲後世所法」。案「爲後世法」語義已足，乙卷誤。

〔五三五〕堅固，乙卷同，刊本下有「也」字。

〔五三六〕思歸者私恩也，底二甲「思」前原有「懷」字，衍文，兹據乙卷、刊本刪。乙卷無「也」字。

〔五三七〕靡盬者公義，底二甲原無「盬」字，林平和認爲底二甲脱，兹據乙卷、刊本補。乙卷、刊本末有「也」字。

〔五三八〕「情思」下乙卷、刊本有「也」字。

〔五三九〕箋云，刊本同，乙卷作「牋云」。阮校：「《正義》云：『《集注》及定本皆無箋云兩字。』是自此盡『辭王事』並屬傳也，段玉裁云是也。」潘重規云：「《毛傳》在《公羊傳》之前，當由鄭君引以證經。有『箋云』者於義爲長。《校勘記》引段玉裁説以無「箋云」者爲是，蓋非。」案：潘説爲善。

〔五四〇〕非孝子，刊本下有「也」。乙卷「非」誤作「悲」。

〔五四一〕忠臣，乙卷同，刊本下有「也」。

〔五四二〕辝王事，乙卷「辝」作「辞」，「辞」爲「辝」之訛變俗字，説見《敦煌俗字研究》下編六〇三頁。底二甲「事」字倒寫於前行之末，爲雙行對齊也。

〔五四三〕息，底二甲脱，兹據乙卷、刊本補。

〔五四四〕白馬黑鬣曰駱也，「鬣」，乙卷作「毛」，刊本作「鬣」。《釋文》：「鬣，本又作鬛，力輒反。本亦作髦，音毛。」黄校曰：「敦煌寫本斯二〇二四（平案：當作斯二〇四九）卷傳文作「白馬黑鬣曰駱也」。……寫本中「鬣」與「髦」並從葛，讀音當相同，蓋「鬣」之借字。《集韻》有「鬣」字，謂爲駒之或字，與此異。」案：《説文》無「鬛」字，《玉篇·馬部》：「鬛，馬也。」與此不合。敦煌寫本凡從「巤」之字多寫作「葛」（説詳《敦煌俗字研究》下編二五六頁「獵」條、三四九頁「臘」條），其「馬」旁乃因「馬」而類化也。此「鬛」應是「鬣」之俗字，而非其借字。黄瑞雲又曰：「敦煌寫本斯二五一四卷毛傳：「白馬黑毛曰駱也」。既是白馬，却有黑毛，甚相矛盾。……綜上諸證，知「白馬黑毛」之「毛」，爲「髦」字之省借，即鬣，亦即馬鬃。蓋所謂駱乃白馬而有黑鬃者也。雖容易引起詞義混淆，然古人有此借字，則不可不辨。」此説當是。刊本無「也」字。

〔五四五〕皇，乙卷、刊本作「遑」。陳奐《詩毛氏傳疏》云：「遑當作皇。」《傳》中「皇」字同此。

〔五四六〕啓跪也，乙卷同，刊本無「也」字。其下刊本有「處居也」三字，底二甲及乙卷均無。林平和謂底二甲脱。案：因底二甲及乙卷均無此條，遂謂刊本爲是，似過於唐突。《左傳·襄公二十九年》引《詩》曰：「《詩》云：「王事靡盬，不遑啓處。」」杜注：「《詩·小雅》。盬，不堅固也。啓，跪也。言王事無不堅固，故不暇跪處。」「盬」字之注杜預據此詩首章《毛傳》，「啓」字之注據本句《毛傳》，而不爲「處」字作注。疑杜氏所見《毛傳》亦無此條也。

〔五四七〕受命，刊本同，乙卷作『受君命』。案《正義》所引無『君』字。

〔五四八〕舍弊于禰乃行也，刊本『弊』作『幣』，『弊』爲『幣』之同音借字。乙卷、刊本無『也』字。

〔五四九〕鵻，刊本同，乙卷作『鵻』。《説文》、《玉篇》均無『鵻』字，當是後起別體，偏旁位置互换而已。下章『鵻』字同此。

〔五五〇〕于，刊本同，乙卷作『於』，二字古通用。

〔五五一〕夫丕，乙卷、刊本作『夫不』，下有『也』字。《爾雅·釋鳥》作『鳺鴀』，爲『夫不』之後起增旁字。『丕』蓋誤字。《箋》中『夫丕』同此。

〔五五二〕夫丕之鳥慤謹者也，乙卷作『夫不之鳥慤謹』，刊本作『夫不鳥之慤謹者』。

〔五五三〕可以，底二甲此處墨钉，兹據乙卷、刊本擬補。

〔五五四〕則飛，底二甲脱，兹據乙卷、刊本補。

〔五五五〕於，底二甲脱，兹據乙卷、刊本補。

〔五五六〕雖，刊本同，乙卷誤作『誰』。

〔五五七〕其可，刊本同，乙卷作『可使』。案《正義》引亦作『其可』。

〔五五八〕感厲之，刊本同，乙卷下有『辞』。

〔五五九〕皇，乙卷同，刊本作『遑』。『皇』『遑』古今字。下章『皇』字同此。

〔五六〇〕養，乙卷同，刊本下有『也』。

〔五六一〕苟檵也，乙卷『苟』作『狗』，無『也』字；刊本作『枸檵也』。黄瑞雲曰：『「枸」字讀音凡四：俱羽切，音矩，木也，即《小雅·南山有臺》「南山有枸」之枸，今名枳椇。居候切，音鈎，木曲也；又枸檵之枸亦讀鈎。恭于切，音拘，根盤曲也。讀古後切，音苟者僅用於枸檵與枸骨，均灌木名，與讀俱羽切之枸即枳椇、讀居候切之枸檵均毫不相干。枸骨，《本草綱目》謂「如狗之骨」，則其名稱實由狗骨而來，原字應作「狗骨」。枸欚，《廣雅》稱爲㮓（平案：當作『㮓』）乳，《爾雅義疏》謂俗呼爲狗奶子。所謂枸欚也就是狗汁，其字應作「狗」。後借用「枸」字可讀「狗」音。惟六朝寫本存其本真，猶寫作「狗欚」。」案：《説文·木部》『杞』篆、『欚』篆説解皆作『枸杞』（段注謂當作枸欚）。均無作『狗』者。若謂本當作『狗』，則《説文》應入《犬部》，並在『狗』篆下予以説解，然《説文·犬部》云：『狗，孔子曰：「狗，叩也。」叩气吠以守。』《玉篇·木部》云：『㮓，㮓杞也，根爲地骨皮，本作枸。』『㮓』已是後起俗字。王闓運《爾雅集解》云：『枸杞，杞之鉤者，其本名欚，後通以杞爲枸杞，乃改爲枸欚耳。』今謂《集解》説是也。鉤，曲也。『句』聲字有曲義（説詳《説文釋例》卷八《疊文同異》、楊樹達《積微居小學述林》卷五《文字孳乳之一斑·狀名孳乳》），枸杞乃是因其形屈曲而命名者，因其爲木，故從木旁。《爾雅義疏》謂俗呼爲狗奶子，因枸杞子的形狀如奶形，故俗呼之。《廣雅》名之爲『㮓乳』，已顯狗奶子名字之意。《爾雅義疏》云：『吴普《本草》：「一名羊乳。」』蓋以其子形似也。』既然亦似羊乳，爲何不稱爲羊欚而稱爲狗欚呢？可見其説之不審。黄氏據後世分化之讀音別『枸』音爲四，又以後世之書如《本草綱目》之説法來解釋上古之《詩經》，宜其説之穿鑿也。隸體木旁與扌旁不分，故枸或寫作拘；而扌旁與犭旁形似，容易混淆（敦煌寫卷即多此例）故拘又寫作狗。作『狗』者乃俗訛字。至於作『苟』者，亦换旁俗字也。

〔五六二〕也，乙卷、刊本無。

〔五六三〕序，乙卷作『厚』，刊本作『時』。阮校：『小字本、相臺本「時」作「序」，閩本、明監本、毛本作「敍」。案「序」字是也。』案：阮説是也。『厚』亦『序』之誤。

〔五六四〕女，刊本同，乙卷作『汝』，『女』『汝』古今字。

〔五六五〕乎誠思歸也，底二甲原無，兹據刊本補。底二甲凡『歸』字皆作『帰』，故此據以作『帰』。乙卷『誠』字殘存左半『言』，無『也』字。

〔五六六〕故作此歌，乙卷作『故作此詩歌之』，刊本作『故作此詩之歌』。林平和據刊本謂底二甲脱『詩之』二字。

案：《何人斯》云「作此好歌，以極反側」，《四月》云「君子作歌，維以告哀」，「歌」即詩也。《何人斯》箋云：「作八章之歌，求女之情。」其釋義與此「故作此歌」同，而不作「作此詩八章之歌」。「故作此歌」者，故作此詩也。當以底二甲義長。乙卷「之歌」倒爲「歌之」，蓋以爲「故作此詩之歌」語不順，不料與下句亦不相應。

〔五六七〕君，刊本下有「也」，乙卷「也」誤作「曰」。

〔五六八〕之，底二甲脱，兹據乙卷、刊本補。

〔五六九〕親者，刊本同，乙卷作「其親」。案當作「親者」。「親者」指親近之人，如父母。至於「其親」，則可泛指所有親戚。然此詩所思者僅父母耳。

〔五七〇〕者，乙卷無，刊本作「也」。案作「也」義長。

〔五七一〕焉，乙卷同，刊本作「也」。

〔五七二〕「揚」前乙卷、刊本有「能」字。

〔五七三〕以延其譽於四方，刊本無「以」字；乙卷「於」前衍「使」字。

〔五七四〕君命者也，乙卷無「者」字，刊本無「君」、「者」二字。《釋文》：「不辱命也，一本作不辱君命。」則《釋文》所引一本與兩寫卷同。案前既已言明「臣出使」，則後可不言「君」。

〔五七五〕也，刊本同，乙卷無。

〔五七六〕君命，刊本同，乙卷作「君之命」。案無「之」字佳。

〔五七七〕也，乙卷、刊本無。

〔五七八〕唯所之則然也，乙卷、刊本「唯」作「維」，二字古通用。乙卷「也」作「矣」。

〔五七九〕「衆多」下乙卷、刊本有「之」字。

〔五八〇〕行人，乙卷同，刊本下有「也」字。

〔五八二〕也，乙卷、刊本無。

〔五八三〕和，乙卷、刊本下有『也』。案依例當有『也』字。

〔五八三〕懷思爲每懷，『思』，乙卷作『和』，刊本作『私』。阮校：『此引《國語》，「私」當如彼文作「和」。』潘重規謂阮校是。案『思』爲『私』之音誤字。底二甲『每』原作『母』，形誤字，兹據乙卷、刊本改正。刊本末有『也』字。

〔五八四〕私，底二甲脱，兹據乙卷、刊本補。

〔五八五〕行人，乙卷、刊本作『行夫』。案《箋》申《傳》，《傳》已釋『征夫』爲『行人』，此蓋以作『行人』爲善。

〔五八六〕使每人懷其私相稽留，底二甲原無『使』字，刊本亦無。《正義》云：『故《箋》申之言：「衆行夫既受命，當須速行。若每人各懷其私意，以相稽留，則於事將無所及。」』使者，若也。是孔氏所據本有『使』字。且按語法，『使』字亦不當無。兹據乙卷補。底二甲『稽』原作『啓』。案：《説文·稽部》：『稽，留止也。』稽留之稽即此字，《廣韻》讀作古奚切。首部：『𩠐，下首也。』稽首之稽本作此，『稽』乃假借字，《廣韻》讀作康禮切，與『啓』同音，故稽首或有寫作啓首者。此爲稽留之稽，不當借作『啓』。兹據乙卷、刊本改正。

〔五八七〕則於事將無所及者，『所及』二字乙卷爲與前一行雙行對齊，又寫作雙行。乙卷、刊本無『者』字，底二甲倒寫於前行之末，爲雙行對齊也。

〔五八八〕鮮澤，乙卷同，刊本下有『也』。

〔五八九〕諮諏，『諮』字乙卷同，刊本作『咨』。案『咨』『諮』古今字。《説文》無『諮』字，《毛詩》本當作『咨』，觀本詩中它處均寫作『咨』可知也。本詩中『咨』字乙卷均作『諮』，下不復出校。『諏』字刊本同，乙卷作『諔』。《集韻·宥韻》有『諔』字，爲『㥮』之或體，與此不同。潘重規云：『《説文》：「諏，聚謀也。從言，取聲。」蓋從聚省聲也。』案王筠《説文釋例》卷二十《存疑》云：『諏下云聚謀也，叢下云聚也，以聚亦從取聲也。而不得謂諏、叢從聚省聲也。』則知潘説非也。聚從取聲，古從取之字多有寫作從聚者，如叢亦作藂，郰亦作鄹。『𧬘』應是『諏』之後起別體。《傳》中『諏』字同此。

〔五九〇〕驅馳，乙卷同，刊本作『馳驅』。

〔五九一〕於是，底二甲無，茲據乙卷、刊本補。阮校：『小字本、相臺本「是」作「之」。案「之」字是也。』今謂阮校誤也。鄭釋『爰』爲『於』，在句中譯成『於是』，而不譯爲『於之』。《小雅·斯干》『爰居爰處，爰笑爰語』箋云：『爰，於也。於是居，於是處，於是笑，於是語。』《大雅·緜》『爰及姜女，聿來胥宇』箋云：『爰，於；及，與；聿，自也。於是與其妃大姜自來相可居者，著大姜之賢知也。』《大雅·烝民》『賦政于外，四方爰發』箋云：『以布政於畿外，天下諸侯於是莫不發應。』皆其例。北京大學出版社標點本《十三經注疏·詩經正義》據阮校改『於是』爲『於之』，則誤之尤者也。

〔五九二〕求其善道，乙卷、刊本無『其』字，刊本末有『也』字。

〔五九三〕也，刊本同，乙卷無。

〔五九四〕咨事之難易爲謀也，乙卷脱『之』字，乙卷、刊本無『也』字。

〔五九五〕所宜爲度也，底二甲『所』誤作『可』，茲據乙卷、刊本改正。乙卷、刊本無『也』字。

〔五九六〕調，乙卷同，刊本下有『也』。

〔五九七〕慼，乙卷、刊本作『戚』，『戚』『慼』古今字。

〔五九八〕忠，乙卷同，刊本作『中』。『忠』爲『中』之借字。

〔五九九〕當自爲無及於事及於事乃成於六德，乙卷『當』誤作『常』。『爲』字乙卷作『胃』，刊本作『謂』，『胃』『謂』古今字，『謂』『爲』正借字。『無及於事及於事乃成於六德』，乙卷作『無所及於事乃成於六德』，刊本作『無所及成於六德也』。案底二甲爲善。

〔六〇〇〕忠和謂忠信，乙卷作『忠和胃忠信』，刊本作『中和謂忠信也』。案『忠和』當從刊本作『中和』，『忠』爲『中』之借字，『胃』『謂』古今字。

〔六〇一〕賢人，刊本同，乙卷無『賢』字。

〔六〇二〕猶當云已將無及於事則成六德，乙卷『當』作『尚』。案『尚』、『當』古可通假，然前《毛傳》作『當』，此亦應同。『已將無及於事則成六德』，乙卷作『已將無所及於事則成於六德』，刊本作『已將無所及於事則成六德』。案刊本爲善。

〔六〇三〕其事，刊本同，乙卷下有『也』。

〔六〇四〕棠棣，乙卷、刊本『棠』作『常』。陳啓源《毛詩稽古編》、陳奐《詩毛氏傳疏》並以作『棠』者爲誤字，馬瑞辰《毛詩傳箋通釋》則以爲借字。案：作借字説可。二字音同，故可通借。本詩中『棠』字皆同。

〔六〇五〕也，刊本同，乙卷無。

〔六〇六〕也，乙卷、刊本無。

〔六〇七〕咸，底二甲原作『滅』。《左傳·僖公二十四年》：『昔周公弔二叔之不咸，故封建親戚以蕃屏周。』茲據乙卷、刊本改正。

〔六〇八〕之恩疎，底二甲原無『之恩』二字，林平和謂底二甲脱，茲據乙卷、刊本補。乙卷、刊本『疎』作『疏』，《廣韻·魚韻》：『疏，俗作疎。』

〔六〇九〕而歌之以親，乙卷作『而以親之也』，刊本作『而歌之以親之』。案：宋姚寬《西溪叢語》卷下引此《箋》曰：『毛注（平案：當作『鄭箋』）云：「周公弔二叔之不咸，而使兄弟之恩疏，召公爲作此詩，而歌以親之。」』姚所據者爲善本。乙卷奪『歌』字，刊本衍一『之』字，而底二甲則語不順。

〔六一〇〕韡韡，乙卷同，刊本作『韡韡』。《説文·韋部》有『韡』字，『韡』應是後起别體。本詩中『韡』字同此。

〔六一一〕鄂猶鄂鄂言外發，底二甲脱『鄂猶』二字，茲據乙卷、刊本補。刊本『鄂鄂』下有『然』字。案：《毛傳》以疊音詞釋單音詞，不用『然』字，如《小雅·采芑》『朱芾斯皇』傳：『皇猶煌煌也。』《十月》『噂沓背憎』傳：『噂猶噂噂，沓猶沓沓。』刊本末有『也』字。

〔六一二〕者，刊本同，乙卷脱。

〔六一三〕柎，底二甲原作『逝』，誤，兹據乙卷改正。刊本作『拊』，已是承用俗體。《説文》此字在木部。下『柎』字底二甲原作重文符號，亦據而改爲『柎』。

〔六一四〕鄂足，乙卷同，刊本下有『也』。

〔六一五〕得，刊本前有『鄂足』，乙卷亦無此二字。林平和據刊本而謂底二甲脱。案：若前『柎鄂足也』句無『也』字，則『鄂足』二字可作下句之主語，語無不順。今兩寫卷均無『也』字，當然亦不必有下『鄂足』二字。蓋今本已爲人『添足』也。

〔六一六〕皃韡韡然，乙卷作『韡韡然』，刊本作『則韡韡然盛』。

〔六一七〕以，刊本同，乙卷無。

〔六一八〕之，底二甲脱，兹據乙卷、刊本補。

〔六一九〕古聲不拊同也，乙卷『古』下有『者』；『拊』作『柎』，『拊』爲『柎』之俗寫。刊本無『也』字。

〔六二〇〕今也，刊本同，乙卷作『凡今』。

〔六二一〕華鄂之説，底二甲脱『華』字，兹據乙卷、刊本補。刊本末有『也』。

〔六二二〕之，刊本同，乙卷脱。

〔六二三〕也，乙卷、刊本無。

〔六二四〕也，乙卷、刊本無。

〔六二五〕唯兄苐之親甚相思念，刊本『唯』作『維』，二字古通用。底二甲脱『念』字，兹據乙卷、刊本補。乙卷末又有『也』字。

〔六二六〕矣，乙卷無，刊本作『也』。

〔六二七〕苐，乙卷下有『相助也』三字，刊本下有『也』字。

〔六二八〕原隰以，刊本「原隰」作「原也隰也」。乙卷脱「以」字。

〔六二九〕故，底二甲脱，兹據乙卷、刊本補。

〔六三〇〕猶兄苐相求，乙卷脱「猶」字，「求」作「救」。黄校：「儘管鄭氏並未將詩意理解爲山川之變，但這一異文爲「求」讀爲「救」提供了寶貴的一例。「兄弟求矣」亦即「兄弟救矣」，詩意謂原隰變遷，大難臨頭，則兄弟相救護。與前兩句死喪之威，則兄弟相思念，正相對應。」案：「求」雖可讀爲「救」，但《箋》中仍當作「求」字。

〔六三一〕名，刊本同，乙卷下有「也」。

〔六三二〕鶺鴒，乙卷作「脊鴒」，刊本作「脊令」。《説文・隹部》：「雝，石鳥，一名雝渠，一曰精列。」段注：「《釋鳥》作鶺鴒，俗字也。精列者，脊令之轉語。」案：從鳥旁者皆後起字。《傳》中「鶺鴒」同此。

〔六三三〕雍渠，乙卷同，刊本作「雝渠」，下有「也」字。案「雍」爲「雝」之隸變。《箋》中「雍」字同此。

〔六三四〕舍，刊本同，乙卷作「捨」，「舍」「捨」古今字。

〔六三五〕於急難，刊本同，乙卷作「急難也」。案底二甲、刊本爲善。

〔六三六〕常，底二甲脱，兹據乙卷、刊本補。

〔六三七〕「天性」下乙卷、刊本有「也」字。

〔六三八〕也，乙卷、刊本無。

〔六三九〕永長也，底二甲無，林平和謂底二甲脱，兹據乙卷、刊本補。

〔六四〇〕每雖也，刊本「每」下有「有」字，阮校：「相臺本無「有」字，無「有」字爲是，《箋》正用《皇皇者華》傳。」黄瑞雲同阮校。乙卷無「也」字。

〔六四一〕當，刊本同，乙卷誤作「言」。

〔六四二〕長歎而已，刊本「歎」作「嘆」，二字爲改換意符之異體。乙卷末有「也」字。

〔六四三〕外衛其侮，「衛」，乙卷作「御」，刊本作「禦」。案「御」「禦」古今字，「御」「衛」正俗字（《龍龕・彳部》）。

《傳》中『衛』字同此。『侮』，乙卷、刊本作『務』。陳奐《詩毛氏傳疏》云：『内、外傳引詩皆作「侮」，「侮」爲本字，「務」爲假借字，故《傳》以「侮」釋「務」也。』是《毛詩》本作『務』，此作『侮』者，後人所改。

〔六四四〕恨，乙卷同，刊本作『很』。《爾雅・釋言》：『鬩，恨也。』臧庸《拜經日記》卷一『《疏箋補序》』條（平案：指戴震《爾雅注疏箋補序》）云：『惟言「恨」爲「很」字之譌，此説近是。案《春秋左昭二十四年》正義曰：「《釋言》云：鬩，很也。孫炎云：相很戾也。李巡本作恨。」又《爾雅》釋文云：「恨也。孫炎作很。」然則孫叔然與鄭康成同，郭景純與李黄門同，作「恨」亦有所本，特當从鄭、孫本，與《毛傳》合。』案：兩寫卷亦作『恨』，與今本《爾雅》同。《説文・心部》：『恨，怨也。』《彳部》：『很，不聽從也。』《禮記・曲禮上》：『很毋求勝，分毋求多。』鄭注：『很，鬩也，謂爭訟也。《詩》云：「兄弟鬩於牆。」』是當以作『很』者爲正字，『恨』當爲借字。

〔六四五〕衛禦也，乙卷作『御禦也』，刊本作『禦禁』。刊本前有『箋云』二字，段玉裁《毛詩故訓傳定本小箋》云：『此傳十五字本《國語》，今本衍「箋云」，非也。作《正義》時未誤，定本改「御禦」二字爲「禦禁」二字，不知「御禦」見於《谷風》傳矣。《正義》疑《爾雅》有「禦禁」而無「御禦」，不知《爾雅》御、禦、禁三字互訓。』阮校從段説，潘重規亦從段説。案兩寫卷亦可爲段説之證。乙卷、刊本下有『務侮也』三字，此無者，乃是因經文作『侮』與此不合而爲寫經者所臆删。

〔六四六〕而外衛侮，乙卷脱『而』字。『衛侮』，乙卷作『御其侮也』，刊本作『禦侮也』。案《毛傳》前已釋『御』爲『禦』，此當以作『禦』爲是。

〔六四七〕也，乙卷、刊本無。

〔六四八〕久也猶無相助己者，底二甲原無『也』、『己』二字。案此處『相助』者，義爲『助我』，『相』實爲偏指用法。此等用法雖然在先秦已有出現，而盛行則在魏晉以後（説見吕叔湘《漢語語法論文集》一〇四頁，商務印書館一九八四）。然鄭玄並不知，以爲『相』是互指用法，故於後加一『己』字以表明此爲偏指。此卷無

「己」字，蓋熟於「相」有偏指用法者所删。兹據乙卷、刊本補。

〔六四九〕填寘塵同也，乙卷、刊本「寘」作「寘」，無「也」字。「寘」爲「寘」之俗字。

〔六五〇〕兄苐尚恩怡怡然朋友以義切切節節然，乙卷作「兄弟上恩熙熙然朋友以義相切切節節然」，刊本作「兄弟尚恩怡怡然朋友以義切切然」。案：《正義》云：「兄弟之多則尚恩，其聚集則熙熙然，不能相勵以道。朋友之交則以義，其聚集切切節節然，相勸競以道德，相勉勵以立身，使其日有所得，故兄弟不如友生也。切切節節者，相切磋勉勵之貌。《論語》云：「朋友切切偲偲，兄弟怡怡。」注云：「切切，勸競貌。怡怡，謙順貌。」此熙熙當彼怡怡，節節當彼偲偲也。定本「熙熙」作「怡怡」，「節節」作「偲偲」，依《論語》則俗本誤。」段玉裁《毛詩故訓傳定本》據《正義》本作「兄弟尚恩熙熙然，朋友以義切切節節然」。阮校云：「考此當是毛所據《論語》自作「熙熙節節」耳。定本乃改之以合於其時行世之《論語》，非也。「切切節節然」又見《伐木》正義。」臧庸《拜經日記》卷五「熙熙切切節節」條云：「唐定本最劣，往往竄改舊文，今注疏本又删去「偲偲」二字，益離其本矣。惟《正義》依俗本爲得其真。」陳奐《詩毛氏傳疏》亦以《正義》所據俗本爲是。乙卷與《正義》所據俗本略同，底二甲本「怡怡」同定本，「切切節節」又同俗本（底二甲「節節」二字旁注，蓋本亦無此二字，與定本同，後人據俗本增此二字），刊本無「節節」二字，非是。乙卷之「上」爲「尚」之借字，「相」字衍文。

〔六五一〕礈，乙卷、刊本作「琢」。案此字始見收於《龍龕·石部》：「礈，擊也。」當爲「磨」之類化字。

〔六五二〕急也，刊本無「也」字，乙卷作「最急」。

〔六五三〕儐爾邊豆，乙卷「儐」作「賓」。「儐」正字，「賓」借字。《傳》中「儐」字同此。刊本「邊」作「籩」，《説文·竹部》：「籩，竹豆也。」「邊」應是同音借字。

〔六五四〕也，乙卷、刊本無。

〔六五五〕私者圖非常之事，底二甲原無「私者」，林平和謂底二甲脱，兹據乙卷、刊本補。乙卷「圖」作「啚」，《干禄字書・平聲》：「啚、圖，上俗下正。」本詩中「圖」、「啚」乙卷皆作「啚」，刊本皆作「圖」，下不復出校。

〔六五六〕有，底二甲脱，兹據乙卷、刊本補。

〔六五七〕也，乙卷同，刊本無。

〔六五八〕合，乙卷同，刊本無。

〔六五九〕上毛，底二甲作「上平」，乙卷、刊本作「尚毛」。案「平」爲「毛」之形誤，兹據乙卷、刊本改正。「上」爲「尚」之借字。

〔六六〇〕從已上至高祖下及玄孫之親，底二甲脱「已」字，兹據乙卷、刊本補。刊本末有「也」字。

〔六六一〕者，乙卷、刊本無。「者」應是衍文。

〔六六二〕皷琴瑟，乙卷、刊本作「鼓瑟琴」。案《新撰字鏡・皮部》有「皷」字，云：「在鼓部。」而《鼓部》僅出「皷、鼓」二字，云：「二同。」蓋「皷」為「鼓」之俗訛也。「皷」為「鼓」之俗寫，《正字通・皮部》：「皷，俗鼓字。」《箋》中「皷」字同。「琴瑟」當作「瑟琴」，「琴」與「湛」同爲侵部字。

〔六六三〕好合志意合也，乙卷「好合」下有「者」字。刊本「志」作「至」，阮校：「小字本、相臺本「至」作「志」。案「志」字是也。」乙卷無「也」字。

〔六六四〕合者，刊本同，乙卷無。姜亮夫以爲無此二字義勝。案姜説是也。「如鼓瑟琴之聲相應和」是比喻「妻子志意合」的，故不必在中間横插「合者」二字。《正義》云：「與其妻子自相和好，志意合和，如鼓瑟琴相應和。」是孔所據本亦無「合者」二字。

〔六六五〕琴瑟之聲應之，刊本「琴瑟」作「瑟琴」。《正義》云：「如鼓瑟琴相應和。」與經文一致，蓋當作「瑟琴」。乙卷、刊本「應之」作「相應和」，刊本末又有「也」。案當作「相應和」，言琴與瑟之聲相和，故後世喻夫婦恩愛爲「琴瑟和諧」。

〔六六六〕亦從王后於房中焉，乙卷、刊本無「王」字，案「王」字不必有，前已言「王」，此之「后」即指王后，不必更言

「王后」。乙卷「焉」作「也」，刊本無。

〔六六七〕湛，刊本同，乙卷作「耽」。《釋文》：「湛，又作耽。」馮登府《三家詩異文疏證》：「《説文》訓『耽』爲耳大垂，訓『湛』爲沈，訓『媅』爲樂，依字當作『媅』。」是湛、耽皆爲「媅」之借字。

〔六六八〕合也，乙卷下有「耽樂之久也」條。案餘本皆無，惟見於乙卷。《鹿鳴》「和樂且湛」毛傳：「湛，樂之久。」《鹿鳴》與此僅隔兩首詩，似可不必出。疑此爲手民據彼而加。

〔六六九〕宜爾室家，乙卷「爾」作「尒」。「『爾』『尒』古本非一字，後世則合二而一，字多寫作『爾』」（《敦煌俗字研究》下編第七頁）。「爾」字乙卷均作「尒」或「尔」（「尔」爲「尒」之變體），下不復出校。刊本「室家」作「家室」。阮校：「《唐石經》『家室』作『室家』，閩本、明監本、毛本同。案作『室家』者是也。《禮記》引同。以家、帑、圖、乎爲韻，《唐石經》可據也。《正義》云『然後宜汝之室家』，亦其證。」案阮校是也，《左傳・襄公二十年》「賦《常棣》之七章以卒」杜預注引亦作「室家」。

〔六七〇〕帑，刊本同，乙卷作「孥」。《説文》無「孥」字，朱珔《説文假借義證》謂帑、孥皆「奴」之借。《傳》中「帑」字同此。

〔六七一〕保樂其家中之大小者也，底二甲「保樂」原作「保安樂」，「安」字衍文，玆據乙卷、刊本刪。乙卷無「者」字，刊本無「者也」二字。

〔六七二〕也，乙卷、刊本無。

〔六七三〕啚謀也，「啚」爲「圖」之俗字。底二甲「謀」原作「諸」，形誤字，玆據乙卷、刊本改正。乙卷、刊本無「也」字。

〔六七四〕女，刊本同，乙卷作「汝」，「女」「汝」古今字。

〔六七五〕乎，乙卷作「也」，刊本無。

〔六七六〕自天子已下至于庶人，刊本無「已下」二字，乙卷作「自天子以下下至于庶人」。

〔六七七〕也，乙卷、刊本無。

〔六七八〕既，乙卷、刊本作『以』。《正義》云：『「親親以睦」，指上《常棣》燕兄弟也。』則既者，已也；『以』亦與『已』通，『既』『以』義同。

〔六七九〕也，刊本同，乙卷無。

〔六八〇〕直也，底二甲原誤作『真之』，兹據乙卷、刊本改正。

〔六八一〕王，乙卷、刊本無。

〔六八二〕切政，底二甲『切』原誤作『攻』，兹據乙卷、刊本改正。乙卷、刊本『政』作『正』，下有『也』字。『政』爲『正』之借字。

〔六八三〕兩鳥聲，乙卷同，刊本下有『也』。

〔六八四〕其鳴之志似於有友道然故連言也，乙卷『志』作『時』，無『有』、『然』二字。乙卷、刊本『也』作『之』。案作『之』義長。

〔六八五〕也，乙卷、刊本無。

〔六八六〕也，刊本同，乙卷無。

〔六八七〕嚮時之，『嚮』，乙卷作『向』，刊本作『鄉』，『鄉』本字，『鄉』、『向』借字，『嚮』俗字。底二甲『時之』原作『之時』，誤倒，兹據乙卷、刊本乙正。

〔六八八〕也，乙卷、刊本無。

〔六八九〕遷，底二甲前有『居』字，衍文，兹據乙卷、刊本删。

〔六九〇〕者也，乙卷無，刊本無『也』。

〔六九一〕求其尚在深谷者也，乙卷『求』作『思』。乙卷、刊本無『也』。

〔六九二〕其相得則復鳴嚶嚶然，刊本同，乙卷無『其』字，『鳴嚶嚶然』作『嚶嚶然鳴』。

〔六九三〕人，刊本同，乙卷作『仁』。羅振玉云：『今本「仁」作「人」，仁、人古通用。』案：『人』正字，『仁』借字。

〔六九四〕視鳥尚知居高木呼其友也，底二甲原無『視』字，刊本亦無。《正義》云：『然視彼鳥矣，猶作其求友之聲，況是人，何得不求其友生乎？』《箋》釋詩，若無『視』字，則『相』無處着落，《箋》『相，視也』亦無處着落。其無『視』者，蓋後人因句不順而删之。乙卷有『視』，茲據以補。乙卷、刊本無『也』字。

〔六九五〕也，乙卷同，刊本無。

〔六九六〕求之，底二甲脱，茲據乙卷、刊本補。

〔六九七〕其，乙卷、刊本無。

〔六九八〕『齊功』下乙卷、刊本有『也』字。

〔六九九〕滸滸，乙卷同，刊本作『許許』。阮校：『《唐石經》初刻「滸滸」，後去水旁。案《正義》云「其柹許許然」，下文同。《釋文》云：「許許，呼古反。」是其本皆作「許」，不從水。《後漢書·朱穆傳》、《顔氏家訓·書證》引作「滸滸」，即沈所云「呼古反」是也。讀「許」爲「滸」，遂破爲「滸」而引之。凡羣書引詩文多不同者，往往類此，非毛氏詩别有作「滸」之本。《唐石經》初刻誤，所謂字體乖師法也。』案：阮謂當作『許』，是也。《説文·斤部》引《詩》作『所』，許、所古通用。然謂《毛詩》無作『滸』之本，則誤也。此兩敦煌本即作『滸』，羣書引《詩》有所本，非擅改也。《傳》、《箋》中『滸』字同此。

〔七〇〇〕柹皃也，底二甲『柹』原作『柹』，形誤字，茲據乙卷、刊本改正。乙卷、刊本均無『也』字。

〔七〇一〕□，底二甲此處空格，蓋墨迹剝落，乙卷作『匡』，刊本作『筐』。『匡』『筐』古今字，此蓋當作『匡』字。

〔七〇二〕前，乙卷、刊本作『許』。阮校：『相臺本「言」下「許」字作「前」，考文古本同。案「前」字是也。《正義》云：「鄭以嚮時與文王伐木許許之人。」以嚮時解前者也。』底二甲正可爲阮校之證。

〔七〇三〕今，底二甲脱，茲據乙卷、刊本補。

〔七〇四〕本其心故，乙卷作『本其故』，刊本作『本其故也』。案《正義》云：『文王有酒而飲之，本其昔日之事也。』是孔所據本亦無『心』字，此當作『本其故』。

〔七〇五〕未成羊，乙卷同，刊本下有『也』。

〔七〇六〕天子謂同姓諸侯諸侯謂同姓大夫皆曰父，底二甲脱『謂同姓』三字，茲據刊本補。乙卷『謂』作『胃』，脱下『諸侯』二字，『胃』『謂』古今字。

〔七〇七〕大夫，乙卷、刊本作『大夫士』。《正義》云：『故亦因解國君友其賢臣，並及大夫友其宗族之仁者。』是孔所據本亦無『士』字。

〔七〇八〕族人飲酒者矣，『族人』，底二甲無『族』字，乙卷作『族人』，刊本作『族之』。阮校：『小字本、相臺本「之」作「人」，考文一本同。案「人」字是也。』是當作『族人』。茲據乙卷、刊本補『族』字。『飲酒者矣』，乙卷作『飲也』，刊本作『飲酒』。案作『者矣』不通，當爲『也』。乙卷脱『酒』字。

〔七〇九〕不，乙卷、刊本作『弗』，二字義同。

〔七一〇〕召，底二甲原作『古』，形誤字，茲據乙卷、刊本改正。

〔七一一〕顧念，刊本同，乙卷下有『之』。

〔七一二〕掃，乙卷同，刊本作『埽』。《説文》有『埽』無『掃』，『掃』爲後起換旁字。

〔七一三〕『圓曰篕天』四字底二甲有墨迹塗污，無法辨認，茲據乙卷、刊本擬補。

〔七一四〕已灑擈，底二甲『擈』原誤作『擭』，茲據刊本改正。乙卷脱『擈』字，『已』作『以』，『以』爲『已』之借字。

〔七一五〕矣，乙卷無，刊本作『也』。

〔七一六〕謂爲食礼也，乙卷『謂』作『胃』，無『爲』字，『胃』『謂』古今字。刊本無『也』字。

〔七一七〕也，刊本同，乙卷無。

〔七一八〕也，乙卷、刊本無。

〔七一九〕本之，乙卷同，刊本下有『也』字。

〔七二〇〕邊，乙卷同，刊本作『籩』。『邊』爲『籩』之同音借字。

〔七二一〕也，乙卷、刊本無。

〔七二二〕也，乙卷、刊本無。

〔七二三〕餱，底二甲原作『餱』，形誤字，兹據乙卷、刊本改正。《傳》、《箋》中同此，亦據改。

〔七二四〕謂見謗訕也，乙卷『謂』作『胃』，無『也』字，『胃』『謂』古今字。

〔七二五〕民當以乾餱之食獲過於人，乙卷、刊本『當』作『尚』。上古『尚』、『當』同音可通，而中古則聲韻均别，不可通借。此『當』蓋爲誤字。刊本『獲過』作『獲愆過』。

〔七二六〕以，刊本同，乙卷脱。

〔七二七〕也，乙卷同，刊本作『之』。

〔七二八〕茜之也，底二甲『茜』原作『笛』，形誤字，兹據乙卷、刊本改正。《箋》中『茜』字本亦誤作『笛』。乙卷『茜』前有『沛』字，末無『也』字。

〔七二九〕一宿酒，乙卷同，刊本下有『也』。

〔七三〇〕之，乙卷、刊本作『也』，是也。

〔七三一〕此族人陳王之恩也，底二甲脱『此』字，兹據乙卷、刊本補。乙卷『陳王之恩也』作『陳王意』。《正義》云：『而下箋獨言族人陳王之恩者。』是孔所據本亦作『陳王之恩』。據文義，當以『陳王之恩』爲長。乙卷所據，蓋誤『恩』爲『意』，又删『之』字。

〔七三二〕濟，乙卷、刊本作『沛』。《周禮·天官·酒正職》『辨四飲之物：一曰清』鄭玄注：『清，謂醴之沛者。』孫詒讓《正義》曰：『凡沛皆謂去汁滓。』沛水與濟水本爲二水，後世沛、濟混用，連沛水亦多寫作濟水，説詳《説文·水部》『沛』篆、『濟』篆下段玉裁注。而解作過濾之『沛』無有借作『濟』者，此寫作『濟』，蓋不解二字之别而致誤。乙卷『沛』前有『則』字。案後『則酤買之』句有『則』字，疑此以無者爲長。

〔七三三〕王無酒則酤買之，底二甲『王』原誤作『三』，兹據乙卷、刊本改正。刊本無『則』字，案當以有者爲善。

〔七三四〕族人也，乙卷作『族人之親』，刊本無『也』字。『族人』本即親人，用『族人』二字於義已足，疑乙卷『之親』二字爲人所臆加。

〔七三五〕爲我，刊本同，乙卷作『王爲我』。

〔七三六〕興，刊本同，乙卷脱。

〔七三七〕謂以燕樂己，乙卷『謂』作『胃』，『胃』『謂』古今字。『以燕樂己』，乙卷作『以樂』，刊本作『以樂樂己』。案：刊本爲長。此云擊鼓興舞，乃樂也，非宴也。上句『有酒湑我，無酒酤我』方是宴。

〔七三八〕此又述王意也，刊本同，乙卷作『此人述王之意』。案『人』爲『又』之誤。

〔七三九〕今之閑暇，乙卷無『之』字。刊本『閑』作『閒』，『閑』爲『閒』之借字，説見段玉裁《説文·門部》『閒』篆下注。

〔七四〇〕是，乙卷同，刊本作『此』，二字義同。

〔七四一〕不醉之意也，乙卷『醉』下有『飽』字，刊本無『也』字。

〔七四二〕下報上也，底二甲『下』下本有一重文符號，兹據乙卷、刊本删之。底二甲無『也』字，案此應有語助詞，兹據乙卷、刊本補。

〔七四三〕則臣，乙卷、刊本作『臣能』。

〔七四四〕謂，刊本同，乙卷作『胃』，『胃』『謂』古今字。

〔七四五〕也，乙卷同，刊本無。

〔七四六〕也，乙卷同，刊本無。

〔七四七〕王也，底二甲脱，兹據刊本補。乙卷脱『也』字。

〔七四八〕天保定女，乙卷、刊本『天保定』作『天之安定』。案《箋》已釋『保，安也』，據鄭箋通例，此當作『安定』；

『之』的語法作用是取消句子獨立性以作主語，不可無。是當從乙卷、刊本作『天之安定』。乙卷『女』作『汝』，『女』『汝』古今字。

〔七四九〕固矣，乙卷作『堅固也』，刊本作『堅固』。

〔七五〇〕也，乙卷、刊本無。

〔七五一〕也，刊本同，乙卷無。

〔七五二〕天使女盡厚天下之民，乙卷『女』作『汝』，『女』『汝』古今字。底二甲『民』字原缺末筆，避諱缺筆字，茲據乙卷、刊本改。

〔七五三〕何福而不開，乙卷『何福』誤倒作『福何』。底二甲原無『不』字，林平和謂底二甲脱，茲據乙卷、刊本補。

〔七五四〕言皆開出以予之，乙卷、刊本無『言』字。乙卷無『以』字，《正義》所引亦無『以』字。

〔七五五〕女，刊本同，乙卷作『汝』，『女』『汝』古今字。

〔七五六〕是以故無不衆者也，乙卷、刊本『是以』作『以是』，案下有『故』字，則此當作『以是』爲善。乙卷無『者也』二字，刊本無『者』字。

〔七五七〕磬，乙卷、刊本作『罄』。『磬』爲『罄』之借字。《傳》中『磬』字同此。

〔七五八〕也，乙卷、刊本無。

〔七五九〕也，乙卷、刊本無。

〔七六〇〕女，刊本同，乙卷作『汝』，『女』『汝』古今字。

〔七六一〕謂羣臣也，刊本同；乙卷『謂』作『胃』，無『也』字。案『胃』『謂』古今字。

〔七六二〕禄矣，乙卷、刊本無『矣』字。乙卷『禄』誤作『福』。

〔七六三〕瑕，乙卷、刊本作『遐』。『瑕』爲『遐』之借字。《傳》中『瑕』同此。

〔七六四〕予女，刊本同，乙卷作『与汝』。案『予』『与』同義，『女』『汝』古今字。

〔七六五〕者，乙卷作『盡』，刊本作『溥』，『盡』『溥』義同，『者』与『溥』形不似，蓋爲『盡』之誤。

〔七六六〕汲汲然如日，底二甲原誤『汲汲』爲『後後』，兹據乙卷、刊本改正。乙卷、刊本『日』下有『且』字。

〔七六七〕者也，乙卷、刊本無。

〔七六八〕言其廣厚，乙卷、刊本作『言廣厚也』。

〔七六九〕大陸曰阜，乙卷脱，刊本『陸』作『陵』。阮校：『小字本、相臺本「陵」作「陸」，閩本、明監本、毛本同。案「陸」字是也。』此卷作『陸』，亦可補阮校之證。

〔七七〇〕福禄委積高大也，底二甲『禄委』誤倒作『委禄』，兹據乙卷、刊本乙正。乙卷『高大也』前有『積小以成』四字。《正義》云：『言所委積、所累積而高大也。』可知孔氏所據亦無『積小以成』四字。

〔七七一〕謂其水縱長之時，乙卷『謂』作『胃』，『胃』『謂』古今字。刊本末有『也』字。

〔七七二〕萬物之牧皆增多者，『牧』，乙卷作『茂』，刊本作『收』。案應以作『收』爲長，『牧』爲『收』之形誤，乙卷作『茂』，疑因『牧』而改也。乙卷無『者』字，刊本作『也』。

〔七七三〕吉蠲爲饎是用孝享吉善蠲絜也饎酒食也享獻也箋云謂將祭祀也，底二甲原無，林平和謂底二甲脱，兹據刊本補。乙卷『絜』下、『食』下、『獻』下無『也』字。『謂將祭祀也』，乙卷作『享胃將祭祀時也』，誤。

〔七七四〕礿祠，底二甲『礿』原作『衸』，形誤字，兹據乙卷改正。《傳》中『礿』字同，亦據改。刊本作『禴』，《説文》有『礿』無『禴』，『禴』爲後起字。乙卷『祠』作『祀』，《説文・示部》：『祀，祭無已也。』『祠，春祭曰祠。』則當作『祠』，『祀』爲同音借字。

〔七七五〕春曰礿夏曰祠，乙卷作『春曰祀夏曰禴』，刊本作『春曰祠夏曰禴』。案當作『春曰祠，夏曰礿』。《説文・示部》：『礿，夏祭也。』『祠，春祭曰祠。』《爾雅・釋天》：『春祭曰祠，夏祭曰礿。』底二甲『礿』、『祠』二字誤易。『祀』爲『祠』之借字，『禴』爲『礿』之後起字。

〔七七六〕謂后稷至諸盩至不窋，乙卷『謂』作『胃』，『胃』『謂』古今字。『后稷至諸盩至不窋』，底二甲『盩』本作

『盤』，『窋』本作『宜』，皆形誤字，茲據乙卷、刊本改正。乙卷作『后稷諸盩至弗窋』，刊本作『后稷至諸盩（『盩』爲『盩』之別體）』。《正義》云：『「先公，謂后稷至諸盩」，俗本皆然，定本云「諸盩至不窋」，疑定本誤。《中庸》注云：「先公，祖紺以上至后稷也。」《司服》注云：「先公，不窋至諸盩。」《天作》箋云：「諸盩至不窋。」所以同是先公而注異者，以周之所追太王以下，其太王之前皆爲先公。而后稷，周之始祖，其爲先公，書傳分明，故或通數之，或不數之。此箋「后稷至諸盩」，《中庸》注「組紺以上至后稷也」，組紺即諸盩，大王父也。一上一下，同數后稷也。《司服》注「不窋至諸盩」，《天作》箋「諸盩至不窋」，亦一上一下，不數后稷。皆取便通，無義例也。何者？以此及《天作》俱爲祭詩，同有先王先公，義同而注異，無例明矣。此歌文王之事，又別時祭之名。文王時，祭所及先公，不過組紺、亞圉、后稷而已。言「后稷至諸盩」者，《傳》以「公」爲「事」，《箋》易之爲「先公」，因廣舉先公之數，以明易《傳》之意，不謂時祭盡及先公也。』案：據《史記·周本紀》所載，周之先公依次爲后稷、不窋（亦作『弗窋』）、鞠、公劉、慶節、皇僕、差弗、毀隃、公非、高圉、亞圉、公叔祖類（即『諸盩』）。關於『后稷至諸盩』與『不窋至諸盩』之異，賈公彥《周禮·春官·司服職》疏亦曾予以詳考。然孔氏《正義》及賈疏均誤，孫詒讓《周禮正義》所考最善：『《中庸》注數先公自后稷以下者，彼文言追王不及后稷，故注亦以后稷爲先公。實則后稷爲大祖廟，最尊，雖不追王，而亦得稱先王，上祀之禮，尤不容降於四親廟，享先王服衮冕，則享后稷廟亦服衮冕可知，故此注先公不數后稷也。《詩·周頌·天作》序箋義與此注正同。惟《小雅·天保》箋，先公并數后稷，與此注及《天作》箋並異。據孔疏，則彼乃唐時俗本，而定本自作「諸盩至不窋」，《詩箋》義前後不宜互異，當以定本爲正。孔氏援《中庸》注義，反庰其誤，傎矣。』案底二甲作『后稷至諸盩至不窋』，乙卷作『后稷、諸盩至弗窋』，不窋爲后稷之子，若后稷在先公數中，應如刊本作『后稷至諸盩』，羼『不窋』於中，則皆顛倒錯亂，不知所云矣。今謂兩寫卷所據之本應與孔氏所稱定本同，作『諸盩至不窋』，前有『后稷』二字者，淺人因俗本作『后稷至諸盩』，故又添『后稷』二字於『諸盩至不窋』前。後人又有於『后稷』與『諸盩』間加『至』字者，則其誤更不待言矣。總之，底二甲、乙卷及刊本均誤，然從兩寫卷尚可窺見其致誤之由；若如刊本所作，則滋紛紜矣。

〔七七七〕疆，乙卷同，刊本作『疆』。『彊』爲『疆』之俗字，説詳《敦煌俗字研究》下編四一六頁。

〔七七八〕也，刊本同，乙卷無。

〔七七九〕予，刊本同，乙卷作『与』。《爾雅·釋詁》：『台、朕、賚、畀、卜、陽，予也。』台、朕、陽爲予我之予，賚、畀、卜爲給予之予。《小雅·楚茨》『卜爾百福』箋云：『卜，予也。』雖『予』『與』義同，然應以作『予』爲其原貌。

〔七八〇〕爾，底二甲原無，林平和謂底二甲脱，兹據刊本補。『爾』『尒』古本非一字，後世則合二而一，字多寫作『尒』（《敦煌俗字研究》下編第七頁）。然底二甲此詩中均作『爾』，故據補『爾』字。

〔七八一〕辤，刊本同，乙卷作『辞』。『辞』爲『辤』的訛變俗字，説見《敦煌俗字研究》下編六〇三頁。

〔七八二〕也，乙卷、刊本無。

〔七八三〕之，乙卷、刊本無。

〔七八四〕廟，刊本同，乙卷作『庿』。『庿』爲『廟』之古文。

〔七八五〕謂也，刊本同；乙卷『謂』作『胃』，無『也』字。『胃』『謂』古今字。

〔七八六〕民，底二甲『民』字原缺末筆，避諱缺筆字，兹據乙卷、刊本改。《箋》中『民』字同此。

〔七八七〕相樂而已也，底二甲脱『已』字，兹據乙卷、刊本補。刊本『樂』前有『燕』字，無『也』字。

〔七八八〕偏，刊本同，乙卷作『遍』。《説文》有『偏』無『遍』，『遍』爲後起字。《箋》中『偏』字同此。

〔七八九〕族姓，乙卷同，刊本下有『也』。

〔七九〇〕也，底二甲誤作『士』，兹據乙卷、刊本改正。

〔七九一〕羣臣，乙卷、刊本作『羣衆』。案《箋》釋『黎』爲『衆』，據《鄭箋》通例，此當作『羣衆』。

〔七九二〕女之德，刊本同；乙卷『女』作『汝』，無『之』字。『女』『汝』古今字。《正義》云：『其羣衆百姓之臣，偏皆爲汝之德。』是孔所據本亦有『之』。

〔七九三〕象，底二甲原作『衆』，形誤字，兹據刊本改正。乙卷作『像』，『象』『像』古今字。

〔七九四〕絙，乙卷同，刊本作『恒』。案《正義》云：『《集注》（平案：『注』原誤作『本』，此據阮校改）、定本「絙」字作「恒」。』阮校：『考此經字，《説文·二部》引《詩》曰「如月之恒」，當以《集注》、定本爲長。』胡承珙《毛詩後箋》從之。《傳》中『絙』字同此。

〔七九五〕也，乙卷、刊本無。

〔七九六〕俱進，乙卷同，刊本下有『也』。

〔七九七〕月，底二甲脱，兹據乙卷、刊本補。

〔七九八〕而就明也，乙卷『而』作『如』，『如』有『而』義，説參《經傳釋詞》。刊本無『也』字。

〔七九九〕也，刊本同，乙卷無。

〔八〇〇〕栢，刊本同，乙卷作『柏』。《正字通·木部》：『栢，俗柏字。』《箋》中『栢』字同此。

〔八〇一〕爾或承，底二甲無『爾』字，林平和謂底二甲脱，兹據刊本補。乙卷作『尒』，『爾』『尒』古本非一字，後世則合二而一，字多寫作『爾』（《敦煌俗字研究》下編第七頁）。然底二甲此詩中均作『爾』，故據補『爾』字。乙卷『承』作『丞』，假借字。《箋》中『承』字同此。

〔八〇二〕有，底二甲誤作『肯』，兹據乙卷、刊本改正。刊本『有』下有『也』字。

〔八〇三〕支葉，乙卷、刊本『支』作『枝』，『支』『枝』古今字。底二甲『葉』原作『桒』，諱改字，兹據乙卷、刊本改。

〔八〇四〕茂盛，乙卷下有『菁菁』，刊本下有『青青』。

〔八〇五〕不，乙卷、刊本作『無』。

〔八〇六〕微，乙卷、刊本作『薇』。『微』爲『薇』之同音借字。本詩中『微』字同此，不復出校。

〔八〇七〕役，刊本同，乙卷作『伇』。『伇』爲『役』之古文。下凡此均不復出校。

〔八〇八〕玁允，乙卷、刊本作「玁狁」。陳奐《詩毛氏傳疏》云：「《説文》無玁、狁，《釋文》「本或作獫允」，是也。」是「獫允」爲本字，「玁」後起字，「狁」則因「玁」而類化。

〔八〇九〕將率，底二甲原作「將=率=」。案：此謂以天子之命任命將率而遣之戍役，並非將率遣人戍役（原文「以天子之命將率，命將率遣戍役」），「將率」二字不當重，兹據乙卷、刊本刪。

〔八一〇〕謌，乙卷、刊本作「歌」。《説文·欠部》：「歌，詠也。或从言。」

〔八一一〕杕杜以勤歸，乙卷「杕」誤作「狄」，刊本末有「也」字。

〔八一二〕服事之殷之時，乙卷作「以服事殷時」，刊本作「服事殷之時也」。案底二甲前一「之」爲衍文。

〔八一三〕殷王，乙卷同，刊本下有「也」字。

〔八一四〕王，刊本同，乙卷脱。

〔八一五〕御，乙卷、刊本作「禦」，「御」「禦」古今字。

〔八一六〕杕杜以勤歸者，底二甲脱「杕杜」，兹據乙卷、刊本補。刊本脱「以」字，乙卷脱「者」字。

〔八一七〕之，刊本同，乙卷脱。

〔八一八〕歸，乙卷脱。

〔八一九〕歌杕杜以休息之也，底二甲脱「歌」、「以」二字，兹據乙卷、刊本補。乙卷「杕」誤作「狄」，無「之」字。刊本無「也」字。

〔八二〇〕也，乙卷、刊本無。

〔八二一〕西伯將遣戍役先與之期，底二甲原無「西伯將遣戍役先」七字，「期」誤作「朝」。林平和謂底二甲脱此七字，兹據乙卷、刊本補正。

〔八二二〕也，刊本同，乙卷無。

〔八二三〕重言之采微采微者，乙卷作「重言采薇采薇」，刊本作「重言采薇者」。《豳風·鴟鴞》「鴟鴞鴟鴞」箋云：

〔八二四〕『重言鴟鴞者。』底二甲亦作『重言鵄鴞鵄鴞者』。『采微』蓋亦當重。『之』字衍文。

〔八二四〕也，刊本同，乙卷無。

〔八二五〕暮，乙卷同，刊本作『莫』，『莫』『暮』古今字。《箋》中『暮』字同此。

〔八二六〕曰女何時歸乎，乙卷『女』作『汝』，無『乎』字。案『女』『汝』古今字。

〔八二七〕何時歸乎，乙卷只有『時歸』二字，刊本無。羅振玉云：「考文一本『女何時歸乎』下復有『何時歸乎』四字。」考文一本正與底二甲同，乙卷蓋脱『何』、『乎』二字。

〔八二八〕亦歲晚之時乃得歸，乙卷無『亦』字，刊本末有『也』字。

〔八二九〕皈期，底二甲作『期皈』，乙卷、刊本作『歸期』。『皈』與『歸』同。兹據乙卷、刊本乙正。

〔八三〇〕『心也』二字底二甲倒寫於前行之末，爲雙行對齊故也。

〔八三一〕玁狁之故不皇啓居，底二甲原無，林平和謂底二甲脱『玁狁之故不遑啓居』。案此當因手民將上『玁允之故』四字看成爲下『玁允之故』而誤脱。《傳》中云『皇，暇也』，故據乙卷擬補。刊本『皇』作『遑』，爲後起字。

〔八三二〕『北狄』下乙卷、刊本有『也』字。

〔八三三〕北狄今凶奴也，底二甲無『北狄』，林平和謂底二甲脱，兹據乙卷、刊本補。『今凶奴也』，乙卷作『今之匈奴是』，刊本作『今匈奴也』。案匈奴音譯詞，然經典多作『匈』。

〔八三四〕也，乙卷、刊本無。

〔八三五〕皇瑕也，刊本『皇』作『遑』，後起字。乙卷、刊本『瑕』作『暇』，無『也』字。案『瑕』爲『暇』之借字。

〔八三六〕微，乙卷作『薇』，刊本下有『菜』。阮校：「小字本、相臺本無『菜』字，考文古本同。案無者是也。」案兩寫卷均無『菜』字，可證阮校之善。『微』爲『薇』之同音借字。

〔八三七〕乃，底二甲作『及』，形誤字，兹據乙卷、刊本改正。

〔八三八〕女無室家，乙卷『女』作『汝』，『女』『汝』古今字。乙卷、刊本『室家』下有『夫婦』二字。

〔八三九〕跪，底二甲下有『危』，衍文，兹據乙卷、刊本删。

〔八四〇〕者，乙卷無，刊本作『也』。

〔八四一〕柔始生也，刊本同，乙卷作『柔胃始生』。案：『始生』非『柔』之義，據訓詁條例，當以乙卷作『柔胃始生』爲是。『胃』者『謂』之本字。

〔八四二〕謂曉之時也，乙卷作『胃歲晚之時也』，刊本作『謂脆脕之時』。《釋文》：『脕，音問，或作早晚字，非也。』阮校：『毛本「脕」誤「晚」，明監本以上皆不誤。案《釋文》云：「脕，音問，或作早晚字，非也。」毛本偶合其誤。《五經文字·肉部》云：「脆脕，見《詩注》。」謂此也。《内則注》作「娩」，又作「免」，皆同。《正義》云：「定本作脆腝之時。」當以《正義》、《釋文》本爲長。』案：『胃』『謂』古今字。底二甲『曉』及乙卷『歲晚』皆誤字。

〔八四三〕憂者，乙卷同，刊本作『憂止者』。

〔八四四〕也，乙卷、刊本無。

〔八四五〕烈烈，刊本同，乙卷作『列列』。『列』爲『烈』之借字。《傳》中『烈烈』同此。

〔八四六〕甚苦也，乙卷作『至苦』，刊本作『其苦也』。林平和謂刊本『其』爲『甚』之誤，是也。『至』、『甚』同義。

〔八四七〕使，刊本同，乙卷作『所』。阮校：『案《釋文》云：「本又作靡所。」考《正義》云：「無人使歸問家安否。」是《正義》本作「使」字，又作本因《箋》「無所使歸問」而誤耳。』林校云：『然阮氏又以《唐石經》、小字本、相臺本與《釋文》又作本之「靡所歸聘」之作「所」字，是因鄭箋「無所使歸聘」而誤，此則未必是。蓋阮氏此説若以斯二〇四九號卷鄭箋文而言，尚可；然伯二五一四号此正作「靡所歸聘」，而鄭氏箋文作「無所歸問」，皆作「所」字，鄭箋文並無「使」字，故疑阮氏此校有待商榷也。』馬瑞辰《毛詩傳箋通釋》云：『「作」「靡所」者是也。此承上「我戍未定」言之，言其家無所使人來問，非謂無所使人歸問。歸當讀爲饋。《方言》：「歸，使也。」」案：《詩經》此等句式作「靡使」者唯此一處，餘皆作「靡所」，例多不贅。林氏疑阮之非是也，惜未讀馬氏《通釋》也。

〔八四八〕守於狄，乙卷「守」作「戍」，案鄭氏在小序《箋》中已釋「戍」爲「守」，則此當作「守」爲是。乙卷、刊本「狄」前有「北」字。

〔八四九〕使，刊本同，乙卷無。

〔八五〇〕也，乙卷作「之也」，刊本無。

〔八五一〕也，刊本同，乙卷無。

〔八五二〕剛謂少堅急時也，乙卷作「剛胃小堅忍時也」，刊本作「剛謂少堅忍時」。案「胃」「謂」古今字。「小」爲「少」之誤，因前《毛傳》作「少而剛也」。「急」爲「忍」之誤。

〔八五三〕陽，刊本同，乙卷誤作「楊」。

〔八五四〕十月，刊本同，乙卷作「四月」。《爾雅・釋天》「十月爲陽」郭璞注：「純陰用事，嫌於無陽，故以名云。」四月則純陽用事。作「十月」是也。

〔八五五〕時巛，乙卷作「純巛」，刊本作「時坤」。《干禄字書・平聲》：「巛、坤，上通下正。」黄侃《說文段注小箋》：「乾坤之坤有作巛者，此借川爲坤也。」（黄焯編次《說文箋識四種》一九四頁，上海古籍出版社一九八三）「巛」爲後起字。「純」字誤，可言「純陰」，不可言「純坤」。

〔八五六〕故名此月爲陽也之，「名」，乙卷作「以」，刊本作「以名」。刊本無「也」字。「之」乃爲雙行對齊而添，乙卷、刊本均無。

〔八五七〕皇，乙卷同，刊本作「遑」，後起字。

〔八五八〕不堅固也，刊本同，乙卷「堅」誤作「鹽」，無「也」字。

〔八五九〕也，刊本同，乙卷無。

〔八六〇〕也，乙卷、刊本無。

〔八六一〕人，乙卷、刊本無。

〔八六二〕反也，底二甲「反」原誤作「及」，兹據乙卷、刊本改正。乙卷無「也」字。

〔八六三〕已還家，乙卷、刊本作「據家」。

〔八六四〕祢，乙卷作「尒」，刊本作「爾」。馬瑞辰《毛詩傳箋通釋》云：「《説文》：「薾，華盛。」引《詩》「彼薾惟何」。又爾字注：「麗爾，猶靡麗也。」《三蒼解詁》云：「爾，華繁也。」是爾與薾音義同。……自後人借爲爾汝之稱，而爾之本義晦矣。」案：據馬説，本字當爲「爾」也。「「爾」「尒」古本非一字，後世則合二而一，字多寫作「爾」」（《敦煌俗字研究》下編第七頁）。《玉篇·示部》：「禰，父廟也。祢，同上。」《説文》無「禰」、「祢」二字。「祢」蓋亦「爾」之借字。《傳》、《箋》中皆同，不復出校。

〔八六五〕棠，底二甲先寫作「常」，再在字上改「棠」。乙卷、刊本作「常」，説詳校記〔六〇四〕。《傳》、《箋》中皆同，不復出校。

〔八六六〕也，乙卷同，刊本作「貌」。

〔八六七〕祢者乃，底二甲原有二「祢」字，乙卷作「尒」，刊本作「爾」，皆不重，兹删其一。乙卷「乃」下有「是」字。案「乃」字語意已足，「是」不必有。

〔八六八〕盛也，底二甲原無「盛」字，乙卷、刊本有「盛」，無「也」字。林平和謂底二甲「也」爲「盛」之誤。案「盛」、「也」二字形不近，無致誤之理。蓋底二甲脱「盛」字，而乙卷、刊本無「也」字。故據補。

〔八六九〕也，乙卷同，刊本無。

〔八七〇〕也，刊本同，乙卷無。

〔八七一〕往至所征戍之地，乙卷「至」作「于」。乙卷、刊本無「戍」字，《正義》云：「將帥乘此以行，至於所征之地。」是孔所據本亦無「戍」字。

〔八七二〕以自安也，乙卷無『以』、『也』二字，刊本無『以』字。

〔八七三〕往則庶乎，底二甲脱『則』字，兹據乙卷、刊本補。乙卷『乎』作『于』，二字古通用。

〔八七四〕謂侵也伐也戰也，底二甲無末二『也』字，兹據乙卷、刊本補。乙卷『謂』作『胃』，脱『侵也』之『也』字。案『胃』『謂』古今字。

〔八七五〕彊皃，乙卷作『强也』，刊本作『彊也』。『彊』正字，『强』借字。

〔八七六〕避，乙卷同，刊本作『辟』，『辟』『避』古今字。

〔八七七〕庇，底二甲作『疪』，形誤字，兹據乙卷改正。下『疪』字亦據改。刊本作『芘』。《正義》：『聞以君子所依，依戎車也；小人所腓，亦當腓戎車，安得更有避患義，故易之爲庇。』是孔所據本作『庇』。《説文·广部》：『庇，蔭也。』艸部：『芘，艸也。』是作『庇』者爲本字，『芘』則借字也。《箋》中同此，不復出校。

〔八七八〕戍役之所庇倚也，『役』，乙卷同，刊本作『役』。乙卷脱『所』字，刊本無『也』字。

〔八七九〕弓反末也，刊本同，乙卷無『也』字。陳奐《詩毛氏傳疏》云：『「弓」釋「弭」，「末」釋「象」，「反」所以解紒，總釋象弭之用。則傳文「弓反末所以解紒也」八字當作一氣讀，各本「弓反末」下衍一「也」字，失其理矣。』乙卷無『也』字，可爲陳説之證。

〔八八〇〕解紛也，刊本『紛』作『紒』，乙卷作『解結』，無『也』字。《釋文》：『解紒，音計，又音結，本又作紛。』《儀禮·士冠禮》『將冠者采衣，紒』鄭注：『紒，結髮。古文紒爲結。』惠棟《九經古義·儀礼上》、段玉裁《儀禮漢讀考》皆認爲『結』、『紒』古今字，亦即今所云之髻字。髮髻義施於此不合傳意，段玉裁《毛詩故訓傳定本小箋》云：『《説文》作紛，似紛長。』陳奐《詩毛氏傳疏》、馬瑞辰《毛詩傳箋通釋》亦均認爲當從《説文》作『紛』。《箋》中『紛』字同此。

〔八八一〕弓反末彆也，乙卷脱『反』字，乙卷、刊本『也』作『者』。

〔八八二〕以，刊本同，乙卷脱。

〔八八三〕御，刊本同，乙卷作『仰』，形誤字。

〔八八四〕服矢服者，刊本同，乙卷作『魚服矢服者』。底二甲『矢』原作『矣』，形誤字，兹據乙卷、刊本改正。『者』應從乙卷、刊本作『也』。

〔八八五〕豈不日戒，刊本同，乙卷誤作『豈敢不戒』。

〔八八六〕戒，刊本同，乙卷下有『者』。

〔八八七〕警勑軍事也，刊本同。乙卷『警』作『驚』，音誤字；無『也』字。乙卷下『警戒』字亦誤作『驚』。

〔八八八〕也，乙卷、刊本無。

〔八八九〕也，乙卷、刊本作『乎』。

〔八九〇〕誡日相警戒也，底二甲原無。乙卷作『成日相驚戒』，刊本作『誡曰相警戒也』。阮校認爲經文『豈不日戒』之『日』當作『曰』，陳奐《詩毛氏傳疏》、胡承珙《毛詩後箋》、馬瑞辰《毛詩傳箋通釋》皆考定爲『日』，今從之，則《箋》文中亦當作『日』，故據補此句。乙卷『成』爲『誡』之借字，『驚』爲『警』之音誤字。

〔八九一〕豫述其苦以勸之也，乙卷『豫』作『預』，『苦』前衍『功』字，『勸』誤作『歡』。《説文》無『預』字，段玉裁謂之爲俗字。乙卷、刊本無『也』字。

〔八九二〕楊柳蒲柳也，底二甲脱前一『柳』字，兹據乙卷、刊本補。乙卷無『也』字。

〔八九三〕皃，乙卷作『狠』，刊本作『也』。案『皃』、『狠』之别，詳見校記〔四一八〕。陳奐《詩毛氏傳疏》云：『「也」當作「皃」。《北風》「雨雪其霏」傳：「霏，甚皃。」』今兩寫卷正可證陳説之善。

〔八九四〕我來謂戍止，乙卷作『我來戍役止息』，刊本作『我來戍止』。案《正義》標起止作『我來戍役止』，並云：『定本無「役」字，其理是也。』是孔所據本作『我來戍止』。

〔八九五〕而始及時也，乙卷作『而始反時』，刊本作『而謂始反時也』。案《正義》標起止與刊本同。『及』應是『反』之形誤。

〔八九六〕上三章言戍役次二章言，底二甲「上三章」原誤作「止三軍」，兹據乙卷、刊本改正。「戍役次二章言」，底二甲無，林平和謂底二甲脱，案此蓋手民看錯「言」字之位置而誤漏，兹據乙卷補。

〔八九七〕重序其往反，乙卷脱「重」字，「反」作「返」。「反」「返」古今字。

〔八九八〕其苦以説焉也，乙卷脱「其」字，「焉也」作「之也」；刊本「焉也」作「之」。案作「之」義長。

〔八九九〕載渴載飢，底二甲原倒作「載飢載渴」，兹據乙卷、刊本乙正。

〔九〇〇〕皃，乙卷作「狠」，刊本作「也」。案「皃」、「狠」之别，詳見校記〔四一八〕。

〔九〇一〕行，刊本同，乙卷前有「我」字。

〔九〇二〕至苦，乙卷同，刊本下有「也」字。

〔九〇三〕也，乙卷、刊本無。

〔九〇四〕同時歌同時歸也，乙卷作「同時用歌」，刊本作「同歌同時」。《正義》云：「《箋》解遣唯一篇，而勞有二篇之意，故曰『遣將帥及戍役，同歌同時，欲其同心也』。同歌，謂其共歌《采薇》也；同時，謂將帥與戍役俱行。雖三章三輩别行，每行將帥同發也。三輩各有將，此獨言南仲者，以元帥，故歸功焉，反而勞之。異歌，謂《出車》與《杕杜》之歌不一時，是異歌異日也。必異日者，殊尊卑故也。」案：《正義》所言甚明瞭。《箋》文自『遣將率』至『殊尊卑』，分爲兩部分，相對爲文。前一部分言『遣將率及戍役』，後一部分言『反而勞之』。既言遣，豈能釋以『歸』字呢？後一部分云『異歌異日』（『欲』字因前『欲其同心』而衍，乙卷無『欲』字），正與前『同歌同時』對文。底二甲所作，定爲後人因不解『同歌同時』之意而臆改。林平和謂刊本有脱文，不審之甚也。乙卷作『同時用歌』，有倒亂，且訛『同』爲『用』。

〔九〇五〕同心，乙卷同，刊本下有「也」字。

〔九〇六〕反，刊本同，乙卷誤作「免」。

〔九〇七〕欲，乙卷、刊本無。案此衍文，説已見校記〔九〇四〕。

〔九〇八〕「尊卑」下乙卷、刊本有「也」字。

〔九〇九〕者，乙卷無，刊本作「也」。案作「也」義長。

〔九一〇〕地，底二甲脱，兹據乙卷、刊本補。

〔九一一〕殷王，乙卷作「我殷王」，刊本作「我殷王也」。

〔九一二〕將率自謂也，刊本同，乙卷作「我將率自胃」，「胃」「謂」古今字。

〔九一三〕也，乙卷同，刊本無。

〔九一四〕之，乙卷同，刊本無。

〔九一五〕來，底二甲原無，林平和謂底二甲脱，兹據乙卷、刊本補。

〔九一六〕謂我來矣，刊本同，乙卷脱。

〔九一七〕謂以王命召己爲將率，乙卷「謂」作「胃」，「胃」「謂」古今字。「爲將率」，乙卷作「將使我爲將率」，刊本作「將使爲將率也」。

〔九一八〕先出戎車乃召將率，刊本同，乙卷作「我先出戎車乃後召將率」。

〔九一九〕謂，刊本同，乙卷作「胃」，「胃」「謂」古今字。

〔九二〇〕也，刊本同，乙卷無。

〔九二一〕棘王命，乙卷、刊本作「王命召己」，於義爲長。

〔九二二〕僕夫，乙卷同，刊本作「御夫」。案《毛傳》已釋「僕夫」爲「御夫」，據《鄭箋》通例，此當作「御夫」。

〔九二三〕衣，乙卷、刊本無。

〔九二四〕之，刊本同，乙卷無。

〔九二五〕欲疾趍之，刊本同，乙卷「欲」作「使」，「趍」作「趣」。《正義》云：「知自急難，欲疾趨之，敬也。」是作「欲」爲是。「趍」爲「趨」之俗字，「趣」爲「趨」之借字。

〔九二六〕序其忠敬也，乙卷「序」誤作「厚」，無「也」字。底二甲「忠敬」原作「志歎」，均形誤字，茲據乙卷、刊本改正。

〔九二七〕虵，乙卷同，刊本作「蛇」。《新加九經字樣·虫部》：「蛇，今俗作虵。」

〔九二八〕也，乙卷、刊本無。

〔九二九〕屬之於干旄而建之戎車，乙卷無「干」字。底二甲「戎」原誤作「我」，茲據乙卷、刊本改正。

〔九三〇〕率，底二甲原作「車」，形誤字，茲據乙卷改正。刊本作「帥」。案「帥」、「率」二字古多通用，然前皆作「率」，此亦當作「率」爲善，阮校即以爲作「率」爲是。

〔九三一〕乘焉，底二甲原作「華馬」，乙卷、刊本作「乘馬」。阮校認爲「馬」當作「焉」。案阮校是也。此乃坐車，非騎馬也，況彼時尚無騎馬之事。「馬」爲「焉」之形誤，「華」爲「乘」之形訛，故據改。

〔九三二〕者，乙卷、刊本無。

〔九三三〕旆旆，乙卷、刊本作「斾斾」。《正字通·方部》：「斾，俗旆字。」《傳》中「旆」字同此。

〔九三四〕流垂者，乙卷作「垂狠」，刊本作「旒垂貌」。陳奐《詩毛氏傳疏》云：「旒，古作流。」底二甲作「流」，可爲陳說作證。「狠」爲「貌」之俗譌字。「者」疑爲「皃」之誤，「皃」小篆隸定字，「貌」籀文隸定字。

〔九三五〕萃，乙卷、刊本作「瘁」。《释文》：「瘁，似醉反，本亦作萃，依注作悴，音同。」阮校：「《唐石經》、小字本、相臺本同。案《正義》標起止云：『至況瘁。』《釋文》云：『況瘁，本亦作萃，依注作悴。』考此當是經本作『萃』，故於訓釋中竟改其字，《箋》之例也。《釋文》云：『依注作悴。』似乎未晰也。《四月》釋文：『盡瘁，本又作萃，下篇同。』亦其證。」

〔九三六〕而懼，乙卷同，刊本下有「也」。

〔九三七〕燋悴，乙卷、刊本作「憔悴」。燋、憔同音通用。

〔九三八〕憂其馬之不政也，底二甲脱「其」字，茲據乙卷、刊本補。乙卷、刊本「政」作「正」，無「也」字。阮校：「案

《正義》云：「憂其馬之不正，定本正作政，又無不字。」《釋文》云：「憂其馬之不正，一本作之不正也，一本作馬之政。」考「憂其馬之政」謂「憂非其馬之政也」，段玉裁云用《甘誓》文，是也。當以定本爲長。」案：《尚書·甘誓》：「御非其馬之政。」孫星衍《尚書今古文注疏》云：「《墨子》亦云『御非爾馬之政』。」《詩·出車》箋云：「御夫則兹益憔悴，憂其馬之政。」亦用此文。是古文作『政』也。」據此，則『不』字爲衍文。

〔九三九〕英英，乙卷同，刊本作『央央』。《釋文》：『央央，本亦作英。』陳玉樹《毛詩異文箋》卷六、馬瑞辰《毛詩傳箋通釋》均認爲『央』爲『英』之借字。案寫卷作『英』，用本字也。《傳》中『英英』同此。

〔九四〇〕也，刊本同，乙卷無。

〔九四一〕王屬也，乙卷、刊本作『文王之屬』。

〔九四二〕朔方近玁狁國，底二甲脱『朔方』，兹據乙卷、刊本補。『玁狁國』，乙卷、刊本作『玁狁之國』。刊本末又有『也』。

〔九四三〕交龍曰旂，乙卷、刊本作『交龍爲旂』。案：《正義》謂本詩『龜蛇曰旐』、『鳥隼曰旟』及此『交龍爲旂』皆《周禮》文。查《周禮·春官·司常職》曰：『日月爲常，交龍爲旂，通帛爲旜，雜帛爲物，熊虎爲旗，鳥隼爲旟，龜蛇爲旐，全羽爲旞，析羽爲旌。』皆用『爲』字，不作『曰』。『曰』、『爲』二字義同，不必强求一律。此處《毛傳》皆用『曰』，疑作『交龍曰旂』是其原貌。

〔九四四〕皃，底二甲無，刊本作『也』。陳奂《詩毛氏傳疏》云：『「也」當作「皃」。《六月》「帛茷央央」傳云：「央央，鮮明皃。」』乙卷作『狠』，『貌』之俗訛。『皃』、『貌』同字，可爲陳説之證。底二甲凡『貌』皆作『皃』，故據補『皃』字。

〔九四五〕王使南仲爲率，乙卷脱『王使』二字，乙卷、刊本『率』前有『將』字。

〔九四六〕往築城於，乙卷『往』誤作『住』。刊本『於』作『于』，二字古通用。

〔九四七〕御狄難也，乙卷、刊本『御』作『禦』，『御』『禦』古今字。『狄難也』，乙卷同，刊本作『北狄之難』。

〔九四八〕北方，乙卷同，刊本下有「也」。

〔九四九〕莕莕盛也，乙卷、刊本「莕莕」作「赫赫」。何超《晉書音義·志第九卷》：「莕，與赫同。」「莕」蓋「赫」之俗寫。「也」字刊本作「貌」，乙卷無。

〔九五〇〕戍役築壘，乙卷作「築軍壘」，刊本同底二甲，唯「役」作「役」。

〔九五一〕美其將率自此出征者也，底二甲「美」字原寫錯，後補於天頭。「征者也」，乙卷作「征伐」，刊本作「征也」，案「者」衍文。

〔九五二〕皇，乙卷同，刊本作「遑」，「皇」「遑」古今字。

〔九五三〕塗凍始釋也，乙卷無「也」字，刊本無「始」字。《箋》云：「至春凍始釋而來反。」則「始」字當有。

〔九五四〕者，乙卷、刊本無。

〔九五五〕朔方之地六月時也，底二甲原無「之」字，《正義》云：「言黍稷方華，朔方之地六月時者。」故據乙卷、刊本補。丙卷起於「時」字。丙卷、乙卷無「也」字。

〔九五六〕以此時始出壘征伐玁允，底二甲原無「此」字，兹據刊本補；乙卷脱「以此時」三字；丙卷此處殘缺。丙卷、乙卷無「伐」字。乙卷、刊本「允」作「狁」，「狁」爲後起字。

〔九五七〕其間非有休息，底二甲「間」原作「澗」，誤字，兹據乙卷、丙卷、刊本改正。乙卷末有「之時」二字。

〔九五八〕帰，底二甲原無，林平和謂底二甲脱，乙卷、刊本作「歸」，底二甲凡「歸」字皆作「帰」，故此據補「帰」字。丙卷此處殘缺。

〔九五九〕簡，丙卷、刊本同。乙卷作「蕑」，俗寫字。下不復出。

〔九六〇〕戒命，丙卷、刊本同，乙卷作「策命」。刊本下有「也」字。

〔九六一〕鄰國有急以簡策相告，「急」，刊本、丙卷同，乙卷作「難」。「簡策」，丙卷同，乙卷、刊本作「簡書」。案經作「簡書」，《毛傳》前未釋「簡書」爲「簡策」，則此仍當作「簡書」爲是。

〔九六二〕投，乙卷、丙卷、刊本作「救」。案：疑「投」爲「捄」之形誤，「捄」、「救」字同。

〔九六三〕虫，乙卷、丙卷、刊本作「蟲」。《干禄字書·平聲》：「虫、蟲，上俗下正。」下凡此均不復出校。

〔九六四〕跳躍，乙卷同，丙卷無「躍」字，刊本無「跳」字。案：《召南·草蟲》：「喓喓草蟲，趯趯阜螽。」《傳》云：「趯趯，躍也。」《箋》云：「草蟲鳴，阜螽躍而從之。」無「跳」字。且此句乃直解經文，趯趯，躍也。故以「躍」釋「趯趯」。當以刊本爲善。

〔九六五〕諭，丙卷同，乙卷、刊本作「喻」。《新加九經字樣·言部》：「諭、喻，上《説文》，下經典相承，今通用之。」

〔九六六〕狁，乙卷、刊本同，丙卷作「允」。「狁」爲後起字。

〔九六七〕嚮，乙卷作「響」，丙卷、刊本作「鄉」。「嚮」爲「向」之後起增旁字，「響」、「鄉」皆爲「向」之借字。

〔九六八〕焉，丙卷、刊本同，乙卷無。

〔九六九〕草虫鳴晚秋之時也，丙卷、刊本同；乙卷脱「草虫鳴」三字，無「也」字。

〔九七〇〕此以其時見而興也，乙卷作「此因其所見以興之尔也」，丙卷作「此以其時而見興也」，刊本作「此以其時所見而興之」。

〔九七一〕也，丙卷、刊本同，乙卷無。

〔九七二〕也，刊本同；乙卷、丙卷無。

〔九七三〕遅遅，乙卷、丙卷同，刊本作「遲遲」。「遅」爲「遲」之俗字。

〔九七四〕蒼庚，丙卷同，乙卷作「蒼鶊」，刊本作「倉庚」。《説文·隹部》：「離，黄離，倉庚也。」是作「倉庚」者本字，「蒼」與「鶊」皆後起增旁字。

〔九七五〕繁，乙卷同，丙卷、刊本作「蘩」。《説文》：「蘩，白蒿。」是「蘩」爲「蘩」之本字，而「繁」則又爲「蘩」之借字。

〔九七六〕誶，乙卷同，丙卷、刊本作「訊」。「誶」爲「誶」之俗字，此乃是「訊」之形誤。《傳》、《箋》中「誶」字同。

〔九七七〕還，丙卷、刊本同，乙卷作「旋」。「旋」爲「還」之借字。

〔九七八〕言，刊本同，乙卷、丙卷下有『也』。

〔九七九〕凍始釋時反，底二甲『反』原誤作『及』，兹據乙卷、丙卷、刊本改正。丙卷、刊本無『始』字。乙卷作『凍釋之時反』。

〔九八〇〕役，底二甲原無，兹據丙卷、刊本補。乙卷作『役』。

〔九八一〕以及事，乙卷作『以及時事』，丙卷作『以及事者』，刊本作『以及其事』。案：《正義》云：『言「稱美時物及事，喜而詳之」者，春日，時也；卉木、倉庚，物也；采蘩，事也。』據《正義》，當以丙卷爲長，『者』字句表原因。

〔九八二〕詳之，乙卷同，丙卷、刊本下有『也』。

〔九八三〕執訊，底二甲無，乙卷、刊本亦無。丙卷作『執許』，『許』爲『訊』之誤字。姜亮夫曰：『鄭箋云：「執其可言問所獲之衆。」這話語義實在不太明白，等我们看到二五七〇卷，則作「執訊，執其可言問及所獲之衆」。多了「執訊」二字同一個「及」字，語義是何等清楚朗暢。』（《敦煌——偉大的文化寶藏》一〇〇頁，上海古典文學出版社一九五六）潘重規云：『文義當以此卷（平案：指丙卷）爲長。』兹據丙卷補。

〔九八四〕可言問及，底二甲『可』下原有『至』，衍文，兹據乙卷、丙卷、刊本删。底二甲無『及』字，兹據乙卷、丙卷補。乙卷『及』前有『者』，衍文。

〔九八五〕『之』下乙卷、丙卷、刊本有『也』字。

〔九八六〕允，丙卷同，乙卷、刊本作『狁』。『狁』爲後起字。《箋》中『允』字同此。

〔九八七〕也，丙卷、刊本同，乙卷無。

〔九八八〕伐，乙卷、刊本同，丙卷誤作『代』。

〔九八九〕平玁允者，丙卷、刊本同；乙卷『平』作『伐』，無『者』字。案作『伐』誤。

〔九九〇〕以爲終之也，乙卷無『以』字，乙卷、丙卷無『之』字，刊本無『之也』二字。案『之』應是爲雙行對齊而添。

〔九九一〕杕杜，底二甲『杕』原誤作『扙』，茲據丙卷、刊本改正。乙卷誤作『狄』。本詩中皆如此，下不復出校。

〔九九二〕戍，丙卷、刊本同，乙卷誤作『戎』。

〔九九三〕晥，乙卷、丙卷同，刊本作『睆』。陳啓源《毛詩稽古編·凱風》『睍睆黄鳥』條云：『睆，本作晥，從日旁。《玉篇》云：「明星也。」字三見《詩》而皆從目。《凱風》「睍睆黄鳥」毛云：「好貌。」《杕杜》「有睆其實」毛云：「實貌。」《大東》「睆彼牽牛」毛云：「明星貌。」各隨文釋之，故不同，要皆貌也，非聲也。《禮記》「華而睆」，《釋文》云：「明也。」意亦同。《詩傳》、《玉篇》獨取《大東》傳語，此殆晥之本義乎？字旁從日，或因此。其睆字乃睅之重文，《説文》云：「大目也，从目旱聲，或從完，户版反。」非此三詩之晥。』案：陳説是也。三寫卷均作『晥』，可爲其佐證。《傳》中『晥』字同此。

〔九九四〕晥實貌，底二甲原作『既晥白也』，無義，茲據乙卷、丙卷改正。丙卷『貌』下又有『也』字。刊本『晥』作『睆』，誤字，説已見上條校記。

〔九九五〕蕃，刊本同，乙卷作『番』，丙卷作『藩』。『番』與『蕃』、『藩』古今字。

〔九九六〕也，丙卷同，刊本無，乙卷作『尔』。

〔九九七〕我行役嗣續其日月，乙卷作『我戍役續嗣其日』，丙卷、刊本作『我行役續嗣其日』。案『月』字衍文無疑。

〔九九八〕休息，刊本同，乙卷、丙卷下有『也』。

〔九九九〕止，底二甲原作『悲』，林平和謂底二甲誤，是也。此蓋因下文『我心傷悲』句而誤，茲據乙卷、丙卷、刊本改正。

〔一〇〇〇〕皇，乙卷、丙卷同，刊本作『遑』，後起字。《傳》中『皇』字同此。

〔一〇〇一〕十月爲陽，丙卷、刊本同，乙卷誤作『陽月爲傷』。

〔一〇〇二〕暇，乙卷、丙卷同，刊本作『睱』。《説文》無『睱』字，《玉篇·目部》云：『睱，閑睱視也。』案作『睱』無義，當是『暇』之訛。《箋》中『暇』字同此。

〔一〇〇三〕已憂傷矣，丙卷、刊本同，乙卷作「已甚憂傷」。

〔一〇〇四〕行夫如今已閒暇且歸也，丙卷、刊本「行夫」作「征夫」。乙卷無「也」字。

〔一〇〇五〕得，底二甲無，乙卷亦無。「得」字不應無，兹據丙卷、刊本補。

〔一〇〇六〕說，丙卷、刊本同，乙卷作「悦」，「説」「悦」古今字。

〔一〇〇七〕思，丙卷、刊本同，乙卷脱。

〔一〇〇八〕歲亦暮止者矣，丙卷、刊本「暮」作「莫」，「莫」「暮」古今字。底二甲「暮」下有「小」字，衍文，兹據乙卷、丙卷、刊本删。乙卷、刊本無「者矣」二字，丙卷作「也」。

〔一〇〇九〕葉，底二甲原作「桊」，諱改字，兹據乙卷、丙卷、刊本改。

〔一〇一〇〕心，丙卷同，乙卷、刊本無。「心」字蓋衍。

〔一〇一一〕也，乙卷同，丙卷、刊本無。

〔一〇一二〕之也，刊本無；乙卷、丙卷無「之」字。

〔一〇一三〕杞非菜也，丙卷同，乙卷作「杞非可食之菜」，刊本作「杞非常菜也」。案：《北山》「陟彼北山，言采其杞」箋云：「登山而采杞，非可食之物，喻己行役不得其事。」《正義》云：「杞木本非食菜，而升北山以采之者，是記有事，以望汝也。」既非可食之菜，不能以「非常菜」釋之，疑《箋》本作「杞非食菜也」，「常」蓋「食」之誤。林平和謂底二甲脱「常」字，誤。

〔一〇一四〕而升北山采之者，底二甲原無「山」字，林平和謂底二甲脱，兹據乙卷、丙卷、刊本補。「升」，乙卷作「昇」，《廣韻·蒸韻》：「昇，日上。本亦作升，俗加日。」是「昇」爲後起增旁字。刊本無「者」字。

〔一〇一五〕以望君子也，丙卷「也」作「焉」，刊本無；乙卷「以」作「而」，「望」下有「其」字。

〔一〇一六〕幝幝，刊本同，乙卷、丙卷作「憚憚」。案「憚」當是「幝」之俗寫，敦煌寫卷常常「忄」旁與「巾」旁混用。《傳》中「幝幝」同此。

〔一〇一七〕瘖瘖，丙卷、刊本同，乙卷作『管管』。胡承珙《毛詩後箋》云：『《大雅・板》云：「靡聖管管。」《傳》云：「管管，無所依也。」《廣韻・十四緩》引《詩傳》作「悹悹，無所依也」。是《毛詩》「管」字乃「悹」之借。此「瘖」字當亦「悹」之借。《説文》：「悹，憂也。」引申之爲「無所依」，又引申之爲「罷憊」，其義皆相因耳。』《傳》中『瘖瘖』同此。

〔一〇一八〕也，丙卷、刊本同，乙卷無。

〔一〇一九〕弊，乙卷、丙卷同，刊本作『敝』。《説文》有『敝』無『弊』，『弊』爲後起字。

〔一〇二〇〕皃也，乙卷、刊本無『也』，丙卷無『皃』字。

〔一〇二一〕言其來近，乙卷作『言其遠愈近也』，丙卷作『言其來愈近也』，刊本作『言其來，喻路近』。姜亮夫云：『鄭箋作「不遠者言其來，喻路近」，而二五七〇作「不遠者言其來愈近也」。又是何等明白，而生何等情趣。』（《敦煌——偉大的文化寶藏》一〇〇頁）案：其説是也。此謂征夫在返程途中，故距家愈來愈近。潘重規謂『喻』爲『愈』之誤，是也。刊本誤『愈』爲『喻』，故又添一『路』字。乙卷之『遠』定爲『來』之誤。此句當是丙卷爲其原貌。

〔一〇二二〕疚，乙卷、刊本同，丙卷作『宊』。《説文・宀部》：『宊，貧病也。』無『疚』字。黃侃《説文段注小箋》：『宊，今作疚。』（黃焯編次《説文箋識四種》一七四頁，上海古籍出版社一九八三）宊、疚古今字。《傳》中『疚』字同此。

〔一〇二三〕非，乙卷、刊本同，丙卷下有『也』。

〔一〇二四〕不裝載也，丙卷同，乙卷作『而不裝載』，刊本無『也』字。

〔一〇二五〕來，刊本同，乙卷下有『乎』，丙卷下有『也』。《正義》云：『今非裝載乎？其意非爲來乎？』疑有『乎』者是。

〔一〇二六〕憂心甚病，刊本同，乙卷前有『而』，丙卷末有『也』。

〔一〇二七〕而多爲恤，底二甲止於「多」，底二乙起於「爲」。自「爲」以下以底二乙爲底卷。

〔一〇二八〕也，丙卷同，乙卷、刊本無。

〔一〇二九〕恤憂也，底二乙「恤」下衍一重文符號，茲據乙卷、丙卷、刊本删。

〔一〇三〇〕也，乙卷、刊本作「之」，丙卷作「之也」。案有「之」爲長。

〔一〇三一〕偕，刊本同，乙卷、丙卷作「皆」，「皆」「偕」古今字。

〔一〇三二〕爾，丙卷同，乙卷作「尒」，刊本作「邇」。「爾」「邇」古今字，「「爾」「尒」古本非一字，後世則合二而一，字多寫作「爾」」（《敦煌俗字研究》下編第七頁）。《傳》中「爾」字同此。

〔一〇三三〕也，乙卷、丙卷、刊本無。

〔一〇三四〕也，丙卷、刊本同，乙卷無。

〔一〇三五〕也，丙卷同，乙卷、刊本無。

〔一〇三六〕繇，底二乙殘缺右下角，茲據乙卷、丙卷、刊本擬補。

〔一〇三七〕征夫如今近耳，刊本同；乙卷「征夫」誤作「行未」，無「耳」字；丙卷末有「也」字。

〔一〇三八〕杕，底二乙原誤作「扙」，茲據丙卷、刊本改正。乙卷作「犾」，俗譌字。

〔一〇三九〕句，底二乙原誤作「向」，茲據乙卷、丙卷、刊本改正。

〔一〇四〇〕以，底二乙後有「下」字，乙卷亦有。潘重規認爲「下」字衍，茲據丙卷、刊本删。

〔一〇四一〕微，乙卷、丙卷、刊本作「薇」。「微」爲「薇」之同音借字。

〔一〇四二〕勤，丙卷、刊本同，乙卷作「懃」。「懃」爲「勤」之後起增旁字。

〔一〇四三〕美，底二乙原無，潘重規認爲底二乙脱「美」字，茲據乙卷、丙卷、刊本補。

〔一〇四四〕矣，丙卷、刊本同，乙卷無。

〔一〇四五〕内爲諸夏，乙卷、丙卷、刊本「爲」皆作「謂」。「爲」是「謂」之同音借字。丙卷「夏」誤作「憂」。丙卷、刊本末有『也』字。

〔一〇四六〕也，丙卷、刊本同，乙卷無。

〔一〇四七〕也，丙卷同，乙卷、刊本無。

〔一〇四八〕於，乙卷、丙卷、刊本作『于』。案：二、三兩章均作『于』，此亦當作『于』。

〔一〇四九〕鯊，丙卷、刊本同，乙卷作『魦』。《釋文》：『鯊，音沙，字亦作魦。』《説文·魚部》：『魦，魦魚也，出樂浪潘國。』無『鯊』字。陳奐《詩毛氏傳疏》、胡承珙《毛詩後箋》、馬瑞辰《毛詩傳箋通釋》皆認爲當作『鯊』，而『魦』爲別一種魚。乙卷之『魦』蓋爲『魦』之誤，魦爲鯊之別體。《傳》中『鯊』字同此。

〔一〇五〇〕也，丙卷、刊本同，乙卷無。

〔一〇五一〕笱，底二乙原作『苟』，潘重規認爲底二乙『笱誤爲苟』，是也。『苟』爲『苟』之誤，乙卷作『苟』可證。『苟』爲『笱』之俗寫，茲據丙卷、刊本改正。丙卷、刊本『笱』下有『也』字。

〔一〇五二〕楊也，丙卷、刊本同，乙卷『楊』作『陽』，無『也』字。阮校：『「楊」，小字本同，相臺本「楊」作「揚」，閩本、明監本、毛本同。案小字本、十行本是也。』《説文·魚部》：『鱨，揚也。』段注：『揚，各本从木者誤。』陳奐《詩毛氏傳疏》從之。阮、段二説不同，不知何者爲是。『陽』爲借字，可無疑也。

〔一〇五三〕衆多，丙卷、刊本同，乙卷脱『多』字。

〔一〇五四〕取之有時，丙卷、刊本同，乙卷作『取之以時』。案《正義》云：『微物所以衆多，由取之以時，用之有道。』疑作『取之以時』爲善。

〔一〇五五〕万物莫不多矣，乙卷、丙卷『万』作『萬』，刊本無『万』字，『万』、『萬』字同。乙卷、丙卷無『矣』字。

〔一〇五六〕不行火，丙卷、刊本同，乙卷作『不行火田』。案：《周禮·夏官·司爟職》：『掌行火之政令，四時變國火，以救時疾。』鄭注：『行猶用也。』《大戴禮記·五帝德》：『使益行火，以辟山萊。』行火者，用火燒山以辟田也，非用火燒田以墾也。乙卷有『田』者，蓋據《禮記·王制》『昆蟲未蟄，不以火田』句而添。

〔一〇五七〕草木不槎斤斧不入山林，乙卷作『草木不折傷不芟不槎斤斧不入山林』，丙卷作『草木不折不操斤斧不入山林』，刊本作『草木不折不操斧斤不入山林』。《釋文》云：『草木不折不操斧斤，一本作「草木不折不芟」，定本「芟」作「操」。』《正義》云：『草木不折不芟，斤斧不入山林。定本「芟」作「操」。又云「斤斧入山林」，無「不」字，誤也。』案：《孟子·梁惠王上》：『斧斤以時入山林，材木不可勝用也。』不用『操』字。『操』蓋爲『槎』之誤，《説文·木部》：『槎，衺斫也。』《艸部》：『折，斷也。』謂斷草也。《傳》本蓋作『草木不折不槎，斤斧不入山林』，草木爲風暴所斷，方可攜斧斤入山採之。正與上『古者不風不暴不行火』之意相同。風暴毁敗山林後，才行火辟田；風暴折損草木後，方入山採伐斷枝殘葉。或譌『槎』爲『操』，遂有改『操』爲『芟』者，亦有增『不芟』二字者。丙卷、《釋文》及刊本皆近是，惟譌『槎』爲『操』耳；底二乙脱『不折』二字；至於乙卷，則多臆增也。

〔一〇五八〕豺祭獸然後殺，乙卷、丙卷、刊本『豺』作『犲』。『犲』爲『豺』之俗字，説詳《敦煌俗字研究》下編五八七頁。『殺』，底二乙原作『故』，形誤字，兹據丙卷、刊本改正；丙卷作『煞』，『殺』之俗字；乙卷作『獸』，爲與下句『獺祭魚然後漁』對文而臆改者也。

〔一〇五九〕鷹隼擊然後罻羅設，底二乙作『鷹祭隼然後内尉羅設』。潘重規云：『「鷹隼擊」誤爲「鷹祭隼」。』是也。『内尉』二字乃是『罻』之誤，兹據乙卷、丙卷、刊本改正。

〔一〇六〇〕掩，丙卷、刊本同，乙卷作『奄』，『奄』『掩』古今字。

〔一〇六一〕麋，乙卷作『麑』，丙卷、刊本作『麛』。《説文·鹿部》：『麛，鹿子也。』『麑』爲『麛』之别體。《逸周書·文傳解》：『不麛不卵，以成鳥獸之長。』《禮記·王制》：『不麛不卵，不殺胎，不殀夭。』是作『麋』者誤字。

〔一〇六二〕不數罟，底二乙原無『不』字，潘重規認爲底二乙脱，兹據乙卷、丙卷、刊本改正。乙卷『數』作『緵』。《正義》云：『庶人不揔罟，謂罟目不得揔之使小，言使小魚不得過也。《集注》「揔」作「緵」，依《爾雅》定本作「數」，義俱通也。罟目必四寸，然後始得入澤梁耳。』阮校：『《釋文》以「不數」作音，與定本同。考《九罭》傳作「緵罟」，《釋文》云「字又作緫」，是緵、緫同字，揔又緫之別體。當以《正義》本爲長。』案：《孟子·梁惠王上》：『數罟不入洿池，魚鼈不可勝食也。』作『數罟』亦不可謂誤。

〔一〇六三〕入，乙卷、刊本同，丙卷作『乃入』。

〔一〇六四〕鳥獸魚鼈皆得其性然也，乙卷、丙卷『鼈』作『鱉』。《説文》有『鼈』字，『鱉』爲後起別體。『皆得其性然也』，乙卷作『皆得其所』，丙卷作『皆得其所然也』，刊本作『皆得其所然』。《正義》云：『如是則鳥獸魚鱉各得其所然也。是微物衆多。然者，語助。』孔所據者與丙卷同。『然』字不可解，故孔以語助釋之。此當以乙卷作『皆得其所』爲長。

〔一〇六五〕酒美而此魚又多也，刊本同，乙卷作『酒既美而魚又多』，丙卷作『酒美矣而此魚又多也』。案：詩前三章句法相似，變化而有規律，則《箋》語當亦如此。底二乙三章皆同，唯第三章末脱『也』字。乙卷第三章『魚』前有『此』，前二章無者脱也；丙卷第一章『酒美』下有『矣』，而二三兩章則無，此有『矣』者衍也。乙卷三章『酒』下均有『既』字，《正義》云：『酒既旨美，且魚復衆多。』是亦有『既』字。疑《箋》本有『既』字。總括之，第一章《箋》應是『酒既美而此魚又多也』，第二章《箋》應是『酒既多而此魚又美也』，第三章《箋》應是『酒既美而此魚又有也』。

〔一〇六六〕鯢，丙卷、刊本作『鮦』，乙卷作『⿰魚果』。阮校：『《釋文》云「鮦，直冢反」。「鱧」下云「鮦也」。《正義》云「徧檢諸本，或作鱧，鯶；或作鱧，鯇」。又云「或有本作鱧⿰魚果者。定本鱧鮦，鮦與鯶音同」。考此《正義》引舍人曰「鯉名鯇」，下《正義》引孫炎「鱧、鯇一魚」。《釋文》「鮎」下云「毛及前儒鱧爲鯇」，是《傳》正取《爾雅》爲解，注《爾雅》者舊無異説。作「鯇」爲是，作「鮦」者乃依郭注《爾雅》所改，謂鱧、鯇各爲一魚也。作「⿰魚果」者，依《説文》「⿰魚果，鱧也」所改。皆非傳意。』陳奂《詩毛氏傳疏》、馬瑞辰《毛詩傳箋通釋》皆同阮説。案底二乙之『鯢』應是『鯇』之形誤。

〔一〇六七〕又，丙卷、刊本同，乙卷誤作『有』。

〔一〇六八〕也，底二乙無，乙卷亦無，按例當有，兹據丙卷、刊本補。

〔一〇六九〕而此魚又有也，丙卷「而」作「如」，「如」、「而」通假，「如」可讀爲「而」。「也」字底二乙無，乙卷亦無，按例當有，兹據丙卷、刊本補。

〔一〇七〇〕「箋云魚既多又善物其旨矣維其偕矣」諸字底二乙脱去，兹據刊本補。乙卷、丙卷「善」下有「也」字；「偕」作「皆」，「皆」「偕」古今字。

〔一〇七一〕魚既美又齊等，乙卷、刊本同。丙卷脱「既」字，末有「也」字。

〔一〇七二〕魚既有又得其時，乙卷「有」下衍「矣」字。乙卷、丙卷末有「也」字。

〔一〇七三〕魚麗六章其三章章四勾三章章二句，乙卷無，漏抄。「三章章二句」底二乙原無，潘重規謂底二乙脱去，兹據丙卷、刊本補。刊本無「其」字。

〔一〇七四〕辤，乙卷同；丙卷作「辝」，下有「也」字；刊本作「辭」。《干禄字書・平聲》：「辤、辝、辭，上中並辤讓；下辭説。今作辤，俗。」是在唐時，「辤」已成爲「辭」之俗字。

〔一〇七五〕三，底二乙原誤作「二」，兹據乙卷、刊本改正。

〔一〇七六〕則，乙卷作「亦」，刊本無。

〔一〇七七〕乃笙入立于懸中，乙卷、刊本「乃」作「曰」。案作「曰」義長。「懸」，乙卷同，刊本作「縣」，「縣」「懸」古今字。

〔一〇七八〕其時在耳，乙卷、刊本作「時俱在耳」。

〔一〇七九〕弟，乙卷同，刊本作「第」，「弟」「第」古今字。

〔一〇八〇〕其義則與衆篇，底二乙脱「其」、「衆」二字，兹據乙卷、刊本補。乙卷「則」作「即」，「即」、「則」義同。

〔一〇八一〕義，底二乙脱，兹據乙卷、刊本補。

〔一〇八二〕於，乙卷、刊本下有「其」。

〔一〇八三〕爾，乙卷作『尒』，刊本作『耳』，三字通用。

〔一〇八四〕而非孔子之舊制也，乙卷作『而下非孔子之舊也』，刊本同乙卷，惟無『也』字。又自『此三篇者』至此這段《箋》語丙卷無，蓋爲手民所删削。

〔一〇八五〕十篇五十五章三百十五勾，底二乙脱『十篇』之『十』，『五十五章』之『十五』，兹均據刊本補。乙卷、丙卷無此句。

毛詩傳箋（五）（小雅六月—吉日）

伯二五〇六

【題解】

底卷編號爲伯二五〇六，起《小雅·南有嘉魚之什·六月》之小序，至《南有嘉魚之什》末之《吉日》篇，尾題『毛詩卷第十』，《六月》、《采芑》、《車攻》、《吉日》四篇全，共一百三十五行，大字每行十二字，均經文單行大字，傳箋雙行小字。《索引》定名『詩經卷第十殘卷』，《索引新編》因之。《黄目》據尾題定爲『毛詩卷第十』。此寫卷内容有《毛傳》及《鄭箋》，故今定爲《毛詩傳箋（小雅六月—吉日）》。

寫卷不避唐諱，書法精善，羅振玉、姜亮夫均以爲是六朝寫本，王素與李方所著《魏晋南北朝敦煌文献編年》（二七七頁，臺北·新文豐出版公司一九九七）從之。石塚晴通認爲是七世紀中期至後期的中原寫本（《敦煌の加點本》，池田温主編《講座敦煌·五·敦煌漢文文獻》二四七頁，东京大東出版社一九九二）。寫卷無世、民二字，而『淵』（出現三次）、『治』（出現兩次）均不諱，七世紀中期至後期約當太宗、高宗時期，不應不諱『淵』字。應以六朝之説爲是。

羅振玉《敦煌古寫本毛詩校記》（載《敦煌叢刊初集》第八册。簡稱『羅振玉』）對此卷作有簡單的校記。潘重規《巴黎倫敦所藏敦煌詩經卷子題記》（《敦煌詩經卷子研究論文集》，香港新亞研究所一九七〇，簡稱『潘重規』）有數條校札。姜亮夫《敦煌本毛詩傳箋校録》、林平和《敦煌伯二五一四、二五七〇、二五〇六號毛詩詁訓傳小雅殘卷書後》亦有異文校録。

今據《寶藏》一三九册之《欣賞篇》録文，以中華書局影印阮元刻《十三經注疏·毛詩正義》爲校本（簡稱『刊本』），校録於後。

《六月》，宣王北伐也〔一〕。《鹿鳴》廢則和樂缺〔二〕矣。《四牡》廢則君臣缺矣。《皇皇者華》廢則忠信缺矣。《常棣》廢則兄弟缺矣。《伐木》廢則朋友缺矣。《天保》廢則福禄缺矣。《采薇》廢則征伐缺矣。《出車》廢則功力缺矣。《杕杜》廢則師衆缺矣。《魚麗》廢則法度缺矣。《南陔》廢則孝友缺矣。《白華》廢則廉耻缺矣。《華黍》廢則畜〔三〕積缺矣。《由庚》廢則陰陽失其道理矣。《南有嘉魚》廢則賢者不安，下不得其所矣。《崇丘》廢則萬物不遂矣。《南山有臺》廢則爲國之基隊〔四〕矣。《由儀》廢則萬物失其道理矣。《蓼蕭》廢則恩澤乖矣。《湛露》廢則萬國離矣。《彤弓》〔五〕廢則諸夏衰矣。《菁菁者莪》廢則無禮儀矣。小雅盡廢，則四夷交侵，中國微矣〔六〕。

六月棲棲，戎車既飭〔七〕。四牡騤騤，載是常服。棲棲，簡閱皃也〔八〕。飭，正也。日月爲常。服，戎服也。箋云：記六月者，盛夏出兵，明其急也。戎車，革露〔九〕之等也，其等有五。戎車之常服，韋弁服也。玁狁〔一〇〕孔熾，我是用急。熾，盛也。箋云：此序吉甫之意也。北狄交〔一一〕侵甚熾，故王以是急遣我也〔一二〕。王于出征，以匡王國。箋云：于，曰也〔一三〕；匡，正也。王曰：今汝〔一四〕出征玁狁，以正王國之封畿也〔一五〕。比物四驪，閑之維則。物，毛物也。則，法也。言先教戰而後用師也〔一六〕。維此六月，既成我服。我服既成，于卅〔一七〕里。師行卅里。箋云：王既成我戎服，將遣之，戒之曰：日行卅里，可以舍也〔一八〕。王于出征，以佐天子。出征以佐其爲天子也。箋云：王曰：今汝出征〔一九〕，以佐助我天子之事。禦北狄也。四牡脩廣，其大有顒。脩，長也〔二〇〕；廣，大也。顒，大皃也〔二一〕。薄伐玁狁，以奏膚公。奏，爲也〔二二〕；膚，大也〔二三〕；公，功也。有嚴有翼，共武之服。嚴，威也〔二四〕。翼，敬也。箋云：服，事也。言今師之羣帥，有威嚴者，有恭敬者，而共典是兵事。言文武之人備也〔二五〕。共武之服，以定王國。箋云：定，安也。玁狁匪茹，整居焦穫。侵鎬及方，至于涇陽。焦穫，周地也〔二六〕，接于玁狁者也〔二七〕。箋云：匪，非也〔二八〕；茹，度也。鎬也、方也，皆北方地名也〔二九〕。言玁狁之來侵，非其所當度爲也，乃自整齊而處周之焦穫，來侵▨（至）〔三〇〕涇水之北。言其大恣也。織文鳥章，白茷〔三一〕央央。鳥章，錯鳥革〔三二〕爲章也。白茷，繼旐者也。央央，鮮明也〔三三〕。箋云：織，徽織也。鳥章，鳥隼之文也〔三四〕，將帥以下衣皆著也〔三五〕。元戎十乘，以先啓行。元，大也。夏后氏曰鉤車，先正也；殷曰寅車，先疾也；周曰元戎，先良也。箋云：鉤，鉤股〔三六〕，行曲直有正也。寅，進也。二者及元戎，皆可以先前啓突敵陣〔三七〕之前行。其古制之同異未聞也〔三八〕。戎車既安，如輊如軒。四牡既佶，既佶且閑。輊，摯也〔三九〕；佶，正也。箋云：戎車之安也〔四〇〕，從後視之如摯，從前視之如軒，然後調適〔四一〕也。佶，壯健皃也〔四二〕。薄伐玁狁，至于太〔四三〕原。言逐出之而已。文武吉甫，万邦爲憲。吉甫，尹吉甫也，有文有武。憲，法也。箋云：尹〔四四〕吉甫，此時大將也。吉甫燕喜，既多受祉。祉，福也。箋云：吉甫既伐玁狁而歸，天子以燕礼樂之，則懽〔四五〕喜矣，又多受賞賜也。來歸自鎬，我行永久。飲御諸友，炰鼈〔四六〕膾鯉。御，進也。箋云：御，侍也。王以吉甫遠從鎬地來，又日月長久，今飲之酒，使其諸友恩舊者侍之。又加其珍美之饌，所以極懽之也〔四七〕。侯誰在矣？張仲孝友。侯，維也。張仲，賢臣也。善父母爲孝，善兄弟爲友。使文武之臣征伐，与孝友之臣處内也〔四八〕。箋云：張仲，吉甫之友也〔四九〕，其性孝友也〔五〇〕。

《六月》六章，章八句。

《采芑》，宣王南征也。

薄言采芑，于彼新田，于此菑畝。興也。芑，菜也。田一歲曰菑，二歲曰新〔五一〕，三歲曰畬。宣王能新美天下之士，然後用之。箋云：興者，新美之田〔五二〕，喻和治其家，養育其身也。士，軍士者〔五三〕也。方叔莅〔五四〕止，其車三千，師干之式〔五五〕。方叔，卿士〔五六〕，命〔五七〕而爲將也。莅，臨也〔五八〕；師，衆也〔五九〕；干，杅也〔六〇〕；式，用也。箋云：方叔臨視此戎車三千乘，其士卒皆有佐師杅（扞）敵之用〔六一〕。《司馬法》：兵車一乘，甲士三人，步卒七十二人。宣王承亂，羨卒盡起也〔六二〕。方叔率止，乘其四騏，四騏翼翼。箋云：率者，率此戎車士卒而行也。翼翼，壯健之皃也〔六三〕。路車有奭，簟茀魚服，鉤膺鞗〔六四〕革。奭，赤皃也〔六五〕。鉤膺，樊纓也。箋云：茀之言蔽也，車之蔽錺〔六六〕，象席文也。魚服，矢服也。

鞗革，轡首垂者〔六七〕也。薄言采芑，于彼新田，于此中鄉。鄉，所也。箋云：中鄉，美地名也〔六八〕。方叔莅止，其車三千，旂旐央央。箋云：交龍爲旂〔六九〕，龜蛇〔七〇〕爲旐。此言軍衆將率之車皆備者也〔七一〕。方叔率止，約軧〔七二〕錯衡，八鸞瑲瑲。軧，長轂之軧也，朱而約之。錯衡，文衡也。瑲瑲，聲也。服其命服，朱芾〔七三〕斯皇，有瑲葱珩〔七四〕。朱芾，黄朱芾也。皇，煌煌也〔七五〕。瑲，珩聲也。葱，蒼也。三命葱珩，言周室之強，車服之美也。言其強美，斯劣矣。箋云：命服者，命爲將受王命之服也。天子之服，韋弁服，朱衣纁〔七六〕裳也。鴥〔七七〕彼飛隼，其飛戾天，亦集爰止。戾，至也。箋云：隼，急疾之鳥〔七八〕，飛乃至天。喻士卒至勇〔七九〕，能深攻入敵也。爰，於也。亦集於其所止，喻士卒須命乃行也。方叔莅止，其車三千，師干之試。箋云：三稱此者，重師也。方叔率止，鉦人伐鼓〔八〇〕，陳師鞠〔八一〕旅。伐，擊也。鉦以靜之，鼓以動之。鞠，告也。箋云：鉦也、鼓也，各自〔八二〕有人焉。言鉦人伐鼓，互言之耳〔八三〕。二千五百人爲師，五百人爲旅。此言將戰之日，陳列其師旅，以〔八四〕誓告之也。陳師告旅，亦互言也〔八五〕。顯允方叔，伐鼓淵淵，振旅闐闐。淵淵，伐鼓之聲也〔八六〕。入曰振旅，復長幼也。箋云：伐鼓淵淵，謂戰時進衆〔八七〕也。至戰止將歸，又振旅伐鼓闐闐然。振猶止也。旅，衆也。《春秋傳》曰：『出曰治兵，入曰振旅，其礼一也。』蠢爾蠻荆，大邦爲讎。蠢，動也。蠻荆，荆州之蠻也。箋云：大邦，列國之大也。方叔元老，克壯其猶。元，大也。五官之長出於諸侯曰天子之老。壯，大也〔八八〕；猶，道也。箋云：猶，謀也。謀，兵謀也。方叔率止，執信〔八九〕獲醜。箋云：方叔率其士衆，執將可言問、所獲敵人之衆以還歸者〔九〇〕也。戎車嘽嘽，嘽嘽焞焞，如霆如雷。嘽嘽，衆也。焞焞，盛也。箋云：言戎車既衆盛，其威又如雷霆。言雖久在外，无疲勞也〔九一〕。顯允方叔，征伐玁狁，蠻荆來威。箋云：方叔先与吉甫征伐玁狁，今時〔九二〕往伐蠻荆，皆使來服於宣王之威，美其功之多也。

《采芑》四章，章十二句。

《車攻》，宣王復古也。宣王能内脩政事，外攘夷狄，復文武之境土。脩車馬，備器械，復會諸侯於東都，因田獵而選車徒焉。東都，王城也。

我車既攻，我馬既同。攻，堅也[九三]；同，齊也。宗廟齊豪[九四]，尚純也。戎事齊力，尚強也。田獵齊足，尚疾者[九五]也。四牡龐龐，駕言徂東。龐龐，充實也。東都，雒邑也[九六]。田車既好，四牡孔阜。東有甫草，駕言行狩。甫，大也。田者，大芟草以爲防，或舍其中。褐纏旃以爲門，裘纏質以爲槸，閒[九七]容握，驅而入，擊則不得入之[九八]。左者之[九九]左，右者之右，然後焚而射之[一〇〇]。天子發然後諸侯發，諸侯發然後大夫、士發。天子發抗大綏，諸侯發抗小綏，獻禽其下[一〇一]，故戰不出頃，田不出防，不逐奔走，古[一〇二]之道也。箋云：甫草[一〇三]，甫田之草也。鄭有甫田也[一〇四]。之子于苗，選徒嚻嚻。之子，有司也。夏獵曰苗。嚻嚻，聲也[一〇五]。維數車徒者，爲有聲[一〇六]。箋云：于，曰也。建旐設旄，薄獸[一〇七]于敖。敖，地名也[一〇八]。箋云：獸，田獵摶獸也。敖，鄭地，今近熒陽也[一〇九]。駕彼四牡，四牡奕奕[一一〇]。言諸侯來會也。赤芾[一一一]金舄，會同有繹。諸侯赤芾。金舄，達屨也[一一二]。時見曰會，殷見曰同。繹，陳也。箋云：金舄，黃金爲舄，朱色也[一一三]。决[一一四]拾既佽，弓矢既調。决，鉤弦也。拾，遂也。佽，利也。箋云：佽，謂手指相次[一一五]比也。調，謂弓彊弱与矢輕重相得者也[一一六]。射夫既同，助我舉柴。柴，積也。箋云：既同，已射，同復將射之位也。雖不中也[一一七]，必助中者，舉積禽也。四黃既駕，兩驂不猗。言御者之良也。不失其馳，舍矢如破。言習於射[御]法也。箋云：御者之良，得舒疾之中。射者之工，矢發則中，如椎破物也。蕭蕭馬鳴，悠悠旆旌[一一八]。言不讙譁也。徒御不驚，大庖不盈。徒，輦者[一一九]也。御，御馬也。不驚，驚也。不盈，盈也。一曰乾豆，二曰賓客，三曰充君之庖，故自左膘射之，達于右腢[一二〇]，爲上煞[一二一]。射右耳本，次之。射左髀，達于右髆[一二二]，爲下煞。面傷不獻，踐毛不獻，不成禽不獻。禽雖多，擇取卅焉，其餘与卿大夫、士[一二三]。以習射於澤宮，田雖得禽，射不中不得取禽。田雖不得[一二四]，射中則得取禽。古者以辞[一二五]讓取，不以勇力取。箋云：不驚，驚也[一二六]。[不盈，盈][一二七]也。反其言，美之也。『射右耳本』，射當爲達。卅者，每禽卅也。之子于征，有問[一二八]無聲。有善問而無讙譁也[一二九]。箋云：晉人伐鄭。陳成子救之，舍於柳舒之上，去穀七里，穀人不知。可謂有問无聲也[一三〇]。允矣君子，展也大成。箋云：允，信也[一三一]；展，誠也。大成，謂能致大平者也[一三二]。

《車攻》八章，章四句。

《吉日》，美宣王田也。能慎微接下，下〔一三三〕無不自盡以奉其上焉。

吉日維戊，既伯既禱。維戊，順類乘牡也。伯，馬祖也。重物慎微，將用馬力，必先爲之禱〔一三四〕其祖。禱，禱獲也。箋云：戊，剛日也。故乘牡爲順類也。田車既好，四牡孔阜。升彼大阜，從其羣醜。箋云：醜，衆也。田而升阜〔一三五〕，從禽獸之羣〔一三六〕衆也。吉日庚午，既差我馬。外事以剛日。差，擇也。獸之所同，麀鹿麌麌。鹿牝曰麀。麌麌，衆也〔一三七〕。箋云：同猶聚也。麕牝曰麌。麌復麌，言多也。漆〔一三八〕沮之從，天子之所。漆沮之水，麀鹿所生也。從漆沮驅禽，而至〔一三九〕天子之所。瞻彼中原，其祁孔有。祁，大也。箋云：祁當作麎，麎，麋牝也。中原之野甚有之也〔一四〇〕。儦儦〔一四一〕俟俟，或羣或友。趨〔一四二〕則儦儦，行則俟俟。獸三曰羣，二曰友也〔一四三〕。悉率左右，以燕天子。驅禽之左右，以安待天子也〔一四四〕。箋云：率，循也。悉驅禽慎〔一四五〕其左右之宜，以安待王之射者〔一四六〕也。既張我弓，又〔一四七〕挾我矢。發彼小豝〔一四八〕，殪此大兕。殪，壹發而死。言能中微而制大也。箋云：豕牝曰豝也〔一四九〕。以御賓客，且以酌醴。饗醴，天子之飲酒也。箋云：御賓客者，給賓客之御也。賓客，謂諸侯也。酌醴，酌而醴羣臣也〔一五〇〕，以爲俎實者〔一五一〕也。

《吉日》四章，章六句。

《南有嘉魚》之什，十篇，卌〔一五二〕六章，二百七十二句。

毛詩卷第十

【校記】

〔一〕宣王北伐也，刊本下有注文『從此至無羊十四篇是宣王之變小雅』。阮元《詩經校勘記》（以下簡稱『阮校』）云：『閩本、明監本、毛本此下有注，小字本、相臺本無，考文古本同。案山井鼎云：「《釋文》混入注者。」是也。』

〔二〕癈則和樂𦈢矣，刊本「癈」作「廢」，「𦈢」作「缺」。「癈」爲「廢」之俗字；「𦈢」亦爲「缺」之俗字，説見《説文・缶部》「缺」篆下段注。下凡「癈」、「𦈢」皆同，不復出校。

〔三〕畜，刊本作「蓄」，「畜」「蓄」古今字。

〔四〕墜，刊本作「隊」，「隊」「墜」古今字。

〔五〕彤弓，底卷「彤」原作「肜」，形誤字，茲據刊本改正。

〔六〕中國微矣，刊本下有注「六月言周室微而復興美宣王之北伐也」。孔穎達《毛詩正義》（以下簡稱「正義」）云：「定本此序注云：『言周室微而復興，美宣王之北伐也。』案《集本》（平案：當作「集注」）及諸本並無此注。」阮校：「此定本也，《正義》本無。又《正義》云『案《集注》及諸本並無此注』。是當以《正義》本爲長，各本皆沿定本之誤。」寫卷無此注，正與《正義》本同。

〔七〕餝，刊本作「飭」。陸德明《經典釋文・毛詩音義》（以下簡稱「釋文」）云：「飭，音勑，正也，依字從力，脩飾之字從巾，不同也。今人食邊作芳，以爲脩飭之字，借作勑音，非。」案「餝」爲「飾」之俗字，此當作「飭」。《傳》中「餝」字同此。

〔八〕皃也，刊本「皃」作「貌」，無「也」字。據《説文》，「皃」爲小篆隸定字，「貌」爲籀文隸定字。

〔九〕露，刊本作「輅」。羅振玉云：「此作露，即路字。露、路古通用。」案「露」爲「路」之借字，「輅」爲「路」之後世分別文，本當作「路」。段玉裁於《説文》「輅」篆下注：「若近代用輅爲路車字，其淺俗不足道也。」

〔一〇〕獫狁，刊本作「玁狁」。《説文》無「玁」、「狁」二字，本當作「獫」、「允」，説參陳玉樹《毛詩異文箋》卷六。本詩中「獫」字刊本皆作「玁」，下不復出校。

〔一一〕交，刊本作「來」。羅振玉云：「考文古本亦作「交」。」案《正義》云：「所以六月簡閲出兵者，由玁狁之寇來侵甚熾。」是孔所據本亦作「來」。

〔一二〕也，刊本無。

〔一三〕也，刊本無。

〔一四〕汝，刊本作『女』，『女』『汝』古今字。

〔一五〕也，刊本無。

〔一六〕而後用師也，刊本『而』作『然』，無『也』字。

〔一七〕卅，刊本作『三十』。段玉裁《詩經小學》云：『三十，《唐石經》作卅。按二十并爲廿，讀如入；三十并爲卅，讀如趿，即反語之始也。秦琅邪刻石文「維廿六年」，梁父刻石文「廿有六年」，《之罘》、《東觀》皆云「維廿九年」，《會稽》云「卅有七年」，皆四字爲句。《唐石經》詩三十作卅，是三字爲句，不可從也。《廣韻》廿，今直以爲二十字；卅，今直以爲三十字。蓋唐人仍讀爲二十、三十，不讀入讀趿耳。』案：寫卷與《唐石經》同，詩四字爲句，應讀作『三十』。下凡『卅』同字，不復出校。

〔一八〕舍也，刊本作『舍息』。

〔一九〕今汝出征，刊本作『令女出征伐』。前章『王于出征』《箋》云：『今汝出征。』刊本與寫卷同，此當亦作『今』，刊本『令』字蓋为形誤。『女』『汝』古今字。

〔二〇〕也，刊本無。

〔二一〕也，刊本無。

〔二二〕也，刊本無。

〔二三〕也，刊本無。

〔二四〕威也，刊本作『威嚴也』。陳奂《詩毛氏傳疏》云：『《傳》各本「威」下衍「嚴」字，訓「嚴」爲「威」，不訓「嚴」爲「威嚴」也。《常武》「有嚴天子」傳「嚴而威也」，亦訓「嚴」爲「威」。《傳》「威」《箋》「威嚴」，猶《傳》「敬」《箋》「恭敬」，今各本依《箋》增入「嚴」字，《釋文》「嚴，威也」，《正義》「其嚴者威敵厲衆」，是陸、孔所見《毛傳》不重「嚴」字。《華嚴音義》下引傳「嚴，威也」，不誤。』案：寫卷亦無『嚴』字，可證陳説之善。

〔二五〕也，刊本無。

〔二六〕也，刊本無。

〔二七〕也，刊本無。

〔二八〕也，刊本無。

〔二九〕也，刊本無。

〔三〇〕至，底卷存左下角殘畫，兹據刊本擬補。以下底卷中凡殘字、缺字、脱字補出者，均據刊本，不復一一注明。

〔三一〕茷，刊本作『旆』。《釋文》：『白茷，本又作旆，蒲貝反，繼旐曰茷。《左傳》云「蒨茷」是也。一曰旆與茷古今字殊。』臧琳《經義雜記》卷七『白茷央央』條云：『茷與旆古今字也。陸氏所見本有作「旆」者，恐是後人改從正字。而今本遂從之也。』陳奐《詩毛氏傳疏》、馬瑞辰《毛詩傳箋通釋》説同。案：『旆』爲『旆』之俗字。

〔三二〕鳥革，刊本作『革鳥』。《正義》曰：『《釋天》云：「錯革鳥曰旟。」孫炎曰：「錯，置也。革，急也。畫急疾之鳥於縿也。」』陳奐《詩毛氏傳疏》云：『讀革鳥爲急鳥是，蓋錯之爲言涂也，錯亦畫也。』案：寫卷作『鳥革』者，蓋不解『革鳥』之意而妄改。

〔三三〕也，刊本作『貌』。

〔三四〕文也，刊本作『文章』。

〔三五〕也，刊本作『焉』。

〔三六〕鉤股，刊本作『鞶』。《釋文》出『鉤股』。阮校：『閩本、明監本、毛本同，小字本、相臺本重「鉤」字。考文古本同。案重者是也。《正義》標起止云「箋鉤鉤鞶」可證。《釋文》本鞶作股，云「音古」。《正義》云「定本鉤鞶作鉤般」，又云「蓋謂此車行，鉤曲般旋」。考《箋》云「行曲直有正也」，乃取曲鉤直股爲義，般與股形相近也。《爾雅》釋文載李巡注「鉤股」云：「水曲如鉤，折如人股。」孫炎、郭璞本作「般」，注云：「盤桓者

〔三七〕誤。」當以《釋文》本爲長。」案：寫卷作『鉤股』，可證阮説之善。

〔三八〕陣，刊本作『陳』。『陣』爲『陳』之俗字。

〔三九〕古制之同異未聞也，刊本無『古』、『也』二字。

〔四〇〕也，刊本無。

〔四一〕也，刊本無。

〔四二〕調適，刊本作『適調』。

〔四三〕壯健皃也，刊本作『壯健之貌』。《釋文》：『佶，其乙反，又其吉反。毛：正也；鄭：壯健貌。』則《釋文》所據本與寫卷同。

〔四四〕太，刊本作『大』，『大』『太』古今字。

〔四五〕尹，刊本無。《毛傳》已以『吉甫』爲『尹吉甫』，依《鄭箋》通例，當承毛作『尹吉甫』。

〔四六〕懽，刊本作『歡』。『懽』、『歡』《説文》分在兩部，段氏云『音義皆略同』。其實應是重文，説見王筠《説文釋例補正》。

〔四七〕鼈，刊本作『鱉』。《説文》有『鼈』字，『鱉』爲後起别體。

〔四八〕懽之也，刊本作『勸也』。阮校：「小字本、相臺本「勸」下有「之」字。案有者是也。』案阮校謂當有『之』，是也。然『勸』應是『歡』之誤，《正義》云：『在家諸同志之友與俱飲，以盡其歡。』是孔所據本作『歡』。寫卷作『懽』，字與『歡』同。

〔四九〕与孝友之臣處内也，刊本『与』作『與』，無『也』字。『与』、『與』二字古混用無别，敦煌寫本多用『与』字，後世刊本多改作『與』。下凡此均不復出校。

〔五〇〕也，刊本無。

也，刊本無。

〔五一〕新，刊本作『新田』。《爾雅·釋地》云：『田一歲曰菑，二歲曰新田，三歲曰畬。』陳奂《詩毛氏傳疏》於《周頌·臣工》『如何新畬』傳『田二歲曰新，三歲曰畬』下考云：『《六書故》「畬」下引《爾雅》作「二岁曰新」，無「田」字，與此傳同。今《爾雅》「新」下衍「田」字。』案：陳説是也。此修辭學上爲承上省之格式，「田」字已見於上，後均可省略。寫卷『新』下正無『田』字，可爲陳説之證。

〔五二〕田，刊本無『田』字，『喻』字屬上讀。案當以寫卷爲長。

〔五三〕者，刊本無。『者』當是爲雙行對齊而添。

〔五四〕莅，刊本作『涖』。《説文》有『竦』字，莅、涖皆後起别體。本詩中『莅』字同此，不復出校。

〔五五〕式，刊本作『試』。《爾雅·釋言》：『試、式，用也。』二字義同。本詩中『式』字同此。

〔五六〕『卿士』下刊本有『也』字。

〔五七〕命，刊本作『受命』。

〔五八〕也，刊本無。

〔五九〕也，刊本無。

〔六〇〕杆也，『杆』當作『扞』，俗書扌、木混淆之故；刊本無『也』字。

〔六一〕扞敵之用，刊本下有『爾』。

〔六二〕也，刊本無。

〔六三〕壯健之皃也，刊本無『之』、『也』二字。

〔六四〕鞗，刊本作『鞗』。《説文》作『鋚』，『鞗』後起換旁字，『鞗』又『鞗』之省旁字。《箋》中『鞗』字同此。

〔六五〕也，刊本無。

〔六六〕鎊，刊本作『飾』，『鎊』爲『飾』之俗字。

〔六七〕者，刊本無。此當爲雙行對齊而添。

〔六八〕也，刊本無。

〔六九〕旂，底卷原作「祈」，形誤字，茲據刊本改正。

〔七〇〕虵，刊本作「蛇」。《新加九經字樣・虫部》：「蛇，今俗作虵。」

〔七一〕將率之車皆備者也，刊本「率」作「帥」，無「者也」二字。「帥」、「率」二字古多通用，將帥之「帥」《説文》作「衛」，「帥」、「率」均借字也，説詳《説文》「衛」篆下段注。

〔七二〕軝，刊本作「軧」。阮校：「《唐石經》、小字本、相臺本「軧」作「軝」。案「軝」字是也。《釋文》、《五經文字》可證。」《傳》中「軝」字同此。

〔七三〕茀，刊本作「芾」。《釋文》：「茀，本又作芾，或作紱，皆音弗。」《説文》無「芾」字，《巿部》云：「巿，韠也。上古衣蔽前而已，巿以象之。天子朱巿，諸侯赤巿，卿大夫蔥衡。韍，篆文巿，从韋从犮。俗作紱。」《艸部》：「茀，道多草，不可行。」是巿、芾古今字，「茀」爲「芾」之借字。《傳》中「茀」字同此。

〔七四〕有鎗葱珩，刊本「鎗」作「瑲」，「葱」作「蔥」。《説文・王部》：「瑲，玉聲也。」金部：「鎗，鐘聲也。」是「瑲」爲正字，「鎗」爲借字。「葱」、「蔥」皆爲「蔥」之後起別體。《傳》中「葱」、「鎗」字同。

〔七五〕皇煌煌也，刊本作「皇猶煌煌也」。案有「猶」字較合於訓詁體例。

〔七六〕纁，刊本無。《釋文》：「朱衣裳，本或作朱衣纁裳，纁衍字。」

〔七七〕鴪，刊本作「鴥」。《秦風・晨風》「鴥彼晨風」，《釋文》：「鴥，《説文》作鴪，尹橘反，疾飛貌。」段玉裁《説文解字注》據《釋文》所引《説文》改「鴥」爲「鴪」。伯二五二九《毛詩》寫卷作「鴪」，正與《釋文》所引《説文》同。今此寫卷作「鴪」，亦與《釋文》所引《説文》同。

〔七八〕「急疾之鳥」下刊本有「也」字。

〔七九〕至勇，刊本作「勁勇」。

〔八〇〕鼔，刊本作「鼓」。段玉裁認爲「鼔」、「鼓」皆「鼓」之誤字（《説文・鼓部》「鼓」篆下注）。下「鼔」字同此。

〔八一〕鞫，刊本作『鞠』，『鞫』正字，『鞠』借字。
〔八二〕自，刊本無。
〔八三〕之耳，刊本無『之』字，『耳』作『爾』。句末語氣詞『耳』、『爾』古多通用。
〔八四〕以，刊本無。
〔八五〕也，刊本作『之』。
〔八六〕伐鼓之聲也，刊本作『鼓聲也』。
〔八七〕衆，刊本作『士衆』。
〔八八〕也，刊本無。
〔八九〕信，刊本作『訊』。蔡主賓《敦煌寫本儒家經籍異文考》云：『訊、信同音通叚。』案蔡説是也。《釋文》：『訊，音信。』《小雅·出車》亦有『執訊獲醜』句，是『訊』爲本字，『信』爲借字。
〔九〇〕者，刊本無。此當爲雙行對齊而添。
〔九一〕无疲勞也，刊本『无疲』作『無罷』。《説文·亾部》：『无，奇字無也。』『罷』爲『疲』之借字。
〔九二〕時，底卷原寫作『將』，旁改爲『時』，刊本作『特』。
〔九三〕也，刊本無。
〔九四〕宗庿齊豪，刊本『庿』作『廟』，『豪』作『毫』。『庿』爲『廟』之古文；《説文》有『豪』無『毫』，『毫』爲後起别體。
〔九五〕者，刊本無。此當爲雙行對齊而添。
〔九六〕東都雒邑也，刊本作『東洛邑也』。陳奂《詩毛氏傳疏》云：『雒邑，即王城。《羣書治要》作「雒」，今作「洛」，非。』經文僅『東』字，《毛傳》不應出『東都』二字，然若作『東雒邑也』，則於理不合，『東』無『雒邑』之義。疑『東』下本有一重文符號，作『東=都雒邑也』，讀作『東，東都，雒邑也』。

〔九七〕閒，刊本作『間』，『閒』『間』古今字。

〔九八〕之，刊本無。

〔九九〕之，刊本無。阮校：『小字本、相臺本作「左者之左」，閩本、明監本、毛本同。案有「之」字是也。』

〔一〇〇〕之，刊本作『焉』。

〔一〇一〕『其下』前刊本有『於』字。

〔一〇二〕『走古』二字底卷原脱，後補於界欄外地腳。

〔一〇三〕『甫草』下刊本有『者』字。

〔一〇四〕也，刊本無。

〔一〇五〕聲也，此二字底卷在行末，界欄外有『選數』二小字，應是後補。刊本無此二字。《邶風・柏舟》『威儀棣棣，不可選也』毛傳：『物有其容，不可數也。』釋『選』爲『數』，然此乃通解全句，而非單爲『選』字訓詁。此處《毛傳》云『維數車徒者，爲有聲』，亦釋『選』爲『數』，而不單爲『選』字作詁。疑《毛傳》本無此條訓詁，寫卷後加，蓋手民據後通解之語而擅增。

〔一〇六〕『有聲』下刊本有『也』字。

〔一〇七〕薄獸，刊本作『搏獸』。惠棟《九經古義・毛詩上》、段玉裁《詩經小學》據《後漢書・安帝紀》、《水經・沛水》、《文選・東京賦》李善注及《初學記》卷二十二引認爲當作『薄狩』。陳奂《詩毛氏傳疏》則逕改爲『薄狩』。胡承珙《毛詩後箋》、馬瑞辰《毛詩傳箋通釋》均認爲《毛詩》本作『薄獸』，作『狩』者借字，與惠、段、陳說略有不同。潘重規云：『此卷經文「搏」作「薄」，最是。惠、段之説，得此灼然無疑。然經文作「獸」，則非誤字，惠、段之説，仍當細參。蓋狩、獸古本同字，經文作「獸」或作「狩」，均無不可。《箋》以「田獵搏獸」釋「獸」者，謂此薄獸之獸乃動詞。猶《七月》「一之日于貉」箋云：「于貉，往搏貉以自爲裘也。」亦謂于貉之貉爲動詞也。《七月》以搏貉釋貉，猶此以搏獸釋獸，皆辨明詩人屬辭，以名爲動，不得謂爲誤字也。』

則與胡、馬之説同也。

〔一〇八〕也，刊本無。

〔一〇九〕熒陽也，刊本『熒』作『滎』，無『也』字。阮校：『「滎」當作「熒」。《六經正誤》云：「作熒誤。」其説非也，後人多依之改「熒」爲「滎」，詳見《沿革例》中。』案阮説是。寫卷作『熒』，可爲其證。

〔一一〇〕弈弈，刊本作『奕奕』。敦煌寫卷『大』部多有寫作『廾』部者，『弈』當是『奕』之俗寫變體。

〔一一一〕茀，刊本作『芾』。説參校記〔七三〕。《傳》中『茀』字同。

〔一一二〕諸侯赤茀金舄達屨也，刊本作『諸侯赤芾金舄舄達屨也』，較寫卷多一『舄』字。《正義》云：『言諸侯赤芾，對天子當朱芾也。言「金舄，達屨」者……。』是孔所據本作『諸侯赤芾。金舄，達屨』，與寫卷同（茀、芾字通）。陳奐《詩毛氏傳疏》云：『達屨釋金舄，不徒釋舄。據《正義》舄上有金字，不誤也。《正義》云：「言金舄，達屨者，達屨，屨之最上達者也。」』胡承珙《毛詩後箋》云：『毛傳本以「諸侯赤芾」絶句，下云「金舄，達屨也」。蓋衍一「舄」字，非脱一「金」字。』刊本多一『舄』者，乃誤以『金舄』二字屬上讀以致下『達屨』無着落而臆增。

〔一一三〕黄金爲舄朱色也，底卷『爲舄』二字乃用小紙補貼於旁。刊本作『黄朱色也』。

〔一一四〕夬，刊本作『決』。《釋文》：『夬，本又作決，或作抉，同，古穴反，鉤弦也。』朱駿聲《説文通訓定聲》云：『夬，本義當爲引弦彄也。』《説文・水部》：『決，行流也。』是『夬』爲正字，『決』爲借字。《傳》中『夬』字同。

〔一一五〕次，刊本作『佽』。

〔一一六〕弓彊弱与矢輕重相得者也，刊本『彊』作『強』，無『者也』二字。『強』爲『彊』之借字。『者也』二字當爲雙行對齊而添。

〔一一七〕也，刊本無。

〔一一八〕旍，刊本作「旌」。《説文》有「旌」無「旍」，《五經文字·𠂉部》云：「旌，從生，作旍訛。」則「旍」爲後起別體也。

〔一一九〕者，刊本無。「者」爲衍文。

〔一二〇〕左膘射之達于右腢，刊本左膘下有「而」字，《公羊傳·桓公四年》「一曰乾豆」何休注：「自左膘射之達於右䯚。」亦無「而」字。「腢」字《説文》作「髃」，「腢」、「䯚」皆後起換旁字。

〔一二一〕煞，刊本作「殺」。《干禄字書·入聲》以「煞」為「殺」之俗字。下凡「煞」字皆不復出校。

〔一二二〕髆，刊本作「䏚」。《釋文》：「䏚，餘繞反，又胡了反，謂水脁也。字書無此字。一本作髆，音羊紹反，又羊招反，吕忱于小反。本或作膘。」吴承仕《經籍舊音辨證》以「䏚」爲「髆」之譌字，「髆」爲「䏚」之別體。案：《説文》無「䏚」字，故黄侃《經籍舊音辨證箋識》認爲「䏚」、「髆」皆爲「膘」之別體。今從之。寫卷作「髆」，蓋爲「髆」之形誤。

〔一二三〕其餘与卿大夫士，刊本作「其餘以與大夫士」。

〔一二四〕「不得」下刊本有「禽」字。

〔一二五〕辞，刊本作「辭」。敦煌寫本「辭」多寫作「辤」或「辞」。

〔一二六〕不驚驚也，底卷兩「驚」字本皆作「敬」，音誤字，兹據刊本改正。

〔一二七〕不盈盈，底卷原脱，兹據刊本補。

〔一二八〕問，刊本作「聞」，二字古多通用，「聞」正字，「問」借字。《傳》、《箋》中「問」字同此。

〔一二九〕讙譁也，刊本作「諠譁之聲」。《釋文》：「讙，呼端反，又作諠。」陳奐《詩毛氏傳疏》云：「諠即讙之異體，《説文》有「讙」無「諠」，知《毛傳》作「讙」不作「諠」矣。」

〔一三〇〕也，刊本無。

〔一三一〕也，刊本無。

〔三三〕謂能致大平者也，刊本無「能」、「者」二字，「大」作「太」。案「大」「太」古今字。

〔三三〕下，刊本無。《正義》云：「以宣王能慎於微事，又以恩意接及羣下，王之田獵能如是，則羣下無不自盡誠心以奉事其君上焉。」是孔所據本有「下」字。案有「下」字義長。

〔三四〕禱，底卷此字下原有重文符號。案此處「禱」字不必重，故據刊本删之。

〔三五〕阜，刊本作「大阜」。

〔三六〕之羣，底卷誤倒作「羣之」，兹據刊本乙正。

〔三七〕衆也，刊本作「衆多也」。

〔三八〕涑，刊本作「漆」。就字形而言，「涑」應爲「沛」字篆文的隸定字（參《漢語俗字叢考》三頁），然此當爲「漆」字隸變之異者。《傳》中「涑」字同此。

〔三九〕至，刊本作「致」。阮校：「相臺本「致」作「至」，案作「至」字是也。」

〔四〇〕也，刊本無。

〔四一〕麃麃，刊本作「儦儦」。《説文·人部》：「儦，行皃。」鹿部：「麃，麞屬。」是作「儦」者正字，「麃」則爲假借字。《傳》中「麃」字同此。

〔四二〕趍，刊本作「趣」。「趍」爲「趨」之俗字，「趣」、「趨」二字古多通用。

〔四三〕也，刊本無。

〔四四〕也，刊本無。

〔四五〕慎，刊本作「順」，「慎」爲「順」之借字。

〔四六〕者，刊本無。此當爲雙行對齊而添。

〔四七〕又，刊本作「既」。阮校：「《唐石經》初刻「又」，後改「既」，案初刻誤也。《正義》可證。」

〔四八〕豝，刊本作「豝」。案《箋》云「豕牡曰豝」，是當從「豕」旁，此作豸旁，應是俗字。《箋》中「豝」同此。

〔一四九〕豕牡曰豝也，刊本作『豕牡曰豝』。底卷『牡』字有改動之痕迹，疑本寫作『牝』，後改作『牡』。《釋文》：『豝，音巴，豕牡曰豝。』黄焯《經典釋文彙校》云：『何校本「牡」作「牝」。案「牝」字是也。《説文》及《騶虞》毛傳並作「牝」。』案黄説是也，《爾雅·釋獸》：『牝，豝。』底卷蓋據誤本而誤改。

〔一五〇〕醴羣臣也，刊本『醴』作『飲』，無『也』字。案《正義》云：『言酌而醴羣臣以爲俎實者。』是孔所據本亦作『醴』。

〔一五一〕者，刊本無。

〔一五二〕卌，刊本作『四十』。『卌』爲『四十』之合文。

毛詩傳箋（六）（小雅小弁—巧言）

俄敦五五八八

【題解】

底卷編號爲俄敦五五八八，存《小雅·節南山之什·小弁》末章『無逝我梁，無發我笱』箋『盜我大子母子之寵』之『子之寵』，至《巧言》首章『昊天泰憮』之『泰』字。凡十一行，第一行及末行殘損極甚，八、九、十行下截殘泐。大字每行十五字，經文單行大字，傳箋雙行小字。《俄藏》無定名，今定名爲《毛詩傳箋（小雅小弁—巧言）》。寫卷第九行『民』字缺末筆，應是唐寫本。

今據《俄藏》録文，以中華書局影印阮元刻《十三經注疏·毛詩正義》爲校本（簡稱『刊本』），校録於後。

（前缺）

子之寵也〔一〕。□▨（我躬）▭〔二〕▨（詩）〔三〕也。』□□（孟子）曰：『何以言之？』曰：『怨乎？』孟子曰：『固哉，夫高搜〔四〕之爲詩也！有越人於此，關弓而射我〔五〕，我談笑〔六〕而道之，無他，［疏之也。兄弟關弓而射我，我則垂涕泣而道之，無他］〔七〕，戚之也。然則《小弁》之怨，親親也。親親，仁也。固哉，夫高搜之爲詩也〔八〕！』曰：『《凱風》何以不怨？』曰：『《凱風》，親之過小也〔九〕；《小弁》，親之過大也〔一〇〕。親之過大而不怨，是愈疏也；親之過小而怨，是不可機〔一一〕也。愈疏，不孝也；不可機，亦不孝▨（也）〔一二〕。不可〔一三〕。孔子曰：「舜其至孝矣乎〔一四〕，五十而慕。」』箋云：念父，孝也。□□□（大子念）王將受讒言不止，我死之後，懼復有被讒者，無□□（如之）何，故自決云：我身不能得〔一五〕自容，何暇乎〔一六〕乃憂我死之後也？

《小弁》八章，章八句〔一七〕。

《巧言》，刺幽王也。大夫傷[於]〔一八〕讒，而〔一九〕作是詩也。

悠悠昊天，曰父母且。無罪▨(無)〔二〇〕□□□□(辜，亂如此)憮〔二一〕。憮，大也。箋云：悠悠，▨(思)▭〔二二〕言其且爲民之父母也〔二三〕，今▭〔二四〕如此，甚敖慢無法度也。昊天▭〔二五〕▨(泰)▭〔二六〕

(後缺)

【校記】

〔一〕也，刊本無。

〔二〕我躬，底卷『我』字殘缺，『躬』字殘存左半『身』之左邊部分殘畫，兹據刊本擬補。以下凡底卷中殘字、缺字補出而未特別説明者，均據刊本，不復一一注明。『躬』下底卷殘泐，刊本作『不閲遑恤我後念父孝也高子曰小弁小人之』。

〔三〕詩，底卷殘存左半『言』字。

〔四〕搜，刊本作『叟』。『搜』爲『叟』之同音借字。下『搜』字同此。

〔五〕我，刊本作『之』。阮元《詩經校勘記》云：『小字本、相臺本「之」作「我」。案「我」字是也，下作「我」。《角弓》正義引《孟子》同。』

〔六〕我談笑，刊本作『我則談笑』。

〔七〕疏之也兄弟關弓而射我我則垂涕泣而道之無他，底卷無，此應是看錯『無他』二字之位置而誤脱，兹據刊本補。『疏』字刊本作『疎』，『疎』爲俗字。寫卷下均作『疏』而不寫作『疎』，故據改。下凡底卷作『疏』而刊本作『疎』者，不復出校。

〔八〕也，刊本無。

〔九〕也，刊本作『者也』。

〔一〇〕也，刊本作『者也』。

〔一一〕機，刊本作『磯』。《孟子·告子下》作『磯』。阮元《孟子校勘記》云：『段玉裁曰：「注中訓磯，激也，但於雙聲求之。磯與㮣、槩字古音同，謂摩也。故《毛詩音義》曰：磯，居依反，又古愛反，古假借字耳。近人以石激水解之，殊誤。《說文》固無磯字。」段說不可解。焦循《孟子正義》申之云：『《廣雅·釋詁》云：「㮣，摩也。」摩之即所以平之，然則不可磯即不可㮣，亦即不可平。因母不安其室，心不能平，因而怨懟，與不可激之義亦相近。』然焦氏於此解亦不自信，故又云：『或磯即「事父母幾諫」之幾，顯露其親之過，是不可幾也。』案：焦氏所疑是也。《說文·絲部》：『幾，微也。』微者，隱也。《論語·里仁》：『事父母幾諫，見志不從，又敬不違。』幾諫者，微諫也，亦即隱諱而諫也。《禮記·檀弓上》：『事親有隱而無犯。』鄭注：『隱，謂不稱揚其過失也。無犯，不犯顔而諫。《論語》曰：「事父母，幾諫。」』對父母之過，不當顯言而諫之。寫卷作『機』，即『幾』之借字（二字古多通用，例多不贅），不可機者，不能隱也。不能隱父母之過，是爲不孝之子。自《孟子》寫作『磯』（趙岐訓爲『激』，其所見本已誤），其義遂不可解矣。下『機』字同此。

〔一二〕也，底卷存右下角殘畫。

〔一三〕不可，刊本無。二字蓋爲衍文。

〔一四〕乎，刊本無。《孟子·告子下》無『乎』字。

〔一五〕不能得，刊本作『尚不能』。

〔一六〕乎，刊本無。

〔一七〕勾，刊本作『句』。《干禄字書·去聲》：『勾、句，上俗下正。』

〔一八〕於，底卷無，伯二九七八《毛詩》寫卷及刊本均有『於』字，下《巷伯》小序云：『寺人傷於讒。』故據以補『於』字。

〔一九〕而，刊本作『故』。伯二九七八《毛詩》寫卷亦作『而』。

〔二〇〕無，底卷存右邊殘畫。

〔二一〕憮，刊本作『幠』。陸德明《經典釋文·毛詩音義》云：『幠，火吴反，下同。毛：大也，鄭：傲也。』盧文弨《經典釋文考證》改『憮』爲『幠』。段玉裁《詩經小學》云：『今本作憮，誤也。』阮元《詩經校勘記》説同。馬瑞辰《毛詩傳箋通釋》則認爲『憮』爲『幠』之借字。案：『忄』旁與『巾』旁形近，古多有混寫者，疑『幠』作『憮』亦由此。《傳》中『憮』字同此。

〔二二〕思，底卷殘存下部『心』旁。『思』下底卷殘泐約十五字，刊本作『也幠敖也我憂思乎昊天愬王也始者』。

〔二三〕民之父母也，底卷『民』缺末筆，乃避諱缺筆字，兹據刊本改。刊本無『也』字。

〔二四〕『今』下底卷殘泐約十一字，刊本作『乃刑殺無罪無辜之人爲亂』。

〔二五〕『昊天』下底卷殘泐約八字，刊本作『已威予慎無罪昊天』。

〔二六〕泰，此字底卷存右邊殘畫，其形不似刊本之『大』。《經典釋文·毛詩音義》云：『大，音泰，本或作泰。』盧文弨《經典釋文考證》云：『《唐石經》、足利本皆作「泰」。』則此殘損之字當爲『泰』，故據補。馮登府《三家詩異文疏證》云：『古作「大」，無作「太」作「泰」者。』『泰』下底卷殘泐，刊本作『幠予慎無辜威畏慎誠也箋云已泰皆言甚也昊天乎王甚可畏王甚敖慢我誠無罪而罪我』。

毛詩傳箋（七）（小雅巧言—何人斯）

斯一五三三背

【題解】

底卷編號爲斯一五三三背，《翟目》在正面《維摩詰經》卷下云：『在背面貼有補丁。』而《斯坦因劫經録》、《黄目》、《索引新編》皆不記卷背。《寶藏》影印了卷背補丁，不過没有定名。至《英藏》，方始編號爲斯一五三三背，以『殘片』題之。這些殘片應該是用來修補《維摩詰經》破損處的補丁。

《英藏》收録七片，未收其中的佛經殘片。這七個殘片中，有五片是《詩經》碎片。其中四片是《小雅・節南山之什・巧言》的内容；一片爲《小雅・節南山之什・何人斯》第八章内容。均經文單行大字，傳箋雙行小字。這五片字體相同，應來自同一抄卷，只是前四片與第五片之間殘缺一大塊。此由許建平定名並綴合，説詳《英倫法京所藏敦煌寫本殘片八種之定名並校録》（《敦煌學》第二十四輯，臺北樂學書局二〇〇三）。

今據《英藏》録文，以中華書局影印阮元刻《十三經注疏・毛詩正義》爲校本（簡稱『刊本』），校録於後。

（前缺）

□父母[一]且。無罪□悠悠，思[二]；撫[三]，敖也。我獨憂□[四]其且為民□（之）父母，今乃刑

煞[五]無罪無□[六]法度[七]。昊天已威，予順[八]□威[九]，畏；慎，成[一〇]。箋□[一一]甚可畏，

王□譖[一二]始□

（中缺）

□得。有靦面□為蜮〔一三〕，則汝〔一四〕誠不□相〔一五〕視無有極時。

（後缺）

【校記】

〔一〕父母，底卷存左半，兹據刊本擬補。以下底卷中凡殘字、缺字補出而未特别説明者，均據刊本，不復一一注明。

〔二〕『悠悠思』前底卷殘泐。從前一行『無罪』至此『悠悠』間底卷約缺經文六字，傳箋文五字，刊本作『無辜亂如此幠幠大也箋云』。『悠悠』，底卷原寫作『佟〻』，『佟』當是『悠』之譌，兹據刊本改。刊本『思』下有『也』字。

〔三〕撫，刊本作『幠』。《説文·手部》：『撫，安也，一曰揗也。』又巾部：『幠，覆也。』段注：『《釋詁》：幠，大也。幠，有也。皆覆義之引申也。《投壺》曰：無幠無敖，注曰：幠、敖皆慢也。又其引申也。』《爾雅·釋詁》『幠，大也』郭注引《詩》作『亂如此幠』。是作『幠』者本字，『撫』當是假借字。

〔四〕獨憂，刊本無『獨』字。『憂』下底卷殘泐約十字，刊本作『思乎昊天愬王也始者言』。

〔五〕煞，刊本作『殺』，『煞』爲『殺』之俗字。

〔六〕『無』下底卷殘泐約十一字，刊本作『辜之人爲亂如此甚敖慢無』。

〔七〕『法度』下刊本有『也』字。

〔八〕順，刊本作『慎』，『順』爲『慎』之借字。

〔九〕威，自前行『順』至此『威』間底卷約缺經文十字，刊本作『無罪昊天大幠予慎無辜』。

〔一〇〕成，刊本作『誠』，下有『也』字。『成』爲『誠』之借字。

〔一一〕『箋』下底卷殘缺約十一字，刊本作『云已泰皆言甚也昊天乎王』。

〔一二〕譖，自前行「王」至此「譖」間底卷約缺箋文十字及經文四字，刊本作「甚敖慢我誠無罪而罪我亂之初生」。「譖」，刊本作「僭」。案：《毛傳》：「僭，數。」《鄭箋》云：「僭，不信也。」陳奐《詩毛氏傳疏》認爲「僭當爲譖」。馬瑞辰《毛詩傳箋通釋》認爲當從《毛傳》之義，乃是以「僭」爲「譖」之假。玄應《一切經音義》卷五《摩訶摩耶經》「涵潤」條下引《詩》作「譖始既涵」，王先謙《詩三家義集疏》因而認爲《毛詩》作「僭」，而今文三家詩作「譖」。陸德明《經典釋文·詩經音義》出「既涵」，云：「毛音含，容也；鄭音咸，同也。《韓詩》作減，減少也。」則《韓詩》此句乃作「僭始既減」，今玄應所引作「譖始既涵」，應是引《毛詩》，而非引《韓詩》。王先謙以爲玄應所引爲三家詩，誤矣。今此寫本作「譖」，則似毛本原即作「譖」也。其作「僭」者，蓋後人所改。

〔一三〕「爲蜮」前底卷殘泐，刊本作「目視人罔極蜮短狐也靦姡也箋云使女爲鬼」。刊本「蜮」下有「也」字。

〔一四〕汝，刊本作「女」，「女」「汝」古今字。

〔一五〕「相」前底卷殘泐約十四字，刊本作「可得見也姡然有面目女乃人也人」。

毛詩傳箋（八）（小雅北山、鼓鍾）

伯四〇七二D

【題解】

底卷編號爲伯四〇七二D，由兩件殘片組成。第一片存《小雅·谷風之什·北山篇》内容，起『我從事獨賢』箋『獨使我從事於役』之『我』，至『或王事鞅掌』，凡六行。第二片為《谷風之什·鼓鍾篇》文，存首章，起『鼓鍾將將』至『淑人君子』箋『其用禮樂，各得其宜』之『其用』，凡三斷行。兩片均大字每行十八字，經文單行大字，傳箋雙行小字。其字體相同，行款亦相同，當爲一卷之裂，唯中間殘缺《無將大車》、《小明》二篇。潘重規《敦煌詩經卷子拾零》首次定名爲『伯四〇七二四毛詩小雅北山鼓鐘故訓傳殘卷』（《敦煌學》第四輯，一九七九年七月），此定名應該説基本正確。然《黄目》未能採用，而定名爲《詩經小雅谷北鄭箋》，此蓋據《十三經索引》（葉紹鈞主編，中華書局一九八三）之簡稱定名，而未檢《詩經》目録。《十三經索引》之簡稱豈能取以作爲《詩經》寫卷定名之依據。而且『谷北』意指《谷風之什·北山篇》，並未概括出本卷所存《北山》、《鼓鍾》兩詩内容。《索引新編》定名爲《詩經殘片》，過於籠統，可知亦未能採用潘重規之定名。寫卷傳箋兼具，今擬名爲《毛詩傳箋（小雅北山、鼓鍾）》。

潘重規《敦煌詩經卷子拾零》有録文。今據縮微膠卷録文，以中華書局影印阮元刻《十三經注疏·毛詩正義》爲校本（簡稱『刊本』），校録於後。

（前缺）

我從事於役〔一〕。自苦之辝〔二〕。四牡彭彭，王▨（事）〔三〕傍傍。彭彭然〔四〕不得息，傍傍然終不得已也〔五〕。嘉我未老，鮮我方將。將，壯也。箋云：嘉、鮮皆［善］〔六〕也。王善我年未老乎？善我方壯乎？何獨久使我也？旅▨（力）〔七〕方剛，經營四方。旅，衆也。箋云：王□□（謂此）士〔八〕衆之氣力方盛乎？何乃勞苦使之經營四方？或燕燕居息，燕燕，安息之皃〔九〕。或盡瘁事國。盡力勞病，以從國事。或息偃在床〔一〇〕，或不已于行。箋云：不已猶不止也。或不知叫號，或▨（慘）慘▨（劬）勞〔一一〕。▨▨（叫呼）也〔一二〕；□□□（號，召也）。或棲遲〔一三〕偃仰，或王事▨（鞅）〔一四〕掌。

（中缺）

鼓〔一五〕鍾將將，淮水湯湯，憂心▭〔一六〕▨（淫）〔一七〕樂，以示〔一八〕諸侯。賢者為之憂傷焉〔一九〕。箋云▭〔二〇〕象不出門。今乃於淮水之上，作先王之▨（樂）▭〔二一〕淑人君子，懷允不忘。箋云：淑▭〔二二〕▨▨（其用）▭〔二三〕

（後缺）

【校記】

〔一〕役，刊本作『役』。《説文·殳部》：『古文役从人。』

〔二〕辝，刊本作『辭』。敦煌寫本『辭』多寫作『辝』，《干禄字書·平聲》：『辝、辤、辭，上中竝辝讓；下辭説，今作辝，俗。』是在唐時，『辝』已成爲『辭』之俗字。

〔三〕事，底卷脱上部，兹據刊本擬補。以下底卷中凡殘字、缺字補出者，均據刊本，不復一一注明。

〔四〕然，底卷原誤作『壯』，兹據刊本改正。

〔五〕終不得已也，刊本無『終』、『也』二字。

〔六〕善，底卷脱，兹據刊本補。

〔七〕力，底卷殘存左上角。

〔八〕士，刊本作『事』。案作『士』較善。

〔九〕之皃，刊本無『之』字，『皃』作『貌』。據《説文》，『皃』爲小篆隸定字，『貌』爲籒文隸定字。

〔一〇〕床，刊本作『牀』。《干禄字書・平聲》：『床、牀，上俗下正。』

〔一一〕慘慘劬勞，底卷前一『慘』存右半『參』，『劬』殘脱左半『句』之部分。

〔一二〕叫呼也，底卷『叫』存左半『口』，『呼』存右半『乎』。刊本無『也』字。

〔一三〕遲，刊本作『遟』。『遲』爲『遟』之俗字。

〔一四〕鞅，底卷存右半『央』。

〔一五〕皷，刊本作『鼓』。《正字通・皮部》：『皷，俗鼓字。』

〔一六〕『憂心』下底卷殘泐半行，刊本作『且傷幽王用樂不與德比會諸侯於淮上鼓其』。

〔一七〕淫，底卷殘存右半之最下一横。

〔一八〕示，底卷原誤作『土』，兹據刊本改正。

〔一九〕焉，刊本無。

〔二〇〕『箋云』下底卷殘泐箋文約十一字，刊本作『爲之憂傷者嘉樂不野合犧』。

〔二一〕樂，底卷存上半。『樂』下底卷殘泐，刊本作『失禮尤甚』。

〔二二〕『淑』下底卷殘泐箋文約十字，刊本作『善懷至也古者善人君子』。

〔二三〕其用，底卷均殘存右半。『用』下底卷殘泐約十字，刊本作『禮樂各得其宜至信不可忘』。

毛詩傳箋（九）（大雅文王之什）

北敦一四六三六（北新八三六）（底一）　伯二六六九A（底二）

【題解】

底一編號爲北敦一四六三六，原新字號爲八三六，始自《大雅·文王》，至《皇矣》「監觀四方，求民之莫」箋「監，視也」之「視」，共一百二十三行，第一〇一至一一三行之上截殘缺，行約二十四字，行有界欄，經文單行大字，傳箋雙行小字。今擬名爲《毛詩傳箋（大雅文王—皇矣）》。殘卷「世」、「民」、「治」等字多不諱，第七十七行「葉」字寫作「茱」，又卷後粘貼「大曆序」，即「唐天成三年（九二八）戊子歲具注曆日一卷」，卷背爲天復二年（九〇二）翟奉達所寫《逆刺占》。此卷抄寫粗疏，字迹惡劣，譌誤衍脱者觸目皆是，蓋爲晚唐抄本也。

底二編號爲伯二六六九，該號有兩部分内容，前爲《大雅·文王之什》，一百七十七行；後爲《齊風》與《魏風》，一百零四行。兩者本非一卷，説詳《毛詩傳箋（齊風—魏風）》篇題解。爲方便敘述，今以《國風》部分爲伯二六六九B，《大雅》部分爲伯二六六九A。伯二六六九A起《文王》「假哉天命，有商孫子」箋「堅固哉」之「固」，至《文王有聲》末。《文王之什》十篇中唯第一篇《文王》殘缺前三章，餘皆全。大字每行二十餘字，經文單行大字，傳箋雙行小字。今擬名爲《毛詩傳箋（大雅文王之什）》。殘卷「世」、「民」、「治」等字多不諱，但第一五四行「世」字缺筆作「丗」；又卷背有雜寫一行「大順貳年伍月十九日遜迎☒」，説明其抄寫年代不會晚於唐昭宗大順二年（八九一年），而且寫卷書法低劣，硬筆所書，應該是中唐以後的抄本。卷背有以極小之字所寫字音，注於正面的經、傳、箋之字的對應位置。潘重規《敦煌毛詩詁訓傳殘卷題記》（載《敦煌詩經卷子研究論文集》，香港新亞研究所一九七〇）録出三十字字音，並據之與《經典釋文》及《廣韻》對勘，認爲非採自《釋文》、《廣韻》而爲六朝人舊音，可能是《毛詩音隱》一類著作之遺迹。

傅振倫《敦煌寫本毛詩詁訓傳三卷》（《續修四庫全書總目提要》上册三〇一頁，中華書局一九九三，簡稱『傅振倫』）、潘重規《敦煌毛詩詁訓傳殘卷題記》（簡稱『潘重規』）均曾對底二作過校勘，姜亮夫《敦煌本毛詩傳箋校録》（《敦煌學論文集》，上海古籍出版社一九八七）對底二也有校録。

本篇先以底一爲底本，自《文王》『殷士膚敏』起以底二爲底本。底一據中國國家圖書館所藏原卷録文，底二據縮微膠卷録文，以中華書局影印阮元刻《十三經注疏·毛詩正義》爲校本（簡稱『刊本』），校録於後。

毛詩文王之什詁訓傳第廿三〔一〕　卷廿六　大雅一　鄭氏箋

《文王》，文王受命作周也。受命，受天命而王天下，制立周邦。

文王在上，於昭于天。在上，在民上也。於，歎辞也〔二〕。昭，見〔三〕。箋云：文王初爲西伯，有功於民，其德著見於天〔四〕，[故天]〔五〕命之以爲王，使君天下也。崩，謚曰文。周雖舊邦，其命維新。乃新在文王也。箋云：大王聿來胥宇而國於周，王迹始〔六〕起矣，而未有天命。至[文王]〔七〕而受命。言新者，美之也。有周不顯，帝命不時。有周，周〔八〕。[不顯，顯也]〔九〕。顯，光也。不時，[時也]〔一〇〕。時，是也。箋云：周之德不光明乎？光明矣。天命之不是乎？又是也〔一一〕。文王陟降，在帝左右。言文王升接天，下接人〔一二〕。箋云：在，察也〔一三〕。文王能知天意〔一四〕，順其所爲，從而行[之]〔一五〕。

亹亹文王，令聞〔一六〕不已。陳錫哉周，侯文王孫子。文王孫子，本枝〔一七〕百世。亹亹，勉也。哉，載也〔一八〕；侯，維也。本，本宗也。枝，枝子也。箋云：令，善也〔一九〕；哉，始也〔二〇〕；侯，君也。勉勉乎不倦，文王之勳〔二一〕，用明德也。其善聲問〔二二〕日見稱歌，無止時也。乃由敷恩之施〔二三〕，以受天命造始周國〔二四〕，故天下君[之]〔二五〕。其子孫，適爲天子，庶爲諸侯，皆百世。凡周之士，不顯亦世。不示〔二六〕世顯德乎！[士]者世禄也〔二七〕。箋云：周之士〔二八〕，謂其臣有光明之德者，亦德〔二九〕世世在位，重其功也。世之不顯，厥猶翼翼。思皇多士，生此王國。王[國]〔三〇〕克生，維周之禎〔三一〕。翼翼，恭也〔三二〕。思，辞也。皇，天也〔三三〕；禎，幹也。箋云：猶，謀也〔三四〕；思，願

[也]〔三五〕。周之臣既世世光明，其德〔三六〕爲君之謀事忠敬翼翼然，又願天多〔三七〕生賢人於此邦。此邦能生之，則是我周之幹〔三八〕事之臣。濟濟多士〔三九〕，文王以寧。濟濟，多威儀〔四〇〕。穆穆文王，於緝熙敬止。假哉天命，有商孫子。穆穆，美也。緝熙，光明也。假，固也。箋云：穆穆乎〔四一〕文王，有天[子]〔四二〕之容。於美乎！能敬〔四三〕其光明之德。堅固哉〔四四〕！天爲此命之，使臣有殷之子孫也〔四五〕。商之子孫〔四六〕，其麗不億。上帝既命，侯于周服。麗，數也。盛德不可爲衆也。[箋]〔四七〕云：于，於也。商之子孫，其數不徒億，多言之也。至天命文王之後〔四八〕，乃爲君於周之九服之忠〔四九〕。[言]衆之不如德〔五〇〕。侯服于周，天命靡常。則見天命之無〔五一〕常也。箋〔五二〕云：無常者，善則就之，惡則去之也〔五三〕。殷士膚敏〔五四〕，祼將于京。厥作祼將，常服黼冔〔五五〕。殷士，殷侯也。膚，美也〔五六〕；敏，疾也。祼，灌鬯□(也)〔五七〕。周人尚臭〔五八〕。將，行也〔五九〕；京，大也〔六〇〕。黼，白与〔六一〕黑也。冔，殷冠也。夏后氏曰收，殷曰冔〔六二〕，周曰冕。牋〔六三〕云：殷之臣莊〔六四〕美而敏，來〔六五〕助周祭。其助祭自服殷之服，明文王以德不以強也〔六六〕。王之藎〔六七〕臣，無念爾〔六八〕祖。藎，進也〔六九〕。無念，念〔七〇〕也。祖，先祖〔七一〕。牋云：今王之進用臣〔七二〕，當念汝先祖之法爲之〔七三〕。今王，庠成王〔七四〕。無念爾祖，聿脩厥德。永言配命，自求多福。聿，述也〔七五〕；言，我也；永，長也〔七六〕。我長配天命而行〔七七〕，爾庶國亦當自求多福〔七八〕。牋云：長猶常也〔七九〕。王既聿脩祖德〔八〇〕，常言當配天命而行〔八一〕，則福禄自來也〔八二〕。殷[之]〔八三〕未喪師，尅〔八四〕配上帝。帝乙以前也〔八五〕。牋云：師，衆也。殷自紂父之〔八六〕前，未喪天下之時，皆能配天而行，故不可亡也〔八七〕。宜監〔八八〕于殷，駿命不易。駿，大也。牋云：王〔八九〕宜以殷王賢愚爲鏡。天之大命，不可改易〔九〇〕。命之不易，無遏爾躬。宣照〔九一〕義問，有虞殷自天。遏，止也〔九二〕；義，善也〔九三〕；虞，度也。牋云：宣，遍也〔九四〕；有，又〔九五〕也。天之大命已不可改易〔九六〕，當使子孫長行之，無終汝身則止〔九七〕。遍明以礼義，問老成人，又度殷之所以慎天之事而施行之〔九八〕。上天之載，無聲〔九九〕無臭。儀刑文王，萬邦作孚。載，事也〔一〇〇〕；刑，法也〔一〇一〕；孚，信也。牋〔一〇二〕云：天之道難知也。耳不聞音聲〔一〇三〕，鼻不聞香臭，儀法〔一〇四〕文王之事，則天下咸信而慎之〔一〇五〕。

《大明》八章，上二章、第四章、第七章皆六句，第三、第五、第六及卒章皆八句〔一〇六〕。

《大明》，文王有明德，故天復命武〔王〕〔一〇七〕也。二聖相承，其明德日以廣大，故曰大明也〔一〇八〕。

明明在下，赫赫〔一〇九〕在上。明明，察也。文王之德，明明於下，故赫赫然著見於天。箋云：明明者，文王、武王施明德於〔一一〇〕天下，其德徽應灼然照見於天〔一一一〕，謂三辰有効驗〔一一二〕。天難忱斯，不易維王。天位殷適，使不浹於〔一一三〕四方。忱，信也〔一一四〕。紂居天位，而又殷之正適〔一一五〕。浹，達也。箋云：天之意難信矣，不可改易者，天子也。今紂居正位〔一一六〕，又殷之正適〔一一七〕，以其爲惡，故天乃絶奄之〔一一八〕，殷之教令使不行於四方〔一一九〕，四方共叛〔一二〇〕之。是天命之〔一二一〕無常，維德是予耳〔一二二〕。言此者，厚美周也〔一二三〕。摯仲氏任，自彼殷商〔一二四〕，來嫁于周，曰嬪于京。乃及王季，維德之行。摯，國也；任，姓也。摯國之中女也〔一二五〕。嬪，婦也〔一二六〕；京，大也。王季，大王之子，文王之父〔一二七〕。箋云：京，周國之地〔一二八〕，小別名也。及，与也。摯國之〔一二九〕中女曰大任，從殷商之畿內，來〔一三〇〕嫁爲婦於周之京，配王季，而与之共行仁義之德，同志意也〔一三一〕。

大任有身，生此文王。大任，仲任〔一三二〕。身，重〔一三三〕也。箋云：重者謂懷孕也〔一三四〕。維此文王，小心翼翼。昭事上帝，聿懷多福。厥德不回〔一三五〕，以受方國。回，違也。箋云：小心翼翼，恭慎狠也〔一三六〕。昭，明也〔一三七〕；聿，述也〔一三八〕；懷，思也。方國，四方來附者也〔一三九〕。此言文王之有德，亦由父母也〔一四〇〕。

天監在下，有命既集。文王〔一四一〕初載，天作之合。在洽之陽，在渭之涘。集，就也〔一四二〕；載，識也〔一四三〕；合，配也〔一四四〕。洽，水也〔一四五〕。渭，水也〔一四六〕。涘，崖〔一四七〕也。箋云：天監視善惡於下〔一四八〕，其命將有〔一四九〕所依就，則豫福助之；於文王也〔一五〇〕，生適有所識〔一五一〕，則天爲之生賢配於氣勢之處〔一五二〕，使之有〔一五三〕賢才。謂生大姒也〔一五四〕。文王嘉止，大邦有子。嘉〔一五五〕，美也。箋云：文王聞大姒〔一五六〕之賢，則美之曰：大邦有子女可以爲妃。乃使求婚也〔一五七〕。大邦有子，俔（啓見）〔一五八〕天之妹。俔（啓見）〔一五九〕，罄〔一六〇〕也。箋云：既使問名，還則卜〔一六一〕之。卜之〔一六二〕，又知大姒〔一六三〕之賢，尊之如天之有女弟〔一六四〕。文定厥祥，言大姒之有文德〔一六五〕。祥，善也。箋云〔一六六〕：問名之後，卜而得〔一六七〕吉，則文王以礼〔一六八〕定其吉祥，謂使納幣〔一六九〕。親迎于渭。言賢聖之相〔一七〇〕配也。箋云：賢女配〔一七一〕聖人，得其宜，故備礼也〔一七二〕。造舟爲梁，不顯其光。言受命之宜，王基乃始於是也。天子造舟，諸侯維舟，大夫方舟〔一七三〕，士特舟。造舟然後可以顯其光〔一七四〕。牋云：迎大姒〔一七五〕而更爲梁者，欲其昭着〔一七六〕，示後世敬婚礼也〔一七七〕。不明於其婚礼之有光暉〔一七八〕，美之〔一七九〕。天子造舟，周之制也〔一八〇〕。殷時未有等制。有命自天，命此文王，于周于京。纘女維莘〔一八一〕，長子維行。纘，繼也。莘，大姒國也。長子，長女也〔一八二〕。能行大任之德〔一八三〕。牋云：天爲將命文王，使君天下於周京之地〔一八四〕，故〔一八五〕亦爲作合，使繼大任之女事於莘國〔一八六〕，莘國之長女大姒則配文王〔一八七〕，維德之行〔一八八〕。篤生武王，保佑〔一八九〕命尔，燮〔一九〇〕伐大商。篤，厚也〔一九一〕；佑，助也〔一九二〕；燮，和也。牋云：天降氣於大姒〔一九三〕，厚生聖子武王，天能安而助之〔一九四〕，又遂命之尔，使協和伐殷之事〔一九五〕。［協和伐殷之事］〔一九六〕，謂合位於三五〔一九七〕。殷商之旅，其會如林。矢於〔一九八〕牧野，維予〔一九九〕侯興。旅，衆也。如〔二〇〇〕林，言衆而不［爲］〔二〇一〕用也。矢，陳也〔二〇二〕；興，起也。言天下之望周〔二〇三〕。牋云：殷盛合其兵衆〔二〇四〕，陳〔二〇五〕於商郊之牧野，而天乃以予諸侯有德〔二〇六〕，當起爲天子者。言天去紂，与周師勝〔二〇七〕。上帝臨汝〔二〇八〕，無貳尔心！言無敢懷貳心〔二〇九〕。牋云：臨，視也〔二一〇〕。女，女武王也。天護視汝〔二一一〕，伐紂必尅〔二一二〕，无有疑心也〔二一三〕。牧野洋洋，檀車煌煌，駟騵彭彭。洋洋，廣大〔二一四〕也。煌煌，明也。駟〔二一五〕馬白腹曰騵。言上周下殷也。牋云：言其〔二一六〕戰地寬廣，明於時不用權詐〔二一七〕。兵車鮮明，而馬又強〔二一八〕，則閑〔二一九〕暇且整。維師尚父，時維鷹楊〔二二〇〕，諒〔二二一〕彼武王。師，太〔二二二〕師也。尚父，可尚可父也〔二二三〕。鷹楊，如鷹之飛楊也。諒，佐也。牋云：尚父，吕望〔二二四〕；父，尊稱〔二二五〕。鷹，鷙鳥也〔二二六〕。佐武王者，爲之上將也〔二二七〕。肆伐大商，會朝清明。肆，疾也。會兵甲〔二二八〕，不崇朝而天下清明也〔二二九〕。牋云：肆，故今也。會，合也。以天期〔二三〇〕已至，兵甲之強，師［率］之武〔二三一〕，故今〔二三二〕伐殷，合兵以清明〔二三三〕。《尚書·㩳誓》〔二三四〕曰：『時甲子昧爽，武王朝至於〔二三五〕商郊牧野，乃誓也。』〔二三六〕

《綿》〔二三七〕九章，章六句〔二三八〕。

《綿》，文王之興，本〔二三九〕大王也。大王能興綿綿之化，文王因以廣大也〔二四〇〕。

綿綿瓜瓞，民之初生，自土沮桼〔二四一〕。興也。綿綿，不絶狠〔二四二〕。瓜，紹〔二四三〕。瓞，瓟也〔二四四〕。民，周民也〔二四五〕。自，用也〔二四六〕；土，居也。沮，水；漆，水名也〔二四七〕。牋云：瓜之本〔二四八〕實，繼先歲之瓜，必小，狀似瓟，故謂之瓞。

綿綿然若將無長大時也〔二四九〕。興者，諭后稷乃帝嚳之胄〔二五〇〕，堯〔二五一〕封於邰。其後公［劉］失職〔二五二〕，遷于豳〔二五三〕，居柒沮〔二五四〕之地，歷世亦綿綿〔二五五〕然。至大王而德益盛，得其民之心〔二五六〕而生王業，故本［周］之興〔二五七〕，云於柒沮〔二五八〕。

古公亶甫〔二五九〕，陶復〔二六〇〕陶穴，未有家室。古公，豳公〔二六一〕。［古］〔二六二〕言久也。亶甫，字也〔二六三〕。或殷以名〔二六四〕言，質也。古公處豳，狄〔二六五〕人侵之。事之以皮幣〔二六六〕，不得〔二六七〕免焉。事之以犬〔二六八〕馬，不得免焉。事之以珠玉〔二六九〕，不得免焉。屬其〔二七〇〕耆老而告之曰：『翟〔二七一〕人之所欲，欲吾土地也〔二七二〕。吾則〔二七三〕聞之，土地養人〔二七四〕，君子不以其所養人而害人。二三子何患無君？』乃〔二七五〕去之。踰于〔二七六〕梁山，邑於〔二七七〕岐山之下。豳人曰：『仁人［之］〔二七八〕君，不可失也〔二七九〕。』從之〔二八〇〕如歸市。陶其土而復之，陶其壤而〔二八一〕穴之。室内曰家。未有寢廟〔二八二〕，亦未有家室〔二八三〕。箋云：古公〔二八四〕據文王，本其祖〔二八五〕。諸侯之臣，稱君〔二八六〕曰公。復者，復於地上〔二八七〕。鑿地曰穴，皆如陶然。本其〔二八八〕在豳時也。傳曰〔二八九〕自古公處豳而下，爲二章發也〔二九〇〕。

古公亶甫，來朝走馬。率西水滸，至于岐下。爰及姜女，聿來胥宇。率，循也。滸，水崖〔二九一〕也。姜女，大姜也。胥，相也〔二九二〕；宇，居也。箋云：來朝走馬，言其避〔二九三〕惡早且疾也。循西水崖，柒沮〔二九四〕水側也。爰，於也〔二九五〕；及，与也〔二九六〕；聿，自也。於是与其配大姜自來相可居者〔二九七〕，著大姜之賢智〔二九八〕也。

周原膴膴（亡甫）〔二九九〕，堇荼如飴（羊之）〔三〇〇〕。爰始爰〔三〇一〕謀，爰契（啓計）〔三〇二〕我龜。周原，柒沮之間〔三〇三〕。膴膴，肥〔三〇四〕美也。［堇，菜也］〔三〇五〕。荼，苦菜也。契，開也。箋云：廣平曰原。周之原地〔三〇六〕，在岐山之南，膴膴然肥美也〔三〇七〕。其所〔三〇八〕生菜，雖有性苦〔三〇九〕者，皆甘如飴〔三一〇〕。此地將可居，故於是始与豳人之從己者謀。謀〔三一一〕從，大王〔三一二〕又於是契灼其龜而卜之，［卜之］則吉，皆是從矣〔三一三〕。

曰止曰時，築室于茲。箋云：時，是也〔三一四〕；茲，此也〔三一五〕。卜從則曰可止居於是，可作室家於此〔三一六〕，定民心，安其止也〔三一七〕。

迺慰〔三一八〕迺止，迺左迺右。迺彊〔三一九〕迺理，迺宣迺畝。自西徂東，周爰執事。慰，安也〔三二〇〕；爰，於也。箋云：時耕曰宣。徂，往也。民心定，乃安隱其居處〔三二一〕，迺〔三二二〕左右而處之，迺彊理其經界，迺時耕其田畝，於是從西方而往東之人，皆〔三二三〕於周執事，競出力也。豳与周原不能爲東西〔三二四〕，據至時從水滸而言之〔三二五〕。

迺〔三二六〕召司空，迺召司徒，俾立室家。箋云：俾，使也。司空、司徒，皆卿官也〔三二七〕。司空〔三二八〕掌營國邑，司徒掌教及徒衆之事〔三二九〕，故召之使立室家之位處也〔三三〇〕。 其乘〔三三一〕則直，縮板〔三三二〕以載，作廟〔三三三〕翼翼。言不失繩直也。乘之謂縮之〔三三四〕。君子將營宮室，宗廟〔三三五〕爲先，廐庫爲次，居室〔三三六〕爲後。牋云：繩者，營其廣輪方制之正也。既正，則以索縮其築板，上下相承而起〔三三七〕。廟〔三三八〕成則嚴顯翼翼然。乘當爲繩〔三三九〕。 捄（姜牛）之陾陾（而升）〔三四〇〕，度之薨薨〔三四一〕。築之登登，削屢（恭具）馮馮〔三四二〕。捄，虆（力癸）〔三四三〕也。陾陾，衆也。度，居也。言百姓之勸勉〔三四四〕。登登，用力〔三四五〕。削牆鍛屢〔三四六〕之聲馮馮然。牋云：捄，捊（蒲侯）〔三四七〕也。度猶投〔三四八〕。築牆者捊取〔三四九〕壤土，盛之以虆，而投諸板中也〔三五〇〕。 百堵皆興，鼛鼓〔三五一〕弗勝。皆，俱也。鼛，大鼓〔三五二〕，長一丈二尺。或鼛或〔三五三〕鼓，言勸事樂〔三五四〕功也。牋云：五板爲堵。興，起也。百堵同時起，鼛鼓不能止之使休息〔三五五〕。凡大鼓之側必〔三五六〕有小鼓，謂之應鞞、朔鞞〔三五七〕。《周礼》〔三五八〕曰：『以鼛鼓止役事。』〔三五九〕 迺立皋門〔三六〇〕，皋門有伉（肯浪）〔三六一〕。 迺立應門，應門將將。王之郭門曰皋門。伉，高狠〔三六二〕。王之〔三六三〕正門曰應門。將將，嚴正也〔三六四〕。美大王作郭門以致皋門，作正門以致應門〔三六五〕。牋云：諸侯之宮〔三六六〕，外門曰皋門，朝門曰應門，內有路寢門〔三六七〕。天子之宮，加之以庫、雉也〔三六八〕。 迺立冢土，戎醜攸行〔三六九〕。冢，大也〔三七〇〕；戎亦大也〔三七一〕；醜，衆也。冢土，大社也〔三七二〕。起大事，動大衆，必先有事于〔三七三〕社而後出，謂之宜。美大王之〔三七四〕社，遂爲大社〔三七五〕。牋云：大社者，動大衆〔三七六〕，將所告而行也〔三七七〕。《春秋傳》曰：『蜃，宜社之肉也。』〔三七八〕 肆不殄〔三七九〕厥慍，亦不隕厥問。柞棫拔（蒲外）〔三八〇〕矣，行道兑（土外）〔三八一〕矣。肆，故今也。殄，絶也〔三八二〕；慍，恚也〔三八三〕；隕，墜也。兑，成傒〔三八四〕也。牋云：小聘曰問。柞，櫟也。棫，白桵也〔三八五〕。文王見大王立冢土〔三八六〕，有用大衆之義〔三八七〕，故不絶去其恚惡〔惡〕人〔三八八〕之心，亦不廢〔三八九〕其聘問隣國之礼。今以柞棫生柯葉之時〔三九〇〕，使大夫將師旅出聘問，其行道士衆兑然，不有征伐之意也〔三九一〕。 混夷駾（他外）〔三九二〕矣，維其喙矣。駾，突也〔三九三〕；喙，困〔三九四〕也。牋云：混夷，夷狄國也。見文王之使者將士衆過己國〔三九五〕，則惶怖驚走，奔突入此柞棫之中而逃，甚困遽也〔三九六〕。是之〔三九七〕謂一年伐混夷，大王避狄〔三九八〕；文王伐混夷，成道興〔三九九〕國，其志一也〔四〇〇〕。 虞芮質厥〔四〇一〕成，文王蹶厥生。質，成也〔四〇二〕。成，平也。蹶，動也。虞芮之君，相与爭田，久〔四〇三〕而不平，乃相謂曰：『西伯〔四〇四〕，仁人也，盍往質焉〔四〇五〕？』乃相与〔四〇六〕朝周。入其境〔四〇七〕，則耕者讓畔，行者讓路。入其邑，則〔四〇八〕男女異路，斑白不提挈〔四〇九〕。入其朝，士讓爲大夫，大夫讓爲卿〔四一〇〕。二國之君，感而相謂曰：『我等小人也〔四一一〕，不可以履君子之朝〔四一二〕。』乃相讓〔四一三〕，以其所爭田爲閑田〔四一四〕而退。天下聞之而歸周者卌餘國〔四一五〕。箋云：虞芮之質平，而文王動其綿綿然〔四一六〕民初生之道，謂廣其德而王業日大也〔四一七〕。予曰有疏附，予曰有先後，予曰有奔走〔四一八〕，予曰有禦侮。率下親上曰疏附，相道前後曰先後〔四一九〕，諭〔四二〇〕德宣譽曰奔走，武臣折衝曰禦侮〔四二一〕。箋云：予，我也，詩人自我也。文王之德所以至然者，我念之曰：此亦由有疏附、先後、奔走、禦侮之臣力也〔四二二〕。疏附，使疏者親也〔四二三〕。奔走，使人歸趍之也〔四二四〕。

《棫樸》五〔章〕〔四二五〕，章四勾。

《棫樸》，文王能官人也。

芃芃〔扶雄〕〔四二六〕棫樸，薪之槱〔四二七〕之。興也。芃芃，木盛狠也〔四二八〕。棫，白桵也〔四二九〕。樸，苞〔四三〇〕木也。槱，積也。山木茂盛，万〔四三一〕民得而薪之。賢人衆多，國家得用蕃興也〔四三二〕。箋云：白桵根〔四三三〕相樸屬而生者，枝條芃芃然，豫斫以爲薪。至祭皇天上〔四三四〕帝及三辰，則聚積以燎之〔四三五〕。濟濟辟王，左右趣之。趣，趍也。箋云：辟，君也。君王，謂文王也〔四三六〕。〔文王〕臨祭祀〔四三七〕，其容狠則濟濟然敬也〔四三八〕。左右之諸臣皆促疾於其事〔四三九〕，謂相助積薪也〔四四〇〕。濟濟辟王，左右奉璋。半圭〔四四一〕曰璋。箋云：璋，璋〔四四二〕瓚也。祭祀之礼，王裸以圭瓚，諸臣〔四四三〕助之，亞裸以璋瓚也〔四四四〕。奉璋峨峨〔四四五〕，髦士攸〔四四六〕宜。峨峨，盛莊〔四四七〕也。髦，俊也。箋云：士，卿士〔四四八〕也。奉璋之儀峨峨〔四四九〕然，故今俊士之所宜也〔四五〇〕。淠彼涇舟〔四五一〕，烝徒楫〔慈立〕之〔四五二〕。淠，舟〔行〕狠也〔四五三〕。楫，櫂也。箋云：烝，衆也。淠淠然涇水中之舟，慎〔四五四〕流而行者，乃衆徒船人以楫櫂之故也。以興〔四五五〕衆臣之賢者，行君之政令也〔四五六〕。周王于邁，六師及之。天子六軍〔四五七〕。箋云：于，往也〔四五八〕；邁，行也〔四五九〕；及〔四六〇〕，与也。周王往行，謂出兵征伐也。二千五百人爲師。今王興師行者，殷末之制，未有〔四六一〕周礼。《周礼》：『五師爲軍。』〔四六二〕軍万二千五百人也〔四六三〕。倬彼雲漢，爲章于天。倬，明大狠〔四六四〕。雲漢，天河〔四六五〕。箋云：雲〔四六六〕漢之在天，其爲文章，譬猶天子爲法度於天下〔四六七〕。周王壽考，遐不作人。遐，遠也。不作，爲也。遠爲人矣〔四六八〕。箋云：周王，文王也。文王是時九十餘矣〔四六九〕，故云『壽考』。『遠不爲〔四七〇〕人』者，其爲〔四七一〕政變化紂之惡俗，皆使善〔四七二〕，近如新作人也〔四七三〕。追（都迴）〔四七四〕琢其章，金玉其相。追，雕〔四七五〕也。金曰雕，玉曰琢。相，質也。牋云：《周礼·追師》『掌追衡笄』，則追亦治玉之名〔四七六〕。相，視也，猶觀視也〔四七七〕。琢玉使成文章〔四七八〕，喻文王〔四七九〕爲政，先以心研精之〔四八〇〕，合於礼義，然後施之萬民〔四八一〕，萬民視而觀之，甚〔四八二〕好而樂之，如覩金玉然。言其政可樂也〔四八三〕。勉勉我王，綱紀四方。牋云：我王〔四八四〕，謂文王也。以綱紀喻爲政教〔四八五〕，張之爲綱，理之爲紀也〔四八六〕。

《旱鹿》〔四八七〕六章，章四句。

《旱鹿》，受祖也。周之先祖，世脩后稷、公劉之業，大王、王季申以〔四八八〕百福干禄焉。

瞻彼旱鹿，榛（側仁）〔四八九〕楛濟濟。旱，山名也〔四九〇〕。鹿，山足也。濟濟，衆多也。牋云：旱山之足，林木茂盛〔四九一〕，得山〔四九二〕雲雨之潤澤也。諭周邦之民獨得豐樂者〔四九三〕，被其君之德教也〔四九四〕。愷悌〔四九五〕君子，干禄愷悌。干，求也。言陰陽〔四九六〕和，山藪殖〔四九七〕，故君子得以干禄樂易也〔四九八〕。牋云：君子，謂大王、王季也〔四九九〕。以有樂易之德〔五〇〇〕施於民，故其〔五〇一〕求禄亦得樂易。瑟彼玉瓚，黄流在中。玉瓚，圭〔五〇二〕瓚也。黄金所以〔五〇三〕飾。流，鬯也。九命然後錫以秬鬯、圭瓚〔五〇四〕。牋云：瑟，潔鮮狠也〔五〇五〕。黄流，鬯酒也〔五〇六〕。圭瓚之狀，以圭爲柄，黄金爲勺〔五〇七〕，青金爲外，朱爲中央〔五〇八〕。殷王帝乙之時，王季爲西伯，以有功德受此賜也〔五〇九〕。愷悌君子，福禄攸降。牋云：攸，所也〔五一〇〕；降，下也。戴〔五一一〕飛戾天，魚躍于淵。言上下察也。牋云：戴，鵄〔五一二〕之類，鳥之貪惡者〔五一三〕。飛而至天〔五一四〕，諭〔五一五〕惡人遠去，不爲民害也。魚跳躍於〔五一六〕淵中，諭民喜樂得其所也〔五一七〕。愷悌君子，遐不作人。牋云：遐，遠也。言大王、王季之德近於變化，人使如新作人也〔五一八〕。清酒既載，騂牡既備。言年豐畜碩也〔五一九〕。牋云：既載，謂已在樽〔五二〇〕中也。祭祀之事，先爲清酒，其次擇牲。故舉二者也〔五二一〕。以享以祀〔五二二〕，以介景福。言祀所以〔五二三〕得福也。牋云：介，助也〔五二四〕；景，大也。瑟彼柞棫，民所燎矣。瑟，衆狠也〔五二五〕。牋云：柞棫之〔五二六〕所以茂盛者，乃民熫（香氣）燎除其傍草〔五二七〕，養治之，使〔五二八〕無害也。愷悌君子，神所勞矣。牋云：勞，勞來，猶言祐〔五二九〕助。　莫莫葛藟，施于條枚。莫莫，施貌也〔五三〇〕。箋云：葛［也］、藟也，延蔓於木之枝本而茂盛〔五三一〕。諭子孫依緣先人之功而起也〔五三二〕。　愷悌君子，求福不回。箋云：不回〔五三三〕，不違先祖之道。

《思齊》〔五三四〕四章，章六句〔五三五〕。

《思齊》，文王所以聖也。言其〔五三六〕非但天性，德有所由成也〔五三七〕。

思齊大任，文王之母。思媚周姜，京室之婦。齊，莊也〔五三八〕；媚，愛也。周姜，太〔五三九〕姜也。京室，王室也。箋云：京，周地小別名也〔五四〇〕。常思莊敬者，大任也，乃爲文王之母。又常思愛大姜之配大王之礼，故能爲京室之婦。言其德行純備，故能〔五四一〕生聖子也。大姜言周，大任言京，見其謙恭自卑小也。　大姒嗣徽音，則百斯〔五四二〕男。大姒，文王之妃也。大姒十子〔五四三〕，衆妾則宜百子也。箋云：徽，美也。嗣續大任之美音者〔五四四〕，謂續行其善教令也〔五四五〕。　惠于宗公，神罔時怨，神罔時恫（土工）〔五四六〕。宗公，宗神也。恫，痛也。箋云：惠，愼〔五四七〕也。宗公，大臣也。言〔五四八〕文王爲政，諮〔五四九〕於大臣，愼〔五五〇〕而行之，故能當於神明，神明無是怨恚。其所行者，無是痛傷。其行將無有凶禍也〔五五一〕。　刑於〔五五二〕寡妻，至于兄弟，以御于家邦。刑，法也。寡妻，［適妻］〔五五三〕也。訝〔五五四〕，迎也。箋云：寡妻，寡有之妻，言賢也。御，治也。文王以礼〔五五五〕法接待其妻，至于〔五五六〕宗族。以此又能爲政治於家邦也〔五五七〕。《書》曰：『乃寡兄朂。』又曰『越乃御事』也〔五五八〕。　雝雝〔五五九〕在宮，肅肅在廟〔五六〇〕。雝雝，和也。肅肅，敬也。箋云：宮謂壁雍宮也〔五六一〕。群臣助文王〔五六二〕養老則尚和，助祭於廟則尚敬〔五六三〕，言得礼之宜也〔五六四〕。　不顯亦臨，無斁〔五六五〕亦保。以顯臨之。保，安也〔五六六〕；斁，厭也〔五六七〕。箋云：臨，視也。保猶居也。文王之在壁雝也，已有賢才之質而不明達者〔五六八〕，亦得觀於礼；於六藝無斁才者，亦得居於位。言養善使之積小以成高大也〔五六九〕。　肆戎疾不殄，烈假不瑕〔五七〇〕。肆，故今也。戎，大也。故今〔五七一〕大疾害人者，不絶之而自絶〔五七二〕。烈，業也〔五七三〕；假，大也。箋云：厲、瘕皆病也〔五七四〕。瑕，已也。文王於壁雝，德如此，故大疾害人者，不絶之而自絶〔五七五〕。爲厲瘕〔五七六〕之行者，不已之而自已。言化之深也〔五七七〕。　不聞亦式，不諫亦入。言性与天〔五七八〕合也。箋云：式，用也。文王之祀於宗廟〔五七九〕，有〔五八〇〕仁義之行而不聞達者，亦〔五八一〕用之助祭；

有孝悌之行而不能諫諍〔五八二〕者，亦得人。言其使人器之，不求備也〔五八三〕。肆成人有德，小子有造。造，爲也。牋云：成人謂大夫士也。小子，謂其子弟也〔五八四〕。文王［在］〔五八五〕於宗廟，其〔五八六〕德如此，故大夫士皆有德，子弟皆有所造成也〔五八七〕。古之人無斁〔五八八〕，譽髦斯士。古之人無厭於有名譽之俊士〔五八九〕。牋云：古之〔五九〇〕人，謂聖王明君也。口無擇言，身無擇行，以身化其臣下，故令此士皆有名譽於天下，故成其俊乂之美〔五九一〕。

《皇矣》八章，章十二句。

《皇矣》，美周也。天監代〔五九二〕殷，莫若于周〔五九三〕。世世〔五九四〕脩德，莫若文王。監，視也。天視四方可以代殷王天下者，唯有周耳〔五九五〕。世世脩行道德，唯有文王最盛也〔五九六〕。

皇矣上帝，臨下有赫。監觀四方，求民之莫。皇，大也〔五九七〕；莫，定也。牋云：臨，視〔五九八〕也。大矣！天之視天下，赫赫然〔五九九〕甚明。以〔六〇〇〕殷紂之暴亂，乃監察天下之衆國，求民之定，謂將有〔六〇一〕所歸就也。維此二國，其政不獲。維彼四國，爰究爰度。二國，商〔六〇二〕、夏也。彼，彼有道也。四國，四方之國〔六〇三〕也。究，謀也〔六〇四〕；度，居也。牋云：二國，謂今殷紂及崇侯也。正，長也〔六〇五〕；獲，得也。四國謂密也、阮也、徂也、共也。度亦謀也。殷、崇之君，其行暴亂，不得於天心。密、阮、徂、共之君，於是又助之謀。言同於惡也。上帝耆之，憎其式郭〔六〇六〕。［乃］〔六〇七〕眷西顧，此維与宅。耆，惡〔六〇八〕也。郭，大也。憎其用大位，行大政。惡顧〔六〇九〕，顧西土也。宅，居也。牋云：耆，老也。天須暇〔六一〇〕此二國，養之至老，猶不變改，憎其所用爲惡者浸大〔六一一〕。乃眷然迴首〔六一二〕西顧，見文王之德，而与之居。言天意常在文王所也〔六一三〕。作之屏之，其菑其翳。脩之平之，其灌其栵（力滯）〔六一四〕。啓之辟（脾赤）〔六一五〕之，其檉其椐（起居）〔六一六〕。攘之剔之，其檿其柘。木立死曰菑，自斃爲翳。灌，藂〔六一七〕生也。栵，檽（而）〔六一八〕也。檉，河柳也。椐，樻（困匱）也〔六一九〕。檿〔六二〇〕，山桑也。牋云：天既顧文王，四方之民則大歸往之。岐周之地險隘，多樹木，乃競刊除而自居處。言樂就有德之甚也〔六二一〕。帝遷明德，串夷載路。徙就文王之明〔六二二〕德也。串，習也〔六二三〕；夷，常也〔六二四〕；路，大也。牋云：串夷即混夷，西戎國名也。路，應也。天意去殷之惡，就周之德，文王則侵伐混夷以應之也〔六二五〕。天立厥配，受命既固。配，媲也。牋云：天既顧文王之德〔六二六〕，又爲〔六二七〕生賢妃，謂大姒也。其受命之道已堅固也。帝省其山，柞棫斯拔，松柏〔六二八〕斯兑。兑，易直也。牋云：省，善也。天既顧文王，乃和其國之風雨，使其山樹木茂盛。言不〔六二九〕徒養其民人而已。帝作邦作對，自太伯〔六三〇〕、王季。對，配也。從太伯之見王季也。謂王迹之興自太伯、王季時也〔六三一〕。牋云：作，爲也。天爲邦，謂興周國也。作配，謂爲生明君也。是乃自太伯、王季時則然矣。大伯讓於王季而文王起也〔六三二〕。維此王季，因心則友。則友其兄，則篤其慶，載錫之光。因，親也。善兄弟爲〔六三三〕友。慶，善也〔六三四〕；光，大也。牋云：篤，厚也〔六三五〕；載，始也。王季之心，親親而友善〔六三六〕於宗族，尤〔六三七〕善於兄太伯，乃厚明〔六三八〕其功美，始使之顯著也。太伯以讓爲功美，王季能〔六三九〕厚明之，使傳世稱之，亦其德〔六四〇〕。受禄無喪，奄有四方。喪，亡也〔六四一〕；奄，大也。牋云：王季以有『因心則友』之德，故世世受禄福〔六四二〕，至於覆有天下。維此王季，帝度其心。貊其德音，其德克〔六四三〕明，克明克類，克長克君。心能制義曰度。貊，靜也〔六四四〕。牋云：德政〔六四五〕應和曰貊，昭〔六四六〕臨四方曰明。類，善也。勤施無私曰類，教誨不倦曰長，慶賞刑威曰君也〔六四七〕。王此大邦，克順克比。慈和遍〔六四八〕服曰順，擇善而從曰比。牋云：王，君也。王季稱王，追王也。比于文王，其德靡悔。經緯天地曰文。牋云：靡，無也。王季之德，比于文王，無有所悔〔六四九〕。必比於〔六五〇〕文王者，得〔六五一〕以聖人爲匹。既受帝祉，施于孫子。牋云：帝，天〔六五二〕。祉，福也。施猶易也，延也。帝謂文王，無然畔援，無然歆羨，誕先登于岸。無是叛〔六五三〕道，無是援取，無是貪羨。岸，高位也。牋云：叛援猶拔扈〔六五四〕。誕，大也〔六五五〕；登，成也〔六五六〕；岸，訟也。天語文王曰：汝無如是拔扈〔六五七〕，妄出兵也。無如是貪羨者，侵人土地〔六五八〕。欲廣大德美者，當先平獄訟，正曲直也。密人不恭，敢拒〔六五九〕大邦，侵阮徂恭〔六六〇〕。國有密須氏，侵阮遂往侵恭。牋云：阮也、徂也、恭也，三國犯周，而文王伐之。密須之人，乃敢拒其義兵，違正道，是不直也。王赫斯怒，爰整其旅，以安〔六六一〕徂旅。以篤于周祜〔六六二〕，以對于天下。旅，師也〔六六三〕；安，止也。旅，地名也。對，遂也。牋云：赫，怒意。斯，盡也。五百人爲旅。對，荅也。文王赫然与〔六六四〕群臣盡怒曰：整其軍旅而出，以却止徂國之兵衆，以厚周當王之福，以荅天下向周之望也〔六六五〕。依其在京，侵自阮疆〔六六六〕。陟我高岡〔六六七〕，無矢我陵，我陵我阿。無飲我泉，我泉我池。京，大阜也。矢，陳也。牋云：京，周地名。陟，登也。矢猶當也。大陵曰阿。文王但發其依〔六六八〕京地之衆，以往侵阮國之境〔六六九〕。登其山脊而望阮國，阮國之兵無敢當其陵及阿者〔六七〇〕，又無敢飲食於其〔六七一〕泉及其池水者。小出兵而令驚怖如此，此以德攻，不以衆也。陵、泉重言者，美之〔六七二〕。每言我者，據後得而言之也〔六七三〕。度其鮮原，居岐之陽，在渭之將。萬邦之方，下民之王。小山別於〔六七四〕大山曰鮮。將，側也。方，則也。牋云：度，謀也〔六七五〕；鮮，善也。方猶向〔六七六〕也。文王見侵阮而兵不見敵，知己德盛而威行，可以遷居，定天下之心，乃始謀居善原廣平之地，亦在岐山之南，居渭水之側，爲天下〔六七七〕之所向，作下民之君。後竟徙都於豐也〔六七八〕。

帝謂文王，予懷明德。不大聲以色，不長夏以革。不識不知，順帝之則。懷，歸也。不大聲見于〔六七九〕色。革，更也。不以長大有所更。牋云：夏，諸夏也。天之言云：我歸人君，有光明之德，而不虛廣言語以外作容狠〔六八〇〕，不長諸侯〔六八一〕以變更王法者。其爲人不識古，不知今，順天之法而行之〔六八二〕。此言天之道，尚誠實，貴性自然也〔六八三〕。帝謂文王，詢尔仇方。同尔兄弟，以尔鉤〔六八四〕援。与尔臨衝〔六八五〕，以伐崇墉。仇，匹也。鉤，鉤梯〔六八六〕，所以鉤引上城者。臨，臨車〔六八七〕。衝，衝車也。墉，城也。牋云：詢，謀也。怨偶〔六八八〕曰仇。［仇］方謂傍國諸侯也〔六八九〕，爲暴亂大惡者，汝當謀征伐之〔六九〇〕，以和協汝〔六九一〕兄弟之國，相帥〔六九二〕与之往。親親則多志齊心一也〔六九三〕。當此之時，崇侯虎唱〔六九四〕紂爲無道，罪惡尤大〔六九五〕。臨衝閑閑，崇墉言言。執訊連連，攸馘〔六九六〕安安。是類是禡，是致是附，四方以無侮。閑閑，動摇〔六九七〕。言言，高大〔六九八〕。連連，徐也。馘，獲也〔六九九〕。攸，所也。不服者煞〔七〇〇〕而獻其左耳曰馘。於内曰類，於野曰禡。致，致其社稷群神〔七〇一〕。附，附其先祖，爲之立後，尊其尊，親其親〔七〇二〕。牋云：言言猶孽孽迎竭〔七〇三〕，將壞之狠〔七〇四〕。訊，言也。執其所生得者可言問之衆及獻其所馘〔七〇五〕，皆徐徐以礼爲之，不尚促速〔七〇六〕。類也、禡也，皆師祭名〔七〇七〕。無侮〔七〇八〕，文王伐崇，而無敢侮慢周者也〔七〇九〕。臨衝茀茀（甫勿）〔七一〇〕，崇墉仡仡。是伐是肆，是絶是忽，四方無拂（扶勿）〔七一一〕。茀茀，強盛狠〔七一二〕。仡仡猶言言也。肆，疾也。忽，滅也。牋云：伐謂擊之〔七一三〕刺之。肆，犯突也。《春秋傳》曰：『使勇而無剛者肆之。』拂猶佹〔七一四〕。言無復佹戾文王者。

《靈臺》五章，章四句。

《靈臺》，民始附也。文王受命，而民樂其有靈德，以及鳥獸昆虫〔七一五〕焉。民者，冥也。其見仁道遲〔七一六〕，故於是乃始附〔七一七〕。天子有靈臺者，所以觀祲象、察氣之妖祥〔七一八〕。文王受命而作邑于豐，立靈臺。《春秋傳》曰：『公既視朔，遂登觀臺以望，而書雲物，爲備故也。』

經始靈臺，經之營之。庶民攻之，不日成之。神之精明者稱靈。四方而高曰臺。經，度之〔七一九〕。攻，作之〔七二〇〕。不日有成〔七二一〕。牋云：文王應天命，度始靈臺之基趾，營表其位。衆民則築作，不設期日而成之。言說於〔七二二〕文王之德，勸其事，忘己勞〔七二三〕。觀臺而曰靈者，文王化行，似神之精明，故以名焉也〔七二四〕。經始勿亟，庶民子來。牋云：亟，急也。庶，衆也〔七二五〕。度始靈臺之基趾，非有急成之意。衆民各以子成父事而來攻之。王在靈囿，麀〔七二六〕鹿攸伏。囿，所以域養禽獸〔七二七〕。天子百里，諸侯卌里。靈囿，言靈道行於囿中〔七二八〕。鹿牡曰麀〔七二九〕。牋云：攸，所也。文王親至靈囿視麀鹿〔七三〇〕所遊伏之處。言愛〔七三一〕物也。麀鹿濯濯，白鳥翯翯。濯濯，娛遊〔七三二〕。翯翯，肥澤〔七三三〕。牋云：鳥獸肥盛喜樂，言甚〔七三四〕得其所。王在靈沼，於牣魚躍。沼，池也。靈沼，言靈道行於沼也。牣，滿也。牋云：靈沼之水，魚盈滿其中，皆跳躍。亦言得其所也〔七三五〕。虡業維樅，賁鼓維庸〔七三六〕。於論鼓鍾，於樂辟廱〔七三七〕。植者曰虡〔七三八〕，横者爲〔七三九〕栒。業，大板〔七四〇〕。樅，崇牙〔七四一〕。賁，大鼓〔七四二〕。庸，大鍾〔七四三〕。倫，理〔七四四〕。水旋丘如璧，璧廱者，以節觀〔七四五〕。牋云：論之言倫〔七四六〕。虡也、栒也，所以懸鍾鼓〔七四七〕。設大板於其〔七四八〕上，刻畫爲之飾〔七四九〕。文王立靈臺，而知民歸附之〔七五〇〕。作靈囿、靈沼，而知鳥獸得〔七五一〕其所。以爲音聲之道与政通，故合樂以詳之，於得其倫理乎？鼓与鍾〔七五二〕。於得〔七五三〕喜樂乎？諸在辟廱〔七五四〕者，言感於中和之至。於論鼓鍾，於樂辟廱。鼉鼓逢逢〔蒲工〕〔七五五〕，矇瞍奏公。鼉，魚屬。逢逢，和也。有眸子而無所〔七五六〕見曰矇，無眸子曰瞍。公，事也。牋云：凡音〔七五七〕聲，使瞽矇爲之也〔七五八〕。

《下武》六章，章四句。

《下武》，繼文也。武王有聖德，復受天命，能昭先人之功焉。繼文者，繼文王之業〔七五九〕而成之。昭，明也。

下武維周，世有哲王。武，繼也。牋云：下猶後也。哲，智〔七六〇〕也。後人能繼先祖者，唯〔七六一〕周家最大，世世益有明智〔七六二〕之王，謂大王、王季、文王稍稍就盛矣也〔七六三〕。三后在天，王配于京。三后，大王、王季、文王〔七六四〕。〔王，武王也〕〔七六五〕。牋云：此三后既沒登遐，精氣在天矣。武王又能配行其道於京，謂鎬京〔七六六〕。王配于京，世德作求。牋云：作，爲也〔七六七〕；求，終也。武王配行三后之道於鎬京者，以其世世〔七六八〕積德，庶爲終成其大功也〔七六九〕。永言配命，成王之孚。牋云：永，長也〔七七〇〕；言，我也。命猶教令也。孚，信〔七七一〕。此爲武王言〔七七二〕。今長我之配行三后之教令者，欲成我周家王道之信也。王德之道成於信，《論語》曰『民無信不立』也〔七七三〕。成王之孚，下土是〔七七四〕式。式，法也。牋云：王道尚信，則天下以爲法，勤而行之也〔七七五〕。永言孝思，孝思維則。則，法也。法其先人也〔七七六〕。牋云：長我孝心之所思。所思者，其維三后之所爲〔七七七〕。子孫以順祖考爲孝也〔七七八〕。媚茲一人，應侯順德。一人，天子〔七七九〕。應，當也〔七八〇〕；侯，維也。牋云：媚，愛也〔七八一〕；茲，此也。可愛〔七八二〕乎武王，能當此順德。謂能成其祖考之功〔七八三〕。《易》曰：『君子以慎〔七八四〕德，積小以成〔七八五〕高大。』永言孝思，昭哉嗣服。牋云：服，事也。明哉，武王之嗣行祖考之事。謂伐紂定天下也〔七八六〕。昭茲來許，繩其祖武。許，進也〔七八七〕；繩，戒也〔七八八〕；武，迹也。牋云：茲，此也〔七八九〕；來，勤也。武王能明此勤行，進於善道，戒慎其祖考所履踐之迹，美其終成之也〔七九〇〕。於萬斯年，受天之祜〔七九一〕。牋云：祜，福也。天下樂仰武王之德，欲其壽考之言也。受天之祜，四方來賀。於萬斯年，不遐有佐。遠夷來佐也。牋云：言〔七九二〕武王受此万年之壽，不遠有佐。言其輔佐之臣，亦宜蒙其餘福也。《書》曰『公其以予万億年』，亦君臣同福禄也。

《文王有聲》八章，章五句。

《文王有聲》，繼伐也。武王能廣文王之聲，卒其伐功〔七九三〕。繼伐者，文王伐崇，而武王伐紂。

文王有聲，遹駿有聲。遹求厥〔七九四〕寧，遹觀厥成。牋云：遹，述也〔七九五〕；駿，大也〔七九六〕；求，終也〔七九七〕；觀，多也。文王有令問〔七九八〕之聲者，乃述行其令問之道〔七九九〕所致也。所述者，謂大王、王季也。又述行終其安民之道，又述行多其成民之德，言周世世益盛也〔八〇〇〕。文王烝哉！烝，君也。牋云：君哉者，言其誠得人君之道也〔八〇一〕。文王受命，有此武功。既伐于崇，作邑于豐。牋云：武功者〔八〇二〕謂伐四國及崇之功也。作邑者，徙都於〔八〇三〕豐，以應天命。

文王烝哉！築城伊淢〔況逼〕〔八〇四〕，作豐伊匹。匪棘其欲，遹追來孝。淢，城〔八〇五〕溝也。匹，配也。箋云：方十里曰城。淢，其溝也，廣深各八尺。棘，急也〔八〇六〕；來，勤也。文王受命而猶不自足，築豐邑之城，大小適与城偶，大於▨（諸）〔八〇七〕侯，小於天子之制。此非以急〔八〇八〕從己之欲，欲廣大都邑也〔八〇九〕，乃述追王季勤孝之行，進其業也。王后烝哉！后，君也。箋云：變謚言王后者，非其盛事，不以議謚也〔八一〇〕。王公伊濯，維豐之垣。四方攸同，王后維翰。濯，大也〔八一一〕；翰，幹也。箋云：公，事也。文王述行大王、王季之業〔八一二〕，其事益大。作邑於豐，城之既成，又垣之，立宮室，乃爲天下所同心而歸之。王后爲之幹者，正其教令〔八一三〕，定其法度也〔八一四〕。王后烝哉！豐水東注，維禹之績。四方攸同，皇王維辟。績，業也〔八一五〕；皇，大也。箋云：績，功也〔八一六〕；辟，君也。昔堯時遭〔八一七〕洪水，而豐水亦汎濫爲害。禹治之，使入于〔八一八〕渭，東注於〔八一九〕河，禹之功也。文王今作邑於其傍地〔八二〇〕，而爲天下同心所歸〔八二一〕。大王爲之君，乃由禹之功，故引而〔八二二〕美之。豐邑在豐水之西，鎬京在豐水之東也〔八二三〕。皇王烝哉！箋云：變王后言大王者，武王之事又益大。鎬京辟廱〔八二四〕，自西自東，自南自北，無思不服。武王作邑於鎬京也〔八二五〕。箋云：自，由也。武王於鎬京行辟廱之礼，自四方來觀者，皆感化其德，無不歸服也〔八二六〕。皇王烝哉！考卜維王，宅是鎬京。維龜正之，武王成之。箋云：考猶稽也。宅，居也。稽疑之法，必契灼龜而卜之。武王卜居是鎬京之地，龜則正之，謂得吉兆也〔八二七〕，武王遂居之。脩三后之德，以伐紂定天下，成龜兆之占，功莫大於此也〔八二八〕。武王烝哉！豐水有芑，武王豈不士〔八二九〕？詒厥孫謀，以燕翼子。芑，草也。士，事也〔八三〇〕；燕，安也〔八三一〕；翼，敬也。箋云：詒猶傳也。孫，順也。豐水猶以其潤澤生草木〔八三二〕，武王豈不以其功業爲事乎？以之爲事，故傳其所以順天下之謀，以安其敬事之子孫，謂使常〔八三三〕行之也。《書》〔八三四〕『厥考翼，其肯曰：「我有後，弗棄基」』也〔八三五〕。武王烝哉！上言皇王，而變言武王者，皇猶〔八三六〕大也。始大其業，至於〔八三七〕武王伐紂成之，故言武王者乎也〔八三八〕。

【校記】

〔一〕　苐廿三，刊本作『第二十三』。『苐』爲『弟』之俗字，俗書竹頭多寫作草頭，俗據『苐』楷正，則成『第』字。

下凡此均不復出校。『廿』爲『二十』之合文。

〔二〕 歎辞也，刊本『辞』作『辭』，無『也』字。敦煌寫本『辭』多寫作『辞』，《干禄字書·平聲》：『辞、辤、辭，上中竝辞讓；下辭説，今作辞，俗。』是在唐時，『辞』已成爲『辭』之俗字。下凡『辞』字不復出校。

〔三〕 『見』下刊本有『也』字。

〔四〕 天，底一『天』下原有『子』字，衍文，兹據刊本删。

〔五〕 故天，底一脱，兹據刊本補。

〔六〕 始，刊本無。

〔七〕 文王，底一脱，兹據刊本補。

〔八〕 『周』下刊本有『也』字。

〔九〕 不顯顯也，底一脱，兹據刊本補。

〔一〇〕 時也，底一脱，兹據刊本補。

〔一一〕 也，刊本作『矣』。

〔一二〕 『接人』下刊本有『也』字。

〔一三〕 察也，底一下有原『之』字。案此『之』在雙行小注之第一行末，第二行行末較此行多二字之位置，此字應是爲雙行對齊而添加。今不録。

〔一四〕 能知天意，底一原作『能知天下意』，『下』爲衍文，兹據刊本删。『能知』，刊本作『能觀知』。

〔一五〕 之，底一原無，兹據刊本補。

〔一六〕 令聞，底一其下原有『令』字，衍文，兹據刊本删。

〔一七〕 枝，刊本作『支』，『支』『枝』古今字。《傳》中『枝』字同此。

〔一八〕 也，刊本無。

〔一九〕也，刊本無。

〔二〇〕也，刊本無。

〔二一〕懃，刊本作『勤』。『勤』本字，『懃』爲後起增旁字。

〔二二〕問，刊本作『聞』。『聞』正字，『問』借字。

〔二三〕乃由敷恩之施，底一『由』下有『也』字。案此『也』在雙行小注之第一行末，且末筆往下拖曳。第二行行末較此行多六字之位置，此『也』字應是爲雙行對齊而添加。今不録。『敷恩』，刊本作『能敷恩惠』。

〔二四〕以受天命造始周國，底一『造』原作『告』，誤，茲據刊本改正。刊本無『天』字。

〔二五〕之，底一脱，茲據刊本補。

〔二六〕示，刊本無。『示』蓋爲『亦』之形誤。

〔二七〕士者世禄也，底一原作『者士禄也』，阮元《詩經校勘記》（以下簡稱『阮校』）云：『「也者世禄也」，閩本、明監本、毛本同，小字本、相臺本上「也」字作「士」，案「士」字是也。』茲據刊本『者』前補『士』字，改『士』爲『世』。

〔二八〕『周之士』前刊本有『凡』字。

〔二九〕德，刊本作『得』。『得』正字，『德』借字。

〔三〇〕國，底一脱，茲據刊本補。

〔三一〕禎，刊本作『楨』。『禎』、『楨』音同，然敦煌寫卷木旁與礻旁多混，此『禎』蓋當爲『楨』之誤。《傳》中『禎』字同。

〔三二〕恭也，刊本作『恭敬』。《爾雅·釋訓》：『肅肅、翼翼，恭也。』正與《毛傳》同。孔穎達《毛詩正義》（以下簡稱『正義』）云：『敬是恭之類，故連言之。』是孔所見本已作『恭敬』。

〔三三〕也，刊本無。

〔三四〕也，刊本無。

〔三五〕也，底一原無，依例當有，兹據刊本補。

〔三六〕德，刊本無。

〔三七〕多，底一原作「名」，形誤字，兹據刊本改正。

〔三八〕幹，底一原作「朝」，形誤字，兹據刊本改正。

〔三九〕士，底一原作「土」，形誤字，兹據刊本改正。

〔四〇〕「威儀」下刊本有「也」字。

〔四一〕乎，底一原作「采」，形誤字，兹據刊本改正。

〔四二〕子，底一脱，兹據刊本補。

〔四三〕「能敬」前刊本有「又」字。

〔四四〕固哉，底二起於此。

〔四五〕也，刊本無。

〔四六〕子孫，刊本作「孫子」。「子孫」應爲「孫子」之倒，前「陳錫哉周，侯文王孫子。文王孫子，本枝百世」，亦均作「孫子」。《商頌·玄鳥》：「商之先后，受命不殆，在武丁孫子。武丁孫子，武王靡不勝。」亦作「孫子」。此作「子孫」，蓋因上句《箋》云「使臣有殷之子孫也」而改。《箋》中之「子孫」亦當作「孫子」。

〔四七〕箋，底一脱，兹據刊本補。

〔四八〕至天命文王之後，底一「後」前原有「德」字，衍文，兹據底二、刊本删。底二「至」下衍「也」字。「天」下底二、刊本有「已」字。

〔四九〕乃爲君於周之九服之忠，底一「於」原作「作」，誤，兹據底二、刊本改正。刊本「忠」作「中」，「忠」爲「中」之同音借字。

〔五〇〕言衆之不如德，底一脱『言』，底二殘缺，兹據刊本補。底二、刊本『德』下有『也』字。

〔五一〕無，刊本同，底二作『无』。《説文·亾部》：『无，奇字無也。』下凡此均不復出校。

〔五二〕箋，刊本同，底二作『牋』。《説文》有『箋』無『牋』，《玉篇》始收『牋』字，『牋』當是後起别體字。

〔五三〕惡則去之也，底一『去』原誤作『法』，兹據底二、刊本改正。刊本無『也』字。

〔五四〕殷士膚敏，自此以下以底二爲底本，底一爲校本。

〔五五〕黼冔，底二原作『黼罕』。『黼』爲『黼』之俗字，《干禄字書·上聲》：『黼、黼，上俗下正。』『罕』爲『冔』之形誤，兹據底一、刊本改正。《傳》中『冔』字底二原皆誤作『罕』，並據以改正。

〔五六〕也，底一同，刊本無。

〔五七〕也，底二殘缺，兹據底一、刊本擬補。

〔五八〕臭，刊本同，底一作『臯』，俗字。

〔五九〕行也，底一脱『行』字，刊本無『也』字。

〔六〇〕也，刊本同，底一脱。

〔六一〕与，底一同，刊本作『與』，二字古混用無别，敦煌寫本多用『与』字，後世刊本多改作『與』。下凡此均不復出校。

〔六二〕殷曰冔，底二『冔』原誤作『罕』，已據改。底一有此句，刊本無。

〔六三〕牋，底一、刊本作『箋』。『牋』爲『箋』之後起别體。底一、刊本凡『牋』皆寫作『箋』，下不復出校。

〔六四〕莊，底二原作『庄』，乃『莊』之俗字。底一、刊本作『壯』。『莊』爲『壯』之借字。

〔六五〕來，刊本同，底一作『勑』。《正義》引王肅云：『殷士自殷以其美德來歸周助祭。』是王肅所據本亦作『來』。

〔六六〕強也，底一同，刊本『強』作『彊』，無『也』字。『彊』正字，『強』借字。

〔六七〕藎，刊本同，底一作『燼』。『燼』爲『藎』之音誤字，底一《傳》中仍作『藎』，是也。

〔六八〕爾，底一作「尒」，刊本作「爾」。「爾」「尒」古本非一字，後世則合二而一，字多寫作「爾」，而「尔」者，「尒」之變體，説見《敦煌俗字研究》下編第七頁。刊本凡「尒」皆作「爾」，後不復出校。

〔六九〕也，刊本同，底一無。

〔七〇〕念，刊本同，底一脱。

〔七一〕祖先祖，底一、刊本無。

〔七二〕王之進用臣，底二「之」下原有「——」符號，此當因下行多出上行二字，而在此添加該符號，乃爲雙行對齊也。今不録。底一「臣」前有「賢」字。

〔七三〕當念女先祖之法爲之，底一作「當念汝先祖爲受命之法」，刊本作「當念女祖爲之法」。陸德明《經典釋文·毛詩音義》（以下簡稱「釋文」）云：「爲之法，一本作爲之法度。」《正義》云：「言當念汝祖文王之法，修德服衆，爲天下所歸。」潘重規認爲於文義底二較勝。案「女」「汝」古今字。

〔七四〕今王庠成王，底一、刊本無「今」字，「庠」作「斥」。案「今」字應是手民據《箋》前云「今王之進用臣」而臆加。「庠」、斥均「㡿」之隸變，説詳《敦煌俗字研究》下編三三一頁。

〔七五〕也，底一同，刊本無。

〔七六〕永長也，底一無，刊本在「言我也」之前。案《毛傳》釋經依次序，故當以刊本爲善。又刊本無「也」字。

〔七七〕我長配天命而行，刊本同，底一脱「我」、「命」二字。

〔七八〕多福，刊本同，底一作「衆福也」。

〔七九〕長猶常也，底一重複，當删其一。

〔八〇〕王既聿脩祖德，底一、刊本「聿」作「述」。案《毛傳》已釋「聿」爲「述」，《鄭箋》承毛，故當言「述」，不當作「聿」。底一脱「王」字。

〔八一〕常言當配天命而行，刊本同，底一脱「言」、「命」二字。

〔八二〕也，刊本無，底一作『之』。案底一『之』字蓋爲雙行對齊而添。

〔八三〕之，底二脱，兹據底一、刊本補。

〔八四〕尅，底一、刊本作『克』。《説文·克部》『克』篆下段注：『俗作剋。』而『尅』則爲『剋』之變體，説見朱珔《説文假借義證》卷十三『克』篆下注。

〔八五〕帝乙以前也，底一作『帝帝乙以上也』，刊本作『帝乙已上也』。案底一前『帝』字爲衍文，『帝乙以上』乃釋『殷之未喪師』，毛意謂殷朝未喪師之時在帝乙以前也。或人不解此意，以爲『帝乙以上』乃是釋『上帝』，故臆加一『帝』字。『已』、『以』二字古多通假。

〔八六〕之，刊本同，底一誤作『文』。

〔八七〕故不可亡也，底一作『故不忘』，刊本作『故不忘也』。阮校：『「故不忘也」，閩本、明監本、毛本同，小字本、相臺本「忘」作「亡」，考文古本同。案「亡」字是也。』潘重規云：『箋上言「殷自紂父之前，未喪天下之時」，則當從卷子本作「不可亡」，文義方貫。』

〔八八〕監，底一、刊本作『鑒』。『監』『鑒』古今字。

〔八九〕王，底一此處有殘損，刊本無。

〔九〇〕改易，刊本同，底一下有『也』字。

〔九一〕照，底一、刊本作『昭』。『昭』『照』古今字。

〔九二〕止也，底二『止』誤作『心』，刊本無『也』字。

〔九三〕善也，底一脱『善』字，刊本無『也』字。

〔九四〕遍也，底一、刊本『遍』作『徧』。《説文》有『徧』無『遍』，『遍』爲後起字。《箋》中『遍』字同。刊本無『也』字。

〔九五〕又，刊本同，底一誤作『乂』。

〔九六〕天之大命已不可改易，底一「天之大命」作「天命」；底一、刊本末有「矣」字。

〔九七〕無終汝身則止，刊本「汝」作「女」，「女」「汝」古今字。底一脱「則」字。

〔九八〕又度殷之所以慎天之事而施行之，底一脱「之」、「以」、「行」三字，刊本脱「之」字。底一、刊本「慎」作「順」，無「也」字。「慎」爲「順」之借字。

〔九九〕無聲，刊本同，底一脱。

〔一〇〇〕也，底一同，刊本無。

〔一〇一〕也，底一同，刊本無。

〔一〇二〕牋，底一誤作「義」。

〔一〇三〕音聲，底一同，刊本作「聲音」。案《正義》云：「人耳不聞其音聲。」是孔所據本亦作「音聲」。

〔一〇四〕儀法，刊本同，底一脱「儀」字，「法」字存右半「去」。

〔一〇五〕慎之，底一、刊本「慎」作「順」，「慎」爲「順」之借字。底一、刊本此下有「文王七章章八句」諸字，據後諸篇知底二標章句皆在篇首。凡此均不復出校。

〔一〇六〕上二章第四章第七章皆六句第三第五第六及卒章皆八句，底一、刊本作「四章章六句四章章八句。」且在篇末，非如此在篇首。《正義》標起止云：「《大明》八章，首章、二章、四章、七章皆六句，三章、五章、六章、卒章皆八句。」是孔所據本略同於底二，皆標明每章句數，而底一、刊本則統而言之。

〔一〇七〕王，底二脱，底一此處殘缺，兹據刊本補。

〔一〇八〕也，底一、刊本無。

〔一〇九〕⿱艹赤⿱艹赤，底一、刊本作「赫赫」。何超《晉書音義·志第九卷》：「⿱艹赤，與赫同。」「⿱艹赤」蓋「赫」之俗寫。《傳》中「⿱艹赤⿱艹赤」同。

〔一一〇〕於，底一同，刊本作「于」，二字古多通用。

〔一二一〕其德徽應灼然照見於天，底一、刊本無『德』字。『徽應灼然照見於天』，刊本作『徽應炤晢見於天』。阮校：『「其徽應炤晢見於天」，小字本、相臺本同。案《釋文》云：「炤，本或作灼。」考「炤晢」即「昭晢」，「灼」字非也。』案：《釋文》出『炤』、『晢』、『見於』三條，與刊本同，蓋刊本爲善。底二『徽』誤作『儀』，以下諸字均殘缺。

〔一二二〕有効驗，底二『效』字殘存左半『交』，刊本無『有』字。潘重規云：『《疏》覆述《箋》云：「謂三辰有效驗者。」又云：「有效驗者，謂日月揚光，星辰順軌。」則《箋》文當作「謂三辰有效驗」。』『効』爲『效』之俗字。

〔一二三〕浹於，底一『浹』作『埉』，誤字，《傳》中仍作『浹』，是也；刊本作『挾』。馬瑞辰《毛詩傳箋通釋》云：『作「挾」者，《説文》無「浹」字，古「浹」字止作「挾」。』其意以『浹』爲『挾』之後起字。于省吾《澤螺居詩經新證》云：『《集傳》訓爲挾有，「天立殷適，使不挾四方」，言天立殷敵，使不能挾有四方也。』則《毛傳》釋爲『達』者誤也。後人改『挾』爲『浹』，亦據毛所釋而改也。本字作『挾』，釋爲挾有，故下不當有『於』字，底二有『於』者，蓋亦因釋『浹』爲『達』而添也。底一無『於』字，正與刊本同。傅振倫認爲『今本奪于字』，誤也。《傳》中『浹』字同此。

〔一二四〕也，刊本同，底一脱。

〔一二五〕而又殷之正適，底一無『而』字；刊本無『又』字，末有『也』字。

〔一二六〕正位，底一、刊本作『天位』。

〔一二七〕又殷之正適，刊本『又』前有『而』字，底一作『而正適』。

〔一二八〕故天乃絶奄之，底一無『故』字，刊本無『故天』二字。『奄』蓋爲『棄』之俗寫，底一、刊本均作『棄』。

〔一二九〕殷之教令使不行於四方，底一作『使教今之不行四方』，刊本作『使教令不行於四方』。

〔一三〇〕叛，刊本同，底一誤作『粄』。

〔一三一〕之，底一、刊本無。『之』字蓋衍。

〔一二二〕維德是予耳，刊本同，底一作「唯德是与」。「唯」與「維」、「与」與「予」古多通用。
〔一二三〕言此者厚美周也，刊本同，底一「言」前有「又」字，無「也」字。
〔一二四〕商，刊本同，底一誤作「適」。
〔一二五〕摯國也任姓也摯國之中女也，底一作「摯國名也任姓之中女也」，刊本作「摯國任姓之中女也。」陳奐《詩毛氏傳疏》云：「《史記・外戚世家》索隱引《毛詩》云：『摯國任姓之中女也。』蓋此八字爲一句，總釋經文『摯仲氏任』也。」則《索隱》所引與刊本同。
〔一二六〕也，底一同，刊本無。
〔一二七〕「文王之父」下底一、刊本有「也」字。
〔一二八〕地，刊本同，底一脱。
〔一二九〕之，底一、刊本無。
〔一三〇〕來，底一、刊本無。
〔一三一〕也，刊本同，底一作「之」。案「之」蓋爲雙行對齊而添。
〔一三二〕「仲任」下底一、刊本有「也」字。
〔一三三〕重，底一「重」字重複，當删其一。
〔一三四〕重者謂懷孕也，刊本無「者」字；底一無「也」字。
〔一三五〕回，刊本同，底一作「迴」。《毛傳》：「回，違也。」《説文・口部》：「回，轉也。」「迴」爲回轉之「回」的後起字。作「迴」誤。《傳》中「回」字同此。
〔一三六〕恭慎狠也，底一作「恭順皇也」，刊本作「恭慎貌」。「慎」爲「順」之借字。「狠」爲「貌」之俗譌字；「皇」應是「皃」之誤字，「皃」與「貌」同字（據《説文》，「皃」爲小篆隸定字，「貌」爲籀文隸定字）。
〔一三七〕也，底一同，刊本無。

〔一三八〕也，底一同，刊本無。

〔一三九〕也，底一、刊本無。

〔一四〇〕也，刊本同，底一無。

〔一四一〕王，刊本同，底一誤作「之」。

〔一四二〕也，底一同，刊本無。

〔一四三〕也，底一同，刊本無。

〔一四四〕也，刊本同，底一無。

〔一四五〕水也，刊本同，底一作「水名也」。

〔一四六〕渭水也，刊本同，底一無。

〔一四七〕崖，底一作「涯」，刊本作「厓」。「厓」「涯」爲古今字，王筠《説文釋例》以「厓」、「崖」爲同字。

〔一四八〕下，刊本同，底一誤作「不」。

〔一四九〕將有，刊本同，底一誤倒作「有將」。

〔一五〇〕也，底一同，刊本無。

〔一五一〕生適有所識，刊本同，底一「生」前有「此」字，脱「所」字。

〔一五二〕則天爲之生賢配於氣勢之處，刊本無「天」字。「賢配」，底一「配」作「妃」，刊本無「賢」字。案《正義》云「詩人述其所居，明是美其氣勢，故云爲生賢妃於氣勢之處」，刊本「賢」字蓋奪；「配」爲「妃」之借字。底一「於」誤作「非」。

〔一五三〕之有，刊本「之」作「必」，底一作「心」，脱「有」字。案「心」應是「必」之誤。

〔一五四〕大姒也，底二「姒」誤作「奴」，刊本無「也」字。

〔一五五〕嘉，刊本同，底一誤作「喜」。

〔一五六〕姒，刊本同，底一誤作『奴』。

〔一五七〕乃使求婚也，底一作『乃求婚焉也』，刊本作『乃求昬』。案『使』爲衍文；『昏』、『昬』異體，『婚』爲『昏』之後起字，『婚』爲『昬』之後起字。

〔一五八〕啓見，底二卷背注音。

〔一五九〕啓見，底二卷背注音。

〔一六〇〕罄也，底一作『賢聖之配也』。案此乃下『親迎于渭』句之傳文，當是眼錯而誤抄。刊本作『磬也』，陳奐《詩毛氏傳疏》云：『磬當作罄，《初學記·中宮部》引傳正作「罄」可證。』

〔一六一〕卜，底一『卜』誤作重文符號『=』。

〔一六二〕卜之，底一、刊本無。

〔一六三〕姒，刊本同，底一誤作『奴』。

〔一六四〕尊之如天之有女弟，刊本同，底一脱『之』字，『女』字殘缺，末有『也』字。

〔一六五〕文德，底一同，刊本下有『也』。

〔一六六〕牋云，底一脱。

〔一六七〕得，刊本同，底一作『德』，『德』爲『得』之同音借字。

〔一六八〕礼，底一同，刊本作『禮』。『礼』爲古文『禮』字，敦煌寫本多用此字，後世刊本則多用『禮』字。下凡此均不復出。

〔一六九〕弊，底一、刊本作『幣』。『弊』爲『幣』之同音借字。底一、刊本下有『也』字。

〔一七〇〕相，底一、刊本無。

〔一七一〕賢女配，底一同，刊本作『賢美配』。阮校：『「美」當作「女」，《正義》可證。』案：兩寫卷亦可證阮校之善。底一末衍『也』字。

〔一七二〕也，底一、刊本無。

〔一七三〕方舟，刊本同，底一脱。

〔一七四〕造舟然後可以顯其光，底一脱『造舟』二字，『光』下有『輝也』二字。刊本『光』下有『輝』字。

〔一七五〕迎大姒，刊本同，底一誤作『仰大如』。

〔一七六〕着，底一同，刊本作『著』。『着』爲『著』之俗字。

〔一七七〕示後世敬婚礼也，底一前有『明』字，刊本『婚』作『昏』。『婚』爲『昏』之後起字。

〔一七八〕不明於其婚礼之有光暉，底一、刊本『於』作『乎』，無『婚』字，『暉』作『輝』。案『乎』、『於』二字古多通用；『輝』爲『暉』之後起字。底二『光』誤作『先』，末有『也』字。

〔一七九〕美之，底一同，刊本下有『也』字。

〔一八〇〕周之制也，底一無，刊本作『周制也』。《正義》云：『以傳歷言舟之等級，故申之云：「天子造舟，周制也。」』是孔所據本與刊本同。

〔一八一〕維莘，刊本同，底一作『維祜華』，『華』爲『莘』之誤，『祜』應是衍字。《傳》、《箋》中『莘』底一亦誤作『華』。

〔一八二〕也，刊本同，底一無。

〔一八三〕能行大任之德，刊本『能』作『維』；底一、刊本末有『焉』字。阮校：『「維行大任之德焉」，閩本、明監本、毛本同，小字本、相臺本「維」作「能」，考文一本同。案「能」字是也。《正義》云：「故知能行大任之德也。」是其證。』

〔一八四〕使君天下於周京之地，底一『君』誤作『居居』，脱『京』字；刊本無『使』字。

〔一八五〕故，刊本同，底一無。

〔一八六〕使繼大任之女事於莘國，刊本同，底一『使繼』誤倒作『繼使』，脱『於』字。

〔一八七〕莘國之長女大姒則配文王，底二『配』下原有『也』字，其意蓋以『文王』屬下讀，作『文王維德之行』，然此乃言大姒之德，非言文王也，『也』字不應有，兹據底一、刊本删。底一無『莘國之』三字。

〔一八八〕維德之行，刊本同，底一下有『也』字。

〔一八九〕佑，底一作『祐』，刊本作『右』。『祐』指天助，『佑』指人助，然二字皆爲『右』之後起分別文，考詳單周堯《文字訓詁叢稿》一七八頁（臺北文史哲出版社二〇〇〇）。《詩》本當作『右』。《傳》中『佑』字同此。

〔一九〇〕燮，底一、刊本作『爕』。《正字通·火部》：『爕，俗燮字。』《傳》中『燮』字同。

〔一九一〕也，底一、刊本無。

〔一九二〕也，底一、刊本無。

〔一九三〕天降氣於大姒，底二『氣』下原衍『依』字，兹據底一、刊本删。底二『天』誤作『夫』。刊本『於』作『于』，古通用字。

〔一九四〕天能安而助之，底一、刊本無『天能』二字；底一『安而』誤作『而女』。

〔一九五〕使協和伐殷之事，底二『伐』原誤作『代』，兹據底一、刊本改正。底一『和』下衍『我』字。

〔一九六〕協和伐殷之事，底二無，蓋脱去『協和伐殷之事』諸字後之重文符號，兹據底一、刊本補。

〔一九七〕謂合位於三五，底一末有『之也』二字；刊本無『於』字，末有『也』。案《正義》云：『又解和伐殷之事，正謂合位於三五是也。』是孔所據本亦有『於』字。底一『之也』二字蓋爲雙行對齊而添。

〔一九八〕於，底一、刊本作『于』，『於』、『于』二字古通，然此詩介詞只作『于』而不作『於』。

〔一九九〕維予，刊本同，底一倒作『予維』。

〔二〇〇〕如，刊本同，底一誤作『始』。

〔二〇一〕爲，底二脱，兹據底一、刊本補。底一『爲』前衍『降』字。

〔二〇二〕也，底一、刊本無。

〔二〇三〕周，底一作『用』，下有『野』；刊本下有『也』。案『用』爲『周』之形訛，『野』爲『也』之音誤。

〔二〇四〕兵衆，刊本同，底一誤倒作「衆兵」。底二「衆」下原有「——」符號，乃是爲雙行對齊而添，今不録。
〔二〇五〕陳，刊本同，底一作「陣」，俗字。
〔二〇六〕而天乃以予諸侯有德，底一「而天」二字誤作「里」；刊本無「以」字。刊本「有德」下有「者」字，而底一、底二「者」在下句「當起爲天子」下，於文義爲長。
〔二〇七〕与周師勝，底一、刊本無「与」字，刊本末有「也」字。
〔二〇八〕汝，底一、刊本作「女」，「女」「汝」古今字。
〔二〇九〕貳心，底二「貳」作「二」。刊本末有「也」。
〔二一〇〕也，刊本同，底一無。
〔二一一〕天護視汝，底二「天」下有「方」字；底一、刊本「汝」作「女」，「女」「汝」古今字。
〔二一二〕尅，刊本作「克」。《說文·克部》「克」篆下段注：「俗作剋。」而「尅」則爲「剋」之變體，説見朱珔《説文假借義證》卷十三「克」篆下注。底一脱此字。
〔二一三〕也，底一、刊本無。
〔二一四〕大，底一、刊本無。
〔二一五〕駠，底一同，刊本作「駵」。案「駠」爲俗字。
〔二一六〕其，刊本同，底一無。
〔二一七〕明於時不用權詐，底一無「於」，刊本無「於時」二字；底一、刊本末有「也」。案《正義》云：「言戰地寬廣，必當有意，故知明當時不用權詐也。」蓋孔所據本有「於時」二字。
〔二一八〕而馬又強，底一、刊本無「而」字，底一末有「盛」字。
〔二一九〕閑，底一同，刊本無。
〔二二〇〕楊，底一同，刊本作「揚」。此當爲俗書扌、木混用之故也，正當作「揚」。《傳》中「楊」字同此。

〔二一〕諒，底一同，刊本作「涼」。《釋文》：「涼，本亦作諒。《韓詩》作『亮』，云：相也。」馬瑞辰《毛詩傳箋通釋》謂《韓詩》作「亮」爲正字，「涼」、「諒」皆假借字。《傳》中「諒」字同此。

〔二二〕太，底一同，刊本作「大」。「大」「太」古今字。

〔二三〕可尚可父也，底一「可父」倒作「父可」，底一、刊本無「也」字。

〔二四〕「呂望」下底一、刊本有「也」字。

〔二五〕父尊稱，刊本無「父」字，底一、刊本末有「焉」字。案有「父」字義長。

〔二六〕也，刊本同，底一無。

〔二七〕佐武王者爲之上將也，底二「佐」誤作「位」。底一、刊本無「也」字。

〔二八〕會兵甲，底一、刊本作「會甲也」。案《正義》曰：「定本云『會甲兵』。」定本與底二近似。

〔二九〕天下清明也，底一無「下」、「也」二字，刊本亦無「也」字。

〔三〇〕期，刊本同，底一誤作「明」。

〔三一〕師率之武，底二脱「率」，茲據刊本補；底一作「師」，應是「帥」之誤，帥、率通用。底一「之」下作「衆盛武王」，較底二、刊本多出三字。案《正義》引《箋》作「師率之武」，此與上「兵甲之強」爲對文，一云兵之強，一言帥之武，底一大誤。

〔三二〕今，刊本同，底一作「金」，「今」之同音借字。

〔三三〕合兵以清明，刊本同，底一作「會兵以天下清明」。

〔三四〕尚書挴誓，刊本無「尚」字；刊本、底一「挴」作「牧」。《釋文》：「𡋯，音牧，本又作牧。」斯七九九《古文尚書傳》寫作「𡋯」。前「矢于牧野」孔氏《正義》云：「《禮記》及《詩》（平案：原訛作『時』，據阮校改）作「𡋯野」，古字耳。」馬宗霍《説文解字引書考》認爲當依《説文》作「坶」，「𡋯」爲增變字。案：「挴」當爲「𡋯」之譌。

〔三三五〕於，底一同，刊本作『于』，『於』『于』二字古通用，《尚書·牧誓》作『于』。

〔三三六〕也，底一作『之』，刊本無。《尚書·牧誓》無『也』字，亦無『之』字。

〔三三七〕綿，刊本作『緜』，底一作『綿綿』。《說文》有『緜』無『綿』，『綿』當是後起別體。底一作『綿綿』者，蓋有以『綿綿』二字爲題者。本詩中『綿』字同此，不復出校。

〔三三八〕勾，底一、刊本作『句』，《干祿字書·去聲》：『勾、句，上俗下正。』下凡此均不復出。

〔三三九〕本，底一、刊本下有『由』。《釋文》：『本由，一本無由字。』阮校：『「本由大王也」，《唐石經》、小字本、相臺本同。案《釋文》云：「一本無由字。」《正義》云「本之於大王也」，又云「本其上世之事」，又云「是本大王」，又云「而又追而本之」，是其本無「由」字。《譜》及《旱麓》正義皆有。「本由大王者」，以義言之耳。』

〔三四〇〕大王能興綿綿之化文王因以廣大也，底二本爲大字，案此爲注文，當雙行小字，兹據底一改爲小字。底一『興』誤作『與』，『也』作『之』。刊本無此注。《釋文》云：『大王也，序舊無注，本或有注者，非。』

〔三四一〕柒，底一、刊本作『漆』。《干祿字書·入聲》：『柒、漆，上俗下正。』

〔三四二〕不絕狠，底一脱此三字，刊本『狠』作『貌』。『狠』爲『貌』之俗譌字。

〔三四三〕紹，底一同，刊本下有『也』。

〔三四四〕瓞瓟也，底二『瓞』誤作『生』，刊本『瓟』作『瓝』。《廣韻·覺韻》『瓝』字下云：『瓟，上同。』《箋》中『瓟』字同此。

〔三四五〕民周民也，刊本同，底一誤作『民自周邑民』。

〔三四六〕用也，底一誤作『周也』，刊本無『也』字。

〔三四七〕沮水漆水名也，刊本無『名』字；底一作『沮水名』，脱漏嚴重。

〔三四八〕本，刊本同，底一無。

〔三四九〕也，底一、刊本無。

〔二五〇〕諭后稷乃帝嚳之胄，刊本「諭」作「喻」。《新加九經字樣·言部》：「諭、喻，上《説文》，下經典相承，今通用之。」底一「諭」誤作「論」，無「之」字。

〔二五一〕堯，底一、刊本無。《史記·周本紀》：「帝堯聞之，舉棄爲農師，天下得其利，有功。帝舜……封棄於邰，號曰后稷。」然《生民》「即有邰家室」毛傳云：「邰，姜嫄之國也。堯見天因邰而生后稷，故國后稷於邰，命使事天以顯神，順天命耳。」則毛乃以封后稷於邰者爲堯也。此有「堯」字，蓋《毛傳》、《鄭箋》原貌。

〔二五二〕公劉失職，底二原無「劉」字，潘重規云：「《周語》、《史記》皆謂不窋失官，公劉乃不窋之孫，箋云其後公失職，蓋謂不窋也。」案：《公劉》篇傳、箋皆以公劉始迁於豳，此亦《箋》語，不應前後有異，底一、刊本皆作「公劉」，是也。今不從潘説，而據底一、刊本補「劉」字。「軄」字底一同，刊本作「職」，《玉篇·身部》云：「軄，俗職字。」

〔二五三〕于豳，刊本同，底一作「於幽」。「于」、「於」字通，「幽」爲「豳」之形誤。底一凡「豳」皆誤作「幽」，下不復出。

〔二五四〕柒沮，底一脱「沮」字，刊本作「沮漆」。

〔二五五〕綿綿，底一脱一「綿」字。

〔二五六〕之心，底一誤倒作「心之」，刊本無「之」字。

〔二五七〕本周之興，底二脱「周」字，兹據底一、刊本補。底一「興」誤作「與」。

〔二五八〕云於柒沮，底一「云」誤作「之」，末有「焉」字；刊本「於」作「于」，末有「也」字。

〔二五九〕亶甫，底一同，刊本作「亶父」。《説文·用部》：「甫，男子之美稱也。」又部：「父，巨也，家長率教者。」是「甫」爲本字，「父」爲借字。下凡「亶甫」均不復出。

〔二六〇〕復，刊本同，底一誤作「腹」，前又衍一「甫」字。《傳》《箋》中「復」字底一亦皆誤作「腹」。

〔二六一〕古公豳公，底一「古」作「故」，音誤字，下仍作「古」，可知也。底一、刊本末有「也」字。

〔二六二〕古，底二脱，兹據底一、刊本補。

〔二六三〕也，底一同，刊本無。

〔二六四〕名，刊本同，底一誤作「爲」。

〔二六五〕狄，刊本同，底一作「翟」。「狄」正字，「翟」借字。

〔二六六〕弊，底一同，刊本作「幣」。「幣」正字，「弊」借字。

〔二六七〕不得，刊本同，底一此二字重複，當删其一。

〔二六八〕犬，底二原誤作「大」，兹據底一、刊本改正。

〔二六九〕珠玉，刊本同，底一誤作「誅王」。

〔二七〇〕囑其，底一作「乃囑」，刊本作「屬其」，「屬」「囑」古今字。

〔二七一〕翟，底一同，刊本作「狄」。「翟」爲「狄」之借字。

〔二七二〕欲吾土地也，底一作「貪吾土地也」，刊本無「欲」或「貪」，二字均爲衍文；刊本無「也」字。

〔二七三〕則，底一、刊本無。

〔二七四〕土地養人，底一同，刊本無。

〔二七五〕乃，底一同，刊本無。

〔二七六〕于，底一、刊本無。

〔二七七〕邑於，底一作「之危於」，刊本作「邑乎」。「之危」應是「邑」之誤，「於」「乎」古多通用。

〔二七八〕之，底二脱，兹據底一、刊本補。

〔二七九〕也，刊本同，底一無。

〔二八〇〕從之，刊本同，底一下衍「而居」二字。

〔二八一〕而，刊本同，底一下衍「无」字。

〔二八二〕寢廟，「寑」，底一同，刊本作「寢」。寑，本字；寢，隸變字。底二「廟」原作「厝」，當是「廟」之誤字，「廟」爲古「廟」字，刊本作「廟」。底一亦誤作「厝」。

〔二八三〕亦未有家室，底二「家室」作「室家」，刊本「未」下有「敢」字。

〔二八四〕古公，刊本同，底一誤「古」爲「故」，末衍「者」字。

〔二八五〕「本其祖」下底一、刊本有「也」字。

〔二八六〕君，刊本同，底一前有「其」字。阮校：「『稱君曰公』，小字本同。閩本、明監本、毛本同。相臺本『稱』下有『其』字，案有者是也。」

〔二八七〕復於地上，刊本「地」作「土」，底一無「復」字。《正義》曰：「故箋辨之云：『復（原作「覆」，據阮校改）者，於地上，鑿地曰穴，皆如陶然。』是孔所據本與底一同。

〔二八八〕其，刊本同，底一誤作「所」。

〔二八九〕曰，底一同，刊本無。「曰」爲衍字。

〔二九〇〕也，底一同，刊本無。

〔二九一〕崖，底一作「涯」，刊本作「厓」。說見校記〔一四七〕。《箋》中「崖」字同此。

〔二九二〕也，底一同，刊本無。

〔二九三〕避，底一同，刊本作「辟」，「辟」「避」古今字。

〔二九四〕柒沮，底一同，刊本作「沮漆」。

〔二九五〕也，底一、刊本無。

〔二九六〕也，底一同，刊本無。

〔二九七〕於是与其配大姜自來相可居者，底一脱「於」字，「可」誤作「与」。刊本「配」作「妃」，案「配」爲「妃」之借字。

〔二九八〕智，底一同，刊本作『知』，『知』『智』古今字。

〔二九九〕亡甫，底二卷背注音。

〔三〇〇〕羊之，底二卷背注音。

〔三〇一〕爰，刊本同，底一改作『我』，誤。

〔三〇二〕啓計，底二卷背注音。

〔三〇三〕柒沮之間，刊本末有『也』，底一作『在柒沮之間也』。

〔三〇四〕肥，底一、刊本無。

〔三〇五〕菫荼也，底二脱，兹據底一、刊本補。

〔三〇六〕原地，刊本同，底一重複，當刪其一。

〔三〇七〕肥美也，底一作『甚肥美』，刊本無『也』字。

〔三〇八〕所，刊本同，底一重複，應是因换行而誤衍，當刪其一。

〔三〇九〕性苦，刊本同，底一脱『性』，誤『苦』爲『若』。

〔三一〇〕皆甘如飴，刊本無『皆』字，底一、刊本末有『也』字。案有『皆』義長。《正義》云：『雖性本苦，今盡甘如飴味然。』蓋孔所據本亦有『皆』字。

〔三一一〕謀，刊本同，底一無，蓋脱重文符號。

〔三一二〕大王，底一同，刊本無。

〔三一三〕卜之則吉皆是從矣，底一作『卜之吉則又從己也』，刊本作『卜之則又從矣』。案《正義》云：『《禮》「將卜先筮」之言，卜則筮可知，故云「皆從」也。』求之語氣，核以《正義》，蓋當作『卜之吉，則皆從矣』。諸本皆有錯亂。底二『卜之』二字原無，據底一、刊本補。

〔三一四〕也，底一、刊本無。

〔三一五〕也，刊本同，底一無。

〔三一六〕此，刊本同，底一脱。

〔三一七〕定民心安其止也，底一作『定心安甚心』，刊本作『定民心也』。底二『止』當爲『心』之形誤；底一『甚』則爲『其』之形誤，『安心』間奪一『民』字。

〔三一八〕迺慰，刊本『迺』作『廼』。《説文》作『𠧪』，本字，『迺』、『廼』應皆是小篆隸變字。下凡『迺』字同此，不復出校。底二『慰』原作『𨕗』，誤字，《傳》中仍作『慰』，可知也，兹據底一、刊本改正。

〔三一九〕彊，底一同，刊本作『疆』。『彊』爲『疆』之俗字，説詳《敦煌俗字研究》下編四一六頁。《箋》中『彊』字同。

〔三二〇〕也，底一同，刊本無。

〔三二一〕處，底一、刊本無。

〔三二二〕迺，底一、刊本作『乃』。陳奐《詩毛氏傳疏》云：『經作「迺」，箋作「乃」。』案：陳説當是，《爾雅·釋詁下》：『迺，乃也。』鄭玄當據此以釋。底二《箋》中作『迺』者均當改爲『乃』。下不復出。

〔三二三〕皆，刊本同，底一下有『樂』字。案《正義》云：『言從西方往東之人，皆於周執事，競出力，明其勸樂，於是皆無悔心也。』蓋孔所據本亦有『樂』字。

〔三二四〕東西，底一、刊本作『西東』。案《正義》云：『豳在周原西北，而經言「自西」，便是從其正西而來，故辨之云：「豳與周原不能爲東西，據至周之時從水滸而言也。」《鄭志》張逸問：「豳與周原不能爲東西，何謂？」荅曰：「豳地今爲栒邑縣，在廣山北、沮水西，有涇水從此西南行，正東乃得周，故言東西。」』蓋作『東西』爲長。

〔三二五〕而言之，底一作『言之乃然也』，刊本作『言也』。案《正義》標起止作『滸言』，則孔所據本亦無『而』字。『乃然也』三字有蛇足之嫌，疑以刊本爲長。

〔三二六〕迺，底一、刊本作『乃』。陳奐《詩毛氏傳疏》云：『全篇内迺、乃錯出不一律。』阮校：『「乃召司空」，小字本、相臺本同；《唐石經》「乃」作「迺」，考文古本同。案「迺」字是也。下「乃召司徒」同。」《説文・乚部》『卤』篆下段注：『《詩》、《書》、《史》、《漢》發語多用此字作「迺」，而流俗多改爲「乃」。』底二均作『迺』，無作『乃』者，可爲段、阮之證。下句『迺』字同此。

〔三二七〕皆卿官也，刊本無『皆』字，底一無『皆』、『也』二字。

〔三二八〕司空，刊本同，底一脱。

〔三二九〕掌教及徒衆之事，底一作『司徒掌教乃徒役之事』，刊本作『掌徒役之事』。姜亮夫認爲底二『其義實勝今本』。案：據《周禮・地官》敘官、《禮記・王制》，知司徒掌教育、土地及产殖等事務。司徒之鄉師、遂人職等均主徒役之事。底二作『徒衆』不如底一作『徒役』更切司徒之職掌，惟底一『乃』爲『及』之形誤。刊本脱漏『掌教』二字也。

〔三三〇〕室家之位處也，底一『室家』作『家室』，刊本無『也』字。

〔三三一〕乘，底一、刊本作『繩』。《釋文》：『繩，如字，本或作乘。案經作「繩」，傳作「乘」，箋云破傳（原作「傳破」，據阮校改）之乘字。後人遂誤改經文。』是經作『乘』者乃後人據《毛傳》之誤字而改。

〔三三二〕板，底一同，刊本作『版』。《説文》有『版』無『板』，『板』當爲後起字。本詩中『板』字同此，不復出校。

〔三三三〕庿，底二原作『庴』，底一、刊本作『廟』，則『庴』當爲『庿』之形誤字，『庿』爲『廟』之古字，兹據以改正。

〔三三四〕乘之謂縮之，底一同，刊本『乘謂之縮』。訓詁術語『謂之』皆解釋事物之異名或確定事物之義界，並且被釋詞放在後面。此處『縮』在後面，故知乃是解釋『縮板以載』之『縮』，而且《毛傳》前句云『言不失繩直也』，解釋『其繩則直』，亦可證此乃釋『縮』字。縮爲動詞，繩（《毛傳》作『乘』，爲『繩』之誤）爲名詞，用繩釋縮，不惟無補，更滋疑惑。《爾雅・釋器》曰：『繩之謂之縮之。』此《爾雅》釋詩也，然詩『縮』下並無『之』字，周祖謨《爾雅校箋》據原本《玉篇》『繩』下引《毛傳》作『乘之謂之縮』，謂《爾雅》『縮』下衍『之』字，是也。以『繩之』釋『縮』，繩以名詞用作動詞，意謂縮者乃是用繩束板也。孫炎曰：『繩束築板謂之縮。』(《詩》正義引)郭璞曰：『縮者，約束之。』皆是也。兩寫卷作『乘之謂縮之』，則似釋『繩』字，非也。『縮之』二字應互乙，作『乘之謂之縮』，正與《玉篇》所引《毛傳》同。《正義》引《釋器》曰：『繩謂之縮。』然下又云：『《爾雅》復言「縮之」，明縮用繩束之也。』可知其所引已爲後人改篡，非孔書原貌也。

〔三五〕庿，底二原作『厝』，刊本作『廟』，『庿』爲『廟』之古字，兹據以改。底一作『厝』，亦『庿』之誤字。

〔三六〕居室，刊本同，底一多一『居』字，當刪。

〔三七〕而起，底一下衍『厝』(『庿』之誤字)字。

〔三八〕庿，底二原誤作『厝』，刊本作『廟』，『庿』爲『廟』之古字，兹據以改。底一作『厝』，亦『庿』之誤字。

〔三九〕乘當爲繩，底一作『乘當爲繩聲之誤』，刊本作『乘聲之誤當爲繩也』。《正義》標起止作『爲繩』，則孔所據本與刊本同。然鄭注《三禮》，鄭箋於聲誤而改字之例，皆作『×當爲×，聲之誤也』，則與底一同。俟考。

〔四〇〕捄姜牛之隭隭而升，『隭隭』，底一同，刊本作『陾陾』。《說文·手部》『捄』篆下、《阜部》『陾』篆下引均作『陾陾』。馬瑞辰《毛詩傳箋通釋》云：『《說文》、《玉篇》引作陑陑，字亦作隭。今詩作陾者，蓋隭字之譌。』案：《說文》不作『陑』，作『陑』者段玉裁所改。馬宗霍《說文解字引詩考》糾駁段、馬之説甚詳，可參。作『隭』者蓋『陾』之譌變字。傳中『隭』字同此。『姜牛』、『而升』均底二卷背注音。

〔四一〕薨薨，刊本同，底一僅一『薨』字，應是脱去重文符號。

〔四二〕削屢恭具馮馮，底一『屢』作『履』，『馮馮』作『憑憑』。『屢』，段玉裁《詩經小學》釋爲『空』，焦循《毛詩補疏》釋爲『斂』，馬瑞辰《毛詩傳箋通釋》皆不以爲然，而讀爲『僂』，義爲隆高。案馬説爲長。底一作『履』者，乃『屨』之誤，『屨』又爲『屢』之誤，例可參高亨《古字通假會典》三五七頁（齊魯書社一九八九）。《説文·馬部》：『馮，馬行疾也。』徐鉉注：『本音皮冰切，經典通用爲依馮之馮，今別作憑，非是。』『憑』當爲『馮』之後起增旁字。《傳》中『馮』字同此。『恭具』爲底二卷背注音。潘重規云：『恭蓋誤字。』案：『恭具』所音者非此『屢』，乃別本之『屨』也。寫卷有作『履』之本，底一是也；亦有作『屨』之本，此『恭具』所音者是也。『恭』字不誤，所誤者彼本之經文耳。

〔三四三〕 蘲力癸，底一、刊本『蘲』作『蘽』。《説文·手部》：『捄，盛土於梩中也。』《木部》：『梠，臿也。一曰徙土華，齊人語也，或從里。』是蘲、蘽皆梩之借字。《箋》中『蘲』字同此。『力癸』爲底二卷背注音。

〔三四四〕 言百姓之勸勉，底二『姓』誤作『性』，『勸勉』前有『相』字；刊本末有『也』字。

〔三四五〕 用力，底一同，刊本下有『也』字。

〔三四六〕 鍛屨，刊本同，底一作『斂履』。

〔三四七〕 蒲侯，底二卷背注音。

〔三四八〕 投，底一誤作『役』，刊本下有『也』字。

〔三四九〕 取，底一、刊本作『聚』。作『聚』義長。

〔三五〇〕 而投諸板中也，底一脱『投』字，底一、刊本無『也』字。

〔三五一〕 鼛皷，底一同，刊本作『鼛鼓』。『鼛』爲『鼛』之俗字，『皷』爲『鼓』之俗字。下皆同，不復出校。

〔三五二〕 『大皷』下底一、刊本有『也』字。

〔三五三〕 或，刊本同，底一脱。

〔三五四〕 樂，刊本同，底一誤作『欒』。

〔三五五〕 止之使休息，底二『止』誤作『正』，底一、刊本末有『也』字。

〔三五六〕 必，底一、刊本無。

〔三五七〕 應鞞朔鞞，『鞞』，底一同，刊本作『鼙』。《廣韻·齊韻》『鼙』字下云：『鞞，上同。』底一『朔』誤作『也』。

〔三五八〕 周礼，底一誤倒作『礼周』。

〔三五九〕 以鼛皷止役事，底一作『以鼛正役事之也』，刊本作『以鼛鼓役事』。案：《正義》云：『引《周禮》者，《地官·鼓人》文。彼云「鼓役事」，此或云「止役事」，以上有「止」之文而因誤（原作『設』，據阮校改）耳。』

『役』爲『役』之古字，底一作『正』，『止』之誤字也，底一、底二皆作『止』，正與《正義》所云之或本同。

〔三六〇〕 迺立睾門，『迺』，底一作『乃』，刊本作『迺』。說詳校記〔三二八〕、〔三三六〕。下『迺立應門』句同。底一、刊本『睾』作『皋』。『睾』爲俗字。下凡『睾』字同此。

〔三六一〕 伉肯浪，底一『伉』作『亢』。《釋文》：『伉，本又作亢，苦浪反，高也。』馬瑞辰《毛詩傳箋通釋》云：『《説文》：「阬，閬也。」「閬，門高也。」張參《五經文字》：「阬，門高。」是知作亢者，阬之省借字也。』案：《説文·人部》：『伉，人名。』則『伉』亦『阬』之借也。『肯浪』爲底二卷背注音。

〔三六二〕 伉高狠，底一『伉』下衍『高伉』二字。『狠』，底一作『邑』，刊本作『貌』。『狠』爲『貌』之俗訛字。『邑』當爲『皃』之誤，『皃』與『貌』同。底一末有『也』字。

〔三六三〕 之，刊本同，底一無。

〔三六四〕 也，刊本同，底一無。

〔三六五〕 『應门』下底一、刊本有『焉』字。

〔三六六〕 宫，刊本同，底一誤作『官』。

〔三六七〕 路寢門，底一同，刊本作『路門』。姜亮夫謂寫卷義勝今本。案《周禮·天官·閽人》『掌守王宫之中門之禁』鄭司農注：『王有五門，外曰皋門，二曰雉門，三曰庫門，四曰應門，五曰路門。路門一曰畢門。』《尚書·顧命》僞傳：『路寢門，一名畢門。』是路門即路寢門。寑，本字；寢，隸變字。

〔三六八〕 加之以庫雉也，底一、刊本無『之』、『也』二字。

〔三六九〕 戎醜攸行，刊本同，底一『醜』誤作『魄』，『攸』誤作『悠』。

〔三七〇〕 也，底一同，刊本無。

〔三七一〕 戎亦大也，底一作『戎大』，刊本作『戎大也』。

〔三七二〕 大社也，刊本同，底一『大』前衍『夫』字。

〔三七三〕于，底一作『於』，刊本作『乎』，三字古多通用。

〔三七四〕之，刊本同，底一無。

〔三七五〕『大社』下底一、刊本有『也』字。

〔三七六〕大社者動大衆，底一脱前一『大』字。底一、刊本『動』作『出』。

〔三七七〕將所告而行也，刊本同，底一『所』下衍一重文符號，無『也』字。

〔三七八〕蜃宜社之肉也，底一『蜃』誤作『辱』。底一、刊本無『也』字。

〔三七九〕殄，底二原作『弥』，『殄』之俗字形似『弥』，因譌也，茲據底一、刊本改正。

〔三八〇〕拔蒲外，底一『拔』誤作『柭』。『蒲外』爲底二卷背注音。

〔三八一〕土外，底二卷背注音。

〔三八二〕殄絶也，底一、刊本無此條。

〔三八三〕恚也，底一『恚』誤作『喜』，刊本無『也』字。

〔三八四〕傒，底一作『踆』，刊本作『蹊』。『傒』當是『徯』之誤，『徯』『蹊』同字，『踆』當是『蹊』之形誤。

〔三八五〕也，刊本同，底一無。

〔三八六〕見大王立冢土，底一脱『見大王』三字，『冢』誤作『家』；刊本『大』作『太』，『大』『太』古今字。

〔三八七〕義，刊本同，底一誤作『事』。

〔三八八〕絶去其恚惡惡人，底二原奪一『惡』字，茲據底一、刊本補。底一奪『去其』二字，誤『恚』爲『志』。

〔三八九〕廢，刊本同，底一作『癈』。『癈』爲『廢』之俗字。

〔三九〇〕今以柞棫生柯葉之時，刊本同；底一奪『以』字，『柯』誤作『相』，『葉』作『苿』，乃諱改字。

〔三九一〕不有征伐之意也，底一脱『有』字，刊本無『也』字。

〔三九二〕他外，底二卷背注音。

〔三九三〕也，底一同，刊本無。
〔三九四〕困，刊本同，底一誤作「因」。
〔三九五〕見文王之使者將士衆過己國，刊本同；底一奪「見」、「之」二字，「過」誤作「還」。
〔三九六〕困遽也，底一作「遽困」，刊本作「困劇也」。案「困劇」字作「劇」不作「遽」，作「遽」者蓋同音借字。底一作「遽困」，當是誤倒。
〔三九七〕之，刊本同，底一無。
〔三九八〕大王避狄，底一同，刊本「大」作「太」，「避」作「辟」。「大」、「太」及「辟」、「避」均古今字。
〔三九九〕興，刊本同，底一誤作「與」。
〔四〇〇〕也，刊本同，底一無。
〔四〇一〕厥，刊本同，底一脱。
〔四〇二〕成也，刊本同，底一脱。
〔四〇三〕久，刊本同，底一脱。
〔四〇四〕西伯，刊本同，底一脱。
〔四〇五〕焉，刊本同，底一無。
〔四〇六〕与，刊本作「與」，底一脱。「与」、「與」字同。
〔四〇七〕境，底一同，刊本作「竟」，「竟」「境」古今字。
〔四〇八〕則，底一、刊本無。此與前「則耕者讓畔」對文，有「則」義長。
〔四〇九〕挈，刊本同，底一作「契」，借字也。
〔四一〇〕大夫讓爲卿，刊本同，底一「大夫」誤倒作「夫大」，「爲」下衍「我」字。
〔四一一〕我等小人也，底一奪「等」字，刊本無「也」字。

〔四一二〕朝，底一、刊本作『庭』。《括地志》引亦作『庭』（《史記・周本紀》張守節《正義》引）。

〔四一三〕讓，刊本同，底一誤作『襄』。

〔四一四〕以其所爭田爲閑田，底二『以』前衍『与』字，茲據底一、刊本刪。底一『所』下有『之』字，《孔子家語・好生》述此事有『之』字。刊本『閑』作『閒』，『閑』爲『閒』之借字。

〔四一五〕歸周者卌餘國，底一『周』誤作『國』，刊本無。『卌』，底一同，刊本作『四十』。『卌』爲『四十』之合文。下『卌』不復出校。

〔四一六〕然，底一同，刊本無。

〔四一七〕王業日大也，底一『業』作『茉』，無『日』字；刊本無『日』、『也』二字。案『茉』乃『葉』之諱改字，此爲『業』之形誤也。《正義》標起止云『業大』，然文中云：『故云廣其德而王業日益大。』是其所據本有『日』字，標起止中無者，後人所刪也。

〔四一八〕奔走，底一、刊本作『奔奏』。《釋文》：『奏，如字，本又作走。』《正義》云：『奔走者，此臣能曉喻天下之人，以王德宣揚王之聲譽使人知，令天下皆奔走而歸趨之，故曰奔走也。』是孔所據本作『走』。王引之《經義述聞》卷六：『傳、箋異義，《正義》合而一之，非也。傳以奏爲告語之義，故曰喻德宣譽。《堯典》「敷奏以言」，《史記・五帝紀》作「徧告以言」，是也。箋則取趨赴之義。』案：《箋》取趨赴之義者，乃讀『奏』爲『走』也，《說文・走部》：『走，趨也。』故馬瑞辰《毛詩傳箋通釋》認爲鄭玄據三家詩。《毛詩》或作『走』者，蓋據鄭箋改字耳。《傳》、《箋》中『走』字同此。

〔四一九〕相道前後曰先後，刊本同，底一作『相尊前後』，多有脱誤。

〔四二〇〕論，底一、刊本作『喻』。《新加九經字樣・言部》：『論、喻，上《說文》，下經典相承，今通用之。』

〔四二一〕武臣折衝曰禦侮，刊本『衝』作『衝』。案《說文》作『衝』不作『衝』，『衝』應是後起字。底一奪『衝』、『禦』二字。

〔四二二〕由有疏附先後奔走禦侮之臣力也，底一「由」誤作「田」，脱「臣」字。

〔四二三〕也，刊本同，底一無。

〔四二四〕歸趍之也，刊本「趍」作「趨」，《廣韻·虞韻》「趨」下云：「趍，俗。」下凡此皆不復出校。底一、刊本無「也」字。

〔四二五〕章，底二脱，兹據底一、刊本補。底一、刊本皆在篇末。

〔四二六〕扶雄，底二卷背注音。

〔四二七〕楢，底一作「猶」，刊本作「槱」。《釋文》：「楢，音酉，積也。字亦作槱。」《玉篇·木部》：「槱，與楢同。」「猶」當爲「楢」之誤字。《傳》中「楢」字同此。

〔四二八〕狠也，「狠」，底一作「皃」，刊本作「貌」。説詳校記〔一三六〕。刊本無「也」字。

〔四二九〕棱也，「棱」，底一作「移」，刊本作「桵」。底一無「也」字。《爾雅·釋木》：「棫，白桵。」陸德明《經典釋文·爾雅音義》：「桵，本或作棱。」阮元《爾雅校勘記》：「《説文》無妥字，今《説文》作桵從妥者誤也。《字林》作棱，當本之。《説文》此宜作棱。凡從委字多有改作妥者，如餧作餒、捼作挼之類可證。」嚴元照《爾雅匡名》與阮説同。底一作「移」者，「桵」之譌字也，據其《箋》中作「桵」而知。

〔四三〇〕苞，底一、刊本作「枹」。「苞」蓋爲「枹」之同音借字。

〔四三一〕万，底一同，刊本作「萬」。「万」、「萬」同字，下不復出。

〔四三二〕也，底一同，刊本無。

〔四三三〕根，底一同，刊本無。案《正義》云：「此言樸者，亦謂根枝迫迮相附著之貌，故以樸屬言之。」疑有「根」字爲善。

〔四三四〕上，刊本同，底一誤作「下」。

〔四三五〕則聚積以燎之，刊本同，底一作「則聚積之以爲燎也」，譌誤甚。

〔四三六〕君王謂文王也，刊本同，底一無「君」、「也」二字。案「君」字不可無。《箋》訓「辟」爲「君」，故以「辟王」爲「君王」，底一無「君」者，蓋或人以爲經無「君」字而删之也。

〔四三七〕文王臨祭祀，底二脱「文王」二字，兹據底一、刊本補。底一「臨祭祀」誤作「監祭礼」。

〔四三八〕其容狠則濟濟然敬也，底一、刊本無「狠則」，底一又無「敬也」。「狠」爲「貌」之俗譌字。

〔四三九〕左右之諸臣皆促疾於其事，底一「左右」前有「欲」，「諸臣」誤作「諸侯」。刊本脱「其」字。

〔四四〇〕謂相助積薪也，底一奪「相」字，誤「積」爲「猶」；刊本無「也」字。

〔四四一〕圭，刊本同，底一作「珪」。《説文·土部》以「珪」爲「圭」之古文。《箋》中「圭」字同此。

〔四四二〕璋，刊本同，底一脱。

〔四四三〕諸臣，刊本同，底一誤作「諸侯」。

〔四四四〕也，底一、刊本無。

〔四四五〕峨峨，刊本同，底一作「娥娥」。李富孫《詩經異文釋》云：「《公羊·定八年傳》注引此，《釋文》：『莪，本又作娥。』案：《文選》左思《詠史詩》注云：『峨與娥同，古字通。』」《傳》中「峨峨」同此。

〔四四六〕攸，底二原作「攸」，誤字也，兹據底一、刊本改正。

〔四四七〕盛莊，底二「莊」原作「庄」，乃「莊」之俗字。底一、刊本作「壯」。「莊」爲「壯」之借字。

〔四四八〕士，刊本同，底一脱。

〔四四九〕峨峨，刊本同，底一作「我我」。案底一於經、傳中均作「娥娥」，此作「我我」者，譌字也。

〔四五〇〕也，底一同，刊本無。

〔四五一〕渒彼涇舟，「渒」，底一同，刊本作「淠」。《説文·水部》：「淠，淠水，出汝南弋陽垂山，東入淮。」《集韻·至韻》：「淠，水出汝南弋陽重山，東入淮。」又《支韻》：「渒，水名，在弋陽。」則《集韻》「渒」字必爲重出。王念孫《廣雅疏證·釋訓》：「淠淠，各本譌作渒渒，今訂正。」可知「淠」字後世多有寫作「渒」者。敦煌寫卷

「畀」往往寫作「卑」。「溿」應是俗字。《傳》、《箋》中「溿」字同此。底一「涇」誤作「滛」。

〔四五二〕烝徒楫慈立之，底二「烝」原誤作「承」，兹據底一、刊本改正。「慈立」爲底二卷背注音。

〔四五三〕舟行狠也，底二脱「行」字，兹據底一、刊本補。底二「行」下衍「也」字，刊本無「末」也字。「狠」字底一作「皃」，刊本作「貌」，説詳校記〔三六〕。

〔四五四〕慎，底一、刊本作「順」。「慎」爲「順」之借字。

〔四五五〕以興，底一、刊本無「以」字。底二「興」誤作「異」。

〔四五六〕行君之政令也，底一「令」作「命」，無「也」字；刊本無「之」、「也」二字。

〔四五七〕軍，刊本同，底一作「寧」，形誤字。

〔四五八〕也，底一、刊本無。

〔四五九〕也，底一同，刊本無。

〔四六〇〕及，刊本同，底一誤作「乃」。

〔四六一〕自「周王往行」至「未有」凡二十九字，底一脱。

〔四六二〕五師爲軍，底二原作「五師爲旅五旅爲軍」。案《周禮·地官·小司徒職》云：「五旅爲師，五師爲軍。」《箋》上已云「二千五百人爲師」，後不必再引「五旅爲師」句，直作「五師爲軍」，並給出每軍人數足矣。底一作「五師爲」，雖奪一「軍」字，然無前「五旅爲師」句可知。底二又倒亂語序，兹據刊本删正。姜亮夫謂底二義長於今本，誤也。

〔四六三〕也，底一、刊本無。

〔四六四〕明大猊，底一、刊本作「大也」。「猊」當是「貌」之訛變。《小雅·甫田》「倬彼甫田」毛傳：「倬，明貌。」《説文·人部》：「倬，箸大也。从人卓聲。《詩》曰：『倬彼雲漢。』」箸者，明也。是《説文》以「明大」釋「倬」也。《桑柔》「倬彼昊天」箋云：「倬，明大貌。」是「倬」義以「明」爲主。故戴震《毛鄭詩考正》釋此「倬」爲

「明貌」，而不以《毛傳》爲然。疑此作「明大」者爲《毛傳》原貌。

〔四六五〕「天河」下底一、刊本有「也」字。

〔四六六〕雲，刊本同，底一脱。

〔四六七〕爲法度於天下，底一「爲」誤作「焉」，「天下」誤作「天子」。刊本「於」作「于」，二字古多通用。

〔四六八〕不作爲也遠爲人矣，底二「遠」後有二「不」字，但已用「卜」號删去。底一作「遠不爲人也」，刊本作「遠不作人也」。段玉裁《毛詩故訓傳定本小箋》謂「遠不作人也」當作「遠作人也」，「不」字衍。《鄭箋》異義」。陳奂《詩毛氏傳疏》、胡承珙《毛詩後箋》皆承用其説。案：《小雅·車攻》傳：「不驚，驚也。不盈，盈也。」《桑扈》傳：「不戢，戢也。不難，難也。那，多也。不多，多也。」《大雅·文王》傳：「不顯，顯也。顯，光也。不時，時也。時，是也。」《生民》傳：「不寧，寧也。不康，康也。」據此，底二作「不作，作也。作，爲也。遠爲人矣」方合傳例。底一及刊本皆誤。

〔四六九〕周王文王也文王是時九十餘矣，底二原作「周王文〻王也〻是時九十餘矣」。兩重文符號應各置於「文」及「王」二字之下，方合重文符號之通例，今「王」下有一「也」字，此句不能句讀矣。「也」當是手民抄時所添，彼所據本應無「也」字。然此「也」字有者爲長，刊本作「周王文王也文王是時九十餘矣」，是也。底二所據本無「也」者，乃是爲將下「文王」二字寫成重文符號而删，底一作「周王文王也文王是時也九十餘矣」，即因有「也」字而未將下「文王」二字寫作重文符號。底一「時」下「也」字蓋衍。

〔四七〇〕爲，底一、刊本作「作」。「爲」乃是據《毛傳》而改也。段玉裁云鄭《箋》與毛異，且《箋》下仍云「新作人」，明其不以「作」爲「爲」也。

〔四七一〕爲，底一、刊本無。

〔四七二〕皆使善，底一同，刊本無。

〔四七三〕也，刊本同，底一無。

〔四七四〕都迴，底二卷背注音。《廣韻》「追」音陟隹切，與此音不合。《儀禮・士冠禮》注：「追猶堆也。」《文選》卷三十四枚乘《七發》「窮曲隨隈，踰岸出追」李善注：「追亦堆字，今爲追，古字假借之也。」《廣韻》「堆」音都回切，正與寫卷之音合，是寫卷讀「追」爲「堆」也。

〔四七五〕雕，底一同，刊本作「彫」。《説文・隹部》：「雕，鷻也。」《彡部》「彫」篆下段注：「《毛傳》字當作琱，凡琱琢之成文曰彫。」是「雕」、「彫」皆「琱」之借字。下句「雕」字同。

〔四七六〕則追亦治玉之名，底一「則追」下衍「衡笄則追」四字，誤「玉」爲「王」。底一、刊本無「之名」二字，末有「也」字。《周禮・天官・追師職》鄭注：「追猶治也。《詩》云『追琢其璋』。」疑無「之名」二字者爲是。

〔四七七〕相視也猶觀視也，刊本同，底一作「相親猶也視」，脱誤嚴重。

〔四七八〕琢玉使成文章，底一、刊本「琢」前有「追」字；底一「玉」誤作「王」，脱「成」字。

〔四七九〕文王，刊本同，底一下衍「也以喻」三字。

〔四八〇〕之，底一同，刊本無。

〔四八一〕萬民，底二、刊本無。刊本下有「也」字

〔四八二〕甚，底一、刊本作「其」。

〔四八三〕也，刊本同，底一無。

〔四八四〕王，刊本同，底一脱。

〔四八五〕以綱紀喻爲政教，「綱紀」，底一作「綱紀罟」，刊本作「罔罟」。《棫樸》第五章「勉勉我王，綱紀四方」箋云：「以罔罟喻爲政，張之爲綱，理之爲紀。」馬瑞辰《毛诗傳箋通释》云：「……是紀與綱各别之證。《箋》以綱、紀皆爲取罔罟爲喻，失之。《樂記》『中和之紀』，鄭注：『紀，總要之名也。』《禮器》『衆之紀也，紀散而衆亂』，鄭注：『紀者，絲縷之數有紀也。』是紀之本義謂得其統紀而衆絲而治，猶之綱舉而目張也。」馬氏認爲鄭玄以「罔罟」喻「綱紀」爲誤。今底一作「綱紀罟」，並不作「罔罟」。考《正義》曰：「以舉綱能張

綱之目，故「張之爲綱」也。紀者，别理絲縷，故「理之爲紀（原作『人』，據阮校改）」。以喻爲政有舉大綱赦小過者，有理微細窮根源者。」由孔氏釋義可知，其所據本作『綱紀』，不作『罔罟』也。底一『綱紀』下有『罟』字，已凸現此改字之徵兆。蓋鄭箋原作『綱紀』，因綱與網（罔、網古今字）形近，故綱易譌爲網，綱紀不辭，遂有奮筆改作網罟者。底二『喻』作『諭』，底一、刊本無『教』字。『喻』爲『諭』之後起字。

〔四八六〕也，底一同，刊本無。

〔四八七〕鹿，底一同，刊本作『麓』。《釋文》：『麓，音鹿，本亦作鹿。』《説文·林部》『麓』篆下段注、馮登府《三家詩異文疏證》皆以『鹿』爲『麓』之借字。本詩中『鹿』字皆同。

〔四八八〕申以，刊本同，底一作『申之以』。

〔四八九〕側仁，底二卷背注音。

〔四九〇〕也，刊本同，底一無。

〔四九一〕林木茂盛，底一脱『木』字，刊本末有『者』。

〔四九二〕得山，刊本同，底一作『山得』。

〔四九三〕諭周邦之民獨得豐樂者，底一『獨』誤作『猶』。刊本『諭』作『喻』，無『得』字。『喻』爲『諭』之後起字。

〔四九四〕君之德教也，底一無『之』、『教』二字，刊本無『之』、『也』二字。

〔四九五〕愷悌，底一同，刊本作『豈弟』。『豈』、『愷』及『弟』、『悌』皆古今字。下凡『愷悌』皆同此。

〔四九六〕陽，刊本同，底一脱。

〔四九七〕山藪殖，刊本同，底一『藪』誤作『數』，脱『殖』字。

〔四九八〕樂易也，底二『樂易』誤倒作『易樂』；底一、刊本無『也』字。

〔四九九〕也，底一同，刊本無。

〔五〇〇〕之德，刊本同，底一脱。

〔五〇二〕其，刊本同，底一脱。

〔五〇二〕圭，刊本同，底一作「珪」。《説文·土部》以「珪」爲「圭」之古文。《傳》、《箋》中「圭」字同此。

〔五〇三〕所以，刊本同，底一下衍「爲」字。

〔五〇四〕九命然後錫以秬鬯圭瓚，刊本同，底一「九命」前衍「云」，「九命」下衍「者」，「錫」誤爲「助」。

〔五〇五〕潔鮮狠也，刊本作「絜鮮貌」。《玉篇·冫部》：「潔，俗絜字。」「狠」爲「貌」之俗譌字。底一此處殘損。

〔五〇六〕鬯酒也，刊本作「秬鬯也」。

〔五〇七〕勺，刊本同，底一誤作「内」。

〔五〇八〕朱爲中央，刊本作「朱中央矣」。《正義》：「青金爲外，以朱爲中央矣。」潘重規據此以爲寫卷有「爲」者較勝。

〔五〇九〕以有功德受此賜也，刊本無「有」、「也」二字。

〔五一〇〕也，底二同，刊本無。

〔五一一〕鳶，底一同，刊本作「鳶」。《五經文字·鳥部》：「鳶，俗或作鳶。」《箋》中「鳶」字同此。

〔五一二〕鴂，刊本作「鴃」。「鴂」爲「鴃」之俗字，説見《干禄字書·鳥部》。

〔五一三〕貪惡者，底一作「殘惡者」，刊本末有「也」字。

〔五一四〕天，刊本同，底一誤作「大」。

〔五一五〕諭，底一、刊本作「喻」。「喻」爲「諭」之後起字。《箋》中「諭」字同。

〔五一六〕於，刊本作「于」。「於」、「于」古多通用。

〔五一七〕喜樂得其所也，底一作「嘉得其所也」，刊本作「喜得所」。「嘉」爲「喜」之誤字。《正義》云：「故以喻民喜樂得其所。」正與底二同。

〔五一八〕人使如新作人也，刊本無前一「人」字，底一殘缺。案「人」當是衍文。底一、刊本無「也」字。

〔五一九〕言年豐畜碩也，底二『豐』下有『多』字，衍文，玆據刊本及《正義》標起止删。底一作『言豐年多畜積也』，已多臆改之處。

〔五二〇〕樽，刊本作『尊』，『尊』『樽』古今字。

〔五二一〕也，刊本無。

〔五二二〕以祀，刊本同，底一脱。

〔五二三〕以，刊本同，底一無。

〔五二四〕也，底一同，刊本無。

〔五二五〕狠也，刊本『狠』作『貌』，無『也』字。『狠』爲『貌』之俗訛字。

〔五二六〕之，刊本同，底一無。

〔五二七〕乃民爊香氣燎除其傍草，刊本『民』作『人』、『傍』作『旁』，底一此處殘缺。案作『人』者，乃承襲唐人諱改字。『香氣』爲底二卷背注音。

〔五二八〕使，刊本同，底一脱。

〔五二九〕祐，刊本作『佑』。『祐』指天助，『佑』指人助，二字皆爲『右』之後起分別文，此言神，應作『祐』。

〔五三〇〕狠也，『狠』，底一作『皃』，刊本作『貌』，皆無『也』字。『狠』爲『貌』之俗訛字，『皃』、『貌』同字。

〔五三一〕葛也藟也延蔓於木之枝本而茂盛，底二『藟』作『纍』，『延』作『莚』。《説文·糸部》：『纍，綴得理也。』『艸部』：『藟，艸也。』『纍』當是『藟』之同音借字。『莚』當是因『蔓』而類化。『枝本』，底一同，刊本作『枚本』。阮校：『「延蔓於木之枚本而茂盛」，小字本、相臺本「枚」作「枝」。案「枝本」是也。枝，條也；本，枚也。』潘重規同阮説。底二原脱『葛也』之『也』，玆據底一、刊本補。

〔五三二〕諭子孫依緣先人之功而起也，底一、刊本『諭』作『喻』。底一脱『依』字，刊本無『也』字。案『喻』爲『諭』之後起字。

〔五三三〕『不回』下刊本有『者』字。

〔五三四〕齋，底一、刊本作『齊』。《釋文》：『齊，側皆反，本亦作齋。齋，莊也。』『齊』『齋』古今字。本詩中『齋』字同此。

〔五三五〕章六句，底一同，刊本下有『故言五章章六句三章章四句』。

〔五三六〕其，刊本無。

〔五三七〕也，刊本無。

〔五三八〕也，刊本無。

〔五三九〕太，刊本作『大』，『大』『太』古今字。

〔五四〇〕周地小别名也，底一作『周地别名』，刊本作『周地名也』。

〔五四一〕能，刊本無。

〔五四二〕斯，刊本同，底一作『思』。『思』爲『斯』之同音借字。

〔五四三〕十子，刊本同，底一誤作『小子』。

〔五四四〕嗣續大任之美音者，刊本無『續』、『者』二字。

〔五四五〕也，刊本無。

〔五四六〕土工，底二卷背注音。

〔五四七〕慎，底一、刊本作『順』。『順』正字，『慎』借字。

〔五四八〕言，底一同，刊本無。

〔五四九〕諮，刊本作『咨』。咨、諮古今字。

〔五五〇〕慎，刊本作『順』。『順』正字，『慎』借字。

〔五五一〕其行將無有凶禍也，刊本作『其將無有凶禍』。阮校：『相臺本「傷」下有「其所爲者」四字。案有者是也。

〔五五二〕《沿革例》云：諸本皆無「其所爲者」四字，唯建大字本有之，此相臺本所出也。考《正義》云「無是痛傷其文王所爲者」，與上句《正義》云「無是怨恚其文王所行者」正同。是《正義》本自有此四字，諸本於「其」字複出而脱之耳。」案：底二作「其行」，與相臺本作「其所爲者」不同。底一殘存「爲凶禍」三字。

〔五五三〕於，底一、刊本作「于」。案下兩句亦均作「于」，當以作「于」爲長。

〔五五四〕適妻，底二脱，兹據刊本補。

〔五五五〕訝，刊本作「御」。陳奐《詩毛氏傳疏》云：「《爾雅》：『訝，迎也。』《説文》：『訝，相迎也。』『訝』本字，『御』假借字。」馬瑞辰《毛詩傳箋通釋》云：「《傳》以『御』爲『訝』之假借，故以迎釋之，御、迎以雙聲爲義。」案：若謂《毛傳》本作「訝」，則未見經有作「訝」之本，且《箋》釋爲「治」，可知其所據本作「御」。此作「訝」者，當爲後人所改。

〔五五六〕礼，底二原誤作「祀」，兹據刊本改正。

〔五五七〕于，刊本同，底一作「於」。「于」、「於」古多通用。

〔五五八〕於家邦也，底一無「也」字；刊本「於」作「于」，二字通用。

〔五五九〕也，底一、刊本無。

〔五六〇〕雝雝，刊本同，底一作「雍雍」。「雍」爲「雝」之隸變。《傳》中「雝」字同此。

〔五六一〕庿，底二、底一原作「庿」，乃「庿」之誤字。刊本作「廟」。「庿」爲「廟」之古文。《箋》中「庿」字同此。

〔五六二〕璧雍宫也，「璧雍」，底一作「辟雍」，刊本作「辟廱」。「辟雍」正當作「辟邕」，「璧」爲「辟」之借字；「雝」爲「邕」之借字，「雍」又爲「雝」之隸變，而「廱」則爲「辟雝」字之後起本字。底一無「也」字。下「璧雍」同此。

〔五六三〕文王，刊本同，底一脱「王」字。

〔五六四〕敬，底二原誤作「文」，兹據底一、刊本改正。

〔五六四〕也，底一同，刊本無。

〔五六五〕躲，底一、刊本作「射」。據《説文》，「躲」爲「射」之古文。下「躲」字均同此，不復出校。

〔五六六〕也，底一同，刊本無。

〔五六七〕躲厭也，底一作「身厭也」，刊本作「無斁也」。阮校：「『保安無斁也』，小字本、相臺本『斁』作『厭』，閩本、明監本、毛本同。案『斁』字是也。《釋文》云：『保安無斁也，一本作保安也射斁也，非。』《正義》云『言安無斁也』云云，又云『定本云保安射斁也』，是《正義》本作『安無斁也』，無上『保』字。考此揔爲經『無射亦保』一句發傳，若分訓射、保，即不得『保』在『射』上，當以《正義》本爲長。」案：底一作「身」，當是「射」之誤。

〔五六八〕、已有賢才之質而不明達者，底一、刊本無「已」、「達」二字。底一脱「有」字。

〔五六九〕積小以成高大也，底二「也」字倒書於前行末，蓋爲雙行對齊也。底一作「積以致高大」，刊本作「積小致高大」。

〔五七〇〕瑕，底一同，刊本「遐」。《鄭箋》：「瑕，已也。」北京大學出版社之標點本《十三經注疏·毛詩正義》據《鄭箋》及《釋文》認爲經文當作「瑕」，不應作「遐」。案：《毛傳》云：「烈，業；假，大也。」僅釋「烈假」二字。《釋文》云：「瑕，毛音遐，遠也；鄭古雅反，已也。」《正義》云：「毛以爲……王之功業廣大，豈不長遠乎？言長遠也。以惡人皆消，故王業遠大，是其聖也。」若經文作「瑕」而不作「遐」，《釋文》、《正義》何從釋爲「遠」？《毛詩》本當作「遐」，作「瑕」者據鄭玄改經也。

〔五七一〕今，刊本同，底一脱。

〔五七二〕自絶，底一同，刊本下有「也」字。

〔五七三〕也，底一同，刊本無。

〔五七四〕厲瘕皆病也，底一作「烈厲也假皆病也」，刊本作「厲假皆病也」。阮校：「《箋》云：『厲、假皆病也。』小字本、相臺本同。案此《正義》本也。《正義》云：「鄭讀烈假爲厲瘕，故云皆病也。」又云：「定本及《集注》皆云厲疫病也，不訓瘕字，義不得通。」《釋文》云：「烈，毛如字，業也；鄭作厲，力世反，又音癩，病也。假，古雅反，大也。」於「假」字下不云「毛大也鄭病也」，是《釋文》本不訓「瘕」字，與定本、《集注》同也。考此箋當云「烈、假皆病也」，下箋「爲厲假之行者」當作「爲厲瘕之行者」。上仍用經字以爲訓，下則竟改其字，以顯「烈假」是「厲瘕」之假借。如《噫嘻》「既昭假爾」之箋，上仍用經字，云「假至也」，下則竟改其字，云「格于上下也」，是其例矣。」案：據阮説，底一最是，唯衍「厲也」二字。

〔五七五〕自絶，刊本同，底一下衍「之而自絶之而自絶之而絶」諸字。

〔五七六〕厲瘕，底一、刊本作「厲假」。案當作「厲瘕」，説詳校記〔五七四〕。

〔五七七〕也，刊本同，底一無。

〔五七八〕天，刊本同，底一作「天道」。

〔五七九〕祀於宗廟，刊本同，底一作「祭祀宗廟者」。底二「庿」原作「庿」，乃「庿」之誤字，「庿」爲「廟」之古字，兹據以改。

〔五八〇〕有，刊本同，底一脱。

〔五八一〕亦，刊本同，底一誤爲「遠者遠」三字，未知自何處羼入。

〔五八二〕諍，底一同，刊本作「爭」。「爭」「諍」古今字。

〔五八三〕也，刊本同，底一無。

〔五八四〕謂其子弟也，底一作「弟也」，刊本作「其弟子也」。阮校：「案《正義》云「謂大夫之子弟」，以下「子弟」字凡四見，是作「弟子」者倒也。」案：底二亦作「子弟」，可爲阮校之證。底一有脱漏。

〔五八五〕在，底二脱，兹據底一、刊本補。

〔五八六〕其，底一同，刊本無。

〔五八七〕也，底一同，刊本無。
〔五八八〕猷，底一作『歎』，刊本作『歎』。黄焯《經典釋文彙校》云：『要之从欠从犬，皆「歎」之譌體也。』（四七頁，中華書局一九八〇）
〔五八九〕無厭於有名譽之俊士，刊本『厭』作『猒』；底一『俊士』作『處士』。案『猒』『厭』古今字。
〔五九〇〕之，刊本同，底一脱。
〔五九一〕故成其俊乂之美，底一無『故』、『其』二字，『乂』誤作『史』。刊本無『故』字，末有『也』字。
〔五九二〕代，刊本同，底一誤作『伐』。
〔五九三〕莫若于周，刊本無『于』字。《正義》云：『定本……「莫若周」又無「於」字。』是孔所據本有『於』字，『于』、『於』字通。底一僅有一『莫』字，脱漏嚴重。
〔五九四〕世世，刊本前有『周』字。底一此處殘損。
〔五九五〕唯有周耳，底一無『耳』字；刊本『唯』作『維』，『耳』作『爾』。案：『唯』與『維』及『耳』與『爾』古多通用。
〔五九六〕唯有文王最盛也，刊本『唯』作『維』，無『最』，『也』作『爾』。底一無『最』字，『也』作『耳』。
〔五九七〕也，底一同，刊本無。
〔五九八〕視，底一止於此。
〔五九九〕赫赫然，刊本作『赫然』。
〔六〇〇〕以，刊本無。阮校：『「殷紂之暴亂」，閩本、明監本、毛本同，小字本、相臺本「殷」上有「以」字，考文古本同。案有者是也。』
〔六〇一〕將有，刊本無。
〔六〇二〕商，刊本作『殷』。
〔六〇三〕之國，刊本無。

〔六〇四〕也，刊本無。

〔六〇五〕也，刊本無。

〔六〇六〕郭，刊本作『廓』。《釋文》：『郭，苦霍反，大也。又如字。本又作廓。』陳奐《詩毛氏傳疏》云：『廓當依《釋文》作郭。』《傳》中『郭』字同此。

〔六〇七〕乃，底二脱，兹據刊本補。

〔六〇八〕惡，刊本作『老』。阮校：『「耆，老也」，閩本、明監本、毛本同，小字本、相臺本「老」作「惡」，考文古本同。案「惡」字是也，《釋文》、《正義》皆可證，涉《箋》文而譌耳。』

〔六〇九〕惡顧，刊本無『惡』字。潘重規云：『「惡顧」蓋「西顧」之誤。』

〔六一〇〕暇，刊本作『假』。《釋文》：『須假，户嫁反，本又作暇。』《正義》云：『天以二國雖惡，猶待其改悔，而閑暇優緩，未即憎惡。』又云：『以爲文王須暇之者，文王知天未喪殷，故不伐紂，據人事而爲説。』又云：『此須暇者，亦設教之言，因其未滅，假以言之耳。』是孔所據本亦作『暇』也。

〔六一一〕『浸大』下刊本有『也』字。

〔六一二〕乃眷然迴首，底二『乃』原誤作『及』，兹據刊本改正。刊本『迴首』作『運視』，《正義》云：『乃從殷都眷然回首西顧於岐周之地，而見文王。』是孔所據本亦作『回首』也。『回』『迴』古今字。

〔六一三〕文王所也，刊本『王』誤作『正』，無『也』字。

〔六一四〕力滯，底二卷背注音。

〔六一五〕脾赤，底二卷背注音。

〔六一六〕起居，底二卷背注音。

〔六一七〕藂，刊本作『叢』。《説文》有『叢』無『藂』，『藂』爲後起字。

〔六一八〕檽而，刊本『檽』作『栭』，『檽』蓋爲『栭』之俗字。『而』爲底二卷背注音。

〔六一九〕 椐困匱樻也，刊本無。阮校：『「椐河柳也」，小字本、相臺本、閩本、明監本、毛本皆下有「椐樻也」，十行本無，按此脱耳。』『困匱』爲底二卷背注音。

〔六二〇〕 槲，刊本作『檿』。《説文》作『檿』，『槲』應是後起別體，僅偏旁位置之異耳。

〔六二一〕 也，刊本無。

〔六二二〕 明，刊本無。潘重規云：『孔《疏》云：「帝所以徙就文王之明德而顧之者。」又引王肅曰：「天於周家善於治國，徙就文王明德。」德上當有「明」字。』

〔六二三〕 也，刊本無。

〔六二四〕 也，刊本無。

〔六二五〕 也，刊本無。

〔六二六〕 之德，刊本無。

〔六二七〕 爲，刊本作『爲之』。《正義》云：『又爲生賢女，立之以爲妃。』是孔所據本亦無『之』字，姜亮夫謂寫卷勝於今本，蓋是。

〔六二八〕 栢，刊本作『柏』。《干禄字書·入聲》：『栢、柏，上俗下正。』

〔六二九〕 不，刊本作『非』，二字同義。

〔六三〇〕 太伯，刊本作『大伯』，『大』『太』古今字。《傳》、《箋》中『太』字同。

〔六三一〕 謂王迹之興自太伯王季時也，刊本無。

〔六三二〕 也，刊本無。

〔六三三〕 爲，刊本作『曰』。《爾雅·釋訓》：『善父母爲孝，善兄弟爲友。』《六月》傳亦云：『善兄弟爲友。』蓋《毛傳》據《爾雅》，本作『爲』。

〔六三四〕 也，刊本無。

〔六三五〕也，刊本無。

〔六三六〕友善，刊本作「又善」。

〔六三七〕尤，刊本前有「又」。

〔六三八〕厚明，底二其下原有「——」符號，乃是爲雙行對齊而添也，今不録。

〔六三九〕能，刊本作「乃能」。

〔六四〇〕「其德」下刊本有「也」字。

〔六四一〕也，刊本無。

〔六四二〕禄福，刊本作「福禄」。

〔六四三〕尅，刊本作「克」。説見校記〔八四〕。下「尅」字皆同此。

〔六四四〕也，刊本無。

〔六四五〕政，刊本作「正」。案《左傳・昭公二十八年》作「正」，「政」爲「正」之借字。

〔六四六〕昭，刊本作「照」。「昭」「照」古今字。

〔六四七〕慶賞刑威曰君也，刊本「慶賞」作「賞慶」，無「也」字。

〔六四八〕遍，刊本作「徧」。《説文》有「徧」無「遍」，「遍」爲後起字。

〔六四九〕「所悔」下刊本有「也」字。

〔六五〇〕於，刊本作「于」。「於」、「于」古多通用。

〔六五一〕得，刊本「得」作「德」，「得」爲「德」之借字。

〔六五二〕「天」下刊本有「也」字。

〔六五三〕叛，刊本作「畔」。「叛」正字，「畔」借字。《箋》中「叛」字同此。

〔六五四〕「拔扈」下刊本有「也」字。

〔六五五〕也，刊本無。

〔六五六〕也，刊本無。

〔六五七〕『拔扈』下刊本有『者』字。

〔六五八〕『土地』下刊本有『也』字。

〔六五九〕拒，刊本作『距』。『距』『拒』古今字。《箋》中『拒』字同。

〔六六〇〕恭，刊本作『共』。『共』『恭』古今字。《傳》、《箋》中『恭』字同。

〔六六一〕安，刊本作『按』。《正義》云：『「按，止」，《釋詁》文。彼作「按」，定本及《集注》俱作「按」，於義是也。』阮校：『如其所言非爲異本，當有誤也。今無可考，意必求之，或《正義》本字作「按」。《釋文》云：「以按，本又作遏。」知《正義》本必不作「遏」者，以《釋詁》按、遏兩有，若作「遏」，即不得云彼作「按」也。』潘重規云：『《正義》本蓋作「安」，與卷子本同。』案：潘説是也。阮元未見有作『安』之本，故不能理解《正義》之語。《傳》中『安』字同。

〔六六二〕祜，底二原誤作『祐』，兹據刊本改正。

〔六六三〕也，刊本無。

〔六六四〕『与』下刊本有『其』字。

〔六六五〕向周之望也，刊本『向』作『鄉』，無『也』字。『向』正字，『鄉』借字。

〔六六六〕彊，刊本作『疆』。『彊』爲『疆』之俗字，説詳《敦煌俗字研究》下編四一六頁。

〔六六七〕岡，底二原作『罔』，形誤字，兹據刊本改正。

〔六六八〕依，底二其前原有『兵』字，衍文，兹據刊本刪。刊本『依』下有『居』字。

〔六六九〕境，刊本作『疆』，二字義同。

〔六七〇〕登其山脊而望阮國阮國之兵無敢當其陵及阿者，刊本作『登其山脊而望阮之兵兵無敢當其陵及阿者』。

〔六七一〕其，刊本無。

〔六七二〕「美之」下刊本有「也」字。

〔六七三〕言之也，刊本作「有之而言」。

〔六七四〕於，刊本無。《爾雅·釋山》云：「小山别大山，鮮。」「於」當爲衍文。

〔六七五〕也，刊本無。

〔六七六〕向，刊本作「鄉」。「向」正字，「鄉」借字。《箋》中「向」字同此。

〔六七七〕天下，刊本作「万國」。

〔六七八〕也，刊本無。

〔六七九〕于，刊本作「於」，「于」、「於」古多通用。

〔六八〇〕狠，刊本作「貌」。「狠」爲「貌」之俗譌字。

〔六八一〕諸侯，刊本作「諸夏」。案《箋》釋「夏」爲諸夏，不釋爲「諸侯」，此當作「諸夏」。

〔六八二〕「行之」下刊本有「者」字。

〔六八三〕也，刊本無。

〔六八四〕鉤，刊本作「鉤」。「鉤」爲俗字。下皆同，不復出。

〔六八五〕衝，刊本作「衝」。《説文》作「衝」不作「衝」，「衝」應是後起字。《傳》中「衝」字同。

〔六八六〕「鉤梯」下刊本有「也」字。

〔六八七〕「臨車」下刊本有「也」字。

〔六八八〕偶，刊本作「耦」。「耦」正字，「偶」借字，説詳段玉裁《説文·耒部》「耦」篆下注。

〔六八九〕仇方謂傍國諸侯也，底二脱「仇」字，茲據刊本補。刊本「傍」作「旁」，無「也」字。案「旁」「傍」古今字。

〔六九〇〕汝當謀征伐之，刊本「汝」作「女」，「征伐」作「征討」。案「女」「汝」古今字。

〔六九一〕汝，刊本作『女』，『女』『汝』古今字。

〔六九二〕相帥，刊本『帥』作『率』，無『相』字。案：《正義》云：『其下之也，當和同汝兄弟之國，相率與之而往。』是孔所據本有『相』字。『帥』、『率』通用。

〔六九三〕多志齊心一也，刊本作『方志齊心一也』。阮校：『「親親則方志齊心一也」，毛本同，閩本、明監本「方」誤「萬」；小字本、相臺本「方」作「多」，「一」作「壹」。考文古本同。案「多」字、「壹」字是也。』

〔六九四〕唱，刊本作『倡』，『唱』『倡』古今字。

〔六九五〕罪惡尤大，刊本無『惡』，末有『也』字。

〔六九六〕馘，刊本作『馘』。『馘』應爲『馘』之俗字。《傳》、《箋》中『馘』字同。

〔六九七〕『動搖』下刊本有『也』字。

〔六九八〕『高大』下刊本有『也』字。

〔六九九〕馘獲也，刊本在『攸所也』條下。案刊本是。

〔七〇〇〕煞，刊本作『殺』。『煞』爲『殺』之俗字。

〔七〇一〕神，刊本作『臣』。潘重規云：『神字是；臣，誤字也。』案『神』爲『臣』之音誤字。伯三六九七《捉季布傳文》『要其捨罪收皇勑，半由天子半由臣』，斯五四三九作『臣』作『神』；北图八六七二（河十二）號寫卷有『惟願出將入相，長爲國下之重神』句。

〔七〇二〕『親其親』前刊本有『而』字。

〔七〇三〕𡤓𡤓迎竭，刊本『𡤓𡤓』作『孽孽』。《正字通·女部》：『𡤓，俗孽字。』『迎竭』爲底二卷背注音。

〔七〇四〕之狠，刊本無『之』字，『狠』作『貌』。『狠』爲『貌』之俗譌字。

〔七〇五〕執其所生得者可言問之衆及獻其所馘，刊本作『執所生得者而言問之及獻所馘』。

〔七〇六〕『促速』下刊本有『也』字。

〔七〇七〕皆師祭名，刊本作『師祭也』。

〔七〇八〕『無侮』下刊本有『者』字。

〔七〇九〕無敢侮慢周者也，刊本『無』下有『復』，無『也』字。

〔七一〇〕甫勿，底二卷背注音。

〔七一一〕四方無拂扶勿，刊本『四方』下有『以』字。『扶勿』爲底二卷背注音。

〔七一二〕強盛狠，刊本作『彊盛也』。『強』爲『彊』之借字，『狠』爲『貌』之俗訛字。

〔七一三〕之，刊本無。

〔七一四〕『拂猶佹』下刊本有『也』字。

〔七一五〕虫，刊本作『蟲』。《干禄字書·平聲》：『虫、蟲，上俗下正。』

〔七一六〕遅，刊本作『遲』。『遅』爲『遲』之俗字，『遲』爲小篆隸定字，『遟』爲籀文隸定字。

〔七一七〕始附，刊本作『附也』。

〔七一八〕『妖祥』下刊本有『也』字。

〔七一九〕『度之』下刊本有『也』字。

〔七二〇〕之，當從刊本作『也』，涉上『度之』而誤。

〔七二一〕『有成』下刊本有『也』字。

〔七二二〕於，刊本無。

〔七二三〕『已勞』下刊本有『也』字。

〔七二四〕也，當爲衍文，刊本無此字。

〔七二五〕庶衆也，刊本無。案《箋》已於前『庶民攻之』句下釋『庶民』爲『衆民』，不當於此再釋『庶』字，疑爲羼入。

〔七二六〕麤，刊本作『麀』。據《説文·鹿部》，『麤』爲『麀』之或體。本詩中『麤』字同此，不復出。

〔七二七〕「禽獸」下刊本有「也」字。

〔七二八〕中，刊本作「也」。

〔七二九〕鹿牡曰麀，刊本作「麀，牝也。」潘重規云：「牡，蓋牝之誤。」案：潘説是也。《爾雅·釋獸》云：「鹿：牡，麚；牝，麀。」可爲證。然「牝」字不可釋「麀」，《毛傳》釋動物之牝牡，皆作「×牝（牡）曰×」或「××，牝（牡）×也」，如《召南·騶虞》「壹發五豝」傳：「豕牝曰豝。」《小雅·苕之華》「牂羊墳首」傳：「牂羊，牝羊也。」《大雅·生民》「取羝以軷」傳：「羝羊，牡羊也。」而且《小雅·吉日》「麀鹿麌麌」毛傳：「鹿牝曰麀。」與此正同。今本作「麀牝也」者蓋誤。

〔七三〇〕麀鹿，刊本作「牝鹿」。案《毛傳》已釋「麀」爲「牝鹿」，此不當更云「麀鹿」。刊本是也。

〔七三一〕愛，底二誤作「受」，兹據刊本改正。

〔七三二〕「娛遊」下刊本有「也」字。

〔七三三〕「肥澤」下刊本有「也」字。

〔七三四〕甚，刊本無。

〔七三五〕也，刊本無。

〔七三六〕庸，刊本作「鏞」。《商頌·那》「庸鼓有斁」毛傳：「大鍾曰庸。」與此寫卷作「庸」同。陳玉樹《毛詩異文箋》卷十云：「鏞，今文；庸，古文。」《傳》中「庸」字同此。

〔七三七〕雝，刊本作「廱」。「廱」爲「辟雝」之「雝」的後起本字。本詩中「雝」字同此，不復出。

〔七三八〕虡，底二原誤作「虛」，兹據刊本改正。

〔七三九〕爲，刊本作「曰」。

〔七四〇〕板，刊本作「版」，下有「也」字。《説文》有「版」無「板」，「板」爲「版」之後起字。下「板」字同此。

〔七四一〕「崇牙」下刊本有「也」字。

〔七四二〕『大鼓』下刊本有『也』字。

〔七四三〕『大鍾』下刊本有『也』字。

〔七四四〕倫理，刊本作『論思也』。案：《釋文》：『論，音盧門反，思也。一云鄭音倫。』《正義》：『定本及《集注》「鏞大鍾」之下云：「論，思也。」則其義不得同鄭也。』是《釋文》、定本及《集注》本皆作『論思也』。作『倫理』者當是涉下《鄭箋》而誤，因鄭玄讀『論』爲『倫』，故釋爲『理』也。

〔七四五〕璧雝者以節觀，刊本『璧雝者』作『曰辟廱』，末有『者』字。說見校記〔五六一〕。

〔七四六〕倫，底二原誤作『論』，兹據刊本改正。刊本下又有『也』字。

〔七四七〕『鍾鼓』下刊本有『也』字。

〔七四八〕其，刊本無。

〔七四九〕剋畫爲之飾，刊本作『刻畫以爲飾』。『剋』爲『刻』之借字。

〔七五〇〕歸附之，刊本作『之歸附』。

〔七五一〕『得』前刊本有『之』字。

〔七五二〕『鼓与鍾』下刊本有『也』字。

〔七五三〕得，刊本無。

〔七五四〕『辟雝』下刊本有『中』字。

〔七五五〕蒲工，底二卷背注音。《廣韻》『逢』音符容切，奉紐鍾韻，與此切語『蒲工』並紐東韻不合。《吕氏春秋·季夏紀》『令漁師伐蛟取鼉』高誘注引《詩》『鼉鼓韸韸』，《廣韻》『韸』音薄紅切，正與此切語『蒲工』相合。此讀『逢』爲『韸』也，《釋文》音『薄紅反』，亦與此同。

〔七五六〕所，刊本無。案有『所』義長。

〔七五七〕音，刊本無。

〔七五八〕也，刊本無。
〔七五九〕業，刊本作「王業」。
〔七六〇〕智，刊本作「知」，「知」「智」古今字。
〔七六一〕唯，刊本作「維」，下有「有」字。「唯」、「維」古多通用。
〔七六二〕智，刊本作「知」，「知」「智」古今字。
〔七六三〕稍稍就盛矣也，刊本「稍」字不重，無「矣」字。
〔七六四〕「文王」下刊本有「也」字。
〔七六五〕王武王也，底二脱，兹據刊本補。
〔七六六〕「鎬京」下刊本有「也」字。
〔七六七〕也，刊本無。
〔七六八〕世，底二原缺筆作「廿」，乃避諱字，兹據刊本改。
〔七六九〕也，刊本無。
〔七七〇〕也，刊本無。
〔七七一〕「信」下刊本有「也」字。
〔七七二〕「言」下刊本有「也」字。
〔七七三〕也，刊本無。
〔七七四〕是，刊本作「之」。
〔七七五〕勤而行之也，刊本無「而」、「也」二字。
〔七七六〕則法也法其先人也，刊本作「則其先人也」。
〔七七七〕其維三后之所爲，刊本「其維」下有「則」字，「爲」作「行」。

〔七七八〕也，刊本無。
〔七七九〕『天子』下刊本有『也』字。
〔七八〇〕也，刊本無。
〔七八一〕愛也，底二『愛』原誤作『受』，兹據刊本改正。刊本無『也』字。
〔七八二〕愛，底二原誤作『受』，兹據刊本改正。
〔七八三〕『祖考之功』下刊本有『也』字。
〔七八四〕慎，刊本作『順』。潘重規云：『孔疏：「定本作慎德，準約此詩上下及易，宜爲順字。又集註亦作順，疑定本誤。」案：順、慎二字古多通用，此當以『順』爲正字，『慎』爲借字。
〔七八五〕成，刊本無。《易·升卦》象傳曰：『君子以順德，積小以高大。』無『成』字。然《禮記·中庸》鄭玄注引《易》曰：『「君子以順德，積小以成高大」是與？』則有『成』字。王引之《經義述聞》卷二『積小以高大』條認爲不當有『成』字，然其所據材料僅諸異本，而無考辨。今寫卷引《易》有『成』字，李鼎祚《周易集解》及所引虞翻《周易注》均有『成』字，是未可以有『成』者爲非也。
〔七八六〕也，刊本無。
〔七八七〕也，刊本無。
〔七八八〕也，刊本無。
〔七八九〕也，刊本無。
〔七九〇〕也，刊本無。
〔七九一〕祜，底二原作『祐』，形誤字，兹據刊本改正。《箋》及下句『祜』字底二原亦誤作『祐』。
〔七九二〕言，刊本無。
〔七九三〕『伐功』下刊本有『也』字。

〔七九四〕厥，刊本誤作『逿』。
〔七九五〕也，刊本無。
〔七九六〕也，刊本無。
〔七九七〕也，刊本無。
〔七九八〕問，刊本作『聞』。『聞』正字，『問』借字。
〔七九九〕其令問之道，刊本作『有令聞之聲之道』。
〔八〇〇〕周世世益盛也，刊本作『周德之世益盛』。疑当作『周德世世益盛也』。
〔八〇一〕也，刊本無。
〔八〇二〕者，刊本無。
〔八〇三〕於，刊本作『于』，『於』『于』二字古多通用。
〔八〇四〕況逼，底二卷背注音。
〔八〇五〕城，刊本作『成』。《周禮·冬官·匠人》：『方十里爲成，成閒廣八尺，深八尺，謂之洫。』此非城池之『城』，作『城』易與城池混淆，宜改爲『成』。《箋》中『方十里曰城』及『適与城偶』之『城』亦當作『成』。
〔八〇六〕也，刊本無。
〔八〇七〕諸，底二殘脱右上角。
〔八〇八〕『急』下刊本有『成』字。
〔八〇九〕廣大都邑也，刊本無『大』、『也』二字。
〔八一〇〕議謚也，刊本『議』作『義』，無『也』字。『義』正字，『議』借字。
〔八一一〕也，刊本無。
〔八一二〕業，刊本作『王業』。

〔八一三〕教令，刊本作『政教』。
〔八一四〕也，刊本無。
〔八一五〕也，刊本無。
〔八一六〕也，刊本無。
〔八一七〕遭，刊本無。
〔八一八〕于，刊本無。
〔八一九〕於，刊本作『于』，『於』『于』古多通用。
〔八二〇〕文王今作邑於其傍地，刊本作『文王武王今得作邑於其旁地』。『旁』『傍』古今字。
〔八二一〕而爲天下同心所歸，刊本作『爲天下所同心而歸』。
〔八二二〕而，刊本無。
〔八二三〕也，刊本無。
〔八二四〕雝，刊本作『廱』。説見校記〔七三七〕。《箋》中『雝』字同此。
〔八二五〕也，刊本無。
〔八二六〕無不歸服也，刊本作『心無不歸服者』。
〔八二七〕也，刊本無。
〔八二八〕也，刊本無。
〔八二九〕士，刊本作『仕』。『士』、『仕』通用。《傳》中『士』字同此。
〔八三〇〕也，刊本無。
〔八三一〕也，刊本無。
〔八三二〕木，刊本無。

〔八三三〕常，刊本無。

〔八三四〕『書』下刊本有『曰』字。

〔八三五〕弗棄基也，刊本『棄』作『弃』。《説文》以『弃』爲古文『棄』字，唐代因爲避太宗之諱，多從古文寫作『弃』，説詳《敦煌俗字研究》下編二四〇頁。刊本作『弃』，蓋承襲此諱改字。刊本無『也』字。

〔八三六〕猶，刊本無。

〔八三七〕於，刊本無。

〔八三八〕者乎也，刊本無『者乎』二字，蓋爲雙行對齊而添。底二《大雅》部分抄至此，以下爲《國風》部分。

毛詩傳箋（一〇）（周頌潛—雍）

斯一一三〇九（底一）　　斯五七〇五（底二）

【題解】

底一編號爲斯一一三〇九，殘片，僅存二殘行，上截，正文兩個半字，注文六字，另有旁注切語一個。第一行爲《潛》之《小序》文，第二行爲《小序》之鄭《箋》。此乃是從斯五七〇五號右上角脱落之殘片，恰爲斯五七〇五第一、二行之上端，特别是第一行之「冬」與第二行之「也」二卷各存部分，正可完整拼合。許建平首先定名並綴合，説詳《英倫法京所藏敦煌寫本殘片八種之定名並校録》（《敦煌學》第二十四輯，臺北樂學書局二〇〇三）。

底二編號爲斯五七〇五，起《潛》小序「季冬薦魚」之「冬」，至《雍》「天子穆穆」之「天子」，凡八行，有旁注音十一個。第一、二行上端殘缺部分即底一之内容。經文單行大字，傳箋雙行小字，大字每行十四字。《索引》定名「毛詩周頌」，《索引新編》因之；《黄目》定名《詩周頌毛傳（潛）》，《英藏》定名《毛詩鄭箋（周頌臣工之什潛—雍）》。《英藏》之定名最佳，茲從之，定爲《毛詩傳箋（周頌潛—雍）》。《翟目》以之爲第七世紀寫本，王重民《敘録》認爲是六朝或初唐寫本。王素《魏晉南北朝敦煌文獻編年》據《敘録》之説徑定爲六朝。寫卷字體優美，行款疏朗，應該是初唐以前的抄本。王重民認爲是六朝或初唐寫本的比較審慎的説法是值得贊同的。

底一與底二綴合圖

兩片綴合後，計八行，有旁注音十二個。王重民認爲旁注音乃是讀者據陸德明《經典釋文》録於相關之字旁

（《敘録》三五頁），其説可信。

底一及底二均據《英藏》録文，並以中華書局影印阮元刻《十三經注疏·毛詩正義》爲校本（簡稱『刊本』），校録於後。

（前缺）

《潛》（在廉反）〔一〕，季冬〔二〕薦魚，春獻鮪也。冬魚之性定，春鮪新來，薦獻之者，謂於宗廟也〔三〕。

猗（於宜反），與漆（音七）沮（七餘反）〔四〕，潛有多魚。有鱣（張連反）〔五〕有鮪，鰷（音條）鱨（音嘗）鰋（音偃）鯉（音里）〔六〕。漆、沮，岐周之二水也。潛，糝（素感反）〔七〕也。箋云：猗與，歎美之〔八〕言也。鱣，大鯉也〔九〕。鰷，白鰷也。鰋，鮎（乃謙反）〔一〇〕也。鮪〔一一〕。▨（以）〔一二〕享以祀，以介景福。箋云：介，助也〔一三〕；景，大也。

《潛》一章，六句。

《雍》〔一四〕，禘大祖也。禘，大祭也。大於四時而小於祫。太祖謂文王也〔一五〕。

▨（有）來雍雍〔一六〕，至止肅肅。相維辟公，天子

（後缺）

【校記】

〔一〕在廉反，底一旁注音。

〔二〕冬，底一存上半，底二存下半。底二起於此。

〔三〕也，底一存右半，底二存左半。『者謂於宗廟』五字見於底一。

〔四〕猗於宜反與漆音七沮七餘反，『於宜反』、『音七』、『七餘反』並底二旁注音。

〔五〕張連反，底二旁注音。

〔六〕鯈音條鱨音嘗鰋音偃鯉音里，刊本『鯈』作『鰷』。《集韻·蕭韻》：『鰷，白鰷，魚名。或作鯈。』《箋》中『鯈』字同。『音條』、『音嘗』、『音偃』、『音里』並底二旁注音。

〔七〕素感反，底二旁注音。

〔八〕之，底二原作『之之』，茲據刊本删其一。

〔九〕大鯉也，刊本下有『鮪鮥也』三字。

〔一〇〕乃謙反，底二旁注音。

〔一一〕鮪，刊本無。疑爲前脱而補於此者。底卷此行地腳有『鮥音洛』三字，當亦是補者。

〔一二〕以，底二殘存左下角有右邊殘畫，茲據刊本擬補。

〔一三〕也，刊本無。

〔一四〕雍，刊本作『雝』。『雍』爲『雝』之隸變。

〔一五〕太祖謂文王也，刊本『太』作『大』，無『也』字，『大』『太』古今字。

〔一六〕有來雍雍，底二『有』存下半截，茲據刊本擬補。刊本『雍雍』作『雝雝』。『雍』爲『雝』之隸變。

毛詩傳箋（一一）（周頌敬之—小毖）

俄敦八二四八

【題解】

底卷編號爲俄敦八二四八，殘片，凡三殘行，存上端，行約十八字左右。實存經文四字（其中標題二字），鄭箋十字。起《周頌·閔予小子之什·敬之》「佛時仔肩，示我顯德行」鄭箋「且欲學於有光明之光明者」之「者」，至《小毖》「予其懲而毖後患」之「予」，涉及《敬之》與《小毖》兩篇内容。《俄藏》無定名，今擬名爲《毛詩傳箋（周頌敬之—小毖）》。

今據《俄藏》録文，以中華書局影印阮元刻《十三經注疏·毛詩正義》爲校本（簡稱「刊本」），校録於後。

（前缺）

者，謂賢□[一]顯明之□[二]

《小毖》，嗣□[三]以救患□（難）也[四]。予□[五]

（後缺）

【校記】

[一]「謂賢」下底卷殘泐，刊本作「中之賢也輔佛是任示道我以」。

[二]「之」下底卷殘泐，刊本作「德行是時自知未能成文武之功周公始有居攝之志」。刊本下又有標章句數「敬

之一章十二句』。

〔三〕『嗣』下底卷殘泐，刊本作『王求助也毖慎也天下之事當慎其小小時而不慎後爲禍大故成王求忠臣早輔助己爲政』。

〔四〕難也，底卷『難』字殘泐，兹據刊本擬補。刊本無『也』字。

〔五〕『予』下底卷殘泐。

毛詩正義

孔穎達

毛詩正義（一）（大雅思齊）

俄敦九三二八

【題解】

底卷編號爲俄敦九三二八，一殘片，四殘行，實存二十八字。此爲《毛詩·大雅·思齊》第三章「雝雝在宫，肅肅在廟」鄭箋「宫謂辟廱宫也。羣臣助文王養老則尚和，助祭於庿則尚敬，言得禮之宜」之孔穎達《正義》。《俄藏》無定名，兹擬名爲《毛詩正義（大雅思齊）》。

今據《俄藏》録文，以中華書局影印阮元刻《十三經註疏·毛詩正義》爲校本（簡稱「刊本」），校録於後。

（前缺）

□▨（則）〔一〕此在宫、在廟〔二〕爲下事□老〔三〕。何者？祭祀、養老□

□以〔四〕教諸侯之孝；養〔五〕三□王之廟〔六〕▨（爲）□〔七〕

（後缺）

【校記】

〔一〕則，底卷存左下角，兹據刊本擬補。

〔二〕廟，刊本作「庿」。「庿」爲「廟」之古文。

〔三〕老，從前行『事』至本行『老』間底卷殘泐約十一字，刊本作『之揔目廟是祭祀則宫是養』。

〔四〕以，從前行『老』至本行『以』間底卷殘泐約十三字，刊本作『是相對之事故樂記云祀乎明堂』。

〔五〕養，刊本作『食』。案《禮記·樂記》亦作『食』。

〔六〕王之廟，從前行『三』至本行『王』間底卷殘泐約十六字，刊本作『老五更於太學以教諸侯之悌也注云文』。刊本『廟』作『庿』，『庿』爲『廟』之古文。

〔七〕爲，底卷殘存右上角，兹據刊本擬補。

毛詩正義（二）（大雅民勞）

斯四九八

【題解】

底卷編號爲斯四九八，共三十七行，每行二十二字左右，行有界欄。所存者《大雅·民勞》第一章之孔穎達《正義》，起『憯不畏明』傳『疾時有之』正義『故云疾時有之』之『之』，至『以謹醜厲』傳『醜衆厲危』正義『皆是危也』之『皆是』。《翟目》定名『孔穎達民勞正義』，《敘録》定名『詩大雅民勞篇正義』，《英藏》定名《毛詩正義（大雅民勞）》，皆是也。《斯坦因劫經録》定名『經疏毛詩』，《黃目》據之定爲《毛詩經疏》，則不確切。今據《英藏》定爲《毛詩正義（大雅民勞）》。寫卷字體優美，行款疏朗，姜亮夫認爲『當在孔氏卒後不久所傳寫』（《莫高窟年表》二一九頁，上海古籍出版社一九八五），其説可信。

潘重規《巴黎倫敦所藏敦煌詩經卷子題記》（《敦煌詩經卷子研究論文集》，香港新亞研究所一九七〇，簡稱『潘重規』）曾有録文，王重民《敦煌古籍敘録》（簡稱『王重民』）有簡單的校記。郝春文《英藏敦煌社會歷史文獻釋録》第二卷（簡稱『郝春文』）有録文及校記。

據《敘録》所云，原卷傳、箋起止朱書，正義墨書。《寶藏》及《英藏》之影本未能反映出朱書内容，故今據縮微膠卷録文。以中華書局影印阮元刻《十三經注疏·毛詩正義》爲校本（簡稱『刊本』），校録於後。

（前缺）

▨▨（時有）[一]之。傳『柔，安』。▨（正）[二]義曰：《釋詁》文。箋『能猶』至『姓親』。正義曰：《尚書·毋逸》〔三〕云：『柔遠能迩。』〔四〕注以能爲恣，則此言〔五〕伽者，与恣同，謂順適其意也。『尒〔六〕，近』，《釋詁》文。安遠方之國，當先順伽其近者，即《論語》所謂『悦近來遠』是也。此与上文相成，能近〔七〕，謂惠中國；柔遠，即綏四方也。厲王身爲王矣，而云〔八〕『以定我王』。故知以定我周家爲王〔九〕之功。若廣論天下之事，雖則異姓，可以稱我。今指言〔一〇〕王身而文稱我，是共王有周家之辞，故云『我者，同姓親』。〔一一〕『人亦』至『王休』〔一二〕。毛以爲，今周人亦皆罷勞〔一三〕止而又危耳，近於死亡，王可以小安之〔一四〕。當愛此中畿之國，以爲諸夏之人〔一五〕，使得會聚。王若施善政〔一六〕，當糺〔一七〕察有罪，無得縱此詭人之善、隨人之惡者，以此勑慎〔一八〕讙譁爲大惡者，又用此無縱之事，止其寇虐之害〔一九〕，無使有遭此寇虐之憂〔二〇〕。又誘王，言其始時有善，勸今終之，無弃尔王始時勤政事之功〔二一〕，以爲王政之美。鄭唯『汔，幾』爲異，餘同。傳『休，定；逑，合』。正義曰：《釋詁》云：『休，息也。定，止也。』息亦定之義，故以休爲定。『逑，合』，《釋詁》〔二二〕文。箋以〔二三〕休之爲定，於義雖通而未是正訓，故以休爲止息，合爲合聚，所以申足毛義。傳『惛〔二四〕怓，大乱』。正義曰：惛怓者，其人好鄙爭，惛惛而〔二五〕怓怓然，故箋以爲『猶讙譁，謂好爭訟者』，是其言語無節〔二六〕，大聒亂人，故云大亂，非是大爲〔二七〕禍亂也。傳『休，美』。正義曰：《釋詁》文。箋『勞猶』至『掖之』。正義曰：勞力然後有功，故云『勞猶功也』。知汝勞爲汝始時勤政事之功者，以言〔二八〕『無弃』，明其先有而不弃也。厲王暴虐，初則然矣，而述其始有功者，誘掖之耳。誘掖之言，出《衡門》之序，謂誘導〔二九〕而扶掖之。以小人貪功，聞己先有善，或將勉力，故誘之。『人〔三〇〕亦』至『弘大』。毛以爲，人亦罷勞止〔三一〕，又危耳，可以止息之。先愛此〔三二〕中國之京師，使諸夏之人〔三三〕，其憂寫洩〔三四〕而去。又當無縱詭隨之人，以此勑慎衆爲危殆之行者，又用此止〔三五〕寇虐之害，無使王之正道敗壞也。所以須然者，在王之大位者雖小子，而用事甚大，夫〔三六〕不可不慎，故須息勞人〔三七〕而止寇虐也。鄭以〔三八〕汔爲幾，厲爲惡，戎〔爲〕〔三九〕汝，弘爲〔四〇〕廣爲異，餘同。傳『愒，息；泄，去』。正義曰：『愒，息』，《釋詁》文。《說文》〔四一〕云：『洩，漏也。』然則洩者，閉物漏去之名，故以爲去。箋以爲，憂洩者，是憂氣在腹而發出，故云『出也、發也』。其意亦与毛同。《月令》云〔四二〕：『是謂洩天地之氣。』是發出之義也。傳『醜，衆；厲，危』。正義曰：『醜，衆』，《釋詁》文。《易》之言厲▨（者）□〔四三〕若厲之▨（類）〔四四〕，皆是□

（後缺）

【校記】

〔一〕時有，底卷殘存左邊殘畫，兹據刊本擬補。

〔二〕正，底卷殘存左邊小半，兹據刊本擬補。

〔三〕毋逸，刊本作「無逸」。阮元《毛詩校勘記》（後簡稱「阮校」）：「『尚書無逸云』，閩本、明監本、毛本同。案浦鏜云『舜典誤無逸』，是也。」段玉裁《古文尚書撰異》認爲今文《尚書》作「毋」。案：《正義》所引爲古文《尚書》，亦作「毋」。雖然「柔遠能邇」句出於《舜典》，然寫卷亦作「毋逸」，蓋《正義》原即作「毋逸」。

〔四〕迩，刊本作「邇」。「迩」爲「邇」之古文「迩」的變體，説詳《敦煌俗字研究》下編五八四頁。

〔五〕言，刊本作「云」。

〔六〕尔，刊本作「邇」。「尔」爲「尒」之變體，「尒」與「邇」同，説詳王引之《經義述聞》卷十九「偪介之關」條。

〔七〕能近，刊本作「能邇」。案：此句釋經文「柔遠能邇」之「能邇」，下句釋「柔遠」。《箋》已釋「邇」爲「近」，《正義》述《箋》，疑當以作「近」爲是。

〔八〕云，底卷原誤作「亡」，兹據刊本改正。

〔九〕王，刊本無。王重民云：「今本脱『王』字，《校勘記》引山井鼎云：『爲下當有王字。』」

〔一〇〕言，刊本無。

〔一一〕「同姓親」下刊本有「也」字。

〔一二〕「『人亦』至『王休』」，郝春文云：「『人亦至王休』，據甲本（平案：指刊本）及此件體例補，按甲本作『民亦至王休』，而此件『民』字均作『人』，故亦將所補之『民』字改作『人』。底本雖脱『人亦至王休』，但在原件上留有此五字的空間，只不過是忘記了用朱書補寫此五字而已。」兹據以擬補。

〔一三〕今周人亦皆罷勞，刊本「人」作「民」，「罷」作「疲」。案：《正義》頒行於唐高宗時期，不當作「民」字，此「民」當是後回改者。寫卷作「人」，應是原貌。「疲」正字，「罷」假借字。

〔一四〕安之，刊本作『安定止息矣』。

〔一五〕人，刊本作『民』。説見校記〔三〕。

〔一六〕政，刊本作『救』。阮校：『「救」當作「政」，形近之譌。毛本正作「政」。』

〔一七〕糺，刊本作『糾』。《廣韻·黝韻》：『糾，俗作糺。』

〔一八〕『勑慎』下刊本有『其』字。

〔一九〕害，刊本作『善』。阮校：『「止其寇虐之善」，閩本、明監本、毛本同。案山井鼎云：「善恐害字。」是也。』寫卷正作『害』，可爲其證。

〔二〇〕憂，底卷原誤作『夏』，玆據刊本改正。

〔二一〕無弃尔王始時勤政事之功，刊本『弃尔』作『棄爾』。《説文》以『弃』爲古文『棄』字。唐代因爲避太宗之諱，故從古文寫作『弃』（説參《敦煌俗字研究》下編二四〇頁）。下凡『弃』字同此，不復出。『「爾」「尒」古本非一字，後世則合二而一，字多寫作「爾」』，而『尔』者，『尒』之變體，説見《敦煌俗字研究》下編第七頁。以下寫卷與刊本凡『尒』、『尔』、『爾』之別者均不復出校。刊本『勤』作『之』，郝春文云：『底本義勝。』案：郝説是也。下『箋「勞猶」至「掖之」』《正義》云：『知汝勞爲汝始時勤政事之功者。』亦作『勤』字，可證。

〔二二〕釋詁，刊本無『釋』字。阮校：『「明監本、毛本「詁」上有「釋」字，閩本剜入。案所補是也。」寫卷正有『釋』字，可證阮校之善。

〔二三〕以，刊本作『云』。

〔二四〕惛，刊本作『惽』。『惛』爲『惽』之諱改字，刊本作『惽』，乃是回改。下凡『惛』字同此，不復出校。

〔二五〕而，刊本無。

〔二六〕無節，刊本『無』作『爲』，無『節』字。阮校：『毛本「無」作「爲」，案「爲」字是也。』王重民云：『按卷子本無下有「節」字，是今本脱「節」字，毛氏知其有誤，遂以臆改，而阮氏誤從之耳。」案：王説是也。

〔二七〕大爲，刊本作「爲大」。案寫卷義長。

〔二八〕言，刊本作「云」。

〔二九〕導，底卷原誤作「[illegible]」，兹據刊本改正。

〔三〇〕人，刊本作「民」。説見校記〔三〕。

〔三一〕人亦罷勞止，刊本「人」作「民」，「罷」作「疲」。説見校記〔三〕。

〔三二〕此，刊本作「止」。阮校：「『先愛止中國之京師』，閩本、明監本、毛本同。案山井鼎云『止恐此字』是也。物觀《補遺》所載云宋板『止』作『此』，必誤用他章文當之耳。」案：寫卷作「此」，可爲其證。

〔三三〕使諸夏之人，刊本「使」作「便」。案：此釋經文「俾民憂泄」，俾，使也。「便」爲「使」之誤字。刊本「人」作「民」者，後人所改也。

〔三四〕洩，刊本作「泄」。「洩」爲「泄」之諱改字。下凡「洩」字同此，不復出校。

〔三五〕「止」下刊本有「其」字。

〔三六〕夫，刊本作「大」。郝春文認爲刊本作「大」誤。

〔三七〕人，刊本作「民」。説詳校記〔三〕。

〔三八〕「鄭」前底卷空六字之位置。

〔三九〕爲，底卷原無。案：此述鄭玄之釋義，上「汔爲幾」、「厲爲惡」均有「爲」字，兹依例補。刊本亦脱此字。

〔四〇〕爲，刊本無。案「爲」字當有。説見上條校記。

〔四一〕説文，刊本無。王重民云：『「云泄漏也」，《校勘記》云：「閩本、明監本、毛本同。案浦鏜云：云上當有脱字，是也。」今案卷子本「云」上有「説文」二字，諸家知有脱誤而不能補之，則非待有古本不可也。』

〔四二〕云，刊本無。

〔四三〕『者』字底卷殘存右上角部分殘畫，『者』下殘泐約九字，刊本作『皆危之義乾九三夕愓』。

〔四四〕類，底卷殘存右邊『頁』。

毛詩注（小雅巧言、何人斯）

故宫博物院藏卷

【題解】

底卷起《小雅·巧言》末章『彼何人斯，居河之麋』注，至《何人斯》第三章『胡逝我陳』之『我』，共十三行，前五行殘去下截，經文單行大字，注文雙行小字，大字每行十三字左右。

此寫卷是敦煌藝術研究所（今敦煌研究院）一九四四年八月在中寺後園中的土地廟殘塑體内發現的，同時出土的還有《孝經》、帳曆、北朝幢將名簿等。寫卷原藏敦煌藝術研究所，一九五一年在北京舉辦敦煌文物展覽以後，轉歸故宫博物院保管，至今没有公佈。

關於土地廟寫卷的來歷，施萍婷認爲是王道士隱藏在殘塑中的藏經洞遺物（《敦煌研究院藏土地廟寫本源自藏經洞》，《敦煌研究》一九九九年第二期），李正宇（《土地廟遺書的發現、特點和入藏年代》，《敦煌研究》一九八五年第三期）、池田溫（《一九四四年莫高窟土地廟塑像中發現文獻管見》，饒宗頤主編《敦煌文藪（上）》，臺北·新文豐出版公司一九九九）則認爲非藏經洞之物。兹從李正宇、池田溫之説。

最早對底卷進行研究的是蘇瑩輝，一九四五年二月，他在《東方雜誌》（渝版）第四十一卷第三號發表《敦煌新出寫本毛詩孝經合考》，據卷中注文有與《鄭箋》相似者，亦有與《正義》所引王肅注相近者，疑其爲《隋書·經籍志》所載南朝梁時鄭玄、王肅合注本《毛詩》之殘卷。蘇氏又於一九六一年在《孔孟學報》第一期中發表《從敦煌北魏寫本論詩序真僞及孝經要義》一文，進一步論定寫卷爲王肅《毛詩注》殘卷。關於該寫卷之作者，至今别無異説，但蘇氏之説其證據似不充分，今存疑，只以《毛詩注》題其耑。

蘇瑩輝以當時與《毛詩》同出之其他寫卷多有北魏寫本，而定其爲六朝寫本，王素、李方《魏晉南北朝敦煌文獻編年》（二七七頁，臺北新文豐出版公司一九九七）從之。

蘇瑩輝有《敦煌六朝寫本〈毛詩注〉殘葉斠記》（《孔孟學報》第三期，一九六二年四月，簡稱『蘇瑩輝』）。因故宫博物院尚未公佈寫卷照片，兹據蘇瑩輝在《敦煌六朝寫本〈詩注〉殘葉斠記》一文中所附之摹本（其照片極模糊）録文，以中華書局影印阮元刻《十三經注疏·毛詩正義》爲校本（簡稱『刊本』），校録於後。

（前缺）

讒人之所居也。無□[一]既微且種[二]，爾▨（勇）□[三]猶將多，爾居徒幾□[四]同心者之有徒也。

《何人斯》，蘇公刺暴公也。□[五]士譖[六]蘇公焉，故蘇公作是詩而絶之也。[七]

彼何人斯？其心孔艱。何人斯，謂暴公也。言其心甚難知也。胡逝我梁，不入我門？梁，門外之橋也。伊誰云從？維[八]暴之云。云，言也。讒言從誰口出乎，暴氏之所云也。二人從行，誰爲此禍？二人俱爲卿士，相隨而行，誰先爲此禍？言在暴氏。胡逝我梁，不入言[九]我？言中道而不與我言也。始者不如今，云不我可！女始與我不如今也，今乃更不可和[一〇]也。彼何人斯？胡逝我

（後缺）

【校記】

〔一〕『無』下底卷殘泐，刊本經文有『拳無勇職爲亂階』七字。

〔二〕種，刊本作『尰』。『種』當是『尰』之形誤字。

〔三〕勇，底卷殘存上半『甬』。『勇』下底卷殘泐，刊本經文有『伊何爲』三字。

〔四〕『幾』下底卷殘泐，刊本經文有『何』字。

〔五〕也下底卷殘泐，刊本作『暴公爲卿』。

〔六〕譖，底卷原誤作『讃』，兹據刊本改正。刊本『譖』前尚有『而』字。

〔七〕而絶之也，刊本『而』作『以』，無『也』字。阮元《詩經校勘記》：『小字本、相臺本同，閩本、明監本、毛本亦同。《唐石經》作「而絶之也」。考《正義》云：「故《序》專云刺暴公而絶之也。」《唐石經》是也。』

〔八〕維，刊本作『誰』。阮元《詩經校勘記》：『閩本、明監本、毛本同，《唐石經》、小字本、相臺本「誰」作「維」，考文古本同。案：「誰」字誤也。』

〔九〕言，底卷先寫作『唁』，後旁注『言』字。據敦煌寫卷改誤字例，此乃以『言』改『唁』。刊本作『唁』。案：《鄭箋》云：『女即不爲，何故近之我梁，而不入弔唁我乎？』寫卷注云：『言中道而不與我言也。』可知《毛詩》作『唁』，此作『言』，其文不同。

〔一〇〕蘇瑩輝云：『「和」字蓋係「知」之誤。』

羣經類禮記之屬

禮記（曲禮上）

俄敦二一七三背（底一）　　俄敦六七五三背（底二）

【題解】

底一編號爲俄敦二一七三背，起《曲禮上》「敦善行而不怠，謂之君子」之「謂」，至「介胄則有不可犯之色」之「介」，共十五行，第一行僅存半字。行有界欄，白文無注。孟目定名爲《禮記曲禮上》。

底二編號爲俄敦六七五三，起《曲禮上》「君車將駕」之「車」，至「介者不拜」，共九行，存上半截，且前三行及末行上端亦殘泐。行有界欄，白文無注。《俄藏》在彩葉八中定名爲《禮記曲禮上》。

兩卷之行款、字體相同，應是同一寫卷，只是兩者之間約殘去二十行，不能直接綴合。寫卷的另一面爲《南朝詩歌叢抄》（徐俊《敦煌寫本詩歌續考》，《敦煌研究》二〇〇二年第五期），應是正面，《俄藏》把底二的正背面給弄顛倒了（説詳許建平《〈俄藏敦煌文獻〉儒家經典類寫本的定名與綴合》，《姜亮夫、蔣禮鴻、郭在貽先生紀念文集》三〇六頁，上海教育出版社二〇〇三），今更正爲俄敦六七五三背。

底一正面第六行「葉」字諱改，則其抄寫時间當不會早於唐高宗朝，其背面之抄寫時間當然應在正面以後。

底一、底二均據《俄藏》録文，以中華書局影印阮元刻《十三經注疏・禮記正義》爲對校本（簡稱「刊本」），校録於後。

（前缺）

▨（謂）▭[一]抱孫不▨（抱）[二]子。』▭▨（君）[三]尸者，大夫士見之則下之。君知所以爲尸者，則自下之。尸必式，垂之[四]以几。

齋[五]者不樂不弔。

居喪之礼[六]，毀瘠不形，視聽不衰，升降不由阼階，出入不當門隧。居喪之礼，頭有瘡則沐，身有瘍則浴，有疾則飲酒食肉，疾止復初。不勝喪，乃比於不慈不孝。五十不致毀，六十不毀，七十雖[七]衰麻在身，飲酒食肉，處於內。

生與來日，死與往日。知生者弔，知死者傷。知生而不知死，弔而不傷。知死而不「知」[八]生，傷而不弔。

弔喪不[九]能賻，弗[一〇]問其所費。問疾不[一一]能遺，不問其所欲。見人不能舘[一二]，不問其所舍。賜人者不曰來取，與人者不問其所欲。

適□□（墓不）登壟，助葬者[一三]必執紼。入[一四]喪不笑，揖人必違其位，□□□□（望柩不歌），入臨不翔，當食不歎。鄰有喪，舂不相。里有□□□□▨（殯，不巷歌。適墓）[一五]不歌，哭日不歌，送喪不由徑，送葬□□□□□□□（不辟塗潦。臨喪則必）有哀色，執紼[不][一六]笑，臨樂不▨（歎）[一七]，▨（介）[一八]▭

（中間約缺二十行）

▭▨（車）[一九]將駕▭奮[二〇]衣由▨（右）[二一]▭立[二二]。君出就車，則▨（僕）▭[二三]▨（驅）[二四]而騶，至于大門，君撫▨（僕）▭[二五]閭、溝渠必步。

凡僕人之▭[二六]受，不然則否。若僕▭[二七]之。客車不入大門，婦人不▭[二八]式

黃髮，下卿位，入國不馳，□▨（者）[二九]不▨（拜）[三〇]

（後缺）

【校記】

〔一〕謂，底一存左邊「言」。「謂」下底一殘泐，刊本作「之君子君子不盡人之歡不竭人之忠以全交也禮曰君子」。以下底卷中凡殘字補出者，均據刊本，不復注明。

〔二〕抱，底一存左邊「扌」。

〔三〕君，底一存下半。「君」前底一殘泐，刊本作「此言孫可以爲王父尸子不可以爲父尸爲」。

〔四〕垂之，刊本作「乘必」。案作「垂之」無義。

〔五〕齋，刊本作「齊」，「齊」「齋」古今字。

〔六〕礼，刊本作「禮」。案「礼」爲古文「禮」字，敦煌寫本多用此字，後世刊本則多用「禮」字。下「礼」字皆同。

〔七〕雖，刊本作「唯」。案作「唯」是。孫希旦《禮記集解》云：「六十雖不毀，其居處飲食猶用居喪之禮。至七十，但有喪服，而飲酒食肉，處於內，則不疏食，不居廬，爲其精力益衰故也。」

〔八〕知，底一原脱，兹據刊本補。

〔九〕不，刊本作「弗」，二字義同。

〔一〇〕弗，刊本作「不」，二字義同。

〔一一〕不，刊本作「弗」，二字義同。

〔一二〕不能舘，刊本作「弗能館」。「不」「弗」義同，《干禄字書·去聲》：「舘、館，上俗下正。」

〔一三〕塟者，刊本「塟」作「葬」，無「者」字。「塟」爲「葬」之別體，下皆同。

〔一四〕入，刊本作「臨」。案「入」字誤，蓋涉下「入臨不翔」句而誤。

〔一五〕墓，底一殘去上部「艹」。
〔一六〕不，底一原脱，兹據刊本補。
〔一七〕歎，底一存右邊「欠」。
〔一八〕介，底一存右邊殘畫。底一止於此。
〔一九〕車，底二存左下角殘畫。底二起於此。
〔二〇〕奮，自前行「駕」至此底二殘泐，刊本作「則僕執策立於馬前已駕僕展軨效駕」。
〔二一〕右，底二脱去「口」旁。
〔二二〕立，自前行「右」至此底二殘泐，刊本作「右上取貳綏跪乘執策分轡驅之五步而」。
〔二三〕僕，底二存上截。「僕」下底二殘泐，刊本作「并轡授綏左右攘辟車」。
〔二四〕驅，底二存「馬」旁。
〔二五〕僕，底二存上截。「僕」下底二殘泐，刊本作「之手而顧命車右就車門」。
〔二六〕「之」下底二殘泐，刊本作「禮必授人綏若僕者降等則」。
〔二七〕「僕」下底二殘泐，刊本作「者降等則撫僕之手不然則自下拘」。
〔二八〕「不」下底二殘泐，刊本作「立乘犬馬不上於堂故君子」。
〔二九〕者，底二存下截。自前行「馳」至此底二殘泐，刊本作「入里必式君命召雖賤人大夫士必自御之介」。
〔三〇〕拜，底二存右上角殘筆「王」。

禮記注

鄭玄

禮記注(一)(檀弓下)

伯二五〇〇(底卷)　伯二五二三碎二(甲卷)

【題解】

底卷編號爲伯二五〇〇，起《檀弓下》『貿貿然來』之『然』，至篇末，共九十行，經文單行大字，鄭玄注雙行小字。尾題『禮記第三卷』，諸家皆據以定名。茲依例擬名爲『《禮記注》(檀弓下)』。末有題記二行：開元十年九月廿三日周悠，開元十二年三月五日周悠。字體與正文不類，當非一人所書，故知此卷乃開元十年以前寫本。

甲卷編號爲伯二五二三碎二，起《檀弓下》『趙文子與叔譽觀乎九原』注『晉羊舌大夫之孫』之『大夫』，至『其仁不足稱』鄭玄注『至將反國』，存上截，五殘行，經文單行大字，鄭玄注雙行小字。《索引》無定名，《寶藏》定爲《左傳集解殘塊》，《法藏》據以定作《春秋經傳集解》。許建平《殘卷定名正補》糾正諸家之誤，更定爲《禮記·檀弓下》之殘塊(《二〇〇〇年敦煌學國際學術討論會文集·歷史文化卷》三〇一頁，甘肅民族出版社二〇〇三)。

林平和《敦煌伯二五〇〇號唐寫禮記鄭注殘卷書後》(《孔孟學刊》第二五卷第一〇期，簡稱『林平和』)對底卷作有校記。底卷據縮微膠卷録文，以中華書局影印阮元刻《十三經注疏·禮記正義》爲對校本(簡稱『刊本』)，校録於後。

(前缺)

然來。蒙袂，不欲見人也。▨▨(輯，斂)[一]也。斂屨，力憊不能屨也。貿貿，目不明之皃也[二]。黔敖左奉食，右執飲，曰：『嗟來，食！』揚其目而視之，曰：『予唯不食嗟來之食，以至於斯也。』嗟來食，雖閔而呼之，非敬辞也[三]。從而謝焉。終不食而死。從猶就也。曾子聞之曰：『微與！其嗟也可去，其謝也可食。』微猶无[四]也。无与[五]，止其狂狷之辞也[六]。

邾婁定公之時，有殺[七]其父者。定公，貜沮[八]也。魯文十三年即位也[九]。有司以告，公懼[一〇]然失席，曰：『是寡人之罪也。』民之无礼[一一]，教之罪也[一二]。曰：『寡人嘗學斷斯獄矣。臣弑君，凡在官者，殺無赦。子殺[一三]父，凡在宮者，煞[一四]無赦。言諸臣子孫无尊卑皆得殺之，其罪無赦也[一五]。殺其人，壞其室，汙其宮而豬[一六]焉。明其大逆，不欲人復處之也[一七]。豬，都也，南方謂都[爲]豬也[一八]。盖君踰月而后舉爵。』自貶損也[一九]。

晉獻文子成室，晉大夫發焉。文子，趙武也。作室成，晉君獻之，謂賀也。諸大夫亦發礼以往。張老曰：『美哉輪焉！美哉奐[二〇]焉！心譏其奢也。輪，輪囷，言高大也[二一]。奐，言衆[多]也[二二]。歌於斯，哭於斯，聚國族於斯。』祭祀、死喪、燕會於此足矣。言此者，欲防其後復爲也[二三]。文子曰：『武也得歌於斯，哭於斯，聚國族於斯，是全要領以從先大夫於九京也。』北面再拜䭫顙[二四]。全要領者，免於刑誅[二五]。晉卿大夫之墓地在九原。京盖字之誤，當爲原也[二六]。君子謂之善頌善禱。善頌，謂張老之言也[二七]。善禱，謂文子之言也[二八]。禱，求也。

仲尼之畜狗死，畜狗，馴守。使子貢埋之，曰：『吾聞之也，弊帷弗棄[二九]，爲埋馬也。弊盖不棄，爲埋狗也。丘也貧，無盖，於其封也，亦予之席，毋使其首陷焉。』封當爲窆。陷，謂没於地[三〇]。路馬死，埋之以帷。路馬，君正所乘者也[三一]。其他狗馬，則不能以帷盖也[三二]。

季孫之母死，哀公弔焉。曾子与子貢弔焉，閽[三三]人爲君在，弗内也。閽，守門也[三四]。曾子与子貢入於其廄而脩容焉。更莊飾也[三五]。子貢先入，閽人曰：『鄉者以[三六]告矣。』既不有[三七]止，又以言下之也[三八]。曾子後入，閽人避[三九]。兩賢[四〇]相隨，弥[四一]益恭也。涉内霤，卿大夫皆避[四二]位，公降一等而揖之。礼之。君子言之曰：『盡飾之道，斯其行者遠矣。』

陽門之介夫死，陽門，宋國門名。介夫，甲胄衛士也〔四三〕。司城子罕入而哭之哀。宋以武公諱司空爲司城。子罕，戴公子樂甫術之後樂喜也。晉人之覘宋者反報於晉侯曰：『陽門之介夫死，而子罕哭之哀，而民〔四四〕説，殆不可伐也。』覘，闚視也。孔子聞之曰：『善哉覘國乎！善其知微也〔四五〕。《詩》云：「凡民有喪，扶服救之。」救猶助也。雖微晉而已，天下其孰能當之？』微猶非也。

魯莊公之喪，既葬，而絰不入庫門。時子般弒〔四六〕，慶父作乱，閔公不敢居喪，葬已，吉服而反。正君臣，欲以防遏之。微弱之至也〔四七〕。士大夫既卒哭，麻不入。麻猶絰也。羣臣畢虞卒哭，亦除喪也。閔公既吉服，不与虞卒哭。

孔子之故人曰原壤，其母死，夫子助之木槨〔四八〕。沐，治〔四九〕。原壤登木曰：『久矣，予之不託於音也。』木，槨〔五〇〕材也。託，寄也，謂叩木以作音。歌曰：『狸〔五一〕首之班然，執女手之卷然。』説人辭也。夫子爲弗聞也者而過之。詳不知也〔五二〕。從者曰：『子未可以已乎？』已猶止也。夫子曰：『丘聞之也〔五三〕，親者毋失其爲親也，故者毋失其爲故也。』

趙文子與叔譽觀于〔五四〕九原。叔譽，叔嚮〔五五〕也。叔嚮〔五六〕，晉羊舌大夫之孫也〔五七〕，名肸也〔五八〕。文子曰：『死者如可作〔五九〕，吾誰与歸〔六〇〕？』作，起〔六一〕。叔譽曰：『其陽處父乎？』陽處父，襄公之太傅〔六二〕。文子曰：『行并植於晉國，不没〔六三〕其身，其智不足稱〔六四〕。』并猶專也，謂剛而專己，爲狐射姑所殺也〔六五〕。没，終也。植或爲特也〔六六〕。『其舅犯乎？』文子曰：『見利不顧其君，其仁不足稱〔六七〕。謂久与文公避〔六八〕難，至將反國〔六九〕，無安君之心，及河授璧，詐請亡，要君以利是也。我則隨武子乎？利其君，不忘其身。謀其身，亦不遺其友也〔七〇〕。』武子，士會也，食邑〔七一〕隨、范，字季也〔七二〕。晉人謂文子知人。見其所善於前，則知其來所舉也〔七三〕。文子其中追〔七四〕然如不勝衣，中，身也。追，柔和皃也〔七五〕。《鄉射·記》曰：『弓〔二六〕二寸以爲侯中。』追或爲妥。其言呐呐然如不出諸〔七七〕其口。呐呐，舒小皃也〔七八〕。所擧於晉國管庫之士七十有餘家，管庫之士，府史以下，官長所置也。擧之於君，以爲大夫、士〔七九〕。管，管〔八〇〕鍵也。庫，物所藏也〔八一〕。生不交利，廉也。死不屬其子焉。潔也。

叔仲皮學子柳。叔仲皮，魯叔孫之族也〔八二〕。學，教也。子柳，仲皮之子也〔八三〕。叔仲皮死，其妻魯人也，衣衰而繆絰。衣當爲齋〔八四〕，壞字也。繆，讀爲不樛垂之樛〔八五〕。士妻爲舅姑之服也。言雖魯頓〔八六〕，其於礼勝學。叔仲衍以告，告子柳，言此非也。衍，盖皮之弟也〔八七〕。衍或作〔八八〕皮。請繐衰而環絰，繐衰，小功之縷，而四升半之衰也〔八九〕。環絰，弔服之絰也〔九〇〕。時婦人好輕細，而多服此〔九一〕。衍既不知礼之本，子柳亦［以］〔九二〕爲然，而請於衍，使其妻爲舅服之。非也〔九三〕。曰：『昔吾喪姑姊妹〔九四〕亦如斯，末吾禁〔九五〕。』衍荅子柳也。姑姊妹在室齋衰，与婦爲舅姑同。末猶〔九六〕無也。言无禁我，欲其言行也〔九七〕。退，使其妻繐衰而環絰。婦以諸侯大夫之衰〔九八〕、弔服之絰服其舅，非。

成人有其兄死而不爲衰者，聞子臯將爲成宰，遂爲衰。成人曰：『蠶則績而蟹有匡，范則冠而蟬有緌〔九九〕，兄則死而子臯爲之〔一〇〇〕衰。』蚩兄死者也〔一〇一〕。言其有〔一〇二〕衰之不爲兄死，如蟹有匡、蟬有緌，不爲蠶之績、范之冠也。范，蜂也。蟬，蜩也。緌謂蟬喙〔一〇三〕，長在腹下也〔一〇四〕。

樂正子春之母死，五日而不食，曰：『吾悔之。勉強過礼也〔一〇五〕。子春，曾子弟子也〔一〇六〕。自吾母而不得吾情，吾惡〔一〇七〕用吾情？』惡，於何也〔一〇八〕。

歲旱，穆公召縣〔一〇九〕子而問然。然之爲言〔一一〇〕焉也。凡穆或作繆也〔一一一〕。曰：『天久不雨，吾欲暴尫〔一一二〕而奚若？』奚若，何如也。尫者，面向〔一一三〕天，覬天哀而雨之。曰：『天則〔一一四〕不雨，而暴人之疾子，虐，無〔一一五〕乃不可與？』錮疾，人〔一一六〕所哀，暴之是虐也〔一一七〕。『然則吾欲暴巫而奚若？』曰：『天則不雨，而望之愚婦人，於以求之，無〔一一八〕乃已疏乎？』已猶甚也。巫主接神，亦覬天哀而雨之也〔一一九〕。《春秋傳》說巫曰：『在女曰巫，在男曰覡。』《周礼·女巫》『旱嘆則舞雩』也〔一二〇〕。『徙市則奚若？』曰：『天子崩，巷市七日；

諸侯薨，巷市三日，爲之徙市，不亦可乎？』徙市者，庶民之喪礼也〔一二一〕。今徙市，是憂戚於旱若喪也〔一二二〕。孔子曰：『衛人之祔也離之，祔謂合葬也。離之，有以間其椁中也〔一二三〕。魯人之祔也合之，善夫！』善〔一二四〕魯人也。祔葬當合也。

禮記第三卷〔一二五〕廿六張

【校記】

〔一〕輯斂，底卷僅存左半，兹據刊本擬補。以下底卷中凡殘字補出者，均據刊本，不復注明。

〔二〕皃也，刊本『皃』作『貌』，無『也』字。據《説文》，『皃』爲小篆隸定字，『貌』爲籀文隸定字。下凡『皃』字同此。

〔三〕辤也，刊本『辤』作『辭』，無『也』字。《干禄字書·平聲》：『辤、辤、辭，上中竝辤讓；下辭説，今作辤，俗。』是在唐時，『辤』已成爲『辭』之俗字。

〔四〕无，刊本作『無』。《説文·亾部》：『无，奇字無也。』下凡此均不復出校。

〔五〕与，刊本作『與』。案二字古混用無别，敦煌寫本多用『与』字，後世刊本多改作『與』。下凡刊本作『與』者均不復出。

〔六〕也，刊本無。

〔七〕殺，刊本作『弑』，『殺』『弑』古今字。

〔八〕玃沮，底卷『玃』原作『貜』，當是『玃』之俗誤。刊本作『玃且』。朱駿聲《説文通訓定聲》以『玃且』爲疊韻連語，云：『《左·成十七年》傳「郤子玃且」，《古今人表》作「玃」。』兹據以改。沮、且同音通用。

〔九〕魯文十三年即位也，刊本『十三』作『十四』，無『也』字。林平和云：『萬卷堂本、宋刊本、阮刊本皆作「魯文十四年即位」，無句末「也」字，年代不同，稽考春秋魯文公十四年《左氏傳》：「邾文公元妃齊姜生定公，二妃晉姬生捷菑，文公卒，邾人立定公。」又孔穎達《正義》於成公十七年冬十二月春秋經「邾子貜且卒」下疏曰：「貜且以文十四年即位。」此與萬卷堂本等同，而敦煌本之以邾定公貜且於魯文公十三年即位者，蓋以邾定公於其父文公卒年即位也。」案《左傳・文公十三年》云：『五月，邾文公卒。』《文公十四年》夏五月傳云：『邾文公元妃齊姜，生定公；二妃晉姬，生捷菑。文公卒，邾人立定公，捷菑奔晉。』竹添光鴻《左氏會箋》云：『大子未定，所以速亂也。』是邾文公於魯文公十三年卒，由於争立太子，定公之立已在魯文公十四年。寫卷『十三年』之説可疑。

〔一〇〕懼，刊本作『瞿』。林平和云：『「瞿」乃「懼」之聲符，於古本可通。』

〔一一〕礼，刊本作『禮』。案『礼』爲古文『禮』字，敦煌寫本多用此字，後世刊本則多用『禮』字。下凡此均不復出。

〔一二〕也，刊本無。

〔一三〕殺，刊本作『弑』，『殺』『弑』古今字。

〔一四〕煞，刊本作『殺』。《干禄字書・入聲》以『煞』爲『殺』之俗字。下凡『煞』字均不復出校。

〔一五〕也，刊本無。

〔一六〕汙其宮而猪，刊本『汙』作『洿』，『猪』作『豬』。案『汙』、『洿』字同，説見《玉篇・水部》。《正字通・豕部》：『豬，俗作猪。』注中『猪』字同。

〔一七〕也，刊本無。

〔一八〕爲猪也，底卷原脱『爲』字，兹據刊本補。刊本無『也』字。

〔一九〕也，刊本無。

〔二〇〕嗅，刊本作『奐』。林平和云：『敦煌本「喚」，與陸氏《釋文》所載别本作「焕」異，又與萬卷堂本、宋刊本作「奐」殊。然「奐」乃「喚」「焕」之聲符，於古雖可通用，而於此言之，則作「焕」於義爲勝也。』案『奐』與

〔二一〕「喚」、「煥」爲古今字。王引之《經義述聞》曰：「美哉奐焉者，室有文彩奐然明也。」釋「奐」爲明，則作「喚」者當是音誤字。注中「喚」字同。

〔二二〕也，刊本無。

〔二三〕衆多也，底卷原無「多」字，《經典釋文·禮記音義》（以下簡稱「釋文」）云：「奐，音喚，本亦作煥。奐爛，言衆多也。」《玉篇·収部》云：「奐，《禮記》曰：「美哉奐焉。」奐，衆多也。」其義當皆取自鄭注。兹據刊本補「多」字。刊本無「也」字。

〔二三〕也，刊本無。

〔二四〕䭫顙，刊本作「稽首」。《說文·首部》：「䭫，下首也。」「首」爲「旨」之俗寫，「䭫」爲「首」之古字，則「䭫」應是「䭫」之變體。《玉篇·𩠐部》：「䭫，今作稽。」段玉裁於《說文》「䭫」字下注云：「古者吉、賓、嘉皆䭫首，無言頓首者；喪則䭫顙，無言䭫首者。」張老名爲賀喜，實譏其將喪。故文子以喪禮之禮答之，疑作「顙」爲是。

〔二五〕「刑誅」下刊本有「也」字。

〔二六〕也，刊本無。

〔二七〕也，刊本無。

〔二八〕也，刊本無。

〔二九〕弊帷弗棄，刊本作「敝帷不弃」。「弊」爲「敝」之俗字，說見《玉篇·㡀部》。「弗」、「不」義同，「弃」、「棄」異體。下「弊蓋弗棄」句同。

〔三〇〕地，刊本作「土」。

〔三一〕君正所乘者也，刊本無「正」、「也」二字。

〔三二〕則不能以帷蓋也，刊本無「則」、「也」二字。

〔三三〕閽，刊本作『閽』。案『閽』、『閽』異體。下凡『閽』字皆同。

〔三四〕閽守門也，刊本『閽』下有『人』字，『也』作『者』。案《説文・門部》：『閽，常以昏閉門隸也。』《穀梁傳・襄公二十九年》：『閽，門者也，寺人也。』《左傳・襄公二十九年》經『閽弑吴子餘祭』杜預注：『閽，守門者。』疑『閽』下本無『人』字。底卷『也』前疑脱『者』字。

〔三五〕也，刊本無。

〔三六〕以，刊本作『已』，二字古通用。

〔三七〕有，刊本作『敢』。案『有』疑爲誤字。

〔三八〕以言下之也，底卷『以』原作『此』，形誤字，兹據刊本改正。刊本無『也』字。

〔三九〕避，刊本作『辟』，下有『之』字。案『辟』『避』古今字。

〔四〇〕『兩賢』前刊本有『見』字。

〔四一〕弥，刊本作『彌』。『弥』爲『彌』之俗字，説見《敦煌俗字研究》下編二〇八頁。

〔四二〕避，刊本作『辟』，『辟』『避』古今字。

〔四三〕甲胄衛士也，刊本無『胄』、『也』二字。

〔四四〕民，底卷原缺末筆，避諱缺筆字，兹據刊本録正。

〔四五〕也，刊本無。

〔四六〕弑，底卷原作『試』，形誤字，兹據刊本改正。

〔四七〕也，刊本無。

〔四八〕木槨，刊本作『沐椁』。林平和云：『敦煌本「木槨」，萬卷堂本、宋刊本皆作「沐椁」，「椁」「槨」古可通用。然鄭注「沐，治也」。則敦煌本作「木」無義，當是「沐」字殘缺而誤。』案：《説文》有『椁』無『槨』，『槨』爲後起別體。

〔四九〕「治」下刊本有「也」字。

〔五〇〕槨，底卷原作「郭」，林平和云：「疑敦煌本作「郭」，當是「槨」字之殘缺也。」案此當是音誤，兹據以改正。

〔五一〕狸，刊本作「貍」。案「狸」爲「貍」之後起換旁字，《干禄字書·平聲》：「狸、貍，上通下正。」

〔五二〕詳不知也，刊本「詳」作「佯」，無「也」字。雷浚《説文外編》云：「《説文》無「佯」字，古書多作「詳」。」

〔五三〕也，刊本無。

〔五四〕于，刊本作「乎」，二字古通用。

〔五五〕嚮，刊本作「向」，「嚮」爲「向」之後起增旁字。

〔五六〕叔嚮，刊本無。

〔五七〕大夫之孫也，甲卷起於此。刊本無「也」字。

〔五八〕名肹也，甲卷同，刊本無「肹也」二字。《釋文》出「名肸」二字。阮元《禮記校勘記》（下簡稱「阮校」）云：「閩、監、毛本有「肹」字，岳本同，嘉靖本同，衛氏《集説》同。此本「肹」字脱。」案《説文·十部》有「肸」字，「肹」爲後起别體。

〔五九〕「可作」下刊本有「也」字。

〔六〇〕歸，刊本作「歸」。據《説文》，「歸」爲籀文隸定字，「歸」爲小篆隸定字。

〔六一〕「起」下刊本有「也」字。

〔六二〕襄公之太傅，底卷「襄」原作「文」，林平和云：「敦煌本之「父」（案：林氏誤「文」爲「父」），當爲「襄」字，蓋涉上文而誤也。」兹據刊本改正。「太」字甲卷同，刊本作「大」，「大」「太」古今字。

〔六三〕没，刊本同，甲卷作「殁」，「没」「殁」古今字。

〔六四〕智不足稱，甲卷、刊本「智」作「知」，刊本末有「也」字。案「知」「智」古今字。

〔六五〕也，刊本無。

〔六六〕或爲特也，底卷「爲」原誤作「而」，兹據刊本改正。甲卷、刊本無「也」字。

〔六七〕不足稱，甲卷同，刊本下有「也」。

〔六八〕避，甲卷、刊本作「辟」，「辟」「避」古今字。

〔六九〕至將反國，甲卷止於此。

〔七〇〕亦不遺其友也，刊本無「亦」、「也」二字。

〔七一〕「食邑」下刊本有「於」字。

〔七二〕也，刊本無。

〔七三〕也，刊本無。

〔七四〕追，刊本作「退」。《釋文》：「追，音退，本亦作退，和柔貌。」陳喬樅《禮記鄭讀考》云：「追與退音相近，追猶隨也，隨亦與退義近。」案上古「追」字端紐微韻，「退」字透紐物韻，端透鄰紐，微物對轉。注中「追」字同。

〔七五〕也，刊本無。

〔七六〕弓，刊本作「居」。林平和云：「萬卷堂本、宋刊本同，可證阮刊本「弓」作「居」爲誤也。」

〔七七〕諸，刊本無。阮校：「惠棟挍宋本有「諸」字，石經、宋監本、岳本、嘉靖本同，衛氏《集説》同。此本「諸」字脱，閩、監、毛本同。《石經考文提要》云：「宋大字本、宋本九經、南宋巾箱本、余仁仲本、《禮記纂言》、至善堂九經本俱有諸字。」」

〔七八〕也，刊本無。

〔七九〕「士」下刊本有「也」字。

〔八〇〕管，刊本無。

〔八一〕也，刊本無。

〔八二〕叔孫之族也，刊本作『叔孫氏之族』。

〔八三〕也，刊本無。

〔八四〕齋，刊本作『齊』，『齊』『齋』古今字。下『齋』字同。

〔八五〕讀爲不樛垂之樛，刊本作『當爲木樛垂之樛』。阮校：『惠棟挍宋本如此，《疏》同。宋監本、岳本、嘉靖本同，此本「讀」誤「當」，閩、監、毛本同，「木」作「不」。衛氏《集説》作「讀爲不樛垂之樛」。段玉裁云：「不樛是也，木樛誤。岳本《禮記考證》云：案《喪服傳》作不樛垂。孔氏云：樛謂兩股相交也，五服之經皆然，唯弔服環經不樛。又《雜記》云：纏而不樛。是環經不樛也。」據此，則原本「木」字乃「不」字之訛。』

〔八六〕頓，刊本作『鈍』。《釋文》：『頓，徒困反，又作鈍。』朱珔《説文假借義説》：『此以「頓」爲「鈍」之假借。』

〔八七〕也，刊本無。

〔八八〕或作，刊本作『或爲』。

〔八九〕也，刊本無。

〔九〇〕也，刊本無。

〔九一〕此，刊本無，下有『者』字。阮校：『惠棟挍宋本有「此」字，宋監本、衛氏《集説》、岳本、嘉靖本並同，此本「此」字脱。閩、監、毛本同。』

〔九二〕以，底卷原脱，兹據刊本補。

〔九三〕非也，刊本無。

〔九四〕昔吾喪姑姊妹，刊本『昔』下有『者』字。底卷『姊』下原空一格，刊本作『妹』，兹據以補。

〔九五〕『禁』下刊本有『也』字。

〔九六〕猶，刊本無。

〔九七〕也，刊本無。

〔九八〕諸侯大夫之衰，刊本作『諸侯之大夫爲天子之衰』。案孔穎達《禮記正義》（以下簡稱『正義』）云：『「以諸侯之大夫爲天子之衰」，據《喪服》謂繐衰也。』《儀禮·喪服傳》云：『何以繐衰也？諸侯之大夫，以時接見乎天子。』鄭玄注：『諸侯之大夫，以時會見於天子而服之，則其士庶民不服可知。』是『繐衰』乃諸侯之大夫見天子時所服。當以刊本爲是。

〔九九〕緌，刊本作『緌』。《説文·糸部》：『緌，系冠纓也。』段注：『或叚綏爲之。』則『緌』正字，『綏』借字也。注中『綏』字同。

〔一〇〇〕爲之，底卷原倒作『之爲』，兹據刊本乙正。

〔一〇一〕也，刊本無。

〔一〇二〕有，刊本無。

〔一〇三〕謂蟬喙，刊本作『爲蜩喙』。阮校：『「爲」，閩、監、毛本、嘉靖本同，岳本、衛氏《集説》引宋板、古本、足利本作「謂」。』案：爲、謂古多通用。《釋文》：『喙，呼惠反，又丁角反。』丁角反即『啄』之切語，是德明所見有作『啄』之本。《正義》云：『緌謂蟬喙。』作『謂』作『蟬』，並與寫卷同。

〔一〇四〕也，刊本無。

〔一〇五〕也，刊本無。

〔一〇六〕也，刊本無。

〔一〇七〕『惡』下刊本有『乎』字。

〔一〇八〕惡於何也，刊本作『惡乎猶於何也』。

〔一〇九〕懸，刊本作『縣』，『縣』『懸』古今字。

〔一一〇〕之爲言，底卷原作『之言爲』，刊本作『之言』。案之言、之爲言是兩個表示聲訓的訓詁術語，底卷『言爲』二字必是誤倒，兹乙正。

〔一一一〕也，刊本無。

〔一一二〕厇，刊本作『尫』。『厇』爲『尫』之變體。注中『厇』字同。

〔一一三〕向，刊本作『鄉』。『向』正字，『鄉』借字，説見朱駿聲《説文通訓定聲》『鄉』字下注。

〔一一四〕則，刊本作『久』。孫詒讓《十三經注疏校記》云：『「則」誤「久」，閩本不誤。』

〔一一五〕無，刊本作『毋』。《説文・毋部》：『毋，止之詞也。』段注：『古通用無。』

〔一一六〕『人』下刊本有『之』字。

〔一一七〕也，刊本無。

〔一一八〕無，刊本作『毋』，二字古通用。

〔一一九〕也，刊本無。

〔一二〇〕舞雩也，底卷『舞』原作『無』，《周禮・春官・女巫》：『旱暵，則舞雩。』『無』應是形誤字，兹據刊本改正。刊本無『也』字。

〔一二一〕庶民之喪礼也，底卷『民』缺末筆，避諱缺筆字，兹據刊本録正。刊本作『人』，承襲諱改字也。刊本無『也』字。

〔一二二〕也，刊本無。

〔一二三〕槨中也，刊本『槨』作『椁』，無『也』字。案『槨』爲後起别體。

〔一二四〕『善』前刊本有『善夫』二字。

〔一二五〕苐，『弟』之俗字，俗書竹頭多寫作草頭，俚俗據『苐』楷正，則成『第』字。

禮記注（二）（月令）

斯二五九〇

【題解】

底卷編號爲斯二五九〇，起首句『孟春之月』之『春』，至『天子居青陽左个，乘鸞路，駕倉龍，載青旂，衣青衣，服倉玉，食麥與羊，其器疏以達』鄭注『凡此車馬衣服，皆所取於殷時而有變焉』，共十九行，前五行下截殘，末行存半邊。經文單行大字，鄭玄注雙行小字。《翟目》定爲鄭玄注《禮記·月令》，是也。而《索引》誤爲《御刊定禮記月令殘卷》，《寶藏》、《英藏》、《索引新編》皆仍其誤。

此卷不避『民』字，其卷背之《卯年八月録事索榮國牒》寫於吐蕃時期（寧可、郝春文《敦煌社邑文書輯校》七一八頁，江蘇古籍出版社一九九七），王重民據筆迹及紙色，定爲中唐寫本（《敘録》四六頁）。

底卷據《英藏》録文，以中華書局影印阮元刻《十三經注疏·禮記正義》爲對校本（簡稱『刊本』），校録於後。

（前缺）

□▨（孟春）〔一〕之月，日在營室，昏［　　］〔二〕聖王因其會而分之，以爲大數焉。▨（觀）［　　］〔三〕日月會於娵〔四〕訾，而斗建寅之辰也。［　　］〔五〕而聽天下，視時候以授民事。其日甲乙。乙之言［　　］〔六〕物，月▨（爲）［　　］〔七〕出，因以爲日名焉。乙不爲月名者，君統臣功也。其帝太［　　］〔八〕臣，自古以來，著▨（德）〔九〕立功者也。大皞，▨□（伏戲）氏也〔一〇〕。句芒，少皞氏之子〔一一〕，曰重，爲木官也〔一二〕。▨（其）［　　］〔一三〕其音角。謂樂器之聲也。三分羽益一以生角，角數六十四。屬▨□□（木者，以）〔一四〕其清濁中，民之〔一五〕象也。春氣和，則角聲調。《樂記》曰：『角乱▨（則）〔一六〕憂，其民怨。』凡聲尊卑取象五行，數多者濁，數少者清，大不過宫，細不過羽。律中太族〔一七〕。律，候氣之官也〔一八〕，以銅爲之。中猶應也。孟春氣至，則太族之律應。應謂吹灰也。太族者，林鍾之所生也〔一九〕，三分益一，律長八寸。凡律空圍九分。《周語》曰：『太族所以金奏贊〔二〇〕陽出滯。』其數八。數者，五行佐天地生物〔二一〕成物之次也。《易》曰：『天一地二，天三地四，天五地六，天七地八，天九地十。』而五行自水始，火次之，木次之，金次之，土爲後。木生數三，成數八。但言八者，舉其成數之者〔二二〕。其味酸，其臭〔二三〕羶。木之臭味也。凡酸、羶者皆屬也〔二四〕。其祀户，祭先脾。春，陽氣出，祀之於户，内陽也。祀之先祭脾者，春爲陽中，於藏直脾，脾爲尊也〔二五〕。凡祭五祀於廟〔二六〕，用特牲，有主有尸，皆先〔設〕〔二七〕席于奥。祀户之礼，南面設主于户内西〔二八〕，乃制脾及腎爲俎，奠于主北；又設盛于俎西，祭黍、祭肉、祭醴〔二九〕，皆三。祭肉，脾一，腎再也〔三〇〕，既祭，徹之，更陳鼎俎，設饌于筵前，迎尸，略如祭宗廟之儀。東風解凍，蟄虫〔三一〕始振，魚上冰，獺祭魚，鴻鴈来。皆記時候也。振，動也。《夏小正》『正月啓蟄』，『魚陟負冰』。漢始亦以驚蟄爲正月中。此時魚肥美，獺將食之，先以祭也。鴈自南方來，將北反其居。今《月令》『鴻』皆爲『候』。天子居青陽左个，乘鸞路，駕倉龍，載青旂〔三二〕，衣青衣，服倉〔三三〕玉，食麦（麥）與羊，其器疏以達。皆所以順時氣也。青陽左个，太寢東堂北偏也〔三四〕。鸞路，有虞氏之車也〔三五〕，有鸞和之節，而鎊〔三六〕之以青，取其名耳。春言鸞，冬夏言色，互文也〔三七〕。馬八尺以上爲龍。凡所服玉，謂冠鎊及所佩〔三八〕者之衡璜也。▨□□（麥實有）〔三九〕孚甲，屬木。羊，火畜也。時尚寒，食之以安性也。器疏者刻鏤□□□□（之，象物當）貫土而出也。凡此車馬▨▨▨▨▨▨▨▨▨（衣服，皆所取於殷）□□□（時而有）▨（變）焉〔四〇〕□

（後缺）

【校記】

〔一〕孟春，『孟』字底卷殘缺，『春』字脱右上角，兹據刊本擬補。以下底卷中凡殘字補出者，均據刊本，不復注明。

〔二〕『昏』下底卷殘泐，刊本作『參中旦尾中孟長也日月之行一歲十二會』。

〔三〕觀，底卷存上半。「觀」下底卷殘泐，刊本作「斗所建命其四時此云孟春者」。

〔四〕娶，刊本作「諏」。《經典釋文·禮記音義》（以下簡稱「釋文」）：「陬，足俱反，又足侯反，本又作娵，同。」阮元《禮記校勘記》（以下簡稱「阮校」）：「諏，閩、監、毛本同，岳本同，嘉靖本同。衛氏《集説》「諏」作「娵」，《釋文》出「於陬」云：「本又作娵。」案《正義》皆作「娵」。」案：《説文》無「娵」字，黄侃《字通》云：「娶，别作娵。」（黄焯編次《説文箋識四種》一二五頁，上海古籍出版社一九八三）則「娵」爲「娶」之偏旁移位字。「娵」、「陬」、「諏」並同音通假字。

〔五〕上句「也」下底卷殘泐，刊本作「凡記昬明中星者爲人君南面」。

〔六〕「言」下底卷殘泐，刊本作「軋也日之行春東從青道發生萬」。

〔七〕爲，底卷存上半。「爲」下底卷殘泐，刊本作「之佐時萬物皆解孚甲自抽軋而」。

〔八〕太，刊本作「大」，「大」「太」古今字。「太」下底卷殘泐，刊本作「皞其神句芒此蒼精之君木官之」。

〔九〕德，底卷存左邊「彳」旁。

〔一〇〕伏戲氏也，底卷「伏」存左半「亻」，「戲」字缺，刊本作「宓戲」。案「宓戲」又作「伏羲」，此字應是「伏」之殘缺，兹據以補。刊本無「也」字。

〔一一〕少皞氏之子，底卷「皞」原作「睪」，「子」原作「字」，皆形誤字，兹據刊本改正。

〔一二〕也，刊本無。

〔一三〕其，底卷存上半。「其」下底卷殘泐，刊本作「蟲鱗象物孚甲將解鱗龍蛇之屬」。

〔一四〕木，底卷存左邊殘畫。

〔一五〕之，刊本無。

〔一六〕「乱則」，《干禄字書·去声》：「乱、亂，上俗下正。」底卷「則」存上端殘畫。

〔一七〕太族，刊本作「大蔟」。「大蔟」古亦作「太蔟」、「太簇」、「太族」等，「大」、「太」古今字，「族」、「蔟」、「簇」

音同義通。注中「太族」同。

〔一八〕官也，刊本「官」作「管」，無「也」字。「官」爲「管」之借字。

〔一九〕也，刊本無。

〔二〇〕贊，底卷原作「替」，形誤字，兹據《國語・周語下》、刊本改正。

〔二一〕生物，底卷原作「生万物」。案孔穎達《禮記正義》（以下簡稱「正義」）云：「生物者，謂木火七八之數也；成物者，謂金水九六之數也。則春夏生物也，秋冬成物也。」《周易・繫辭上》：「精氣爲物，遊魂爲變。」李鼎祚《周易集解》引鄭玄注曰：「木火生物，金水終物。」「万」當是衍文，兹據刊本删之。

〔二二〕之者，刊本無。案此當是爲雙行對齊而添。

〔二三〕臯，刊本作「臭」。案：「臯」爲俗字，説見《玉篇・自部》。注中「臯」字同。

〔二四〕也，刊本作「焉」。

〔二五〕也，刊本無。

〔二六〕庿，刊本作「廟」。據《説文》，「庿」爲古文「廟」字。下「庿」字同。

〔二七〕設，底卷原脱，兹據刊本補。

〔二八〕户内西，刊本作「户内之西」。《正義》云：「祀之禮設主於户内西者，先設席於奥，乃更設席於廟，户西，夾北嚮置主位，設主之人南面，設主於户西位上，使主北面。」則孔氏所見本無「之」字。

〔二九〕祭黍祭肉祭醴，刊本「黍」下有「稷」字；底卷「醴」原誤作「體」，兹據刊本改正。

〔三〇〕也，刊本無。

〔三一〕虫，刊本作「蟲」。《干禄字書・平聲》：「虫、蟲，上俗下正。」

〔三二〕旂，底卷原作「折」，形誤字，兹據刊本改正。

〔三三〕倉，底卷原作「食」，蔡主賓《敦煌寫本儒家經籍異文考》云：「『倉』之作『食』，形近而譌。」兹據刊本改正。

〔三四〕太寑東堂北偏也，刊本「太」作「大」，「寑」作「寢」，無「也」字。案「大」「太」古今字；「寑」爲「寑」之俗字，「寑」本字，「寢」隸變字。

〔三五〕也，刊本無。

〔三六〕餝，刊本作「飾」。《玉篇・食部》「飾」條下云：「餝，同上，俗。」下「餝」字同。

〔三七〕互文也，底卷「互」原作「牙」，乃「互」之俗字訛變而成，兹據刊本改正。刊本無「也」字。

〔三八〕佩，刊本作「珮」。佩、珮古今字。

〔三九〕麦，底卷存上半。

〔四〇〕衣服皆所取於殷時而有變焉，「衣服皆所取於殷」七字底卷均殘存右邊小半，「變」字底卷存右下角。

禮記注(三)(大傳、少儀)

伯三三八〇

【題解】

底卷編號爲伯三三八〇，起《大傳》「繼別爲宗」之「別」，至《少儀》「賵馬入廟門」之「賵馬」，共四十二行。首行下截殘，經文單行大字，鄭玄注雙行小字。《伯目》定名《禮記鄭注》，兹依例定名爲《禮記注(大傳、少儀)》。

寫卷不避唐諱，王重民定爲六朝寫本(《敘録》四七頁)。

底卷據縮微膠卷録文，以中華書局影印阮元刻《十三經注疏·禮記正義》爲對校本(簡稱「刊本」)，校録於後。

(前缺)

別爲宗，▨(別)□[一]人尊之，謂之大宗，□[二]尊之，故謂之小宗也[三]。有百世不遷之宗，有五世則遷之宗。百世不遷者，別子之後也。宗其繼別子之所自出者，百世不遷者也。宗其繼高祖者，五世則遷者也。尊祖故敬宗，敬宗，尊祖之義也。遷猶變易也。繼別子，別子之世適也。繼高祖[者][四]，亦小宗也。先言繼祢[五]者，據別子子弟之子也。以高祖与祢皆有繼世[六]者，則曾祖、祖[七]亦有也，有[八]則小宗四，与大宗凡五也[九]。有小宗而無大宗者，有大宗而無小宗者，有無之[一〇]宗亦莫之宗者，公子是也。公子有此三事也。公子有宗道。公子之公，爲其士大夫之庶者，宗其士大夫之適者，公子之宗道也。公子不得宗君，公子，謂先君之子，今君昆弟。

君命適昆弟爲之宗，使之宗之，是公子之宗道也。所宗者適也〔一一〕，則如大宗，死爲之齋縗〔一二〕九月，其母則小君也，爲其妻齋縗三月。無適而宗庶，則如小宗，死爲之大功九月。其母、妻無服，公子唯己而已，則無所宗，亦無宗之也〔一三〕。

絶族無移服，族昆弟之子，不相爲服也〔一四〕。親者屬也。有親者，服各以其屬親疎〔一五〕。

自仁率親，等而上之至于祖，自義率祖，順而下之至于〔一六〕祢。是故人道親親也。言先有恩。親親故尊祖，尊祖故敬宗，敬宗故收族，收族故宗廟嚴，宗廟嚴故重社稷，重社稷故愛百姓，愛百姓故刑罸〔一七〕中，刑罸中故庶民安，庶民安故財用足，財用足故百志成，百志成故礼〔一八〕俗刑，礼俗刑然後樂。收族，序以昭穆也。嚴猶尊也。《孝經》曰：『孝莫大於嚴父。』百志，人之志意所欲也。刑猶成也。《詩》云：『不顯不承，無斁〔一九〕於人斯。』此之謂〔二〇〕。斁，厭〔二一〕。言文王之德，不顯乎？不承乎〔二二〕成先人之業乎？言其顯且承之，人樂之無厭也。

凡一千九百二言

少儀第十七〔二三〕　鄭玄注

聞始見君子者，辭曰：『某固願聞名於將命者。』君子，卿大夫若有異德者也〔二四〕。固，如故也。將猶奉也。即君子之門，而云願以名聞於奉命者，嗛〔二五〕遠之也。重則云固。奉命，傳辭出入也〔二六〕。不得階主。階，上進者也〔二七〕。言賓之辞不得指斥〔二八〕主人。敵者，曰：『某固願見。』敵，當也。願見，願見於將命者，謙也。罕見，曰：『聞名。』罕，希也。希相見，雖於敵者，猶爲尊主之辭，如於君子也〔二九〕。亟見，曰：『朝夕。』亟，數也。於君子則云『某願朝夕聞名於將命者』，於敵者則云〔三〇〕『某願朝夕見於將命者』。瞽，曰：『聞名。』瞽，無目者〔三一〕也。以無目，辞不稱見也〔三二〕。

適有喪者，曰：『比。』適，之也。曰『某願比於將命者』。比猶比方，俱給事也〔三三〕。童子，曰：『聽事。』曰『某願聽事於將命者也〔三四〕』。童子未成人，不敢當相見之礼。適公卿之喪，則曰：『聽役〔三五〕於司徒。』喪憂慼〔三六〕，無賓主之礼，皆爲執事來也。

君將適他，臣如致金玉貨貝於君，則曰：『致馬資於有司。』敵者，曰：『贈從者。』適他，行朝會也。資猶用也。贈，送〔三七〕。

臣致襚於君，則曰：『致廢〔三八〕衣於賈人。』敵者，曰：『襚。』言廢衣，不必以其斂也〔三九〕。賈人，知物善惡者〔四〇〕也。《周礼》：『玉府掌凡王之獻金玉、兵器、文織、良貝〔四一〕貨賄之物，受而藏之。』有賈八人。

親者兄弟，不以襚進。不執將命也〔四二〕，以即陳而已。

臣爲君喪，納貨貝於君，則曰：『納甸於有司。』甸，謂田野之物也〔四三〕。

賵馬

（後缺）

【校記】

〔一〕別，底卷存左半『另』，兹據刊本擬補。『別』下底卷殘泐，刊本作『子之世適也族』。以下底卷中凡殘字補出者，均據刊本，不復注明。

〔二〕『宗』下底卷殘泐，刊本作『是宗子也繼禰者爲小宗父之適也兄弟』。

〔三〕故謂之小宗也，刊本無『故』、『也』二字。

〔四〕者，底卷原無，孔穎達《禮記正義》（以下簡稱『正義』）引有，兹據刊本補。

〔五〕祢，下又作『祢』，刊本作『禰』，一字異寫。《玉篇·示部》：『禰，父廟也。祢，同上。』下同。

〔六〕世，刊本無。

〔七〕祖，刊本無。

〔八〕有，刊本無。

〔九〕也，刊本無。

〔一〇〕之，刊本無。《正義》云：『「有無宗亦莫之宗」者，公子唯一，無他公子可爲宗，是「有無之宗」，亦無他公子來宗於己，是亦「莫之宗」也。』則孔氏所見本有『之』字。其標起止無『之』字，當是後人所删。

〔一一〕也，刊本無。

〔一二〕齌縗，刊本作『齊衰』。齊齌、衰縗並古今字。下『齌縗』同。

〔一三〕亦無宗之也，刊本作『亦莫之宗』。

〔一四〕也，刊本無。

〔一五〕踈，刊本作『疏』。《廣韻·魚韻》：『疏，俗作踈。』

〔一六〕于，刊本作『於』，二字古通用。

〔一七〕罸，刊本作『罰』。《五經文字·罒部》：『罰、罸，上《説文》，下《石經》，五經多用上字。』下『罸』字同。

〔一八〕礼，刊本作『禮』。『礼』爲古文『禮』字，敦煌寫本多用此字，後世刊本則多用『禮』字。下『礼』字同。

〔一九〕歎，刊本作『歎』。案『歎』爲『歎』之訛體也。注中『歎』字同。

〔二〇〕『謂』下刊本有『也』字。

〔二一〕『厭』下刊本有『也』字。

〔二二〕乎，刊本無。案此字疑衍。

〔二三〕苐，刊本作『第』。『苐』爲『弟』之俗字，俗書竹頭多寫作草頭，俗據『苐』楷正，則成『第』字。

〔二四〕也，刊本無。

〔二五〕嗛，刊本作『謙』。《經典釋文·禮記音義》：『嗛，音謙，本又作謙。』阮元《禮記校勘記》（以下簡稱『阮校』）云：『「謙」正字，「嗛」假借字。』

〔二六〕也，刊本無。

〔二七〕也，刊本無。

〔二八〕賓之辭不得指庠，刊本「辭」作「辭」，庠作「斥」。《干禄字書·平聲》：「辭、辤、辭，上中竝辭讓；下辭説，今作辭，俗。」是在唐時「辭」已成爲「辭」之俗字。下「辭」字同。「庠」、「斥」均「㡿」之隸變。
〔二九〕也，刊本無。
〔三〇〕云，刊本作「曰」。
〔三一〕者，刊本無。
〔三二〕也，刊本無。
〔三三〕也，刊本無。
〔三四〕也，刊本無。
〔三五〕役，刊本作「役」。《説文·殳部》：「古文役從人。」
〔三六〕慼，刊本作「戚」，「戚」「慼」正俗字。
〔三七〕「送」下刊本有「也」字。
〔三八〕癈，刊本作「廢」。「癈」爲「廢」之俗字。注中「癈」字同。
〔三九〕不必以其斂也，刊本作「不敢必用斂也」。阮校：「惠棟挍宋本作「言廢衣不必其以斂也」，宋監本同，岳本同，嘉靖本同，衛氏《集説》同。閩、監、毛本作「言廢衣不必以其斂也」，「其以」二字誤倒。」閩、監、毛本與寫卷同。
〔四〇〕者，刊本無。
〔四一〕貝，刊本無。案「貝」當是衍文，《周禮·天官·玉府》無「貝」字。
〔四二〕也，刊本作「者」。阮校：「惠棟挍宋本「者」作「也」，宋監本同，《考文》引古本、足利本同，岳本同，嘉靖本同，衛氏《集説》同。此本「也」誤「者」，閩、監、毛本同。」
〔四三〕也，刊本無。

禮記注（四）（儒行、大學）

斯五七五

【題解】

底卷編號爲斯五七五，起《儒行》「儒有不隕穫於貧賤，不充詘於富貴，不慁君王，不累長上，不閔有司，故曰儒」鄭玄注「言不爲天子、諸侯、卿、大夫、羣吏所困迫而違道」之「侯」，至《大學》「此之謂自謙」，共三十六行，經文單行大字，鄭玄注雙行小字。《翟目》認爲是鄭玄注《禮記》，兹依例擬名爲《禮記注（儒行、大學）》。寫卷「世」、「民」均缺筆，「治」、「顯」則否。《翟目》認爲是七世紀寫本，王重民則認爲是太宗朝寫本（《敘録》四八頁）。總之，其爲初唐寫本，應無疑義。

底卷據《英藏》録文，以中華書局影印阮元刻《十三經注疏·禮記正義》爲對校本（簡稱「刊本」），校録於後。

（前缺）

侯、卿、大夫、羣吏所困迫而違道，孔子自謂也。充或爲統。閔或爲文。今衆人之命儒也妄常，以儒相詬病。』妄之言無也，不也[一]。言今世[二]名儒，無有常人。遭人名爲儒，而以儒靳故相戲，此哀公之[三]輕儒之所由也。詬病猶恥辱也。孔子至舍，哀公館之，聞此言也，言加信，行加義，『終没吾世，不敢以儒爲戲』。《儒行》之作，蓋孔子自衛初反魯時也。孔子歸至其舍，哀公就而以[四]禮館之，問儒服而遂問儒行，乃始覺焉。言没吾[五]世不敢以儒爲戲，當時服也[六]。

大學第四十二　鄭氏注

大學之道，在明明德，在親民[七]，在止於至善。知止而后有定，定而后能静，静而后能安，安而后能慮，慮而后能得。物有本末，事有終始，知所先後，則近道矣。明明德，謂顯明其至德也。止猶自處也。得，謂得事〔八〕宜也。古之欲明明德於天下者，先治其國。欲治其國者，先齊其家。欲齊其家者，先脩其身。欲脩其身者，先正其心。欲正其心者，先誠其意。欲誠其意者，先致其知。知，謂知善惡吉凶之所終始也。致知在格物。格，來也。物猶事也。其知於善深則來善物，其知於惡深則來於〔九〕惡物，言事緣人所好而〔一〇〕來也。此致或爲至也〔一一〕。物格而后知至，知至而后意誠，意誠而后心正，心正而后身脩，身脩而后家齊，家齊而后國治，國治而后天下平。自天子以至於庶人，壹是皆以脩身爲本，其本亂而末治者否矣。其所厚者薄，而其所薄者厚，未之有也。此謂知本，此謂知之至也。壹是，專行是也。所謂誠其意者，毋自欺也，如惡惡臭，如好好色，此之謂自謙。

（後缺）

【校記】

〔一〕不也，刊本無。王重民《敘録》認爲『不也』二字衍文。

〔二〕世，底卷原缺筆，避諱缺筆字，兹據刊本録正。下凡『世』字同。

〔三〕之，刊本無。案此當是衍文。

〔四〕以，刊本無。

〔五〕吾，刊本無。

〔六〕也，刊本無。

〔七〕民，底卷缺末筆，避諱缺筆字，兹據刊本録正。

〔八〕事宜，刊本作『事之宜』。

〔九〕於，刊本無。案此當爲衍文。

〔一〇〕而，刊本無。

〔一一〕也，刊本無。

禮記正義

孔穎達

禮記正義（一）（禮運）

斯一〇五七

【題解】

底卷編號爲斯一〇五七，爲《禮記·禮運》『故天秉陽，垂日星；地秉陰，竅於山川』章之孔穎達《正義》，起『此一節以上經人稟天地陰陽鬼神五行而生』之『天地』，至『以其依時得節』之『以其』，共十行，行二十字。《翟目》將它置於『道教文獻』第六類『不明經品者』下（編號六九二一），並云：『有關五行。』《索引》定名爲《道經》，《金目》、《英藏》從之。《寶藏》定名爲《天地五行論》，《索引新編》因之。諸家均誤。考詳許建平《英倫法京所藏敦煌寫本殘片八種之定名並校録》（《敦煌學》第二四輯一一六頁，臺北樂學書局二〇〇三）。

底卷據《英藏》録文，以中華書局影印阮元刻《十三經注疏·禮記正義》爲對校本（簡稱『刊本』），校録於後。

（前缺）

▨▨（天地）〔一〕陰陽鬼神五行而生，此又述明天地之德及五行之氣也。以陰陽鬼神是天地中物，故不重陳，但陳天地与〔二〕五行耳。故『天秉陽，垂日星』，此論天德〔三〕，言天秉持陽氣，垂懸日星，以施生照臨於下〔四〕。『地秉陰，竅於山川』者〔五〕，此一經揔論地〔六〕德也，謂地秉持〔七〕陰氣。竅，孔也，爲孔於山川，以出納其氣〔八〕。『播五行於四時』者，播，謂播散五行金木水火土之氣於春夏秋冬之四時〔九〕。『四時和而後月生』〔一〇〕者，若四時不和，日月乖度，寒奥〔一一〕失所，則月不得依時而

生。若五行四時調和，道度不失，而后月依時而▨▨（生也）〔一二〕。『是以三五而盈，三五而闕』者，▨（以）〔一三〕其

（後缺）

【校記】

〔一〕天地，底卷『天』存左邊小半，『地』存左邊『土』，兹據刊本擬補。

〔二〕与，刊本作『與』，二字古混用無別，敦煌寫本多用『与』字，後世刊本多改作『與』。

〔三〕天德，刊本作『大德』。案：下有『此一經揔論地德也』句，『天德』與『地德』相對爲文；且下文又有『故前經天德直言垂日星』句，則作『天德』是。

〔四〕『下』下刊本有『也』字。

〔五〕者，刊本無。

〔六〕地德，刊本作『地之德』。案上言『天德』，則此當作『地德』，不當云『地之德』。『之』字疑衍。

〔七〕『秉持』下刊本有『於』字。

〔八〕『其氣』下刊本有『也』字。

〔九〕『四時』下刊本有『也』字。

〔一〇〕四時和而後月生，刊本無『四時』二字，『後』作『后』，末有『也』字。案據後文『若四時不和』句，知此乃駢偶之句，『四時』二字不當無。『后』爲音借字，此當以作『後』爲正。

〔一一〕奥，刊本作『燠』。案《説文·宀部》：『奥，宛也。』段注：『宛者，委曲也。室之西南隅，宛然深藏，室之尊處也。』則『奥』之本義即室之西南隅也。《説文·火部》：『燠，熱在中也。』段注：『古多叚奥爲之。』段玉裁《古文尚書撰異·洪範》『曰燠』下云：『《宋世家》、《五行志》、《王莽傳》、何休《公羊注》皆作「奥」，古

字也。」『燠』爲後起本字也。古當作『奥』，寫卷作『奥』，原貌也。

〔二二〕『生也』二字底卷均存右半，茲據刊本擬補。

〔二三〕以，底卷存右邊『人』旁，茲據刊本擬補。

禮記正義（二）（郊特牲）

伯三一〇六B

【題解】

底卷編號爲伯三一〇六B，此卷由兩件文書拼接而成，前面一部分是《占怪書》内容，後爲《禮記·郊特牲》「大饗，君三重席而酢焉」章孔穎達《正義》，起「三獻卿大夫者以五等諸侯有九獻七獻五獻」句「五獻」之「獻」，至「介門西北面西上」，共十四行，末二行有殘泐，行二十二字。《寶藏》定名《禮記正義》，兹依例擬名爲《禮記正義（郊特牲）》。

底卷據縮微膠卷録文，以中華書局影印阮元刻《十三經注疏·禮記正義》爲對校本（簡稱「刊本」），校録於後。

（前缺）

獻，故五等諸侯之卿皆三獻也。大夫，卿之揔号[一]。若春秋之時，則与礼[二]有異。若霸國[三]之卿，則礼同子男。故昭元年，「鄭人享[四]趙孟，具五獻邊[五]豆」，杜元凱云[六]：「朝聘之制，大國之卿五獻，其侯伯次國，其卿与大國大夫同。」故昭六年季武子如晋，晋人享之，武子辞[七]云：「下臣得貺不過三獻。」杜云「大夫三獻」是也。云「來聘，主君饗燕之，以介爲賓，賓爲苟□（敬）」[八]□（者），▨（案）[九]《燕礼·記》云：「若与[一〇]四方之賓燕，賓爲苟敬，席於阼階之西北面[一一]，其介爲賓。」注云：「主國君饗時，親進□（醴）於[一二]賓，□（今）燕，又□（宜）獻焉。□（人）▨（臣）[一三]不敢褻煩尊者，至此升□（堂）▨▨（而辝讓）[一四]，欲以臣礼燕，爲恭敬也，［於是］席之如［獻］諸公之位[一五]。言苟敬者，賓［實］[一六]主國所宜敬。』如鄭此言，則燕時賓爲苟□（敬），▨（饗）[一七]時則否。今此注云饗燕之賓爲苟敬，連言饗□□（者，因）燕而連言饗，其實饗▨▨▨▨▨（時賓自爲賓）[一八]□▨▨▨▨▨（西，北面，西上）[一九]□

（後缺）

【校記】

［一］号，刊本作『號』。徐灝《説文解字注箋》云：『号、號古今字。』

［二］礼，刊本作『禮』，前有『此』字。案『礼』爲古文『禮』字，敦煌寫本多用此字，後世刊本則多用『禮』字。下『礼』字同。

［三］霸國，刊本作『大國』。

［四］享，刊本作『饗』。案《説文·食部》：『饗，鄉人飲酒也。』亯部：『亯，獻也。』『享』爲『亯』之隸定字。是『饗』爲本字，『享』爲借字。今本《左傳·昭公元年》作『享』。

［五］邊，刊本作『籩』。《説文·竹部》：『籩，竹豆也。』『邊』應是同音借字。

［六］『云』前刊本有『注』字。

［七］辝，刊本作『辭』。《干禄字書·平聲》：『辝、辤、辭，上中竝辝讓；下辭説，今作辝，俗。』是在唐時，『辝』已成爲『辭』之俗字

［八］敬，底卷原殘泐，兹據刊本擬補。以下底卷中凡殘字、缺字、脱字補出者，均據刊本，不復注明。

［九］案，底卷存下端殘畫。

［一〇］与，刊本作『以』，二字古通用。

〔一一〕面，刊本作『而』。阮元《禮記校勘記》云：『閩、監、毛本同，惠棟挍宋本「而」作「面」。按《燕禮・記》是「面」字。』北京大學出版社標點本《禮記正義》據阮校改作『面』。

〔一二〕於，刊本作『于』，二字古通用。

〔一三〕臣，底卷存下半。

〔一四〕而辝讓，底卷『而』存左半，『辝』存左邊『台』，『讓』存左邊『言』。

〔一五〕於是席之如獻諸公之位，底卷原無『於是』、『獻』三字，《儀禮・燕禮・記》鄭玄注有，茲據刊本補。

〔一六〕賓，底卷原無，《儀禮・燕禮・記》鄭玄注有，茲據刊本補。

〔一七〕饗，底卷存下部『食』。

〔一八〕『時賓自爲賓』五字底卷均存右邊殘畫。

〔一九〕西北面西上，底卷『西北』、『上』三字存右邊殘畫，『面西』二字均存右半。自前行『賓』至此底卷殘泐，刊本作『不爲苟敬也案燕禮注介門』。

禮記正義（三）（郊特牲）

斯六〇七〇

【題解】

底卷編號爲斯六〇七〇，是孔穎達爲《禮記·郊特牲》『羅氏致鹿與女，而詔客告也，以戒諸侯曰「好田、好女者亡其國」』句所作之《正義》，起『而宣天子之詔于使者』之『宣』，至『一云豈每國輒與女、鹿邪』之『豈』，共六上半行。

《翟目》没有定出此殘片之名，將它歸入世俗文書下的雜集類，名之曰『世俗文書殘片』；《索引》疑爲《春秋左傳斷片》。李索考定此乃《禮記正義·郊特牲》殘片（《敦煌寫卷〈春秋經傳集解〉異文研究》二二頁，四川大學二〇〇三年博士學位論文）。今依例擬名爲《禮記正義（郊特牲）》。

《翟目》認爲此乃八世紀寫本。

底卷據《英藏》録文，以中華書局影印阮元刻《十三經注疏·禮記正義》爲對校本（簡稱『刊本』），校録於後。

（前缺）

□宣天子之[一]□▨（告）誡[二]其君，故云『詔▨（客）[三]□▨（女）[四]

者，亡其國』者，此宣▨（詔）[五]□以戒汝君[六]曰：不得好田獵及□獵[七]

所得之物，女是亡國之女，□▨▨（女明）[八]以此爲誡[九]也。一云▨（豈）[一〇]□

（後缺）

【校記】

〔一〕之，底卷原殘去右下角，兹據刊本擬補。以下底卷中殘字、缺字補出者，均據刊本，不復注明。

〔二〕告誡，底卷「告」字存左邊殘筆；刊本「誡」作「戒」，戒、誡古今字。自前行「之」至此「告」間底卷殘泐，刊本作「詔於使者令使者反還其國以」。

〔三〕客，底卷殘存上半。

〔四〕女，底卷殘脱左上角。自前行「客」至此「女」間底卷殘泐，刊本作「告也以戒諸侯曰好田好」。

〔五〕詔，底卷殘存左上角「亠」。

〔六〕以戒汝君，刊本作「以如此告汝君」。自前行「詔」至此「以」間底卷殘泐，刊本作「所告之言也令使者還其國」。

〔七〕自前行「及」至此「獵」間底卷殘泐，刊本作「女色使國亡也言鹿是田」。

〔八〕女明，底卷「女」存右下角，「明」存右半。自前行「之女」至此「女明」間底卷殘泐，刊本作「而王所以獲者也故與之鹿」。

〔九〕誡，刊本作「戒」，「戒」「誡」古今字。

〔一〇〕豈，底卷存上半及右下角殘畫。

御刊定禮記月令

斯六二一

李隆基

【題解】

底卷編號爲斯六二一，爲唐玄宗時重定之李林甫等所注《禮記·月令》，前爲李林甫等《進御刊定禮記月令表》，起『以齊七政』之『政』，至《月令》『天子居青陽左个』注『則闔門左』，共存二十三行，其中進表存十三行，《月令》存十行，前四行下截殘損，行有界欄。表文及經文單行大字，注文雙行小字。

《翟目》没有定出其名，將它置於『世俗文書』的『歷史類』。王重民最早定其名爲《御刊删定禮記月令》（《敘録》四七頁），他在《索引》中又據《新唐書·藝文志》定名爲《御刊定禮記月令一卷》，《寶藏》、《索引新編》從之。《英藏》則定爲《月令注解并序》，榮新江《〈英藏敦煌文獻〉定名商補》又改定爲《唐明皇御刊删定禮記月令》（《文史》第五二輯一一七頁，二〇〇〇年第三輯）。今據《新唐書·藝文志》定爲《御刊定禮記月令》。

《全唐文》收有李林甫進表，名爲《進御刊定禮記月令表》；開成石經《禮記》，有李林甫進表及刊定後之《月令》經文。李林甫等所作注解已佚失不見。此卷虽只十行，但爲今所見最爲完整之李注《月令》。

郝春文《英藏敦煌社會歷史文獻釋録》第三卷（簡稱『郝春文』）對底卷作過校勘。

底卷據《英藏》録文，以開成石經《禮記》爲對校本（社會科學文獻出版社二〇〇三年，簡稱『唐石經』），以《全唐文》所收《進御刊定禮記月令表》爲參校本（上海古籍出版社一九九〇年，簡稱『全唐文』），校録於後。

（前缺）

□▨（七政）[一]。夏后▨（則）□[二]氏纂集[三]舊儀，▨▨（定以）□[四]閏移，節隨斗建。洎乎月朔▨▨（差異）〔五〕，▨▨▨（中星見）□〔六〕事資革弊，允屬欽明〔七〕。

陛下懸法授人〔八〕，順時▨▨（設教）〔九〕，▨□□，□用刑言〔一〇〕。親降聖謨，重有删定。乃依杓建，爰准〔一一〕攝提。舉正於中，匪□（乖）〔一二〕期於積閏；履端於始，不爽候於上元。節氣由是合宜，刑政以之▨（咸）〔一三〕序。遂使金木各得其性，水火無相奪倫。盖所謂順乎天而應乎人者也。乃命集賢院學士、尚書左僕射兼右相、吏部尚書李林甫，門下侍郎陳希烈，中書侍郎徐安貞，直學士、起居舍人劉謙光〔一四〕，宣城郡司馬齊光人〔一五〕，河南府倉曹參軍陸善經，修撰官家令寺丞兼知太史監事史元晏，待制官〔一六〕安定郡别駕梁令瓚等爲之注解。臣等虔奉綸旨〔一七〕，極思研精〔一八〕。愧無演暢之能，謬承討論〔一九〕之寄，義深罕測，學淺難周〔二〇〕，莫副天心，空塵聖鑒〔二一〕。

正月之節，日在虛，立春爲正月之節。謹案《春秋傳》曰：履端於始謂節也，舉正於中謂氣也，歸餘於終謂閏也。既有其閏也，立春進退不恒在正月朔日〔二二〕，故不定爲孟春之月。但有〔二三〕得立春，則是正月之節，可以行春令矣。昏昴中，曉心中。凡記昏、曉中星者〔二四〕，爲人君南面聽天下〔二五〕，觀時候以授人事也。日入後二刻半爲昏，日未出前〔二六〕二刻半爲曉也。斗建寅位之初，地十二辰〔二七〕，斗杓常左旋〔二八〕，指於地〔二九〕，故立春正月之節，則建〔三〇〕寅位之初。《書》云『璿樞〔三一〕玉衡，以齊七正』〔三二〕，此之謂矣。其日甲乙。《春秋傳》曰：『天有十日。』謂甲乙景〔三三〕丁戊己庚辛壬癸。甲乙屬木，主春，故云『其日甲乙』。其帝太暤，其神勾〔三四〕芒。昔太暤氏以木德繼天而王，故爲春帝。高辛氏有天下，置五行之官，木正曰〔三五〕勾芒。故勾芒爲木神，佐太暤於春。其蟲鱗。東方〔三六〕蒼龍，鱗蟲之長。凡有鱗之類，皆屬於木，故曰其蟲鱗。其音角。謂樂器之聲也。三分羽益一以生角，角數六十四。屬木，以其清濁中，人之象也〔三七〕。春氣和，則角聲調。《樂記》曰：『角乱則憂，其人〔三八〕怨。』律中大〔三九〕蔟。律者，候氣之管，以竹爲之。中猶應也。正月氣至，則大蔟之律應。應，吹灰也〔四〇〕。大蔟者，林鍾之〔四一〕所生，三分益一，管長八寸。空徑〔四二〕三分，圍九分也〔四三〕。其數八。木生數三，成數八。但言八者，舉其成數。其性仁，其事貌〔四四〕。《洪範五行傳》曰：『東方木，其性仁，其事貌。貌曰恭，恭作肅。王者貌恭作仁，則鳳凰來儀。』其祀户，祭先脾。春，陽氣出，［祀］〔四五〕之於户，内順陽氣也。祭先脾，春爲陽中，於藏直脾。凡祀户爲俎先進脾也。立春之日，東風解凍。後五日，蟄蟲始振。後五日，魚上冰。昔在周公，作時訓，定廿〔四六〕四氣，［辨七十二候］〔四七〕，每候相去各［五］〔四八〕日，以明天時，將〔四九〕驗人事。言聖人奉順天時，則萬物及節候〔五〇〕。天子居青陽左个，乘青輅，駕蒼龍，載青旂〔五一〕，衣青衣，服蒼玉〔五二〕，食麥与羊〔五三〕，其器疏［以］達〔五四〕。青羊〔五五〕，謂明堂。東面右个，當寅上之室，正月位也。十二月各居其堂，閏月無室位，則闔門。左

（後缺）

【校記】

〔一〕政，底卷存右邊『攵』，兹據《唐石經》擬補。

〔二〕則，底卷存左上角，兹據《唐石經》擬補。『則』下底卷殘泐，《唐石經》作『更置小正周公則别爲時訓斯皆月令之宗旨也逮夫吕』。

〔三〕集，《唐石經》同，《全唐文》作『習』。案作『集』是。

〔四〕定以，底卷『定』存上半，『以』存左邊殘畫，兹據《唐石經》擬補。『以』下底卷殘泐，《唐石經》作『孟春日在營室有拘恒檢無適變通不知氣逐』。

〔五〕差異，底卷『差』脱去下部『工』旁，『異』存左邊殘畫，兹據《唐石經》擬補。

〔六〕中星見，底卷均存左半。《唐石經》存『星見』二字，其前一字殘損；《全唐文》作『日星見』。然據底卷所存殘筆，前一殘字不似『日』之殘存者。宋羅泌《路史·餘論》卷六《書唐月令》引此作『洎乎月朔差異，中星見殊』，其爲『中』字無疑，兹據以擬補。『見』下底卷殘泐，《路史》引作『殊乃令雩祀愆期水旱作沴』，《全唐文》『水旱』二字作『百工』，然《唐石經》『作』前一字下端有一竪筆之殘畫，明此字非『工』之殘，應是

『旱』之殘，故推知《唐石經》殘泐者應是『水旱』二字。

〔七〕欽明，『明』『眀』異體。《唐石經》二字殘泐，《全唐文》作『宜更』，疑此爲清人諱『明』字而改。

〔八〕陛下懸法授人，《唐石經》前五字殘泐，末字存右下角一捺，則爲『人』之殘；《全唐文》作『昭代敬天勤民』，則已有改動。此序成於唐玄宗時，不應作『民』。

〔九〕設教，底卷『設』存左上角『亠』，『教』存左邊殘畫，兹據《唐石經》擬補。

〔一〇〕▨□□□用刑言，《唐石經》前六字殘泐，存『形言』二字；《全唐文》作『是以有皇極之敷言』。案第一字底卷存左半『雇』。此駢體文，四字爲句，《全唐文》雖亦八字，然非駢體，當非。『刑』爲『形』之借字。

〔一一〕准，《唐石經》、《全唐文》作『準』。《玉篇・冫部》：『准，俗準字。』

〔一二〕乖，底卷殘泐，兹據《唐石經》擬補。

〔一三〕咸，底卷存上端殘畫，兹據《唐石經》擬補。

〔一四〕劉謙光，《唐石經》、《全唐文》作『劉光謙』。案唐李肇《翰林志》云：『開元二十六年，劉光謙、張垍乃爲學士，始别建學士院于翰林院之南。』宋洪遵《翰苑群書》卷四『韋執誼翰林院故事』條云：『至二十六年，始以翰林供奉改稱學士，由是遂建學士，俾專内命，太常少卿張垍、起居舍人劉光謙等首居之。』則作『劉光謙』是。

〔一五〕齊光人，《唐石經》、《全唐文》作『齊光乂』。王重民《敘録》云：『《新唐書・藝文志》作「乂」，卷子本誤。』

〔一六〕待制官，底卷『待』原作『侍』，《唐石經》、《全唐文》作『待』，兹據郝春文改正。

〔一七〕旨，《唐石經》同，《全唐文》作『音』。

〔一八〕研精，《唐石經》前一字殘泐，下一字存下半，可辨爲『精』之殘；《全唐文》作『何有』。

〔一九〕討論，《唐石經》殘泐，《全唐文》作『載筆』。

〔二〇〕難周，《唐石經》殘泐，《全唐文》作『無能』。

〔二一〕聖鑒，《全唐文》作『聖意』。《唐石經》上一字缺，下一字殘存下端一横，非『意』之殘存，應是『鑒』之殘筆。《唐石經》、《全唐文》末均有『謹上』二字。

〔二二〕立春進退不恒在正月朔日，伯三三〇六背《月令節義》、《太平御覽》卷一八引《月令》『立春』前均有『則』字。

〔二三〕有，伯三三〇六背《月令節義》、《太平御覽》卷一八引《月令》無。

〔二四〕凡記昏曉中星者，《太平御覽》卷一八引《月令》作『凡記昏昴曉心中』。案伯三三〇六背《月令節義》作『凡記黄昏中星者』，乃擅改『昏曉』爲『黄昏』也。鄭注《月令》云『凡記昏明中星者』，明、曉同義，李注改『明』爲『曉』，疑亦諱嫌名也。

〔二五〕南面聽天下，伯三三〇六背《月令節義》、《太平御覽》卷一八引《月令》作『南面而聽天下』。案：下句云『觀時候以授人事』，以、而同義，有『而』字爲佳。鄭注《月令》云：『爲人君南面而聽天下，視時候以授民事。』是亦有『而』字。

〔二六〕前，《太平御覽》卷一八引《月令》無。案有『前』字義長。

〔二七〕十二辰，《太平御覽》卷一八引《月令》作『十有二辰』。

〔二八〕斗杓，《太平御覽》卷一八引《月令》作『斗柄杓』。案：杓，柄也。典籍言『斗柄』或『斗杓』，不言『斗柄杓』，『柄』當是衍文。

〔二九〕指於地，《太平御覽》卷一八引《月令》作『指地位』。

〔三〇〕則建，《太平御覽》卷一八引《月令》作『則斗建』。

〔三一〕樞，《尚書・舜典》、《太平御覽》卷一八引《月令》作『璣』。茆泮林云：『「璿璣」之「璣」依表文當改作「樞」，蓋羣臣作表，因明皇諱「隆基」，故諱嫌名也。』（《唐月令注》輯本）

〔三二〕正，《尚書・舜典》作『政』。案《進御刊定禮記月令表》（《唐石經》本）作『政』。『正』爲借字。

〔三三〕景，《太平御覽》卷一八引《月令》作『丙』。茆泮林云：『唐諱「丙」，注「丙」當依下經文作「景」。』（《唐月令注》輯本）

〔三四〕勾，《唐石經》作『句』。《干禄字書·去聲》：『勾、句，上俗下正。』注中『勾』字同。

〔三五〕曰，底卷原作『月』，形誤字，兹據《太平御覽》卷一八引《月令》改正。

〔三六〕東方，底卷原誤倒作『方東』，兹以意改正。

〔三七〕人之象也，《太平御覽》卷一八引《月令》無『之』字。

〔三八〕人，《禮記·樂記》作『民』。案此避太宗之諱而改。

〔三九〕大，《唐石經》作『太』，『大』『太』古今字。

〔四〇〕吹灰也，《太平御覽》卷一八引《月令》前有『謂』字。

〔四一〕之，《太平御覽》卷一八引《月令》無。

〔四二〕俓，『徑』之俗字。

〔四三〕也，《太平御覽》卷一八引《月令》無。

〔四四〕其事貌，《唐石經》下有『其味酸其臭羶』六字，郝春文認爲寫卷脱。

〔四五〕祀，底卷原無，句不通，兹據《禮記》鄭玄注補。

〔四六〕廿，《太平御覽》卷一八引《月令》作『二十』，『廿』爲『二十』之合文。

〔四七〕辨七十二候，底卷原無此五字。案此五字當有，否則下『每候相去各五日』句不可解，兹據《太平御覽》卷一八引《月令》補。郝春文亦據黄奭輯本補。

〔四八〕五，底卷原脱，《太平御覽》卷一八引《月令》補。郝春文亦據黄奭輯本補。

〔四九〕將，底卷原左邊『爿』作『日』，形誤，兹據《太平御覽》卷一八引《月令》録正。

〔五〇〕節候，《太平御覽》卷一八引《月令》下有『也』字。

〔五一〕旂，底卷原作「祈」，此礻旁、方旁混用所致也，兹據《唐石經》録正。

〔五二〕玉，底卷原作「王」，兹據《唐石經》改正。郝春文亦據《禮記》及黄奭輯本改正。

〔五三〕食麥与羊，「食」，底卷原作「倉」，蔡主賓《敦煌寫本儒家經籍異文考》云：「倉，當涉與「食」形近而譌。」兹據《唐石經》改正。郝春文亦據《禮記》及黄奭輯本改正。「与」，《唐石經》作「與」，二字古混用無别。

〔五四〕疏以達，底卷原無「以」字，「達」作「建」，兹據《唐石經》補正（「達」之俗寫與「建」形近，二字易混）；郝春文亦據《禮記》及黄奭輯本補正。

〔五五〕羊，「陽」之音誤字。

月令節義

伯三三〇六背

【題解】

底卷編號爲伯三三〇六，正面爲《百行章》，背爲本篇，共抄録二十行，行二十餘字，字迹惡劣，行距細密。首題『月令節義一卷』六字，諸家皆據此著録，兹依例擬定今題。

考其内容，乃是對李林甫注釋的《御刊定禮記月令》所作的注，此段所釋者乃是『正月之節，日在虚，昬昴中，曉心中』二句之内容。查歷代書志目録均無著録，可見乃是久佚之書。

底卷據縮微膠卷録文，校録於後。

月令節義一卷

『正月之節，日在虚。』 是氣至之節，日在虚星，度之過也。 斗、牛、女、虚、危、室、壁是北方七宿。 至正月一日之時，日在虚星過，故云『正月之節，日在虚』。

『立春爲正月之節。 謹案《春秋傳》曰：履端於始胃其〔一〕節也，舉正於中胃氣也，歸餘於終胃其閏也。』 閏者是蕞殘餘分之日，用九百四十分爲一日，一年是六个月大，六个月小，是足得六日。 又案《尚書》云：『三百六旬又六日。』〔二〕是天家自然。 六日又不得六日，只得五日四分度之一。 用九百四十分爲一日，將此一日分作四分，每分分得二百三十五分，四分之中取一分来筭，故云四分度之一。 故一年餘得十一日四分度之一。 大筭言之，一年三百六十日，天之大數也。 一年之中有六日〔三〕，更有天家五日四分度之一，一年都計足得十一日四分度之一。天數三年一閏，細而言之，八年三閏，十九年七閏〔四〕，是足得藁殘餘分之日，故爲閏月。是『歸餘於中〔五〕，胃其閏也』。『既有其閏，則立春進退不恒在正月朔日，故不定爲孟春之月。但得立春，則是正月之節，可以行春令也。』

『昏昴中，曉心中。』 正月之節時，黄昏，昴星在正南中也，奎、婁、胃、昴、畢、觜、參是西方七宿，故黄昏時昴星在正中。曉，心星在正南，角、亢、氐、房、心、尾、箕是東方七宿，故曉明之時心星在正南。

『凡記黄昏中星者，爲人君南面而聽天下（底卷抄寫至此止）

【校記】

〔一〕胃其，『胃』爲『謂』之古字，斯六二一號《御刊定禮記月令》正作『謂』，下同；『其』字斯六二一號《御刊定禮記月令》無，下『歸餘於終胃其閏也』句的『其』字斯六二一號《御刊定禮記月令》亦無，底卷當以有『其』字者義長（下文『歸餘於中，胃其閏也』、『既有其閏』句，亦有『其』字），而下文『舉正於中胃氣也』句『胃』後則疑脱一『其』字。

〔二〕又六日，今本《尚書·堯典》『又』作『有』。案『又』爲『有』之古字。

〔三〕一年之中有六日，底卷『年』原作『日』，當誤，兹以意改。

〔四〕十九年七閏，底卷『七』原作『九』，當誤，兹以意改。

〔五〕中，當作『終』，上文『歸餘於終』正作『終』。